Vicens Vives
Educación Secundaria

W0467704

Aula3D

GH 4

GEOGRAFÍA E HISTORIA

Andalucía

M. García Sebastián
Catedrática de Geografía e Historia de IES

C. Gatell Arimont
Catedrática de Geografía e Historia de IES

S. Riesco Roche
Profesor de Geografía e Historia de IES

Las actividades del libro están clasificadas según los procesos cognitivos que trabajan:

- **Conocer:** estas actividades son imprescindibles para que los alumnos trabajen directamente el contenido.
- **Aplicar:** estas actividades relacionan el contenido trabajado con los conocimientos previos del alumno y con el entorno, es decir, que trabajan con el contexto.
- **Razonar:** estas actividades tienen como objetivo que el alumno reflexione, explique y razone los porqués de sus respuestas.

Las actividades con el símbolo ✅ están diseñadas para evaluar el nivel de logro de los estándares de aprendizaje.

Además, las actividades pueden incluir competencias clave, que se indican con los siguientes símbolos:

Competencias clave

- Comunicación lingüística
- Competencia matemática y competencias básicas en ciencias y tecnología
- Aprender a aprender
- Conciencia y expresiones culturales
- Sentido de iniciativa y espíritu emprendedor
- Competencias sociales y cívicas (en este libro no se indican estas competencias porque son las propias del área)
- Competencia digital

- Las actividades contenidas en este libro han de realizarse en un cuaderno aparte.
- Los espacios incluidos en las actividades son meramente indicativos y su finalidad es didáctica.

¿Cómo es este libro?

INTRODUCCIÓN

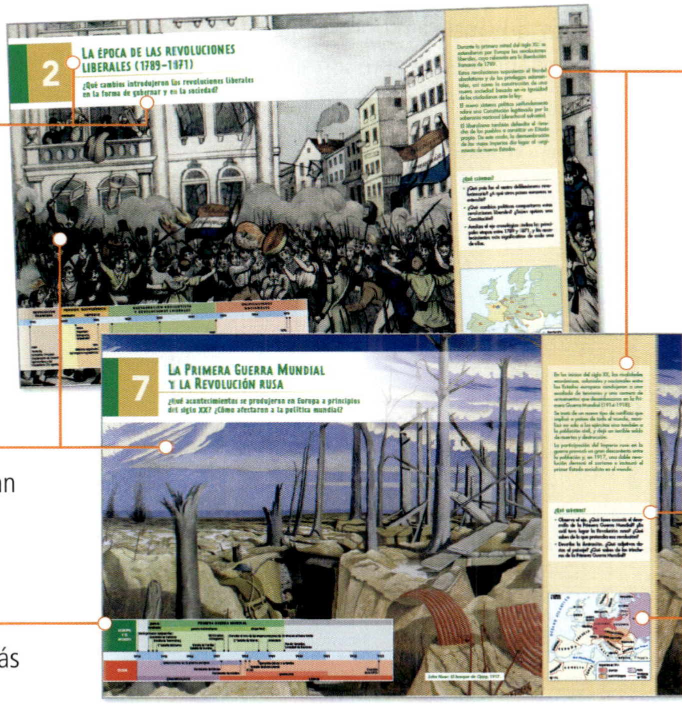

Título y pregunta inicial que constituye el hilo conductor del tema.

Introducción donde se presenta el contenido del tema.

Actividades destinadas a repasar los conocimientos previos y a formar una opinión general sobre el tema.

Imágenes motivadoras que ilustran algunos de los aspectos más relevantes del tema.

Eje cronológico con los hechos más destacados de la época.

Mapa histórico para localizar espacialmente el contenido.

CONTENIDOS DEL TEMA

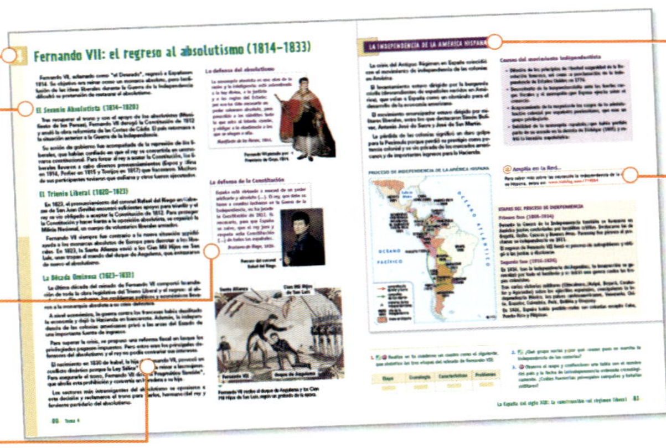

Páginas estructuradas en apartados y subapartados que recogen contenidos esenciales del tema.

Grandes documentos que amplían o complementan contenidos destacados del apartado.

A través de Tiching se accede a Internet para ampliar los contenidos.

Textos históricos para trabajar con fuentes primarias.

Conceptos con asterisco (*) que se definen en el glosario final.

Dibujos con recreaciones que ayudan a comprender y a analizar los edificios históricos y las formas de vida del pasado.

Fotos, mapas, esquemas, dibujos, gráficos... que ilustran el contenido.

Actividades que evalúan los estándares de aprendizaje y las competencias clave.

¿Cómo es este libro?

PÁGINAS MONOGRÁFICAS

Páginas en las que el contenido se plantea mediante un problema a resolver o una situación a debatir. Están estructuradas en bloques, que incluyen documentos de tipología diversa, y contienen actividades para trabajar los estándares de aprendizaje y las competencias.

PREGUNTA CLAVE

Páginas que inician el tema con una pregunta motivadora para fijar la atención y el interés del alumnado.

DESCUBRE

Páginas que profundizan en un determinado contenido del tema.

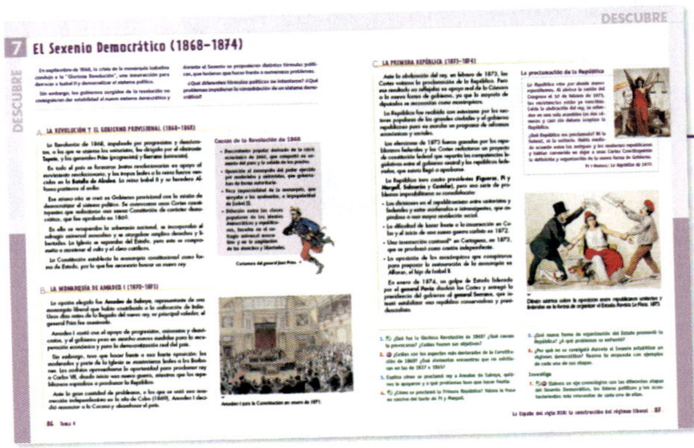

PROTAGONISTAS DE LA HISTORIA

Páginas relacionadas con la vida cotidiana y la sociedad, en que un personaje o un colectivo de la época es el protagonista de un determinado acontecimiento.

PASADO Y PRESENTE

Páginas que presentan procesos políticos, sociales, económicos o culturales del pasado, que tienen su continuidad o relación con hechos de la actualidad.

ARTE Y SOCIEDAD

Páginas concebidas desde la perspectiva del arte como reflejo de la sociedad de un determinado contexto histórico.

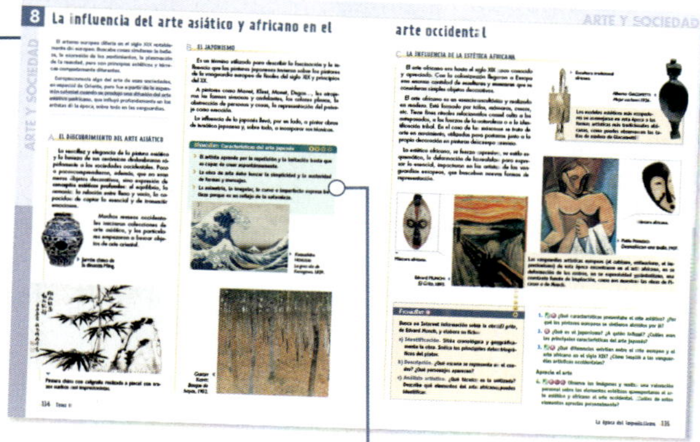

En los *MemoArt* se describen los grandes rasgos artísticos de cada época.

SÍNTESIS

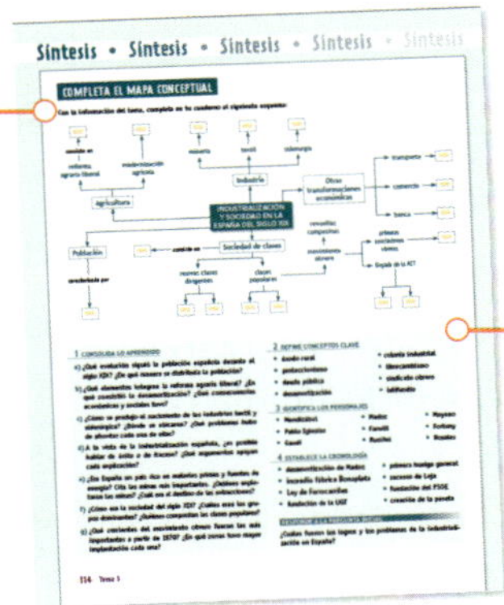

Mapa conceptual para completar los principales contenidos del tema.

Actividades para consolidar lo aprendido y repasar el vocabulario, la cronología, los hechos y los personajes más importantes del tema.

TALLER DE HISTORIA

APRENDE A...

Actividad que presta especial atención a los aspectos procedimentales (búsqueda de información, análisis, interpretación, etc.).

Actividades de razonamiento histórico.

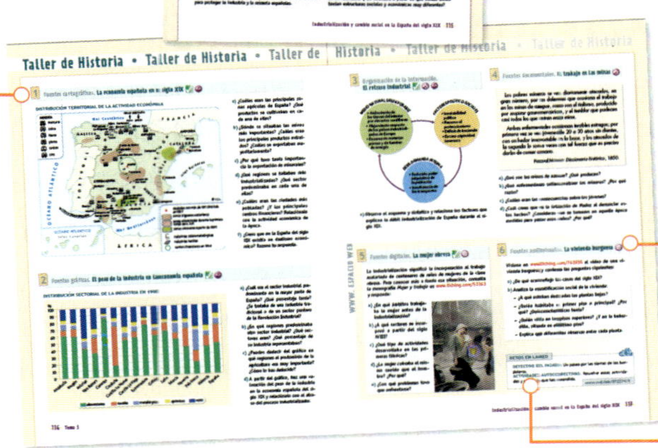

Espacio web: Actividades relacionadas con el tema que remiten a páginas web sobre las que hay que trabajar.

Actividades de espacio y tiempo, fuentes documentales, fuentes materiales, causalidad histórica, cambio y continuidad, pasado y presente, empatía, relato e interpretación, el arte en su contexto, etc.

Retos en la Red: recursos en línea para trabajar contenidos relacionados con el tema y proyectos basados en un reto.

Ejercicios autocorrectivos en línea para afianzar los contenidos del currículo.

Historia

1 El siglo XVIII: la crisis del Antiguo Régimen

¿Por qué las ideas de la Ilustración y el desarrollo económico del siglo XVIII hicieron entrar en crisis al Antiguo Régimen?

EUROPA Y EE UU

- **1689** Declaración de Derechos en Inglaterra
- **1713** Tratado de Utrecht
- **1751** Publicación de la *Enciclopedia*
- **1762** *El contrato social*, de Rousseau
- **1773** Revuelta del té
- **1776** Independencia de EE UU
- **1787** Constitución de EE UU

1680 · 1710 · 1720 · 1730 · 1740 · 1750 · 1760 · 1770 · 1780 · 1790

ESPAÑA

- **1700** Inicio de la dinastía de los Borbones
- **1701**–**1714** Guerra de Sucesión española
- **1707**–**1716** Decretos de Nueva Planta
- **1719-20** Primeras manufacturas reales
- **1738** Inicio de la construcción del Palacio Real de Madrid
- **1778** Libertad de los puertos para comerciar con América
- **1794** *Informe sobre la Ley Agraria*, de Jovellanos

FELIPE V · FERNANDO VI · CARLOS III · CARLOS IV

Luis Paret: *Carlos III comiendo ante su corte, 1775.*

El siglo XVIII fue un periodo de transición. Por un lado, se mantuvieron las características del Antiguo Régimen: la monarquía absoluta, la sociedad estamental y una economía señorial agraria.

Sin embargo, el intenso impulso demográfico y económico, el crecimiento de la burguesía, los ejemplos de la Revolución inglesa y de la independencia americana y las ideas de la Ilustración hicieron entrar en crisis al Antiguo Régimen.

En España, el siglo XVIII significó la entronización de una nueva dinastía, los Borbones, que implantaron el modelo absolutista francés. Pero a mediados de siglo, la difusión de las ideas ilustradas influyó en el monarca Carlos III, que aplicó algunos de los principios reformistas del Despotismo Ilustrado.

¿Qué sabemos?

- ¿Qué caracterizaba a la sociedad del Antiguo Régimen?
- ¿Qué sistemas políticos se reflejan en el mapa? ¿Puedes establecer alguna diferencia entre ellos?
- ¿Sabes qué fue la Ilustración? ¿Recuerdas el nombre de algún pensador ilustrado?
- Fíjate en el eje cronológico. ¿Qué dinastía empezó a reinar en España en el siglo XVIII? ¿De dónde procedía?

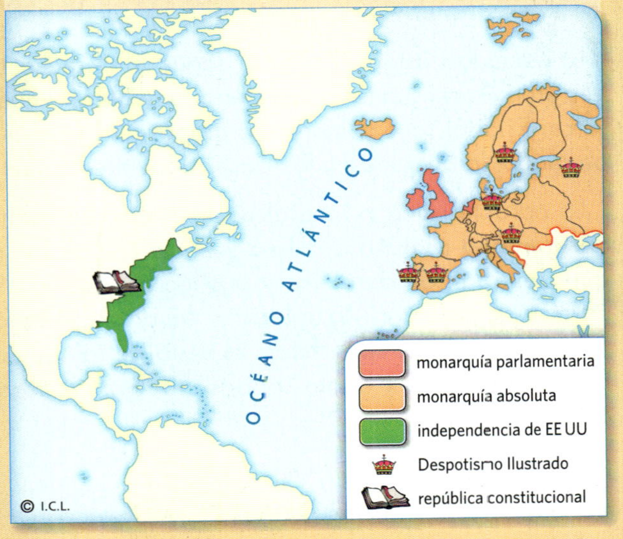

PREGUNTA CLAVE

1 ¿Por qué el Antiguo Régimen entró en crisis en

El Antiguo Régimen era el sistema económico, social y político, heredero del feudalismo medieval, que se hallaba vigente en la Europa del siglo XVIII.

El sistema de gobierno era el absolutismo monárquico, la sociedad era estamental y fundamentada sobre los privilegios de una minoría (nobleza y clero), y la agricultura constituía la base de una población mayoritariamente campesina.

El desarrollo de las actividades manufactureras y comerciales, sobre todo del comercio marítimo a larga distancia, había generado nuevas fuentes de riqueza, que beneficiaban a la burguesía, la clase social en ascenso.

Pero el desarrollo de las nuevas actividades económicas de la burguesía se veía obstaculizado por el mantenimiento de unas estructuras económicas y sociales caducas. Además, la burguesía aspiraba al reconocimiento político y social que la pervivencia del Antiguo Régimen le negaba.

El siglo XVIII fue de tránsito entre el viejo mundo aristocrático en declive y el nuevo mundo burgués que emergía con fuerza. Esta pugna marcó el fin de una época y la gestación del mundo contemporáneo.

¿Qué papel desempeñaron la burguesía y sus nuevas ideas en la quiebra del Antiguo Régimen?

A UNA ECONOMÍA AGRÍCOLA Y SEÑORIAL

La economía del Antiguo Régimen era básicamente **rural** y más del 80% de la población se dedicaba a tareas agrícolas. La propiedad de la tierra era vinculada, es decir, no se podía comprar ni vender, y estaba concentrada en manos de la nobleza y de la Iglesia.

En el campo seguía vigente el **régimen señorial**, heredado del feudalismo. Los señores vivían de las rentas e impuestos que los campesinos debían pagarles, y además tenían la facultad de dictar órdenes y de impartir justicia. Los campesinos también estaban obligados a pagar el diezmo (10% de la cosecha) a la Iglesia.

La agricultura utilizaba métodos muy tradicionales, con escasas mejoras técnicas y una baja productividad, que a duras penas podía alimentar a la población. La mayor parte de la producción se dedicaba al autoconsumo, los intercambios eran escasos y el comercio se veía dificultado por la insuficiencia de sistemas de transporte.

A pesar del predominio agrícola, la burguesía desempeñaba actividades artesanales y manufactureras que en el siglo XVIII se vieron fuertemente estimuladas por el desarrollo del **comercio ultramarino**.

Grabado francés del siglo XVIII que refleja la dureza de la vida del campesino en esa época.

@ Amplía en la Red...

Para saber más sobre la sociedad estamental, entra en: www.tiching.com/67895

B UNA SOCIEDAD FUNDAMENTADA SOBRE LOS PRIVILEGIOS

La sociedad estaba dividida, según el derecho tradicional, en tres órdenes o estamentos: el **clero**, la **nobleza** y el **estado llano** (o Tercer Estado), que comprendía grupos tan diversos como el campesinado, la burguesía y las clases populares de las ciudades.

La característica principal de la sociedad estamental era su **desigualdad civil**. La nobleza y el clero eran los privilegiados, que gozaban de derechos y privilegios, acaparaban todos los cargos del ejército, la Iglesia y la administración y estaban exentos de pagar impuestos. El resto de la sociedad no gozaba de privilegios y debía soportar todas las cargas fiscales del Estado.

Grabado del siglo XVIII que representa las desigualdades de la sociedad estamental.

el siglo XVIII?

C LA MONARQUÍA ABSOLUTA DE DERECHO DIVINO

La forma predominante de gobierno en toda Europa era la **monarquía absoluta** de derecho divino. La autoridad del rey provenía de Dios y en su nombre ejercía el poder sobre sus súbditos. El rey Luis XIV de Francia, conocido como el "Rey Sol", fue el prototipo de monarca absoluto.

El rey concentraba todos los poderes: dictaba leyes, nombraba a los magistrados y ministros, administraba justicia, comandaba el ejército y dirigía la política exterior. No se sometía a ningún control y no compartía la soberanía con nadie.

Sin embargo, el poder del rey estaba limitado por la ley divina y por las leyes fundamentales del reino, que el monarca debía aceptar en el momento de su coronación.

LOS ESTADOS EUROPEOS EN EL SIGLO XVIII

D LOS FACTORES IMPULSORES DEL CAMBIO

El **crecimiento económico** del siglo XVIII unido a las aspiraciones de cambio del **Tercer Estado** impulsadas por la **burguesía** resquebrajaron las bases del Antiguo Régimen.

La burguesía aspiraba a participar en el gobierno, criticaba los privilegios y reclamaba que el reconocimiento social fuese el resultado de los méritos de cada individuo y no de la familia en que uno había nacido.

Los campesinos y las campesinas se oponían al régimen señorial y rechazaban los fuertes impuestos que pesaban sobre ellos y los sumían en la miseria. En las ciudades, las **clases populares** se empobrecieron como consecuencia de que los precios subían más que sus salarios.

En este contexto, un grupo de pensadores, los **ilustrados**, socavó los fundamentos ideológicos del Antiguo Régimen y propuso **nuevos modelos sociales y políticos** para organizar la sociedad.

A finales del siglo XVIII, la mayor parte de la sociedad deseaba acabar con el predominio de los privilegiados y con una monarquía que solo gobernaba para ellos. Se había iniciado el camino de las revoluciones que pondrían fin al Antiguo Régimen.

Nicolas-Bernard LÉPICIÉ: *La familia Leroy*, 1766. Algunos burgueses del siglo XVIII se habían convertido en una clase adinerada.

1. Completa en tu cuaderno el siguiente mapa mental con las principales características del Antiguo Régimen:

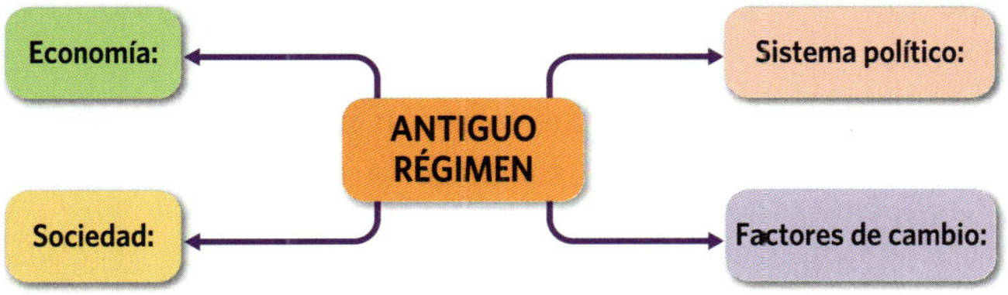

2. Observa el mapa. ¿Qué sistema político predominaba en Europa en el siglo XVIII? ¿Cuáles eran los grandes imperios y Estados?

Argumenta la respuesta

3. ¿Por qué a finales del siglo XVIII entró en crisis el Antiguo Régimen? ¿Qué papel desempeñó la burguesía en este proceso de cambio?

2 Crecimiento económico y desarrollo burgués

Después de las largas guerras del siglo XVII, se inició un periodo de paz, que favoreció el desarrollo de las actividades económicas durante el siglo XVIII.

El aumento demográfico

El continente europeo pasó de 100 a 200 millones de habitantes entre 1650 y 1800. Este notable **crecimiento** de la población fue debido al aumento de la producción agrícola, a la mejora general de la economía y a la disminución de las grandes epidemias, que originaron un descenso de la mortalidad y un progresivo aumento de la natalidad.

El mayor número de personas supuso un estímulo para el incremento de la producción (a más consumidores, más demanda) y fue una de las causas de la reactivación de la economía.

EL CRECIMIENTO DEMOGRÁFICO

País	Hacia 1700	Hacia 1800
Gran Bretaña	9 400 000	16 000 000
Francia	19 000 000	27 000 000
España	6 000 000	11 000 000
Italia	13 000 000	18 000 000
Alemania	12 000 000	23 000 000
Rusia	14 000 000	36 000 000

1. ¿Qué evolución tuvo la población en el siglo XVIII? ¿A qué se debió? ¿Cuáles eran los países más poblados?

El desarrollo agrícola y manufacturero

El crecimiento de la demanda estimuló la **roturación** de nuevas tierras para aumentar la producción agrícola así como la introducción de **nuevos cultivos** (patata, maíz…) y **técnicas**. Todo ello inició el camino hacia la revolución agrícola de finales del siglo XVIII.

Para aumentar la producción artesanal y escapar del rígido control que ejercían los gremios, que regulaban la producción y los beneficios, se introdujeron nuevos sistemas de producción:

- El **trabajo a domicilio**, que consistía en facilitar la materia prima y los instrumentos de trabajo a familias campesinas para que elaborasen productos en sus pequeños talleres.
- Las **manufacturas**, que eran instalaciones que concentraban un elevado número de trabajadores para elaborar determinados artículos, normalmente de lujo. Estos establecimientos podían estar impulsados por el Estado o ser de iniciativa privada.

La producción se vendía en los mercados urbanos en expansión, pero sobre todo en los mercados internacionales, por medio del **comercio colonial** que se desarrollaba a través de la navegación.

Un tejedor a domicilio de finales del siglo XVIII. El promotor del trabajo era un artesano-comerciante que encargaba el trabajo a familias campesinas, pagaba por pieza y comercializaba el producto.

El auge del capital y de la burguesía

La subida de precios que se produjo en el siglo XVIII como consecuencia del aumento de la demanda, empobreció a la nobleza que vivía de las rentas agrarias. Por el contrario, enriqueció a la burguesía, que impulsaba los negocios que daban mayores ganancias.

El desarrollo de las nuevas formas productivas y la expansión del comercio causaron la pérdida de la importancia económica de las rentas de la agricultura para dar protagonismo a la producción de bienes, al comercio y al dinero, es decir, al **capital** (riqueza mobiliaria). Este cambio contribuyó a la crisis del Antiguo Régimen, un sistema económico y social basado en la propiedad territorial como fuente de riqueza y de privilegios sociales.

Elogio de la burguesía

En Francia, un noble es considerado muy superior a un negociante.

Yo no sé, sin embargo, quién es más útil a un Estado: el señor bien engalanado, que sabe con precisión a qué hora se levanta el rey, y que se da aires de grandeza, o un negociante que enriquece a su país, da órdenes en El Cairo y contribuye a la felicidad del mundo.

VOLTAIRE: *Cartas filosóficas*, 1734.

2. ¿Qué reflexión hace Voltaire sobre el papel social de la nobleza y de la burguesía?

¿EN QUÉ CONSISTÍA EL COMERCIO TRIANGULAR?

El **comercio colonial**, es decir, el comercio marítimo con los territorios extraeuropeos, tuvo un gran auge en el siglo XVIII. Los comerciantes europeos (Gran Bretaña, Holanda, Francia, España y Portugal) intercambiaban **productos manufacturados** de Europa por **materias primas**. Algunos productos coloniales, como el azúcar, el café y el algodón se hicieron habituales en Europa.

La base de este comercio era el llamado **comercio triangular** que tenía en el **tráfico de esclavos** de raza negra un elemento esencial. Los esclavos eran apresados en África, trasladados a América y vendidos allí para trabajar de manera infrahumana en las plantaciones. El destino de los esclavos era, sobre todo, la zona del Caribe, Brasil y las colonias inglesas de Norteamérica.

Los beneficios obtenidos con el comercio colonial eran muy altos, lo que favoreció la proliferación de mercaderes, banqueros y prestamistas, así como un mayor desarrollo de los **bancos** y de las **compañías comerciales**. Estas compañías estaban organizadas por comerciantes privados que gozaban de la protección del Estado, que les otorgaba privilegios.

Venta de esclavos en la República Dominicana, según un grabado de 1826.

@ Amplía en la Red...

Para saber más sobre el comercio triangular, entra en: www.tiching.com/746181

LAS GRANDES RUTAS COMERCIALES

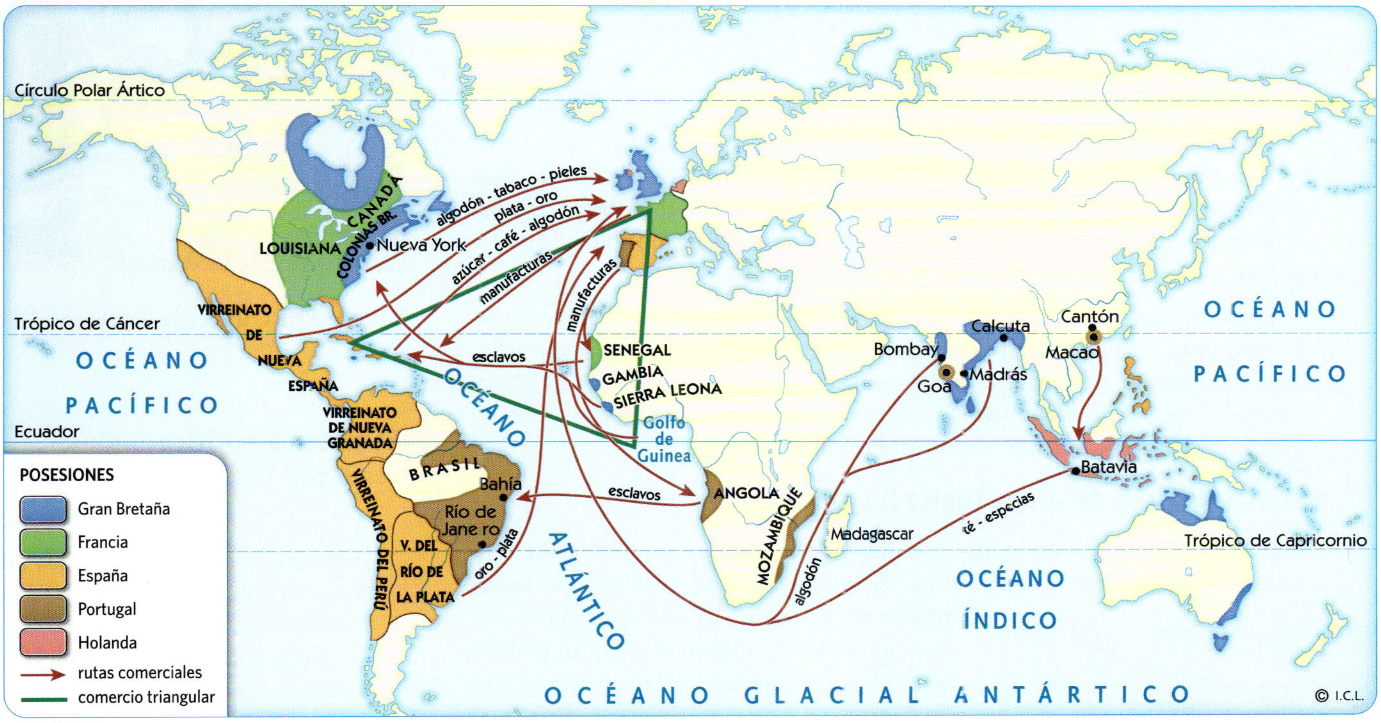

3. ¿En qué consistía el trabajo a domicilio y las manufacturas? ¿Por qué los productores querían evitar los gremios?
4. ¿Qué grupo social se vio beneficiado con las actividades económicas del siglo XVIII? ¿Cuál resultó perjudicado?
5. Observa el mapa y describe las grandes rutas comerciales marítimas y los productos que se intercambiaban. ¿Por qué se denomina comercio triangular?
6. ¿Qué eran las compañías comerciales? ¿Por qué el desarrollo del comercio a larga distancia provocó el crecimiento de estas compañías?
7. Explica en qué consistía el comercio de esclavos, dónde eran recogidos y cuál era su destino. ¿Puedes establecer alguna relación entre el consumo en Europa de productos como el café, el azúcar o el algodón y el tráfico de esclavos?

3 Los sistemas parlamentarios: Gran Bretaña

DESCUBRE

En el siglo XVIII, Gran Bretaña había limitado el poder del rey y reforzado el del Parlamento. Por otro lado, Estados Unidos se organizó como una república fundamentada sobre una Constitución y sobre los derechos de los ciudadanos.

La monarquía parlamentaria británica y la república americana constituyeron un modelo para el pensamiento ilustrado e inspiraron las revoluciones que pusieron fin al absolutismo en Europa.

A LA MONARQUÍA PARLAMENTARIA EN INGLATERRA

Desde la Edad Media, en Inglaterra, el poder real estaba limitado por las dos cámaras del Parlamento: la de los nobles y los clérigos (**Lores**) y la de los burgueses representantes de las ciudades (**Comunes**). Los monarcas necesitaban su autorización para aprobar los impuestos o para declarar la guerra.

Las revoluciones del siglo XVII

En el siglo XVII, la dinastía **Estuardo** pretendió gobernar sin el Parlamento y procedió a detener o ajusticiar a sus oponentes. Estos hechos enfrentaron a los defensores del Parlamento y a los de la monarquía. El conflicto se desencadenó en dos episodios:

- En 1649, el rey Carlos I fue ajusticiado y se proclamó una República, que quedó en manos de **Oliver Cromwell**.

  En 1660 se restableció la monarquía y el nuevo rey, Carlos II, tuvo que aceptar el control del Parlamento. En 1679 se aprobó el ***Habeas corpus***, un texto que garantizaba las libertades individuales e impedía al rey toda detención arbitraria.
- En 1689, la política absolutista de Jacobo II y su fe católica provocaron una segunda revolución. El Parlamento ofreció la corona al príncipe holandés **Guillermo de Orange**, protestante y dispuesto a jurar la Declaración de Derechos (***Bill of Rights***), que limitaba los poderes del monarca y sometía algunas de sus decisiones al Parlamento.

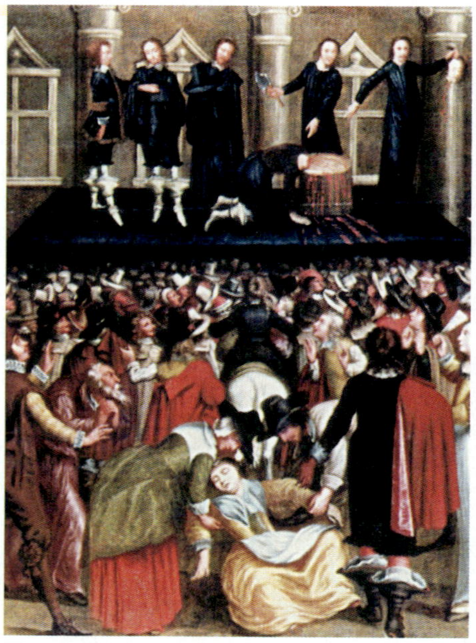

Ejecución de Carlos I de Inglaterra en 1649.

La monarquía con derechos limitados

A lo largo del siglo XVIII, toda una serie de medidas precisaron las atribuciones del Parlamento ante el monarca y asentaron el principio de **separación de poderes**. La elaboración de leyes quedaba en manos del Parlamento y el poder judicial era independiente del Gobierno, aunque el monarca dirigía el ejecutivo y conservaba muchas de sus atribuciones.

Sin embargo, solo una minoría (grandes propietarios agrarios, burgueses, etc.) tenía derecho a votar, los habitantes de las colonias no estaban representados en el Parlamento y la esclavitud continuaba siendo comúnmente aceptada.

La Cámara de los Lores del Parlamento británico, a comienzos del siglo XVIII.

El sistema político inglés visto por Voltaire

La Cámara de los Comunes es verdaderamente la nación porque cada uno de sus miembros es un diputado que representa al pueblo (...).

La legislación inglesa ha otorgado a cada individuo todos los derechos de que es despojado en casi todas las monarquías. Esos derechos son: la entera libertad de las personas y de sus bienes, poder dirigirse a la nación a través de su propia pluma y publicar lo que piensa, no poder ser juzgado si no es en los términos precisos que marca la ley y poder profesar en paz la religión que quiera. Allí podéis estar tranquilos de que (...) tan solo seréis detenidos y juzgados siguiendo la ley.

VOLTAIRE: *Diccionario filosófico*, 1764.

y Estados Unidos

B LA INDEPENDENCIA DE ESTADOS UNIDOS

Las trece colonias británicas, establecidas en la costa Este de América del Norte, protagonizaron en el siglo XVIII la primera insurrección colonial contra una metrópoli, y constituyeron el primer ejemplo de gobierno fundado sobre los principios de igualdad y libertad.

Los colonos americanos estaban descontentos con una metrópoli que no les permitía enviar representantes al Parlamento y les imponía un monopolio comercial así como fuertes impuestos.

La decisión británica de otorgar el monopolio de la venta de té a una compañía inglesa provocó en Boston, en 1773, la revuelta del té, que inició el conflicto armado. El rey Jorge III envió al ejército a sofocar la rebelión.

Para reforzar su posición frente a Gran Bretaña, delegados de las trece colonias, reunidos en Filadelfia, redactaron la **Declaración de Independencia de Estados Unidos de América** (4 de julio de 1776), que expresaba el deber de los gobernantes de respetar los derechos inalienables del pueblo.

La guerra contra la metrópoli fue larga, y tras la derrota de Yorktown, Gran Bretaña reconoció la independencia en 1783. Los nuevos Estados Unidos de América redactaron una **constitución** (1787) que fue la primera constitución escrita de la historia. Poco después, en 1789, **George Washington** fue proclamado primer presidente.

La Constitución americana

La Constitución americana aseguraba la separación de poderes (ejecutivo, legislativo y judicial), establecía un gobierno republicano, encabezado por un presidente elegido por los ciudadanos y con amplios poderes, e implantaba una estructura federal* del Estado.

La Constitución se completaba con una **Declaración de Derechos** que garantizaba la libertad de religión, de prensa, de expresión, de reunión, y el derecho a ser juzgado por un jurado. Asimismo, nadie podía ser privado de su vida, de su libertad o de su propiedad, sin un procedimiento judicial adecuado.

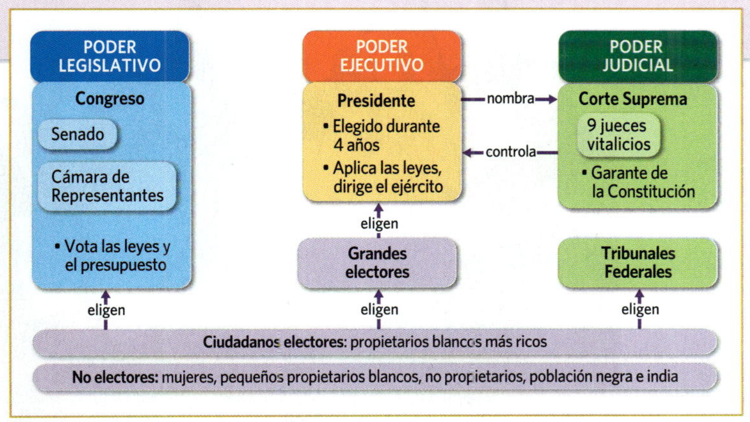

Esta Constitución sigue vigente hoy en día y se ha ido completando y actualizando a través del añadido de enmiendas.

LAS 13 COLONIAS AMERICANAS

1. ¿Cómo consiguió el Parlamento inglés limitar el poder del monarca en el siglo XVII? Lee el texto de Voltaire y explica por qué el *Bill of Rights* y el *Habeas corpus* garantizan derechos a los ciudadanos e impiden la arbitrariedad.
2. Observa el mapa y enumera las 13 colonias inglesas en Norteamérica. ¿Qué causas motivaron su deseo de independencia? Explica el proceso mediante el cual se llevó a cabo.
3. Fíjate en el esquema del sistema político de EEUU, explica sus características y las diferencias con una monarquía absoluta.

Investiga

4. Lee en www.tiching.com/54657 el documento de la Declaración de Independencia de Estados Unidos:
   - ¿Con qué argumentos justifican sus redactores esta Declaración?
   - ¿Qué pasos dicen haber seguido antes de declarar la independencia?
5. @ Consulta en Internet y averigua cuándo fue abolida la esclavitud en Estados Unidos y cuándo lograron las mujeres, los indios y los negros el derecho de sufragio.

4 La Ilustración contra el Antiguo Régimen

La Ilustración fue un movimiento intelectual, desarrollado en Europa durante el siglo XVIII, que cuestionó las bases sobre las que se asentaba el Antiguo Régimen y propuso una nueva forma de organización de la sociedad.

La nueva burguesía en ascenso hizo suyas esas ideas y las convirtió en un programa revolucionario para derrocar al absolutismo.

El pensamiento de la Ilustración

Los ilustrados propugnaban una fe absoluta en la **razón** (inteligencia humana) como único medio para entender y explicar el mundo. Así, los nuevos filósofos se enfrentaron a la concepción medieval basada en la tradición y en el teocentrismo religioso.

Aunque la mayor parte de los ilustrados eran **deístas**, es decir, creían en una religión natural que admitía la idea de Dios, rechazaban la superioridad de cualquier religión sobre las otras y condenaban la intolerancia religiosa. **Voltaire** fue el gran defensor de la **libertad de conciencia** y de la **tolerancia** como base de las relaciones humanas.

Los ilustrados tenían una **concepción optimista** de la **naturaleza**, a la que consideraban una fuente de justicia y bondad, y del **ser humano**, que nacía para ser feliz. Confiaban en la idea de **progreso** y creían que la razón y la voluntad humana podían mejorar la sociedad.

El Despotismo Ilustrado

La influencia del pensamiento ilustrado alcanzó a las cortes europeas, y algunos soberanos, sin renunciar a su autoridad, intentaron llevar a cabo experiencias reformistas que unían la concepción absolutista de la monarquía con las ideas de progreso de la Ilustración.

En distintos países de Europa surgieron monarcas ilustrados, entre los que destacaron Federico II de Prusia, María Teresa de Austria, la zarina Catalina de Rusia, Gustavo de Suecia y Carlos III de España.

Todos ellos promovieron la racionalización de la administración, el fomento de la educación y la modernización económica. En este sentido impulsaron programas de desarrollo agrícola e industrial, facilitaron la libertad de comercio y promovieron las manufacturas y las compañías comerciales.

La frase "Todo para el pueblo, pero sin el pueblo" define el carácter reformista del Despotismo Ilustrado y la voluntad de los monarcas de actuar en favor del pueblo, pero sin renunciar a ninguno de sus privilegios.

Quentin DE LA TOUR: *Émilie du Châtelet*, primera mitad del siglo XVIII.

Algunas mujeres contribuyeron a la Ilustración organizando salones donde los intelectuales debatían las nuevas ideas o realizando ellas mismas trabajos científicos.

La tolerancia

La discordia es el gran mal del género humano y la tolerancia es su único remedio. No hay nadie que pueda discrepar de esta verdad (...).

En la América inglesa (...) se ha establecido la entera libertad de conciencia, y a pesar de que todos creen en Dios, todas las religiones son bien recibidas y, gracias a ello, la población aumenta y el comercio florece.

VOLTAIRE: *Diccionario filosófico*, 1764.

1. ¿Qué son la tolerancia y la libertad de conciencia? ¿Por qué las defiende Voltaire?

Adolph VON MENZEL: *Voltaire en la corte de Federico II de Prusia*, 1850.

¿QUÉ NUEVAS IDEAS PROPUSIERON LOS ILUSTRADOS?

Las ideas de la Ilustración fueron propagadas por un grupo de pensadores, principalmente franceses, entre los que destacan Montesquieu, Voltaire, Diderot, Rousseau y D'Alembert.

Todos ellos contribuyeron a crear un nuevo modelo de organización política y social, que fue la base del liberalismo político y de las revoluciones liberal-burguesas del siglo XIX.

A NIVEL SOCIAL

- Se opusieron a la **sociedad estamental** y proclamaron que nadie podía heredar ni gozar de prestigio o privilegios en nombre de sus antepasados.
- Defendieron la movilidad social, la igualdad de origen y el mérito según la valía de cada persona.

Crítica de la sociedad estamental según un grabado del siglo XVIII.

A NIVEL ECONÓMICO

- Se opusieron a los mercantilistas que creían en el comercio y en la acumulación de metales preciosos como principales fuentes de riqueza de un país y defendieron que la agricultura y las actividades productivas eran las que permitían vivir a sus habitantes (**fisiocracia**).
- Lucharon contra toda reglamentación por parte del Estado y defendieron la libre iniciativa, la propiedad privada y la libertad económica (**liberalismo económico**).

A NIVEL POLÍTICO

- Criticaron el despotismo y la arbitrariedad del absolutismo.
- **Montesquieu** propuso la **división de poderes** (legislativo, ejecutivo y judicial), con especial énfasis en la independencia del poder judicial.
- **Rousseau** planteó la necesidad de un **contrato social** entre gobernantes y gobernados (**Constitución**). También definió el principio de **soberanía nacional**, por el cual el poder emana del libre consentimiento de todos los ciudadanos, expresado mediante el voto.
- **Voltaire** defendió la necesidad de un **parlamento** que limitase el poder del rey y de un **sistema fiscal** que no recayese exclusivamente sobre el pueblo.

La soberanía nacional

Solo la voluntad general puede dirigir las fuerzas del Estado (...), el pueblo sometido a la ley debe ser el protagonista. El poder legislativo pertenece al pueblo y tan solo de él puede emerger. (...) Toda ley que no haya sido ratificada por el pueblo es nula. (...) Para asegurar las leyes, es necesario un gobierno, pero el gobierno es tan solo el representante del pueblo soberano. (...)

Jean-Jacques Rousseau: *El contrato social*, 1762.

EL SISTEMA POLÍTICO LIBERAL

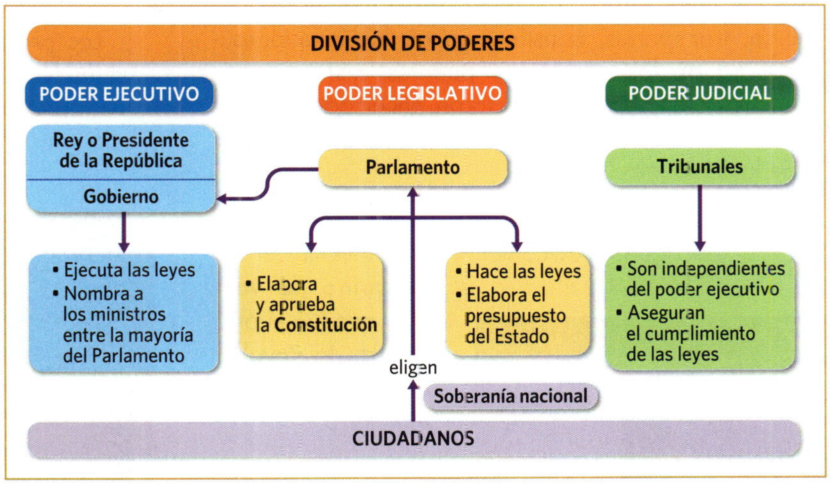

2. ¿Qué fue la Ilustración? ¿Cuál era su objetivo? Cita algunos de sus principales representantes.

3. Explica qué significa que los ilustrados eran optimistas y creían en la idea del progreso humano. ¿Estás de acuerdo con esta visión? Argumenta tu respuesta.

4. ¿Qué fue el Despotismo Ilustrado? ¿Qué actuaciones llevaron a cabo sus monarcas?

5. ¿Qué aspectos del Antiguo Régimen fueron más criticados por los filósofos ilustrados del siglo XVIII a nivel social, económico y político? ¿Qué alternativas proponían?

6. Observa el esquema del sistema político liberal. A continuación, explica de manera detallada en qué consiste y define los conceptos de división de poderes, constitución y soberanía nacional.

5 La *Enciclopedia* difunde los nuevos conocimientos

El siglo XVII fue el de la gran revolución científica, en el que figuras como Kepler, Descartes, Pascal, Torricelli, Galileo y Newton hicieron progresar el conocimiento científico e iniciaron la ciencia moderna.

El interés por las ciencias y las letras prosiguió en el siglo XVIII y se produjeron nuevos avances, que tuvieron sus aplicaciones técnicas. La Ilustración estimuló los contactos entre científicos de toda Europa, y la *Enciclopedia* ayudó a la difusión de los conocimientos entre un público instruido.

¿Qué pretendieron los ilustrados con la creación de la *Enciclopedia*? ¿Qué conocimientos e ideas se difundieron en ella?

A EL PROGRESO DE LA CIENCIA Y LA TÉCNICA

En el siglo XVIII, mientras continuaban los progresos científicos del siglo anterior, los monarcas y las élites culturales se interesaron cada vez más por las ciencias y por sus aplicaciones prácticas.

Se impuso la idea de que la ciencia y la técnica debían trabajar conjuntamente para conseguir un progreso que beneficiase a toda la sociedad y estimulase el progreso del país.

Esta unión produjo grandes adelantos en medicina, transportes, construcción de fortificaciones, mejora de los caminos y puentes, sistemas de energía, etc., que no quedaron encerrados en un laboratorio, sino que mejoraron la vida cotidiana de las personas.

Basándose en experimentos sobre la fuerza del vapor de agua, Newcomen y Watt inventaron la **máquina de vapor**, que fue el origen de la Revolución Industrial en Inglaterra.

La elevación de un globo aerostático en Francia, en 1783, levantó gran expectación entre un público muy interesado por los avances de la ciencia.

B LA DIFUSIÓN DEL SABER

El siglo XVIII fue una época de gran circulación de las ideas y los saberes. La correspondencia entre ilustrados y científicos estimuló la difusión de conocimientos, y los viajes permitieron intercambiar y debatir las ideas.

En las principales ciudades de Europa, y sobre todo en París y Londres, se crearon **universidades** y **academias***. También proliferaron los **cafés** y los **salones** privados, donde se reunía la gente de ciencias y letras para presentar sus novedades científicas.

Los progresos en la **alfabetización** permitieron una mayor difusión de la prensa escrita, y los editores aumentaron la tirada de sus libros. La cultura escrita alcanzó una difusión como nunca antes lo había hecho.

Algunos burgueses ilustrados poseían gabinetes científicos como este de París, perteneciente a un banquero de la primera mitad del siglo XVIII.

C LA ELABORACIÓN DE LA *ENCICLOPEDIA*

En la segunda mitad del siglo XVIII, filósofos y científicos colaboraron en la elaboración de la ***Enciclopedia***. Promovida por Diderot y d'Alembert, fue editada entre 1751 y 1772 y constaba de 20 volúmenes. La obra tuvo una gran difusión y alcanzó un elevado número de suscriptores en Francia y también en otros países de Europa.

Su objetivo era reunir los **conocimientos** de su época para ponerlos a disposición de todos los lectores. También pretendían exponer las **ideas críticas** de los filósofos de la Ilustración sobre la sociedad estamental, el absolutismo y el funcionamiento de la economía, que deberían ser sutilmente presentadas para evitar la **censura real**.

Una de las aportaciones más interesantes de la *Enciclopedia* fueron sus láminas de dibujos, como la de la ilustración, que muestra cómo se trabajaba el metal.

Diderot define la *Enciclopedia*

Esta palabra significa "encadenamiento de conocimientos". (...) El objetivo de la Enciclopedia es unir todos los conocimientos dispersos sobre la superficie de la Tierra (...), para mostrarlos a los hombres que viven con nosotros y transmitirlos a los que vendrán después (...) para que estando mejor instruidos, sean también más virtuosos y felices (...).

Es necesario recopilar todo el conocimiento humano, criticar los fanatismos religiosos y políticos y hacer una apología de la razón humana y de la libertad de espíritu.

Es necesario examinarlo todo, removerlo todo sin excepción alguna y sin contemplaciones (...).

Si se tiene en cuenta la inmensa cantidad de materias que trata la Enciclopedia, se percibe que no puede ser obra de un solo hombre (...).

Artículo de la Enciclopedia, 1751.

La monarquía contra la *Enciclopedia*

Su majestad ha encontrado que en estos volúmenes están escritos juicios tendentes a destruir la autoridad real, a impulsar un espíritu de independencia y revuelta, y bajo unas palabras oscuras y confusas, ensalzar errores fundamentales y fomentar la corrupción de las costumbres y la incredulidad religiosa.

Prohibición de la Enciclopedia *por Luis XV*, 1752.

1. ¿Cuál es la diferencia entre ciencia y técnica? ¿Qué frutos dio su unión en el siglo XVIII?
2. ¿Cómo colaboró el nuevo ambiente de la Ilustración a promover y difundir los saberes de la época? ¿Qué papel desempeñaron las academias, los salones y los cafés?
3. ¿Cuáles eran los objetivos de la *Enciclopedia* según el texto de Diderot? ¿A quiénes estaba destinada? ¿Por qué debía ser una obra colectiva?
4. Lee la prohibición de Luis XV: ¿cómo fue recibida la *Enciclopedia* por la monarquía? ¿Qué razones daba el rey para prohibirla?
5. Explica qué representó la *Enciclopedia* en la difusión de los saberes científico y técnico y también de las nuevas ideas políticas de la Ilustración.

Relaciona ayer y hoy

6. @ Actualmente podemos consultar enciclopedias en Internet. ¿Cuál es la enciclopedia más conocida de la Red? ¿Sabes cómo se elabora? ¿Cuáles son sus ventajas e inconvenientes? ¿Para qué la utilizamos?
7. @ Consulta estos dos enlaces: www.tiching.com/54665 y www.tiching.com/54666, y contesta:
   - ¿Qué importancia tiene en el mundo actual la capacidad de poder acceder fácilmente a Internet?
   - ¿Qué significa la expresión "brecha digital"?
   - ¿Qué esfuerzos se hacen hoy en día para que el conjunto de la población pueda acceder a la información digital?
   - ¿Cómo refleja el caso de la India la globalización de la tecnología digital?

7 Jovellanos, un ilustrado español

En el siglo XVIII surgió en España un grupo de pensadores ilustrados preocupados por modernizar la sociedad y la economía españolas. Entre ellos destacó Gaspar Melchor de Jovellanos (1744-1811).

En sus escritos criticó los privilegios del Antiguo Régimen, fustigó a la nobleza ociosa, se opuso a los prejuicios de la Iglesia y justificó la necesidad de una reforma agraria.

Jovellanos estuvo en contacto y polemizó con otros ilustrados de la época como el conde de Floridablanca, el conde de Campomanes, Pablo de Olavide, el marqués de la Ensenada y el conde de Aranda.

Sus ideas influyeron en la corte, sobre todo en la época de Carlos III, que impulsó un proyecto de modernización económica y social (Despotismo Ilustrado).

A LA CUESTIÓN AGRARIA EN ESPAÑA

Al iniciarse el siglo XVIII, España continuaba siendo una **sociedad rural**, con una agricultura de escasos rendimientos, técnicamente atrasada y con la mayor parte de las tierras amortizadas (o vinculadas) en manos de los privilegiados.

Los ilustrados se fijaron como principales objetivos el **crecimiento económico**, la **reforma de la sociedad**, la **mejora de la enseñanza** y la **modernización de la cultura**. Para difundir las nuevas ideas y fomentar la agricultura, la manufactura y el comercio crearon las **Sociedades Económicas de Amigos del País**.

El objetivo de las reformas propuestas por los ilustrados era la creación de las condiciones necesarias para una mejor distribución de las tierras y un aumento de la producción y de los intercambios. Todo ello estimularía el crecimiento demográfico y la mejora del nivel de vida de la población.

TIERRAS DE LA NOBLEZA Y DE LA IGLESIA

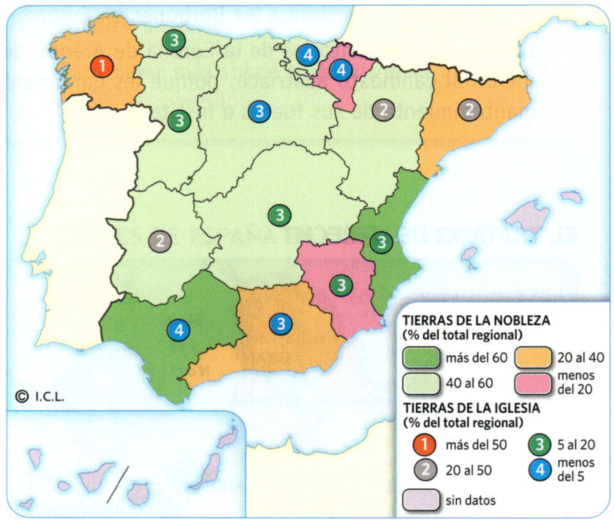

La necesidad de una reforma agraria

Jovellanos defendió que la modernización económica de España debía iniciarse con una reforma agraria que liberalizase la propiedad de la tierra. Para ello propuso:

- Suprimir las tierras amortizadas y las comunales, para que pudieran venderse y ser cultivadas de manera más eficaz (propiedad privada).
- Poner en cultivo las tierras comunales y los baldíos.
- Disolver la Mesta y cercar las fincas.
- Mejorar los contratos de arrendamientos de los campesinos.
- Limitar los mayorazgos*.

Estas medidas debían ir acompañadas de una reforma de la enseñanza, para hacerla más práctica, y de la inversión del Estado en obras públicas.

Retrato de Jovellanos por Francisco de Goya, 1798.

La cuestión agraria

No hay duda de que, como he dicho, uno de los mayores males que padecemos es la desigual repartición de las tierras y que las más de ellas están en pocas manos. (...)

Que la demasiada extensión de las tierras de labranza hace que estas se cultiven mal y no todas, pues el mismo terreno que, puesto en muchas manos, se sembraría todos los años, (...) reducido a uno solo, queda en la mayor parte inculto.

Pablo DE OLAVIDE: *Informe sobre la Ley Agraria*, 1768.

Dígnese vuestra alteza a derogar las bárbaras leyes que condenan a perpetua esterilidad tantas tierras comunes; (...) las que prefiriendo las ovejas a los hombres, han cuidado más de las lanas que los visten que de los granos que los alimentan; las que estancando la propiedad privada en las eternas manos de pocas familias poderosas, encarecen la propiedad libre y sus productos, y alejan de ella los capitales y la industria de la nación (...).

Gaspar M. DE JOVELLANOS: *Informe sobre la Ley Agraria*, 1794.

B EL REFORMISMO ILUSTRADO

El monarca Carlos III (1759-1788), sin renunciar a su poder y sin menoscabar los privilegios nobiliarios, escogió como consejeros a algunos ilustrados (Aranda, Floridablanca y Campomanes) y acometió una serie de **reformas** características del Despotismo Ilustrado.

Pero la ausencia en España de amplios grupos burgueses, el conservadurismo de los medios intelectuales y el enorme peso de la Iglesia dificultaron la expansión de las ideas de la Ilustración y la consolidación del proceso reformista.

LAS REFORMAS DE CARLOS III

- Decretar honestos todos los oficios.
- Limitar los privilegios de la Mesta y colonizar nuevas tierras.
- Fomentar la libre circulación de mercancías, estableciendo la libre venta de granos.
- Permitir el libre comercio con América para todos los puertos españoles.
- Apoyar la producción de bienes, liberalizando el proceso de fabricación.
- Establecer aranceles para limitar la competencia exterior.
- Imponer la autoridad real sobre la Iglesia (expulsión de los jesuitas).
- Crear escuelas de enseñanza primaria y reformar las universidades.

Carlos III firma el decreto de libertad de comercio con América (1778).

@ Amplía en la Red...

Para saber más sobre el Despotismo Ilustrado de Carlos III, entra en: www.tiching.com/54660

C EL CRECIMIENTO DEL SIGLO XVIII

En España, el siglo XVIII fue un periodo de incremento demográfico y expansión económica. La **población aumentó** en tres millones de habitantes y su crecimiento hizo incrementar la demanda y estimular la producción de bienes.

Una serie de mejoras agrícolas, como la extensión del espacio cultivado, la introducción de nuevos cultivos, la expansión del regadío así como el aumento de la viticultura, permitieron el incremento de la **producción agrícola**.

La **protección de las manufacturas** estimuló el aumento de la producción y la **liberalización del comercio** permitió su expansión hacia Ultramar a partir de las compañías comerciales.

Sin embargo, no se solucionó el principal obstáculo para el desarrollo industrial: la **escasa demanda** como consecuencia de la pobreza del campesinado. Por esta razón, los ilustrados insistieron en la necesidad de la **reforma agraria**.

EL CRECIMIENTO DE LA POBLACIÓN ESPAÑOLA EN EL SIGLO XVIII

Año	Población	Tasa de crecimiento (%)
1717	7 500 000	–
1768	9 309 000	0,42
1787	10 410 000	0,59
1797	10 541 000	0,13

1. ¿Cuál era la situación económica y social de España al iniciarse el siglo XVIII? ¿Cuáles eran sus principales problemas?
2. ¿Quiénes fueron los ilustrados españoles? ¿Puedes citar algunos? ¿Cuáles eran sus objetivos y sus propuestas? ¿Qué dificultades hallaron?
3. ¿Por qué se considera a Carlos III como un déspota ilustrado? ¿Qué reformas llevó a cabo? ¿Cuáles fueron sus resultados?

Ponte en su lugar

4. Imagina que eres Jovellanos y que el Consejo de Castilla ha solicitado tu punto de vista sobre las reformas que necesita el campo español para mejorar la agricultura:
   - Escribe un pequeño informe en el que enumeres las reformas que propones y los beneficios que se derivarán de cada una de ellas.
   - Recuerda qué era la Mesta y razona por qué Jovellanos puso tanto empeño en la conveniencia de suprimir esta institución.

8 Andalucía en el siglo XVIII

La Guerra de Sucesión apenas tuvo repercusión en Andalucía, que desde el principio apoyó al que sería **Felipe V de Borbón**. En 1704, los ingleses tomaron Gibraltar aprovechando su indefensión. Una vez acabada la guerra, por el Tratado de Utrecht, Gibraltar fue cedido a Gran Bretaña.

La economía

Al empezar el siglo XVIII, en Andalucía se mantenía la tradicional **economía del Antiguo Régimen**, que se caracterizaba por:

- El predominio de la **agricultura** y la **ganadería**, con bajos niveles de productividad, aunque fueron las principales fuentes de riqueza durante todo el siglo XVIII.
- Un sector industrial de tipo artesanal.
- El escaso desarrollo de los mercados, de las comunicaciones y del transporte.

Agricultura y ganadería

Los cultivos más importantes eran de secano, como los cereales, la vid y el olivo. Las zonas de regadío se concentraban en la vega de Granada y del Guadalquivir, donde se cultivaban verduras, frutales, caña de azúcar y plantas textiles, como el lino y el algodón. La tierra cultivada no ocupaba más de una tercera parte del campo andaluz; el resto eran despoblados con tierras incultas o baldías y dehesas, donde pastaban toros, caballos y ovejas.

Industria, comercio y transporte

Las **actividades artesanales** se realizaban, en su mayoría, en pequeños talleres en los que se fabricaban productos tradicionales, como tejidos de lana o lino, piezas de cerámica y alfarería, herramientas de hierro o de cobre, etc. Destacaron los paños de lana de Sevilla, Úbeda y Baeza, los tejidos de seda de Granada y Sevilla, los curtidos de Ubrique y los calzados de Priego.

El traslado de la **Casa de Contratación** de Sevilla a **Cádiz**, en 1717, convirtió la capital gaditana en el primer puerto andaluz y en uno de los más importantes de Europa. Con el decreto de libertad de comercio con América, otros **puertos**, como el de Málaga, también tuvieron un gran crecimiento.

La sociedad

La sociedad andaluza era muy desigual: una minoría acaparaba la riqueza de nobles latifundistas, clero, banqueros y comerciantes mientras una gran mayoría de campesinos jornaleros vivía muy pobremente.

Así pues, el gran problema de la economía y la sociedad andaluzas del siglo XVIII fue precisamente el reparto de tierras, unos pocos dueños de grandes extensiones de tierra de cultivo (latifundios) y una gran población pobre y sin tierras. Esta situación provocó a lo largo del siglo importantes revueltas populares y fue causa, entre otras, de la aparición del **bandolerismo**.

El puerto de Cádiz

Cádiz vivió en el siglo XVIII una época dorada. Atraídos por su riqueza, numerosos mercaderes extranjeros (franceses, ingleses, holandeses) acudieron a buscar fortuna en el comercio con América.

En pocos años la ciudad sobrepasó los 70 000 habitantes. También llegaron las ideas ilustradas vigentes en Europa y se construyeron numerosos edificios.

Sin embargo, el gran comercio gaditano no tenía mucha influencia en la economía andaluza. De las mercancías que desde Cádiz partían hacia América, sólo una pequeña parte (aceite, vino, pasas, aguardiente y algunos productos textiles) procedía de Andalucía. La mayoría eran manufacturas llegadas de países europeos, donde las modernas fábricas elaboraban productos de lujo.

La anchura de la bahía de Cádiz proporcionaba una entrada segura para las embarcaciones de gran tonelaje, que Sevilla no podía recibir.

Grabado que representa a un bandolero andaluz con el atuendo de la época.

LAS REPOBLACIONES DE OLAVIDE

Dentro de las **reformas** promovidas por **Carlos III** para revitalizar económica y socialmente Andalucia, se propuso la colonización de Sierra Morena; el proyecto también pretendía poner fin al bandolerismo de la zona, que ponía en peligro las comunicaciones entre Andalucía y la corte.

Con el mismo objetivo se llevó a cabo el proyecto de colonizar las campiñas de Córdoba y Sevilla, donde existían grandes extensiones de terreno deshabitado desde la expulsión de los moriscos.

Para la **repoblación de Sierra Morena** se designó al intendente de Andalucía, **Pablo de Olavide**. La repoblación se llevó a cabo, en gran parte, por colonos alemanes. En 1771 se construyeron unas 1500 viviendas agrupadas en más de 40 núcleos de población, cada uno de los cuales disponía de iglesia, ayuntamiento y escuela. Los colonos recibieron casa, tierras, ganado y herramientas agrícolas. De este proyecto nacieron pueblos como La Carolina, Fernandina, Santa Elena y Guarromán.

La misma experiencia se repitió en una zona comprendida entre Córdoba y Écija, que dio lugar a La Carlota, La Luisiana y San Sebastián de los Ballesteros, entre otras poblaciones. Todas ellas formaron las llamadas *Nuevas Poblaciones* de Andalucía.

Grabado del siglo XVIII de la zona de Sierra Morena, que fue repoblada por campesinos.

Pintura alegórica sobre la fundación de las colonias de Sierra Morena por Carlos III.

Las reformas ilustradas

Las **Sociedades Económicas de Amigos del País**, promovidas, como sabes, por intelectuales ilustrados, pretendían conseguir el desarrollo cultural, científico y económico de los territorios donde se implantaran.

En Andalucía fueron muy activas las Sociedades Económicas contribuyendo a mejorar la educación de los habitantes de los pueblos y ciudades andaluzas.

Andalucía fue para los ilustrados el territorio idóneo donde intentar poner en práctica sus proyectos de **reforma agraria**. Los esfuerzos se dirigieron a incrementar la producción y a combatir el jornalerismo, mediante la puesta en cultivo de nuevas tierras y a través del reparto de parcelas no cultivadas entre los pequeños agricultores.

Ahora bien, el peso de la aristocracia y del clero y el gran analfabetismo de la población dificultaron la implantación de los proyectos de los ilustrados. De este modo, las acciones emprendidas fueron más unas experiencias concretas y excepcionales que un proyecto de reforma global que permitiese la transformación del territorio.

1. ¿Cuál era la principal actividad económica andaluza en el siglo XVIII? ¿Cuáles eran los cultivos más importantes en esta época?
2. ¿Qué grupos sociales se beneficiaban del latifundio? ¿Quiénes eran los jornaleros? ¿Cómo eran sus condiciones de vida?
3. ¿En qué consistió el proyecto de colonización de Olavide? ¿Qué objetivos pretendía? ¿En qué territorio andaluz se implantó?

9 Del refinamiento rococó al racionalismo neoclásico

Durante el siglo XVIII se extendió por Europa el estilo rococó, que reflejaba los gustos refinados de la aristocracia.

La expansión de las ideas ilustradas y el descubrimiento de importantes yacimientos arqueológicos de la Antigüedad grecorromana ayudaron a configurar un nuevo arte, el Neoclasicismo, que se expandió a principios del siglo XIX.

Decoración rococó del Salón Gasparini del Palacio Real de Madrid.

A LA OSTENTACIÓN DEL ESTILO ROCOCÓ

Este estilo se caracteriza por una estética elegante y refinada, que busca esencialmente la belleza sensual y el placer visual, más que la expresión de sentimientos o de la espiritualidad.

La aristocracia convirtió la decoración de sus palacios en una muestra de ostentación y riqueza. La decoración de los interiores presenta una **profusa ornamentación** basada en el predominio de las líneas ondulantes y en la asimetría.

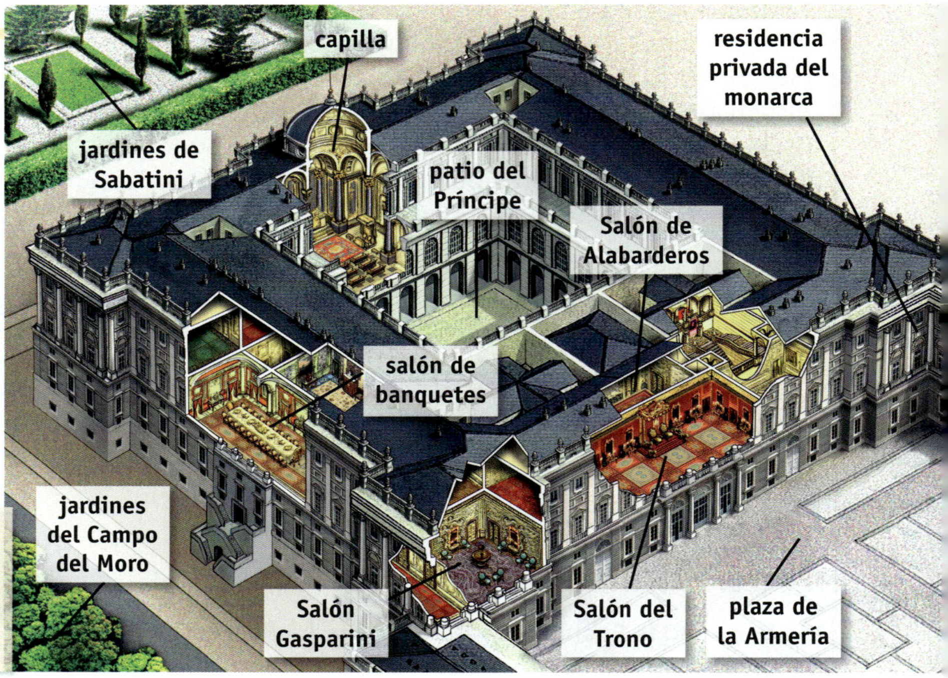

El Palacio Real de Madrid, de estilo barroco-rococó fue construido siguiendo el modelo francés del Palacio de Versalles. El gusto rococó se aprecia en la decoración de algunos de sus salones, como el Gasparini.

CANALETTO: *El Gran Canal desde San Vio, Venecia*, hacia 1723-1724. El pintor muestra vistas idílicas de la ciudad de Venecia.

MEMOART: La pintura

- La pintura reflejó el ambiente refinado y despreocupado de las clases privilegiadas.
- Se utilizaron los colores claros, como el gris, el verde manzana, el azul cielo, el rosa pálido y el beis.
- El predominio del color sobre el dibujo favoreció el desarrollo de una nueva técnica: el **pastel**.
- Destacaron J. A. Watteau y J. H. Fragonard en Francia, Canaletto y G. B. Tiépolo en Italia y T. Gainsborough en Gran Bretaña.

J. H. FRAGONARD: *La carta de amor*, hacia 1770. Esta obra refleja la vida cortesana de la nobleza francesa del siglo XVIII.

B EL RETORNO AL CLASICISMO

Después de los excesos decorativos del Rococó, se impuso el Neoclasicismo, que supuso un retorno a la **sobriedad y racionalidad** del arte clásico, más acorde con la nueva mentalidad burguesa e ilustrada que se estaba imponiendo en Europa.

La arquitectura se inspiró esencialmente en los **modelos griegos y romanos** (columnas, arcos, cúpulas, frontones, pórticos, etc.), y rechazó la recargada ornamentación rococó. Destacó la construcción de **edificios públicos** como bibliotecas, panteones, puertas o museos.

PANTEÓN DE PARÍS

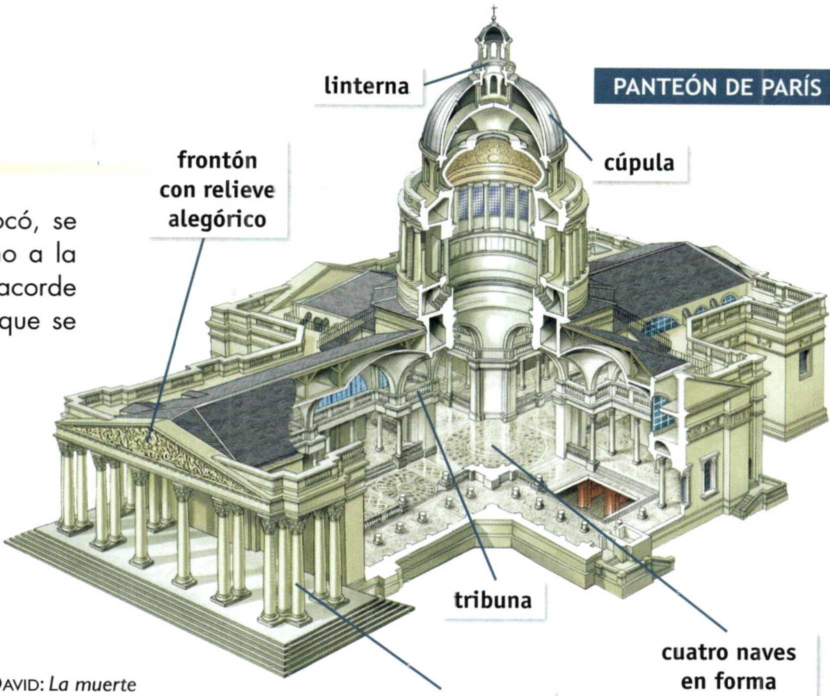

J. L. DAVID: *La muerte de Sócrates*, 1787.

Los pintores se inspiraron en el orden y el equilibrio de la Antigüedad y mostraron predilección por la temática mitológica e histórica para transmitir valores con intención moralizante. Los más sobresalientes fueron los franceses J. L. David y J. A. Ingres.

Los escultores se centraron, sobre todo, en la temática mitológica, aunque también fueron numerosos el retrato y el monumento funerario. Los artistas buscaban conseguir la belleza y la perfección y usaban materiales como el mármol y, en menor medida, el bronce.

A. CANOVA: *Paulina Borghese como Venus vencedora*, 1805-1808.

FICHAART

Observa el Panteón de París:

a) **Identificación.** Averigua dónde se halla y cuándo fue construido.

b) **Descripción arquitectónica.** ¿Qué forma tiene la planta? Dibújala y descríbela. Enumera todos los elementos que pertenecen a la arquitectura clásica. ¿Cuáles son característicos de la arquitectura renacentista?

c) **Relación entre arte y sociedad.** Compara este templo con el Palacio Real de Madrid y razona por qué el Palacio es representativo del gusto aristocrático y el Panteón responde al racionalismo ilustrado de la burguesía.

1. Sintetiza las características del arte rococó y justifica por qué es el arte de la aristocracia.
2. Describe el Palacio Real de Madrid. ¿Cuál es su estilo arquitectónico? ¿En qué otro edificio se inspiró su construcción?
3. Observa la pintura de David. ¿Quién es el personaje central de la obra? Infórmate sobre el tema tratado e indica qué momento muestra la pintura.

Aprecia el arte

4. Las pinturas de Fragonard y David muestran concepciones muy distintas del arte. Obsérvalas atentamente:
   - ¿Qué mensaje pretende transmitir cada una de ellas? ¿Con cuál te identificas más? ¿Por qué?
   - Busca dos adjetivos para aplicar a cada una de ellas que reflejen la impresión que te han causado.

COMPLETA EL MAPA CONCEPTUAL

Con la información del tema, completa en tu cuaderno el siguiente esquema:

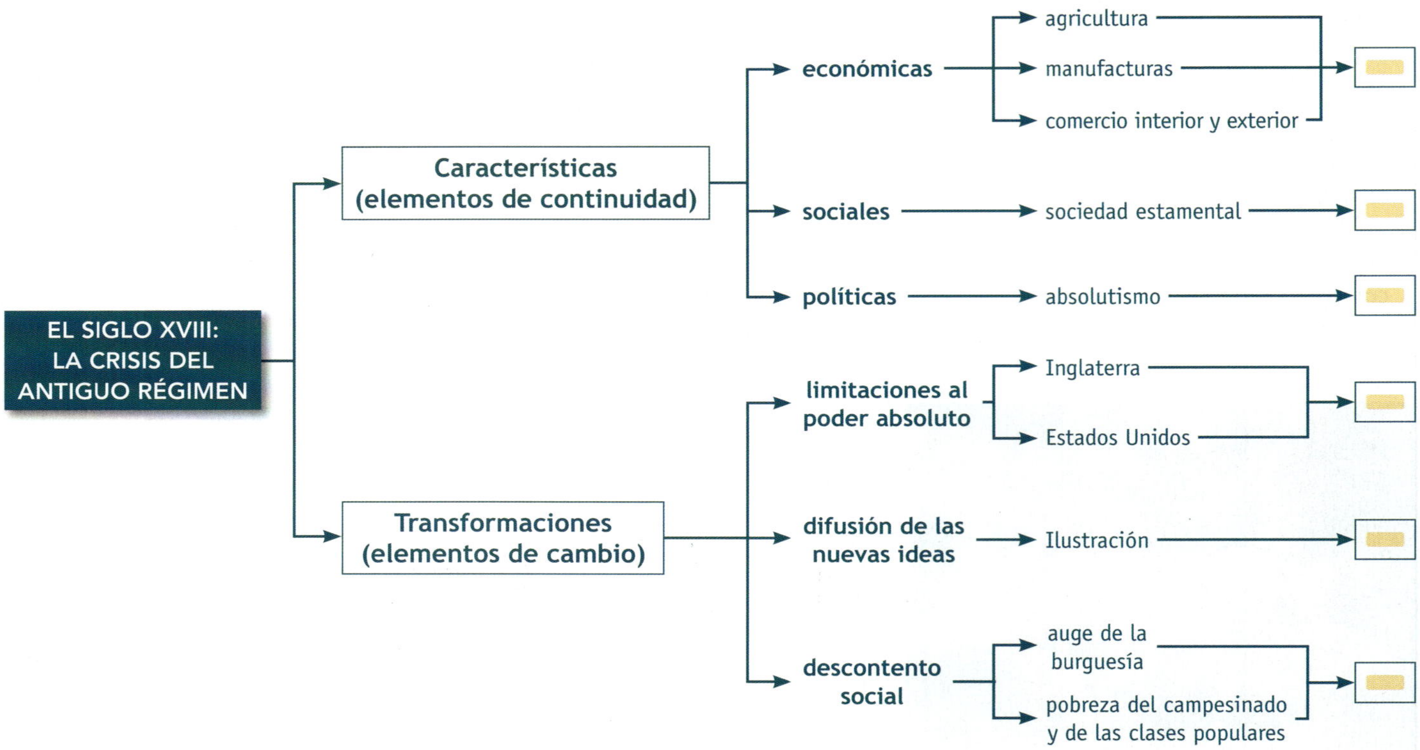

1 CONSOLIDA LO APRENDIDO

a) ¿Qué entendemos por Antiguo Régimen? ¿Por qué entró en crisis en el siglo XVIII?

b) ¿Qué fue la Ilustración? ¿Qué ideas defendían los ilustrados? ¿Qué se pretendía con la *Enciclopedia*? ¿En qué radica su importancia?

c) ¿Qué Estados fueron los primeros en adoptar un sistema político parlamentario? ¿Cómo lo consiguieron?

d) Señala las diferencias entre un régimen político absolutista y un régimen parlamentario.

e) ¿Cómo llegó la dinastía Borbón a España? Describe brevemente el conflicto que ocasionó.

f) ¿Qué tipo de Estado implantaron los Borbones en España? ¿Qué medidas reformistas adoptó el rey Carlos III?

2 IDENTIFICA LOS PERSONAJES

- Rey Sol
- Washington
- Jovellanos
- Catalina de Rusia
- Archiduque Carlos de Austria
- Felipe V de España
- Voltaire
- Diderot
- Cromwell

3 DEFINE CONCEPTOS CLAVE

- estamento
- manufactura
- mercantilismo
- Rococó
- división de poderes
- comercio triangular
- Decreto de Nueva Planta
- Despotismo Ilustrado
- Ilustración
- *Habeas corpus*
- fisiocracia
- Neoclasicismo

4 ESTABLECE LA CRONOLOGÍA

- Tratado de Utrecht, ejecución de Carlos I de Inglaterra, independencia de EE UU, Constitución americana, publicación de la *Enciclopedia*, Guerra de Sucesión, libertad de comercio con América.

5 EXPLICA LAS DIFERENCIAS

- Cámara de los Lores/Cámara de los Comunes
- monarca absoluto/ déspota ilustrado

RESPONDE A LA PREGUNTA INICIAL

¿Por qué las ideas de la Ilustración y el desarrollo económico del siglo XVIII hicieron entrar en crisis al Antiguo Régimen?

APRENDE A... COMENTAR UNA ALEGORÍA

Frontispicio (ilustración decorativa de la página que antecede a la del título) de la *Enciclopedia*, 1772.

Una alegoría es un recurso utilizado por los artistas para representar una idea abstracta utilizando personajes u objetos que ejemplifican esa idea.

1. Identificación y presentación

- ¿De dónde proviene esta ilustración? ¿Cuándo fue realizada? ¿Qué es el frontispicio de un libro?
- La imagen es un grabado. ¿Sabes en qué consiste esta técnica?

2. Descripción y análisis

- Describe de forma general y sintética la alegoría.
- Identifica qué representan cada una de las imágenes señaladas con un número y descríbelas.
- ¿Cuál es el personaje central? ¿Dónde se sitúa? ¿Cómo se organizan el resto de personajes de la composición?
- ¿Qué marco arquitectónico aparece? Descríbelo y relaciónalo con uno de los estilos artísticos estudiados en el tema.

3. Comprensión del mensaje

- ¿Qué mensaje crees que quiere transmitir el artista? ¿A qué público iba dirigida la obra?
- ¿Crees que refleja el espíritu de la *Enciclopedia* y, en general, de la Ilustración? Razona la respuesta en el contexto histórico en el que fue publicada la obra.

4. Hazlo tú mismo

- Imagina que quieres representar, mediante una alegoría, alguna idea abstracta, como por ejemplo la amistad. ¿Cómo la representarías? Hazlo mediante un dibujo.

1. Una joven que representa la Verdad.
2. La Razón y la Filosofía le ayudan a quitarse el velo.
3. Luz brillante que emana de la Verdad.
4. La Imaginación entrega una guirnalda a la Verdad.
5. Figura que representa la Geometría.
6. Figuras que representan las diferentes artes y ciencias (Astronomía, Física, Óptica, Botánica, Química y Agricultura), acompañadas por instrumentos específicos de sus campos.

RAZONA HISTÓRICAMENTE

Cambio y continuidad. El siglo XVIII fue una época de transición entre el viejo mundo aristocrático y el nuevo mundo burgués.

Enumera algunos elementos que ejemplifiquen la continuidad del siglo XVIII con el periodo anterior y otros que muestren el cambio que se avecina.

Interpretación. Explica por qué los historiadores han utilizado el término "Despotismo Ilustrado" para hacer referencia al programa de reformas emprendido por algunas monarquías absolutas europeas.

Causalidad. ¿Qué papel desempeñó la Ilustración en la crisis del Antiguo Régimen? ¿Y la burguesía?

1 Organización de la información. Antiguo Régimen e Ilustración

	Antiguo Régimen	Las nuevas ideas de la Ilustración
Formas de gobierno		
Economía		
Organización social		
Papel de la religión		

a) Completa el cuadro en tu cuaderno y, a continuación, define de manera breve qué era el Antiguo Régimen y en qué consistió la Ilustración.

2 Fuentes iconográficas. Imágenes del Antiguo Régimen

a) Identifica en el tema todas las imágenes que muestren una crítica al Antiguo Régimen:

- Describe cada una de ellas.
- Indica qué aspecto se critica, en qué se basa la crítica y qué recursos se han utilizado.

b) Busca también dos imágenes que sean la descripción de un acontecimiento:

- ¿Qué hecho se representa? ¿Cómo ha querido recordarlo el pintor?
- ¿Crees que sucedió exactamente como se pintó?

3 Fuentes documentales. La esclavitud

En primer lugar, de todos es sabido que un gran número de cautivos de guerra serían masacrados cruelmente si no existiese la salida de venderlos a los europeos. (...)

En segundo lugar, cuando son llevados a su destino, generalmente hablándolo, llevan allí una vida mejor y más cómoda que la que tenían en su propio país. La razón es clara: como los propietarios pagan por ellos precios muy caros, es de su interés darles el mejor trato posible.

En tercer lugar, el trabajo de estos esclavos ha hecho tanto bien a las colonias inglesas (...), sobre todo en aquellas islas con plantaciones de azúcar. Como estas islas tienen un clima casi tan caliente como el de la costa de Guinea, los negros tienen más aptitudes para trabajar la tierra que los blancos. (...)

En otras palabras, puedo asegurar que el bien que procura este comercio es mucho mayor que todos los inconvenientes que se le atribuyen. (...)

Guillaume SNELGRAVE: *Nueva relación de algunos lugares de Guinea y del comercio de esclavos que allí tiene lugar*, 1735.

a) ¿Cómo se justificaba la trata de esclavos y esclavas en la época? ¿Estás de acuerdo con esta visión? ¿Qué intereses crees que defendía?

b) Escribe un texto que rebata las ideas de Snelgrave y exponga tus argumentos a favor de la abolición de la esclavitud.

c) El tráfico de esclavos formaba parte en el siglo XVIII del comercio marítimo transoceánico. ¿Con qué nombre se le conoce? ¿Qué rutas seguía? ¿Qué mercancías intercambiaba?

4 Fuentes gráficas. La esclavitud en el siglo XVIII

PARTICIPANTES EN LA TRATA DE ESCLAVOS Y ESCLAVAS

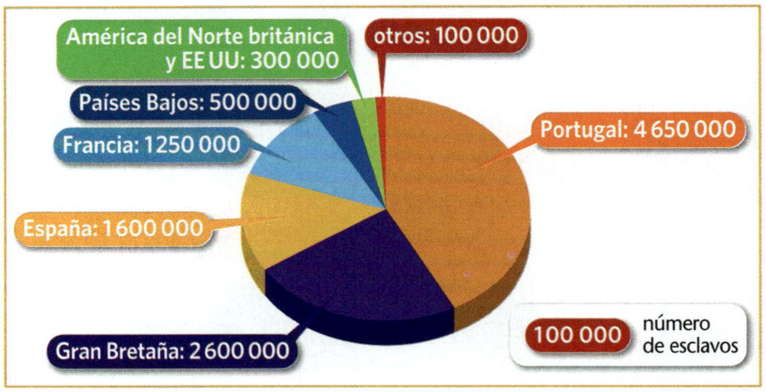

Destino	Número
América del N. británica y EE UU	500 000
Antillas británicas	2 000 000
Antillas francesas	1 500 000
Antillas holandesas	500 000
Brasil	4 000 000
Imperio español	2 500 000

a) ¿Qué países participaron en el comercio de esclavos y esclavas africanos? ¿Qué posición ocupa España entre ellos?

b) ¿Cuántos esclavos y esclavas se calcula que fueron deportados a América durante ese periodo?

c) ¿Qué regiones de América fueron las mayores receptoras? ¿Por qué se conoce este fenómeno como "trata atlántica"?

d) ¿En qué trabajos se empleaban a los esclavos y esclavas en sus destinos?

5 Espacio y tiempo. **Europa en el siglo XVIII**

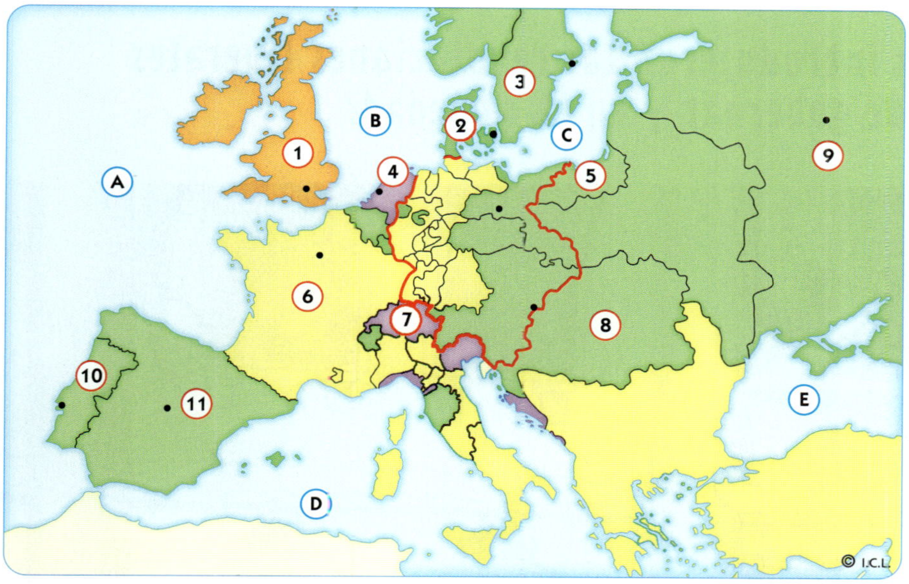

a) Indica el nombre de los mares señalados con las letras A, B, C, D y E.

b) ¿Qué Estado se corresponde con cada uno de los números del mapa?

c) Indica el nombre de las capitales señaladas con un punto.

d) ¿Cuál era la gran monarquía absoluta de Europa? ¿Y los grandes imperios?

e) ¿Qué Estados contaban con monarquías ilustradas?

f) ¿Cuáles tenían una monarquía con poderes limitados?

g) Compara este mapa con el actual y señala dos Estados que en el siglo XVIII se hallaban muy fragmentados y hoy en día están unificados.

WWW. ESPACIO WEB

6 Búsqueda de información. **La bandera de EE UU**

En 1776, la bandera de EE UU tenía trece líneas rojas y blancas, por las trece colonias independizadas, pero mantenía las cruces de San Jorge y de San Andrés, que la vinculaban con Gran Bretaña.

Utiliza un buscador y averigua en la Red:

a) ¿Cuándo fueron sustituidas las cruces? ¿A qué se debió ese cambio?

b) ¿Cómo es la actual bandera de EE UU? ¿Cuántas estrellas tiene? ¿A qué corresponde ese número de estrellas?

c) Explica el proceso por el que se fueron añadiendo estrellas y cita cuándo y cómo se produjeron dichas incorporaciones.

d) ¿En qué páginas web has encontrado las respuestas a estas cuestiones? ¿Crees que son una fuente de información fiable?

7 Fuentes audiovisuales. **La Europa de Luis XIV**

Accede al vídeo www.tiching.com/54668 sobre la Europa del Rey Sol. Con la información obtenida, contesta las siguientes preguntas:

a) ¿Cuál fue la importancia del reinado de Luis XIV? ¿Qué características tuvo el Estado absoluto establecido por este monarca?

b) ¿Qué potencias europeas impusieron su dominio colonial en el siglo XVIII? ¿Qué posesiones tenían? ¿Qué imperios se vieron amenazados?

c) ¿Qué características económicas tuvo el siglo XVIII?

d) ¿Qué grupo social fue el protagonista de los cambios económicos producidos? ¿Con qué otro grupo social se enfrentó?

e) ¿Qué nuevas ideas surgieron en el siglo XVIII? ¿Qué medidas tomaron los monarcas ilustrados?

RETOS EN LA RED

DETECTIVE DEL PASADO: Encuentra las siete diferencias.

ACTIVIDADES AUTOCORRECTIVAS: Resuelve estas actividades y repasa lo que has aprendido.

www.vvd.link/012274/1

2 LA ÉPOCA DE LAS REVOLUCIONES LIBERALES (1789-1871)

¿Qué cambios introdujeron las revoluciones liberales en la forma de gobernar y en la sociedad?

REVOLUCIÓN FRANCESA	PERIODO NAPOLEÓNICO: CONSULADO / IMPERIO	RESTAURACIÓN ABSOLUTISTA Y REVOLUCIONES LIBERALES	UNIFICACIONES NACIONALES
1790	1800 · 1810	1820 · 1830 · 1840	1850 · 1860 · 1870
1789 Toma de la Bastilla (14 julio). Declaración de Derechos del Hombre y del Ciudadano (26 agosto)	**1804** Napoleón Bonaparte, emperador **1811** Máxima expansión del Imperio napoleónico	**1815** Congreso de Viena. Santa Alianza **1830** Revolución liberal en Francia **1848** Revoluciones democráticas en Francia y en otros países de Europa occidental. Revoluciones liberales y nacionalistas en el Imperio austriaco	**1870** Unificación italiana **1871** Unificación alemana

Enfrentamientos en París durante la revolución de 1848.

Durante la primera mitad del siglo XIX se extendieron por Europa las revoluciones liberales, cuyo referente era la Revolución francesa de 1789.

Estas revoluciones supusieron el fin del absolutismo y de los privilegios estamentales, así como la construcción de una nueva sociedad basada en la igualdad de los ciudadanos ante la ley.

El nuevo sistema político se fundamentó sobre una Constitución legitimada por la soberanía nacional (derecho al sufragio).

El liberalismo también defendía el derecho de los pueblos a constituir un Estado propio. De este modo, la desmembración de los viejos Imperios dio lugar al surgimiento de nuevos Estados.

¿Qué sabemos?

- ¿Qué país fue el centro del fenómeno revolucionario? ¿A qué otros países europeos se extendió?
- ¿Qué cambios políticos comportaron estas revoluciones liberales? ¿Sabes qué es una Constitución?
- Analiza el eje cronológico. Indica las principales etapas entre 1789 y 1871, y los acontecimientos más significativos de cada una de ellas.

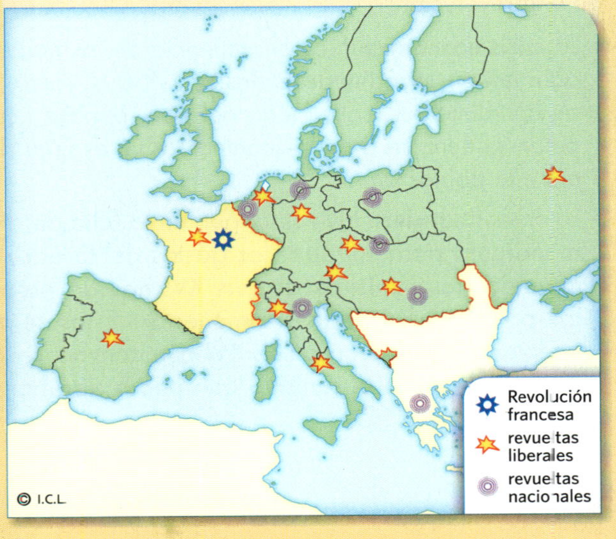

¿Por qué estalló una revolución en Francia?

La difusión de los nuevos ideales propugnados por la Ilustración, el desarrollo de la burguesía en el siglo XVIII y el ejemplo de la Revolución americana estimularon los anhelos de cambio en Europa.

Una oleada revolucionaria, que se inició en Francia en 1789, se extendió por toda Europa a lo largo de la primera mitad del siglo XIX, para acabar con el absolutismo y el Antiguo Régimen. Fueron las denominadas revoluciones liberales. Las revoluciones aspiraban a poner fin a los privilegios feudales, a participar en la vida política y a que todos los ciudadanos fuesen considerados libres e iguales.

¿Qué factores coincidieron en la Francia de 1789 para que estallase una revolución que se convirtió en un modelo para el resto de Europa?

A EL IMPACTO DE LA ILUSTRACIÓN Y LA REVOLUCIÓN AMERICANA

La Declaración de Independencia de Estados Unidos de América y su Constitución (1787) defendían los derechos inalienables del ciudadano, la separación de poderes, los principios de igualdad y libertad y el derecho a elegir a los gobernantes. Estos ideales coincidían con los que la Ilustración difundía en Europa y que se habían extendido entre las élites culturales y la nueva burguesía.

Los **principios ilustrados** y el ejemplo de la **Revolución americana** aportaron a la burguesía las nuevas ideas para enfrentarse al absolutismo y a la sociedad estamental, y propusieron nuevas formas de organización social y de gobierno. Todo ello propició el ciclo revolucionario que se inició en Francia en el año 1789.

Auguste COUDER: *El sitio de Yorktown*, 1836. En 1777, el francés marqués de La Fayette partió hacia América para apoyar la insurrección contra Gran Bretaña.

B LA CRISIS SOCIAL Y ECONÓMICA

A finales del siglo XVIII, el **Tercer Estado** o estado llano –integrado por la burguesía, el campesinado y los artesanos– aspiraba a profundas reformas sociales. Los campesinos y las campesinas (el 80 % de la población) se oponían a las pesadas cargas feudales. Los burgueses aspiraban al fin de los privilegios de que gozaban la nobleza y el clero, a la libertad de comercio y de negocios y a poder participar en la vida política.

Con este descontento como telón de fondo, la coincidencia en 1789 de dos graves crisis económicas provocó el estallido de una revolución:

- La **crisis económica** fue consecuencia de las malas cosechas que venían sucediéndose desde 1760. El alza del precio de los alimentos, sobre todo del pan, principal sustento popular, generó un gran descontento y un espíritu de rebeldía entre la población.
- La **crisis financiera** tuvo su origen en la falta de dinero de la monarquía para sufragar los gastos del Estado. Para solucionarla, los ministros de Luis XVI habían propuesto que los privilegiados pagasen impuestos. Estos se negaron a aceptarlo y exigieron a Luis XVI que convocase los **Estados Generales**, único organismo que podía aprobar una reforma fiscal.

COSECHAS Y PRECIOS DEL TRIGO

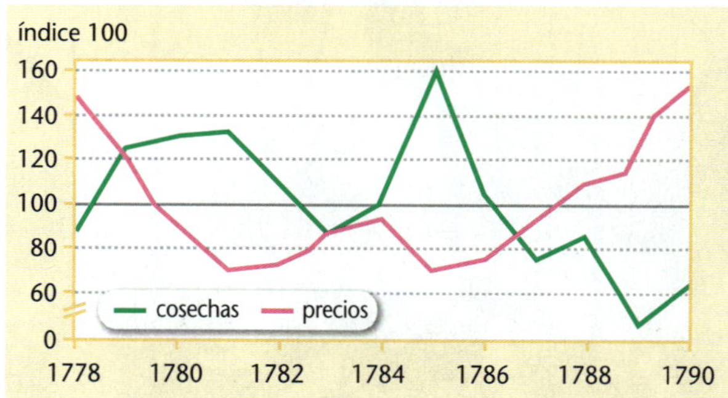

El descontento de la burguesía

Los burgueses habían recibido mejor educación que los nobles, pero estos, por nacimiento y riqueza, obtenían los primeros puestos del Estado sin tener mérito ni talento, mientras los burgueses estaban destinados a languidecer en empleos subalternos. (...)

La burguesía era superior en riquezas, talento y mérito personal (...) y, aunque sentía esta superioridad, en todas partes era humillada.

Marqués de Bouillé, 1796. (Adaptación)

C 1789: EL ESTALLIDO REVOLUCIONARIO

Los **Estados Generales** se abrieron en Versalles en mayo de 1789, presididos por el rey y formados por los representantes de la nobleza, el clero y el Tercer Estado. La negativa de los privilegiados a aceptar una mayor representación del Tercer Estado y que el voto fuese por persona y no por estamento hizo que los diputados del estado llano decidiesen abandonar la reunión.

Reunidos en un pabellón de Versalles (*Jeu de Paume*), los representantes del Tercer Estado se erigieron en **Asamblea Nacional** (representantes de toda la nación) y se comprometieron a elaborar una constitución que reflejase la voluntad de la mayoría de los franceses.

El pueblo de París respaldó las propuestas de la Asamblea y el 14 de julio asaltó la prisión de la Bastilla. La revolución se extendió al campo, donde se quemaron residencias nobiliarias (Gran Miedo).

Atemorizado por la situación, en otoño de 1789, Luis XVI aceptó la Asamblea Nacional, que había de convertir Francia en una monarquía constitucional y poner fin al Antiguo Régimen.

Toma de la prisión de la Bastilla, que simbolizaba el poder absoluto y arbitrario del rey.

D LAS ETAPAS DE LA REVOLUCIÓN

La Revolución fue un proceso largo y complejo que superó sus objetivos iniciales. El rey y los sectores privilegiados (nobleza y clero) se negaron a aceptar los cambios propuestos por la Asamblea Nacional, y las clases populares lucharon por conseguir una mayor igualdad social. Por ello, la Revolución pasó por diferentes etapas:

- La **monarquía constitucional (1789-1792)**. Impulsada por la burguesía moderada, que aspiraba a abolir el Antiguo Régimen, elegir un parlamento por sufragio censitario y establecer una constitución (liberalismo moderado).
- La **república social (1792-1794)**. La burguesía radical, empujada por las clases populares, proclamó la república y emprendió una transformación de la sociedad en un sentido democrático (sufragio universal masculino) e igualitario (leyes sociales).
- La **república conservadora (1794-1799)**. Ante la radicalización de la Revolución, la burguesía moderada tomó el poder e implantó de nuevo el liberalismo moderado.

CRONOLOGÍA DE LA REVOLUCIÓN

MONARQUÍA CONSTITUCIONAL	Asamblea Constituyente	1789	Toma de la Bastilla; Declaración de Derechos del Hombre y del Ciudadano
		1790	
	Asamblea Legislativa	1791	Constitución (liberalismo político)
		1792	Asalto al palacio real
REPÚBLICA SOCIAL	Convención girondina y jacobina		Ejecución de Luis XVI
		1793	Constitución (democracia social)
		1794	Caída de los jacobinos
REPÚBLICA CONSERVADORA	Directorio	1795	Constitución (liberalismo político)
		1796	Inicio del retorno de los exiliados
		1797	
		1798	
		1799	Golpe de Estado de Napoleón

1. ¿Qué influencia tuvieron la Ilustración y la Revolución americana en el estallido de la Revolución francesa?
2. Observa el gráfico sobre el precio del trigo y explica su evolución. ¿Qué provocó la subida del trigo? ¿En qué año tuvo su máximo? ¿Qué consecuencias se derivaron?
3. ¿Por qué los manifestantes asaltaron la Bastilla? ¿Qué simbolismo tuvo este acto?
4. ¿Qué etapas conoció la Revolución francesa? ¿Qué caracteriza a cada una de ellas?

Argumenta la respuesta

5. Explica las causas de la Revolución, diferenciando las profundas (a largo plazo) de las coyunturales (a corto plazo).
6. Argumenta por qué la Revolución estalló en 1789. ¿Cuál crees que fue el detonante?

2 El desarrollo de la Revolución francesa (1789-1799)

La monarquía constitucional (1789-1792)

En la primera etapa de la Revolución francesa, la burguesía moderada intentó llegar a un acuerdo con el rey y los privilegiados para convertir Francia en una monarquía constitucional y parlamentaria. Así, la **Asamblea Nacional Constituyente*** abolió los pilares del Antiguo Régimen:

- Decretó la **abolición del feudalismo** (estamentos, servidumbre personal, diezmos...) y promulgó la **Declaración de Derechos del Hombre y del Ciudadano**, que reconocía los derechos y las libertades individuales, así como la igualdad de todos los ciudadanos ante la ley y los impuestos (agosto de 1789).
- Promulgó una **Constitución (1791)** basada en la separación de poderes, la soberanía nacional y la igualdad legal, aunque reservaba al rey el **derecho de veto***. Estableció el **sufragio censitario**, que daba el voto únicamente a los hombres que poseían un determinado nivel de riqueza.

Tras ser aprobada la Constitución se formó una **Asamblea Legislativa**, que elaboró nuevas leyes para implantar el liberalismo, obligó a pagar impuestos a la nobleza y abolió la organización gremial. Para defender la Revolución, creó un nuevo ejército: la **Guardia Nacional**.

Finalmente, con el objetivo de solucionar la crisis financiera, se expropiaron los bienes que poseía la Iglesia (desamortización) y se vendieron a particulares. En contrapartida, el Estado se comprometió a financiar el culto, y una Constitución civil del clero (1790) separó la Iglesia y el Estado.

Aunque a mediados de 1791 parecía que la monarquía constitucional estaba consolidada, la familia real y los privilegiados no aceptaron los cambios y buscaron el apoyo de las monarquías absolutas de Europa para restablecer el absolutismo.

Austria organizó un ejército para invadir Francia y Luis XVI huyó de París para unirse a los austriacos (**Fuga de Varennes**, junio de 1791). Aunque el rey fue detenido, el ejército austriaco entró en Francia y avanzó hasta las puertas de París (septiembre de 1792).

La república social (1792-1794)

La traición del rey y la invasión militar provocaron la revuelta de las clases populares (*sans-culottes*). El 10 de agosto de 1792 se produjo el asalto al palacio real de las Tullerías, se encarceló a la familia real y se proclamó la república (septiembre de 1792).

La Convención girondina (1792-1793)

La república quedó en manos de los girondinos, representantes del sector más moderado de la burguesía. La nueva asamblea se llamó **Convención Nacional** y fue elegida por sufragio universal masculino (derecho al voto independientemente de la riqueza).

La tarea de la Asamblea Nacional

Los derechos del hombre habían sido ignorados durante siglos y nuestra declaración los ha restablecido para toda la humanidad.

La nación no podía decretar leyes ni impuestos y se le ha restituido este derecho. Los antiguos privilegios sociales han sido destruidos y los derechos señoriales han desaparecido.

Franceses, vosotros habéis sido elevados al rango de ciudadanos, podéis desempeñar todos los empleos, sois iguales ante la ley, libres de pensar, de hablar y de escribir.

Nosotros proseguimos nuestra tarea, redactar y ofreceros una Constitución.

Proclama de la Asamblea Nacional, 1790.

1. ¿Qué labor realizó la Asamblea Nacional? Justifica su trascendencia.

LA CONSTITUCIÓN DE 1791

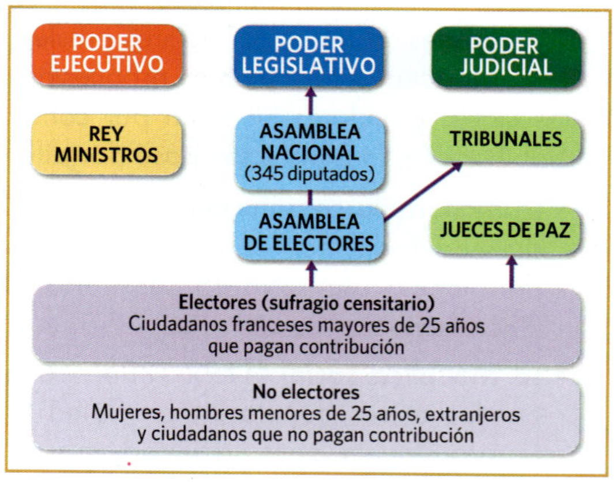

LOS GRUPOS POLÍTICOS EN LA REVOLUCIÓN

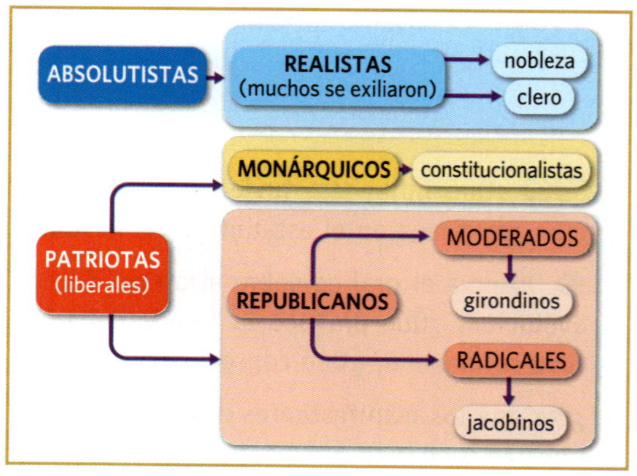

La Convención inició un juicio contra el rey Luis XVI y la reina María Antonieta. Acusados de traición, fueron condenados y ejecutados en la guillotina (1793).

La muerte de los reyes provocó la alianza de las monarquías europeas, que formaron una **coalición absolutista** contra Francia, mientras en el interior del país estallaron **revueltas contrarrevolucionarias** y **conspiraciones realistas** protagonizadas por los antiguos grupos privilegiados.

La Convención jacobina (1793-1794)

En junio de 1793, los jacobinos*, el sector más radical de la burguesía, hizo suyas las demandas de los sectores populares, se hizo con el poder y la Revolución entró en su fase más extrema.

Se promulgó una **nueva Constitución** que reconocía la soberanía popular (sufragio universal masculino) y el derecho a la igualdad social. El ejecutivo quedó en manos de un **Comité de Salvación Pública**, que otorgó el poder a **Robespierre**, un dirigente jacobino.

Para rechazar la invasión austriaca se organizó una **leva en masa**, que obligaba a todos los ciudadanos a enrolarse en el ejército, y para acabar con los conspiradores se impulsó la política del **Terror**.

El Comité suspendió las libertades y unos tribunales revolucionarios castigaron con prisión o muerte en la guillotina a los que se oponían al gobierno (**Ley de sospechosos**).

Con el objetivo de satisfacer las demandas de los *sans-culottes*, se promulgaron una serie de **leyes sociales**: el control de los precios y salarios (**Ley de máximum**), la distribución de bienes de los contrarrevolucionarios entre los indigentes, la venta de las tierras del clero y la instrucción obligatoria.

El Terror y el proceder dictatorial del gobierno provocaron la oposición de buena parte de la población y, en julio de 1794, un golpe de Estado acabó con el gobierno jacobino. Robespierre y otros líderes jacobinos fueron ejecutados en la guillotina.

La república conservadora: el Directorio (1794-1799)

La burguesía moderada tomó de nuevo el control de la Revolución que entró en su tercera y última etapa. Se anularon las leyes jacobinas y se promovió el **retorno de los exiliados** a causa del Terror. Una Constitución (1795) otorgó el poder ejecutivo a un gobierno colegiado (**Directorio**) y restableció el sufragio censitario.

El nuevo Directorio vivió en una permanente inestabilidad porque tuvo que hacer frente tanto a la oposición de la aristocracia, que pretendía instaurar la monarquía y recuperar sus antiguos privilegios, como de las clases populares, que apoyaban el retorno de los jacobinos.

En ese contexto de crisis y en plena guerra contra las potencias absolutistas, en 1799, un joven general, **Napoleón Bonaparte**, protagonizó un golpe de Estado que puso fin al Directorio.

La igualdad social

La sociedad está obligada a asegurar la subsistencia de todos sus miembros, ya sea procurándoles trabajo, ya sea asegurando los medios de subsistencia a quienes están incapacitados para trabajar. La ayuda a aquellos a los que les falta lo indispensable es una obligación para los que poseen lo superfluo.

Discurso de Robespierre, 21 de abril de 1793.

2. ¿Qué propone el autor en el texto? Justifica por qué Robespierre contó con el apoyo de los *sans-culottes*.

El dirigente jacobino Marat es ensalzado por los *sans-culottes*.

3. Observa el esquema sobre la Constitución de 1791 y explica cómo se organizaba el poder. Establece tres diferencias fundamentales con el absolutismo de Luis XVI.
4. Explica qué grupos políticos surgieron durante la Revolución.
5. ¿Quiénes eran los *sans-culottes*? ¿Qué papel desempeñaron en la Revolución? ¿Cuáles eran sus demandas? Averigua en Internet por qué se les daba ese nombre.
6. Completa el cuadro en tu cuaderno:

Revolución francesa	Fase 1	Fase 2	Fase 3
Periodo			
Grupo dirigente			
Labor de gobierno			
Problemas			
Causas de la caída			

3 Olimpia de Gouges y los derechos de la mujer

Las mujeres participaron activamente en la Revolución francesa y algunas de ellas comenzaron a reivindicar la igualdad de derechos con los hombres. Entre ellas sobresalió Olimpia de Gouges, que elaboró una Declaración de Derechos de la Mujer y de la Ciudadana.

Sin embargo, el desarrollo de la Revolución francesa no contempló la igualdad entre ambos sexos y privó a las mujeres de la mayoría de los derechos sociales y políticos que había reconocido a los hombres como, por ejemplo, el derecho al voto y la igualdad jurídica.

A EL IMPULSO DE LAS MUJERES EN LA REVOLUCIÓN

El 5 de octubre de 1789, las mujeres de París, armadas con picas y dagas, marcharon hacia Versalles donde residía la familia real. Su objetivo era protestar por la carestía del pan y exigir al rey la firma del decreto de abolición de la feudalidad.

Su actuación obligó al rey a abandonar Versalles y trasladarse al Palacio de las Tullerías en París.

La marcha de las mujeres a Versalles, 1789.

Olimpia de Gouges

Olimpia de Gouges era miembro de una familia de la pequeña burguesía y recibió una educación ilustrada. Escribió numerosos textos y obras de teatro en defensa de los derechos políticos y civiles de las mujeres.

Con el estallido de la Revolución se posicionó al lado de los revolucionarios, pero se indignó al constatar que la Constitución de 1791 no otorgaba el voto a las mujeres.

Para hacer pública su posición, escribió un proyecto de Declaración de Derechos de la Mujer y tomó partido a favor del reconocimiento del divorcio.

Durante la Convención se posicionó al lado de los girondinos y se opuso a la pena de muerte contra el rey Luis XVI. Durante el Terror fue acusada de realista y guillotinada (1793).

La declaración de derechos de la mujer

Las madres, las hijas, las hermanas, representantes de la nación, piden constituirse en Asamblea Nacional. Consideran que la ignorancia, el olvido y el menosprecio de los derechos de la mujer son las únicas causas de los desastres públicos y de la corrupción de los gobiernos, y han decidido exponer en una declaración solemne los derechos naturales, inalienables y sagrados de la mujer. (...)

Artículo 1. La mujer nace libre e igual al hombre en derechos. Las distinciones sociales no pueden estar fundamentadas sobre el bien común. (...)

Artículo 6. (...) La ley es la expresión de la voluntad general y todos los ciudadanos y ciudadanas deben participar personalmente, o mediante sus representantes, en su elaboración. Todas las ciudadanas y todos los ciudadanos deben ser igualmente admisibles en todas las dignidades, lugares y empleos públicos, según sus capacidades y sin otras distinciones que su talento y su virtud. (...)

Artículo 10. Nadie debe inquietarse de las opiniones de las mujeres: si la mujer tiene el derecho a montar sobre el patíbulo, también debe tener el derecho a subir a la tribuna, porque *sus manifestaciones no perturban el orden público establecido por la ley.*

Declaración de Derechos de la Mujer y de la Ciudadana, 1791.

B LOS CLUBS DE MUJERES

Las mujeres también fundaron sus propios **clubs**, nombre que recibían las organizaciones políticas creadas por los distintos grupos revolucionarios. En sus reuniones, leían los decretos de la Asamblea, los discutían, presentaban sus críticas y propuestas y también recolectaban fondos para los patriotas necesitados.

El protagonismo de las mujeres no fue aceptado por buena parte de los revolucionarios y, en 1793, los clubs de mujeres fueron prohibidos por la Convención.

Debate en un club de mujeres. Acuarela de finales del siglo XVIII.

¿Debe tener la mujer los mismos derechos?

¿No han violado todos los hombres el principio de igualdad de derechos al privar, con tanta irreflexión, a la mitad del género humano de concurrir a la formación de las leyes, es decir, excluyendo a las mujeres del derecho de ciudadanía?

¿Puede existir una prueba más evidente del poder que crea el hábito, incluso cerca de los hombres eruditos, que el de invocar el principio de la igualdad de derechos (...) y olvidarlo con respecto a doce millones de mujeres?

Marqués de Condorcet: *Sobre la admisión de las mujeres en el derecho de ciudadanía*, 1790.

¿Las mujeres deben ejercer los derechos políticos e inmiscuirse en los asuntos del gobierno? (...)

No, porque deberían sacrificar cuestiones más importantes a las que han sido llamadas por la naturaleza. Las funciones privadas a las que están destinadas las mujeres por naturaleza ayudan a sostener el orden social. (...)

Las costumbres y la naturaleza le han señalado sus funciones: educar a los hijos, preparar el espíritu y el corazón de sus hijos para las tareas públicas, elevar sus almas. (...) En general, las mujeres son poco capaces para las ideas elevadas y las meditaciones serias. (...)

Discurso del diputado André Amar, octubre de 1793.

C LA REVOLUCIÓN DE LAS MUJERES

1789. Las mujeres solicitan al rey tener representación en los Estados Generales y derecho al voto.
Marcha de mujeres a Versalles.

1791. Primer club femenino.
Una ley otorga a las mujeres el derecho a heredar.
La Constitución les niega el derecho a votar.
Proyecto de Declaración de Derechos de Olimpia de Gouges.

1792. Ley que autoriza el divorcio y declara la igualdad entre cónyuges.

1793. Prohibición de los clubs de mujeres.
374 mujeres son guillotinadas en París durante el Terror.

1795. Prohibición a las mujeres de asistir a una asamblea política y de reunirse más de cinco en la calle.

Una patriota en armas.

1. ¿Cómo participaron las mujeres en la Revolución francesa? Busca ejemplos entre los documentos.
2. Lee la Declaración de Derechos de la Mujer y de la Ciudadana, de Olimpia de Gouges:
   - ¿Por qué redactó una Declaración de Derechos específica para las mujeres?
   - ¿Qué derechos reivindicaba? Comenta la frase en cursiva.
3. Explica la contradicción de los revolucionarios franceses al abordar los derechos de la mujer. ¿Qué opina el marqués de Condorcet sobre esta cuestión? ¿Y André Amar?
4. @ Busca información en Internet y escribe una biografía sobre Olimpia de Gouges. ¿Qué otras causas defendió aparte de la igualdad de las mujeres? ¿Crees que tienen relación entre ellas?

Ponte en su lugar

5. Imagina que eres una mujer francesa que vive durante la época de la Revolución. Escribe una petición dirigida a la Convención Nacional contestando al diputado André Amar y argumentando por qué los hombres y las mujeres deben tener los mismos derechos.

4 Napoleón domina Europa

El Consulado (1799-1804)

El golpe de Estado de Napoleón tuvo el respaldo de buena parte de la burguesía. Su intención no era el regreso al Antiguo Régimen, sino la consolidación de los principios moderados que habían inspirado la Revolución de 1789.

En 1799, el general fue nombrado cónsul y se inauguró el **Consulado**, que se caracterizó por un **gobierno personalista** y **autoritario**. Napoleón pretendía acabar con la inestabilidad política de los años de la Revolución, consolidar algunos de los principios revolucionarios y fomentar la reactivación económica, mediante un gobierno que representase los intereses de la burguesía.

El nuevo sistema político no contemplaba la separación de poderes ni incluía una declaración de derechos (Constitución de 1800). Las libertades quedaron muy limitadas y se impuso la censura para controlar la opinión pública.

Para reordenar y centralizar la administración del Estado se crearon las **prefecturas**, que hacían cumplir las órdenes del gobierno en las provincias, y se reformó la Hacienda. Con el objetivo de constituir una élite de funcionarios para la Administración, se impulsó la enseñanza con la fundación de los liceos (escuelas) del Estado.

También se permitió el regreso de los exiliados que aceptasen el nuevo orden, y se firmó un Concordato* para restablecer las relaciones con la Iglesia, rotas tras la desamortización. La elaboración de un Código civil pretendió regular la convivencia entre los ciudadanos.

Asimismo, para estimular la economía se elaboró un Código de comercio, se creó el Banco de Francia y se emitieron nuevos billetes bancarios.

Napoleón Bonaparte nació en 1769 en Córcega en una familia de la pequeña nobleza rural. Inició su carrera militar muy joven y obtuvo grandes éxitos en las campañas militares realizadas durante el Directorio.

Recoger los frutos de la Revolución

Francia necesita alguna cosa grande y perdurable. La inestabilidad la ha perdido, ella quiere estabilidad y permanencia. No quiere la realeza, que ha quedado proscrita para siempre, pero quiere una unidad de acción del poder que debe ejecutar las leyes.

Quiere también un cuerpo legislativo independiente y libre (...). Quiere que sus representantes sean unos conservadores tranquilos y no unos innovadores turbulentos. Quiere, finalmente, recoger el fruto de diez años de sacrificios.

Manifiesto de Napoleón, 1799.

El Imperio napoleónico (1804-1815)

A partir de 1803, Napoleón inició la conquista de Europa y en 1804 se hizo **coronar emperador por el Papa**. La organización de un gran ejército y el uso de nuevas tácticas militares le permitieron derrotar a las monarquías europeas.

La victoria napoleónica en **Austerlitz** (1805) sobre los dos emperadores (Austria y Rusia) marcó el momento álgido de la superioridad napoleónica. Algunos territorios conquistados fueron incorporados a Francia, y en otros casos, se crearon Estados satélites gobernados por franceses.

En 1808 invadieron España y José Bonaparte, hermano del emperador, fue coronado rey. En 1811, el Imperio napoleónico se hallaba en su cénit: se extendía de Alemania a España, y excepto el Reino Unido, buena parte de Europa estaba bajo el control de Francia.

EL IMPERIO NAPOLEÓNICO (1811)

¿POR QUÉ FUE DERROTADO NAPOLEÓN?

Las conquistas napoleónicas generaron una doble reacción en los países ocupados por los ejércitos franceses:

- Por un lado, la abolición de las monarquías absolutas y la supresión de los derechos feudales despertaron las simpatías de los liberales de toda Europa.
- Por otro lado, la invasión de un ejército extranjero, la violencia indiscriminada de sus soldados y la sumisión a los intereses de Francia generaron un fuerte sentimiento antifrancés entre la población.

Los ideales revolucionarios en Europa

Lo que desean con impaciencia los pueblos alemanes es que los individuos que no sean nobles y tengan talento gocen de vuestra consideración, tengan derecho a ejercer los más altos empleos y que todo tipo de servidumbre sea abolida.

Los beneficios del código de Napoleón y el establecimiento de jurados en los tribunales deben ser características de vuestra monarquía. Es necesario que los pueblos tengan libertad, igualdad y un bienestar desconocido entre los pueblos de Alemania (...). Los pueblos de Francia, Italia, España... desean también igualdad y abrazan las ideas liberales. Sed un rey constitucional.

Carta de Napoleón a su hermano Jerónimo, rey de Westfalia, 1807.

EL RECHAZO A LA INVASIÓN

Los ejércitos napoleónicos sometieron por la fuerza a las naciones ocupadas y colocaron en su trono a familiares de Napoleón o a generales de su ejército. Además, favorecieron los intereses materiales de Francia (cobrar impuestos, hacer negocios, apropiarse de las riquezas, reclutar soldados...) por encima de la expansión de los ideales revolucionarios.

Todo ello provocó el surgimiento de movimientos de resistencia a la invasión y despertó un fuerte sentimiento patriótico en España, Polonia, Alemania e Italia.

Saqueo de la ciudad de Roma por las tropas napoleónicas durante la campaña de Italia, según un grabado italiano de la época.

Napoleón, prisionero de los ingleses en la isla de Santa Elena.

LA DERROTA DEL EMPERADOR

La imposibilidad de conquistar Rusia y de someter España marcaron el declive del Imperio napoleónico.

Los ejércitos imperiales fueron derrotados definitivamente en **Waterloo** por el Reino Unido y Prusia (1815).

Napoleón abdicó tras la derrota y fue desterrado a la isla de Santa Elena, donde murió en 1821.

1. ¿Cómo accedió al poder Napoleón? Lee el manifiesto de Napoleón en 1799 y explica qué objetivos pretendía.
2. Sintetiza las reformas que introdujo Napoleón en Francia y justifica por qué se considera que puso fin a la Revolución y a la vez consolidó algunos de sus logros.
3. Observa el mapa del Imperio napoleónico y explica qué territorios comprendía. ¿Qué eran los Estados satélites? ¿Cuáles eran aliados de Francia? ¿Qué representó Waterloo?
4. Con la información del documento sobre la derrota de Napoleón, realiza las siguientes actividades:
   - Explica qué doble sentimiento provocó la invasión napoleónica en los países ocupados.
   - ¿Crees que la carta de Napoleón a su hermano y el grabado del saqueo de Roma dan una misma imagen de las conquistas napoleónicas? Justifica tu respuesta.
   - Contesta a la pregunta de por qué fue derrotado Napoleón.

5 ¿Qué herencia nos ha legado la Revolución francesa?

La Revolución francesa constituye uno de los grandes acontecimientos de la historia de la humanidad con el que se inicia una nueva etapa: la Edad Contemporánea.

Con la Revolución dio comienzo una era en la que las sociedades occidentales iniciaron la construcción de un futuro basado en el respeto a los derechos fundamentales e inalienables del ser humano y en la convicción de que los ciudadanos tenían los mismos derechos y debían participar en el gobierno de la nación, eligiendo a sus representantes.

¿Qué ideales, qué elementos de los sistemas democráticos y qué formas de organizar la economía y la sociedad actuales tienen su origen en la Revolución francesa de 1789?

A LAS BASES DE LA DEMOCRACIA

La organización de los Estados y las formas de hacer política que rigen en la mayor parte de los países democráticos occidentales tuvieron sus orígenes en los principios de la Revolución francesa:

- La consideración de las personas como **ciudadanos con derechos** reconocidos por el Estado (Declaración de Derechos del Hombre y del Ciudadano).
- La **soberanía nacional**, es decir, el derecho de los ciudadanos a elegir mediante el voto a sus representantes, que se reúnen en un parlamento para elaborar las leyes y elegir el gobierno.
- La **Constitución** como ley fundamental que establece los derechos y deberes tanto de los ciudadanos como de los gobernantes.
- La **igualdad** de todas las personas **ante la ley**, que queda fijada y establecida en los códigos legales (civil, penal, militar...), y una **justicia independiente** del poder político.
- La organización administrativa del Estado en **departamentos** (provincias) y **ayuntamientos**.

En los sistemas democráticos, la Asamblea o Parlamento, elegida por sufragio universal, debate y aprueba las leyes. En la imagen, la Asamblea Nacional francesa según un grabado de 1790.

B LA VIDA POLÍTICA Y LA PRENSA

La vida política de los sistemas democráticos se vehicula a través de los partidos políticos, que tuvieron un antecedente claro en los **clubs** creados durante la Revolución. Los ciudadanos que defendían ideas y propuestas semejantes se agruparon en sociedades para participar en la política e influir en la Asamblea.

El hecho actual de clasificar a los partidos en derechas e izquierdas se originó en la Asamblea Nacional francesa, cuando los diputados más moderados acostumbraron a sentarse en los escaños de la derecha, y los más radicales, en los de la izquierda.

La prensa política y de opinión nació también por el interés de los ciudadanos de contrastar las opiniones de los diferentes grupos y discutirlas entre ellos.

Los miembros de los clubs se reunían para discutir las propuestas que defenderían en la Asamblea. En la imagen, el Club de los jacobinos, según un grabado de 1792.

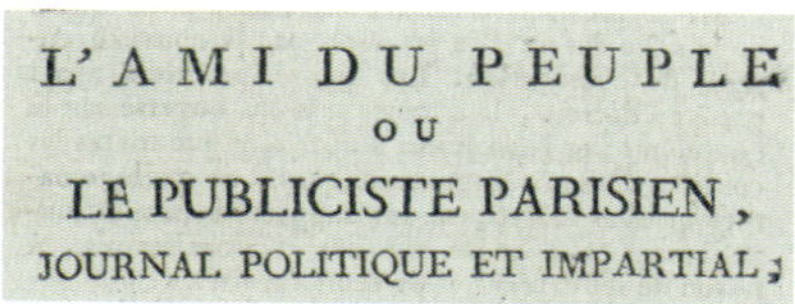

L'AMI DU PEUPLE
OU
LE PUBLICISTE PARISIEN,
JOURNAL POLITIQUE ET IMPARTIAL;

El amigo del pueblo, editado por el jacobino Marat, fue uno de los muchos periódicos nacidos durante la Revolución.

C LA LIBERALIZACIÓN DE LA ECONOMÍA

La Revolución y las leyes napoleónicas comportaron la liberalización de la economía, que permitió el desarrollo del capitalismo y de la burguesía:

- Se suprimieron los **gremios** que reglamentaban y obstaculizaban el crecimiento de la producción y se decretó la **libertad de empresa y de contratación**. Sin embargo, se prohibieron las **asociaciones de obreros** para defender sus derechos.
- Se eliminaron las **aduanas interiores** que gravaban el transporte de mercancías y dificultaban el comercio.
- Se unificaron los **sistemas de pesos y medidas** para facilitar los intercambios. De este modo, se establecieron el **metro**, el **gramo** y el **litro** (sistema métrico decimal) como unidades de medición.

Para facilitar el comercio, en 1790 se instauró un sistema de pesos y medidas único para toda Francia. En la imagen, de 1793, se ilustran el litro, el gramo y el metro.

D LA ENSEÑANZA Y LA CULTURA PÚBLICAS

La Revolución defendía la separación de la Iglesia y el Estado. El Estado debía ser **laico**, es decir, no tener ninguna religión oficial y aceptar la libertad de culto.

Por primera vez se consideró que la enseñanza no debía estar en manos exclusivamente de la Iglesia, y que el Estado debía tener un papel importante en el desarrollo de la educación y en la promoción de la cultura, que no debían ser patrimonio de unas élites reducidas.

La Revolución defendió la necesidad de una **enseñanza igual y obligatoria** para todos los ciudadanos, aunque nunca llegó a ponerse en práctica. En la época napoleónica se crearon las primeras **escuelas públicas** regentadas por el Estado y no por la Iglesia.

Hasta aquel momento, el arte estaba en colecciones privadas de los grandes palacios. Para que el arte y la cultura fuesen accesibles a todos los ciudadanos, se crearon los primeros **museos** públicos, como el del Louvre en París, que se inauguró en 1793 aprovechando la colección real.

Inauguración del museo del Louvre, el 8 de agosto de 1793.

La enseñanza durante la Revolución

A los cinco años, la patria recibirá a los niños de manos de la naturaleza y a los 12 años los devolverá a la sociedad. Esta es la mejor edad para que reciban la instrucción pública necesaria para su formación.

A los doce años es la edad de aprender los diferentes oficios, porque el cuerpo, ya robusto, puede comenzar a aplicarse en los trabajos de la agricultura o cualquier otro. También se halla formado el espíritu para el estudio de las bellas artes y las ciencias (...).

Plan de Educación Lepeletier, 1793.

1. ¿Por qué la Revolución francesa inauguró la Edad Contemporánea? ¿Qué cambio supuso con respecto al periodo anterior?
2. Justifica con ejemplos por qué se considera que la Revolución sentó las bases de los sistemas democráticos que hoy en día rigen en la mayoría de los países occidentales.
3. ¿Por qué fue importante la unificación de los pesos y medidas con el sistema métrico decimal?

Relaciona ayer y hoy

4. Elabora una lista con cinco aportaciones de la Revolución francesa que siguen vigentes en nuestra sociedad actual y que consideres importantes. Justifica el porqué de tu elección.
5. Lee el texto sobre el Plan de Educación. ¿A qué edad empezaba y acababa la escolarización de los niños? ¿Sigue siendo igual en la actualidad?

6 Entre el absolutismo y el liberalismo (1815-1848)

La restauración del absolutismo

Entre 1814 y 1815, los vencedores de Napoleón se reunieron, a propuesta del canciller austriaco Metternich, en el **Congreso de Viena**. Su objetivo era poner fin a la expansión de las ideas liberales y restaurar el absolutismo en Europa.

Tras reponer a los monarcas en sus tronos, las cuatro potencias (Rusia, el Reino Unido, Prusia y Austria) **remodelaron el mapa europeo** en su provecho y sin tener en cuenta las aspiraciones de los pueblos. En el Congreso se acordó el regreso de Francia a sus fronteras de 1792 y la división del Imperio napoleónico entre los vencedores.

En Viena también se establecieron los principios ideológicos de la Restauración: **legitimidad** de los monarcas absolutos, **negación de la soberanía nacional**, **equilibrio** entre las grandes potencias mediante congresos periódicos y **derecho de intervención** en países extranjeros.

Con este objetivo se creó la **Santa Alianza** (1815), un tratado de ayuda mutua entre los monarcas absolutos frente a cualquier amenaza de revolución liberal.

LA EUROPA DEL CONGRESO DE VIENA (1815)

1. Observa el mapa y explica los cambios impuestos por el Congreso de Viena. ¿Quiénes fueron los grandes Estados beneficiados?
2. ¿Quiénes formaban la Santa Alianza? ¿Cuáles eran sus objetivos?

La revolución de 1830

El Congreso de Viena no respetó ni los principios liberales ni las aspiraciones nacionales de algunos pueblos europeos.

En consecuencia, a partir de 1815, **liberalismo** y **nacionalismo** se convirtieron en las dos fuerzas de oposición, que impulsaron las oleadas revolucionarias (1830 y 1848) que pusieron fin al sistema de la Restauración.

Las insurrecciones contaron con un importante apoyo popular y, donde triunfaron, significaron la sustitución del absolutismo por sistemas políticos liberales, basados en la soberanía nacional y el sufragio y regidos por una constitución, en los que la burguesía detentaba el poder.

El movimiento se inició en **Francia**, donde, en julio de 1830, se derrocó al monarca absoluto Carlos X, que había sido entronizado tras la muerte de Luis XVIII. La revolución situó a **Luis Felipe de Orleans** como nuevo monarca constitucional. Por ello fue denominado el "rey ciudadano".

En 1831 estalló también una revuelta en **Polonia**, que se hallaba bajo el dominio autocrático del Imperio ruso, pero fue duramente reprimida por el ejército zarista.

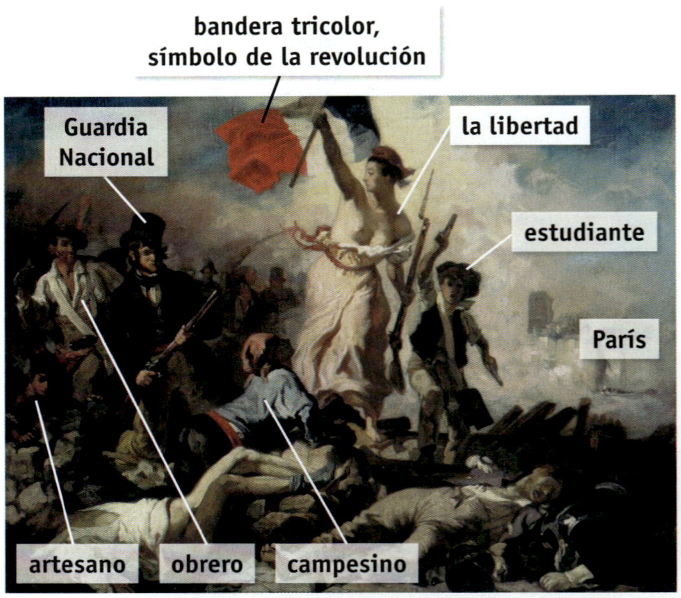

Eugéne Delacroix: *La libertad guiando al pueblo*, 1830. El cuadro exalta las jornadas de julio de 1830 y muestra la unión de diferentes sectores sociales en su lucha por la libertad.

1848: LA PRIMAVERA DE LOS PUEBLOS

En la Europa del siglo XIX, muchos pueblos vivían bajo el dominio de un **imperio** (como el austriaco, el ruso o el turco) o se hallaban fragmentados en **diversos Estados** (como Alemania e Italia).

Por ello, el surgimiento del liberalismo fue acompañado, en muchos territorios, de la expansión del nacionalismo, que defendía una Europa de naciones libres frente a los imperios absolutistas.

La revolución de 1848, conocida como la "primavera de los pueblos", significó el despertar de las naciones que se hallaban sometidas a los grandes imperios. En ellas, las demandas nacionalistas fueron acompañadas del deseo de constituir nuevos gobiernos liberales.

En el **Imperio austriaco**, la revuelta tuvo un **carácter liberal** en Viena, donde la revolución obligó al canciller Metternich a dimitir. Pero también fue un **levantamiento nacionalista** en Hungría, Bohemia, el Norte de Italia y la Confederación Germánica.

En **Francia**, un levantamiento popular proclamó la **II República**, que adoptó una serie de medidas democráticas: sufragio universal masculino, libertad de prensa, abolición de la pena de muerte y reconocimiento de algunos derechos para los trabajadores.

Aunque la mayoría de las revoluciones fueron sofocadas, las reformas democráticas y muchas aspiraciones nacionalistas se consolidaron en Europa durante la segunda mitad del siglo XIX.

LAS NACIONALIDADES DEL IMPERIO AUSTROHÚNGARO

LA REVOLUCIÓN DE 1848

Un nuevo concepto: la democracia

La revolución de 1848 significó la aparición de los ideales democráticos y la irrupción de los trabajadores como fuerza política.

Los demócratas se identificaban con los preceptos básicos del liberalismo, pero frente al concepto de soberanía nacional, que proponía el sufragio censitario, defendían el principio de **soberanía popular**, que otorgaba el derecho a todos los hombres a votar (sufragio universal masculino) independientemente de su riqueza. También proponían la ampliación de los derechos colectivos, reconociendo el derecho de reunión y el de asociación.

▸ Alegoría del sufragio universal, 1850.

3. ¿Quiénes se reunieron en el Congreso de Viena? ¿Qué objetivos perseguían?
4. ¿Qué fuerzas se opusieron a la restauración del absolutismo? ¿Cómo consiguieron acabar con el sistema ideado por Metternich?
5. Explica qué cambios comportaron en Francia las revoluciones de 1830 y 1848.
6. Observa el mapa del Imperio austrohúngaro y explica por qué era un imperio plurinacional. ¿Qué relación puedes establecer con el mapa del estallido revolucionario en 1848?
7. ¿Por qué hablamos de 1848 como de la "primavera de los pueblos"? Justifica la respuesta.
8. Establece las diferencias entre liberalismo y democracia, y entre soberanía nacional y soberanía popular.

7 ¿Qué nuevos Estados se crearon en Europa?

El nacionalismo defiende el derecho de las naciones a ejercer su soberanía y a crear su propio Estado. De este modo, sostiene la necesidad de hacer coincidir Estado y nación, es decir, de reagrupar en el interior de unas determinadas fronteras a los miembros de una misma comunidad nacional.

Los movimientos nacionalistas se expandieron por la Europa del siglo XIX y tuvieron un carácter disgregador en los imperios plurinacionales*, y unificador en las naciones fragmentadas.

¿Qué nuevos Estados se crearon en Europa como consecuencia de estos movimientos liberales y nacionales?

EL IMPERIO TURCO EN EUROPA (1829)

A LA INDEPENDENCIA DE GRECIA Y BÉLGICA

En los **imperios plurinacionales** surgieron **movimientos independentistas**, como en el Imperio otomano (Grecia). En otros lugares, como en el Reino de los Países Bajos, Bélgica también demandó su independencia.

GRECIA (1821-1830)

Grecia formaba parte del Imperio otomano o turco desde hacía siglos. Aunque algunas élites griegas formaban parte de la burocracia otomana, la mayoría de la población se sentía marginada, sometida a fuertes impuestos y dominada por un pueblo de distinta religión y cultura.

En 1822, los griegos proclamaron su independencia en Epidauro, que, al no ser reconocida por los turcos, provocó el inicio de una guerra. La causa griega contó con la solidaridad de los liberales europeos, que apoyaron un territorio considerado la cuna de la cultura europea.

En 1827, Francia y el Reino Unido intervinieron militarmente y ayudaron a derrotar al Imperio otomano, que reconoció la independencia griega en 1829, y entró en vigor en 1830.

BÉLGICA (1830-1839)

Bélgica había sido unida a Holanda en 1815 por el Congreso de Viena, creando el Reino de los Países Bajos.

La expansión de las ideas liberales hizo que en 1830 triunfase la revolución, que estableció un sistema de monarquía liberal bajo el reinado de Leopoldo I.

El nuevo gobierno proclamó la independencia, y tras un conflicto armado, Holanda reconoció la nueva Bélgica en 1839.

La declaración de independencia de Grecia

Nosotros, descendientes de los sabios y nobles pueblos de la Hélade (...) no creemos ya posible sufrir sin cobardía y autodesprecio el yugo cruel del poder otomano que nos ha sometido durante más de cuatro siglos; un poder que no conoce otra ley que su propia voluntad (...).

Después de esta prolongada esclavitud, hemos decidido recurrir a las armas para liberar a nuestra patria de una terrible tiranía (...).

Nuestro objetivo es reconquistar los derechos de la libertad individual, de la propiedad y del honor.

Declaración de Epidauro, 1822.

Alegoría del combate de los griegos por la independencia, según un grabado de 1821.

Insurrección de 1830 en Bruselas.

B LAS UNIFICACIONES DE ITALIA Y ALEMANIA

A principios del siglo XIX, Italia estaba dividida en diversos Estados y Austria había incorporado a su imperio la Lombardía y el Véneto. Alemania también estaba fraccionada en 36 Estados e integrada en la Confederación Germánica, donde rivalizaban las dos grandes potencias germánicas: Prusia y Austria.

Italia

En 1859, el **Piamonte**, con la monarquía liberal **de Saboya** y gobernado por **Cavour**, inició un proceso unificador y se enfrentó a Austria, consiguiendo la anexión de la Lombardía. Paralelamente, un levantamiento popular, dirigido por **Garibaldi**, derrocó a los monarcas absolutos de los Estados del centro y Sur de Italia (Reino de las Dos Sicilias).

En 1861, el primer parlamento italiano proclamó rey de Italia a **Víctor Manuel II de Saboya**; en 1866, los austriacos abandonaron el Véneto, y en 1870 fueron anexionados los Estados Pontificios, convirtiendo Roma en la capital.

Alemania

Prusia tomó la iniciativa primero y, en 1834, potenció una **unión aduanera** (Zollverein) que agrupaba a gran parte de los Estados alemanes. En 1848, un intento de unificar estos Estados, liderado por un parlamento reunido en Frankfurt, fracasó porque el rey de Prusia no aceptó la corona de la nueva Alemania.

El impulso definitivo llegó en la década de 1860, cuando **Guillermo I** accedió al trono prusiano y nombró canciller a **Otto von Bismarck**. El nuevo canciller impulsó una política agresiva con los Estados vecinos: en 1864 declaró la guerra a Dinamarca, en 1866, a Austria y, en 1870, a Francia.

La victoria en estos conflictos permitió unir a todos los Estados alemanes bajo el cetro del rey de Prusia y, en 1871, se produjo la proclamación del **II Imperio (Reich) alemán** y de **Guillermo I** como káiser (emperador).

Encuentro entre el rey Víctor Manuel II y Garibaldi, en Nápoles, 1860.

LAS UNIFICACIONES DE ITALIA Y ALEMANIA

1. Observa los mapas de la página izquierda y explica la situación de Grecia y Bélgica. ¿Cómo consiguieron la independencia estos pueblos?

2. Lee la Declaración de Epidauro y establece los motivos y los objetivos de la revuelta griega contra los turcos.

3. Completa el cuadro en tu cuaderno:

Agentes y factores	Italia	Alemania
Estado que dirige la unificación		
Monarca		
Primer ministro		
Fecha de consecución de la unidad		
Fases de la unificación		

Investiga

4. Busca en el tema un mapa que muestre el Imperio ruso, el Imperio turco y el Imperio austrohúngaro a principios del siglo XIX. Compáralos con un mapa actual de Europa y enumera qué Estados actuales habían formado parte de estos imperios.

8 El nuevo arte de la burguesía

La nueva sociedad burguesa, que puso fin al Antiguo Régimen, revolucionó también los gustos artísticos. Los viejos principios sobre los que se asentaba el arte se cuestionaron y las nuevas alternativas dejaron de ser uniformes.

Estos cambios iniciaron el arte contemporáneo, que perdió la homogeneidad de estilo característica de las etapas anteriores. Los artistas plantearon caminos diversos que se plasmaron en una variedad de estilos que evidenciaban el deseo de originalidad reinante.

Esta evolución artística originó diferentes movimientos artísticos entre los que destacan el romanticismo, el realismo y el modernismo.

A EL ROMANTICISMO: LA EXALTACIÓN DE LOS SENTIMIENTOS

El **Romanticismo** se expandió por toda Europa en las primeras décadas del siglo XIX y surgió como una reacción contra el clasicismo anterior.

Esta corriente significó una nueva estética y un nuevo sentimiento que tenía como principales valores el amor a la **libertad**, la exaltación del **individualismo** y la defensa de los **sentimientos** frente al racionalismo de la Ilustración.

Caspar David FRIEDRICH: *Viajero junto a un mar de niebla*, 1818. El cuadro nos muestra la soledad del ser humano frente a las fuerzas de la naturaleza.

François RUDE: *La Marsellesa*, 1836.

La escultura romántica aspiraba a expresar el movimiento y los sentimientos, utilizando formas agitadas y dinámicas y dando mucha importancia a la gestualidad y a la expresión de los rostros.

MEMOART: La pintura romántica

- Exaltación del individuo y de las tradiciones.
- Aspiración a la libertad individual y nacional, que plasmó los ideales de las revoluciones burguesas.
- Comprensión de la naturaleza desde una óptica sentimental.
- Predilección por lo exótico y lo imaginario que comportó un interés por el Norte de África y por la cultura oriental.
- Mayor movimiento y dinamismo en las composiciones, mediante líneas curvas y diagonales.
- Nueva expresión del color y la luz con el uso de colores brillantes, aplicados con pinceladas sueltas y pastosas, que llenaron los cuadros de luminosidad.
- Destacaron **Eugène Delacroix** y **Théodore Géricault**, que apostaron por la recreación de temas históricos y mitológicos, y los paisajistas **Joseph W. Turner** y **Caspar D. Friedrich**.

Eugène DELACROIX: *La matanza de Quíos*, 1824.

B EL REALISMO

En la segunda mitad del siglo XIX, el Romanticismo fue desplazado por el **Realismo**. Este cambio tuvo su origen en diversas causas:

- El fin de la visión idealizada que proponía el Romanticismo, ante la evidencia de nuevas desigualdades sociales.
- El avance de la industrialización que dejó al descubierto cómo en el nuevo sistema existía miseria, trabajo infantil y explotación.
- El avance de la ciencia en el siglo XIX, que impuso la observación y la descripción como método para conocer la realidad.

Los artistas realistas se interesaron por conocer la realidad concreta de su época y describirla fielmente. Los pintores realistas, como **Gustave Courbet**, **Honoré Daumier** y **Jean François Millet**, plasmaron la vida cotidiana y los problemas sociales de la industrialización (la injusticia, la fatiga en el trabajo, etc.), tratados de una manera más verídica, objetiva e imparcial.

C EL MODERNISMO

El **Modernismo** surgió a finales del siglo XIX y fue básicamente un movimiento arquitectónico, aunque también tuvo su reflejo en la pintura y la escultura. Los pintores se decantaron por el abandono de los aspectos cotidianos para plasmar temas de contenido simbólico y conceptual.

Con una finalidad claramente decorativa, se inspiraron en las formas de la naturaleza, y la mujer se convirtió en un tema recurrente. Destacan el austriaco **Gustav Klimt** y el checo **Alfons Mucha**, que también fue un importante cartelista.

Gustav KLIMT: *El beso*, 1908.

Gustave COURBET: *Entierro en Ornans*, 1850.

FICHA ART

Busca en Internet información sobre esta obra y elabora su ficha:

a) **Identificación.** Sitúa el autor, el tema, la corriente pictórica y su cronología.

b) **Descripción de la pintura.** Describe con detalle el paisaje y los personajes que aparecen en la escena.

c) **Análisis artístico.**

- Explica cuál es la composición de la obra y la disposición de los personajes.
- ¿Qué elemento destaca en el plano del fondo? ¿Qué valor simbólico crees que tiene?
- ¿Qué colores utiliza el pintor? ¿Crees que aumentan la sensación de dramatismo de la obra? ¿Por qué?

d) **Relación entre arte y sociedad.** Esta pintura fue muy mal valorada en los medios académicos de la época por representar una escena de poca trascendencia temática, falta de belleza, y por la vulgaridad y fealdad de los personajes.

- ¿Cómo crees que respondería el pintor a estas críticas? ¿Cómo justificaría su obra?

1. Sintetiza qué elementos caracterizan el Romanticismo y el Realismo, haciendo hincapié en las diferencias entre ambas corrientes.
2. Observa el cuadro de Delacroix e interpreta qué sentimientos muestran los personajes. ¿Qué otras características del Romanticismo puedes destacar?
3. ¿Qué movimiento crees que fue el más innovador de los tres? Justifica tu respuesta.

Aprecia el arte

4. ¿Cuál es la única parte de la pintura de Klimt tratada de forma realista? ¿Qué atmósfera envuelve al resto? ¿Qué contenido simbólico atribuirías a la pintura?

COMPLETA EL MAPA CONCEPTUAL

Con la información del tema, completa en tu cuaderno el siguiente esquema:

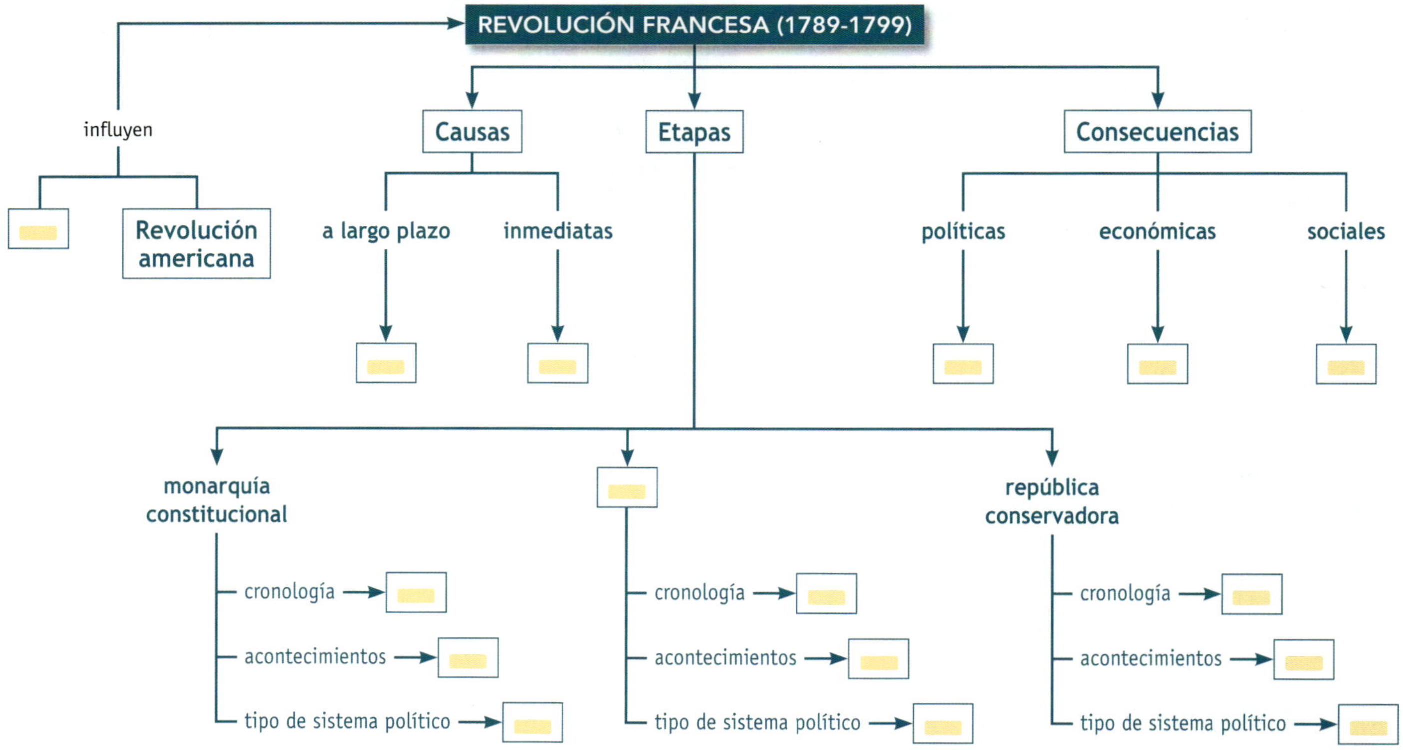

1 CONSOLIDA LO APRENDIDO

a) ¿Qué dos modelos de liberalismo se implantaron en Francia durante el desarrollo de la Revolución francesa? ¿Qué caracterizaba a cada uno de ellos?

b) ¿Qué significó Napoleón Bonaparte para Francia? ¿Y para Europa? ¿Por qué fue derrotado en 1815?

c) ¿Qué legado de la Revolución francesa podemos encontrar en las sociedades democráticas actuales?

d) ¿Qué fue la Restauración absolutista? ¿Cómo se remodeló el mapa de Europa?

e) ¿Qué entiendes por nacionalismo? ¿Qué grandes imperios dominaban Europa? ¿Qué problemas nacionales existían en la primera mitad del siglo XIX?

f) ¿Qué nuevos Estados surgieron en Europa entre 1829 y 1871?

2 DEFINE CONCEPTOS CLAVE

- liberalismo
- nacionalismo
- absolutismo
- constitución
- *sans-culotte*
- república

3 IDENTIFICA LOS PERSONAJES

- Luis XVI
- Napoleón
- Víctor Manuel II
- Robespierre
- Cavour
- Luis Felipe de Orleans
- Bismarck
- Garibaldi
- Olimpia de Gouges

4 ESTABLECE LA CRONOLOGÍA

- la toma de la Bastilla
- la ejecución de Luis XVI
- la independencia de Grecia
- la caída de Napoleón

5 EXPLICA LAS DIFERENCIAS

- sufragio universal / sufragio censitario
- soberanía nacional / soberanía popular
- imperio plurinacional / nación multiestatal
- absolutismo / liberalismo
- nación / Estado

RESPONDE A LA PREGUNTA INICIAL

¿Qué cambios introdujeron las revoluciones liberales en la forma de gobernar y en la sociedad?

APRENDE A... COMENTAR UN TEXTO HISTÓRICO

Declaración de Derechos del Hombre y del Ciudadano, 1789

Artículo 1. Los hombres nacen y permanecen libres e iguales en derechos (...).

Artículo 2. El fin de toda asociación política es la conservación de los derechos naturales e imprescriptibles del hombre. Estos derechos son la libertad, la propiedad, la seguridad y la resistencia a la opresión.

Artículo 3. El principio de toda soberanía reside en la nación. Ningún cuerpo, ningún individuo, puede ejercer autoridad que no emane expresamente de ella (...).

Artículo 4. La libertad consiste en poder hacer todo aquello que no dañe a un tercero (...). Estos límites solo pueden ser fijados por la ley (...).

Artículo 6. La ley es la expresión de la voluntad general. Todos los ciudadanos tienen derecho a participar personalmente, o por sus representantes, en su formación. La ley debe ser la misma para todos, tanto si protege como si castiga. Todos los ciudadanos, siendo iguales a sus ojos, son igualmente admisibles a todas las dignidades, cargos y empleos públicos, según sus capacidades, y sin otra distinción que la de sus virtudes y talentos.

Artículo 7. Ningún hombre puede ser acusado, arrestado ni detenido más que en los casos determinados por la ley y según las formas que ella ha prescrito (...).

Artículo 10. Nadie debe ser molestado por sus opiniones, incluso religiosas, con tal que su manifestación no altere el orden público establecido por la ley (...).

Artículo 11. La libre comunicación de pensamientos y opiniones es uno de los derechos más preciados del hombre; todo ciudadano puede, pues, hablar, escribir, imprimir libremente, sin perjuicio de responder del abuso de esta libertad en los casos determinados por la ley.

Artículo 13. Para el mantenimiento de la fuerza pública y para los gastos de la administración, es indispensable que se fijen unos impuestos. El pago de estos impuestos deberá repartirse entre los ciudadanos de forma proporcional a la riqueza de cada uno de ellos (...).

Artículo 16. Toda sociedad en la que la garantía de los derechos no esté asegurada, ni la separación de los poderes determinada, no tiene Constitución.

Artículo 17. Siendo la propiedad un derecho sagrado e inviolable, nadie puede ser privado de ella si no es en casos en los que lo exija la necesidad pública (...).

1. Identificación y presentación

- Indica qué tipo de texto es, su cronología, autores y destinatarios. ¿En qué circunstancias y dónde fue redactado?

2. Síntesis y análisis

- Resume cada artículo con tus propias palabras. Después agrúpalos según su contenido: derechos y deberes individuales, límites a esos derechos y origen del poder y la ley.
- ¿Por qué se considera la Declaración una pieza fundamental de la abolición del Antiguo Régimen?

3. Contexto histórico

- ¿Qué principios ideológicos inspiraron la redacción de esta Declaración de Derechos?
- Explica brevemente el contexto histórico en que se aprobó esta Declaración.

4. Conclusiones

- ¿Cuál ha sido su trascendencia histórica?
- ¿Crees que esta Declaración tiene vigencia en la actualidad? Razona tu respuesta.

RAZONA HISTÓRICAMENTE

Empatía. Imagina que eres un diputado de la Convención en la que se está debatiendo si el rey de Francia, Luis XVI, es responsable de "traición y conspiración contra el Estado", y debes votar a favor o en contra de la culpabilidad del rey. Para ello, copia y completa en tu cuaderno el siguiente cuadro:

Argumentos a favor de la culpabilidad del rey	Argumentos a favor de la inocencia del rey

1 Organización de la información. Compara sistemas políticos

a) Copia y completa en tu cuaderno estos esquemas de tres sistemas políticos. Asigna cada letra a uno de los conceptos y, después, explica las diferencias que existen entre ellos:

Rey absoluto	Rey con poder limitado
Presidente	Súbditos
Ciudadanos	Senado
Parlamento	Congreso de los Diputados
Gobierno	Tribunales de justicia
Ministros y secretarios de Estado	

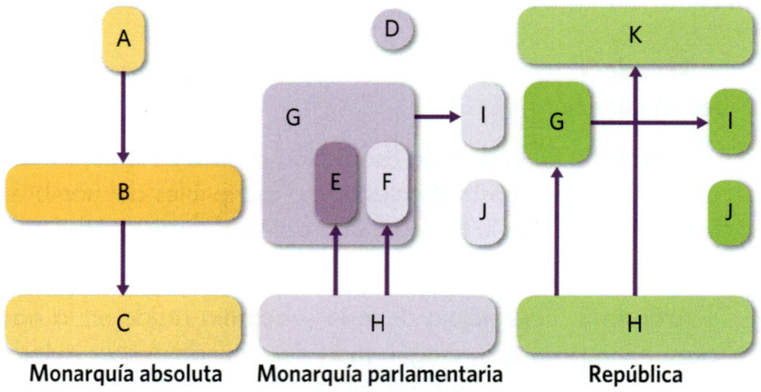

2 Fuentes documentales. ¿Qué es una nación?

Acabamos de ver algunos elementos que no son suficientes para crear una nación: la raza, la lengua, los intereses, las afinidades religiosas, la geografía, las necesidades militares. (...) ¿Qué más se necesita?

Una nación es esencialmente un alma, un principio espiritual. Dos cosas que (...) constituyen la misma esencia (...). Una se refiere al pasado, la otra forma parte del presente. Una es el hecho de poseer en común un rico legado del pasado; la otra es el consentimiento presente, el deseo de vivir conjuntamente. (...)

Una nación es pues una gran solidaridad, forjada por el sentimiento de los sacrificios que se han hecho y por los que se está dispuesto a seguir haciendo. (...)

Conferencia pronunciada por Ernest Renan, 1882.

a) Lee el texto y explica qué elementos conforman una nación según el autor.

b) Observa este esquema y define con tus palabras qué es una nación. Seguidamente busca su definición en un diccionario y comprueba si coincide con la tuya o qué diferencias observas.

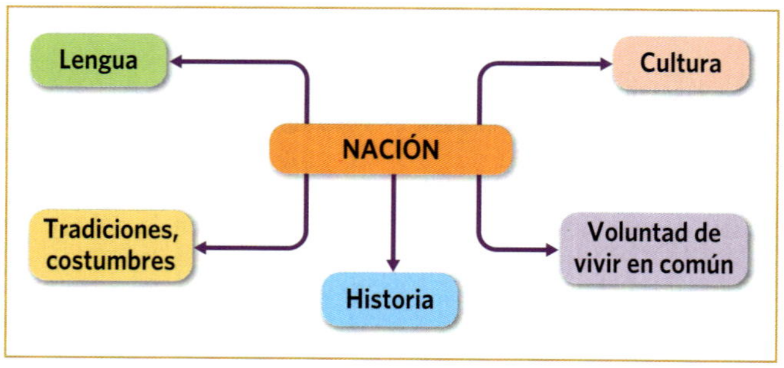

3 Fuentes gráficas. El voto en los Estados Generales

	SISTEMA TRADICIONAL		DEMANDAS DEL TERCER ESTADO	
Grupos	**Diputados**	**Voto por grupo**	**Diputados**	**Voto por persona***
Clero	291	1	291	Alto clero 46 Bajo clero 245
Nobleza	270	1	270	Absolutistas 220 Liberales 50
Tercer Estado	289	1	578	Tercer Estado 578

*no fue aceptado

a) Observa este cuadro y explica qué nuevo número de diputados y sistema de votación exigió el Tercer Estado en los Estados Generales convocados por Luis XVI en 1789.

b) Justifica por qué estas demandas eran tan importantes. ¿Cómo respondieron los privilegiados?

c) Razona la importancia que tuvo esta cuestión en el inicio de la Revolución francesa.

4 Fuentes materiales. Los símbolos revolucionarios

a) Identifica los objetos señalados con un número, averigua su simbolismo y explica por qué se convirtieron en símbolos de la Revolución.

Un *sans-culotte* de París.

5 Fuentes iconográficas. Sociedad estamental

Grabado titulado *El despertar del Tercer Estado*, 1789.

a) Describe la escena e identifica a los tres personajes. ¿Qué representa el edificio dibujado al fondo?

b) ¿Qué simbolizan los tres personajes? Analiza su actitud.

c) Explica qué mensaje ha querido transmitir el autor de este grabado y relaciónalo con su contexto histórico.

6 Espacio y tiempo. Europa en 1815

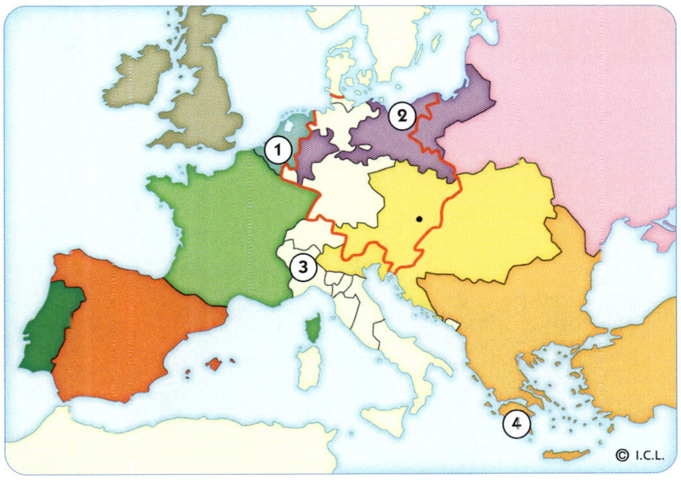

a) Di el nombre de los Estados representados por distintos colores. ¿Cuáles eran grandes imperios multinacionales?

b) ¿Qué ciudad representa el punto? ¿Por qué destaca en la Europa de 1815? ¿Qué representa la línea roja?

c) Señala los nuevos Estados surgidos a lo largo del siglo XIX que están señalados con un número, y explica brevemente cómo consiguieron su independencia o unificación.

WWW. ESPACIO WEB

7 Fuentes digitales. Calendario republicano

El 5 de octubre de 1793, la Convención Nacional adoptó el llamado calendario republicano, que se iniciaba el 22 de septiembre de 1792 y cambiaba los nombres de los meses, los días de la semana y suprimía las fiestas religiosas.

Consulta la información sobre el calendario republicano en www.tiching.com/743784 y responde:

a) ¿Por qué el calendario se inició en septiembre de 1792?

b) ¿Qué nombre recibieron los meses del año? ¿En qué se inspiró esta nueva denominación? ¿A qué mes actual correspondía cada uno de ellos?

c) ¿De cuántos días se componía la semana? ¿Qué nuevas festividades reemplazaron a las fiestas religiosas?

d) ¿Hasta cuándo estuvo vigente el calendario?

Familia de *sans-culottes*

8 Fuentes audiovisuales. Causas de la Revolución

Accede a www.tiching.com/744750 y visiona el vídeo sobre las causas y el estallido de la Revolución francesa:

a) ¿Qué son los Cuadernos de Quejas? ¿Cuándo y por qué se elaboraron? ¿Por qué constituyen una fuente importante para conocer las causas de la Revolución?

b) ¿Cuáles eran las principales peticiones de cada uno de los tres estamentos? Clasifica las reivindicaciones según sean políticas, económicas o sociales.

c) ¿Por qué los diputados del Tercer Estado abandonaron la reunión de los Estados Generales? Explica qué conflicto motivó su decisión.

RETOS EN LA RED

MINI UNIDAD VISUAL: La democracia en América.

ACTIVIDADES AUTOCORRECTIVAS: Resuelve estas actividades y repasa lo que has aprendido.

www.vvd.link/012274/2

3 EL ORIGEN DE LA INDUSTRIALIZACIÓN

¿Cómo transformó la Revolución Industrial la economía y la sociedad tradicionales?

LA REVOLUCIÓN INDUSTRIAL

1730 · 1750 · 1770 · 1790 · 1810 · 1830 · 1850 · 1870

- **1730** Arado de Rotherham
- **1732** Carbón de coque en altos hornos
- **1733** Lanzadera volante de Kay
- **1764** Hiladora Spinning Jenny
- **1769** Máquina de vapor de Watt
- **1776** Adam Smith: *La riqueza de las naciones*
- **1780** Máquina trilladora
- **1785** Telar mecánico de Cartwright
- **1807** Primeros barcos a vapor
- **1811** Ludismo (1811-1817)
- **1824** Segadora mecánica
- **1825** Primeros sindicatos
- **1829** Locomotora de vapor Stephenson
- **1834** Great Trade Union
- **1855** Fabricación de acero Convertidor de Bessemer
- **1864** I Internacional

Constantin Émile MEUNIER: *En un país negro*, 1893.

La Revolución Industrial se inició en Gran Bretaña a finales del siglo XVIII y se difundió por Europa y Norteamérica durante el siglo siguiente.

La nueva industria, que se basaba en la mecanización de la producción, las innovaciones técnicas y el sistema fabril de producción, provocó un fuerte crecimiento de la producción de bienes.

La industrialización fue acompañada de una nueva organización de la economía (el capitalismo) y transformó la sociedad. El éxodo rural provocó el crecimiento de las ciudades, donde se desarrollaban las nuevas actividades industriales.

Dos nuevas clases sociales vertebraron la sociedad capitalista: la burguesía, que poseía capital para invertir, y el proletariado, que trabajaba en las fábricas.

¿Qué sabemos?

- ¿Por qué al nacimiento de la industria se le denomina "Revolución Industrial"?
- Observa la pintura y explica por qué esta imagen representa un paisaje industrial. ¿Sabes por qué se denominaban "paisajes negros"?
- Fíjate en el mapa. ¿Cuál fue la cuna de la Revolución Industrial? ¿Cuándo se expandió por Europa?

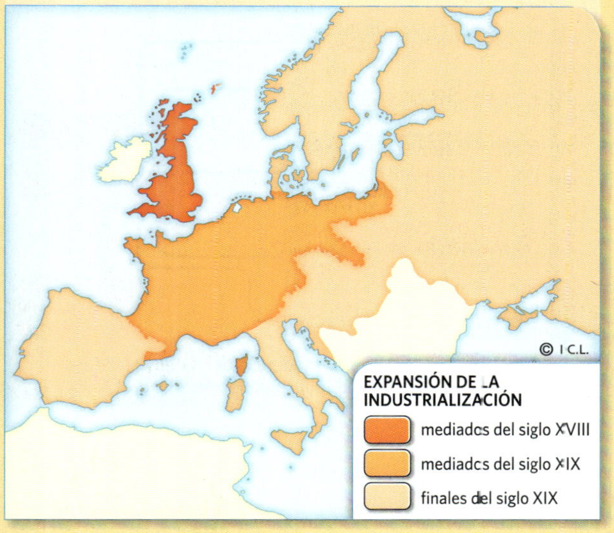

¿Cómo cambió la producción de bienes con la

A finales del siglo XVIII, la Revolución Industrial produjo la transformación más importante desde la revolución neolítica, cuando el ser humano empezó a cultivar la tierra.

La industrialización significó el paso de la economía agraria a otra dominada por la industria, donde la producción de bienes se realizaba de forma mecanizada.

Los cambios en los sistemas de producción implicaron una nueva organización de la economía (capitalismo) y transformaron la organización de la sociedad (sociedad de clases).

El impacto de la industria fue tan grande, que los historiadores la denominaron "Revolución Industrial". ¿En qué consistió y qué factores la impulsaron?

A FACTORES IMPULSORES DE LA INDUSTRIALIZACIÓN

La Revolución Industrial tuvo su origen en **Gran Bretaña** a mediados del siglo XVIII. Una serie de factores explican por qué Gran Bretaña fue la pionera y se convirtió en el primer país industrial, en el "**taller del mundo**":

- Un **sistema político** en el que el poder de la monarquía estaba limitado por el Parlamento desde el siglo XVII y en el cual la influencia de la burguesía era grande.
- Un **crecimiento de la población** que supuso el aumento de la demanda de productos y la disponibilidad de mano de obra para las nuevas fábricas.
- Abundancia de **recursos y materias primas**, sobre todo de carbón, que se convirtió en la principal fuente de energía.
- Facilidad de **transporte** a través de una amplia red de ríos y canales.
- La posesión de un **imperio colonial** (conquista de la India en el siglo XVIII) permitió un fácil acceso a las nuevas materias primas (algodón) y generó un gran mercado para exportar la producción industrial.

LA HEGEMONÍA INDUSTRIAL DE GRAN BRETAÑA

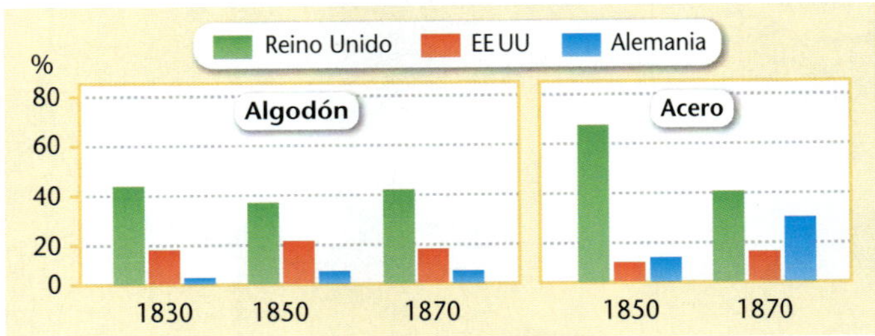

EL CANAL DE SUEZ

La apertura del canal de Suez en 1869 facilitó el comercio con la India y Oriente.

B UN CONJUNTO DE "REVOLUCIONES PARALELAS"

FACTORES QUE PROPICIARON LA INDUSTRIALIZACIÓN

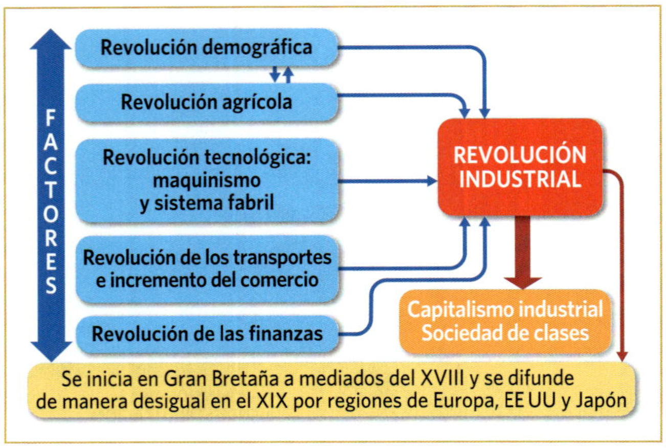

La Revolución Industrial fue posible gracias al desarrollo de una serie de cambios que, interconectados entre sí, provocaron una gran transformación del sistema económico. El elemento común de todos ellos fue la **innovación**, que produjo una serie de "revoluciones paralelas":

- Una revolución **agrícola**: aumentó la cantidad de alimentos.
- Una revolución **demográfica**: incrementó la población.
- Una revolución **tecnológica**: puso al servicio de la industria nuevas máquinas y fuentes de energía.
- Una revolución en el **transporte** y en el **comercio**: permitió vender la producción a mercados lejanos y extensos.
- Una revolución en las **finanzas**: aportó nuevos sistemas para financiar a las empresas y facilitar los pagos.

Revolución Industrial?

C EL SISTEMA FABRIL DE PRODUCCIÓN

El nacimiento de la industria estuvo estrechamente vinculado a tres elementos que se han convertido en emblemáticos del proceso industrializador: la mecanización del proceso productivo, el uso de nuevas fuentes de energía y la fábrica como lugar de producción.

MECANIZACIÓN

- Consiste en el uso de **máquinas**, que sustituyen parcialmente al trabajo humano, para la producción de bienes.
- La mecanización sustituyó las tareas manuales y la tracción animal por las máquinas tanto para la fabricación industrial, como para el transporte de mercancías y pasajeros (ferrocarril).

Mecanización de la industria textil, siglo XVIII.

FUENTES DE ENERGÍA

- Las fuentes de energía anteriores a la revolución procedían fundamentalmente de la fuerza humana o animal, del viento y del agua.
- La primera innovación fue el perfeccionamiento de la rueda hidráulica para mover las máquinas de la industria textil.
- La segunda, y la más innovadora, fue la utilización del carbón gracias a la máquina de vapor de Watt. (ver página 56).

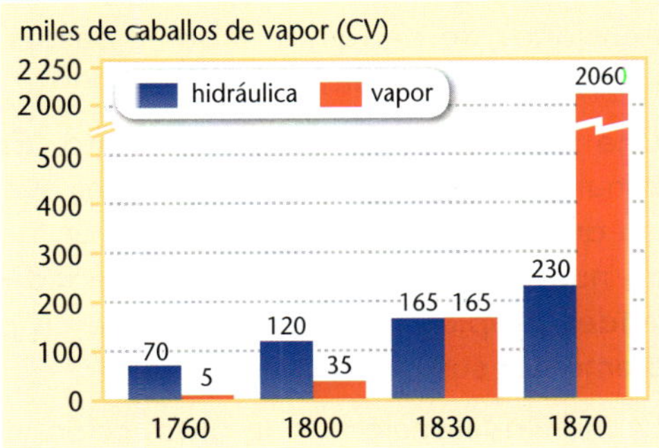

SISTEMA FABRIL

- La mecanización, el uso de grandes instalaciones para las nuevas fuentes de energía y el interés de un mayor control sobre la mano de obra provocaron la concentración de obreros y obreras en edificios destinados a la producción (fábricas). Esta nueva manera de producir se conoce como **sistema fabril** e implicó la producción en serie y un notable aumento de la productividad.
- La generalización del sistema fabril comportó la ruina de muchos artesanos y el fin de la producción realizada manualmente de forma artesanal. Con ello, los gremios, que controlaban la producción desde la Edad Media, fueron desapareciendo.

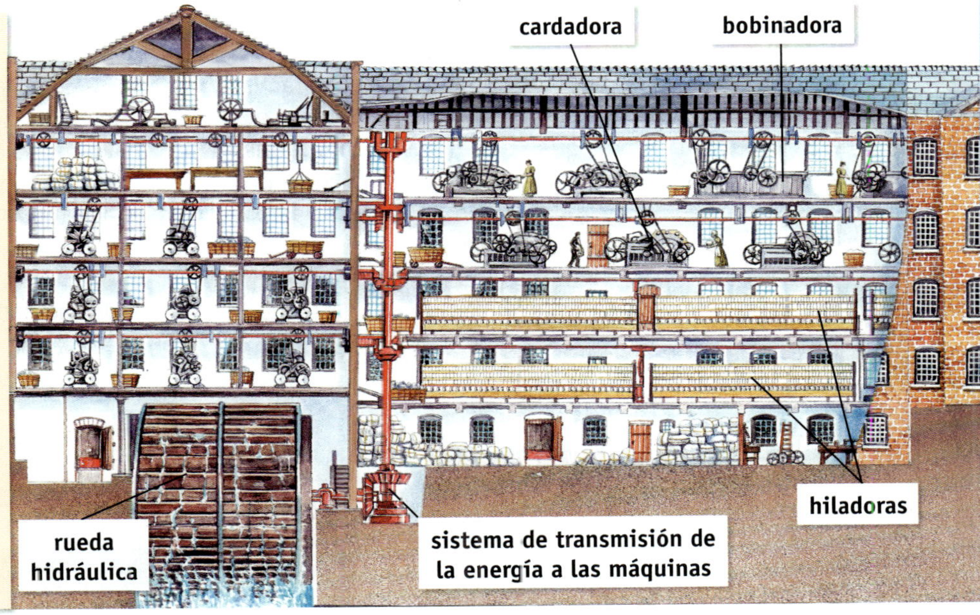

1. ¿Qué ventajas tenía Gran Bretaña sobre otros países de su entorno para convertirse en el país pionero (*first comer*) de la industrialización?
2. ¿Qué cambios en los sectores de la economía interconectados entre sí hicieron posible la Revolución Industrial?
3. Explica en qué consiste la mecanización y qué consecuencias tuvo en la producción de bienes.
4. Observa el dibujo de la fábrica y descríbela. ¿En qué consistía el sistema fabril? Observa el mecanismo hidráulico y explica cómo se obtenía la energía.

Argumenta la respuesta

5. Razona por qué se considera que la Revolución Industrial fue el cambio más importante en la historia de la humanidad desde la revolución neolítica.

2 Las transformaciones de la agricultura

Un conjunto de transformaciones en el campo impulsaron un aumento de la producción agrícola en la segunda mitad del siglo XVIII. Este desarrollo fue el resultado de una nueva ordenación de la propiedad, de la mecanización de las tareas agrícolas y de la introducción de nuevos sistemas de cultivo.

La nueva estructura de la propiedad

La subida del precio de los cereales estimuló a los propietarios rurales a adueñarse de las tierras de uso colectivo y a cercar sus propiedades. Con ello, grandes extensiones de tierras de labor y pastos pasaron a ser de propiedad privada.

Una serie de leyes de cercamiento (***Enclosure Acts***) promulgadas por el Parlamento inglés avalaron este proceso que comportó una concentración de la propiedad. Esta nueva ordenación de la propiedad benefició a los grandes propietarios, que consiguieron producir más e incrementar sus beneficios.

La individualización de la producción incentivó la mejora de las técnicas de cultivo y supuso el paso del sistema de campos abiertos (*openfields*) al de campos cerrados (*enclosures*).

La concentración de la propiedad perjudicó a las familias campesinas pobres que, al no disponer de recursos para cercar tierras, tuvieron que vender sus propiedades y convertirse en jornaleros o jornaleras a cambio de un salario. Además, perdieron su derecho a usar los pastos y las tierras comunales.

Como consecuencia del gran número de campesinos y campesinas que buscaban trabajo, los salarios bajaron muy drásticamente y muchas familias se vieron obligadas a emigrar a las ciudades.

Los cambios en el sistema de cultivo

La difusión de la rotación cuatrienal de cultivos (**sistema Norfolk**), que combinaba la siembra de cereales, que empobrecen la tierra, con plantas forrajeras (nabos, tréboles, alfalfa...), que la enriquecen porque ayudan a fijar nitrógeno en el suelo, sustituyó a la rotación trienal.

El nuevo sistema de rotación de cultivos permitió suprimir el barbecho* de la rotación trienal y aumentar la superficie cultivada.

El aumento de la producción de forraje permitió el incremento de la cabaña ganadera cuyo estiércol, a su vez, mejoró la fertilidad de la tierra.

Al mismo tiempo, el incremento de cabezas de ganado aumentó la disponibilidad de carne y leche, permitiendo una mejora en la dieta humana.

Léon-Augustin LHERMITTE: *La paga de los segadores*, 1882.

Las ventajas de los campos cerrados

No hay ninguna duda de los superiores beneficios que los agricultores obtendrán cultivando sus campos cercados de forma individual (*enclosures*) más que siguiendo la rotación a que obligaba el antiguo sistema de campos abiertos (*openfields*).

Con el antiguo sistema, el campesino estaba atado de pies y manos y no podía hacer ninguna variación en función del suelo, los precios o de la época. Aunque algunos cultivos sean mejores y le convengan más, él no puede cambiarlos, siempre tiene que ir a la par con el resto de campesinos.

El nuevo sistema le permitirá escoger los cultivos para cada época del año y sembrar aquellos de los que crea que obtendrá mayores beneficios.

Annals of Agriculture, 1800. (Adaptación)

LA ROTACIÓN CUATRIENAL: EL SISTEMA NORFOLK

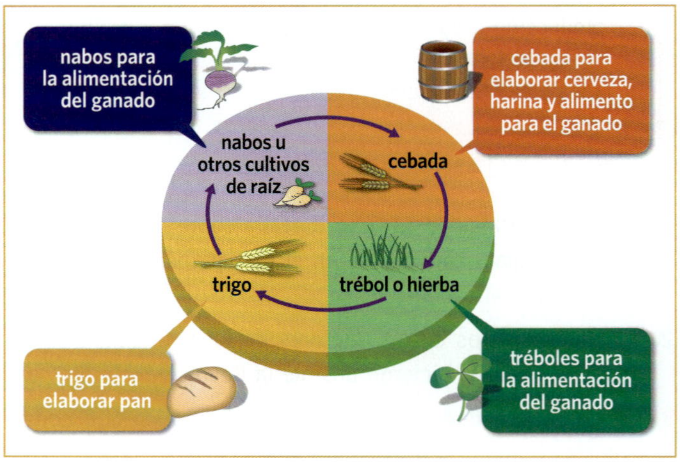

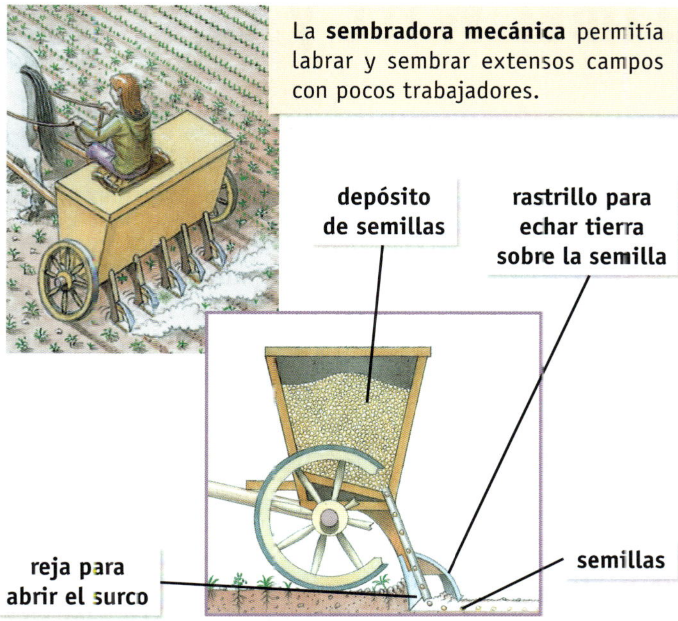

La **sembradora mecánica** permitía labrar y sembrar extensos campos con pocos trabajadores.

La introducción de nuevas máquinas

La invención de nuevas máquinas permitió realizar con mayor facilidad y eficacia las tareas agrícolas. Una de las primeras innovaciones fue la **siembra mecánica** en surcos de hileras paralelas (método Jethro Tull), que permitió la recogida tanto de frutos como de malas hierbas de forma mucho más sencilla.

El **nuevo arado** de Rotherham ayudó a remover los campos con mayor facilidad y profundidad y, además, cubrir las semillas con tierra para protegerlas del viento y de los animales.

La introducción de la máquina de vapor y el desarrollo de la siderurgia permitieron utilizar nuevas máquinas segadoras y trilladoras que facilitaron la siega y la trilla.

También se introdujeron **nuevos cultivos** (patatas, maíz...) que diversificaron la producción de alimentos. Además, la utilización del guano* como abono ayudó a mejorar la productividad.

El aumento de la producción

Estas transformaciones en la agricultura hicieron posible un notable aumento de la producción de alimentos, que, a su vez, permitió la supervivencia de una población en rápido crecimiento.

La productividad agrícola también se incrementó: si en el año 1650 la producción de un campesino permitía alimentar a 1,5 personas, en 1800 había aumentado hasta 2,5 personas.

La patata, que en principio no fue bien recibida por los campesinos, se convirtió en un alimento fundamental de la dieta popular.

AUMENTO DEL PRECIO DEL TRIGO

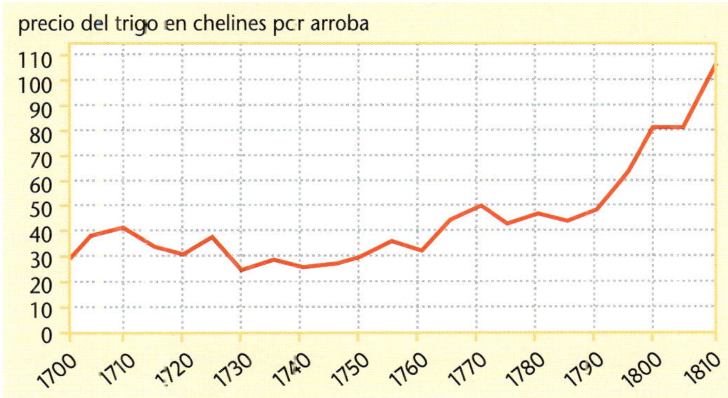

1. ¿En qué consistió el cercamiento de los campos (*enclosures*)? ¿Quiénes fueron los más beneficiados y los más perjudicados? Razona el porqué.

2. Lee el texto sobre los campos cerrados (*enclosures*) y explica las ventajas que presenta este sistema sobre los campos abiertos (*openfields*).

3. Explica en qué consiste el sistema Norfolk y sus ventajas respecto a la antigua rotación de cultivos con barbecho.

4. Describe las tareas agrícolas y las máquinas que aparecen en los dibujos. ¿Qué ventajas aportaban esas máquinas?

5. Observa el gráfico. Razona por qué el alza del precio del trigo fue un estímulo para que los agricultores mejorasen los sistemas de producción.

6. Explica cómo afectó la revolución agrícola a las grandes familias propietarias agrícolas, a las familias campesinas pobres y al conjunto de la población.

3 James Watt y la máquina de vapor

James Watt (1736-1819) nació en Escocia y a los 14 años empezó a estudiar matemáticas y a colaborar en el taller mecánico de su padre, donde adquirió gran habilidad en la fabricación de herramientas.

En 1764 recibió en su taller una máquina de vapor creada por Newcomen para repararla. Al hacerlo, se percató de que tenía un bajo rendimiento a causa de la cantidad de vapor que desperdiciaba y buscó la manera de evitarlo. Con ello creó una nueva máquina mucho más eficaz, que se aplicó como fuerza motriz para la industria y el transporte.

Su asociación con el empresario Matthew Boulton, que fabricaba productos de metal, permitió la comercialización con éxito del invento.

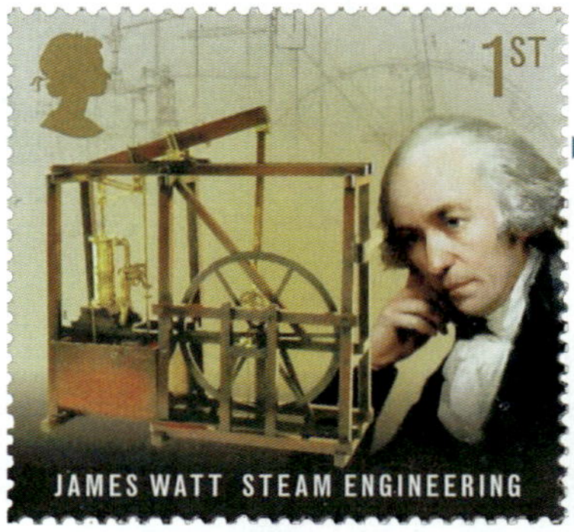

Sello en el que se representa a James Watt y su máquina de vapor, emitido por el correo británico en el 2009, para conmemorar a los pioneros de la Revolución Industrial.

A LA MÁQUINA DE VAPOR Y SU APLICACIÓN EN LA INDUSTRIA

La máquina de vapor aprovecha la fuerza del vapor para generar un movimiento continuo que traslada a las máquinas. Su funcionamiento es el siguiente:

- En una caldera se hierve agua gracias al calor que genera la combustión del carbón. El vapor que se produce genera una alta presión y se dirige a una cámara cerrada conocida como cámara de vapor.
- En el extremo delantero de esta cámara se encuentra un cilindro, que empuja un pistón, que sube y empuja un balancín. El vapor se enfría en un condensador y hace bajar de nuevo el pistón y el balancín.
- A través de un mecanismo de biela-manivela, el movimiento circular del pistón se convierte en un movimiento de traslación o de rotación.

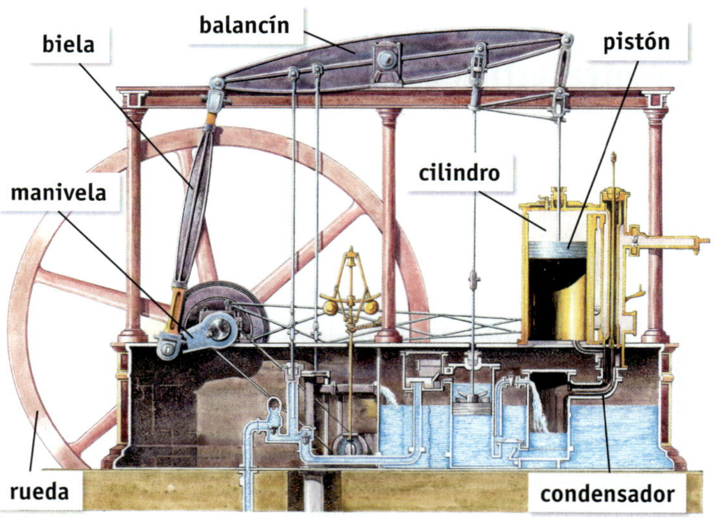

LA FUERZA DEL VAPOR MUEVE LAS MÁQUINAS DE LAS INDUSTRIAS

James Watt adaptó la máquina de vapor para impulsar los mecanismos industriales.

Su aplicación en la mecanización de la industria textil (hilado y tejido) provocó el aumento de la productividad (cantidad producida por unidad de tiempo) y de la producción total (cantidad de bienes producidos). Ello permitió abaratar los costes y disminuir el precio de venta.

La máquina de vapor se aplicó también a la maquinaria agrícola, en las fábricas de papel, los molinos de harina..., y fue muy importante en la minería, donde se utilizó para evacuar el agua de las galerías.

B LA LOCOMOTORA Y EL FERROCARRIL

El ferrocarril fue el primer vehículo movido por la aplicación de la máquina de vapor. Surgió de la unión de dos mecanismos:

- El sistema de arrastrar vagonetas o diligencias de pasajeros tiradas por animales sobre raíles.
- La invención de la locomotora por **Stephenson** (1829) al utilizar una máquina de vapor para transmitir un movimiento continuo a las ruedas.

El nuevo sistema de transporte permitió trasladar mayor cantidad de personas y mercancías en menos tiempo y a un costo reducido. Esta mejora estimuló el comercio de mercancías y desempeñó un papel fundamental en la articulación de un gran mercado interior.

A principios del siglo XIX, la máquina de vapor se aplicó a los barcos de vela, que fueron sustituidos por **barcos de vapor**. Su puesta en funcionamiento acortó enormemente el tiempo de la travesía transatlántica entre Europa y América.

RED FERROVIARIA EUROPEA

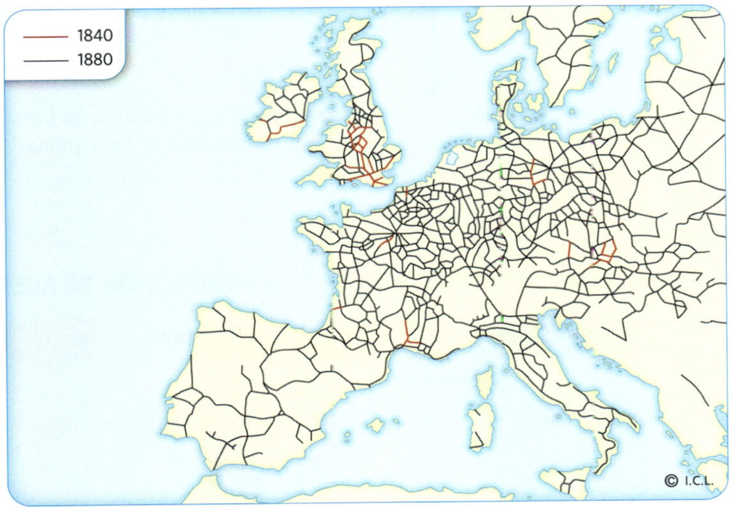

Las ventajas del ferrocarril

Antes de que se construyese la línea de ferrocarril de Liverpool a Manchester, había 22 diligencias de línea regular y unas siete ocasionales entre las dos ciudades, que, en total, solo podían transportar 688 personas cada día.

El ferrocarril, en sus primeros 8 meses de funcionamiento, transportó una media diaria de 1070 pasajeros y solo estuvo parado un día a causa del único accidente que se produjo.

La tarifa de las diligencias era de 10 chelines viajando en el interior y de 3 chelines y 6 peniques haciéndolo fuera. El viaje duraba unas 4 horas, y en ferrocarril, 1 hora y 45 minutos.

J.T. Ward: *The Annual Register*, 1832.

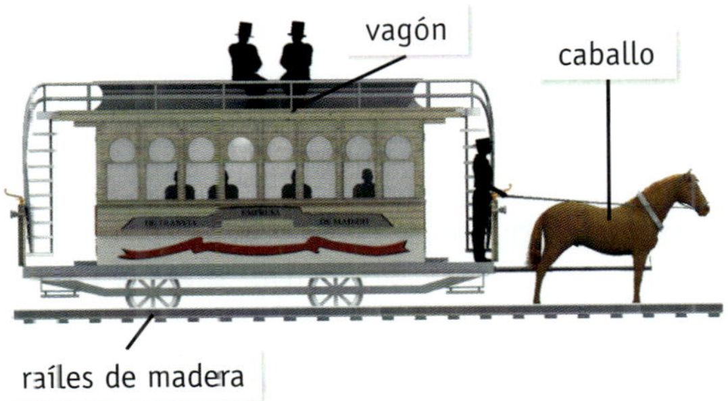

1. ¿Qué dos innovaciones se unieron para crear el ferrocarril a vapor? Explícalo a partir del dibujo del ferrocarril. ¿Dónde se situaba la máquina de vapor?
2. Fíjate en el mapa. ¿Qué zona fue la pionera en la construcción del ferrocarril? ¿Dónde era más extensa la red en el siglo XIX? ¿A qué sectores económicos benefició la construcción del ferrocarril?
3. Lee el texto de las ventajas del ferrocarril y explica qué consecuencias se derivaron de su construcción.

Ponte en su lugar

4. Imagina que eres James Watt y que debes hacer una presentación a un grupo de empresarios textiles sobre las ventajas de utilizar la máquina de vapor. Escribe el texto de la presentación:
   - Con ayuda del dibujo de la máquina de vapor, explica su funcionamiento.
   - Fijándote en el grabado de la fábrica textil, descríbeles cómo la máquina de vapor hace mover las hiladoras.

4 Desarrollo de la industria y aumento del comercio

La aplicación de las nuevas tecnologías (mecanización y energía del vapor) y del sistema fabril se realizó primero en la industria textil y más adelante en la siderurgia. Ambas fueron el motor de la industrialización.

La industria textil

En el siglo XVIII existía un gran comercio de indianas*, un tejido de algodón estampado procedente de la India. El gobierno británico prohibió su importación y con ello estimuló la producción de tejidos de algodón en el interior del país.

El algodón es un tejido suave, de fácil lavado y más higiénico que la lana, por lo que fue muy bien aceptado por los consumidores. Además, producido en grandes cantidades, resultaba sumamente económico.

La materia prima, el algodón en rama, se adquiría a bajo costo porque se importaba de la India o de las grandes plantaciones esclavistas de Estados Unidos.

El proceso de mecanización se inició con la **lanzadera volante** de Kay (1733), que aumentó la velocidad del proceso del tejido y permitió ensanchar las piezas, y las **máquinas de hilar** (Spinning Jenny, Mule Jenny y Water Frame), que incrementaron la productividad en el hilado.

El último paso fue la incorporación del **telar mecánico** de Cartwright (1785), que aumentó la producción de tejidos y permitió el abaratamiento de su coste.

La siderurgia

En el siglo XVIII aumentó considerablemente la demanda de hierro para fabricar barcos, municiones, máquinas y herramientas. Ello estimuló la búsqueda de un combustible para la siderurgia menos costoso y más efectivo que el carbón vegetal usado hasta entonces.

La primera innovación que estimuló el crecimiento de la siderurgia fue el uso del **carbón de coque** por Darby (1709) en los alto hornos usados para la fundición. Su elevado poder calorífico permitió la producción de hierro en grandes cantidades y fomentó el crecimiento de la minería del carbón.

El perfeccionamiento de técnicas como la pudelación* y el laminado del hierro, inventadas por Cort en 1783, fue importante para el desarrollo de la siderurgia.

Más adelante, en 1855, el **convertidor de Bessemer** permitió la fabricación de **acero** (una mezcla de hierro y carbono), un material de gran elasticidad, muy apto para la construcción de maquinaria, herramientas, edificios y obras públicas.

CONSUMO DE LANA Y ALGODÓN EN GRAN BRETAÑA

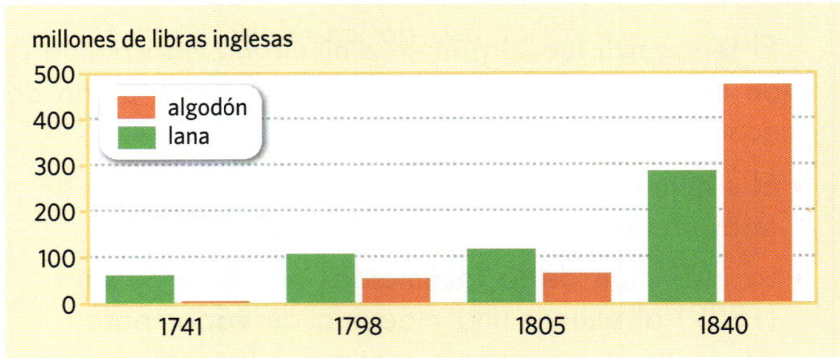

1. ¿Qué evolución siguió el consumo de ambas materias primas? ¿A qué se debió el cambio?

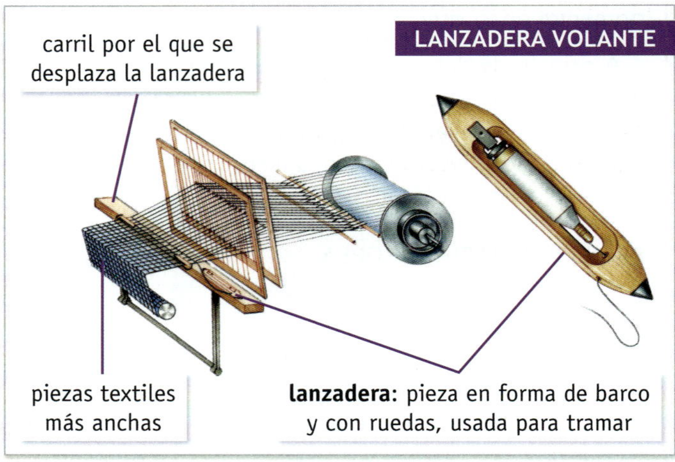

EL CONVERTIDOR BESSEMER Y LA PRODUCCIÓN DE ACERO

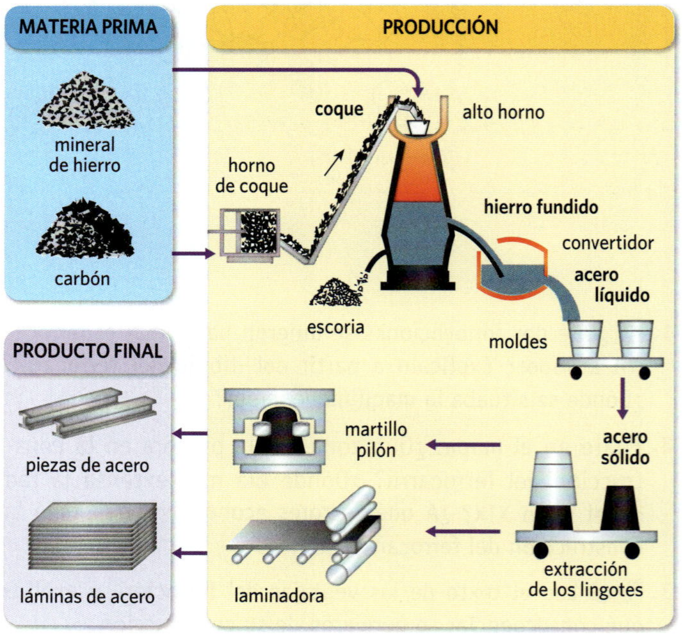

La minería del carbón y del hierro

La generalización del uso de los minerales como materia prima fue otra de las características del nuevo mundo industrial. Los sectores mineros que primero se desarrollaron fueron el del carbón y el del hierro.

El **carbón** se convirtió en la gran fuente de energía de la Revolución Industrial. La demanda de carbón mineral aumentó debido a su utilización en la máquina de vapor y para la fabricación de hierro y acero.

Las minas de carbón proliferaron en Europa. Gales, en Gran Bretaña, se convirtió en una de las grandes zonas mineras, donde se extraía carbón de alta calidad por su elevado poder calorífico.

Las regiones carboníferas atrajeron a las **industrias siderúrgicas** que se estaban desarrollando para proporcionar hierro para las nuevas máquinas. En esas regiones se generaron los característicos "paisajes negros", fruto de las escorias del material y del humo derivado de la combustión del carbón.

Niños trabajando en una mina de carbón inglesa. Litografía, 1844.

La expansión comercial

La Revolución Industrial dio paso a una **economía de mercado**, en la que se producía no solo para el autoconsumo sino también para la venta en mercados urbanos. Este cambio fue posible gracias al aumento de la producción, al crecimiento de la población y al mayor poder adquisitivo de esa población.

La mejora de los sistemas de transportes facilitó el **comercio interior**, que aumentó de forma progresiva, ampliando los mercados locales y consolidando un mercado de ámbito nacional que sostuviese el crecimiento industrial.

El **comercio exterior** con las colonias extraeuropeas ofreció al Reino Unido los mercados donde exportar la producción de las nuevas industrias e iniciar el despegue industrial.

Los "paisajes negros"

Coketown es una ciudad de ladrillos que se verían rojos si el humo y las cenizas lo permitiesen (...). Es una ciudad llena de fábricas y de altas chimeneas de donde salen interminables serpientes de humo que nunca cesan (...).

La cruza un canal negro por donde circulan unas aguas enrojecidas por los tintes, que está rodeado de hacinadas fábricas llenas de ventanas, donde la jornada transcurre en medio del estrepitoso ruido de las máquinas y de los temblores que provoca el pistón de la máquina de vapor cada vez que sube y baja.

Charles Dickens: *Tiempos difíciles*, 1854.

2. ¿Cómo describe Dickens la ciudad industrial? Justifica por qué se califican estas ciudades como "paisajes negros".

3. ¿Cuál fue el primer sector productivo que encabezó la industrialización? ¿Qué materia prima empleaba? ¿Cómo ayudó el gobierno inglés a la expansión de la industria británica del algodón?

4. Explica cómo se llevó a cabo la mecanización del textil. Observa el dibujo y describe el funcionamiento de la lanzadera volante.

5. ¿Qué productos hicieron aumentar la demanda de hierro? ¿Qué invento hizo posible la producción masiva de hierro?

6. ¿Qué es el acero? ¿Qué ventajas tiene sobre el hierro? Observa el dibujo del convertidor Bessemer y describe su funcionamiento.

7. ¿Por qué aumentó la demanda de carbón? Explica por qué el crecimiento de la producción de carbón y de hierro están interrelacionadas.

8. Observa la litografía de 1844. ¿Quiénes trabajaban en la mina de carbón? ¿Crees que esto es posible en la actualidad? ¿Por qué?

5 El crecimiento de la población y el desarrollo

El aumento de la población fue un estímulo para el despegue industrial del siglo XIX porque comportó un aumento en el número de trabajadores disponibles y un incremento en la demanda de bienes de consumo.

El incremento demográfico fue posible gracias a la mejora de la producción agrícola porque una población mejor alimentada se hizo más resistente a las enfermedades y, por tanto, la mortalidad empezó a disminuir.

La industrialización, que necesita concentración de capitales y mano de obra, estimuló el crecimiento urbano. La burguesía instaló sus fábricas cerca de las ciudades y las familias campesinas emigraron del campo para trabajar en ellas. Así, la sociedad pasó de ser mayoritariamente agraria y rural a ser industrial y urbana.

El crecimento de las ciudades dio lugar a su progresiva urbanización, que no ha cesado hasta nuestros días. El mundo actual es un mundo de ciudades.

EVOLUCIÓN DE LA POBLACIÓN RURAL Y URBANA

	Rural (en %)	Urbana (en %)
Año	**Gran Bretaña**	
1851	47,8	52,2
1886	30,6	69,4
1911	21,9	78,1
Año	**Francia**	
1851	74,5	25,5
1886	64,1	35,9
1911	55,8	44,2
Año	**Alemania**	
1851	63,9	36,1
1886	74	53
1911	40	60

A LA REVOLUCIÓN DEMOGRÁFICA

Hacia 1750, la población europea inició un proceso de crecimiento conocido como **revolución demográfica**. Esta se debió al aumento de la producción de alimentos y, posteriormente, a las mejoras en la medicina y en la higiene.

La mejor alimentación permitió la desaparición de las grandes hambrunas e hizo a la población más resistente frente a las enfermedades. La mortalidad fue descendiendo paulatinamente mientras la natalidad tendía a mantenerse o a crecer ligeramente.

La reducción de la mortalidad, sobre todo la infantil, hizo también posible un aumento de la esperanza de vida, que pasó de 38 años, a finales del siglo XVIII, a alcanzar los 50 a finales del XIX.

Gran Bretaña fue el país europeo donde se inició la expansión demográfica y donde alcanzó mayores proporciones. Entre 1700 y 1800, su número de habitantes aumentó en casi un 69 %.

El conjunto de Europa pasó de 140 millones de habitantes en 1750, a 192 en 1800, y a 274 en 1850.

LA EVOLUCIÓN DEMOGRÁFICA EN INGLATERRA

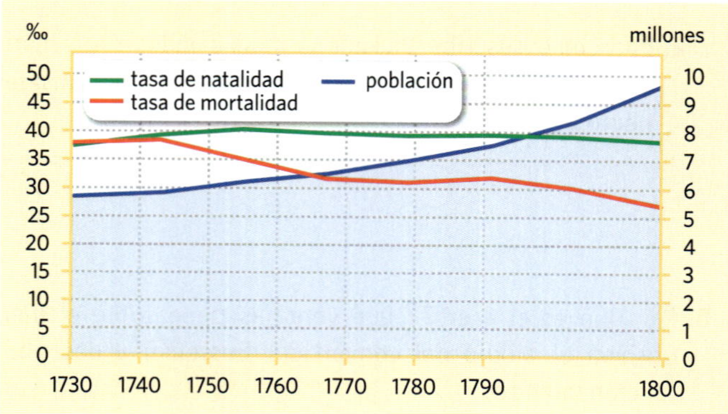

LA POBLACIÓN EUROPEA Y MUNDIAL

Población (en millones de habitantes)	Hacia 1800	Hacia 1850
Gran Bretaña	16,1	27,5
Francia	27,3	35,8
Italia[1]	18,1	24,3
Alemania[1]	24,6	35,9
España	10,5	15,6
Rusia	37	60,2
Europa	**192**	**274**
Mundo	**906**	**1171**

(1) Datos de población del territorio unificado en 1870 y 1871 respectivamente.

@ Amplía en la Red...

Para saber más sobre la revolución demográfica, entra en: www.tiching.com/53258

urbano

B LA EXPANSIÓN DE LAS CIUDADES

La industrialización convirtió las antiguas ciudades en grandes metrópolis y sus habitantes se multiplicaron.

En este desarrollo urbano se derribaron las murallas, aparecieron barrios nuevos, se crearon nuevos medios de transporte (ferrocarril, tranvía...) y se construyeron infraestructuras (empedrado de calles, alcantarillado...) y nuevos servicios (hospitales, mercados, teatros, etc.).

El crecimiento urbano fue consecuencia del **éxodo rural**. Las familias campesinas, a las que la mecanización de las tareas agrícolas y la concentración de la propiedad dejaron sin tierras y sin trabajo, acudieron a las ciudades en busca de un empleo en las fábricas.

En la nueva **ciudad industrial** se produjo una fuerte segregación social por **barrios**, en los que se diferenciaban los elegantes barrios de la burguesía y los espacios industriales rodeados de suburbios obreros.

EL CRECIMIENTO URBANO

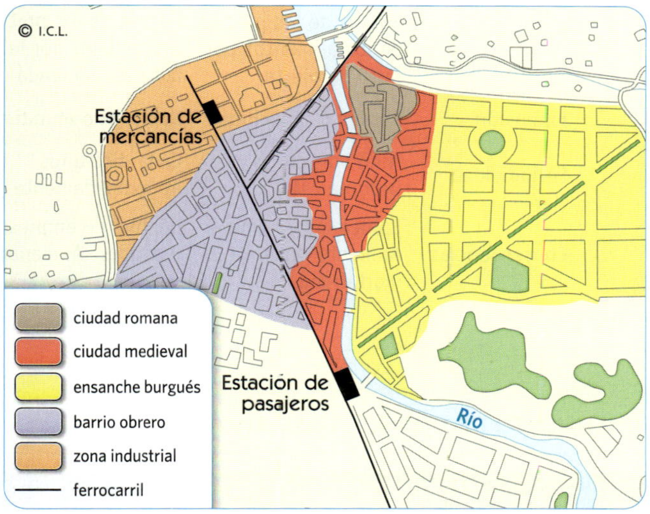

C. PISSARRO: *La avenida de la Ópera de París*, 1898.

La burguesía planificó nuevos barrios residenciales con edificaciones de varios pisos con lujosas y confortables viviendas, rodeadas de espacios ajardinados, comunicados con amplias avenidas y dotados de servicios.

G. DORÉ: *Londres, una peregrinación*, 1870. (Grabado)

Los barrios obreros carecían de infraestructuras (las calles no estaban asfaltadas ni tenían alcantarillado) y la falta de espacio provocó el hacinamiento en las viviendas.

1. A partir del gráfico, explica en qué consistió la evolución demográfica en Inglaterra.
2. Consulta la tabla. ¿Qué peso tenía la población europea en relación a la mundial a mediados del siglo XIX? ¿Crees que en la actualidad se sigue manteniendo esa proporción?
3. ¿Por qué la industrialización favoreció el crecimiento de las ciudades? Observa el plano y explica cómo se estructuraba por barrios una ciudad industrial.
4. ¿En qué se diferenciaban los barrios burgueses de los barrios obreros?

Relaciona ayer y hoy

5. El crecimiento demográfico fue un estímulo para el desarrollo económico del siglo XIX. Averigua si la población europea crece en la actualidad como lo hizo en aquella centuria. ¿Qué consecuencias sociales y económicas crees que pueden derivarse de la actual situación demográfica de Europa?
6. La industrialización provocó un trasvase de población del campo a la ciudad. ¿Por qué crees que hoy en día la mayor parte de las personas prefiere vivir en las ciudades? Averigua si esta tendencia sigue vigente en el mundo actual y si predomina la población rural o agraria.

6 El triunfo del capitalismo

La Revolución Industrial impulsó el desarrollo del **capitalismo**, un sistema económico sustentado en el **liberalismo económico**. Esta doctrina, basada en la iniciativa privada, fue establecida por una serie de autores británicos (Escuela de Manchester), entre los que destacó **Adam Smith**.

Honoré DAUMIER: *El banquero*, 1835.

El capitalismo industrial

El capitalismo es un sistema económico en el que los instrumentos de producción (las fábricas, la maquinaria y los *stocks** de bienes) son predominantemente de **propiedad privada**.

Las actividades económicas responden a la **libre iniciativa** de los individuos, que tienen como objetivo la búsqueda del **máximo beneficio**: es un sistema no planificado, en el que la intervención del Estado debe reducirse al mínimo.

Los intereses de los particulares –vendedores o compradores– concurren en el mercado, que solo se regula mediante la **ley de la oferta y la demanda**.

La competencia entre los empresarios para conquistar el mercado da lugar a una carrera para reducir costes y precios, lo que constituye un incentivo para la constante renovación tecnológica (**ley de la competencia**).

El capitalismo se ve azotado por las **crisis de sobreproducción** provocadas por un exceso de producción en relación con la capacidad de consumo de la sociedad. Sus consecuencias son la disminución de ventas, la caída de precios y beneficios, el cierre de empresas y el paro obrero.

LAS CRISIS ECONÓMICAS

Características	Crisis de subsistencia	Crisis de sobreproducción
Manifestación y origen	Malas cosechas, carestía de alimentos	Crecimiento excesivo de la producción: sobreproducción
Evolución de los precios	Subida de los precios de los alimentos por falta de oferta	Bajada de los precios industriales por la falta de demanda
Extensión	Regional o nacional	Nacional o mundial
Periodicidad	Ninguna (ciclos irregulares)	Cada diez años aproximadamente
Consecuencias	Epidemias y hambre. Aumento de la mortalidad	Declive de empresas y bancos. Aumento del paro

El crecimiento de las finanzas

La industrialización comportó el desarrollo de las **entidades bancarias** que se multiplicaron y diversificaron, convirtiéndose en captadoras del ahorro (bancos de depósito) y suministradoras de capital a la industria (bancos de inversión). Además, los bancos actuaban como intermediarios entre empresas, proveedores y consumidores facilitando los pagos y los intercambios (letras de cambio, cheques, pagarés…).

La necesidad de capital para fundar una nueva empresa llevó a la creación de **sociedades anónimas**, en las que el capital se divide en participaciones (acciones), que son adquiridas por accionistas y dan derecho al cobro de beneficios (dividendos). Estas acciones tiene un valor nominal, en relación con el capital de la empresa que emite las acciones.

La compraventa de acciones se realiza en la **bolsa**, que se rige por la ley de la oferta y la demanda: si existen muchos compradores y pocas acciones a la venta, su cotización sube por encima de su valor nominal; cuando ocurre lo contrario, su valor disminuye.

FUNCIONAMIENTO DE UNA SOCIEDAD ANÓNIMA

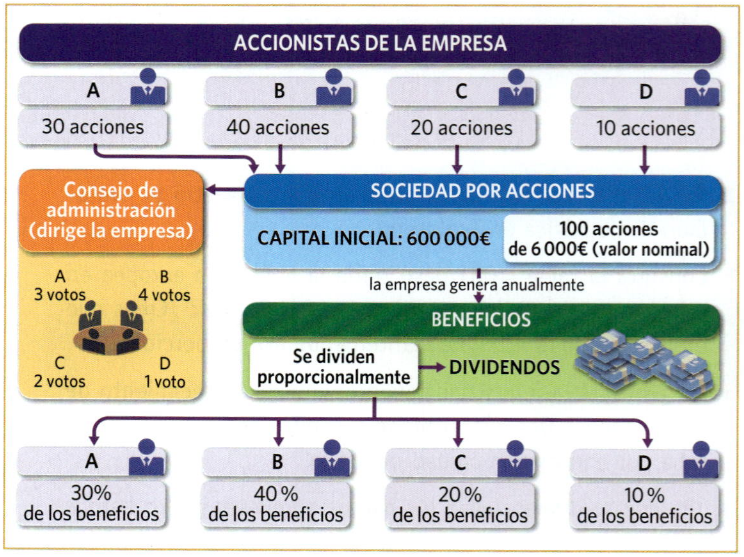

Proteccionismo y librecambio

Reino Unido, como país pionero del proceso de industrialización, se mostró partidario del **librecambio**, es decir, de la no intervención estatal en el comercio internacional. El libre intercambio de mercancías entre los distintos Estados sería un estímulo al comercio, al aumento de la producción y a la mejora de la competitividad empresarial.

Para evitar la competencia del Reino Unido y fomentar el crecimiento de su propia industria, tanto los países del continente como Estados Unidos aplicaron **medidas proteccionistas**. El proteccionismo defiende la imposición de aranceles (impuestos) a la entrada de productos extranjeros, con el objetivo de encarecerlos para que no sea rentable su importación.

El librecambismo

En un sistema de entera libertad de comercio, cada país consagra su capital y su industria al empleo que le parece más útil y está mejor preparado. Un país que, por su superioridad en la maquinaria y habilidad de sus obreros, fabrica a mejores precios que sus vecinos, puede vender los productos de su industria y hacer venir del exterior el trigo que necesita para su consumo.

D. Ricardo: *Principios de economía política*, 1817.

1. ¿Cómo defiende el autor la conveniencia del librecambio?
2. ¿Con qué argumentos se le opusieron los proteccionistas?

La expansión de la industrialización

El proceso industrializador se expandió por el mundo, aunque de una **manera desigual**.

A principios del siglo XIX, las transformaciones económicas se iniciaron en Francia y Bélgica, donde tuvo un menor peso el sector textil, y la industrialización se sustentó en la explotación de los yacimientos de carbón.

A mediados de siglo, Alemania cimentó su desarrollo industrial en la abundancia de carbón y hierro, y en el sector siderúrgico y químico. En Italia y España, el crecimiento industrial fue más tardío.

En la Europa oriental, el Antiguo Régimen permaneció vigente durante todo el siglo XIX. Solo en zonas localizadas de los imperios austrohúngaro y ruso se asentó a finales de siglo una incipiente industrialización.

En el resto del mundo, tan solo en Estados Unidos y Japón se produjo un desarrollo de la industria semejante al europeo.

INDUSTRIALIZACIÓN DE EUROPA HACIA 1850

3. Explica las características del sistema capitalista. ¿Por qué se producen crisis económicas periódicas? Observa la tabla y establece las diferencias entre las crisis de subsistencias típicas del Antiguo Régimen y las crisis de sobreproducción capitalistas.

4. A partir del esquema de una sociedad anónima (página anterior), describe cómo funciona una empresa capitalista usando las palabras: *acción, accionista, dividendo, bolsa, consejo de administración* y *capital*. Justifica por qué la bolsa es indispensable para el desarrollo del sistema capitalista.

5. Fíjate en el mapa. ¿Qué zonas eran las más industriales de Europa a mitad del siglo XIX y cuáles eran sus industrias predominantes? ¿En qué fases cronológicas se llevó a cabo la expansión de la industrialización?

DESCUBRE

7 La nueva sociedad de clases

El capitalismo instauró la división entre capital y trabajo y organizó la sociedad en dos grupos o clases sociales: la burguesía y el proletariado.

La burguesía poseía el capital, desarrollaba los negocios y era la propietaria de las fábricas, las entidades financieras y de las empresas comerciales. El proletariado, los obreros y obreras, vivían del trabajo que realizaban en las fábricas, minas y medios de transporte a cambio de un salario.

A diferencia de la sociedad estamental, las clases son grupos sociales abiertos con movilidad social, en las que el poder económico es la categoría básica de definición social. ¿Qué desigualdades presentaba la nueva sociedad de clases?

Caricatura titulada *El capital y el trabajo*, de principios del siglo XX.

A LA BURGUESÍA: LA NUEVA ÉLITE SOCIAL

En el nuevo mundo industrial, la **gran burguesía**, compuesta por empresarios, banqueros y grandes propietarios agrícolas, se convirtió en la nueva clase dominante. Su riqueza y su deseo de mostrar públicamente su poder y prestigio le permitieron, poco a poco, sustituir a la aristocracia en la vida social.

Por debajo había una **mediana burguesía** compuesta por profesionales (abogados, médicos...), funcionarios y comerciantes, y una **pequeña burguesía** constituida por empleados, tenderos y artesanos cuyas condiciones de vida apenas se diferenciaban del proletariado.

La nueva burguesía impuso sus valores sociales: la exaltación de la propiedad privada, la virtud del trabajo y del ahorro y el triunfo individual. De la burguesía provenían la mayoría de quienes accedían a la enseñanza universitaria, y formaban la intelectualidad: profesores, ingenieros, jefes de las instituciones y de las empresas, dando lugar a verdaderas dinastías familiares.

Para la gran burguesía, la casa familiar se transformó en un símbolo de su prosperidad y poder. Sus residencias eran grandes y lujosas y contaban con numerosos servicios.

S. Giraud: *Interior de un salón burgués en París*, 1889.

La familia se convirtió en el núcleo esencial de transmisión y consolidación del patrimonio de la burguesía.

B EL PROLETARIADO: LA FUERZA DE TRABAJO

En la nueva sociedad industrial, la **clase obrera** era la mano de obra necesaria para el funcionamiento de las máquinas y constituía el grupo social más desfavorecido.

En los primeros tiempos de la industrialización, no existía ninguna legislación laboral que regulase las condiciones de trabajo, los salarios o garantizase alguna protección en caso de accidente o enfermedad.

Los obreros estaban sometidos a una **dura disciplina laboral** donde los castigos y las penalizaciones eran frecuentes y podían ser despedidos en el momento que desease el empresario.

Las jornadas en las fábricas o en las minas eran muy largas (14-16 horas), sin apenas descanso semanal, y se realizaban en condiciones muy deficientes, con ruidos y humos asfixiantes. Los salarios eran muy bajos y no se percibían en caso de enfermedad, accidente o vejez.

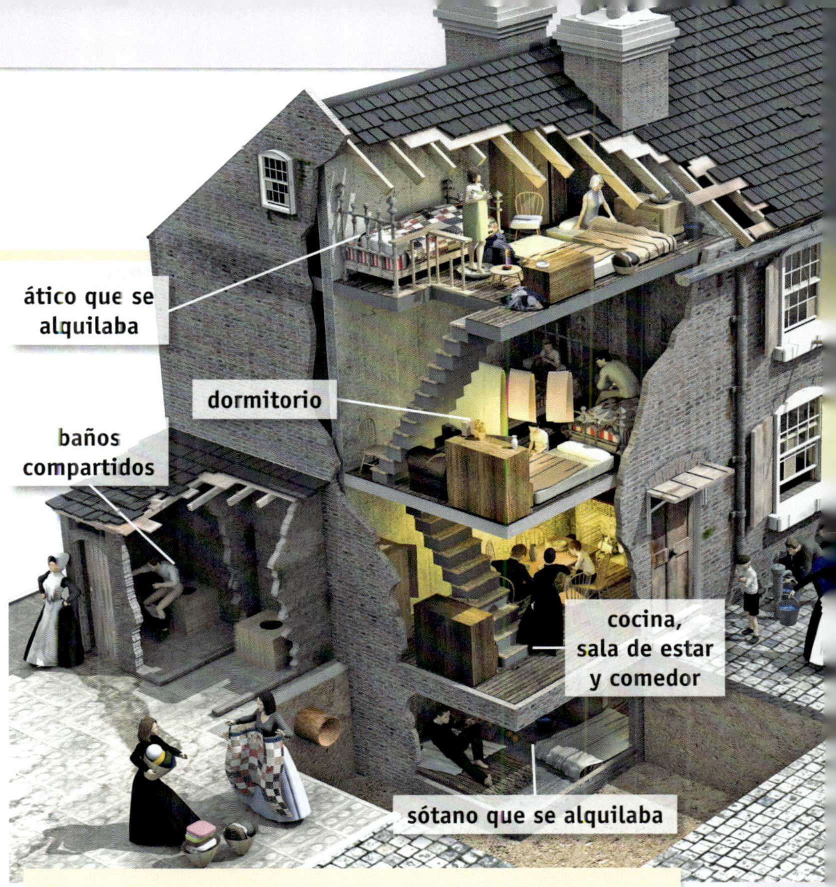

Las viviendas obreras eran muy pequeñas y se llegaban a hacinar 10 o 12 personas en habitaciones insalubres sin servicios higiénicos ni agua potable.

Interior de una vivienda obrera en Berlín (1907), donde se aprecian las precarias condiciones de vida de la clase trabajadora.

Los niños, las niñas y las mujeres trabajaban en las mismas condiciones que los hombres, tanto en las fábricas como en las minas, pero sus salarios eran inferiores. En Inglaterra, el sueldo de los niños equivalía a un 10% del de los hombres, y el de las mujeres, alrededor de un 40%.

Las pésimas condiciones de vida, la fatiga, las enfermedades profesionales, la desnutrición y las epidemias acababan muy pronto con la vida de las familias obreras. La esperanza de vida era baja y a los 50 años las personas ya estaban muy envejecidas.

1. ¿Qué cambios en la sociedad comportó la industrialización? ¿Qué diferencias puedes establecer entre la nueva sociedad de clases y la vieja sociedad estamental?
2. ¿Qué dos clases sociales se impusieron con la industrialización? ¿Qué caracteriza a cada una de ellas?
3. Describe y compara la vivienda burguesa y la obrera. ¿En qué entorno urbano se hallaba cada una de ellas? ¿Qué conclusiones puedes establecer sobre las diferentes condiciones de vida de ambas clases sociales?
4. Observa y describe el salón de la familia burguesa y cómo pasaban el atardecer. ¿Qué diferencias puedes establecer con la fotografía del interior de un hogar obrero?

Investiga

5. El trabajo de los niños y las niñas fue una de las grandes lacras de la Revolución Industrial. Visiona un fragmento de la película belga *Daens* en www.tiching.com/53341 y contesta las preguntas:
   - ¿Qué trabajos realizaban los niños y las niñas? ¿A qué edades empezaban a trabajar? ¿En qué condiciones laborales?
   - ¿Cómo perjudicaba ese trabajo a su desarrollo físico y mental?
   - ¿Por qué las fábricas empleaban a mujeres, niñas y niños? ¿Cómo se empezó a luchar contra esa situación?

8 Los nuevos movimientos sociales

Las duras condiciones de trabajo y la miseria en que vivía la clase obrera bajo el sistema industrial generó una nueva **conflictividad social**.

Las asociaciones obreras

La primera reacción obrera contra el trabajo industrial fue el **ludismo**. Este movimiento se inició en Inglaterra a principios del siglo XIX, y consistió en la destrucción violenta de máquinas, que consideraban responsables de los bajos salarios y del paro obrero.

Algunos obreros empezaron a darse cuenta de la necesidad de crear asociaciones propias para defender sus intereses. Las primeras organizaciones fueron las **Sociedades de Socorro Mutuo**, que actuaban como sociedades de resistencia y ayudaban a los trabajadores en caso de enfermedad o paro. Estas sociedades organizaron las primeras huelgas gracias al cobro de cuotas que permitían crear cajas de resistencia.

La derogación en Inglaterra de las leyes que prohibían las asociaciones obreras (*Combination Laws*, 1824), permitió la creación de los primeros **sindicatos** que reunían a los obreros de un mismo oficio o ramo, como por ejemplo el Sindicato de Hiladores.

Más adelante, en 1834, se fundó la **Great Trade Union**, que agrupaba a trabajadores de distintos oficios. Sus primeras reivindicaciones sindicales fueron la defensa del derecho de asociación, la reducción de la jornada laboral, las mejoras salariales y la regulación del trabajo infantil.

La denuncia de la desigualdad social

En la nueva sociedad industrial, algunos pensadores denunciaron las injusticias creadas por el capitalismo.

- Los **socialistas utópicos** (Saint-Simon, Proudhon y Fourier) fueron los primeros en denunciar la propiedad privada como la principal causa de las desigualdades, y en proponer formas de propiedad colectiva.
- A mediados del siglo XIX, algunos pensadores defendieron la necesidad de una **revolución** para acabar con el capitalismo y construir una nueva sociedad igualitaria. Estas ideas dieron lugar a dos grandes corrientes revolucionarias: el **marxismo** y el **anarquismo**.
- La **Iglesia católica** se preocupó por la cuestión obrera y la desigualdad social. En 1890, el papa León XIII publicó la encíclica *Rerum novarum*, en la que proponía la necesidad de mejorar las condiciones de vida de la clase obrera mediante la promulgación de leyes sociales.

CONFLICTOS LABORALES EN GRAN BRETAÑA

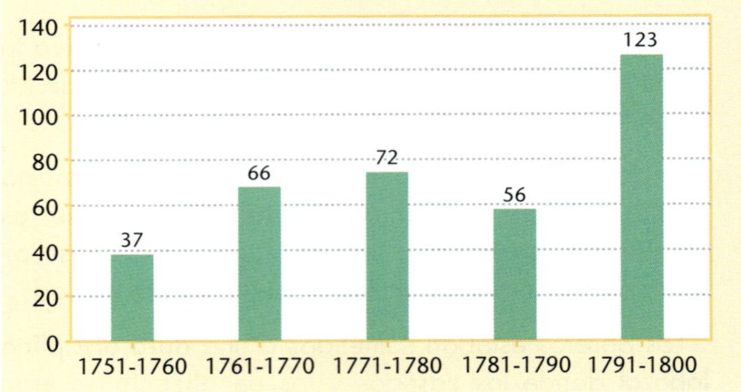

El derecho de asociación

Hace años que nuestra clase va caminando hacia su ruina. Los salarios menguan. El precio de los comestibles y el de las habitaciones es más alto. Debemos reducir de día en día el círculo de nuestras necesidades, mandar al taller a nuestras esposas con perjuicio de la educación de nuestros hijos, sacrificar a estos mismos hijos a un trabajo prematuro.

Es ya gravísimo el mal, urge el remedio y (...) os pedimos únicamente el libre ejercicio del derecho de asociarnos.

Hoy se nos concede este derecho solo para favorecernos en los casos de enfermedad o de falta de trabajo; concédasenos en adelante para oponernos a las desmedidas exigencias de los dueños de talleres y establecer con ellos tarifas de salarios, (...).

Exposición de la Clase Obrera Española a las Cortes, 1855.

R. KOEHLER: *La huelga*, 1886.

La huelga fue la principal actuación de presión de los obreros para que los patronos aceptasen negociar sus reivindicaciones laborales.

MARXISMO, ANARQUISMO E INTERNACIONALISMO

El marxismo y el anarquismo se oponían a la propiedad privada y aspiraban a la destrucción del capitalismo, pero diferían en cómo debía hacerse la revolución y en el modelo de sociedad que debía sustituirle.

EL ANARQUISMO

Piotr Kropotkin.

No es una doctrina única, sino que reúne las ideas de distintos pensadores como **Bakunin** y **Kropotkin**.

Se basa en la exaltación de la libertad individual y de la solidaridad social, la defensa de la propiedad colectiva y el rechazo a toda autoridad.

Defiende que la revolución debe ser el resultado de una huelga general que destruya el Estado para crear una sociedad igualitaria con formas de propiedad colectiva.

Se opone a la participación en la política (elecciones) y a la organización en partidos políticos. Un sector defendía la acción violenta contra el capitalismo (burguesía, Ejército, Estado e Iglesia), y otro, la creación de sindicatos revolucionarios (anarcosindicalismo).

EL MARXISMO

Es el resultado de la colaboración de **Karl Marx** y **Friedrich Engels**, que denunciaron la explotación de los trabajadores y defendieron la revolución para destruir el capitalismo.

Marx y Engels.

La revolución proletaria debería tener dos fases:

- La conquista del poder político para crear un Estado obrero (dictadura del proletariado) que destruiría la propiedad privada y la pondría en manos del Estado.
- La sociedad comunista, en la que desaparecerían las clases sociales y el Estado (comunismo).

Los marxistas crearon partidos obreros socialistas. Su objetivo era la revolución obrera, pero también defendían la participación en las elecciones y la entrada en los parlamentos para impulsar leyes favorables a los trabajadores.

LAS INTERNACIONALES OBRERAS

Marxistas y anarquistas participaron en los conflictos obreros de su época y propusieron la necesidad de la unión de los obreros de todo el mundo para conseguir su emancipación social (internacionalismo proletario).

A iniciativa de Karl Marx, en 1864, se creó la **Asociación Internacional de Trabajadores (I Internacional)**, a la que se adhirieron marxistas, anarquistas y sindicalistas, pero las discrepancias ideológicas entre ellos la hicieron inviable y acabó por desaparecer hacia 1876.

En 1889, los marxistas fundaron la **II Internacional**, con el objetivo de coordinar los diferentes partidos socialistas. La II Internacional creó algunos de los símbolos de identidad del movimiento obrero, como el himno de *La Internacional* y la fiesta del Primero de Mayo (Día de los Trabajadores).

Alegoría de la Primera Internacional. 1870.

1. Observa el gráfico. ¿Por qué aumentaron los conflictos laborales? ¿Cuáles eran las reivindicaciones obreras?
2. ¿Qué es el ludismo? ¿Por qué los obreros reaccionaron contra las máquinas? ¿Crees que eran las responsables de su situación? Razona la respuesta.
3. Lee el texto sobre el derecho de asociación. ¿Qué se solicitaba a las Cortes? ¿Con qué argumentos lo pedían?
4. ¿Cuáles fueron las primeras asociaciones obreras? ¿En qué se diferenciaban unas de otras?
5. ¿Qué ideologías surgieron en el siglo XIX denunciando las desigualdades sociales del capitalismo? ¿Qué proponía cada una de ellas?
6. Explica las diferencias y similitudes entre marxismo y anarquismo. ¿Qué fueron las Internacionales Obreras?

COMPLETA EL MAPA CONCEPTUAL

Con la información del tema, completa en tu cuaderno el siguiente esquema:

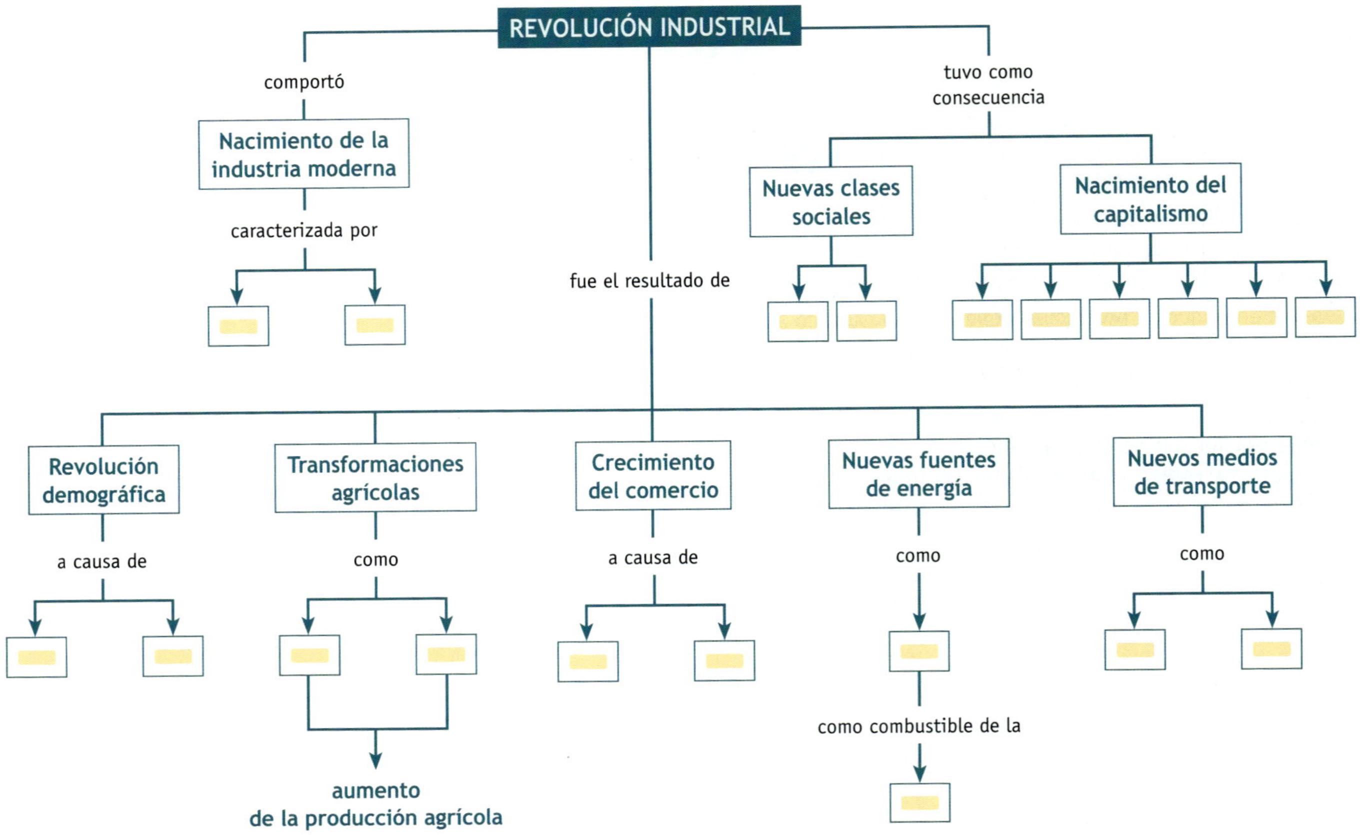

1 CONSOLIDA LO APRENDIDO

a) ¿Qué entiendes por Revolución Industrial? ¿Qué cambios en diferentes sectores de la economía la hicieron posible? ¿Qué país fue el "taller del mundo"? ¿Por qué?

b) ¿Qué innovaciones dieron lugar al maquinismo y al sistema fabril de producción de bienes? ¿Qué sectores fueron los primeros en adoptar el sistema industrial?

c) ¿Qué cambios se produjeron en los medios de transporte? ¿Qué consecuencias se derivaron de ellos?

d) ¿Cuáles son las características del capitalismo y de la sociedad de clases?

e) ¿Qué nuevas ideologías denunciaron las desigualdades sociales del capitalismo? ¿Qué alternativas proponían?

2 DEFINE CONCEPTOS CLAVE

- mecanización
- sistema Norfolk
- sociedad de clases
- sistema fabril
- urbanización
- sindicato

3 ESTABLECE LA CRONOLOGÍA

- máquina de vapor
- telar de Cartwright
- lanzadera volante de Kay
- horno alto de Darby
- locomotora de Stephenson
- convertidor Bessemer

4 EXPLICA LAS DIFERENCIAS

- *openfield*/ *enclosure*
- energía hidráulica/energía del vapor
- liberalismo económico/ capitalismo
- proteccionismo/ librecambio
- burguesía/ proletariado
- Primera Internacional/ Segunda Internacional

RESPONDE A LA PREGUNTA INICIAL

¿Cómo transformó la Revolución Industrial la economía y la sociedad tradicionales?

APRENDE A... COMPARAR Y VALORAR DOS IMÁGENES

Estas imágenes proporcionan información sobre las fábricas textiles en los inicios de la industrialización, pero cada una de ellas muestra la visión que el autor quiere enfatizar sobre la realidad.

El trabajo en una fábrica de hilados de algodón, 1840.

El trabajo en una fábrica de tejidos de algodón, 1834.

1. Identificación y presentación

- ¿Qué tema común muestran ambas imágenes?
- ¿Fueron dibujadas en la misma época?

2. Descripción y análisis

- Describe cada una de las imágenes. ¿Qué parte del proceso textil refleja cada una? ¿Cómo lo has reconocido?
- ¿Qué fuente de energía movían las mácuinas en esa época? ¿Es la misma en ambos casos? Observa las imágenes, busca información y explica el funcionamiento del sistema de barras y poleas para dotar de energía a la maquinaria.
- ¿Qué personajes aparecen en cada una de las imágenes? Fíjate en el niño que está debajo de la máquina de hilar. ¿Qué crees que está haciendo? Busca información y averígualo. ¿Qué tareas desempeñan los hombres y las mujeres? ¿Tienen la misma jerarquía laboral? Justifica tu respuesta.

3. Contexto histórico

- ¿Cómo se produjo la mecanización del hilado y del tejido? ¿Cuál de ellos se inició primero? ¿Qué consecuencias tuvo la mecanización sobre la producción y los precios?
- ¿Era frecuente que las mujeres y los niños y las niñas trabajasen en la industria textil? ¿Por qué? ¿A qué condiciones estaban sometidos?

4. Conclusiones

- ¿Crees que estas imágenes muestran fielmente el ambiente de una industria textil? ¿Están idealizadas o distorsionadas?
- ¿Cuál de las dos refleja mejor cómo debía de ser el interior de una fábrica textil? ¿Qué aspectos destacarías de cada una de ellas como más fieles a la realidad? Razona tus respuestas.

RAZONA HISTÓRICAMENTE

Causalidad. ¿Qué condiciones previas tenía Gran Bretaña para convertirse en el primer país donde tuvo lugar el despegue industrial? Valora la importancia de esas condiciones para facilitar el proceso de industrialización.

Argumentación. ¿Qué relación puedes establecer entre la mecanización agrícola e industrial, el crecimiento de la industria siderúrgica, la construcción del ferrocarril y el desarrollo de la minería?

1 Fuentes iconográficas. **Industria siderúrgica**

a) ¿Dónde se sitúa la escena de la pintura? ¿De qué tipo de industria se trata? ¿Cómo se titula la obra? ¿Quién es su autor? ¿Cuándo fue pintada?

b) ¿Qué actividad realizan los obreros? ¿Qué instrumentos y máquinas usan?

c) Observa la composición de la escena:

- ¿Aparece oscura o iluminada? ¿Qué espacio quiere resaltar el autor? ¿Cómo lo consigue?
- ¿Es una escena ordenada o confusa? ¿Qué impresión del lugar quiere transmitir el autor? ¿Qué recursos utiliza para dar vida a la escena?

d) ¿Qué podemos deducir de las condiciones de trabajo de los obreros en la siderurgia?

Adolf von MENZEL: *La forja*, 1875.

2 Fuentes materiales. **Sociedades anónimas**

a) ¿Qué es una acción? ¿Para qué se utilizaban las acciones? Observa con detalle la imagen:

- ¿A qué empresa pertenece la acción? ¿Cuándo y dónde fue fundada? ¿Cuál es su capital inicial?
- ¿Cuántas acciones ha emitido? ¿Cuál es el valor nominal de cada acción?

b) ¿Por qué las empresas emitían acciones? ¿Qué beneficios obtenían los accionistas?

c) ¿Dónde se compraban y vendían las acciones? ¿Cómo funcionaba esta institución financiera?

d) Observa el dibujo central de la acción. ¿Crees que la fábrica utilizaba la máquina de vapor? ¿Cómo lo has deducido? Averigua a qué sector de producción pertenecía esta empresa.

3 Fuentes gráficas. **Desigualdad social**

PRESUPUESTO FAMILIAR A PRINCIPIOS DEL SIGLO XX

Concepto	Familia burguesa (% del salario)	Familia obrera (% del salario)
Alimentación	13	52,5
Vivienda	13,3	9,4
Calefacción y servicio	12,3	9,2
Vestimenta	14,1	22,5
Ocio	35,5	6,5
Impuestos	3	–

Salario anual familia burguesa 17 000 francos

Salario anual familia obrera 2 500 francos

Fuente: M. PERROT: *Le Mode de vie de families*, Armand Colin, 1961.

a) ¿Qué datos presenta la tabla?

b) ¿Cuál es el presupuesto anual de cada familia? ¿Cuáles son los dos primeros gastos de una familia obrera? ¿Qué porcentaje del presupusto se va en ellos?

c) ¿Por qué el gasto en alimentación de la familia burguesa es mucho menor que el de la obrera? ¿Significa ello que comen menos y de peor calidad?

d) ¿Qué partida no aparece en el presupuesto obrero y sí en el burgués? Averigua por qué.

e) A partir de esta tabla y con la información del tema escribe una redacción sobre las condiciones de vida de la burguesía y de la clase obrera durante los primeros años del siglo XX.

4 Fuentes documentales. **Marxismo y anarquismo**

1 La sociedad se divide cada vez más en dos campos enfrentados, en dos clases diametralmente opuestas: la burguesía y el proletariado (...).

El objetivo inmediato de los comunistas es el mismo que el de todos los partidos obreros: constitución en clase del proletariado, destrucción de la dominación burguesa, conquista del poder político por el proletariado. Esto último, con la finalidad de suprimir todas las diferencias y oposiciones de clase.

El proletariado se servirá de su supremacía política para desposeer de todo el capital a la burguesía y centralizar todos los instrumentos de producción en manos del Estado. (...) Esto solo podrá llevarse a cabo mediante una violación despótica de los derechos de propiedad y del régimen burgués de producción.

K. MARX y F. ENGELS: *Manifiesto Comunista*, 1848. (Adaptación)

2 Nosotros queremos la libertad y afirmamos que su existencia es incompatible con cualquier forma de poder, sea el que sea, monárquica o republicana, impuesta o elegida. (...) El mal, a ojos de los anarquistas, no es la forma de gobierno, es el principio de autoridad en sí (...).

Pero no hay libertad sin igualdad. No hay libertad en una sociedad en que el capital está monopolizado por una minoría, cada vez más reducida. La propiedad debe ser ejercida de forma colectiva por los trabajadores.

Palabras de M. Bakunin ante un tribunal de justicia, 1883. (Adaptación)

a) Identifica a los autores de ambos textos. ¿A qué ideología pertenecen?

b) Lee el texto **1**:

- ¿Qué análisis hace de la sociedad capitalista?
- ¿Qué programa de actuación política propone el primer texto para el proletariado? ¿Cuál es su objetivo? ¿Qué medios deberá utilizar para llevarlo a cabo?
- ¿A qué se refiere la expresión "violación despótica"?

c) Lee el texto **2**:

- ¿Cuáles son los principales males de la sociedad capitalista? ¿Por qué?
- ¿Qué transformaciones propone para la nueva sociedad a la que aspira?

d) Compara el proyecto marxista y el anarquista y establece qué aspectos tienen en común y cuáles son las principales diferencias.

WWW. ESPACIO WEB

5 Fuentes digitales. **Liberalismo económico**

Consulta en www.tiching.com/53618 la información sobre el liberalismo económico y contesta las preguntas:

a) ¿A qué pensador se le considera el padre del liberalismo económico? ¿A qué sistema económico aportó su base teórica?

b) ¿Cuáles son los principios básicos del liberalismo económico? ¿Y del capitalismo?

c) Cita los grandes problemas que se derivaron de la implantación de este sistema económico.

d) ¿Qué nuevos problemas sociales se originaron con la industrialización?

e) ¿Qué respuestas se plantearon ante las nuevas desigualdades sociales?

Adam Smith (1723-1790).

6 Investigación. **El Primero de Mayo**

El día 1 de mayo es el Día Internacional de los Trabajadores, o Primero de Mayo, la fiesta más importante del movimiento obrero mundial. Localiza en la Red las páginas web necesarias para responder a las siguientes cuestiones:

a) ¿Qué hechos se recuerdan el Primero de Mayo? ¿Cuándo y por qué se decidió conmemorar dicho día?

b) ¿Cuándo se convirtió en un día festivo en nuestro país? ¿Y en el resto del mundo?

c) También existe el Día de la Mujer Trabajadora. Averigua su origen, su día de celebración en la actualidad y los objetivos de dicha jornada.

RETOS EN LA RED

MINI UNIDAD VISUAL: Caminos de hierro.

ACTIVIDADES AUTOCORRECTIVAS: Resuelve estas actividades y repasa lo que has aprendido.

www.vvd.link/012274/3

4 La España del siglo XIX: la construcción del régimen liberal

¿Cómo se desarrolló la implantación de un Estado liberal en España?

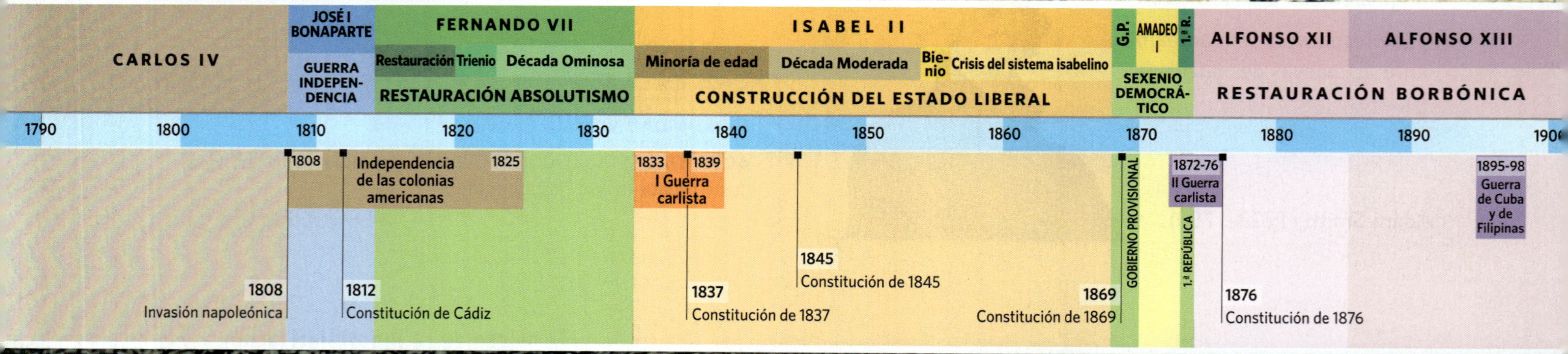

Los generales Espartero y Maroto se dan el Abrazo de Vergara, que puso fin a la primera guerra carlista en 1839.

Como en otros países de Europa, durante la primera mitad del siglo XIX se produjo en España el fin del Antiguo Régimen y la construcción de un nuevo Estado liberal.

La inexistencia de una burguesía fuerte condujo al país a un peculiar modelo de revolución liberal, donde el ejército se convirtió en el garante de la monarquía constitucional y el caciquismo obstaculizó el libre juego democrático.

A lo largo de la centuria, el país se vio inmerso en diferentes conflictos: una guerra contra el Imperio napoleónico, un conflicto civil entre liberales y absolutistas (guerras carlistas) y una guerra de emancipación de las colonias americanas.

¿Qué sabemos?

- ¿Podrías decir el nombre de algunos monarcas españoles del siglo XIX? ¿Eran absolutistas o constitucionalistas?
- ¿Sabes cuál fue la primera constitución de España? ¿Te dice algo la expresión ¡Viva la Pepa!?
- Observa el mapa del Imperio español a principios del siglo XIX. ¿Qué territorios dominaba España?

¿Cómo se implantó el liberalismo en España?

El estallido de la Guerra de la Independencia (1808-1814) fue el desencadenante de la crisis del Antiguo Régimen en España, que culminó en un proceso de construcción del Estado liberal durante el reinado de Isabel II (1833-1868).

La ausencia de una élite burguesa fuerte en términos de poder político y económico dotaron al proceso español de algunas peculiaridades: un notable protagonismo de la Corona, la intervención del ejército en la vida política, el falseamiento electoral y la persistencia del caciquismo.

¿Qué características particulares explican el modelo de revolución liberal español? ¿Contribuyó el liberalismo a dar mayor estabilidad de la vida política?

A UNA MONARQUÍA CONSTITUCIONAL

El primer intento de instaurar un régimen constitucional en España se desarrolló durante la Guerra de la Independencia. La oposición a que el trono español estuviese ocupado por un hermano de Napoleón Bonaparte motivó la formación de unas Juntas* que, reunidas en Cádiz, aprobaron la **primera Constitución española**, que tuvo una vigencia muy limitada.

El segundo y definitivo intento se realizó durante la **Primera Guerra Carlista** (1833-1839), en la que se pusieron en juego dos modelos de Estado: el absolutista defendido por los carlistas y el liberal apoyado por los isabelinos.

La victoria de los isabelinos significó la implantación durante el reinado de **Isabel II** de una monarquía constitucional que, a pesar de sus limitaciones, consolidó el triunfo del liberalismo.

José CASTELAO Y PEREA: *Isabel II jura la Constitución de 1837 en el Senado.* (Museo de Historia de Madrid).

B LA ALTERACIÓN DEL LIBRE JUEGO POLÍTICO

Los liberales estaban divididos en **moderados** y **progresistas**, dos tendencias que ocupaban el poder, según los resultados electorales. Sin embargo, esta alternancia estuvo adulterada por una serie de prácticas que obstaculizaron el libre juego político y dificultaron la consolidación de un régimen político estable. Entre estas prácticas destacaron:

- La constante **intervención de la Corona** en la vida política, casi siempre a favor de los moderados.
- La existencia de una camarilla* integrada por sectores de la nobleza, el ejército y los altos cargos del clero que ejercían una gran influencia en la Corte en beneficio propio (**camarillismo**).
- Un **sufragio censitario**, que daba el voto tan solo a un 1 % de la población y, además, los resultados se falseaban de forma sistemática en favor del partido en el poder.
- La gran influencia sobre la población que ejercían determinadas familias por su posición política o económica, influyendo decisivamente en el nombramiento de candidatos y en los resultados electorales (**caciquismo**).

Denuncia del caciquismo en una caricatura de 1881.

C EL PAPEL ARBITRAL DEL EJÉRCITO

El papel del ejército en la Guerra de la Independencia y en las posteriores guerras carlistas dio a determinados militares un gran prestigio, que comportó su intervención en la vida política. De este modo, militares como Espartero, Narváez, O'Donnell o Prim se convirtieron en líderes políticos que apoyaron, e incluso lideraron, los partidos moderado y progresista.

Por otro lado, las limitaciones del sistema electoral y el falseamiento de los resultados hizo que, a menudo, el partido de la oposición recurriese a un **pronunciamiento militar*** para forzar al monarca a entregarle el gobierno. Estos pronunciamientos iban acompañados de la intervención de la Milicia Nacional y de la formación de juntas revolucionarias de civiles, que daban su apoyo a los militares.

De este modo, una peculiaridad del liberalismo español fue la importancia que tuvo el ejército en las disputas entre las diferentes opciones políticas.

El general Espartero recorre las barricadas en Madrid durante la revuelta progresista de 1854.

D UNAS CONSTITUCIONES POCO DURADERAS

Las diferencias entre las distintas tendencias del liberalismo comportó que cada una de ellas quisiera plasmar su modelo de Estado en una constitución propia.

Cuando los progresistas alcanzaban el poder, promulgaban una constitución de carácter progresista, que reconocía amplias libertades individuales y ampliaba el derecho de sufragio. A su vez, los moderados imponían una constitución mucho más restrictiva en materia de sufragio y derechos ciudadanos y que facilitaba la intervención de la Corona en la vida pública.

Esta tendencia a implantar un texto constitucional acomodaticio a las tendencias políticas perduró durante todo el siglo XIX, y comportó que los cambios constitucionales fueran frecuentes y que algunas constituciones tuvieran una vida muy corta. Tan solo la **Constitución de 1876** tuvo un carácter más flexible, ya que fue el resultado de un consenso pactado entre las dos principales fuerzas políticas.

CONSTITUCIONES ESPAÑOLAS DEL SIGLO XIX

Constitución	Años de vigencia	Carácter
1812	7	progresista
1837	8	progresista
1845	23	moderada
1856	nonata	progresista
1869	4	democrática
1873	nonata	republicana
1876	47	flexible (conservadores / liberales)

1. ¿En qué se diferenciaban las monarquías constitucional y absoluta? ¿Cuándo se implantó el liberalismo en España? ¿En qué contexto político?
2. ¿Qué dos grandes opciones conformaban el liberalismo? ¿Qué prácticas políticas obstaculizaron el libre juego electoral en España? ¿Qué consecuencias se derivaron?
3. ¿Por qué el ejército tuvo un gran protagonismo en la vida política? ¿Cómo se concretó su intervención?
4. ¿Por qué a lo largo del siglo XIX se promulgaron tantas constituciones diferentes? ¿A qué respondían?

Argumenta la respuesta

5. Sintetiza las características peculiares que tuvo en España la implantación del liberalismo político. ¿Crees que contribuyeron a dar estabilidad política al sistema? Razona tu respuesta.

2 Guerra y revolución liberal (1808-1814)

La crisis de la monarquía de Carlos IV

Un año después de la llegada al trono de **Carlos IV** (1788-1808) se inició la Revolución francesa. Por temor al contagio de las ideas liberales, el rey de España se unió a la coalición internacional contra Francia. Sin embargo, las tropas españolas fueron vencidas por el ejército de la Convención francesa (1793-1795).

La derrota provocó un cambio de estrategia y **Manuel Godoy**, primer ministro de Carlos IV, optó por una alianza con Napoleón para enfrentarse a Inglaterra, el principal enemigo de Francia. La firma del **Tratado de Fontainebleau** (1807) permitió el paso de tropas francesas por España para invadir Portugal, aliada de los británicos.

La amenaza revolucionaria

Las alteraciones de Francia eran cada día más graves; el peligro de contagio, más amenazador. La tormenta estallaba, rugía por todas partes.

En medio de este temblor de tierra, en los bordes de un volcán cuya humareda negra anunciaba la inmediata explosión, cuando el terror amenazaba nuestras puertas me vi yo, ¡Dios mío!, de repente, en el timón del Estado.

Memorias de Godoy, 1836.

La invasión napoleónica

La presencia de tropas francesas en territorio español y las intrigas de Fernando, el hijo mayor de Carlos IV, contra su padre provocaron el popular **Motín de Aranjuez** (1808). El resultado fue la dimisión de Godoy y la abdicación del rey en su hijo Fernando VII.

Napoleón aprovechó estas discrepancias para reunir en Bayona (Francia) a Carlos IV y Fernando VII. Bajo presiones consiguió que ambos aceptaran abdicar en su hermano José Bonaparte (**abdicaciones de Bayona**).

José I (1808-1813) puso en marcha determinadas reformas con el apoyo de algunos liberales españoles, los llamados afrancesados. El monarca otorgó una carta constitucional (Estatuto de Bayona), proclamó medidas para abolir el Antiguo Régimen y promulgó diversos códigos (penal, civil...).

La rendición del mariscal francés ante el general del ejército español tras la batalla de Bailén, 1808.

La Guerra de la Independencia

Contrariado ante la ocupación, el 2 de mayo de 1808, el pueblo de Madrid se levantó en armas. Su ejemplo fue seguido en todo el país, dando inicio a la Guerra de la Independencia. Sus fases más importantes fueron:

- **Resistencia popular** (1808). Se formaron guerrillas* de patriotas (nombre que designaba a los que se oponían a la invasión) para hostigar a los franceses. El ejército, apoyado por voluntarios, consiguió frenar el avance francés hacia el Sur en la batalla de Bailén.
- **Ofensiva francesa** (1808-1812). Napoleón intervino directamente en el conflicto y ocupó la mayor parte de España. Algunas ciudades resistieron sitiadas* varios meses, como Girona o Zaragoza. Una vez controlado el territorio en 1812, Napoleón desplazó buena parte de sus tropas para invadir Rusia.
- **Victorias angloespañolas** (1812-1814). El ejército británico, comandado por el mariscal Wellington, se introdujo desde Portugal en auxilio de las tropas españolas, venciendo a los franceses en Los Arapiles (1812).

Napoleón tuvo que reconocer su derrota y, mediante el **Tratado de Valençay** (diciembre de 1813), retiró sus tropas de España y liberó a los reyes en Bayona.

EL DESARROLLO DE LA GUERRA DE LA INDEPENDENCIA

LAS CORTES DE CÁDIZ Y LA CONSTITUCIÓN DE 1812

Las abdicaciones de Bayona dieron el trono español a un monarca extranjero. Este vacío de poder estimuló la formación de unas **Juntas locales** integradas por patriotas. Su objetivo era rechazar la invasión y crear un gobierno legítimo que representase al pueblo español.

En 1810 se creó la **Junta Suprema Central**, con el fin de coordinar los esfuerzos de las diferentes Juntas. La Junta Central convocó una reunión de **Cortes en Cádiz** con la finalidad de redactar una Constitución.

En Cádiz se reunieron representantes de las Juntas de todo el país. El sitio de Cádiz por los franceses impidió la llegada de muchos diputados y se escogió como suplentes a burgueses gaditanos, muchos de los cuales eran liberales. Es esta particular composición la que explica el gran apoyo de las Cortes a las reformas liberales y el carácter progresista de la **Constitución**, aprobada en **1812**.

Las Cortes celebraron su primera sesión en el Teatro Cómico de la Isla de León (Cádiz), el 24 de septiembre de 1810.

La Constitución establecía la soberanía nacional, la división de poderes, el sufragio universal masculino y reconocía amplias libertades individuales. También se aprobaron una serie de reformas destinadas a abolir el Antiguo Régimen, a poner fin a los privilegios de la sociedad estamental y a implantar un régimen liberal en España.

Sin embargo, las visicitudes de la guerra dificultaron la aplicación efectiva de la Constitución y la consolidación del liberalismo.

¡Viva la Pepa!

La aprobación de la Constitución se produjo el 19 de marzo de 1812, día de San José.

Desde entonces, el grito de ¡Viva la Pepa! se convirtió en una aclamación de los principios liberales y de los ideales de las Cortes de Cádiz.

LA CONSTITUCIÓN DE CÁDIZ

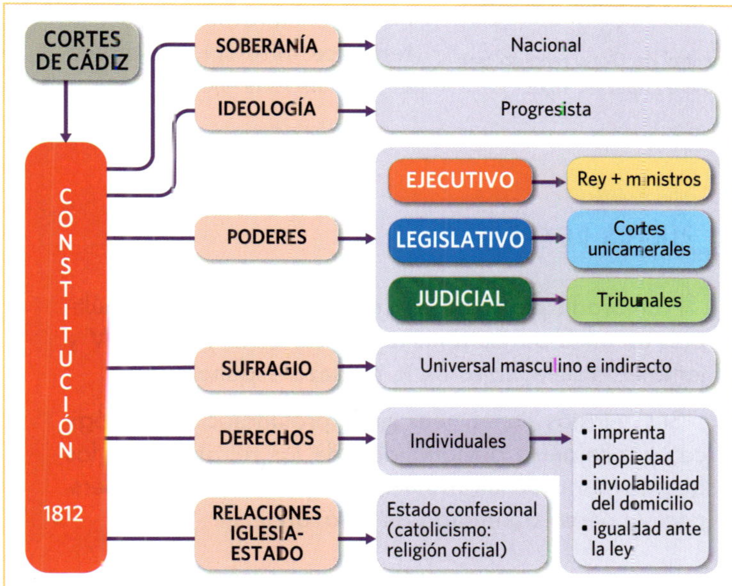

1. ¿Qué cambio de estrategia en las relaciones entre España y Francia propuso Godoy? Explica qué ocurrió en el Motín de Aranjuez y qué objetivos perseguía.
2. ¿Cómo se llevó a cabo la invasión napoleónica? ¿Qué fueron las abdicaciones de Bayona?
3. ¿Qué medidas puso en marcha José I? ¿Quiénes eran los afrancesados? ¿A qué crees que se debía su existencia?
4. ¿Cómo se desarrolló la Guerra de la Independencia? ¿Qué papel desempeñaron las guerrillas? ¿Por qué fue decisiva la intervención inglesa? Con la ayuda del mapa indica cuáles fueron las principales batallas y sitios.
5. ¿Qué fueron las Juntas? ¿Para qué se crearon? ¿Crees que la Junta central actuaba como un gobierno paralelo?
6. ¿Con qué finalidad se convocaron las Cortes de Cádiz? ¿Quiénes las componían? ¿Qué medidas tomaron?
7. Analiza el esquema y describe las características de la Constitución de 1812. ¿Crees que comportaba el fin del Antiguo Régimen? Justifica tu respuesta.

3 Goya y el nacimiento del arte contemporáneo

Francisco de Goya (1746-1828) fue uno de los grandes artistas españoles de todos los tiempos y está considerado como uno de los precursores del arte contemporáneo.

El artista, nacido en Fuendetodos (Zaragoza), se formó como un pintor del Barroco tardío y del Rococó, pero posteriormente encontró su propio estilo, más profundo y crítico, a partir de su enfermedad (sordera) y del encierro en su residencia de la Quinta del Sordo (Madrid).

Retrato de Goya pintado por Vicente López en 1826.

Goya fue un pintor total, que dominó distintas técnicas: cartones para tapices, pintura al fresco (*San Antonio de la Florida*), pintura al óleo (retratos y escenas) y grabados (*Caprichos, Los desastres de la guerra*).

También cultivó diferentes temáticas: las escenas populares, el retrato, la pintura religiosa (*Cristo Crucificado*) y la temática mitológica (*Saturno devorando a sus hijos*).

A PINTOR COSTUMBRISTA

Goya fue un excepcional dibujante, cuyos primeros trabajos fueron cartones para la elaboración de **tapices** para decorar las estancias de los palacios reales.

Con un estilo de influencia rococó, pintó el ambiente, los tipos, los paisajes y las escenas cotidianas de las clases populares con una visión alegre y optimista.

La vendimia, 1787.

B PINTOR DE CORTE

Nombrado pintor de la Corte en 1775, retrató múltiples escenas de las familias de **Carlos III** y **Carlos IV** y también a personajes de la nobleza española.

Sus retratos tienen una gran profundidad psicológica, y reflejan la personalidad de los retratados, a los que envuelve en una atmósfera que recuerda la perspectiva aérea aprendida de Velázquez.

La familia de Carlos IV, 1800.

C PRECURSOR DEL ARTE CONTEMPORÁNEO

La sordera que se le declaró en 1792 condicionó su arte, provocándole una actitud más pesimista, que destacaba los defectos y supersticiones de la sociedad de la época. Sus colores oscuros y sus complejas composiciones nos llevan a un mundo onírico relacionado con la imaginación y los sueños.

Su serie de ***Pinturas Negras*** (1814-1820) lo muestran como un precursor del expresionismo, y lienzos como *La lechera de Burdeos*, como un antecesor del impresionismo.

Peregrinaje a la Fuente de San Isidro, 1819. Detalle de una de las pinturas negras de la Quinta del Sordo.

D TESTIGO DE LA CRISIS DEL ANTIGUO RÉGIMEN

El pintor aragonés fue un cronista de excepción de la crisis del Antiguo Régimen. En algunos cuadros, como la serie de los *Caprichos*, el pintor realizó una crítica del fanatismo religioso y de las supersticiones de su época.

Impresionado por la violencia desatada durante la Guerra de la Independencia, el pintor quiso dejar constancia de las escenas, que él mismo presenció, en cuadros como *El tres de mayo de 1808 en Madrid* y *La carga de los mamelucos*.

En una serie de grabados, ***Los desastres de la guerra***, denunció los crueles efectos de la guerra sobre la población civil y la dureza del conflicto.

En su condición de ilustrado, Goya se sintió afín a las ideas liberales, herederas de la Revolución francesa. Eso explicaría su retiro tras la vuelta de Fernando VII y su exilio a Francia después del Trienio Liberal.

El tres de mayo de 1808 en Madrid o *Los fusilamientos en la montaña del Príncipe Pío*, 1808.

Carretadas al cementerio, 1814. Grabado de la serie *Los desastres de la guerra*, 1810-1814.

FICHAARTE

Busca en Internet información sobre este cuadro y elabora su ficha:

a) **Identificación.** Sitúa cronológica y geográficamente el cuadro. ¿Qué hecho muestra? ¿Dónde sucedió este hecho? ¿Qué personajes aparecen?

b) **Análisis artístico.** ¿Qué planos se pueden distinguir en el cuadro? ¿Qué lugar ocupa cada grupo de personajes? ¿Qué papel desempeñan las diferentes tonalidades del cuadro?

c) **Relación entre arte y sociedad.** ¿Qué diferencias observas entre este cuadro y cualquiera de los que pintó Goya en su primera época? ¿Qué quiso mostrar Goya en este lienzo? ¿Qué crees que simboliza el autor con el color blanco del personaje central?

1. ¿Qué diferentes etapas artísticas conoció la pintura de Goya? Describe una pintura de cada etapa y explica los distintos estilos que reflejan.
2. Averigua quiénes son cada uno de los personajes del cuadro *La familia de Carlos IV*.
3. ¿Cómo influyó la enfermedad en su arte? ¿Qué son las *Pinturas Negras*? ¿Son personajes reales o están relacionados con el mundo de los sueños?
4. ¿De qué modo reflejó el pintor la crisis del Antiguo Régimen? ¿Cómo lo plasmó en su obra?

Aprecia el arte

5. Observa el grabado de *Los desastres de la guerra*. ¿Qué nos muestra? ¿Qué sentimientos te produce su observación? ¿Qué crees que pretendía el pintor?
6. ¿Crees que se puede denominar a Goya "artista total"?

5 Los carlistas, defensores del Antiguo Régimen

La implantación de un Estado liberal en España se realizó en medio de un conflicto armado: la guerra carlista (1833-1839). En esa guerra no solo estaba en juego la persona que debía ocupar el trono de España, sino también si debía mantenerse un sistema político absolutista o ceder el paso a una monarquía liberal.

Los absolutistas apoyaban la candidatura de don Carlos, que defendía el Antiguo Régimen, y los liberales apoyaban a Isabel II, que apostaba por una monarquía constitucional.

¿Qué sectores sociales apoyaron el carlismo? ¿Qué intereses e ideales defendían? ¿Cuántos años duró este enfrentamiento por la legitimidad del trono?

A EL SURGIMIENTO DEL CARLISMO

A la muerte de Fernando VII en 1833, los grupos sociales favorables al absolutismo se negaron a reconocer a **Isabel**, que contaba solamente con tres años de edad, como legítima sucesora a la Corona, y apostaron por **Carlos María Isidro**. Para defender a su candidato, iniciaron una sublevación contra el gobierno de María Cristina de Borbón, que ejercía la regencia* en nombre de su hija.

Ante la sublevación absolutista, la regente buscó el apoyo de los liberales (llamados **isabelinos** o cristinos) para preservar el trono de su hija. De este modo, se formó un gobierno liberal moderado que emprendió reformas encaminadas a construir una nueva monarquía constitucional en España.

El nuevo Gobierno liberal tuvo el apoyo de algunos privilegiados y de la mayoría del ejército, que se mantuvieron fieles a la monarquía establecida. Pero, sobre todo, contó con la ayuda de la burguesía y los sectores populares de las ciudades.

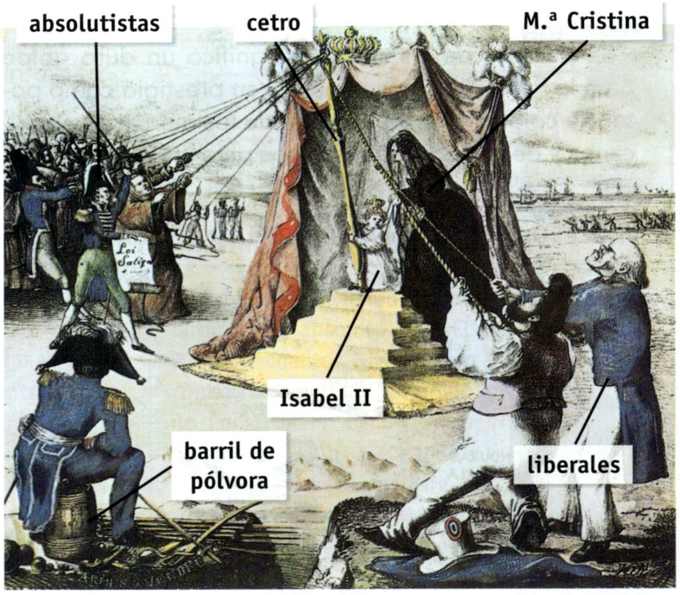

Absolutistas y liberales pugnan por derrocar o sostener el trono de Isabel II, según una caricatura de un periódico francés de 1833.

B LAS BASES SOCIALES DEL CARLISMO

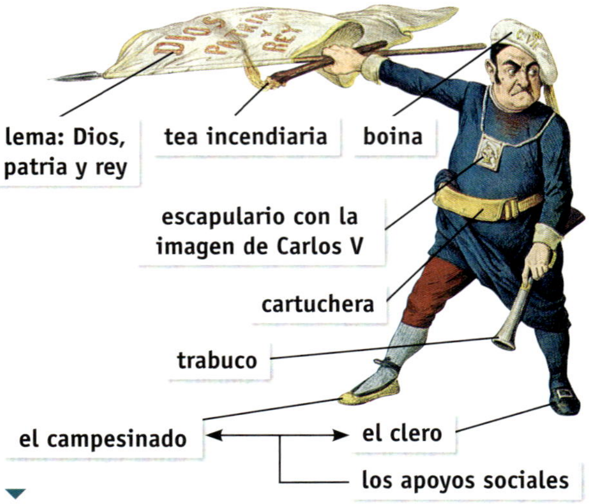

Caricatura del pretendiente carlista en una revista satírica de la época, 1873.

El carlismo fue un punto de encuentro de diferentes sectores sociales reacios al liberalismo. Entre los **privilegiados**, la nobleza rural y el clero temían verse obligados a pagar impuestos sobre sus tierras y a perder parte de sus propiedades. En el caso de la Iglesia, también recelaba de la pérdida de poder e influencia social.

Entre los **no privilegiados** abundaban los campesinos, temerosos de perder el acceso a los bienes comunales si el liberalismo los privatizaba, y del desamparo que podía comportarles la abolición del régimen señorial.

Los carlistas tuvieron seguidores sobre todo en los medios rurales más tradicionales, mientras las grandes ciudades permanecieron fieles a Isabel II y defendieron la opción liberal.

Su fuerza residía en el País Vasco, Navarra y en zonas montañosas de Cataluña, Aragón y Valencia, que defendían sus antiguas tradiciones y el mantenimiento de sus fueros.

C LOS IDEALES DEL CARLISMO: "DIOS, PATRIA, REY Y FUEROS"

"Dios, patria, rey y fueros" era el lema del carlismo, que defendía el origen divino de la monarquía, el poder absoluto del rey, la presencia activa de la Iglesia en la vida pública y el mantenimiento de los fueros. Representaban una sociedad rural, que veía en el liberalismo la perversidad de la nueva sociedad urbana.

Su arraigo en el País Vasco, Navarra y Cataluña iba unido a la **reivindicación foral**, es decir, a la permanencia de los derechos y privilegios de los antiguos reinos de la Corona de Aragón y de Navarra.

Consecuentemente, defendían sus instituciones tradicionales, su sistema fiscal propio y la exención del sistema de reclutamiento militar obligatorio (quintas).

Una proclama carlista

Vizcaínos: una facción antirreligiosa y antimonárquica se ha apoderado del mando durante la larga enfermedad de nuestro difunto rey, y trata de ir adquiriendo ascendientes para exponeros sin defensa a los ataques de la revolución y de la anarquía que combatimos en 1823.

Sus partidarios aparentan que consideran las leyes antiguas y fundamentales del reino abolidas por otras nuevas, y después de haber alterado el orden de sucesión al trono con una audacia de la que no presenta otro ejemplar la historia, quieren hacer a España cómplice de sus abominables maquinaciones que la propaganda revolucionaria inventa para destruir el orden social en Europa.

Proclama de la Diputación de Vizcaya, 1833.

D LAS GUERRAS CARLISTAS

LA PRIMERA GUERRA CARLISTA (1833-1840)

Durante el siglo XIX se sucedieron dos grandes guerras carlistas y un alzamiento localizado en Cataluña:

- La **primera guerra carlista** (1833-1839) fue la más importante de todas ellas. El levantamiento se inició en el País Vasco, y a pesar de contar con militares experimentados como Zumalacárregui, los carlistas fueron derrotados por las tropas liberales del general Espartero. La paz se firmó en el Convenio de Vergara (1839).
- A pesar de su derrota, los carlistas continuaron organizados como defensores de la tradición, con una notable base social y con una línea sucesoria propia. Entre 1846 y 1848 hubo importantes levantamientos carlistas en Cataluña (**Revuelta de los Matiners**).
- La **segunda guerra carlista** (1872-1876) se inició durante el Sexenio Revolucionario ante la nueva vacante en el trono español tras el exilio de Isabel II. Los carlistas se levantaron en amplios territorios y llegaron a formar un gobierno paralelo en Estella hasta su definitiva derrota militar.

1. ¿Por qué se originó el conflicto carlista? ¿Qué defendía cada bando? ¿Qué apoyos sociales tenía cada uno?
2. Indica el significado de los cuatro elementos del lema de la ideología carlista.
3. Observa el mapa y explica dónde tenían fuerza los carlistas y cómo se desarrolló la primera guerra. ¿Qué otros conflictos carlistas hubo en el siglo XIX?

Ponte en su lugar

4. Reuníos en parejas. Un alumno o alumna de cada pareja debe realizar una proclama defendiendo el trono para don Carlos y el mantenimiento del absolutismo. El otro debe escribir una proclama liberal defendiendo el trono de Isabel II y la conveniencia de acabar con el Antiguo Régimen y construir un Estado liberal en España.

6 Isabel II y la construcción del Estado liberal

Durante la minoría de edad de Isabel II (1833-1843) se inició la construcción de un Estado liberal en España, que se institucionalizó durante la Década Moderada y entró en crisis a partir de 1856.

La regente María Cristina y sus hijas, Isabel y Luisa Fernanda, en 1835.

La regencia de María Cristina (1833-1840)

Al iniciar la regencia, María Cristina se apoyó en los liberales moderados, que iniciaron tímidas reformas. Sin embargo, una serie de levantamientos militares (sublevación de La Granja, 1836) y de revueltas populares provocaron que entregara el poder a los liberales progresistas, cuya pretensión era profundizar en el liberalismo.

El líder de los progresistas, **Juan Álvarez Mendizábal**, inició la abolición del Antiguo Régimen: reforma fiscal, disolución del régimen señorial, desvinculación de la propiedad y desamortización de los bienes de la Iglesia. También se suprimieron el diezmo, los privilegios de la Mesta, las aduanas interiores y los gremios.

Una nueva **Constitución** (1837) de carácter progresista reconoció la soberanía nacional, aunque con sufragio censitario, la división de poderes con la existencia de dos Cámaras (Congreso de Diputados y Senado) y otorgaba amplios derechos y libertades individuales.

Desamortización y desvinculación

- La desamortización consiste en la expropiación de unas tierras por parte del Estado y su posterior venta a particulares.
- La desvinculación anula todos los vínculos señoriales que recaían en una propiedad y los convierte en bienes privados, que pueden comprarse y venderse libremente.

La regencia de Espartero (1840-1843)

En 1837, los moderados subieron al poder con el apoyo de la regente e intentaron dar un giro conservador a la revolución liberal. Un movimiento de oposición forzó la dimisión de María Cristina y el nombramiento como regente del progresista **general Espartero** en 1840.

El talante autoritario del nuevo regente y la promulgación de medidas librecambistas, que desprotegían la incipiente industria española, generaron una fuerte oposición. Entonces, se decidió el adelanto de la mayoría de edad de Isabel II y su proclamación como reina.

LAS FUERZAS POLÍTICAS EN EL SIGLO XIX

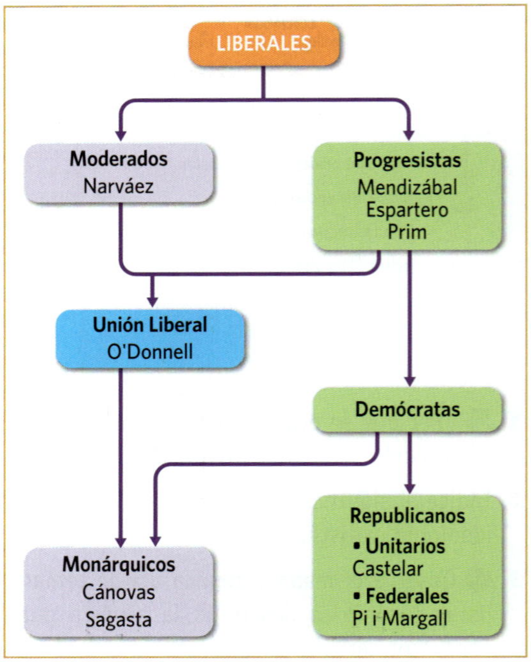

La Década Moderada (1843-1854)

Su llegada al trono significó el predominio de los moderados, bajo la dirección del **general Narváez**. Las nuevas Cortes proclamaron una **Constitución moderada** (1845), que restringía el voto, limitaba las libertades y compartía la soberanía entre las Cortes y la Corona.

Varias medidas ayudaron a consolidar un sistema político de carácter moderado y centralista. Se reorganizó la **administración estatal y municipal**, según un criterio uniformista, y solo el País Vasco y Navarra conservaron sus antiguos derechos forales.

Otras reformas fueron la de Hacienda, que centralizó los impuestos en el Estado; además se elaboró un **Código penal** (1848) y se creó un sistema de **instrucción pública nacional**. También se firmó un **Concordato con la Santa Sede** (1851), que aseguraba el mantenimiento del culto y del clero y frenaba el proceso desamortizador. Para mantener la ley en el medio rural se creó la **Guardia Civil** (1844).

La deriva autoritaria de sus líderes (Narváez y Bravo Murillo), la fuerte influencia de las **camarillas** y el **falseamiento electoral** hicieron que los progresistas recurriesen de nuevo al pronunciamiento militar.

(1833-1868)

El Bienio Progresista (1854-1856)

En 1854, el **general O'Donnell** encabezó una revuelta popular contra los moderados. Fue el **pronunciamiento de Vicálvaro**, en el que participó la Milicia Nacional y se formaron Juntas revolucionarias.

Isabel II cedió a las presiones y dio el poder a los progresistas, quienes recurrieron de nuevo a Espartero. Las Cortes redactaron una nueva **Constitución** (1856), que no llegó a aprobarse, y el gobierno profundizó en las reformas económicas con tres leyes fundamentales:

- Una **nueva desamortización** que afectó a los bienes comunales y de los Ayuntamientos (Desamortización de Madoz, 1855).
- Una **ley de Ferrocarriles** y una **ley de Minas** para impulsar la red ferroviaria y la explotación minera, aunque las pusieron en manos de capital extranjero.

LA IDEOLOGÍA DE MODERADOS Y PROGRESISTAS

	MODERADOS	PROGRESISTAS
Tipo de soberanía	• Compartida entre el Rey y las Cortes. • Derecho del Rey a intervenir en la política.	• Nacional. Reside exclusivamente en las Cortes. • No aceptan la intervención de la Corona.
Sufragio	• Censitario y muy limitado.	• Censitario y un poco más amplio. • Los demócratas defenderán el sufragio universal.
Poder local/central	• Mayor peso de los poderes centrales del Estado.	• Mayor autonomía a los poderes locales (región, municipio).
Derechos individuales	• Reconocen derechos individuales, pero con tendencia a restringirlos.	• Reconocen más ampliamente derechos individuales (libertad de imprenta) y algunos colectivos (de reunión y asociación).
Ejército	• Ejército y Guardia Civil, únicos cuerpos armados.	• Defienden la Milicia Nacional.
Reformismo	• Reformas restringidas, respetando algunos derechos de los privilegiados. • Freno a la desamortización.	• Reformas más profundas. • Impulsan la desamortización.
Relaciones con la Iglesia	• Estado confesional y sin libertad de cultos.	• Estado confesional con libertad de cultos. • Los demócratas defenderán la separación de Iglesia y Estado.

La descomposición del sistema (1856-1868)

Una nueva crisis del gobierno de Espartero impulsó a la reina a confiar el gobierno a O'Donnell, que había creado la **Unión Liberal**, un nuevo partido de carácter centrista.

Desde 1856, unionistas y moderados se alternaron en el poder, mientras que los progresistas quedaron marginados. La actuación del gobierno fue muy autoritaria, prescindiendo de las Cortes para gobernar y ejerciendo una fuerte represión sobre la oposición.

En estos años se impulsó una política exterior colonialista, que se concretó en las campañas militares en Marruecos, Indochina y el apoyo internacional a una coalición para intervenir en México.

La oposición al régimen moderado se amplió y nacieron nuevos grupos entre los excluidos del sistema, como los **demócratas** (que defendían el sufragio universal masculino) y los **republicanos**, partidarios de derrocar la monarquía y proclamar la república.

En 1866, una grave crisis económica convirtió en imparable la degradación del régimen isabelino, hizo aumentar el descontento social y sentó las bases de un nuevo pronunciamiento militar.

Fusilamiento de los sargentos sublevados contra la reina Isabel II en el año 1866, que contó con el apoyo de progresistas y demócratas.

1. Elabora en tu cuaderno un esquema como el que tienes a continuación, en el que analices las diferentes etapas del reinado de Isabel II:

Etapa	Cronología	Características	Problemas

2. ¿Qué partidos políticos dominaron la vida política en España durante el reinado de Isabel II? Observa el cuadro de la ideología de los moderados y los progresistas y describe las principales diferencias entre ambos.

3. ¿Qué causas explican el deterioro del prestigio de la monarquía isabelina? ¿Qué grupos políticos se vieron excluidos del sistema?

7 El Sexenio Democrático (1868-1874)

En septiembre de 1868, la crisis de la monarquía isabelina condujo a la "Gloriosa Revolución", una insurrección para derrocar a Isabel II y democratizar el sistema político.

Sin embargo, los gobiernos surgidos de la revolución no consiguieron dar estabilidad al nuevo sistema democrático y durante el Sexenio se propusieron distintas fórmulas políticas, que tuvieron que hacer frente a numerosos problemas.

¿Qué diferentes fórmulas políticas se intentaron? ¿Qué problemas impidieron la consolidación de un sistema democrático?

A LA REVOLUCIÓN Y EL GOBIERNO PROVISIONAL (1868-1869)

La Revolución de 1868, impulsada por progresistas y demócratas, a los que se unieron los unionistas, fue dirigida por el almirante **Topete**, y los generales **Prim** (progresista) y **Serrano** (unionista).

En todo el país se formaron Juntas revolucionarias en apoyo al movimiento revolucionario, y las tropas leales a la reina fueron vencidas en la **Batalla de Alcolea**. La reina Isabel II y su heredero Alfonso partieron al exilio.

Ese mismo año se creó un Gobierno provisional con la misión de democratizar el sistema político. Se convocaron unas Cortes constituyentes que redactaron una nueva Constitución de carácter democrático, que fue aprobada en 1869.

En ella se recuperaba la soberanía nacional, se incorporaba el sufragio universal masculino y se otorgaban amplios derechos y libertades. La Iglesia se separaba del Estado, pero este se comprometía a mantener el culto y el clero católicos.

La Constitución establecía la monarquía constitucional como forma de Estado, por lo que fue necesario buscar un nuevo rey.

Causas de la Revolución de 1868

- Descontento popular derivado de la crisis económica de 1866, que comportó un aumento del paro y la subida de los precios.
- Oposición al monopolio del poder ejercido por moderados y unionistas, que gobernaban de forma autoritaria.
- Poca imparcialidad de la monarquía, que apoyaba a los moderados, e impopularidad de Isabel II.
- Difusión entre las clases populares de los ideales democráticos y republicanos, basados en el sufragio universal masculino y en la ampliación de los derechos y libertades.

Caricatura del general Juan Prim.

B LA MONARQUÍA DE AMADEO I (1870-1873)

La opción elegida fue **Amadeo de Saboya**, representante de una monarquía liberal que había contribuido a la unificación de Italia. Unos días antes de la llegada del nuevo rey, su principal valedor, el general Prim fue asesinado.

Amadeo I contó con el apoyo de progresistas, unionistas y demócratas, y el gobierno puso en marcha nuevas medidas para la recuperación económica y para la democratización real del país.

Sin embargo, tuvo que hacer frente a una fuerte oposición: los moderados y parte de la Iglesia se mantuvieron leales a los Borbones. Los carlistas aprovecharon la oportunidad para proclamar rey a Carlos VII, dando inicio una nueva guerra, mientras que los republicanos aspiraban a proclamar la República.

Ante la gran cantidad de problemas, a los que se unió una insurrección independentista en la isla de Cuba (1869), Amadeo I decidió renunciar a la Corona y abandonar el país.

Amadeo I jura la Constitución en enero de 1871.

C LA PRIMERA REPÚBLICA (1873-1874)

Ante la abdicación del rey, en febrero de 1873, las Cortes votaron la proclamación de la República. Pero ese resultado no reflejaba un apoyo real de la Cámara a la nueva forma de gobierno, ya que la mayoría de diputados se reconocían como monárquicos.

La República fue recibida con entusiasmo por los sectores populares de las grandes ciudades y el gobierno republicano puso en marcha un programa de reformas económicas y sociales.

Las elecciones de 1873 fueron ganadas por los republicanos federales y las Cortes redactaron un proyecto de constitución federal que repartía las competencias legislativas entre el gobierno central y las repúblicas federadas, que nunca llegó a aprobarse.

La República tuvo cuatro presidentes (**Figueras**, **Pi y Margall**, **Salmerón** y **Castelar**), pero una serie de problemas imposibilitaron su consolidación:

- Las divisiones en el republicanismo entre unitaristas y federales y entre moderados e intransigentes, que aspiraban a una mayor revolución social.
- La dificultad de hacer frente a la insurrección en Cuba y el inicio de una nueva guerra carlista en 1872.
- Una insurrección cantonal* en Cartagena, en 1873, que se proclamó como cantón independiente.
- La oposición de los monárquicos que conspiraron para preparar la restauración de la monarquía en Alfonso, el hijo de Isabel II.

En enero de 1874, un golpe de Estado liderado por el **general Pavía** disolvió las Cortes y entregó la presidencia del gobierno al **general Serrano**, que intentó estabilizar una república conservadora y presidencialista.

La proclamación de la República

La República vino por donde menos esperábamos. Al abrirse la sesión del Congreso el 10 de febrero de 1873, las resistencias están ya vencidas. Leída la abdicación del rey, se refunden en una sola asamblea las dos cámaras y casi sin debate aceptan la República.

¿Qué República era proclamada? Ni la federal, ni la unitaria. Había mediado acuerdo entre los antiguos y los modernos republicanos y habían convenido en dejar a unas Cortes Constituyentes la definición y organización de la nueva forma de Gobierno.

PI Y MARGALL: *La República de 1873.*

Dibujo satírico sobre la oposición entre republicanos unitarios y federales en la forma de organizar el Estado. Revista *La Flaca*, 1873.

1. ¿Qué fue la Gloriosa Revolución de 1868? ¿Qué causas la provocaron? ¿Cuáles fueron sus objetivos?
2. ¿Cuáles son los aspectos más destacados de la Constitución de 1869? ¿Qué elementos encuentras que no existieran en las de 1837 o 1845?
3. Explica cómo se proclamó rey a Amadeo de Saboya, quiénes le apoyaron y a qué problemas tuvo que hacer frente.
4. ¿Cómo se proclamó la Primera República? Valora la frase en cursiva del texto de Pi y Margall.
5. ¿Qué nueva forma de organización del Estado promovió la República? ¿A qué problemas se enfrentó?
6. ¿Por qué no se consiguió durante el Sexenio estabilizar un régimen democrático? Razona tu respuesta con ejemplos de cada una de sus etapas.

Investiga

7. Elabora un eje cronológico con las diferentes etapas del Sexenio Democrático, los líderes políticos y los acontecimientos más relevantes de cada una de ellas.

8 La Restauración borbónica (1874-1902)

En diciembre de 1874, el pronunciamiento en Sagunto del general **Martínez Campos** proclamaba rey a **Alfonso XII**, e iniciaba la restauración de la monarquía borbónica.

El sistema canovista

El ideólogo de la restauración monárquica fue **Antonio Cánovas del Castillo**, un político conservador que aspiraba a una monarquía constitucional que garantizase el orden social, sin pronunciamientos militares ni revueltas populares.

Uno de los primeros objetivos fue la pacificación del país. De este modo, en 1876, se puso fin a la guerra carlista, y en 1878, la **Paz de Zanjón** acabó con la insurrección cubana.

Para garantizar la estabilidad del nuevo régimen se proclamó la **Constitución de 1876**. El texto proponía la monarquía constitucional, con soberanía compartida entre las Cortes y el rey, unas Cortes bicamerales (Congreso y Senado), amplios poderes al monarca –que podía nombrar gobierno–, y declaraba el Estado confesional.

Se trataba de un texto moderado, pero flexible y consensuado, ya que dejaba muy abiertos los repertorios de derechos y las formas en que debía ejercerse el sufragio. De este modo, cada gobierno (conservador o liberal) podía modificarlos, según sus necesidades, sin necesidad de promulgar una nueva Constitución.

Para impedir los pronunciamientos militares de etapas anteriores, el ejército quedaba subordinado al poder civil.

Bipartidismo y turno pacífico

El funcionamiento político se basaba en la **alternancia en el poder** de dos partidos dinásticos: el Conservador, liderado por Cánovas, y el Liberal, encabezado por Sagasta.

Ambos partidos coincidían en lo esencial: defensa de la monarquía, de la Constitución, de la propiedad privada y de un Estado centralizado y unitario. Diferían en que el conservador se declaraba confesional y se consideraba el garante del orden social, mientras que el liberal era partidario de reformas sociales y tenía un carácter más laico.

Conservadores y liberales se alternaban en el poder mediante el llamado turno pacífico. Excluidos del poder quedaban los partidos marginados del sistema (carlistas, demócratas, republicanos y socialistas), que tan solo podían aspirar a una pequeña minoría parlamentaria.

Tras la muerte del rey en 1885, la firma del **Pacto de El Pardo** consolidó la alternancia en el poder durante la regencia de su esposa María Cristina (1885-1902). El ascenso al poder de los liberales comportó la adopción del sufragio universal masculino en 1890.

Martínez Campos "restaura" la monarquía en la persona de Alfonso XII. Caricatura de 1875.

Cánovas enseña a Sagasta cómo aplicar la Constitución de 1876.

LA CONSTITUCIÓN DE 1876

El caciquismo y el falseamiento electoral

La alternancia en el poder de conservadores y liberales quedaba asegurada mediante el **caciquismo**. Este era un sistema de coerción social que se daba en las zonas rurales mediante el cual determinadas personas podían coaccionar a los votantes y orientar su voto.

Los caciques, que podían ser tanto conservadores como liberales, conseguían la elección del candidato gubernamental mediante todo tipo de trampas (**pucherazo**). Así, no dudaban en falsificar actas, comprar votos, amenazar a los electores...

El surgimiento de los nacionalismos

El afianzamiento del Estado centralizado y uniformista provocó el surgimiento de movimientos nacionalistas que reivindicaban el reconocimiento de su propia identidad:

- En **Cataluña** se crearon partidos nacionalistas en demanda de la autonomía (Unió Catalanista y la Lliga Regionalista).
- En el **País Vasco**, la abolición de los fueros tras la segunda guerra carlista generó movimientos de protesta que convergieron en la creación del Partido Nacionalista Vasco (1894).
- En **Galicia** surgió el Rexurdimento, un movimiento de corte más cultural y literario que político.

La crisis de 1898

En 1895 estalló una nueva **insurrección en Cuba**, como consecuencia de la incapacidad de la administración española para hacer reformas políticas en la isla, dotarla de autonomía y reducir el control económico ejercido desde España. En esta ocasión, los insurrectos contaron con el apoyo de Estados Unidos, país perjudicado por los aranceles que le impedían el comercio con la isla.

En 1898, Estados Unidos declaró la guerra a España, tras el hundimiento del acorazado *Maine* en La Habana. España sufrió una rápida derrota y la firma del **Tratado de París** (1898) selló la independencia de Cuba, Filipinas y Puerto Rico.

El fracaso de 1898 provocó en la sociedad española un estado de frustración y pesimismo. Como reacción surgieron **movimientos regeneracionistas**, que pedían una verdadera democratización del Estado y el fin del caciquismo y la corrupción.

La lacra del caciquismo

Consecuencia de este sistema es el caciquismo, o sea, el entronizamiento de ciertos individuos en las localidades, los cuales, como instrumento del diputado, son dueños de los resortes administrativos.

El cacique da y quita míseros empleos que disfrutan los más pobres del pueblo: suyos son el cartero y el peón caminero.

El cacique es quien al hacer el reparto de la contribución carga la mano al adversario, aliviando al amigo, de lo que se originan porrazos y hasta puñaladas.

B. Pérez Galdós: *Política española* (antología de artículos), 1884.

Viñeta de denuncia de la corrupción electoral, 1905.

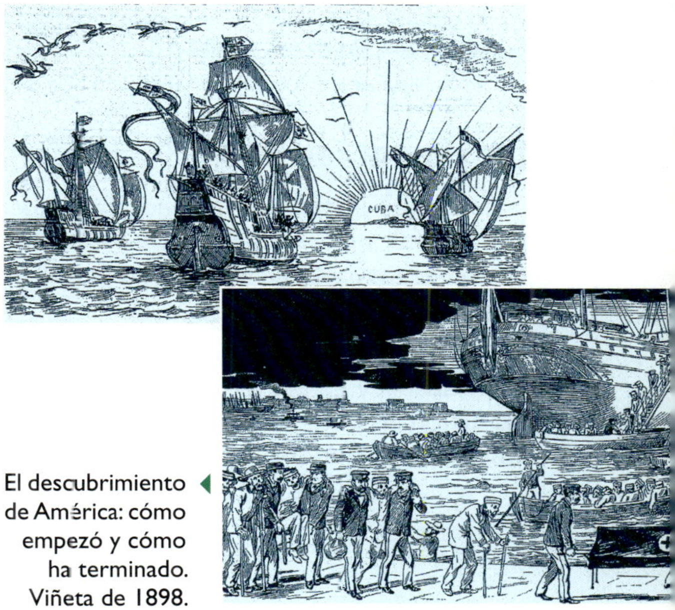

El descubrimiento de América: cómo empezó y cómo ha terminado. Viñeta de 1898.

1. ¿Qué objetivos se proponía el sistema político de la Restauración? ¿Cuáles eran sus características? ¿Qué mecanismos aseguraban el turno pacífico?
2. Lee el texto de Galdós. ¿Cómo define el caciquismo? ¿Qué atribuciones tiene el cacique? ¿Qué consecuencias políticas se derivaron del caciquismo?
3. ¿Qué causas explican el surgimiento de los nacionalismos? ¿Dónde emergieron? ¿Qué pretendían?
4. ¿Cómo perdió España las últimas colonias? ¿Qué papel desempeñó Estados Unidos?
5. Observa las dos viñetas sobre Cuba y descríbelas. ¿Qué mensaje quiere transmitir cada una de ellas?

9 Andalucía en la política española del siglo XIX

El primer liberalismo andaluz

Andalucía desempeñó un papel relevante en el nacimiento del liberalismo en España, gracias al protagonismo de la burguesía que se había enriquecido con el comercio americano.

Andalucía fue pionera en la creación de Juntas para ocupar el vacío de poder dejado por la marcha de Carlos IV y Fernando VII a Bayona. El 27 de mayo de 1808, en Sevilla a creó la primera Junta de toda España: la **Junta Suprema de España e Indias**, que pretendía coordinar la resistencia a la invasión francesa.

Como has visto, en la ciudad de Cádiz asediada por los franceses, se reunieron las primeras cortes soberanas, que en 1812 aprobaron la primera constitución española.

Este primer liberalismo andaluz mantuvo su fuerza durante el reinado de Fernando VII y protagonizó revueltas y pronunciamientos a favor de la Constitución de 1812, como el pronunciamiento de **Riego** en 1820, que inauguró el Trienio Liberal.

Hubo otros pronunciamientos y conspiraciones liberales en Andalucía, pero fracasaron, y la represión contra los liberales se hizo patente durante la Década Ominosa (1923-1833). Algunas personalidades relevantes del liberalismo andaluz se vieron obligadas a exiliarse y otras fueron ejecutadas; el fusilamiento del **mariscal Torrijos** en Málaga, en 1831, y la ejecución de **Mariana Pineda** en Granada son algunos ejemplos.

Las guerras carlistas

El carácter liberal de Andalucía hizo que las guerras carlistas tuvieran poca incidencia en Andalucía, cuyos habitantes apoyaban mayoritariamente la **causa isabelina**.

El carlismo tuvo pocos adeptos andaluces, aunque se llevaron a cabo algunos **levantamientos** en Tarifa, Motril, Jaén, Málaga, Guadix y en Las Alpujarras. Los episodios más importantes fueron los protagonizados por algunas **partidas rurales** que entraron en territorio andaluz desde La Mancha, en 1834.

La ciudad de Cádiz

Edward Hawke Locker, fue un militar inglés destinado en tierras andaluzas que llegó a Cádiz en 1811.

Presenció la ciudad asediada por los franceses, y como se convertía en refugio de intelectuales y políticos, además de ser sede de las Cortes, a las que asistió algunas de sus sesiones y así describe su funcionamiento:

> Los diputados hablaban desde sus asientos y a veces leían documentos desde una tribuna. El discurso rápido de los oradores era sorprendente y, aunque había pocos temas para debatir, encontré un cierto parecido con la Cámara de los Comunes. La mitad de los diputados eran eclesiásticos.
>
> Edward Hawke Locker: *Views in Spain*, 1824.

El mariscal José María de Torrijos planeó un levantamiento liberal desde el territorio andaluz. Este cuadro representa el día de su fusilamiento.

La nueva división provincial de Andalucía, 1833

Durante la Década Ominosa quedó planteada la división provincial de España, que se hizo firme en el año 1833, promovida por el ministro granadino del primer gobierno de María Cristina, Javier de Burgos.

Desde principios de la Edad Moderna, Andalucía estaba constituid por cuatro reinos independientes dentro de la Corona de Castilla. El ministro diseñó una nueva división territorial.

Caciquismo y clientelismo

El liberalismo progresista andaluz de inicios del XIX se debilitó en las décadas siguientes, cuando Andalucía perdió el comercio con América y la pujanza económica derivada de él. Ello comportó una **ruralización** de su economía, al fracasar los primeros intentos de industrialización.

De este modo, la clase política andaluza de la segunda mitad del siglo XIX estuvo formada por una **élite rural** de propietarios agrícolas, que formaban parte del sistema político español durante la monarquía de Isabel II y la Restauración de Alfonso XII. Así pues, en la configuración del régimen moderado, por ejemplo, desempeñó un importante papel el granadino **Ramón Narváez**, y en la consolidación de la monarquía alfonsina destacó el malagueño **Antonio Cánovas del Castillo**.

Igual que en el resto de España, el **caciquismo** organizó el entramado social y la práctica política en Andalucía. En torno a la élite social andaluza se unían los partidos para manipular las elecciones y controlar el poder. La fuerza de los caciques se basaba en la dependencia que ejercían sobre el campesinado pobre y analfabeto (**clientelismo**).

Extensos latifundios y medios de transporte muy rudimentarios son las características de la campiña andaluza del siglo XIX.

Republicanismo y cantonalismo

Las grandes desigualdades de la sociedad andaluza y la existencia de un campesinado hambriento y sin tierras explican la proliferación de revueltas sociales en el campo andaluz y la introducción del **republicanismo**, el **socialismo** y el **anarquismo**.

La Revolución de 1868 tuvo en Andalucía una gran participación popular y un carácter social en demanda de un mejor reparto de la tierra y de mayor justicia social.

En Andalucía se formó un importante núcleo de socialistas utópicos (Rafael Pérez del Álamo) y un grupo de republicanos como **Fernando Giner de los Ríos**. También eran andaluces dos de los futuros presidentes de la Primera República, **Nicolás Salmerón** y **Emilio Castelar**.

Además, durante la Primera República, el **cantonalismo** se extendió por Andalucía impulsado por los republicanos federales que con la colaboración de socialistas y anarquistas, ocuparon el poder en Granada, Málaga, Sevilla, Cádiz, Sanlúcar de Barrameda, Jerez de la Frontera, etc., hasta la llegada del ejército, que puso fin a la rebelión.

El cantonalismo

El **cantonalismo** irrumpió en España en el verano de 1873 y estuvo impulsado por los republicanos federales más radicales que querían anticiparse a la implantación de una Constitución federal. El movimiento se radicalizó tras la dimisión de Pi i Margall, y a la elección del republicano unitario Salmerón para sucederle en la Presidencia.

La insurrección se iniciaba con la proclamación del cantón, la destitución de las autoridades fieles al Gobierno central, y el establecimiento de nuevas juntas revolucionarias. Sus objetivos eran salvar la República y contrarrestar el espíritu centralizador de las autoridades del gobierno español.

El cantonalismo estuvo presente tanto en las capitales de provincia andaluzas, como en muchos pueblos (Bailén, Andújar, Algeciras, Tarifa...). El ejército fue el encargado de combatir la insurrección y, en dos meses (del 22 de julio al 22 de septiembre de 1873), el general Pavía terminó con el movimiento cantonal andaluz.

1. ¿Qué papel desempeñaron los liberales andaluces en la implantación del primer liberalismo en España?
2. ¿Qué importancia tuvo el carlismo en Andalucía?
3. ¿Por qué en la segunda mitad del siglo XIX se impusieron el caciquismo y el clientelismo en las relaciones políticas?
4. ¿Qué fue el cantonalismo? ¿Por qué se extendió?

COMPLETA EL MAPA CONCEPTUAL

Con la información del tema, completa en tu cuaderno el siguiente esquema:

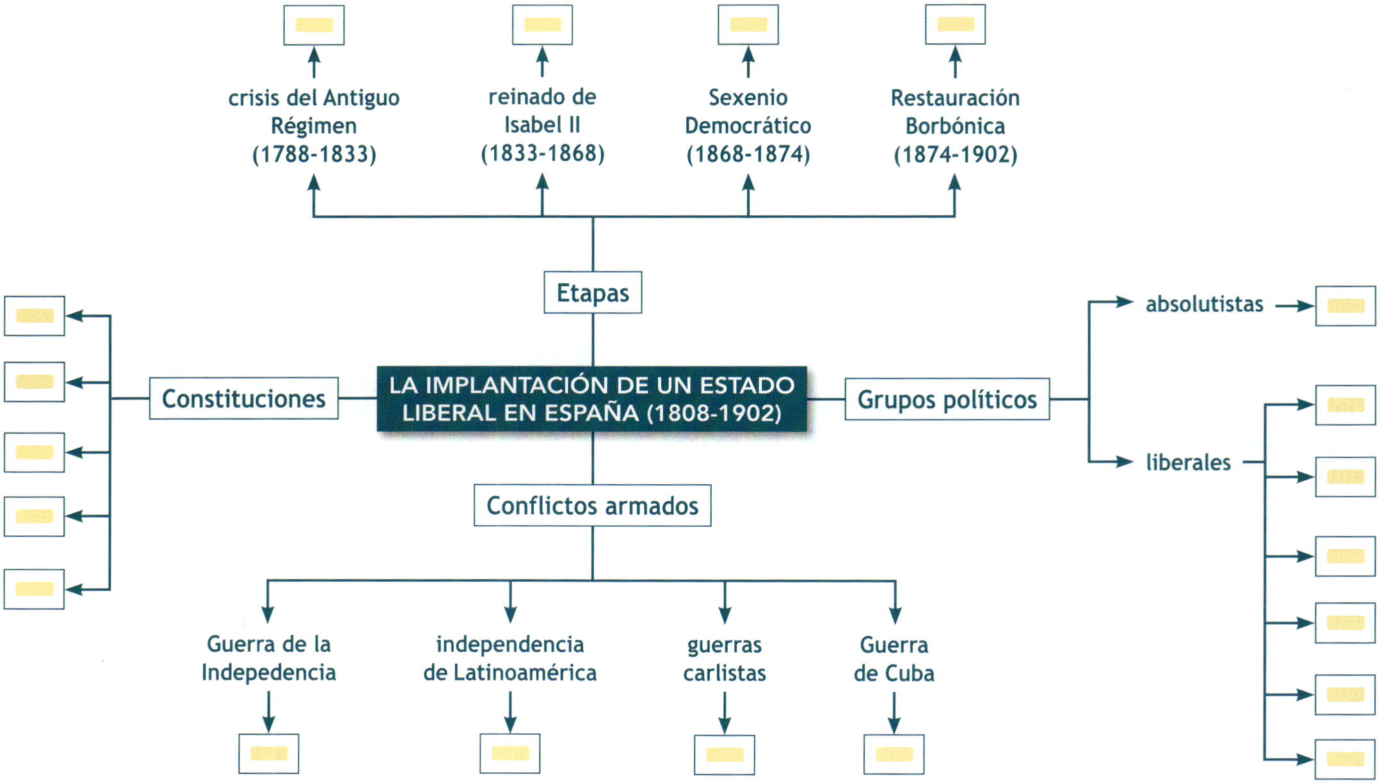

1 CONSOLIDA LO APRENDIDO

a) ¿Qué papel desempeñaron los militares en la España del siglo XIX? ¿Por qué se produjo esa situación?

b) ¿Cuáles fueron los acontecimientos más importantes de la crisis del Antiguo Régimen? ¿Qué legado quedó de la Constitución de Cádiz?

c) ¿Cuál fue la posición adoptada por Fernando VII ante el liberalismo? ¿Por qué fases atravesó?

d) ¿Qué consecuencias tuvo la independencia de las colonias para América y para España?

e) ¿En qué grupo social se apoyó Isabel II para reinar? ¿Por qué se fue deteriorando el sistema isabelino?

f) ¿Por qué no tuvo éxito la Primera República? ¿Qué otras fórmulas políticas se experimentaron durante el Sexenio?

2 DEFINE CONCEPTOS CLAVE

- pronunciamiento
- Milicia Nacional
- ley sálica
- carlismo
- Junta revolucionaria
- caciquismo

3 IDENTIFICA LOS PERSONAJES

- Fernando VII
- Espartero
- Amadeo de Saboya
- José I
- Isabel II
- Prim
- Carlos M.ª Isidro
- Narváez
- Cánovas del Castillo

4 ESTABLECE LA CRONOLOGÍA

- Motín de Aranjuez
- Trienio Liberal
- independencia de Cuba
- Primera República

5 EXPLICA LAS DIFERENCIAS

- absolutistas/afrancesados
- carlistas/isabelinos
- moderados/progresistas
- demócratas/republicanos

RESPONDE A LA PREGUNTA INICIAL

¿Cómo se desarrolló la implantación de un Estado liberal en España?

APRENDE A... COMPARAR DOS CONSTITUCIONES

	CONSTITUCIÓN DE 1869	CONSTITUCIÓN DE 1876
Sujeto de soberanía	Nación	Rey y Cortes
Carácter ideológico	Progresista/demócrata	Conservadora
Relación entre poderes	Reconoce la separación	Reconoce la separación pero el rey participa en los poderes legislativo y ejecutivo
Papel de la monarquía	Limitado: poder ejecutivo	Amplio: poder ejecutivo y comparte el legislativo con las Cortes
Cortes	Bicamerales elegidas por sufragio	Bicamerales, pero solo se eligen por sufragio el Congreso y una pequeña parte del Senado
Elaborada por	Cortes constituyentes plurales	Cortes constituyentes restringidas
Tipo de sufragio	Universal masculino	Censitario
Declaración de derechos	Muy amplia	Amplia, pero restringida mediante leyes
Relación Iglesia-Estado	No confesional, libertad de cultos	Confesional católica

1. Identificación y presentación

- Explica en qué momento histórico y durante qué proceso se aprobaron estas constituciones.
- ¿Para qué se elabora una constitución? ¿En qué se diferencian unas de otras?

2. Análisis y comparación

- Explica con otras palabras cada una de las filas de la tabla, buscando en el tema argumentos que justifiquen lo que significa cada concepto.
- Busca en la tabla los elementos comunes que comparten ambos textos y dónde radican las principales diferencias.
- ¿Qué dos elementos hacen que la Constitución de 1869 sea muy diferente de las otras aprobadas en el siglo XIX?

3. Contexto histórico

- ¿A qué aspiraba cada una de estas constituciones?
- ¿Qué diferentes modelos de liberalismo defiende cada una de ellas?
- Resume el periodo de 1868-1876 de la historia de España.

4. Conclusiones

- ¿Qué efectos tuvieron estas constituciones sobre los periodos políticos en que se produjeron?
- Averigua cuánto tiempo estuvieron en vigor y quiénes fueron los principales ideólogos de cada una de ellas.
- ¿Crees que nuestra Constitución actual guarda alguna relación con las que acabas de analizar? ¿En qué aspectos se asemeja y en qué aspectos difiere?

RAZONA HISTÓRICAMENTE

Argumentación. Explica en qué consistía el caciquismo, quiénes eran los caciques y su influencia en los procesos electorales. ¿Era el caciquismo un obstáculo a la verdadera democratización del sistema político liberal en España? Argumenta tu respuesta.

Tiempo histórico. Elabora un eje cronológico del siglo XIX en el que sitúes los diferentes reinados, las etapas de cada uno de ellos, las diferentes constituciones, los conflictos bélicos y algunos hechos que consideres que fueron especialmente relevantes.

Empatía. Después de dos años de reinado, Amadeo I abdicó del trono español y abandonó el país desbordado por los graves problemas que tenía que afrontar.

Ponte en el lugar del rey y escribe un "Manifiesto al pueblo español" en el que expliques las razones que te han llevado a tomar esa decisión.

Después consulta en www.tiching.com/743936 el manifiesto que hizo Amadeo I y establece similitudes y diferencias entre tu proclama y la que escribió el monarca. ¿Habéis utilizado un lenguaje similar?

1 Espacio y tiempo. La división provincial de 1833

En 1833, el ministro de Fomento, Javier de Burgos, firmaba el decreto de división provincial de España. Observa el mapa y responde a las siguientes cuestiones:

a) ¿En cuántas provincias quedó dividido el territorio? Enumera también las regiones.

b) ¿Qué objetivo crees que tenía la división de España en provincias y regiones?

c) Valora si este mapa ha sufrido muchas o pocas modificaciones hasta la actualidad. Enumera algunos casos.

d) En nuestro mapa autonómico actual existen tres ciudades que pretendían ser capital de provincia en 1833 y no lo consiguieron, pero que hoy en día sí son capitales de sus comunidades. Averigua cuáles son.

2 Fuentes documentales. El retorno al absolutismo

Públicos y notorios fueron a todos mis vasallos los escandalosos sucesos que precedieron y siguieron al establecimiento de la democrática Constitución de Cádiz.

(...) El desacato más horrendo a mi real persona y la violencia más inevitable fueron los elementos empleados para variar el gobierno paternal de mis reinos en un código democrático, origen de desgracias (...).

Europa entera, conociendo profundamente mi cautiverio (...) determinó poner fin a un estado de cosas que era el escándalo universal, que caminaba a trastornar todos los tronos y todas las instituciones antiguas, cambiándolas por la irreligión y la inmoralidad (...).

He venido a decretar lo siguiente: son nulos y de ningún valor los actos del gobierno llamado constitucional (...).

Real Decreto, 1 de octubre de 1823.

a) ¿Quién crees que es el autor del texto? ¿En qué momento histórico fue publicado este decreto? ¿Cuál era su finalidad?

b) ¿Cómo valora el autor los acontecimientos del Trienio Liberal? ¿Fue sincero su acatamiento de la Constitución de 1812?

c) ¿A qué se refiere el autor en la frase que está en cursiva? Explica los hechos que pusieron fin al Trienio Liberal.

3 Fuentes estadísticas. El derecho a voto

LA EVOLUCIÓN DEL NÚMERO DE ELECTORES

Año	Total de electores según el censo electoral	% respecto a la población española	Total de votantes
1837	257 984	2,2	143 026
1839	381 853	3,1	246 291
1844	635 517	5,2	415 647
1846	99 149	0,8	64 630
1853	139 641	1,14	95 163
1854	696 420	5,7	484 551
1857	148 975	0,9	91 093
1869	3 801 071	24,2	2 660 749

a) ¿Qué información nos muestra la tabla? ¿Cómo evolucionó a lo largo del siglo XIX?

b) ¿Qué era el sufragio censitario? ¿Qué relación puedes establecer entre este sufragio y los datos de la tabla?

c) Con los datos de la tabla, ¿puedes establecer una relación entre el número de personas con derecho a voto y las etapas de gobierno moderado y progresista durante el reinado de Isabel II?

d) ¿Cuándo se estableció el sufragio universal? ¿En qué consistía? ¿Cómo puedes reconocerlo en la tabla? Describe el contexto histórico en que fue proclamado.

4 Fuentes iconográficas. El turno pacífico

a) Describe ambas caricaturas. ¿Recuerdas qué características tiene una caricatura?

b) ¿Puedes identificar a los personajes con un número? ¿Qué rasgos de ambos ha exagerado el caricaturista para permitir reconocerlos?

c) ¿Cuál es la intencionalidad política de la caricatura? ¿Qué recursos ha utilizado el dibujante para ofrecer su punto de vista?

d) ¿Por qué crees que las caricaturas fueron tan importantes durante el siglo XIX?

Caricaturas publicadas en la revista *El loro*, 1881.

5 Organización de la información. Moderados y progresistas

a) Con la información del tema, copia en tu cuaderno y rellena el siguiente cuadro:

LOS PRINCIPALES PARTIDOS POLÍTICOS EN LA ESPAÑA DE ISABEL II (1833-1868)

Periodos de gobierno		Moderados	Progresistas
Líderes			
Base social			
Bases ideológicas. Tipo de Estado	Tipo de sufragio		
	Tipo de soberanía		
	Reconocimiento de derechos		
	Relaciones Iglesia-Estado		

WWW. ESPACIO WEB

6 Empatía. Mariana Pineda

Mariana Pineda fue una mujer granadina de ideas liberales que murió ejecutada. Su juventud y la injusticia que se cometió con ella la convirtieron en un mito y en un símbolo de la libertad.

Busca información en internet sobre Mariana Pineda para conocer su vida, sus ideas y la situación de su época. Después, responde a las siguientes preguntas:

a) ¿En qué época vivió Mariana Pineda? ¿Dónde nació y dónde murió?

b) ¿Qué monarca reinaba en España? ¿Cuál era el contexto histórico en ese momento? ¿Qué enfrentamientos políticos dominaron ese periodo?

c) ¿Cuáles fueron los ideales de Mariana Pineda? ¿Por qué fue perseguida y condenada? ¿Qué castigo recibió?

d) Razona por qué Mariana Pineda se ha convertido en un símbolo y un mito de la lucha por la libertad.

e) ¿En qué página web has encontrado la información? ¿Crees que es una fuente fiable? ¿Por qué?

7 Fuentes audiovisuales. El desastre del 98

Visiona el documental en www.tiching.com/744498 sobre la guerra de Cuba y responde a las preguntas:

a) ¿Por qué Estados Unidos apoyó a los independentistas cubanos y declaró la guerra a España?

b) ¿Cómo reaccionó la sociedad española ante la declaración de guerra?

c) ¿Qué dos estrategias desarrolló el gobierno español para intentar pacificar la isla?

d) ¿Cómo finalizó el conflicto entre España y Cuba? ¿Quiénes fueron los principales perjudicados por esta guerra? Razona tu respuesta.

RETOS EN LA RED

DETECTIVE DEL PASADO: Desamortización a juicio.

ACTIVIDADES AUTOCORRECTIVAS: Resuelve estas actividades y repasa lo que has aprendido.

www.vvd.link/012274/4

5 INDUSTRIALIZACIÓN Y CAMBIO SOCIAL EN LA ESPAÑA DEL SIGLO XIX

¿Cuáles fueron los logros y los problemas de la industrialización en España?

ECONOMÍA

- 1802 Prohibición de importar algodón hilado
- 1831 Bolsa de Madrid
- 1833 Primera máquina de vapor
- 1836 Desamortización de Mendizábal
- 1848 Ferrocarril Barcelona-Mataró
- 1855 Desamortización de Madoz
- 1868 Creación de la peseta
- 1882 Altos Hornos de Bilbao
- 1902 Altos Hornos de Vizcaya

1800 · 1810 · 1820 · 1830 · 1840 · 1850 · 1860 · 1870 · 1880 · 1890 · 1900 · 1910

OBRERISMO

- 1821 Sucesos de Alcoy
- 1835 Incendio de la fábrica Bonaplata
- 1840 Fundación de la Asociación de Tejedores de Barcelona
- 1855 Primera huelga general
- 1879 Fundación del PSOE
- 1888 Fundación de la UGT
- 1910 Fundación de la CNT

Darío DE REGOYOS: *Altos Hornos de Bilbao*, 1908.

El proceso de Revolución Industrial en España se realizó con un cierto atraso respecto de los países más avanzados del Norte de Europa.

Los sectores textil y siderúrgico, ubicados fundamentalmente en Cataluña y el País Vasco, fueron los primeros en industrializarse, aunque su crecimiento se vio dificultado por la falta de un mercado articulado.

El resultado fue el excesivo peso del sector agrario en la economía y el mantenimiento del predominio social de la oligarquía rural, que contrastaba con un campesinado pobre. La burguesía y el proletariado, protagonistas de la nueva sociedad industrial, tuvieron un crecimiento mucho más lento.

¿Qué sabemos?

- ¿Cuáles fueron los sectores punteros de la primera industrialización?
- Observa el mapa. ¿Cuáles eran las principales zonas agrícolas de España? ¿Qué se cultivaba en ellas? ¿Dónde se produjo la actividad minera e industrial?
- ¿Qué te sugiere el paisaje del cuadro en relación al tema?

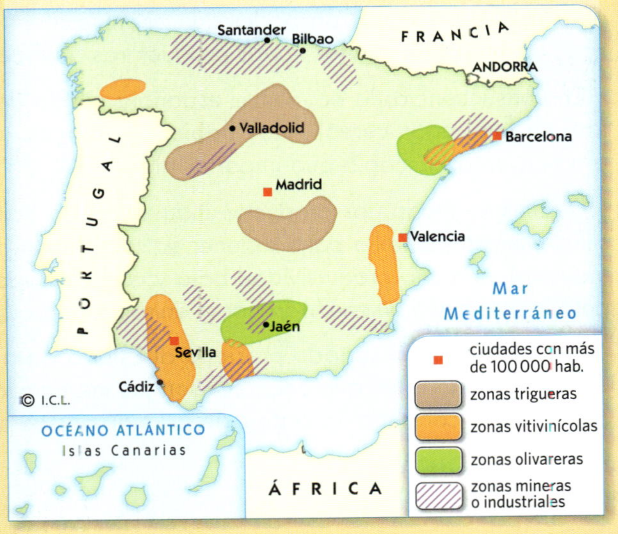

La Revolución Industrial en España: ¿éxito

En España, como en el resto de Europa, la implantación del liberalismo político comportó el desmantelamiento del Antiguo Régimen y el paso de una economía básicamente agraria a otra industrial y capitalista.

Este proceso se inició en España a comienzos del siglo XIX, pero según avanzó la centuria solo el textil catalán y la siderurgia vasca, junto a algunos focos muy puntuales en Málaga, Sevilla, Valladolid, Béjar y Alcoy, habían conseguido consolidarse. El peso de la agricultura continuaba siendo excesivo y el desarrollo de las nuevas clases sociales, burguesía y proletariado industrial, era reducido.

¿Qué factores explican las limitaciones de la industrialización española? ¿Puede hablarse de "fracaso" o de "atraso" de la Revolución Industrial en España?

A EL COMPONENTE AGRARIO

En Gran Bretaña, la industrialización fue precedida de cambios en la estructura de la propiedad que estimularon el crecimiento de la producción agrícola.

En España, sin embargo, la mayor parte de la tierra siguió en manos de grandes propietarios, muchos de ellos absentistas y sin estímulos para innovar. Además, la abundancia de campesinos mantuvo los salarios a bajo coste, facilitando el mantenimiento de una **agricultura tradicional**.

A pesar de las dificultades, la agricultura aumentó su producción, consiguiendo prescindir de las importaciones de cereales, salvo en ocasiones excepcionales.

Ahora bien, este aumento de la producción se consiguió fundamentalmente gracias a la **roturación** de nuevas tierras más que a la introducción de las nuevas técnicas de cultivo y de la nueva maquinaria que se estaban introduciendo en los países más avanzados de Europa.

LA ESTRUCTURA DE LA PROPIEDAD DE LA TIERRA

B LA DIFÍCIL ARTICULACIÓN DEL MERCADO Y EL PROTECCIONISMO

Un segundo problema proviene de las dificultades para integrar un mercado en el que los productos pudieran intercambiarse con facilidad. A la escasez de compradores se unía que España no disponía de una buena red de transportes que permitiese el traslado de las mercancías entre las distintas zonas productoras a un precio razonable.

En consecuencia, la economía española quedó desarticulada: mientras en las zonas cerealísticas había abundancia de cereal y bajos precios, en otras había que importar trigo.

Del mismo modo, los productos industriales no hallaban un mercado suficientemente amplio para sostener su crecimiento. El incipiente sector industrial, con una productividad baja y costos elevados, fue poco competitivo y se sintió amenazado por la entrada de productos extranjeros.

Por ello, el empresariado presionó al Estado para que aplicase **medidas proteccionistas** que encareciesen las mercancías extranjeras, forzando así el consumo en el país de las mercancías propias.

Defensa del proteccionismo

Los librecambistas hoy nos amenazan
con dejar a todos cruzados de brazos,
abriendo las puertas al género extraño.

Por eso nosotros, los que hoy pagamos,
los que producimos, les manifestamos
que solo pedimos vivir del trabajo.

Si del extranjero, por ser más baratos,
vinieran los granos, las telas, los paños,
sin ganar un cuarto, ¿con qué los compramos?

Si no producimos, si no trabajamos
vendrá la miseria, y no lo toleramos,
porque no queremos morirnos de hambre.

Poesía anónima, 1872.

o fracaso?

C EL DÉFICIT DE LA HACIENDA Y LA ESCASEZ DE CAPITAL

Para aumentar los ingresos de la Hacienda Pública española, en 1845 se llevó a cabo una **reforma fiscal** que obligó a los privilegiados del Antiguo Régimen a pagar impuestos.

Sin embargo, el Estado no aumentó la recaudación en los términos esperados y la Hacienda se mantuvo durante todo el siglo XIX en permanente déficit, teniendo que recurrir a los créditos exteriores y a la emisión de **deuda pública**.

El hecho de que invertir en deuda pública diese elevados intereses a sus compradores atrajo una buena parte de los capitales disponibles, y restó inversores para financiar la industria. Así, la **escasez de capital inversor** constituyó uno de los grandes problemas para la innovación y el desarrollo industrial.

La industria española, debido a la baja productividad, resultaba poco competitiva en el mercado internacional, lo que repercutía en el comercio exterior. Durante el siglo XIX, las importaciones fueron mayores que las exportaciones y la **balanza comercial** se mantuvo casi siempre **deficitaria**.

Título de deuda del Estado, 1875.

EL COMERCIO EXTERIOR DE ESPAÑA

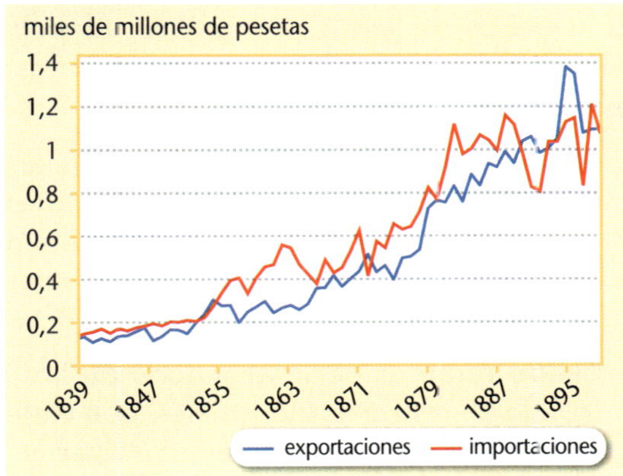

D LA IDEA DE ATRASO RELATIVO

La versión más tradicional sobre la industrialización española defendía la idea de fracaso de la Revolución Industrial en España. Solo el País Vasco y Cataluña habrían sido capaces de seguir la senda industrializadora, en un proceso del que al principio habían participado también Andalucía, Asturias, Cantabria y Valencia.

Hoy se sostiene más la hipótesis de un **atraso relativo**. Si bien es incontestable que la economía española del siglo XIX estaba muy alejada de la del Reino Unido, Francia o Alemania, se hallaba próxima al crecimiento de otros países mediterráneos y de Europa central, cuyo punto de partida sería más similar al caso español.

Con todo, los problemas de la modernización agraria, el excesivo intervencionismo estatal sobre la economía, el abandono del sector exterior, el proteccionismo integral y un sistema financiero atrasado dificultaron la tarea de la transformación económica de España.

LA EVOLUCIÓN DEL PIB PER CÁPITA

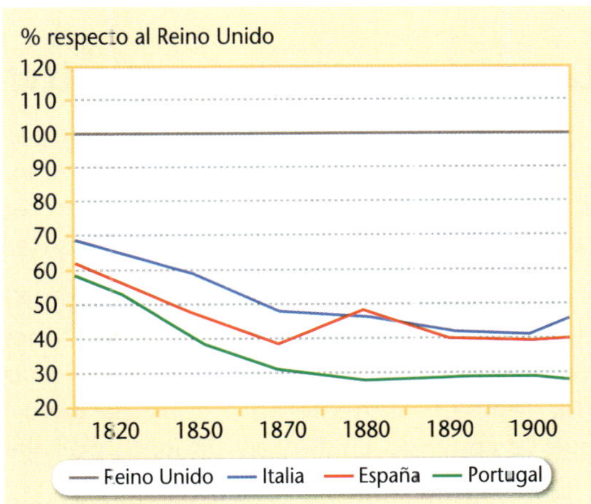

1. ¿Qué problemas dificultaron la modernización de la agricultura en España? Observa el mapa y explica cómo se distribuía territorialmente la estructura de la propiedad.
2. ¿Por qué la industria española tuvo que recurrir sistemáticamente al proteccionismo? ¿A qué dificultades tenía que hacer frente?
3. Lee la poesía y explica con qué argumentos se defiende la necesidad de aranceles protectores de la industria.
4. ¿Por qué la deuda pública a elevado interés perjudicó el financiamiento de las nuevas industrias?

Argumenta la respuesta

5. ¿Cuáles son los países que se toman como ejemplo de industrialización? ¿Qué otros países tuvieron un crecimiento industrial semejante al de España?
6. ¿Qué posición adoptarías ante la disyuntiva éxito o fracaso de la industrialización en España?

2 La población y la agricultura

Crecimiento demográfico y emigración

España pasó de tener 11,5 millones de habitantes en 1797 a 18,6 en 1900. Se trata de un **crecimiento sostenido**, pero moderado en comparación a otros países europeos, que durante el mismo periodo doblaron su población. El descenso de la mortalidad y el mantenimiento de una natalidad elevada motivaron ese crecimiento.

El dato más interesante de este periodo es la **desigual distribución** del crecimiento demográfico. La población creció más en las zonas costeras (Cataluña, Murcia, País Vasco y Canarias) que en el interior, con la excepción de Madrid.

El crecimiento demográfico estuvo acompañado de importantes movimientos de población. La concentración de la tierra en pocas manos y la pobreza campesina, unidas a la mejora de los transportes, fomentaron la decisión de **emigrar**. Las migraciones se produjeron en dos direcciones:

- **Éxodo rural**, es decir, abandono de las áreas rurales para buscar trabajo en las zonas industriales, que experimentaron un mayor auge económico, como Barcelona, Bilbao y Madrid. Ello comportó el crecimiento de las ciudades y el inicio de un proceso de urbanización, que fue más lento que en otras sociedades europeas.
- **Emigración exterior** en dirección a América Latina, en especial a Cuba y Argentina, que se produjo en las últimas décadas del siglo XIX, en busca de mejores oportunidades de empleo. Canarias y toda el área cantábrica fueron las regiones con mayor emigración.

La transformación de la agricultura

La agricultura continuó siendo la principal actividad económica del país durante el siglo XIX. Su renovación se inició con la reforma agraria liberal, que pretendía poner fin al régimen señorial y acabar con la gran cantidad de tierras amortizadas en manos de la nobleza y el clero.

En los primeros sesenta años del siglo XIX, la superficie de tierra cultivada se incrementó de 10 a 16 millones de hectáreas. La mayor expansión de cultivos se produjo en los **cereales** y después en la vid. También aumentaron el maíz, el olivo y, sobre todo, la **patata**, que se convirtió en el gran alimento popular junto al pan.

Hubo, asimismo, una cierta especialización regional: frutales y vid en la costa mediterránea, maíz y patata en la costa cantábrica y cereales y pienso en el interior. En consecuencia, la **exportación** de cítricos, vino y aceite comenzó a cobrar importancia.

Los rebaños trashumantes de ganadería ovina disminuyeron notablemente como resultado de la quiebra de las tradicionales exportaciones de lana. En cambio aumentó la cabaña porcina, para la alimentación humana, y los caballos, asnos y mulas para el transporte.

Sin embargo, una crisis agraria a finales de siglo, derivada de la llegada a Europa de trigo americano a bajo precio, frenó los avances de la agricultura y provocó un aumento del proteccionismo y de la emigración.

EL CRECIMIENTO DE LA POBLACIÓN EN EL SIGLO XIX

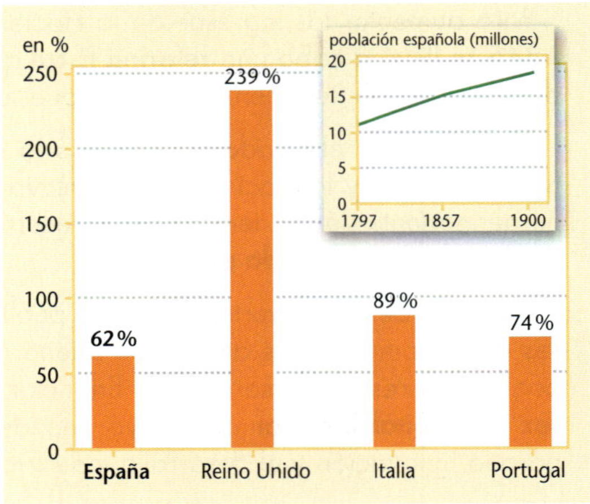

LA POBLACIÓN ESPAÑOLA EN EL SIGLO XIX

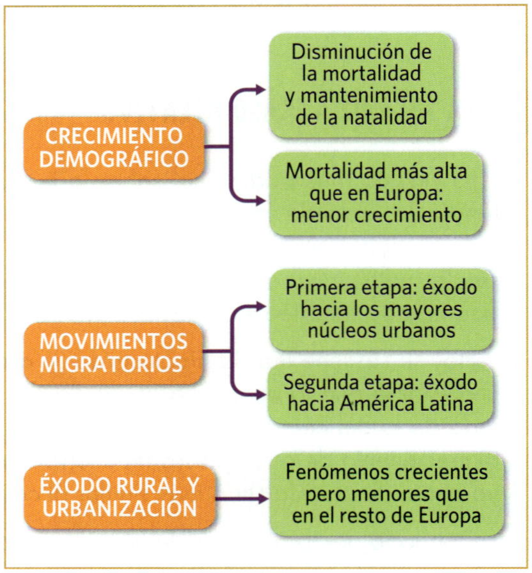

LA DISTRIBUCIÓN DE LA PRODUCCIÓN AGRÍCOLA EN ESPAÑA EN 1900

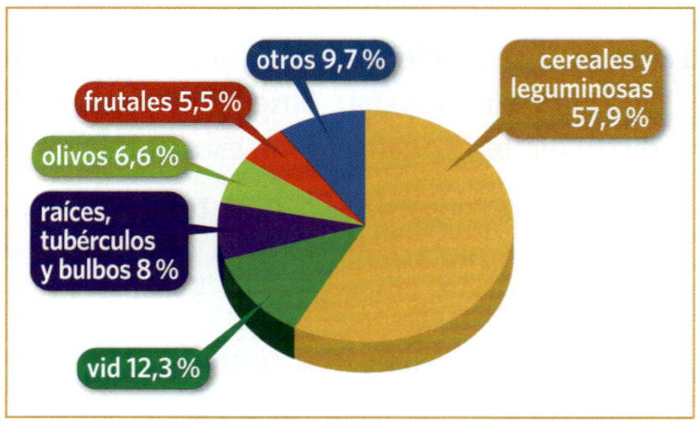

¿EN QUÉ CONSISTIÓ LA REFORMA AGRARIA LIBERAL?

La reforma agraria liberal fue un conjunto de reformas que se realizaron en España a partir de la subida al poder de los progresistas en 1836. Su objetivo era la disolución del Antiguo Régimen en el campo y la introducción de formas de propiedad y de producción capitalistas.

Estas reformas comportaron la abolición del régimen señorial*, la desvinculación de la propiedad y la desamortización de la mayoría de las tierras de la Iglesia (**desamortización de Mendizábal** en 1836) y de los ayuntamientos (**desamortización de Madoz** en 1855).

Estas reformas consolidaron la propiedad privada de la tierra y sentaron las bases de la transformación agraria.

LA REFORMA AGRARIA LIBERAL

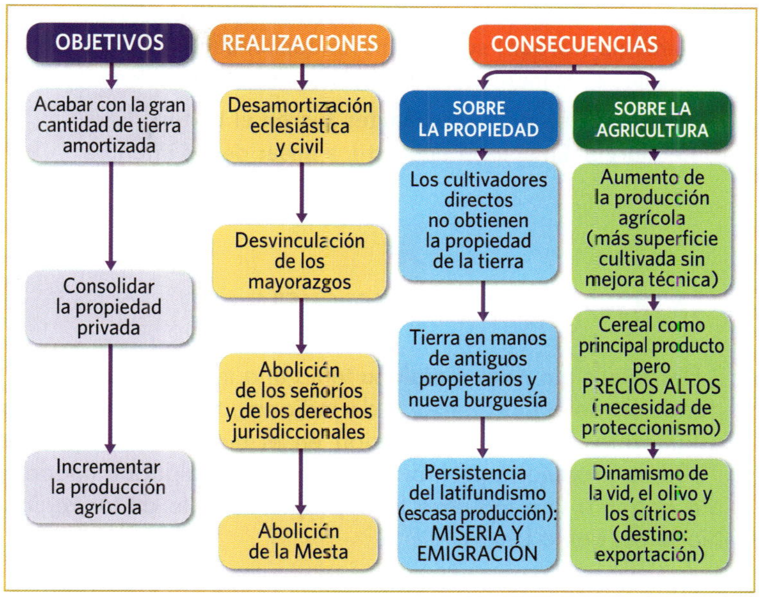

LAS DESAMORTIZACIONES

- Consistieron en la expropiación y posterior venta en subasta pública de las tierras de la Iglesia (desamortización de Mendizábal, 1836) y de los ayuntamientos (desamortización de Madoz, 1855).
- La mayor parte de las tierras en venta fueron compradas por antiguos propietarios rurales y burgueses. La mayoría de campesinos no pudo acceder a la compra.
- Los efectos esperados sobre la modernización de la agricultura como motor de la industrialización fueron mucho menores porque la mayor parte de los nuevos y viejos propietarios usaron las tierras adquiridas para arrendarlas y vivir de las rentas que generaban.
- Además, al privatizarse los bienes comunales, el campesinado perdió un complemento esencial de su economía (pastos, leña, huertos...).

Joaquim VAYREDA: *La siega*, hacia 1881.

1. Observa los gráficos del crecimiento de la población en algunos países europeos. Compara el crecimiento de España con el de los otros tres países. ¿Por qué aumentó de forma moderada la población española?
2. ¿Por qué motivos emigraron los españoles en el siglo XIX? ¿Hacia qué lugares fueron?
3. ¿Cómo consiguió la agricultura aumentar la producción? ¿Cuáles eran los principales productos agrícolas y ganaderos? ¿Cuáles se exportaban?
4. Con la información del documento sobre la reforma agraria liberal, contesta:
   - ¿Qué conjunto de medidas incluía la reforma agraria liberal? ¿Con qué objetivos?
   - ¿En qué consistió la desamortización? ¿Qué finalidad perseguía? ¿Quiénes fueron los más beneficiados por la desamortización? ¿Y los menos favorecidos? Razona tu respuesta.
   - ¿Consiguieron las desamortizaciones los objetivos perseguidos? ¿Cuáles fueron sus consecuencias inmediatas?

3

Los inicios de la industrialización española

DESCUBRE

La Revolución Industrial en España no afectó a todo el territorio por igual. La falta de materias primas (algodón) y fuentes de energía (carbón) supuso una limitación que redujo las posibilidades de la industrialización y dificultó su crecimiento.

Los dos sectores más importantes fueron el textil y la siderometalurgia. En el caso del textil, a pesar de los intentos en diferentes lugares de la Península, solo se hizo realidad en Cataluña. En el caso de la siderurgia, tras el efímero foco andaluz, fue en el área cantábrica donde se consolidó, de forma muy especial en el País Vasco.

¿Cómo se inició la industrialización española del siglo XIX? ¿Qué ventajas y problemas presentó en las diferentes zonas?

A LA INDUSTRIA TEXTIL ALGODONERA

Desde el siglo XVIII, **Cataluña** tenía una tradición comercial de exportación de aguardientes y de indianas, unos tejidos de algodón estampados de gran aceptación en el mercado internacional. En 1802 se produjo la prohibición de importar algodón hilado, lo que dio origen a una industria textil propia al estilo de las regiones del Norte del Reino Unido.

En la década de 1830 se introdujo la **máquina de vapor** y se inició el proceso de **mecanización** con la introducción de las nuevas máquinas llegadas del Reino Unido. Estas innovaciones permitieron un notable aumento de la producción de tejidos de algodón y el abaratamiento de su precio.

La falta de carbón fue un obstáculo al crecimiento del sector textil catalán. La solución ideada por los empresarios fue ubicar las fábricas cerca del puerto de Barcelona, para abastecerse con mayor facilidad, o situar las industrias próximas a saltos de agua para aprovechar la energía hidráulica.

También dificultó su expansión la debilidad del mercado español, compuesto, sobre todo, por campesinos con escaso poder adquisitivo.

El crecimiento de la industria algodonera desplazó, por su mejor calidad y precio, a las industrias tradicionales de la lana, dispersas por el territorio español.

Santiago Rusiñol: *La fábrica*, 1889.

Las colonias industriales

Las colonias industriales se ubicaron en las riberas de los ríos Ter y Llobregat para aprovechar la energía hidráulica. Además de la fábrica, albergaban las viviendas obreras y todo aquello que los trabajadores necesitaban para su vida diaria (iglesia, escuela, teatro, economato...).

También se crearon colonias en otras zonas de España como Valencia y Béjar (Salamanca).

UNA COLONIA TEXTIL

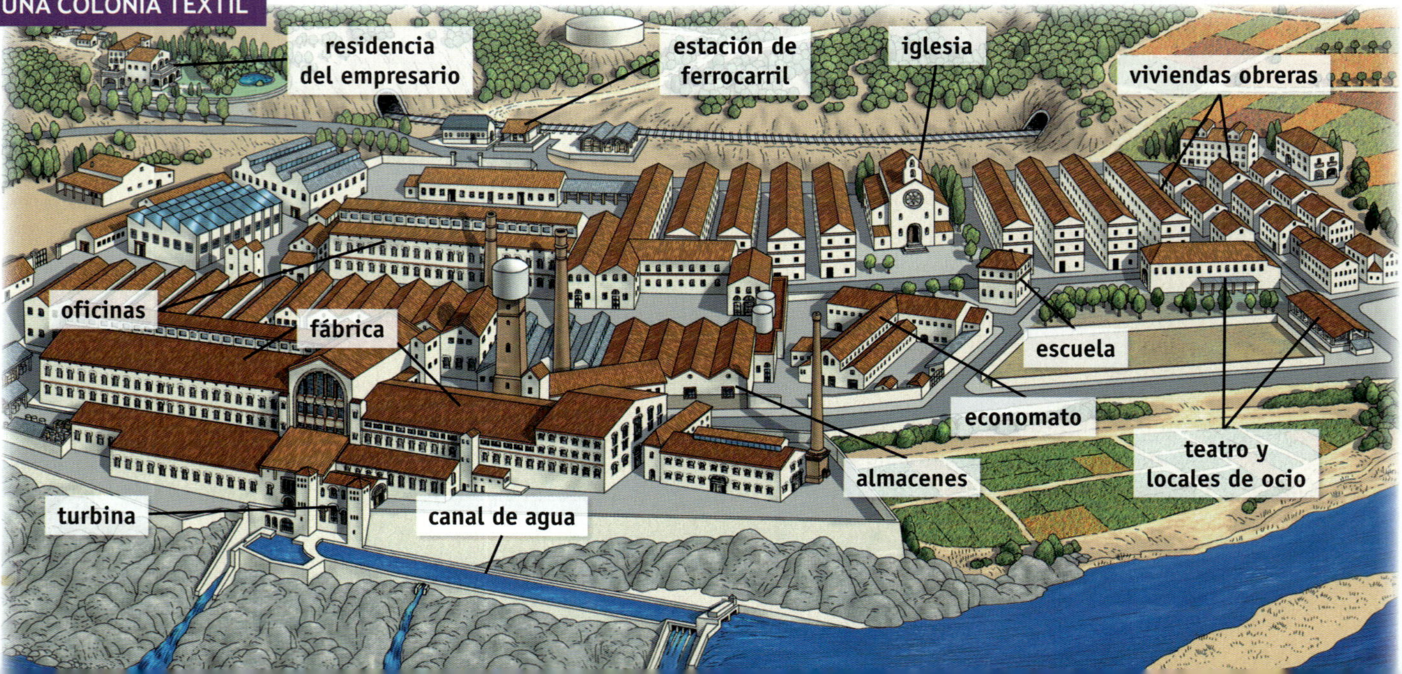

B LA SIDERURGIA VASCA

El hierro y sus derivados fueron un elemento central de la industrialización. Su producción debía realizarse en altos hornos que requerían una gran cantidad de carbón, que en España se localizaba en Asturias, aunque era de bajo poder calorífico y de compleja extracción.

El problema del abastecimiento de carbón y de hierro dificultó la consolidación de la industria siderúrgica, que pasó por diferentes etapas y localizaciones:

- Entre 1830 y 1860 se crearon varios altos hornos en la provincia de **Málaga**, rica en mineral de hierro. Sin embargo, su producción fue muy modesta debido a los altos costes que suponía el traslado del carbón.
- A partir de 1860, entre **Mieres** y **La Felguera**, en el corazón de la cuenca minera asturiana, se instalaron fábricas de hierro. La cercanía de las minas de carbón compensaba los elevados costes de extracción.
- En la década de 1880, en la **ría del Nervión**, cerca de las minas de hierro vizcaínas, se crearon los Altos Hornos de Vizcaya, que sentaron las bases de la consolidación de la siderurgia en el País Vasco.

  La ría se convirtió en vía de salida del hierro vizcaíno que se exportaba al Reino Unido, donde se adquiría carbón galés, de mayor poder calorífico que el asturiano.

  La zona mostró desde entonces los rasgos de un área industrializada: concentración empresarial (metalúrgica y naval), protección del Estado (proteccionismo) y financiación bancaria (Banco de Bilbao y Banco de Vizcaya).

Fábrica del Carmen de la Sociedad de Altos Hornos de Hierro y Acero de Barakaldo, Bizkaia.

LA PRODUCCIÓN SIDERÚRGICA

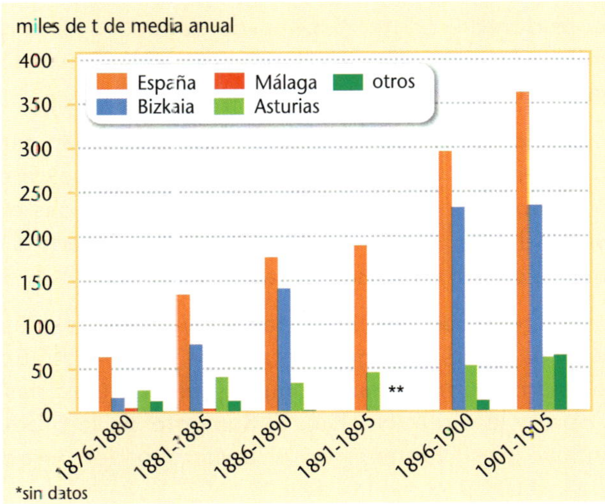

@ Amplía en la Red...

Para saber más sobre la industrialización española del siglo XIX, entra en: www.tiching.com/743420

1. ¿Qué eran las indianas? ¿Cómo se estimuló la fabricación de tejidos de algodón en Cataluña? ¿Qué obstáculos tuvo que afrontar la naciente industria textil? ¿Cómo se solventaron?
2. Observa el dibujo de la colonia textil. ¿Por qué se ubicaron las colonias al lado de cauces fluviales? Describe las partes de que constaba una colonia.
3. ¿Qué dos materias primas necesita la industria siderúrgica? ¿Dónde hay minas de ambas en España?
4. Explica las tres fases de la siderurgia española. A continuación, observa el gráfico de la producción siderúrgica y explica su evolución entre 1876 y 1905.

Investiga

5. Consulta en www.tiching.com/53654 la información sobre las colonias textiles de Cataluña. Explica cómo se conseguía la energía necesaria para el funcionamiento de la fábrica y cómo vivían en ellas los obreros y los empresarios. ¿Qué función desempeñan estas colonias en la actualidad?

4 Minería, banca y red ferroviaria

La explotación de la minería

Durante la Revolución Industrial, la demanda de productos mineros en la mayor parte de Europa aumentó considerablemente. España contaba con abundantes minas y su explotación sistemática se inició en 1868 con la aprobación de la **Ley de Minas**.

Como la extracción minera necesitaba gran cantidad de capital, el gobierno optó por otorgar su explotación a **compañías extranjeras**, sobre todo francesas e inglesas. Además, el pago de la concesión ayudaría a disminuir la deuda de la Hacienda española.

Los recursos más importantes del subsuelo español eran el hierro (Málaga, Cantabria y, sobre todo, Bizkaia), el plomo (Cartagena), la hulla y el cinc (Asturias), y el cobre y la pirita (Huelva). El aumento de la producción influyó positivamente en el desarrollo del ferrocarril y de industrias como la naval.

La explotación del carbón, la principal fuente de energía industrial, presentó diversos problemas: el carbón asturiano tenía escaso poder calorífico y, a diferencia del galés, se encontraba a gran profundidad, lo que encarecía su extracción.

La escasa demanda interior de minerales comportó que la mayoría del mineral **se exportase**, y a finales del siglo XIX, el sector minero significaba una tercera parte del total de las exportaciones del país. El hierro vizcaíno se enviaba mayoritariamente al Reino Unido.

La banca y las finanzas

A mediados del siglo XIX se inició el proceso de sustitución de las antiguas casas de banca y de préstamos, características del Antiguo Régimen, por un nuevo sistema financiero capaz de hacer frente a las necesidades del capitalismo industrial.

Por un lado, se consolidó una **banca pública**, y el **Banco de España** obtuvo el monopolio de emisión de moneda y la gestión de la deuda pública. En 1868 se creó una nueva moneda oficial, la **peseta** de 100 céntimos, que puso fin a la diversidad de monedas existentes en España hasta aquel momento.

Por otro lado, en el **sector privado** se crearon nuevos bancos como el Banco de Barcelona, el de Santander, el de Bilbao y el de Vizcaya, vinculados a la financiación de los ferrocarriles y del sector minero.

En 1831 comenzó a funcionar la **Bolsa de Madrid** y en 1845 se creó el **Bolsín de Barcelona** con voluntad de financiar a las empresas con capital privado.

YACIMIENTOS MINEROS EN ESPAÑA

La importancia del carbón

¡Carbón, carbón, carbón y siempre carbón es lo que necesitamos ahora! Este combustible ha de ser el elemento de nuestra felicidad, la base de toda nuestra industria (...).

Si hay carbón, hay bombas de vapor, y si hay bombas se hace cuanto se quiere con abundancia, equidad y presteza. La aplicación química del fuego mediante el vapor de agua debe causar antes de dos siglos una revolución extraordinaria en los progresos de la civilización.

G. GONZÁLEZ AZAOLA: *Hornaguera y hierro*, 1829.

Billete de 500 pesetas emitido por el Banco de España en el año 1884.

Las primeras monedas de peseta tenían la efigie del rey Amadeo de Saboya.

¿QUÉ EFECTOS TUVO LA CONSTRUCCIÓN DEL FERROCARRIL?

La mejora de los sistemas de transporte para estimular el comercio y vertebrar el mercado interior era una de las grandes necesidades de la industrialización española. Por ello se volcaron grandes esperanzas en el ferrocarril, y el Estado dio grandes facilidades a las empresas privadas para que emprendieran su construcción.

Sin embargo, los problemas derivados de su rápida planificación y construcción limitaron el papel del ferrocarril como difusor de la industrialización, aunque es innegable que supuso una gran mejora de la red española de transportes.

Además, el elevado coste de su construcción y la escasez de mercancías y viajeros transportados llevaron a la quiebra en 1866 de muchas compañías ferroviarias.

LOS PROBLEMAS DE LA RED FERROVIARIA

- Consolidó una **estructura radial** de la red que, con centro en Madrid, no favorecía la conexión entre los centros industriales más activos.
- Se eligió un **ancho de vía diferente al de Europa**, justificado en las dificultades del relieve español, que obligaba a transbordar las mercancías en la frontera, encareciendo los costes y aumentando los tiempos de transporte.
- Se autorizó a las compañías ferroviarias a **importar**, libre de aranceles (impuestos), todo el **material** que necesitaban (raíles, locomotoras, vagones...). Ello perjudicó a la naciente industria siderúrgica y metalúrgica española.

LA CONSTRUCCIÓN DE LA RED FERROVIARIA

Inauguración del trayecto Barcelona-Mataró, 1848.

El tendido de la red se inició en 1855 con la aprobación de la **Ley de Ferrocarriles**. Anteriormente solo funcionaban 475 km de líneas férreas, entre ellas las de Barcelona-Mataró (1848) y Madrid-Aranjuez (1851). La gran etapa constructiva se realizó entre 1855 y 1865, y supuso la mayor movilización de capitales en la Bolsa española de su época.

1. ¿Cuándo comenzó a ser importante la explotación minera? ¿Qué zonas eran las más productivas? ¿Cuáles eran las rocas y minerales que se extraían?
2. Lee el texto sobre el carbón. ¿Qué se esperaba de su extracción? ¿Cuál sería su utilidad? ¿Qué consecuencias traería?
3. ¿Por qué era importante la creación de una nueva banca y de una bolsa? ¿Crees que la creación de la peseta facilitó los intercambios? Razona tu respuesta.
4. Observa el mapa sobre el ferrocarril e identifica las diferentes fases de construcción. ¿Qué estructura se dio a la red y qué ancho a las vías? ¿Por qué?
5. Confecciona una tabla comparativa del sector minero y ferroviario con las siguientes filas: leyes importantes, efectos de la legislación, financiación, principales problemas con los que se encontraron y efectos sobre la actividad económica.

5 El cambio social y sus límites

Del privilegio a la clase

Durante el siglo XIX se produjo en España el paso de una sociedad estamental a una sociedad de clases, con unas profundas diferencias entre ellas. A pesar de la transformación social, la **nobleza**, los **altos cargos del ejército** y la **jerarquía eclesiástica** continuaron manteniendo su preeminencia social y una gran influencia política.

A lo largo de la reforma agraria liberal, una parte de la nobleza supo adaptarse a los nuevos tiempos y conservar la propiedad de la tierra. Sin embargo, también se produjo la decadencia de algunas de las grandes familias terratenientes, que fueron incapaces de mantener su patrimonio y tuvieron que venderlo.

La burguesía aumentó durante el siglo XIX, pero el retraso industrial comportó que fuera más escasa y con menos poder político que en otros países de Europa.

La **alta burguesía** estaba compuesta por empresarios industriales, banqueros y grandes comerciantes. La **mediana y pequeña burguesía** incluía a los pequeños empresarios, comerciantes y profesionales liberales (abogados, médicos, arquitectos...), a los funcionarios y empleados del Estado y a los profesores universitarios.

Antonio GISBERT: *El minué*, 1900. La nobleza continuaba manteniendo sus costumbres refinadas de antaño.

LA SOCIEDAD ESPAÑOLA HACIA 1860

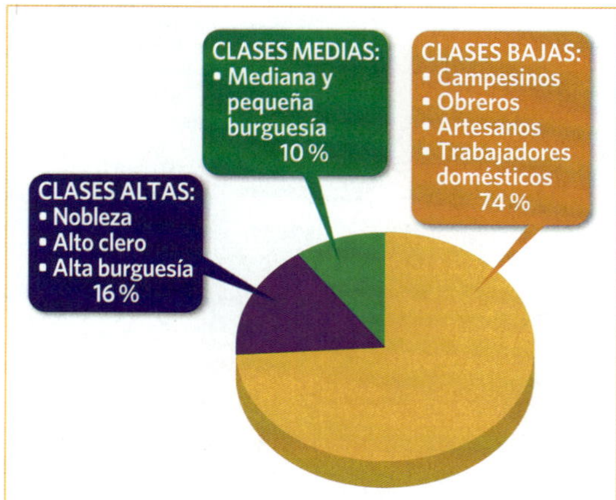

Las clases populares

La mayoría de la población española, unos dos tercios, se dedicaba a las tareas agrícolas. La situación del campesinado era diferente según las regiones. En la mitad Norte predominaba la pequeña y mediana propiedad, y en la mitad Sur, grandes latifundios trabajados por jornaleros.

En el primer caso, algunas explotaciones eran tan pequeñas que apenas garantizaban la subsistencia familiar. En el segundo, los bajos jornales abocaban a la miseria a las familias campesinas. Tan solo en algunas zonas, como Cataluña y Valencia, existía una mediana propiedad, que especializó sus cultivos (vino, cítricos...) y permitió la mejora de las condiciones del campesinado.

La industrialización comportó el surgimiento del **proletariado industrial** compuesto por antiguos artesanos y emigrantes del campo. Tuvo mayor peso en las zonas que concentraban a la población fabril, en especial Cataluña, el País Vasco, Asturias y Madrid.

En las ciudades pervivió un gran número de **artesanos** que subsistían en sus pequeños talleres hasta que la competencia de las fábricas les fue obligando a cerrar sus negocios. También existían trabajadores de servicios (limpieza, alumbrado...), empleados de comercio y trabajadores domésticos.

Contrariamente a la mujer burguesa, que se dedicaba al cuidado del hogar y la familia, las **mujeres de las clases populares** trabajaban fuera del hogar porque su salario era imprescindible para la supervivencia familiar. En el campo, participaban de las labores agrícolas, y en las ciudades trabajaban en las fábricas o se empleaban en el servicio doméstico (criadas, planchadoras, lavanderas...).

Gonzalo BILBAO: *La siega en Andalucía*, 1894. La escena refleja el esfuerzo y la fatiga de los trabajadores bajo el sofocante sol del verano.

EL LIMITADO AVANCE DE LA EDUCACIÓN

El avance de la educación constituyó uno de los grandes indicadores de progreso en las sociedades más avanzadas. También en eso, España sufrió un retraso en comparación a otros países europeos.

A mediados del siglo XIX, el acceso a la enseñanza estaba reservado a las clases acomodadas y la mayoría de la sociedad española no sabía leer ni escribir.

La primera iniciativa para ampliar la educación fue la **Ley Moyano** de 1857, pero chocó con graves limitaciones presupuestarias, ya que el Estado apenas invertía en educación. Esta legislación estipuló tres niveles de enseñanza y estableció la enseñanza privada y la pública, que debía financiarse con recursos del Estado.

A pesar del progreso que significó esta ley, en 1887, el 52% de los varones mayores de 10 años y el 77% de las mujeres seguían siendo analfabetos.

LOS TRES NIVELES EDUCATIVOS

- La **enseñanza primaria** dependía de los ayuntamientos y era obligatoria y de carácter gratuito para ambos sexos entre los 6 y los 9 años. A pesar de ello, la escolarización de los niños era muy superior a la de las niñas, pues no se consideraba necesaria su alfabetización.
- La **enseñanza secundaria** dependía de la provincia y en cada capital se construyó un instituto público. Sin embargo, solo accedían a ella las familias con recursos. Las mujeres tuvieron vetado el acceso, salvo contadas excepciones, hasta 1883.
- La **enseñanza superior** dependía del Estado, era muy centralista y existían pocas universidades. El grado de doctor solo se podía lograr en la Universidad Central de Madrid.

La enseñanza primaria proporcionaba unos conocimientos básicos a niños y niñas que pronto se incorporaban al trabajo en el campo o la industria.

La reforma educativa de Moyano

La primera enseñanza comprende las nociones rudimentales de más general aplicación a los usos de la vida. La segunda enseñanza comprende los conocimientos que amplían la primera y también preparan para el ingreso al estudio de las carreras superiores. La enseñanza superior comprende las que habilitan para el ejercicio de determinadas profesiones.

Ley de Instrucción Pública, 1857.

La Institución Libre de Enseñanza

A mediados del siglo XIX se introdujo en España una corriente filosófica alemana, el krausismo, basada en el racionalismo y el laicismo como base de la enseñanza.

La adopción de su modelo educativo se debió a Francisco Giner de los Ríos, quien en 1876 inauguró la Institución Libre de Enseñanza.

La institución fomentó un nuevo modelo escolar basado en el conocimiento científico, la libertad de creencias y pensamientos y la formación integral de los estudiantes.

Aula de educación primaria en 1903.

1. ¿Cuáles fueron las clases dirigentes en la España del siglo XIX? ¿Qué características presentaban?
2. Observa el gráfico de la sociedad española hacia 1860. ¿Cómo se distribuían los diferentes grupos sociales?
3. ¿Qué grupos componían las clases populares? ¿Cuál era el mayoritario? ¿Por qué?
4. ¿Por qué en España el desarrollo de la burguesía y del proletariado fue menor que en otros países europeos?
5. Visto el paso de una sociedad estamental a otra de clases, ¿por qué hablamos de los límites del cambio social?
6. ¿Cómo estructuraba la enseñanza la Ley Moyano? ¿Cuáles fueron sus aportaciones y limitaciones? ¿Qué semejanzas y diferencias puedes establecer con la educación actual?
7. ¿Qué nueva corriente de pensamiento introdujo en España un modelo educativo más innovador? ¿En qué consistió? ¿Quién fue la figura clave de este proceso?

6 Los pioneros del movimiento obrero

Ante las duras condiciones de vida y trabajo que sufrían, los trabajadores de las fábricas se asociaron para luchar por la mejora de su situación y para proponer formas más igualitarias de organización social. Ellos fueron los pioneros del movimiento obrero.

El obrerismo tuvo mayor impacto en las zonas más industrializadas, como Cataluña, el País Vasco, Asturias y Madrid. En las zonas de predominio agrario se desarrollaron movimientos campesinos en demanda de un reparto más equitativo de las tierras, y fueron especialmente importantes en Andalucía.

Entre ambos sectores se difundieron las ideas del marxismo y el anarquismo, pero este último fue el que logró un mayor grado de implantación.

A LAS PRIMERAS ASOCIACIONES OBRERAS

Las primeras protestas de la nueva clase trabajadora en España tuvieron un carácter ludita y consistieron en la destrucción de máquinas de hilar. Así sucedió en Alcoy en 1821 y en el incendio de la fábrica Bonaplata de Barcelona (1835), que había introducido una máquina de vapor.

Paralelamente, se crearon las primeras asociaciones de obreros para defender sus demandas (mejoras salariales, reducción del horario laboral, regulación del trabajo de mujeres y niños y derecho a asociarse).

En 1840 se fundó la **Asociación de Tejedores de Barcelona**, una primera organización de carácter sindical, que fue clausurada por estar prohibidas las asociaciones de obreros.

La **huelga** se configuró como el principal instrumento de presión sobre los patronos. La primera huelga general tuvo lugar en 1855, en Barcelona, como reacción a la introducción de nuevas máquinas que quitaban puestos de trabajo a los obreros y reducían sus salarios.

Lámina conmemorativa de la fundación de la Asociación de Tejedores de Barcelona en 1840.

B LAS REVUELTAS CAMPESINAS

Jornaleros detenidos en la cárcel de Jerez por haber participado en una revuelta campesina, a finales del siglo XIX.

Los efectos de la reforma agraria liberal condenaron a muchos pequeños labradores a la condición de **jornaleros**, sometidos a bajos salarios y a la temporalidad del trabajo.

Las frecuentes crisis originadas por la escasez de trigo, el aumento del precio del pan, la extensión del hambre y la imposibilidad de pagar los impuestos provocaron el surgimiento de protestas campesinas, que se concretaron en el robo de cosechas o la ocupación de tierras para cultivarlas.

Una de las protestas de mayor impacto se desarrolló en 1861 en las poblaciones andaluzas de Loja, Iznájar y Archidona, debido a las pésimas condiciones de vida de los trabajadores del campo.

La concienciación entre algunos grupos católicos de las consecuencias sociales de la industrialización estimuló la creación de pequeños **sindicatos católicos** en zonas rurales para ayudar a los campesinos y fomentar el crédito agrícola.

C LA LLEGADA DE LA PRIMERA INTERNACIONAL

Coincidiendo con el Sexenio Democrático (1868-1874), llegaron a España las ideas y organizaciones de la Asociación Internacional de Trabajadores (AIT), y en 1870 se creó la **Federación Española de la Primera Internacional**.

De este modo, las corrientes marxistas y anarquistas se introdujeron en España. El socialismo arraigó con fuerza en Madrid, Asturias y el País Vasco, mientras que el anarquismo lo hacía en Cataluña y en el campo andaluz.

Grabado de 1870 que muestra cómo la Internacional acabaría con las clases privilegiadas.

MARXISMO

- Se difundió gracias a la labor de propaganda de Paul Lafargue, yerno de Marx.
- Su influencia se propagó sobre diversos grupos obreros, de donde surgieron en 1879 el **Partido Socialista Obrero Español** y, en 1888, el sindicato de la **Unión General de Trabajadores (UGT)**.
- Bajo el liderazgo de **Pablo Iglesias**, utilizaron la huelga para defender las reivindicaciones obreras, apoyaron la revolución social y participaron de forma activa en la política nacional a través de sus representantes en el Congreso de los Diputados.

Publicación conmemorativa del Primero de Mayo, 1896.

ANARQUISMO

- Introducido por Giuseppe Fanelli, consiguió ser mayoritario dentro de la sección española de la Internacional.
- Los anarquistas apoyaron la huelga general como fórmula para promover la revolución social y defendieron la "propaganda por el hecho" a través de magnicidios (Cánovas del Castillo) o atentados simbólicos (bomba del Liceo de Barcelona).
- En Andalucía se creó la Mano Negra, una sociedad anarquista andaluza (1883), y en Barcelona, en 1910, se fundó la **Confederación Nacional del Trabajo (CNT)**, el sindicato obrero con mayor número de afiliados.

Los objetivos del socialismo

El ideal del Partido Socialista Obrero es (...) la abolición de todas las clases sociales y su conversión en una sola clase de trabajadores, dueños del fruto de su trabajo (...). Y como medios para acercarnos a la realización de este ideal tenemos los siguientes:

- Libertades políticas, derecho de asociación y legalidad de la huelga.
- Reducción de las horas de trabajo, prohibición de trabajar a los niños menores de nueve años (...), leyes protectoras de la vida y la salud de los trabajadores (...), pensiones a los inválidos del trabajo (...).

Programa del PSOE, 1888.

1. ¿Qué formas adoptaron las primeras acciones colectivas del movimiento obrero? ¿Cuáles fueron sus principales reivindicaciones?
2. ¿Cuáles fueron las causas de las luchas campesinas? ¿Qué actuaciones llevaron a cabo?
3. ¿Cómo se difundieron en España las ideas socialistas y anarquistas? ¿Dónde tuvo mayor impacto cada una de ellas? ¿Qué diferentes caminos de acción desarrollaron los grupos socialistas y anarquistas?

Ponte en su lugar

4. Imagina que eres un trabajador de una fábrica textil y vas a reunir al resto de tus compañeros para debatir sobre la dureza de vuestras condiciones laborales y salariales.

   Elabora una tabla de reivindicaciones y señala qué acciones podríais llevar a cabo para presionar a los propietarios de la fábrica.

8 El arte del siglo XIX en España

Los movimientos artísticos del siglo XIX mostraron los últimos intentos de recuperar la tradición clásica grecorromana (Neoclasicismo) y las nuevas tendencias de la sociedad liberal (Romanticismo, Realismo y Modernismo), que reflejaban el nuevo gusto de la burguesía.

Los artistas españoles no se mantuvieron ajenos a este dinamismo y participaron de todas estas corrientes. Entre ellas, el Modernismo supuso la plasmación artística de la nueva civilización nacida de la industria.

A EL NEOCLASICISMO

La huella neoclásica quedó patente en los grandes monumentos públicos que conmemoraban acontecimientos notables de la historia de España y en el tratamiento de temas mitológicos, una tendencia continuada por el Romanticismo y el Realismo.

La obra *Lucrecia* (1804) de Damià Campeny es un perfecto ejemplo de la recreación de la escultura clásica.

B LOS MOVIMIENTOS PICTÓRICOS

La pintura española del siglo XIX refleja las grandes corrientes artísticas europeas y en ellas destacaron numerosos artistas:

- **Neoclásica**: liderada por José de Madrazo y continuada en parte por su hijo Federico, se dedica, sobre todo, al retrato de personajes de la sociedad de su época.
- **Romántica**: en la línea de la pintura de historia con la exaltación de la identidad nacional. Las figuras más destacadas son Eduardo Rosales y Mariano Fortuny.
- **Realista**: con una tendencia de retrato social (Ramón Martí Alsina) y otra paisajística en la que sobresalen Carlos de Haes y Joaquim Vayreda.
- **Modernista**: con un estilo a base de líneas onduladas y contrastes de color unidos a la temática social, tratada por autores como Ramón Casas, Santiago Rusiñol e Isidre Nonell.

Carlos DE HAES: *Tejares de la montaña del Príncipe Pío*, 1860.

Mariano FORTUNY: *La batalla de Tetuán*, 1865. El pintor se interesa más en captar el aspecto exótico de la batalla que la acción bélica.

C LA ARQUITECTURA MODERNISTA

El modernismo supuso la ruptura definitiva con la tradición academicista, el aprovechamiento de la tecnología y la industria de la época y la integración de las otras artes en las construcciones arquitectónicas.

En los edificios modernistas se impuso el predominio de la **línea curva y ondulada** y de la **asimetría**. Estas formas estaban inspiradas esencialmente en la naturaleza, cuya imitación permitió a los arquitectos gozar de absoluta **libertad creativa**.

El Modernismo tuvo su principal foco en Cataluña. Destacaron Domènech y Montaner, Puig y Cadafalch y, sobre todo, **Antoni Gaudí**.

CASA BATLLÓ

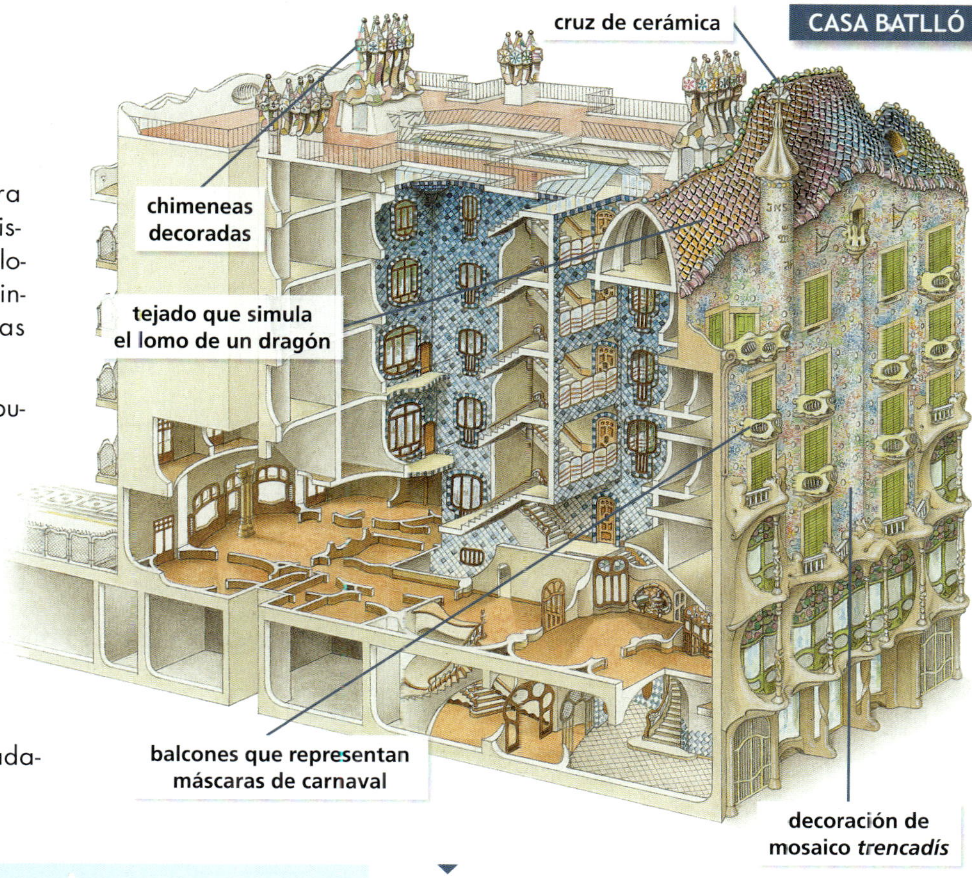

Antoni GAUDÍ: *Casa Batlló*, en Barcelona, 1904-1906. El arquitecto se inspiró en la naturaleza para representar las distintas partes del edificio.

Antoni GAUDÍ: *El Capricho*, en Comillas (Cantabria), 1885. Este edificio es un buen ejemplo de su gran capacidad de fantasía.

FICHAART

Busca información sobre *El Capricho* y elabora su ficha:

a) **Identificación.** Sitúa cronológica y geográficamente el monumento. ¿A qué estilo arquitectónico pertenece? ¿Quién es su autor?

b) **Descripción arquitectónica.** ¿Qué partes se pueden diferenciar en el edificio? ¿Cómo son las formas y la decoración? ¿Qué materiales utiliza?

c) **Análisis artístico.** Ejemplifica en esta obra por qué el modernismo se caracteriza por la "libertad creativa" de sus arquitectos.

d) **Relación entre arte y sociedad.** Averigua la relación de esta obra con la familia Comillas-Güell. ¿Cómo habían hecho fortuna? ¿A qué grupo social pertenecían? ¿Qué encargos recibió Antoni Gaudí de esta familia?

1. ¿Qué corrientes artísticas se desarrollaron durante el siglo XIX?

2. ¿Qué temas predominaron en la escultura?

3. Completa en tu cuaderno la siguiente tabla referida a la pintura:

Estilo	Temas	Artistas
Neoclasicismo		
Romanticismo		
Realismo		
Modernismo		

Aprecia el arte

4. A la vista de las obras de Gaudí, ¿qué te parece que hace diferente a su arte? Piensa tres adjetivos que puedas utilizar para definir cómo es la Casa Batlló.

COMPLETA EL MAPA CONCEPTUAL

Con la información del tema, completa en tu cuaderno el siguiente esquema:

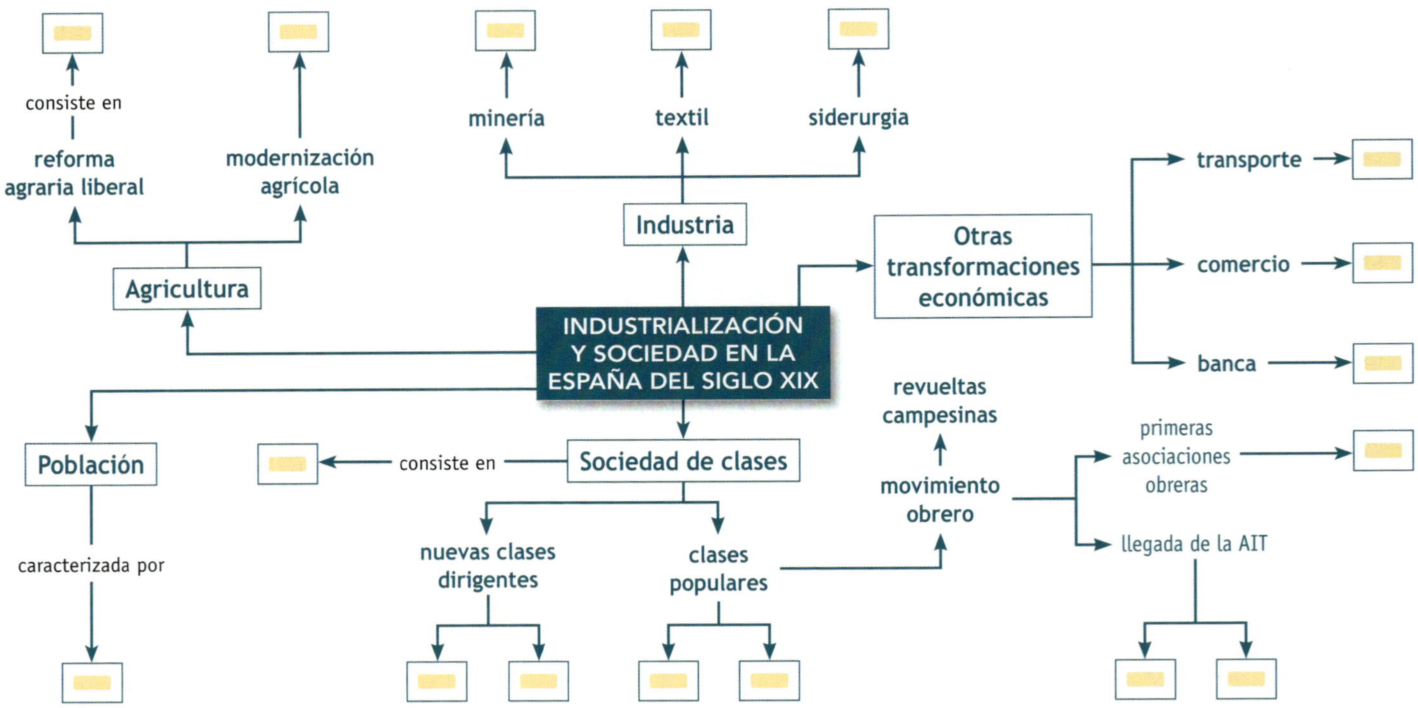

1 CONSOLIDA LO APRENDIDO

a) ¿Qué evolución siguió la población española durante el siglo XIX? ¿De qué manera se distribuía la población?

b) ¿Qué elementos integran la reforma agraria liberal? ¿En qué consistió la desamortización? ¿Qué consecuencias económicas y sociales tuvo?

c) ¿Cómo se produjo el nacimiento de las industrias textil y siderúrgica? ¿Dónde se ubicaron? ¿Qué problemas hubo de afrontar cada una de ellas?

d) A la vista de la industrialización española, ¿es posible hablar de éxito o de fracaso? ¿Qué argumentos apoyan cada explicación?

e) ¿Era España un país rico en materias primas y fuentes de energía? Cita las minas más importantes. ¿Quiénes explotaron las minas? ¿Cuál era el destino de las extracciones?

f) ¿Cómo era la sociedad del siglo XIX? ¿Cuáles eran los grupos dominantes? ¿Quiénes componían las clases populares?

g) ¿Qué corrientes del movimiento obrero fueron las más importantes a partir de 1870? ¿En qué zonas tuvo mayor implantación cada una?

2 DEFINE CONCEPTOS CLAVE

- éxodo rural
- proteccionismo
- deuda pública
- desamortización
- colonia industrial
- librecambismo
- sindicato obrero
- latifundio

3 IDENTIFICA LOS PERSONAJES

- Mendizábal
- Pablo Iglesias
- Gaudí
- Madoz
- Fanelli
- Rusiñol
- Moyano
- Fortuny
- Rosales

4 ESTABLECE LA CRONOLOGÍA

- desamortización de Madoz
- incendio fábrica Bonaplata
- Ley de Ferrocarriles
- fundación de la UGT
- primera huelga general
- sucesos de Loja
- fundación del PSOE
- creación de la peseta

RESPONDE A LA PREGUNTA INICIAL

¿Cuáles fueron los logros y los problemas de la industrialización en España?

APRENDE A... ANALIZAR UN ENSANCHE URBANO

Durante el siglo XIX, el crecimiento industrial y la llegada de población procedente del campo hicieron que el antiguo perímetro de las ciudades quedase pequeño. La expansión se realizó derribando las antiguas murallas y construyendo nuevos barrios, denominados ensanches, con calles más anchas y dotados de buenas infraestructuras (agua corriente, alcantarillado...). En ellos se instalaron las nuevas clases burguesas.

1. Identificación y presentación

- ¿Qué información presenta el plano? ¿Qué pretende mostrar?

2. Análisis

- Explica cómo se realizó el crecimiento de Madrid en el siglo XIX. Enumera los distintos barrios que se construyeron.
- Analiza las características de esos nuevos ensanches:
  - ¿Cómo eran las manzanas? ¿Existían algunos ejes en diferentes direcciones?
  - ¿Qué diferencias en el trazado urbano puedes observar entre el casco antiguo y los ensanches?

3. Contexto histórico

- ¿Por qué fue necesario crear nuevos barrios urbanos? ¿Qué se pretendía con su construcción?
- Averigua quién fue el autor de este proyecto y si existieron otros similares en España durante esa época.

4. Conclusiones

- ¿Qué ventajas debía presentar un ensanche en cuanto a circulación de personas y mercancías?
- ¿Cuáles debían ser los efectos en materia de vivienda? ¿Qué otras infraestructuras se construyeron en ellos?

MADRID EN EL SIGLO XIX

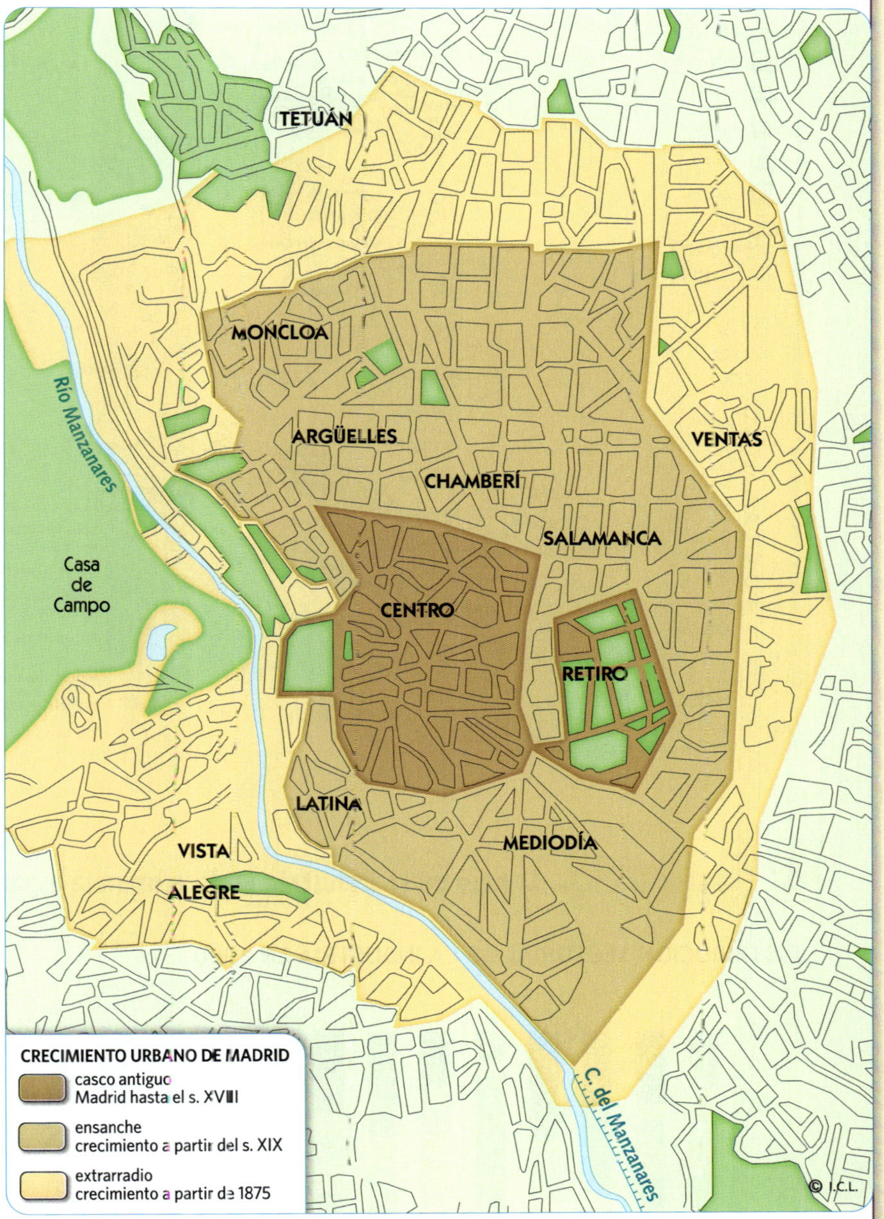

RAZONA HISTÓRICAMENTE

Causalidad. Enumera cinco factores que contribuyeron al retraso de la industrialización en España y en particular en Andalucía, describe cómo influyeron en ello.

Consecuencias. Establece las ventajas y los inconvenientes que se derivaron del constante recurso al proteccionismo para proteger la industria y la minería españolas.

Cambio y continuidad. ¿Qué similitudes y diferencias puedes establecer entre la sociedad estamental del siglo XVIII y la sociedad de clases nacida de la Revolución Industrial?

Argumentación. ¿Por qué crees que el anarquismo se impuso en Andalucía y en Cataluña a pesar de que ambas zonas tenían estructuras sociales y económicas muy diferentes?

1 Fuentes cartográficas. La economía española en el siglo XIX

DISTRIBUCIÓN TERRITORIAL DE LA ACTIVIDAD ECONÓMICA

a) ¿Cuáles eran las principales zonas agrícolas de España? ¿Qué productos se cultivaban en cada una de ellas?

b) ¿Dónde se situaban las minas más importantes? ¿Cuáles eran los principales productos extraídos? ¿Cuáles se exportaban mayoritariamente?

c) ¿Por qué tuvo tanta importancia la exportación de minerales?

d) ¿Qué regiones se hallaban más industrializadas? ¿Qué sector predominaba en cada una de ellas?

e) ¿Cuáles eran las ciudades más pobladas? ¿Y los principales centros financieros? Relaciónalo con la actividad económica de la época.

f) ¿Crees que en la España del siglo XIX existía un dualismo económico? Razona tu respuesta.

2 Fuentes gráficas. El peso de la industria en la economía española

DISTRIBUCIÓN SECTORIAL DE LA INDUSTRIA EN 1900

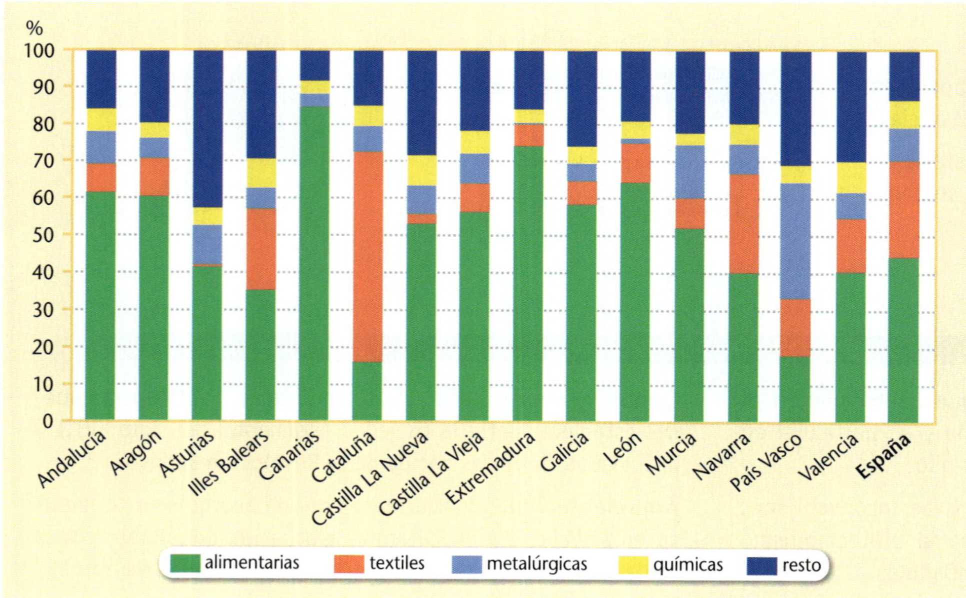

a) ¿Cuál era el sector industrial predominante en la mayor parte de España? ¿Qué porcentaje tenía? ¿Se trataba de una industria tradicional o de un sector puntero de la Revolución Industrial?

b) ¿En qué regiones predominaba otro sector industrial? ¿Qué sectores eran? ¿Qué porcentaje de su industria representaban?

c) ¿Puedes deducir del gráfico en qué regiones el predominio de la agricultura era muy importante? ¿Cómo lo has deducido?

d) A partir del gráfico, haz una valoración del peso de la industria en la economía española del siglo XIX y relaciónalo con el atraso del proceso industrializador.

3 Organización de la información. El retraso industrial

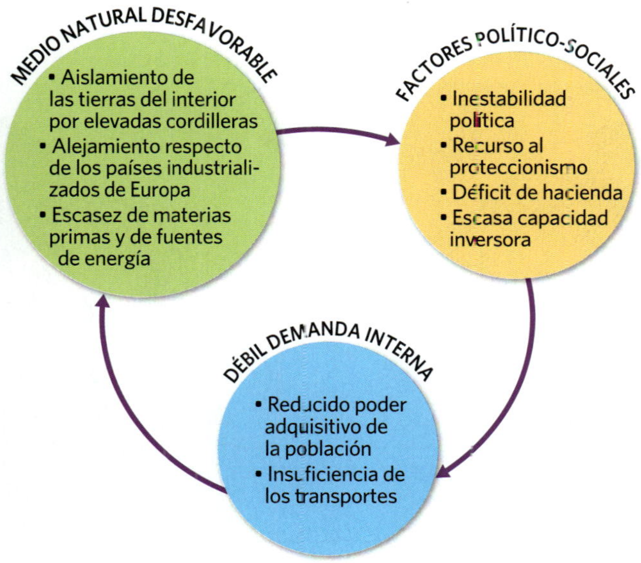

a) Observa el esquema y sintetiza y relaciona los factores que explican la débil industrialización de España durante el siglo XIX.

4 Fuentes documentales. El trabajo en las minas

Los pobres mineros se ven diariamente atacados, en gran número, por las dolencias que ocasiona el trabajo en las minas de azogue, como son el tialismo, producido por respirar gases mercúricos, y el temblor que padecen casi todos los que entran en la mina.

Ambas enfermedades ocasionan terribles estragos; por primera vez se ven jóvenes de 20 a 30 años sin dientes, con un hedor insoportable en la boca, y los atacados de la segunda lo son a veces con tal fuerza que es preciso darles de comer a mano.

Pascual MADOZ: *Diccionario histórico*, 1850.

a) ¿Qué son las minas de azogue? ¿Qué producen?

b) ¿Qué enfermedades solían contraer los mineros? ¿Por qué razón?

c) ¿Cuáles eran las consecuencias sobre los jóvenes?

d) ¿Cuál crees que es la intención de Madoz al denunciar estos hechos? ¿Consideras que se tomaron en aquella época medidas para paliar esos daños? ¿Por qué?

WWW. ESPACIO WEB

5 Fuentes digitales. La mujer obrera

La industrialización significó la incorporación al trabajo asalariado de centenares de miles de mujeres de la clase obrera. Para conocer más a fondo esa situación, consulta la monografía *Mujer y trabajo* en www.tiching.com/53363 y responde:

a) ¿En qué ámbitos trabajaba la mujer antes de la industrialización?

b) ¿A qué sectores se incorporó a partir del siglo XVIII?

c) ¿Qué tipo de actividades desarrollaba en las primeras fábricas?

d) ¿La mujer cobraba el mismo sueldo que el hombre? ¿Por qué?

e) ¿Con qué problemas tuvo que enfrentarse?

6 Fuentes audiovisuales. La vivienda burguesa

Visiona en www.tiching.com/743935 el vídeo de una vivienda burguesa y contesta las preguntas siguientes:

a) ¿De qué eran reflejo las casas del siglo XIX?

b) Analiza la estratificación social de la vivienda:

- ¿A qué estaban dedicadas las plantas bajas?
- ¿Quién habitaba el primer piso o principal? ¿Por qué? ¿Qué características tenía?
- ¿Quién vivía en los pisos superiores? ¿Y en la buhardilla, situada en el último piso?
- Explica qué diferencias observas entre cada planta.

RETOS EN LA RED

DETECTIVE DEL PASADO: Un paseo por las tierras de los bandoleros.
ACTIVIDADES AUTOCORRECTIVAS: Resuelve estas actividades y repasa lo que has aprendido.

www.vvd.link/012274/5

6 LA ÉPOCA DEL IMPERIALISMO

¿Qué características tuvo la expansión imperialista europea del siglo XIX?

EXPANSIÓN COLONIAL — **APOGEO IMPERIALISTA**

1850 · 1860 · 1870 · 1880 · 1890 · 1900 · 1910 · 1915

- 1850 Apertura de China
- 1856–1860 Segunda guerra del opio
- 1858 Expedición de Livingston (Cataratas Victoria)
- 1860 Descubrimiento de las fuentes del Nilo
- 1867 Modernización de Japón. Canadá, dominio británico
- 1869 Inauguración del Canal de Suez
- 1875 Expedición de Stanley (África Central)
- 1877 Victoria I, emperatriz de la India
- 1880 Máxima emigración europea. Conflicto anglo-bóer
- 1885 Conferencia de Berlín
- 1887 Indochina francesa
- 1898 Anexiones estadounidenses: Puerto Rico, Filipinas, Hawai. Incidente de Fachoda
- 1899 Rebelión de los bóxers
- 1905 Guerra Ruso-Japonesa por Manchuria
- 1914 Apertura del Canal de Panamá

- 1869 Dinamo
- 1876 Teléfono
- Motor de explosión
- 1895 Cinematógrafo
- 1897 Transformador
- 1903 Taylorismo. 1.er vuelo de los hermanos Wright

SEGUNDA REVOLUCIÓN INDUSTRIAL

Grabado que muestra la conquista de Argel por parte de los franceses, 1830.

A partir del último tercio del siglo XIX, una Segunda Revolución Industrial transformó a la vez la economía y la sociedad de las principales potencias europeas.

La aplicación de importantes descubrimientos científicos y técnicos, una nueva organización del trabajo y nuevas fórmulas empresariales permitieron un espectacular desarrollo de la producción, el comercio y los transportes.

Aprovechando su superioridad técnica, militar y financiera, Europa se lanzó al dominio político y económico del resto del mundo.

Mediante esta expansión, algunos países europeos consiguieron, por un lado, la explotación de los recursos de África, América Latina y Asia y, por otro, la dominación política de gran parte de estos continentes.

¿Qué sabemos?

- ¿Qué fue la Segunda Revolución Industrial? ¿Qué novedades presentó?
- ¿Cómo definirías el término imperialismo? ¿Por qué crees que lo aplicamos a la dominación del mundo a finales del siglo XIX por parte de las potencias industriales?

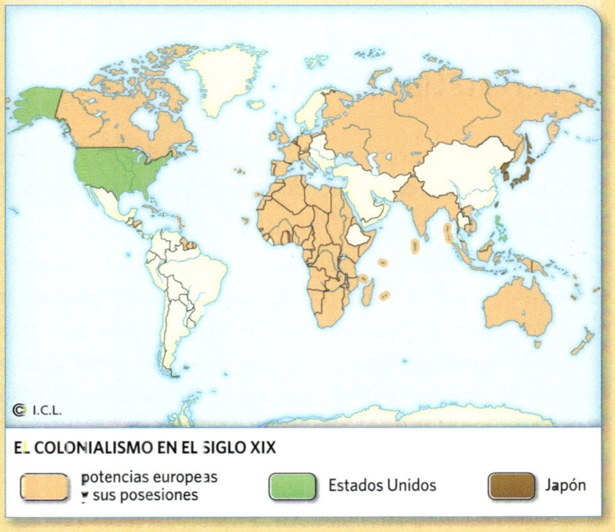

EL COLONIALISMO EN EL SIGLO XIX

PREGUNTA CLAVE

1 ¿Por qué se produjo la expansión imperialista?

Los países europeos, aprovechando su superioridad económica, técnica y militar, se lanzaron al dominio del resto del mundo, especialmente a zonas sin Estados organizados. Entre 1870 y 1914 ocuparon territorios en África y Asia principalmente, y crearon imperios coloniales.

¿Qué llevó a los países industrializados a lanzarse a conquistar y dominar territorios en el mundo entero?

¿Cómo justificaron estos países el dominio y la explotación a que sometieron a las poblaciones de los territorios colonizados?

A LOS INTERESES ECONÓMICOS

Los países industrializados de Europa necesitaban buscar **nuevos mercados** donde vender el excedente de su producción industrial.

También aspiraban a comprar **materias primas** (carbón, hierro, algodón, caucho...) y **productos coloniales** (azúcar, chocolate, té...) al mejor precio posible.

Finalmente, querían invertir sus **excedentes de capital** en lugares fuera de Europa, donde la mano de obra, más barata, les permitía obtener mayores beneficios.

EL PESO DE EUROPA EN 1914

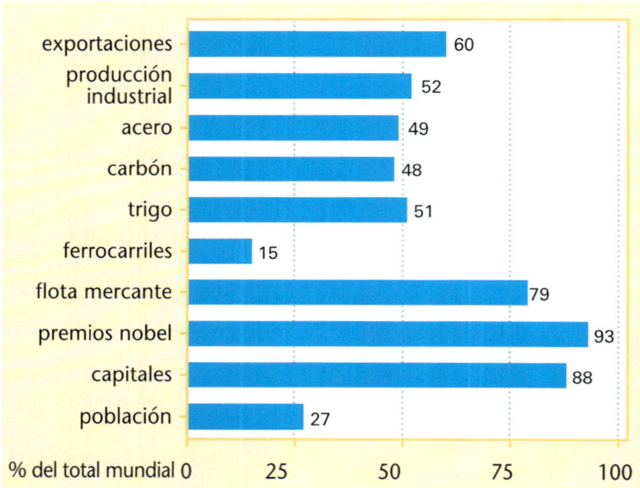

Representación de las riquezas de las diversas colonias del Imperio francés en una pintura de 1931.

La necesidad económica de la explotación colonial

Ayer estuve en el East End de Londres (un barrio obrero) y asistí a una asamblea de parados. Escuché discursos exaltados que eran como un grito: ¡pan! ¡pan! De regreso a casa reflexioné sobre lo que había oído, más que nunca convencido de la importancia del imperialismo. (...) Hemos de tomar posesión de nuevos territorios para colocar el exceso de población, para encontrar nuevos mercados donde poder vender los productos de nuestras fábricas y minas. (...)

Cecil RHODES, empresario y político británico, 1895.

B UNA POBLACIÓN EN ASCENSO

Los cambios económicos a lo largo del siglo XIX dieron como resultado un gran **aumento de la población europea**, que alcanzó los 450 millones de habitantes en 1900.

Esta expansión demográfica generó un volumen de población excedente, sobre todo en la agricultura, que estimuló la **emigración** hacia otros continentes. La posibilidad de contar con colonias hacia las que emigrar era una solución para las metrópolis* que así evitaban, en parte, los problemas de malestar social (paro, huelgas...).

EL CRECIMIENTO DE LA POBLACIÓN

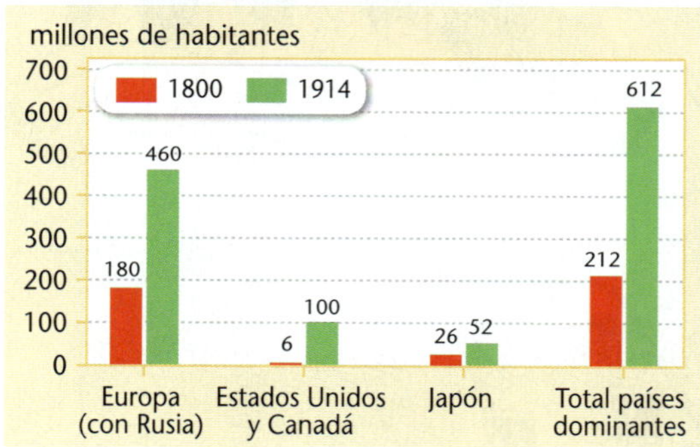

C LA RIVALIDAD ENTRE LAS POTENCIAS

La expansión imperialista estuvo también provocada por el deseo de **ampliar las zonas de influencia** de cada una de las potencias industriales, como forma de aumentar su poder político y de obstaculizar la expansión de las potencias competidoras.

En Europa, a partir de la unificación de Italia y de Alemania, que estabilizó las fronteras, los deseos de los países de ampliar su poder político solo podían hacerse realidad ocupando otros continentes. Los imperios coloniales eran la demostración de su capacidad de influencia en el contexto diplomático internacional.

Todo ello promovió una **carrera por controlar nuevos territorios**. Los principales dirigentes políticos europeos consideraron la expansión colonial como una necesidad, pues querían utilizarla como base estratégica de su poder militar y para tratar de impedir la expansión de sus rivales.

En busca de influencia internacional

Yo afirmo que la política colonial de Francia (...) está inspirada en una verdad (...) A saber: que una Marina como la nuestra no puede pasearse por los mares sin sólidos refugios, defensas, centros de avituallamiento (...). Las naciones, en los tiempos en que vivimos, son grandes por la actividad que desarrollan (...).

Ejercer una influencia sin actuar, sin mezclarse en los asuntos del mundo, manteniéndose alejados de todas las alianzas europeas, considerando como una trampa, como una aventura, toda expansión hacia África o hacia Oriente (...) para una gran nación, creedme, es abdicar.

Jules FERRY, político francés, 1885.

Cartel de propaganda del ejército colonial francés.

D EL MITO DE LA RAZA SUPERIOR

Las causas profundas del imperialismo* son incomprensibles sin las **concepciones racistas y nacionalistas**. La idea de una raza blanca superior, cuyos atributos de inteligencia y laboriosidad la legitimaban para imponerse sobre el resto, se dio como un hecho, es más, como una verdad científica en casi todos los países europeos.

La clase intelectual y política suscribieron sin rubor esa idea y arrastraron tras ella a gran parte de la población. Se impuso que para ejercer ese dominio legítimo, todos los medios eran válidos, incluso el de la guerra.

El racismo y el nacionalismo eran considerados como una manera de reafirmar la fuerza y la superioridad cultural de cada país. De ese modo, se extendió el convencimiento de que los europeos tenían el deber de difundir su cultura y civilización entre los pueblos considerados inferiores.

Las razas dominantes

Es la británica la más grande de las razas dominantes que el mundo ha conocido y, por consiguiente, el poder determinante en la historia de la civilización universal. (...) El Imperio británico, firmemente unido, y Estados Unidos deben asegurar juntos la paz del mundo y asumir la pesada responsabilidad de educar para la civilización a los pueblos retrasados.

Joseph CHAMBERLAIN, ministro británico, 1895.

Las potencias occidentales tutelan a los pueblos colonizados, caricatura de 1886.

1. ¿Qué peso tenía Europa en la economía mundial? ¿Cuál era su interés al ocupar colonias? ¿Qué esperaba extraer de ellas?
2. ¿Qué tendencia tenía la población europea en el siglo XIX? Relaciónala con el interés por las posesiones coloniales.
3. ¿En el siglo XIX, las posibilidades de expansionismo territorial y militar eran factibles en el continente europeo? ¿Cómo justifica Jules Ferry la necesidad de colonias?
4. ¿Qué afirma en su discurso Joseph Chamberlain? ¿Era esta una posición mayoritaria en la Europa del siglo XIX?

Argumenta la respuesta

5. Escribe un texto sobre las causas del imperialismo colonial y las justificaciones que se dieron para legitimar el dominio de esas poblaciones y territorios. Valora si hoy en día se continúan produciendo situaciones similares.

2 El triunfo del capitalismo industrial

A finales del siglo XIX, el mundo entró en una nueva fase del proceso de industrialización. Es la llamada Segunda Revolución Industrial, en la que Europa Occidental y Estados Unidos se convirtieron en economías industrializadas.

La Segunda Revolución Industrial (1880-1914)

A partir del último tercio del siglo XIX aparecieron y se desarrollaron nuevas **fuentes de energía**. La invención de la dinamo industrial (1869) permitió producir **electricidad** en centrales hidroeléctricas, mientras el alternador y el transformador (1897) hicieron posible el traslado de la corriente eléctrica.

La electricidad logró múltiples aplicaciones en la industria (fuerza motriz de las máquinas), en los transportes (ferrocarril, tranvía...), en los sistemas de comunicación (teléfono, telégrafo, radio...), en el ocio (fonógrafo, cinematógrafo...) y en la iluminación.

Por otro lado, el **petróleo** comenzó a extraerse en Estados Unidos a mediados del siglo XIX, y la invención del **motor de explosión** posibilitó su utilización como combustible para los automóviles (1885), un medio de transporte fundamental en el siglo XX.

En esta etapa también se desarrollaron nuevos sectores industriales: la **química** (tintes, medicinas, etc.), la **metalurgia** del aluminio, la fabricación de **automóviles** y la **aeronáutica**, así como el enorme aumento de la producción de bienes corrientes (muebles, aparatos para el hogar, etc.); y continuaron desarrollándose las **industrias tradicionales**: textil, siderurgia, minería del carbón, etc.

Gran parte del enorme salto tecnológico de finales del siglo XIX se debió a una unión entre la investigación científica y la industria, a través de la creación de laboratorios financiados por las empresas industriales, el Estado o fundaciones.

Los descubrimientos científicos se aplicaron rápidamente a la técnica y a instrumentos que revolucionaron la vida cotidiana: bombilla, aspirador, cámara de fotos, radio, teléfono, plástico, aspirinas, etc.

Una nueva organización de la producción

En 1903, Frederick Taylor revolucionó los métodos de producción inventando la organización científica del trabajo o **taylorismo***. La producción se orientó hacia la fabricación en serie como la mejor manera de aumentar la productividad, disminuir el tiempo empleado y reducir costos de fabricación.

Estos nuevos métodos de trabajo se basaron en la **cadena de producción**, en la que cada obrero realiza una parte muy concreta del proceso productivo.

La fábrica de automóviles Ford, en Estados Unidos, fue una de las primeras en implantar una cadena de producción en serie de automóviles (**fordismo**). El resultado fue una producción estandarizada y masiva con unos costos reducidos, lo que permitió extender el consumo a sectores más amplios de la población.

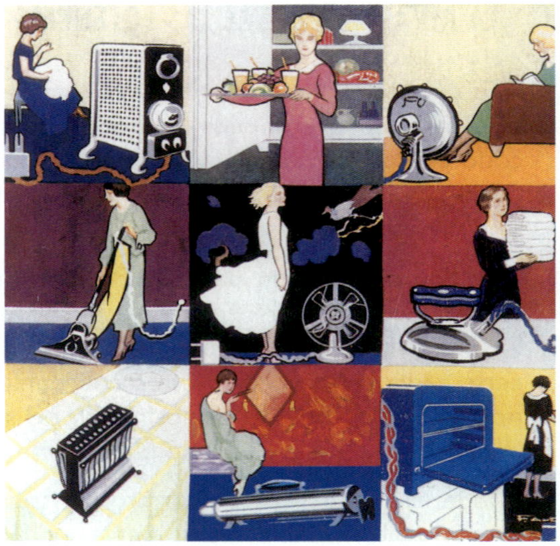

Cartel publicitario sobre las ventajas del uso de la electricidad.

1. Describe las primeras aplicaciones domésticas que permitió la electricidad.

Cartel publicitario de neumáticos para los nuevos automóviles.

FABRICACIÓN Y PRECIO DE LOS AUTOMÓVILES FORD

Año	Fabricación (número de coches)	Precio (dólares)
1909	18 664	950
1910	34 528	780
1911	78 440	690
1912	168 220	600
1913	248 317	550
1914	308 213	490

La banca y la concentración empresarial

Las elevadas inversiones de capital que requerían las innovaciones tecnológicas estimularon la relación entre banca e industria, y los bancos se convirtieron en financiadores del proceso industrial.

Por otro lado, también se produjo una progresiva concentración industrial, y las empresas se hicieron cada vez mayores. Para restringir la competencia, las grandes empresas firmaban acuerdos entre ellas para fijar precios y establecer áreas de influencia. Así nacieron el **cartel**, el **trust**, el **holding** y el **monopolio** (derecho exclusivo de una empresa a comercializar un producto).

LOS MÉTODOS DE CONCENTRACIÓN INDUSTRIAL

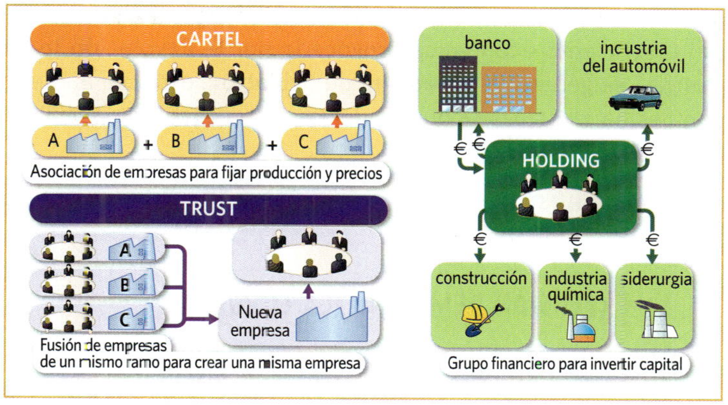

El dominio del comercio y las finanzas internacionales

A finales del siglo XIX, los países industriales dominaban el comercio mundial. Europa realizaba la mitad de las exportaciones del mundo y absorbía tres cuartas partes de las importaciones mundiales. Asimismo, controlaba las rutas marítimas, los grandes puertos comerciales (Londres, Amberes, Hamburgo, Marsella y Nueva York), y disponía de grandes flotas y de bolsas de comercio.

El aumento del volumen comercial fue posible gracias a los progresos del transporte (ferrocarriles transcontinentales, apertura de los canales de **Suez en 1869** y **Panamá en 1914**, y a las innovaciones en las formas de venta (a plazos, por correo, grandes almacenes...).

También Europa, y posteriormente Estados Unidos, tenían el dominio financiero del mundo. Su enorme riqueza les permitía invertir capitales en el mundo entero: prestaban dinero a los Estados e invertían en tierras, industrias o medios de transporte. Estas inversiones proporcionaban grandes intereses o beneficios a los bancos y a los particulares.

LA PRODUCCIÓN INDUSTRIAL EN 1913

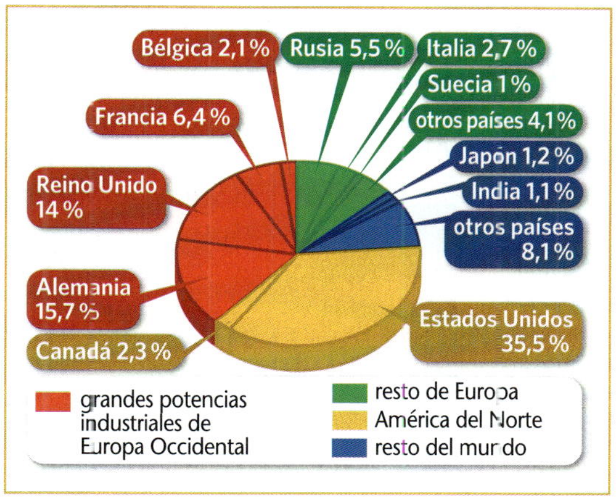

MOVIMIENTOS DE CAPITALES EN EL MUNDO A FINALES DEL SIGLO XIX

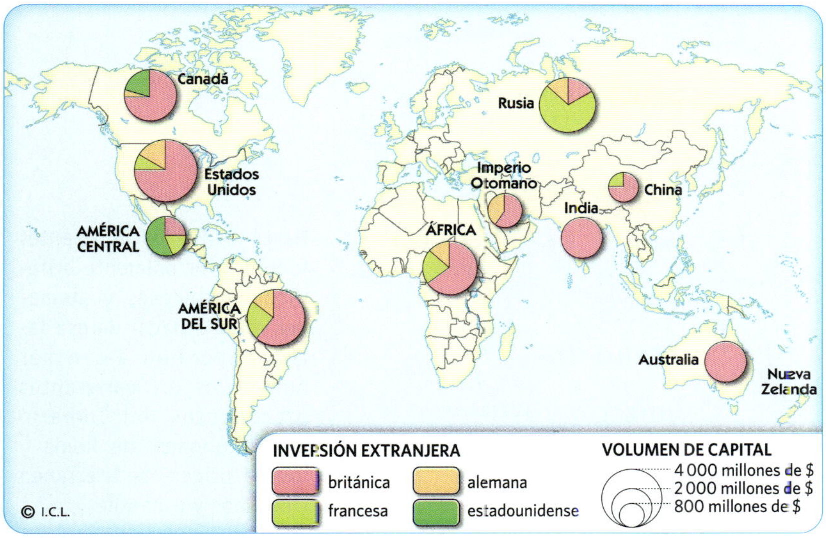

2. ¿Qué nuevas fuentes de energía aparecieron en esta época? ¿Cuáles eran sus principales aplicaciones? ¿Qué sectores industriales se desarrollaron?
3. ¿Qué hizo posible el enorme avance industrial de finales de siglo?
4. ¿Qué fue el taylorismo? ¿Cuál era el objetivo principal de esa nueva forma de organización del trabajo? ¿Dónde se aplicó? Explica con qué resultados.
5. ¿Qué formas de concentración empresarial surgieron? Defínelas y describe su objetivo.
6. ¿Qué posición tenían los países industrializados en el conjunto de la producción mundial? ¿Y en las inversiones de capital? Valora si estos países tenían capacidad para controlar la economía mundial.

3 Emigrantes europeos del siglo XIX

La población europea creció, como nunca en su historia desde el siglo XIX hasta los comienzos del siglo XX. A pesar del crecimiento económico provocado por la Revolución Industrial, se generó un excedente de población, especialmente campesina, desplazada de sus tierras y con escasas posibilidades de encontrar empleo.

La emigración a otros continentes, ya fuera a países independientes o a colonias, fue la oportunidad para mucha de esa gente. Sesenta millones de personas abandonaron el viejo continente en el siglo XIX para establecerse en países extraeuropeos y se convirtieron en protagonistas de una de las grandes migraciones de la historia contemporánea.

A LA EXPLOSIÓN DEMOGRÁFICA EUROPEA

A lo largo del siglo XIX, las reformas en la agricultura, la industrialización y los avances médicos (vacunas y medicamentos) e higiénicos habían provocado un enorme descenso de la mortalidad en Europa. Pero hasta entrado el siglo XX no descendió la natalidad al mismo ritmo.

El saldo entre nacimientos y defunciones provocó el aumento de población, primero en los países más industrializados y, después, en el conjunto del continente. La población europea se dobló ("**explosión blanca**") y parte de esta población emigró a otros continentes.

PAÍSES CON MAYOR EMIGRACIÓN ENTRE 1870 Y 1900

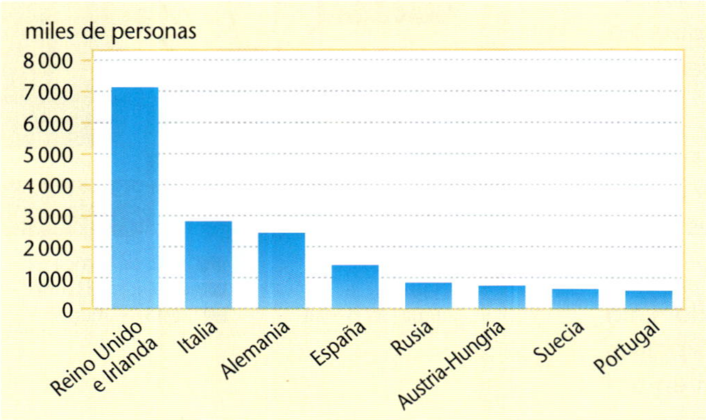

El estímulo a la emigración

Informaciones completas y gratuitas sobre emigraciones a La Plata (Argentina).

Todos los días, de 10 de la mañana a 12 del mediodía, se brinda información sobre las condiciones de esta región: organización, política, leyes generales y leyes de tierras, colonias, salarios, transportes, productos, clima, industria, comercio, precio de los principales artículos de consumo y pasajes desde los principales puertos de Europa a La Plata.

Diríjanse personalmente o por carta a la oficina de este periódico: Avenida Carnot 17, París.

Anuncio en la *Revue Sud-Américane*, 1 de septiembre de 1884.

LAS MIGRACIONES EUROPEAS, 1800-1914

Hasta 1875, los emigrantes fueron principalmente británicos, irlandeses y alemanes, pero a partir de esa fecha empezaron a ser más numerosos los emigrantes procedentes del Imperio austrohúngaro, de Rusia y los de origen mediterráneo (italianos y españoles).

B LOS VIAJES TRANSOCEÁNICOS

Las migraciones fueron posibles por la existencia de nuevos medios de transporte y, especialmente, las transoceánicas, en los **barcos a vapor**. El tiempo de duración de las travesías se acortó extraordinariamente. Desde Europa al continente americano se tardaba un mes en el primer tercio del siglo XIX, y poco más de cinco días a principios del siglo XX.

Miles de personas de todas las clases sociales embarcaban en ellos, algunos en los camarotes superiores, con salones y restaurantes. Pero la immensa mayoría viajaban hacinados en las bodegas, con los pasajes más baratos, para lo cual debían entregar gran parte de sus ahorros.

Los grandes barcos transatlánticos de vapor fueron aumentando su tamaño y su capacidad. Podían alcanzar alturas cercanas a un edificio de tres plantas y trasladar hasta 2 000 personas.

C EMIGRANTES POBRES Y ÉLITES COLONIALES

La población que abandonaba Europa no era homogénea. La mayor parte eran familias campesinas pobres, personas sin ocupación o clases medias en busca de mejores oportunidades.

Existía diferencia entre la emigración de países con amplias colonias, como en el caso del Reino Unido, en que los emigrantes y las emigrantes se instalaban en las nuevas tierras como granjeros o para formar parte de la administración colonial; y la de aquellos países (Italia, Polonia, etc.) sin estas posesiones, donde llegaban a las nuevas tierras en peores condiciones y muchos de ellos pasaban a ser simples asalariados o asalariadas.

Funcionarios, militares, propietarios de tierras y también profesionales y empleados reprodujeron en la India las costumbres y el modo de vida de la sociedad británica, y gozaron de una prosperidad mucho mayor que la de sus lugares de origen.

Inmigrantes en la ciudad de Nueva York. Las condiciones de vida de muchos de los inmigrantes fueron muy duras. Una gran parte de ellos conformaron las clases trabajadoras de los países a los que emigraron.

1. ¿Cuáles fueron las causas del crecimiento demográfico europeo? ¿Cómo se llamó a este fenómeno de crecimiento? ¿Por qué crees que se le dio este nombre?
2. Indica los países que tuvieron un mayor número de emigrantes. Observa el mapa y señala cuáles eran los principales destinos de la emigración.
3. ¿Cómo se realizaban los viajes? ¿Qué invento revolucionó el transporte marítimo? ¿Quiénes viajaban? ¿Qué diferentes condiciones tenían según su categoría social?

Ponte en su lugar

4. Imagina que eres una de las mujeres que están en el patio de la vivienda neoyorquina. Escribe a tu familia en Irlanda sobre tu viaje en el barco, la llegada y tus primeros meses en la ciudad. ¿Qué piensas que sería diferente si fueras una de las mujeres del jardín de la India?
5. ¿En la actualidad se producen movimientos de pobl... ción similares? ¿Tienen lugar las mismas diferencias en las ... mas de viaje y en la situación social al llegar al nuevo ...

4 Europa, a la conquista del mundo

La extraordinaria superioridad tecnológica de Europa, su capacidad de producción y el enorme crecimiento de la población condujo a las economías industriales a buscar nuevas áreas de inversión y de negocio. Se inició La época del imperialismo, un sistema en el que la cultura, la política y la economía del mundo se organizaban en función del dominio de unos países sobre los otros.

Exploración y conquista

A mediados del siglo XIX, numerosas zonas del interior de África, de Asia y de los océanos eran prácticamente desconocidas. La búsqueda de nuevos territorios en los que expandirse propició una serie de viajes científicos y de exploraciones geográficas.

Las primeras expediciones europeas las realizaron principalmente británicos y franceses. Destacaron los exploradores británicos **Livingstone** y **Stanley** y el francés **Brazza**, que recorrieron y cartografiaron África central.

Tras la exploración de los territorios, la conquista se llevó a cabo de forma relativamente rápida y fácil. Para ello, los europeos aprovecharon las rivalidades internas entre las tribus y etnias indígenas, con la finalidad de enfrentarlas entre sí y reclutar tropas a su servicio.

Los enfrentamientos entre potencias coloniales

El imperialismo del siglo XIX presentó un carácter belicoso, con guerras constantes. El choque de intereses entre las potencias rivales por el reparto de África impulsó la convocatoria de la **Conferencia de Berlín** (1885). En ella se decidieron las normas para repartirse el territorio y las zonas que ocuparía cada potencia.

A pesar de ello, el enfrentamiento de los intereses imperialistas se hizo inevitable. Así, Francia y Gran Bretaña chocaron en el año 1898 en un territorio al Este del lago Chad, llamado **Fachoda**, y la guerra estuvo a punto de estallar.

Otro incidente grave fueron los **conflictos anglo-bóeres** (1880-1881 y 1899-1902), en los que se enfrentaron los británicos con los colonos holandeses (bóeres) instalados en la zona sudafricana desde el siglo XVI, donde habían formado las repúblicas del Transvaal y el Estado libre de Orange. La noticia de que se habían hallado importantes depósitos de oro en el Transvaal impulsó a los británicos a invadir esas repúblicas y anexionarlas. Al cabo de tres años de guerra, los territorios bóeres fueron anexionados al Imperio británico.

Asimismo, gran parte del **continente asiático** fue ocupado tanto por las potencias europeas (Reino Unido, Francia y Alemania) como por otros países (Rusia, Estados Unidos y Japón).

En **China**, las potencias colonialistas querían estar presentes en un mercado tan importante por su numerosa población. A través las Guerras del Opio (1839-1860), entre China y el Imperio británico, forzaron la apertura del comercio y la entrada de intereses occidentales en la explotación de sus riquezas. La intromisión extranjera fue contestada con diversas revueltas sociales como la de los **bóxers*** (1899).

LAS EXPEDICIONES EUROPEAS EN ÁFRICA

1. ¿Qué potencias impulsaron las expediciones? Describe las grandes rutas de franceses, británicos y belgas.

Un nuevo colonialismo

Los imperios coloniales existían desde el siglo XVI; pero a partir del siglo XIX, la velocidad de ocupación, la cantidad de territorios conquistados y la explotación de los recursos fue mucho mayor.

La superficie terrestre controlada por las potencias imperialistas era, en 1800, del 35 %; en 1878, del 67 %, y en 1914, del 84,4 %.

El reparto de China, caricatura de un periódico francés, 1898.

LA ORGANIZACIÓN Y EXPLOTACIÓN DE LAS COLONIAS

Tras la conquista militar de la colonia se procedía a organizar la administración y control del territorio. No todas las colonias tenían las mismas características.

Determinados territorios eran destinados esencialmente a la **explotación económica**, para extraer de sus tierras materias primas (café, cacao, té, caucho, cobre, oro, diamantes, etc.). Podían ser gobernados por completo por la **metrópoli** (país ocupante), o mantener gobiernos locales, pero bajo control.

Otras colonias, por sus características climáticas, por el tipo de tierras o por la menor densidad de ocupación indígena, fueron esencialmente **colonias** de **poblamiento**, es decir, lugares a los que acudían habitantes de las metrópolis a instalarse.

Los colonizadores vistos por los colonizados

La civilización que nos viene de Europa es voraz y dominante: consume a los pueblos que invade y extermina las razas que se oponen a su conquista. (...)

Concentra todas sus fuerzas en el único objetivo de enriquecerse, como lo haría un millonario que vende su alma por una fortuna. (...)

Nosotros profetizamos, sin ninguna duda, que esto no podrá durar siempre.

Rabindranath Tagore, 1916.

Cabecillas indígenas se someten a los colonos en Costa de Marfil, en 1893.

LOS DISTINTOS TIPOS DE COLONIAS

- **COLONIAS DE EXPLOTACIÓN**
  - **Dependientes de la metrópoli y sin gobierno propio**
    - **COLONIAS**: La metrópoli ejercía una verdadera política de ocupación. El gobernador, los mandos militares y los funcionarios de élite eran europeos. Los pequeños funcionarios y soldados solían ser indígenas.
  - **Gobierno propio compartido con la metrópoli**
    - **PROTECTORADOS**: Territorios que, tras la ocupación europea, mantuvieron un gobierno indígena, pero con el ejército y la política exterior controlados por la metrópóli.
- **COLONIAS DE POBLAMIENTO**
  - **La metrópoli reconocía cierta autonomía en el gobierno interior**
    - **DOMINIOS**: Es el nombre que recibían las colonias de poblamiento del Imperio británico. Canadá alcanzó el rango de dominio en 1867, y más tarde Australia, Nueva Zelanda y la Unión Sudafricana.
    - **TERRITORIOS DE ULTRAMAR**: En Francia, las colonias de poblamiento recibieron este nombre. El ejemplo más relevante fue Argelia, a la que se llegó a considerar una provincia francesa.
- **OTROS TIPOS DE COLONIAS**
  - **CONCESIONES**: Zonas cedidas a una metrópoli por un tiempo (por ejemplo, Hong Kong a los ingleses).
  - **ENCLAVES ESTRATÉGICOS**: Pequeños territorios situados en un lugar estratégico, como por ejemplo: el Canal de Suez o Gibraltar.

---

2. ¿Qué había que hacer en primer lugar para poder iniciar la colonización de un territorio? Cita algunos de los exploradores más importantes.
3. ¿Qué sucedía tras la exploración del territorio? ¿Era fácil y rápida la conquista? ¿Los principales conflictos bélicos eran con los indígenas o entre las potencias imperialistas? Cita los enfrentamientos más importantes.
4. Lee el texto de Rabindranath Tagore. ¿De qué acusa el autor a los colonizadores? ¿Qué profetiza? ¿Se hizo realidad esa profecía? ¿Sabes si en la actualidad esos países continuan siendo colonias?
5. ¿Qué diferentes tipos de colonias existían? Explica cuál era la función de cada una de ellas. ¿Qué diferencias hay entre una colonia y un protectorado? ¿Y entre una concesión y un enclave estratégico?
6. Relaciona las colonias de poblamiento con el crecimiento demográfico europeo, y las colonias de explotación, con las necesidades económicas del capitalismo europeo.

5 ¿Cómo se repartieron el mundo los imperios

Las grandes potencias se lanzaron a la lucha por el reparto del mundo y llegaron a controlar parte de América, la mayoría de las islas del Pacífico, casi toda Asia y África y, finalmente, a partir del año 1919, la totalidad de Oriente Medio.

Los principales imperios coloniales europeos fueron el francés y el británico, pero otros muchos países poseyeron colonias. El rey de Bélgica, Leopoldo II, adquirió como propiedad privada una gran colonia a lo largo del río Congo, que legó a Bélgica a su muerte.

Alemanes e italianos llegaron tarde al reparto, pero Alemania se estableció en Tanganica y el África Sudoccidental, mientras que Italia ocupó Libia.

Holanda controlaba posesiones en Indonesia, y Portugal, en África (Angola y Mozambique). Rusia se expandió por Asia desde el Turquestán hasta Manchuria, y España se asentó en la zona del golfo de Guinea, el Sahara y el Norte de Marruecos. Por último, dos potencias extraeuropeas, Estados Unidos y Japón, también se expandieron hacia América y Asia.

A EL IMPERIO BRITÁNICO

A finales del siglo XIX, el Reino Unido poseía el mayor imperio colonial y controlaba las rutas comerciales marítimas con bases en el Atlántico, el Índico, el Pacífico y el Mediterráneo.

En **África**, el Reino Unido formó un imperio de Norte a Sur, que se extendía desde El Cairo (Egipto) hasta Ciudad del Cabo (Sudáfrica).

La principal colonia británica fue la **India**. Con una numerosa población, la India se convirtió en un gran mercado para los productos británicos y en una importante proveedora de materias primas. Para garantizar un territorio de seguridad a su alrededor, el Reino Unido rivalizó con Francia para anexionarse Birmania (1886), y con Rusia por el dominio de Afganistán y el Tíbet.

Mapa de las colonias británicas. En las ilustraciones, el Reino Unido, representado por una mujer armada con casco, escudo y lanza, domina el mundo con su ejército. Los diferentes pueblos y razas rinden tributo y ofrecen sus bienes a la metrópoli.

B EL IMPERIO FRANCÉS

El segundo gran imperio colonial era el de Francia. La población francesa se instaló en diversas zonas, pero especialmente en África del Norte y en el Sudeste asiático.

El proyecto francés de ocupar en **África** un vasto territorio de Este a Oeste, desde el mar Rojo al océano Atlántico, chocó con los intereses británicos en Sudán. Sin embargo, Francia consolidó su dominio en una amplia zona que se extendía por Marruecos, Argelia y Túnez, y más al Sur, en las llamadas África Occidental Francesa y África Ecuatorial Francesa.

La presencia francesa en el **Sudeste asiático** (Cochinchina*), desde mediados del siglo XIX, se amplió con el establecimiento de una serie de protectorados que formaron la Indochina francesa (Camboya, Vietnam y Laos).

La ocupación de África

Dios ofrece África a Europa. Tomadla. (...) Volcaos en África, y al mismo tiempo resolveréis las cuestiones sociales, cambiaréis vuestros proletarios por propietarios. Id y haced carreteras, haced puertos, haced ciudades, creced, cultivad, colonizad, multiplicad.

Victor HUGO, 1879.

coloniales?

LOS IMPERIOS COLONIALES EN 1914

C LOS IMPERIOS EXTRAEUROPEOS: ESTADOS UNIDOS Y JAPÓN

Dos potencias de industrialización más tardía participaron en el reparto colonial: Estados Unidos y Japón. En **Estados Unidos**, tras la guerra de Secesión (1861-1865), se impuso el modelo industrial del Norte y sus enormes recursos energéticos y de materias primas, unidos a la utilización de la tecnología y los avances ya desarrollados en Europa, la convirtieron en pocas décadas en una gran potencia.

La expansión colonial de EEUU fue hacia el Pacífico y el Caribe. En una guerra rápida expulsaron a los españoles de Filipinas, Cuba y Puerto Rico, y se apoderaron de una franja de Panamá, donde acabaron de construir el canal transoceánico.

En **Japón**, la industrialización fue un proyecto de modernización del país, encabezado por el emperador Mitsuhito en 1868 (era *Meiji**). Con el asesoramiento de técnicos occidentales, el apoyo de conglomerados financieros y la subvención del Estado, se realizó una rápida industrialización.

Japón intervino para detener el avance ruso en la provincia china de Manchuria y ocupó las islas Kuriles, Corea y Formosa (Taiwán).

Caricatura sobre el dominio de EEUU en Centroamérica, 1905.

1. ¿Cuáles fueron los imperios coloniales más importantes? ¿Qué grandes zonas ocuparon?
2. Explica la diferente expansión de Francia y Reino Unido en África.
3. Completa el siguiente cuadro sobre la colonización:

Países	Colonias

Investiga

4. @ Consulta en Internet y señala las principales características de la industrialización de Estados Unidos y Japón.

6 La herencia del colonialismo

Los territorios colonizados sufrieron un profundo impacto que trastocó el modo de vida de los pueblos indígenas.

¿Qué consecuencias tuvo para los pueblos colonizados la expansión imperialista? ¿Existieron factores positivos? ¿Cuáles fueron los más negativos? ¿Algunos de ellos han tenido repercusiones hasta la actualidad?

Un oficial alemán y otro francés delimitan las fronteras del Congo, ilustración de 1913.

La formación de países artificiales, en los que las fronteras se trazaron siguiendo meridianos y paralelos, dio lugar, tras la independencia de estos países en el siglo XX, al enfrentamiento entre comunidades radicalmente opuestas dentro de un mismo país, y ha sido una de la herencias más conflictivas de la colonización.

A LA MODIFICACIÓN DEL TERRITORIO

Los dirigentes europeos crearon nuevos países y trazaron sus fronteras, talaron bosques y pusieron en cultivo inmensas áreas vírgenes. Asimismo, construyeron infraestructuras necesarias para explotar y comunicar los territorios conquistados (puertos, carreteras, ferrocarriles, líneas telefónicas...) y levantaron nuevas ciudades.

Todo ello conllevó una **modificación de la estructura económica y política africana** que no tuvo en cuenta las diferencias tribales, lingüísticas o religiosas y que formó países con graves problemas de cohesión interna.

B EL IMPACTO DEMOGRÁFICO

La introducción de medidas higiénicas y la construcción de nuevos hospitales en los que se vacunaba a los indígenas permitieron la reducción de las epidemias.

Como consecuencia, la mortalidad descendió notablemente y la población aumentó. Pero en muchas colonias, especialmente del continente africano, se rompió el equilibrio entre población y recursos y empezó a producirse una situación de **subalimentación** crónica.

POBLACIÓN APROXIMADA DE ÁFRICA

Año	Población (en millones)
1650	100
1700	90
1800	92
1870	104
1900	120
1950	207

C LA COLONIZACIÓN CULTURAL

En el ámbito cultural, las costumbres autóctonas, de tradición oral y sin elaboraciones teóricas, no ofrecieron resistencia al impacto de la **cultura occidental**, que les hizo perder una buena parte de su identidad y perturbó sus creencias y tradiciones. La difusión de la enseñanza contribuyó a la extensión de las lenguas, creencias y modos de vida europeos, mientras que misioneros y misioneras difundían el cristianismo.

Este fenómeno de **aculturización** se dio más en África que en Asia, donde culturas como la China o la India resistieron mejor la colonización cultural.

Un misionero alfabetizando a niños en el Congo a principios del siglo XX.

La destrucción de la cultura nativa

Ya que en Europa las reivindicaciones nacionales se han fundamentado siempre en la unidad de la lengua, se ha negado a los musulmanes el uso de su propio idioma. Desde 1830, la lengua árabe está considerada en Argelia como extranjera. Pero eso no es todo: para desunir a los árabes, la Administración francesa les ha confiscado la religión y recluta a los sacerdotes islámicos entre sus asalariados. (...)

J. P. Sartre en la revista *Tiempos modernos*, 1956.

D LAS CONSECUENCIAS ECONÓMICAS

En las colonias se impusieron los intereses económicos de los colonizadores, con la ayuda de los grupos aristocráticos y la burguesía local, que mantuvieron una situación de privilegio.

Por el contrario, la mayoría de la población indígena quedó sometida y sus condiciones de vida fueron empeorando.

Muchas tierras pasaron a manos de los colonizadores y se abandonaron determinados cultivos tradicionales, que aseguraban la subsistencia de las familias indígenas, para imponer grandes **plantaciones** de productos que beneficiaban a la metrópoli: cacao, café, algodón, frutas, caucho, etc.

Los nativos y nativas debían trabajar en las plantaciones para subsistir, y tenían que comprar los alimentos, porque se impuso una **economía monetaria** y de mercado, desconocida hasta entonces por ellos.

Asimismo, la artesanía local se arruinó debido a la competencia de los productos industriales importados desde la metrópoli, a precios baratos y en grandes cantidades.

LAS CONSECUENCIAS ECONÓMICAS DEL COLONIALISMO

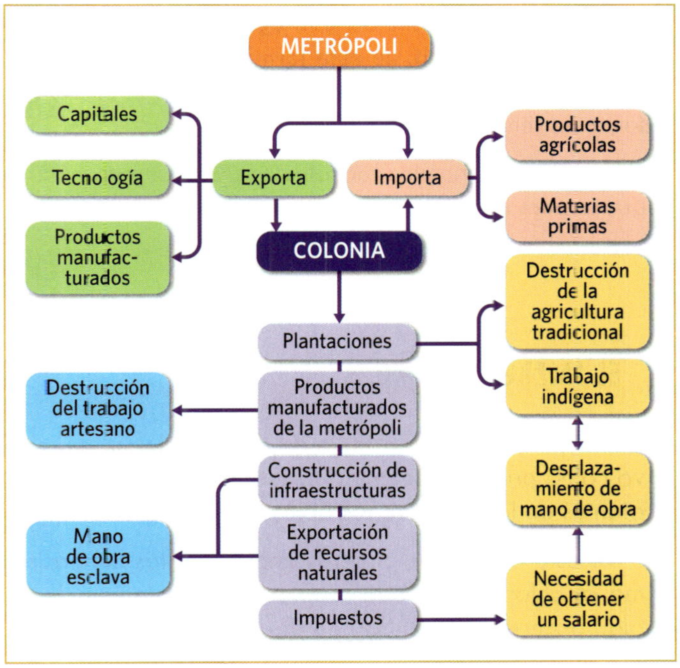

E LA DESARTICULACIÓN DE LAS SOCIEDADES TRADICIONALES

La estructura social también cambió. Los países colonizadores no mostraron ningún respeto por las formas de vida de los pueblos indígenas.

Los nuevos ritmos de trabajo desorganizaron la vida tribal y el antiguo sistema de jerarquías sociales (papel de los ancianos, tipo de familia...). Igualmente, unidades étnicas fueron divididas o unidas de manera artificial y, de esta forma, se rompieron etnias y se forzó la convivencia de grupos enfrentados. Por último, los países europeos utilizaron a determinados grupos indígenas para reclutar a su ejército y a sus funcionarios.

El desprecio a las sociedades indígenas

El negro salvaje y bárbaro es capaz de todas las estupideces y, desgraciadamente, (...) parece estar condenado en su país de origen a la salvajería y a la barbarie para siempre. (...)

La falta de cualquier idea de progreso y de moral no le permite darse cuenta del valor incalculable, del infinito poder del trabajo, y sus leyes son sus pasiones brutales, sus apetitos feroces, los caprichos de su imaginación perturbada.

Armand DUBARRY: *Viaje a Dahomey*, 1879.

1. ¿Cómo se trazaron en muchos casos las fronteras africanas en la época colonial? Razona en interés de quién se hicieron esos trazados.
2. Justifica razonadamente las consecuencias económicas de la colonización para los pueblos indígenas.
3. ¿De qué acusó Jean-Paul Sartre a los colonizadores? ¿Cómo actuaban para imponer la cultura occidental?
4. ¿Qué posición respecto a las sociedades africanas expresa el texto de Armand Dubarry?

Investiga

5. @ El colonialismo creó problemas todavía vigentes en la actualidad. Indaga qué comunidades rivales fueron unidas artificialmente en Ruanda y qué consecuencias tuvo eso a finales del siglo XX.

7 El cambio de siglo, hacia una revolución artística

Durante las últimas décadas del siglo XIX, una serie de artistas rompieron con la tradición y sentaron las bases de la revolución artística de principios del siglo XX.

En pintura, el desarrollo de la fotografía hacía cada vez más innecesario copiar la realidad; de esta forma los artistas se dedicaron a explorar el lenguaje pictórico para ahondar en la impresión en el espectador, en el sentimiento.

Igualmente, las nuevas tecnologías permitieron construir edificios enormes para las nuevas concentraciones urbanas.

Édouard MANET: *El almuerzo campestre*, 1863.
El pintor utiliza la gradación cromática para representar los objetos en el espacio. El verde, por ejemplo, reproduce la sombra de un árbol y el agua del arroyo.

A EL IMPRESIONISMO

El Impresionismo apareció en el último tercio del siglo XIX y tuvo como principal voluntad la representación de los efectos cambiantes de la luz sobre los objetos.

De este modo, los pintores impresionistas subordinaron la forma al color. Para poder captar esta sensación, los artistas debían observar la realidad en directo, al aire libre.

Igualmente, los impresionistas utilizaron una técnica de pinceladas sueltas y rápidas, yuxtaponiendo los colores de tal manera que, a una cierta distancia, se fundieran en la retina del espectador. El objetivo no era pintar lo que veía el artista, sino reflejar cómo lo veía.

Francia fue la cuna de este nuevo estilo, cuyos principales representantes fueron **Édouard Manet**, **Claude Monet**, **Auguste Renoir** y **Alfred Sisley**.

Auguste RENOIR: *La Grenouillère*, 1868.

MEMOART: El Posimpresionismo

- A mediados de la década de 1880, una serie de artistas mostraron un alejamiento de los planteamientos impresionistas y exploraron otras vías como la geometría, el color, la línea y la expresividad.
- El llamado Posimpresionismo agrupa a artistas excepcionales como **Edgar Degas**, **Georges Seurat**, **Paul Cézanne**, **Vincent van Gogh**, **Henri Toulouse-Lautrec** y **Paul Gauguin**.

Paul CÉZANNE: *Los jugadores de cartas*, 1893. El artista emplea pinceladas breves de diferentes tonalidades para modelar geométricamente los volúmenes y los objetos.

Vincent VAN GOGH: *La habitación de Van Gogh en Arlés*, 1888.

B LA ARQUITECTURA DEL HIERRO Y EL ACERO

La arquitectura también dio un vuelco técnico y estético, a finales del siglo XIX, con la aparición de nuevos materiales constructivos y su producción masiva. Así, la utilización del **hierro** y el **acero**, más flexible y dúctil que el hierro, la invención del **cemento** como material constructivo y la popularización del **vidrio** para los cerramientos permitieron idear y construir edificios muy novedosos.

Por otro lado, la industria, las comunicaciones y las nuevas ciudades necesitaban edificios y construcciones (puentes, fábricas, almacenes, estaciones de ferrocarril, bibliotecas, edificios comerciales, etc.) funcionales, prácticos, espaciosos y, a ser posible, rápidos y baratos de construir. Los edificios empezaron a ser importantes por su función, no solo por su estética.

En Estados Unidos, los arquitectos de la **Escuela de Chicago**, como **Louis Sullivan**, levantaron los primeros rascacielos e inauguraron un modo constructivo de amplios espacios, grandes ventanales y numerosos pisos.

La torre que el ingeniero Gustave Eiffel levantó para la Exposición Universal de París de 1889 se convirtió en el edificio más alto del mundo y en el símbolo de la modernidad.

FichaArt @

Busca en Internet información sobre la obra de Louis Sullivan y elabora una ficha con los siguientes datos:

a) **Identificación.** Sitúa cronológica y geográficamente al arquitecto y sus obras. ¿A qué corriente arquitectónica pertenece?

b) **Descripción.** Describe el edificio y explica sus características técnicas y artísticas y su función.

c) **Marco histórico.** ¿En qué contexto social y económico se realizaron estos edificios? ¿Cómo expresaron la realidad de Estados Unidos en aquel momento? ¿Qué trascendencia tuvieron en la arquitectura moderna?

Almacenes Carson, Pirie, Scott and Company de Chicago, 1904, obra de Louis Sullivan, extraordinario ejemplo de funcionalidad de la obra arquitectónica.

@ Amplía en la Red...

Para saber más sobre la construcción de la Torre Eiffel, entra en: www.tiching.com/744938

1. ¿Cuál fue la principal preocupación de los pintores impresionistas? ¿Cómo conseguían su objetivo?

2. ¿Qué innovación aportaron los llamados artistas posimpresionistas? ¿Quiénes fueron los principales pintores de esa corriente artística?

3. ¿Qué nuevos materiales y qué nuevas necesidades sociales facilitaron la evolución de la arquitectura?

Aprecia el arte

4. Consulta la página web que te presentamos y explica las distintas fases de la construcción de la Torre Eiffel.

8 La influencia del arte asiático y africano en el

El arte no europeo difería en el siglo XIX notablemente del europeo. Buscaba cosas similares: la belleza, la expresión de los sentimientos, la plasmación de la realidad, pero con principios estéticos y técnicas completamente diferentes.

Europa conocía algo del arte de esas sociedades, en especial de Oriente, pero fue a partir de la expansión colonial cuando se produjo una difusión del arte asiático y africano, que influyó profundamente en los artistas de la época, sobre todo en las vanguardias.

A EL DESCUBRIMIENTO DEL ARTE ASIÁTICO

La sencillez y elegancia de la pintura asiática y la belleza de sus cerámicas deslumbraron rápidamente a las sociedades occidentales. Poco a poco comprendieron, además, que no eran meros objetos decorativos, sino expresión de **conceptos estéticos profundos**: el equilibrio, la armonía, la relación entre lleno y vacío, la capacidad de captar lo esencial y de transmitir emociones.

Muchos museos occidentales iniciaron colecciones de arte asiático, y los particulares empezaron a buscar objetos de arte oriental.

Jarrón chino de la dinastía Ming.

Pintura china con caligrafía realizada a pincel con trazos sueltos casi impresionistas.

B EL JAPONISMO

Es un término utilizado para describir la fascinación y la influencia que las pinturas japonesas tuvieron sobre los pintores de la vanguardia europea de finales del siglo XIX y principios del XX.

A pintores como Manet, Klimt, Monet, Degas…, les atrajeron las formas sinuosas y ondulantes, los colores planos, la abstracción de personas y cosas, la representación del paisaje como emoción.

La influencia de lo japonés llevó, por un lado, a pintar obras de temática japonesa y, sobre todo, a incorporar sus técnicas.

MEMOART: Características del arte japonés

- El artista aprende por la repetición y la imitación hasta que es capaz de crear espontáneamente.
- La obra de arte debe buscar la simplicidad y la austeridad de formas y mensajes.
- La asimetría, lo irregular, lo curvo o imperfecto expresa belleza porque es un reflejo de la naturaleza.

Katsushika HOKUSAI: *La gran ola de Kanagawa*, 1829.

Gustav KLIMT: *Bosque de hayas*, 1902.

arte occidental

C LA INFLUENCIA DE LA ESTÉTICA AFRICANA

El arte africano era hasta el siglo XIX poco conocido y apreciado. Con la colonización llegaron a Europa una enorme cantidad de **esculturas** y **máscaras** que se consideran simples objetos decorativos.

El arte africano es en esencia escultórico y realizado en madera. Está formado por tallas, máscaras, cascos, etc. Tiene fines rituales relacionados con el culto a los antepasados, a las fuerzas de la naturaleza o a la identificación tribal. En el caso de las máscaras se trata de arte en movimiento, utilizadas para portarlas junto a la propia decoración en pinturas del cuerpo humano.

La estética africana, su fuerza expresiva, su estilo esquemático, la deformación de la realidad para expresar lo esencial, impactaron en los artistas de las vanguardias europeas, que buscaban nuevas formas de representación.

Escultura tradicional africana.

Alberto GIACOMETTI: *Mujer cuchara*, 1926.

Los modelos estéticos más rompedores se asemejaran en esta época a las formas artísticas más tradicionales africanas, como puedes observar en las tallas de madera de Giacometti.

Pablo PICASSO: *Desnudo con una toalla*, 1907.

Máscara africana.

Máscara africana.

Edvard MUNCH: *El Grito*, 1893.

Las vanguardias artísticas europeas (el cubismo, el fauvismo, el impresionismo) de esta época encontraron en el arte africano, en su deformación de los rostros, en su expresividad y simbolismo, una constante fuente de inspiración, como nos muestran las obras de Picasso o de Munch.

FICHAART @

Busca en Internet información sobre la obra *El grito*, de Edvard Munch, y elabora su ficha:

a) **Identificación.** Sitúa cronológica y geográficamente la obra. Indica los principales datos biográficos del pintor.

b) **Descripción.** ¿Qué escena se representa en el cuadro? ¿Qué personajes aparecen?

c) **Análisis artístico.** ¿Qué técnica es la utilizada? Describe qué elementos del arte africano puedes identificar.

1. ¿Qué características presentaba el arte asiático? ¿Por qué los pintores europeos se sintieron atraídos por él?
2. ¿Qué es el japonismo? ¿A quién influyó? ¿Cuáles eran las principales características del arte japonés?
3. ¿Qué diferencias existían entre el arte europeo y el arte africano en el siglo XIX? ¿Cómo inspiró a las vanguardias artísticas occidentales?

Aprecia el arte

4. Observa las imágenes y realiza una valoración personal sobre los elementos estéticos que aportaron el arte asiático y africano al arte occidental. ¿Cuáles de estos elementos aprecias personalmente?

Del siglo XIX al XX: una transformación constante

La primera Revolución Industrial había abierto el camino al progreso tecnológico, pero fue entre finales del siglo XIX y principios del XX cuando la sociedad industrial inició un progreso constante en la investigación científica y tecnológica.

A partir de ese momento, los avances se multiplicaron y abrieron nuevas áreas de investigación y conocimiento que transformaron la vida económica y social de las poblaciones del mundo.

Louis Pasteur (1822-1895) demostró la falsedad de la hipótesis de la generación espontánea, asentó las bases de la bacteriología, investigó acerca de varias enfermedades y desarrolló algunas vacunas.

A LOS AVANCES DE LA MEDICINA

Desde finales del siglo XIX, los progresos en la medicina han sido enormes y han contribuido al aumento de la esperanza de vida. La comprensión de los mecanismos de transmisión de las enfermedades y de las infecciones generalizaron la esterilización del instrumental médico y la asepsia en los hospitales. Las **vacunas** y los **antibióticos** ayudaron a la lucha contra las enfermedades infecciosas y los avances en química abrieron la producción de fármacos.

Desde mediados del siglo XX, los enormes progresos en las técnicas quirúrgicas y de diagnóstico han abierto el camino a la **medicina computarizada** y a las terapias génicas.

LA ESPERANZA DE VIDA EN ESPAÑA DESDE 1900

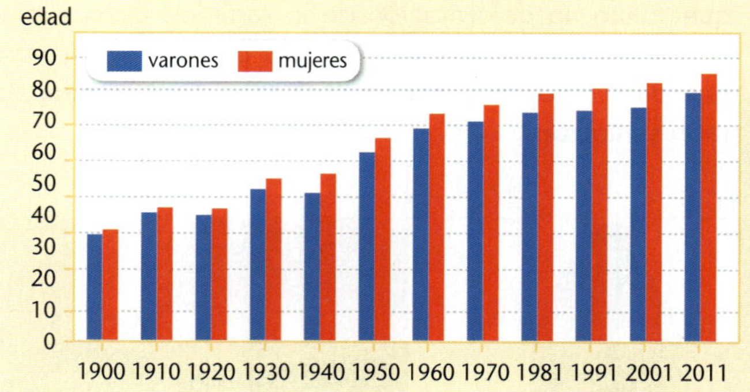

B LA REVOLUCIÓN DE LA INFORMACIÓN Y LA COMUNICACIÓN

Durante el siglo XIX y primeras décadas del siglo XX se produjo un avance revolucionario en los medios de comunicación.

En 1838, el **telégrafo**, desarrollado por Samuel Morse, permitía transmitir señales eléctricas a larga distancia y recibir los mensajes grabados sobre papel. Posteriormente, Graham Bell descubrió que el sonido también se podía transmitir a través de un cable eléctrico y, en 1876, patentó el **teléfono**.

En 1886, Heinrich Hertz demostró que las ondas electromagnéticas viajaban por el aire a una gran velocidad. Guglielmo Marconi se inspiró en ellas para inventar la **radio**, un sistema de transmisión de señales mediante la utilización de estas ondas.

A partir del siglo XX, el avance fue aceleradísimo. A mediados del siglo, la fabricación de transistores revolucionó la electrónica al aplicarse a radios, televisores, aparatos de reproducción de audio o vídeo, ordenadores, etc.

El mundo empezó a hacerse pequeño, y lo que ocurría en un punto apartado se conocía rápidamente en el resto del planeta. El uso de los ordenadores inició desde finales del siglo XX, una **nueva revolución tecnológica**.

Modelo del primer teléfono comercializado a principios del siglo XX.

Televisor fabricado en la década de 1950.

El inicio de la revolución informática

En 1943, J. Presper Eckert y J. Mauchly crearon en Estados Unidos el primer ordenador electrónico para uso general. En 1951 se fabricó el primer ordenador comercial, y en 1971, la invención de los microprocesadores abrió el camino hacia los ordenadores personales que han ido creciendo en rapidez y memoria.

PASADO Y PRESENTE de la ciencia y la tecnología

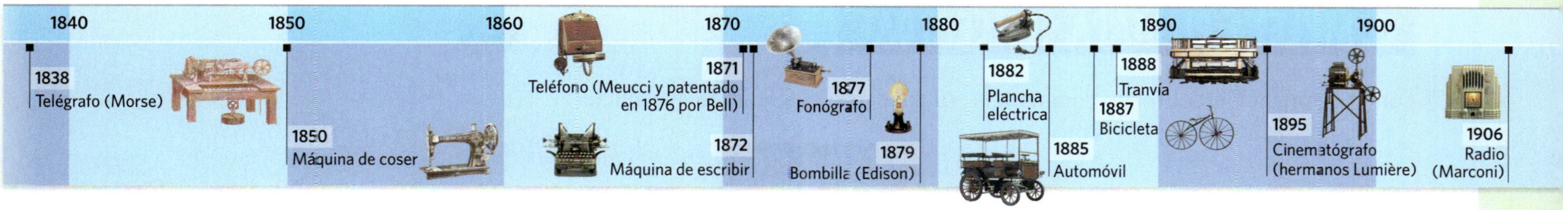

C EL PROGRESO DE LOS MEDIOS DE TRANSPORTE

El **automóvil** y el **avión** hicieron su aparición entre finales del siglo XIX y principios del siglo XX.

A partir de ese momento, la innovación se hizo constante en todos los medios de transporte. Los ferrocarriles fueron alcanzando velocidades inimaginables, los vuelos pudieron ser cada vez más largos, rápidos y seguros, y el automóvil se perfeccionó y abarató hasta convertirse en un objeto de uso masivo.

A mediados del siglo XX se inventaron los primeros **cohetes espaciales** y, en 1969, el hombre pisó la Luna por primera vez.

Neil Armstrong y Edwin Aldrin fueron los primeros seres humanos que pisaron nuestro satélite, la Luna, el 21 de julio de 1969 tras 4 días de viaje. Este hito fue retransmitido en directo a toda la Tierra.

El primer vuelo en avión fue realizado en el año 1903 por los hermanos Wright. La **aviación** fue la última de las grandes innovaciones en el transporte, y su progreso en velocidad y seguridad ha sido enorme en el siglo XX.

D LAS TRANSFORMACIONES DE LA VIDA COTIDIANA

El siglo XX estuvo marcado por una serie de innovaciones tecnológicas que permitieron producir y ofrecer a la población nuevos **bienes de consumo**, que mejoraron su nivel de vida y su confort, especialmente los **electrodomésticos**.

Asimismo, la invención de la **fotografía*** revolucionó la percepción y el recuerdo que se tiene de las personas, los paisajes y los acontecimientos.

Por último, con el **cinematógrafo** nació una nueva industria y unos nuevos hábitos de ocio, que progresaran constantemente.

Cartel publicitario del cinematógrafo de los hermanos Lumière, los primeros en ofrecer sesiones de cine comercial en París en 1895.

1. Observa la gráfica y analiza cómo repercutieron los avances médicos en la esperanza de vida de la población a lo largo del siglo XX.
2. ¿Qué gran salto tecnológico se dio en las comunicaciones a partir del siglo XIX? ¿Y a partir del siglo XX? ¿Y en los transportes?
3. ¿Qué inventos del siglo XX ayudaron a mejorar el nivel de vida?

Relaciona ayer y hoy

4. Elabora una lista con cinco objetos, que sean habituales en tu vida cotidiana. Debes averiguar cuándo se inventaron o se empezaron a usar de forma generalizada. Establece cuáles de esos objetos tienen su origen entre finales del XIX y principios del XX, y cuáles son inventos de finales del XX y principios del XXI.

COMPLETA EL MAPA CONCEPTUAL

Con la información del tema, completa en tu cuaderno el siguiente esquema:

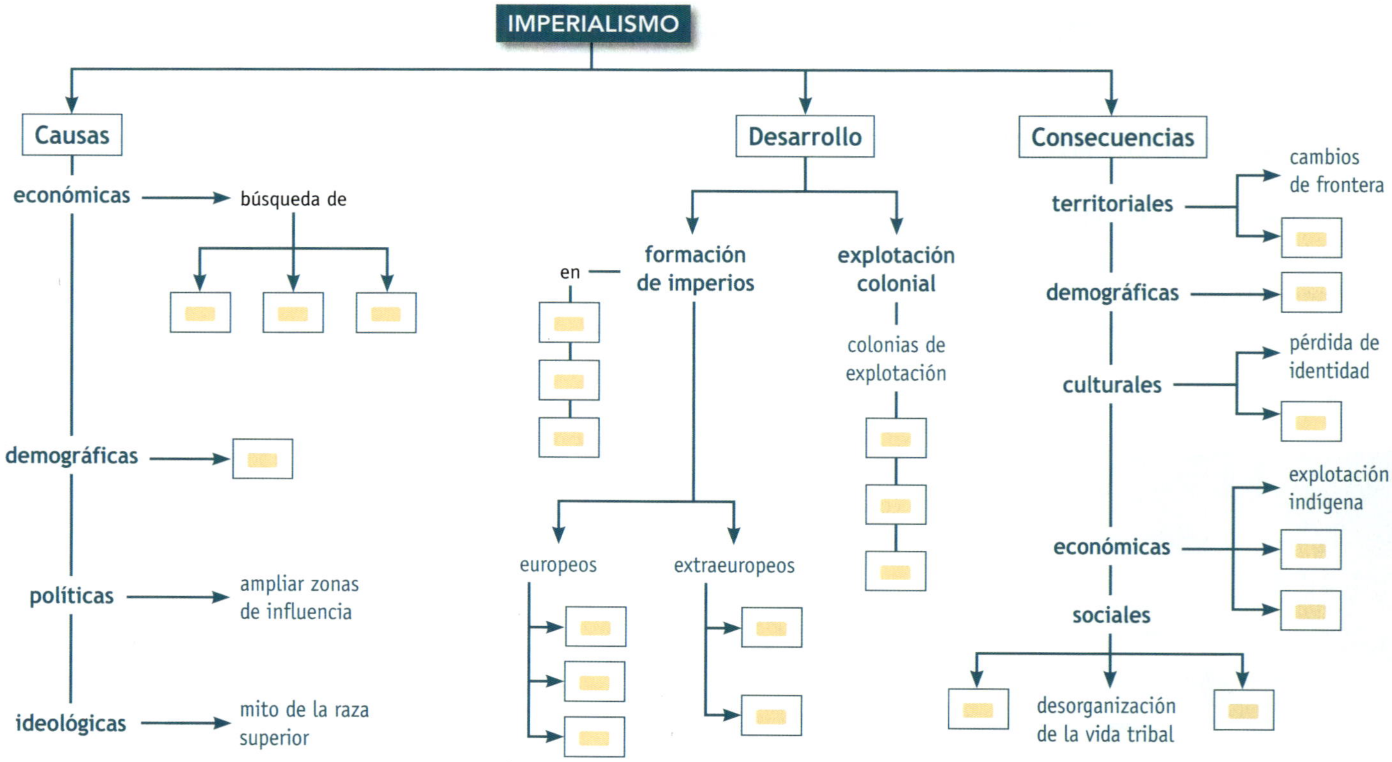

1 CONSOLIDA LO APRENDIDO

a) Explica qué se entiende por Segunda Revolución Industrial. ¿En qué periodo tuvo lugar?

b) ¿Qué fenomeno demográfico conocemos como "explosión blanca"? ¿Qué consecuencias provocó en los movimientos migratorios?

c) ¿Cuáles fueron los principales factores que impulsaron la expansión imperialista en el último tercio del siglo XIX?

d) ¿Qué territorios ocuparon los europeos? Cita los imperios más importantes.

e) ¿Qué importancia tuvo la India en el conjunto del Imperio británico?

f) Explica cómo se organizaban las colonias desde el punto de vista económico y político.

2 DEFINE CONCEPTOS CLAVE

- imperialismo
- colonia
- aculturación
- reparto de África
- dominio
- protectorado
- taylorismo
- metrópoli
- fordismo
- migraciones transoceánicas
- plantación
- dominio

3 IDENTIFICA LOS PERSONAJES

- Henry Ford
- Stanley
- Livingstone
- Brazza
- Reina Victoria
- Leopoldo II

4 ESTABLECE LA CRONOLOGÍA

- Coferencia de Berlín
- Guerras del Opio
- Conflictos anglo-bóer
- Incidente de Fachoda
- Revuelta de los bóxeres
- Construcción Canal de Suez

5 EXPLICA LAS DIFERENCIAS

- colonia de explotación/colonia de poblamiento
- trust/cartel/holding

RESPONDE A LA PREGUNTA INICIAL

¿Qué características tuvo la expansión imperialista europea del siglo XIX?

APRENDE A... COMENTAR UN MAPA

EL REPARTO COLONIAL DEL MUNDO

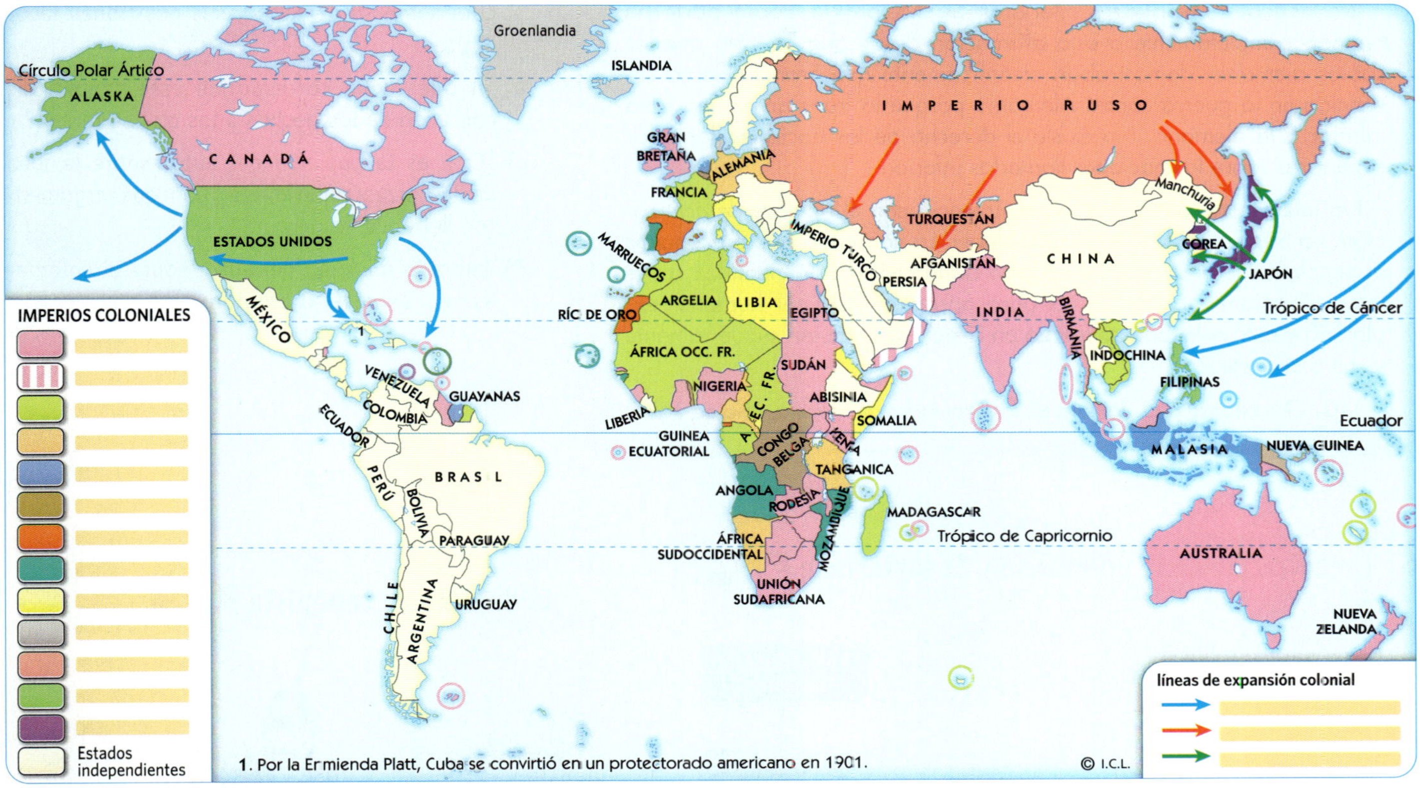

1. Identificación y presentación

- ¿Qué aspecto histórico se representa en el mapa? ¿Es de tipo político, económico, social o cultural?
- ¿En qué año se sitúa? ¿De qué periodo es representativo?
- ¿Qué ámbito territorial abarca el mapa?
- Escribe en tu cuaderno. ¿Qué símbolos aparecen en la leyenda? ¿Qué nos indican los colores? ¿Qué marcan las flechas?

2. Análisis

- ¿Cuáles eran los grandes imperios coloniales europeos? ¿Qué territorios abarcaba cada uno de ellos? ¿Qué países fuera de Europa participaron en la expansión colonial? ¿Cuáles fueron sus líneas de expansión?
- ¿Qué imperio colonial es el más extenso? ¿Qué continente se vio más afectado por el proceso de la colonización?

3. Contexto histórico

- ¿En qué momento histórico se produjo la expansión colonial europea?
- ¿Cuáles fueron los motivos de la expansión colonial? Relaciónalo con la Segunda Revolución Industrial.
- ¿Cómo afectó a la economía y a la sociedad de los pueblos dominados?

4. Conclusiones

- ¿Existe alguna relación entre los países colonizados en el siglo XIX y los países subdesarrollados de la actualidad?

RAZONA HISTÓRICAMENTE

Argumenta. ¿Por qué decimos que el imperialismo colonial se convirtió en una necesidad para las potencias industriales a partir del último tercio del siglo XIX?

Empatía. Imagina que eres un habitante de un país colonizado en el siglo XIX. Escribe tres argumentos para oponerte al dominio colonial.

1 Fuentes documentales. **Las justificaciones del imperialismo**

¡Razas superiores! ¡Razas inferiores! Se dice pronto. Por mi parte me opongo completamente a esta afirmación desde que he visto que los sabios alemanes demostraban científicamente que Francia debía ser vencida en la guerra contra Alemania porque la francesa es una raza inferior a la alemana. No existe el derecho de las naciones llamadas superiores sobre las naciones llamadas inferiores. (…)

No intentemos, pues, revestir la violencia con el nombre de civilización, no hablemos de derecho, de deber. La conquista que preconizáis es simplemente el abuso del poderío de la civilización científica sobre las civilizaciones rudimentarias para apropiarse del ser humano, explotarlo y extraerle toda su fuerza en beneficio de quien supuestamente viene a civilizar.

G. Clemenceau a la Cámara de los Diputados de Francia, julio de 1885.

a) ¿Quién es el autor del texto? Busca información sobre su persona y sus posiciones ideológicas.

b) ¿A qué fecha corresponde este texto? ¿Es coetáneo de los hechos a los que se refiere?

c) ¿Cuál es la posición del autor sobre la idea de las razas superiores? ¿Con qué argumentos defiende su postura?

d) Valora la posición del autor sobre el colonialismo y expresa tu opinión.

2 Organización de la información. **El taylorismo**

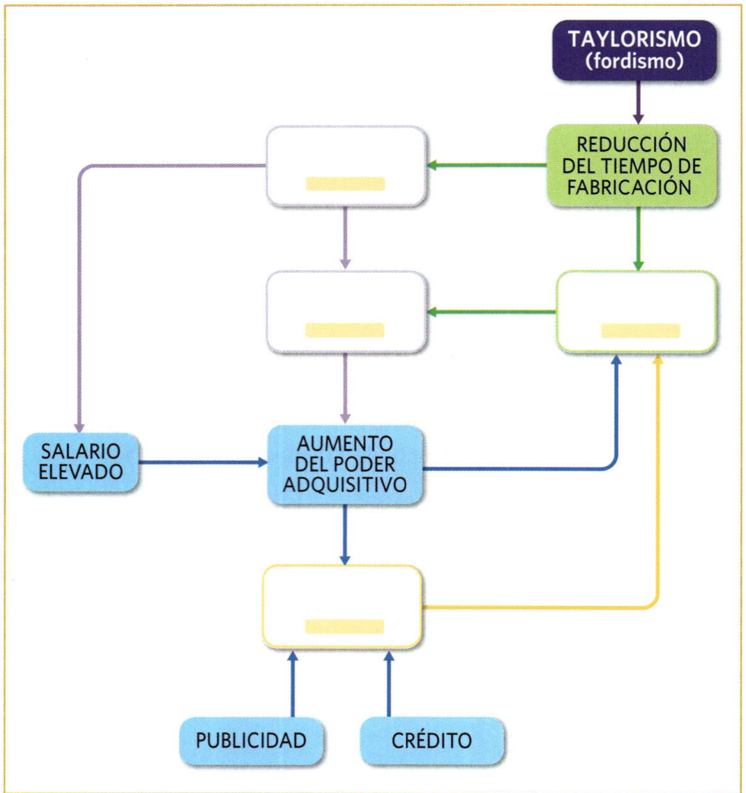

a) Completa el esquema en tu cuaderno indicando: bajada de precios, producción en serie, estímulo al consumo, producción masiva.

b) Redacta una breve síntesis sobre los efectos del taylorismo y su aplicación a los sistemas de producción industrial.

3 Fuentes gráficas. **El derecho de conquista**

Dibujo alegórico sobre el colonialismo inglés, siglo XIX.

a) ¿Cómo está representado el país ocupado? ¿Cómo puedes saber de qué territorio se trata?

b) ¿Qué actitud presenta el colonizador? ¿Cómo se muestra al nativo?

c) Relaciona la imagen con la posición ideológica de la mayoría de la opinión pública europea respecto al colonialismo a finales del siglo XIX.

4 Fuentes gráficas. El expansionismo de EE UU

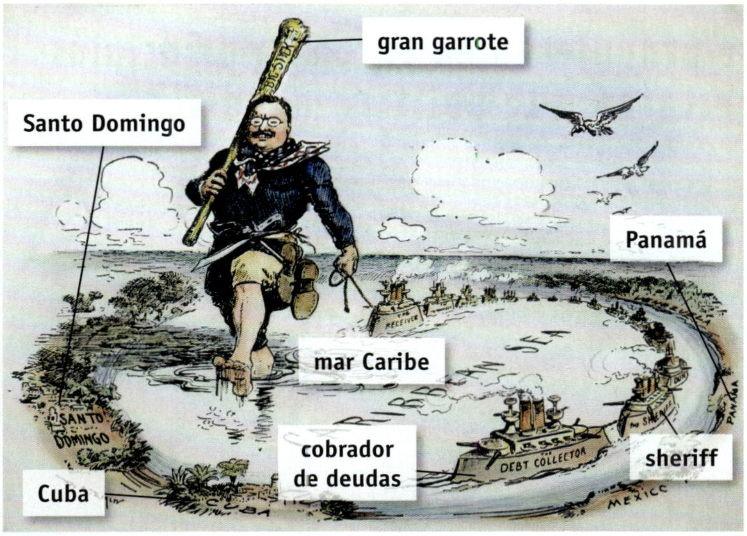

El Gran Garrote en el Caribe, viñeta estadounidense de 1904. Ironiza sobre la política exterior del presidente de EE UU Theodore Roosevelt, resumida en el lema "Habla suavemente y lleva un gran garrote, así llegarás lejos".

a) Describe la escena e identifica el lugar y el personaje principal. ¿Qué hace? ¿Dónde se encuentra? ¿Qué lleva en cada mano? ¿Para qué? ¿Qué simbolizan estos elementos?

b) Enmarca la caricatura en su contexto histórico y explica los hechos a los que hace referencia.

WWW. ESPACIO WEB

5 Trabajo colaborativo. Consecuencias de la colonización

Las colonización ha dejado secuelas hasta nuestros días que, a pesar de la descolonización del siglo XX, siguen provocando graves problemas. Dividíos en dos grupos.

a) El primero debe consultar en www.tiching.com/59262 el texto sobre los efectos de la colonización en África y elaborar un informe que tenga en cuenta:

- Los cambios que introdujeron los gobiernos coloniales en la economía tradicional. ¿Cómo afectaron a la agricultura y a las comunidades campesinas?
- La situación en la que se encontraban los países cuando lograron su independencia y qué nuevos problemas tuvieron que afrontar. ¿Es razonable afirmar que continuaron dependiendo económicamente de las antiguas metrópolis?

b) El segundo grupo debe buscar en Internet el vídeo *Ya nada me asombra*, con la canción de Tiken Jah Fakoly. Analizarán la letra de la canción y las imágenes, y establecerán conclusiones: consecuencias de la colonización y su relación con los actuales problemas de África.

c) Cada grupo debe exponer su trabajo en el aula, con las imágenes o audios que desee.

d) Elaborad un mural conjunto sobre las repercusiones del imperialismo colonial en el pasado y el presente.

6 Fuentes audiovisuales. Guinea española

Visiona el vídeo www.tiching.com/59400 sobre la sociedad colonial de la Guinea española y contesta las siguientes preguntas:

a) ¿Cuándo y por qué se inició la colonización de Guinea Ecuatorial? ¿Quiénes se instalaron allí?

b) ¿Qué se explotaba principalmente? ¿Qué beneficios conseguía la metrópoli? ¿Qué papel desempeñaba la Iglesia católica?

c) ¿Qué imagen se da de los nativos africanos en el reportaje? ¿Qué recuerdos de su presencia conservan los colonos blancos? ¿Cómo vivían?

d) ¿Se relacionaban colonos y nativos entre ellos? ¿Cómo eran tratados los guineanos?

e) ¿Cómo se gobernaba? ¿Qué infraestructuras se realizaron? ¿Con qué objetivo? ¿Cuándo y por qué tuvieron que abandonar la colonia los españoles?

RETOS EN LA RED

MINI UNIDAD VISUAL: El viento del diablo.

ACTIVIDADES AUTOCORRECTIVAS: Resuelve estas actividades y repasa lo que has aprendido.

www.vvd.link/012274/6

7 La Primera Guerra Mundial y la Revolución rusa

¿Qué acontecimientos se produjeron en Europa a principios del siglo XX? ¿Cómo afectaron a la política mundial?

John NASH: *El bosque de Oppy*, 1917.

En los inicios del siglo XX, las rivalidades económicas, coloniales y nacionales entre los Estados europeos condujeron a una escalada de tensiones y una carrera de armamentos que desembocaron en la Primera Guerra Mundial (1914-1918).

Se trató de un nuevo tipo de conflicto que implicó a países de todo el mundo, movilizó no solo a los ejércitos sino también a la población civil, y dejó un terrible saldo de muertos y destrucción.

La participación del Imperio ruso en la guerra provocó un gran descontento entre la población y, en 1917, una doble revolución derrocó al zarismo e instauró el primer Estado socialista en el mundo.

¿Qué sabemos?

- Observa el eje. ¿Qué fases conoció el desarrollo de la Primera Guerra Mundial? ¿En cuál tuvo lugar la Revolución rusa? ¿Qué sabes de lo que pretendía esa revolución?
- Describe la ilustración. ¿Qué adjetivos darías al paisaje? ¿Qué sabes de las trincheras de la Primera Guerra Mundial?

1 ¿Por qué estalló una guerra en Europa en 1914?

Desde finales del siglo XIX, y especialmente a lo largo de la primera década del siglo XX, la escalada de tensiones internacionales entre las diferentes potencias europeas fue creando un clima de "paz armada" que anunciaba la inminencia de un conflicto bélico.

¿Qué rivalidades coloniales, económicas y nacionales provocaron enfrentamientos entre los países? ¿Qué hostilidades propiciaron una carrera de armamentos y la configuración de bloques antagónicos de alianzas? ¿Qué intereses condujeron al estallido de la guerra?

A LOS ENFRENTAMIENTOS COLONIALES

Alemania amenaza a Francia en Marruecos y Reino Unido acude en ayuda de Francia. Caricatura, 1908.

La Conferencia de Berlín (1885) había intentado establecer medidas de acuerdo y arbitraje entre los imperios, pero el ascenso de potencias como **Alemania**, que había llegado con retraso a la carrera colonial, volvió a reabrir los conflictos entre los países europeos.

A principios del siglo XX, **Marruecos** fue el escenario principal de enfrentamientos. Pero la tensión podía estallar en cualquier lugar y en cualquier momento.

Las crisis marroquíes

En 1905, el gobierno alemán ofreció su apoyo al sultán de Marruecos para que se enfrentara a Francia, que quería establecer un protectorado en la zona. La Conferencia de Algeciras (1906) frustró las aspiraciones alemanas al establecer un protectorado franco-español sobre Marruecos.

Pero Alemania, en 1911, con motivo de una insurrección en el Sur de Marruecos, envió barcos de guerra al puerto de Agadir, bajo el pretexto de proteger a los súbditos alemanes. Reino Unido apoyó incondicionalmente a Francia, pero la presión alemana acabó consiguiendo a cambio la ampliación de la colonia de Camerún.

B LAS RIVALIDADES ENTRE LAS POTENCIAS. EL NACIONALISMO

Las potencias europeas también adoptaron posiciones nacionalistas, exacerbadas por la defensa de sus intereses en Europa y en sus imperios coloniales. Se produjo una exaltación de los valores y la identidad de cada nación, que generó un clima de desconfianza mutua.

De ese mismo modo, en el ascenso de los nacionalismos contribuyeron las **aspiraciones de independencia** de algunos pueblos europeos que querían librarse de la tutela de los viejos imperios tradicionales.

Como consecuencia, la región de los **Balcanes**, dominada desde hacía siglos por el Imperio turco, se convirtió en un foco de importantes tensiones internacionales.

Asimismo, **franceses** y **alemanes** se enfrentaban por la ocupación alemana de las regiones francesas de **Alsacia** y **Lorena**, a raíz de la guerra franco-prusiana. Por último, existía una fuerte **rivalidad** entre **Reino Unido** y **Alemania** por el control comercial y económico de Europa y de las rutas comerciales.

ALSACIA Y LORENA

C LOS CONFLICTOS BALCÁNICOS

En los Balcanes, ante la decadencia del Imperio turco, Austria-Hungría aspiraba a expandirse en la zona. Pero se enfrentaba a las ambiciones de Serbia y del Imperio ruso que también quisieron aumentar su influencia y ocupar los estrechos del Bósforo y los Dardanelos, que abrían sus dominios al mar Mediterráneo.

La anexión de Bosnia-Herzegovina al Imperio austrohúngaro (1908) agravó las tensiones en los Balcanes y originó la sucesión en pocos años de **dos guerras** (1912 y 1913) que empeoraron la situación. Las guerras consolidaron a Serbia, con el apoyo de Rusia, como la potencia de la zona. Este liderazgo alarmó a Austria-Hungría que temía un levantamiento general de los pueblos eslavos bajo su dominio. Por ello buscó el apoyo de Alemania frente a Rusia.

Ilustración editada en *Le Petit Journal*, 1908, que muestra a Rusia y Austria-Hungría disputándose el dominio y reparto de los Balcanes, ante la impotencia de Turquía.

D ALIANZAS MILITARES Y CARRERA DE ARMAMENTOS

Las potencias se lanzaron a un complejo sistema de alianzas militares para prepararse ante un posible enfrentamiento. En 1882, Alemania, Austria-Hungría e Italia firmaron la **Triple Alianza**.

Francia, temerosa del poderío militar y del expansionismo alemán, se alió con Rusia y mejoró sus relaciones con Reino Unido, deterioradas por las disputas coloniales. Las tres potencias acabaron firmando la **Triple Entente** (1907).

El malestar existente entre las grandes potencias originó además una **carrera de armamentos**. Los Estados invirtieron grandes sumas de dinero en fabricar armas (cañones, obuses, ametralladoras...), construir barcos de guerra y entrenar a sus tropas. A principios de siglo XX, todos se preparaban para la guerra y cualquier incidente podía desencadenar el conflicto.

El asesinato del archiduque austriaco Francisco Fernando (junio de 1914) fue la chispa que incendió Europa, pero las causas se habían fraguado durante décadas.

LOS SISTEMAS DE ALIANZAS EUROPEOS

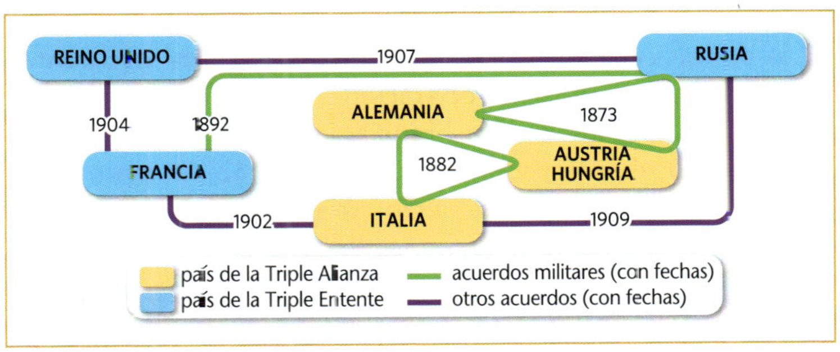

EL GASTO EN ARMAMENTO

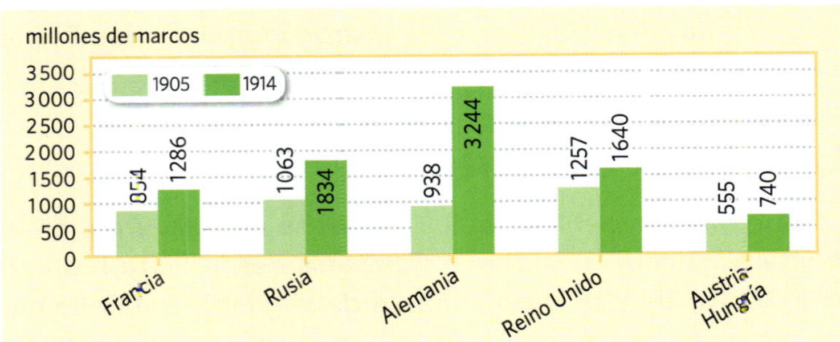

1. ¿Por qué se enfrentaban los países europeos en las colonias? ¿Qué nueva potencia planteaba los mayores problemas? ¿Qué fueron las crisis marroquíes?
2. ¿Por qué adoptaron posiciones nacionalistas muchos países? ¿Cuál era el principal conflicto entre Francia y Alemania? ¿Qué intereses se enfrentaban en los Balcanes?

Argumenta la respuesta

3. Justifica por qué a esta época se la conoce como la de la "paz armada", y se dice que la Primera Guerra Mundial fue una "guerra anunciada".
4. Distingue entre las causas profundas y el motivo concreto que hizo estallar la guerra.

2 El desarrollo de la guerra

El estallido de la guerra

El 28 de junio de 1914 fue asesinado el heredero del Imperio austrohúngaro, Francisco Fernando, en Sarajevo, capital de Bosnia (ocupada por los austriacos desde 1908). El atentado fue realizado por un estudiante bosnio relacionado con las organizaciones nacionalistas serbias.

Austria, animada por Alemania, acusó a **Serbia** de haber instigado el magnicidio y le declaró la guerra el 28 de julio. Rusia intervino para proteger a Serbia y declaró la guerra a Austria. Alemania, aliada de Austria, declaró la guerra a **Rusia** y a **Francia**. **Reino Unido** declaró la guerra a Alemania y a Austria cuando los ejércitos alemanes invadieron **Bélgica**, país aliado de Francia. Solo Italia se mantuvo neutral en un principio.

El enfrentamiento austro-serbio se convirtió en una **guerra europea**.

La guerra de movimientos

Las operaciones bélicas se iniciaron en el **frente occidental**, cuando en una rapidísima operación (Plan Schlieffen) los ejércitos alemanes atacaron a Francia, entrando por Bélgica y Luxemburgo, con la esperanza de vencer rápidamente y poder concentrar todos sus esfuerzos en el frente oriental.

A comienzos de septiembre de 1914, los alemanes se encontraban a 40 kilómetros de París. Sin embargo, los ejércitos francés e inglés consiguieron reorganizarse y detener el avance del ejército alemán en la **batalla del Marne**.

En el **frente oriental**, los alemanes derrotaron a los rusos en la **batalla de Tannenberg**, pero estos reaccionaron y llegaron a las fronteras del Imperio austrohúngaro. En los Balcanes, la ofensiva austriaca contra Serbia fue detenida.

La guerra de trincheras

Tras la batalla del Marne, los frentes se inmovilizaron. En el frente occidental se abrieron trincheras desde Suiza hasta el mar del Norte, y se inició una fase de la guerra en la que ganar un palmo de territorio al enemigo significaba decenas de miles de muertos. Entonces se hizo necesaria la búsqueda de **nuevos aliados** que aportaran más soldados al frente.

A finales de 1914, Turquía entró en la guerra, al año siguiente lo hicieron Italia y Bulgaria y, en 1916, se incorporó Rumania. Ese mismo año, los alemanes lanzaron una nueva ofensiva en el frente occidental, pero en la **batalla de Verdún** los franceses resistieron durante meses. En julio, británicos y franceses atacaron las líneas alemanas (**batalla de Somme**), con escaso éxito.

LA EXTENSIÓN DEL CONFLICTO

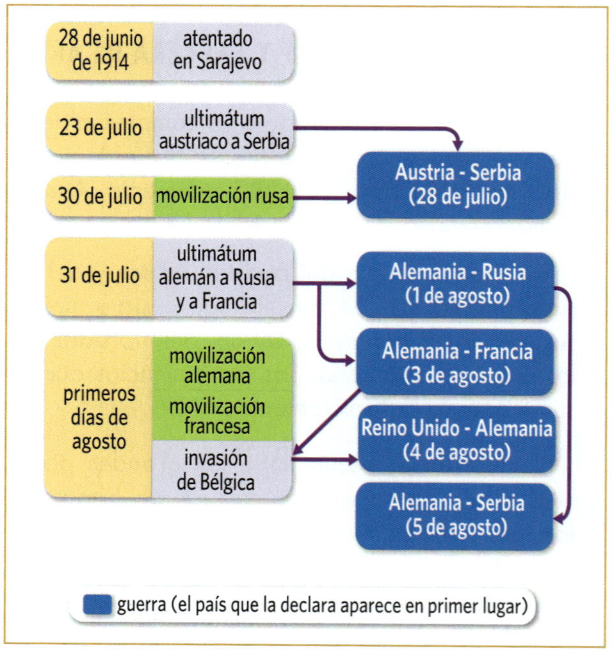

Miles de soldados vivieron durante meses en las trincheras sufriendo unas condiciones de vida miserables.

EL DESARROLLO DE LA GUERRA Y LAS TRINCHERAS

Desde el Mar del Norte hasta Suiza se cavaron miles de kilómetros de trincheras. En ellas se enfrentaron los ejércitos con un elevado coste humano: un millón de bajas entre los aliados y 800 000 entre los alemanes.

@ Amplía en la Red...

Para saber más sobre la guerra de movimientos en 1914, entra en: www.tiching.com/731537

1917: la entrada de EE UU y el fin de la guerra

El año 1917 fue decisivo para la guerra. Por un lado, los duros combates de la guerra de trincheras provocaron entre los soldados deserciones y se produjeron numerosos motines en el frente. Por otro, en Rusia triunfó la Revolución bolchevique y los revolucionarios, ocupados en consolidar su gobierno, firmaron la paz con Alemania y se retiraron de la guerra (**paz de Brest-Litovsk**).

El abandono de Rusia fue compensado con la **intervención de Estados Unidos**, que, a consecuencia del hundimiento del transatlántico *Lusitania* por un submarino alemán, decidió entrar en el conflicto. Aunque ya se había extendido la guerra a las colonias, la presencia de EE UU supuso la definitiva **mundialización del conflicto**.

En 1918, en el frente oriental, británicos, franceses e italianos derrotaron a los austriacos y a sus aliados. Los imperios austrohúngaro y turco pidieron el armisticio*, y los combates cesaron.

En el frente occidental, los alemanes fueron derrotados en la segunda batalla del Marne y se produjeron revueltas en el ejército y la marina, además de manifestaciones obreras contra el gobierno alemán. El alto mando alemán se desmoralizó ante el fracaso y sugirió al káiser, Guillermo II, que pidiera la paz. El 11 de noviembre de 1918, **Alemania firmó el armisticio**. La Primera Guerra Mundial había terminado.

Estados Unidos entra en la guerra

Con absoluta conciencia del carácter solemne de la decisión que acabo de tomar y de las graves responsabilidades que esta decisión comporta, pero obedeciendo a lo que considero mi deber constitucional, aconsejo que el Congreso declare que la reciente conducta del gobierno imperial alemán no es sino un cambio de dirección de la guerra contra el gobierno y el pueblo de EE UU. Propongo que el Congreso acepte la posición de beligerante (...).

Mensaje de guerra del presidente Wilson, 1917.

1. ¿Qué hecho concreto desencadenó la guerra? Relaciónalo con el conflicto balcánico.
2. ¿Qué posición adoptó Alemania? ¿Por qué crees que estaba tan interesada en desencadenar un conflicto?
3. ¿Qué juego de alianzas provocó que el enfrentamiento entre Austria y Serbia se convirtiera en un conflicto mundial?
4. Explica las fases de la guerra y los acontecimientos y características de cada una de ellas.
5. ¿Qué hechos provocaron en 1917 un vuelco en la guerra? ¿Por qué hablamos de "mundialización del conflicto"?

3 Los soldados en el frente

En la guerra, detrás de las batallas, de los países contendientes y de los números que mostraron las bajas y las fuerzas en combate, existió una realidad cotidiana de sufrimiento y destrucción.

Centenares de hombres, en general jóvenes, fueron reclutados y enviados al frente. Ellos fueron los verdaderos protagonistas de la guerra. Su experiencia, sobre todo en las trincheras, fue terrible y marcó a toda su generación.

A EL SUFRIMIENTO HUMANO

El extraordinario desarrollo tecnológico del siglo XIX, y especialmente de la Segunda Revolución Industrial, se aplicó a la guerra, buscando los medios más efectivos para destruir y matar.

ARTILLERÍA, BOMBAS Y GAS

Se fabricaron cañones más poderosos, ametralladoras..., aparecieron los primeros tanques y aviones y se utilizaron gases, que sembraron el terror entre los contendientes. El empleo de **nuevas armas** cada vez más mortíferas provocó un número de víctimas muy superior al de guerras anteriores.

La cantidad de proyectiles es increíble, 80 000 obuses en algunas horas, sobre un espacio de 1 000 metros de anchura por 400 de profundidad. Uno se pregunta cómo los seres humanos llegan a sobrevivir y combatir en un infierno semejante, en el que no queda un solo metro cuadrado que no haya sido bombardeado por los obuses.

M. POISOT: *Mon journal de guerre: 1914-1918 [Mi diario de Guerra]*, 1985.

Batalla de Verdún

- 300 días de combates
- 3 200 cañones alemanes
- 270 cañones franceses
- 30 millones de obuses (4 toneladas de bombas por m^2)
- 163 000 muertos franceses
- 143 000 muertos alemanes

Los primeros momentos con una careta antigás son decisivos para saber si vivirás o morirás: la cuestión consiste en comprobar que es impermeable y que no está rota (...).

E. M. REMARQUE: *Sin novedad en el frente*, 1929.

Otto DIX: *Tropas de asalto avanzando bajo un ataque de gas*, 1924.

Hambre y suciedad

Dentro de este fangal, los combatientes tienen el aspecto más extraño. La suciedad ha revestido a los soldados de un uniforme en el cual la invisibilidad desafía todo reconocimiento. Van vestidos de tierra, maquillados de tierra. Los pantalones, la capa, la cara, las armas están llenas de fango. (...) Solo la culata de los fusiles está cubierta con un trapo para protegerla. No podemos distinguir si los cadáveres que encontramos por el camino son franceses o alemanes.

Artículo periodístico, abril de 1915.

Están agotados, no pueden más. No hay café, no protestan. Saben que todo es miseria en este mundo de miseria. Llenan sus fiambreras y comen silenciosamente el guiso frío de buey cocido y patatas avinagradas, buscando preservarse del agua y de la tierra; pero tienen las manos heladas y el pan que comen cruje bajo sus dientes.

Diario de un combatiente, 1917.

Atender a los heridos

El nuevo armamento que se utilizó en la guerra, además de ser más mortífero, provocaba una enorme cantidad de heridos, especialmente por la metralla y las bombas. Se establecían hospitales de campaña y en ellos empezaron a ser habituales no solo los médicos sino también las enfermeras.

En la Gran Guerra ya operaba la organización de la Cruz Roja, cuyo cometido era atender a heridos y prisioneros sin distinción de bandos.

Enfermeras durante la Primera Guerra Mundial.

UNA TRINCHERA DE LA PRIMERA GUERRA MUNDIAL

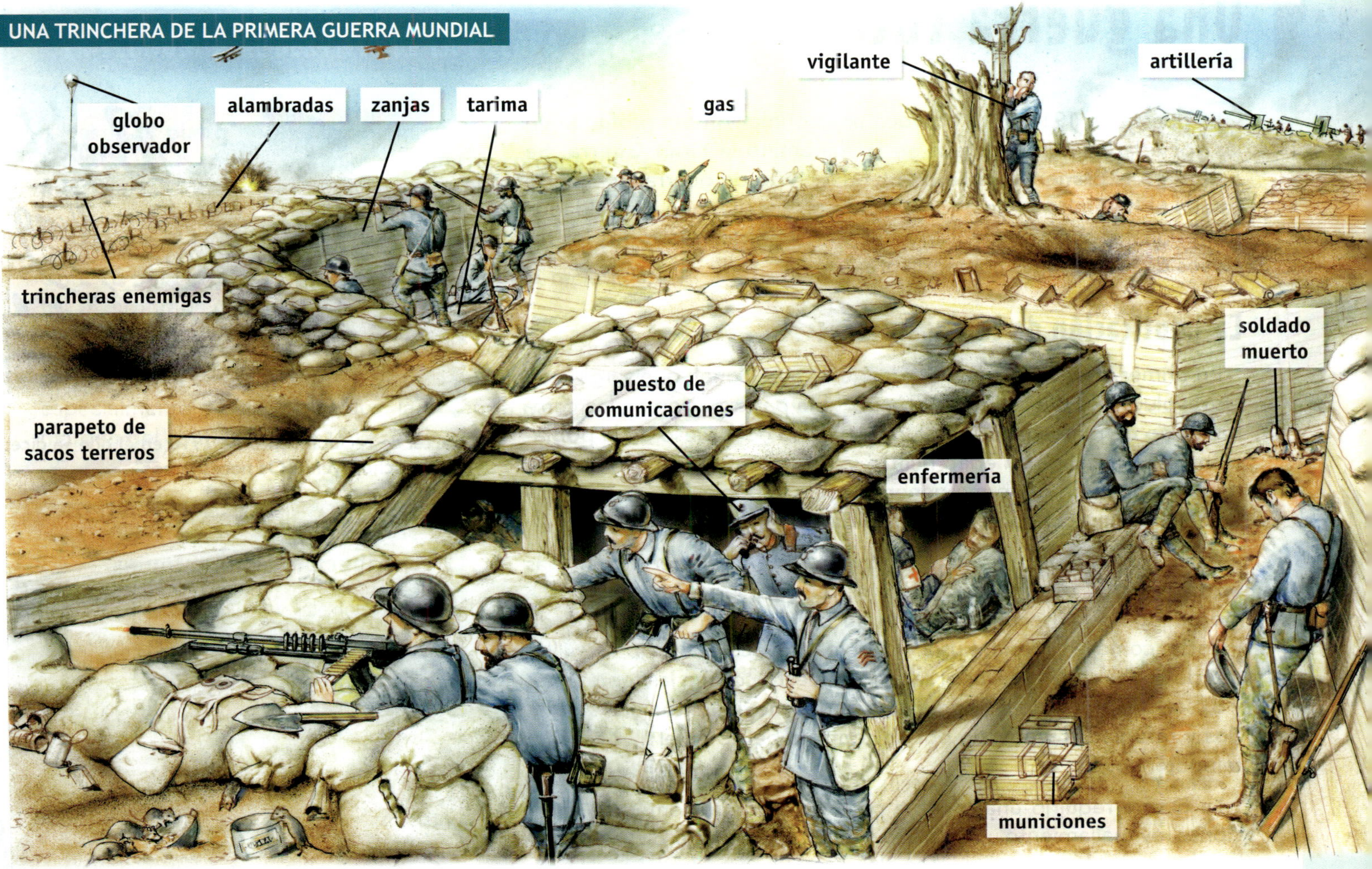

B LA VIDA EN LA TRINCHERA: RESISTIR Y ATACAR

La rutina diaria de los soldados consistía en resistir los ataques de la artillería enemiga parapetados en las trincheras tras un entramado de alambres y zanjas.

Para debilitar al adversario, periódicamente se lanzaban ofensivas en las cuales la infantería abandonaba la trinchera e intentaba avanzar a campo abierto en medio del fuego enemigo.

Un ataque fuera de las trincheras

Los taludes (de las trincheras) se cubren de hombres que avanzan al mismo tiempo que nosotros. Atravesamos las alambradas por los agujeros. Algunas balas empiezan a llegar hacia nosotros (...). Bruscamente, ante nosotros, a todo lo largo de la pendiente, se alzan sombras flameantes. De izquierda a derecha, los obuses caen del cielo, los explosivos salen de la tierra. Es una espantosa cortina. Nos paramos estupefactos (...) después un esfuerzo simultáneo levanta nuestro grupo y lo lanza velozmente hacia delante.

H. Barbusse: *El fuego*, 1916.

1. Observa el dibujo y describe cómo era el sistema de trincheras en la Primera Guerra Mundial. ¿Qué instalaciones había bajo tierra? ¿Qué armamento distingues en las trincheras? ¿Y en el equipo de los soldados? ¿Por qué eran tan importantes las máscaras antigás?
2. ¿Cómo se intentaba asaltar la posición enemiga? ¿Cuál era la mayor dificultad? ¿Cómo se organizaba la defensa de un ataque enemigo?

Ponte en su lugar

3. Con toda la información de estas páginas, redacta una breve descripción de un día en las trincheras:
   - Describe el espacio, la sensación de suciedad (barro, piojos, ratas...), de hambre (comida escasa y desaborida...), etcétera.
   - Intenta relatar un momento de bombardeo en las trincheras, o de un asalto con bayoneta*, o la sensación de ser atacado con gas.
   - Explica el miedo que deberían sentir los soldados a la orden de salir de la trinchera y avanzar hacia el enemigo.

5 ¿Por qué se produjo una revolución en Rusia?

La guerra afectó a todos los países contendientes, pero en el Imperio ruso tuvo profundas consecuencias. Generó una revolución, en 1917, sin precedentes y transformó por completo el sistema económico, político y social. ¿Por qué la primera revolución socialista se produjo en el país de los zares?

¿Qué condiciones de miseria y desesperación condujeron a su población a la revuelta? ¿Por qué el sistema político fue incapaz de integrar las reivindicaciones de reformas moderadas? ¿Qué ideas, partidos y líderes pudieron acabar con el zarismo?

A UN IMPERIO AUTOCRÁTICO

A comienzos del siglo XX, el Imperio de los zares era un inmenso territorio donde aún pervivía el absolutismo monárquico. Políticamente, el zarismo era una autocracia, es decir, el zar tenía un **poder absoluto**: gobernaba por decreto, no estaba sujeto a ninguna constitución ni respondía ante un Parlamento.

Una fiel burocracia y un poderoso ejército aseguraban el control del Imperio, mientras que la Iglesia ortodoxa constituía uno de los grandes pilares ideológicos del régimen.

El zar Nicolás II y la zarina Alejandra Fiódorovna en 1894. Los zares se presentaban ante el pueblo como dioses inalcanzables en su poder.

Iliá Repin: *Procesión de Pascua en la región de Kursk*, 1883.
El zar era la máxima autoridad de la Iglesia ortodoxa y esta tenía una gran influencia sobre una población de la cual el 80 % era analfabeta.

B UNA AGRICULTURA FEUDAL Y UNA INDUSTRIA DEPENDIENTE

La economía y las estructuras sociales del Imperio ruso eran de las más atrasadas del continente europeo. La **agricultura** constituía la principal actividad económica y la tierra estaba en manos de una aristocracia privilegiada, inmensamente poderosa y rica.

Los campesinos y campesinas, la mayoría de la población, estaban sometidos a un régimen casi feudal, desaparecido en la mayor parte de Europa, que los condenaba a unas condiciones de vida miserables. La servidumbre personal se mantuvo hasta 1865 y, aunque se abolió, el poder de la nobleza terrateniente la mantuvo intacta.

En algunas zonas del Imperio (Moscú, San Petersburgo, Urales...) se había iniciado un proceso industrial impulsado, en buena parte, por capital extranjero. Allí había surgido un numeroso **proletariado industrial** que trabajaba en grandes fábricas (empresas de más de 500 trabajadores), por unos salarios miserables con jornadas de trabajo de 10 a 12 horas y condiciones de seguridad mínimas.

LA POBLACIÓN EN SAN PETERSBURGO

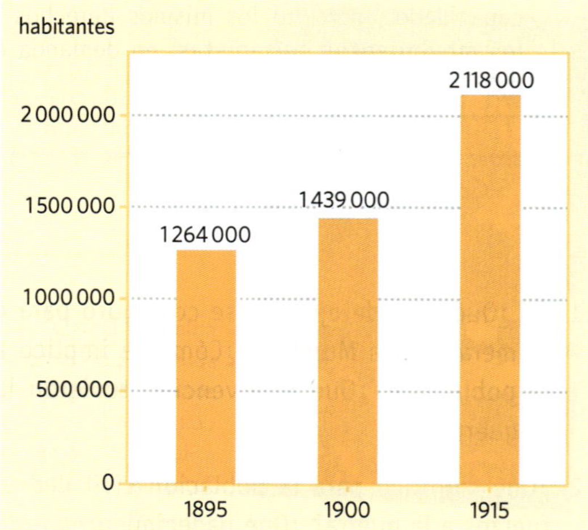

C LA OPOSICIÓN AL ZARISMO

Las primeras corrientes de oposición, populistas (naródniki) y anarquistas se desarrollaron entre la clase campesina, pero sin tener alternativas claras. Entre la clase obrera industrial se difundieron las ideas marxistas.

En 1898 se fundó el **Partido Obrero Socialdemócrata Ruso**, que tenía como líder más destacado a Vladímir Ilich Uliánov, Lenin. Pronto, el partido se escindió en dos alas, la menchevique (o minoritarios) y la bolchevique (o mayoritarios), partidaria del **camino revolucionario**, convencida de la incapacidad de reformas del zarismo.

A comienzos del siglo XX apareció un partido liberal-burgués, el **Partido Democrático Constitucionalista** (denominados kadetes), y en la izquierda, el **Partido Socialista Revolucionario** (llamados eseristas), con gran influencia entre el campesinado.

La revuelta de 1905

En 1905 estalló una revuelta que exigía el fin de la autocracia. Se celebró una **manifestación pacífica** y el zar respondió con una contundente represión (**Domingo Sangriento**). Pero las manifestaciones y huelgas continuaron y los trabajadores crearon unos consejos de obreros, campesinos y soldados, denominados **sóviets**, para organizarse. Ante la situación, el zar se comprometió a convocar elecciones por **sufragio universal** al Parlamento (Duma) y a propiciar una **reforma agraria**. Sin embargo, las promesas no se cumplieron y en pocos años el zar clausuró la Duma y gobernó de nuevo autocráticamente.

León Trotski (1879-1940) fue uno de los principales dirigentes bolcheviques. Organizó en 1905 el primer sóviet en San Petersburgo.

LOS GRUPOS POLÍTICOS EN RUSIA

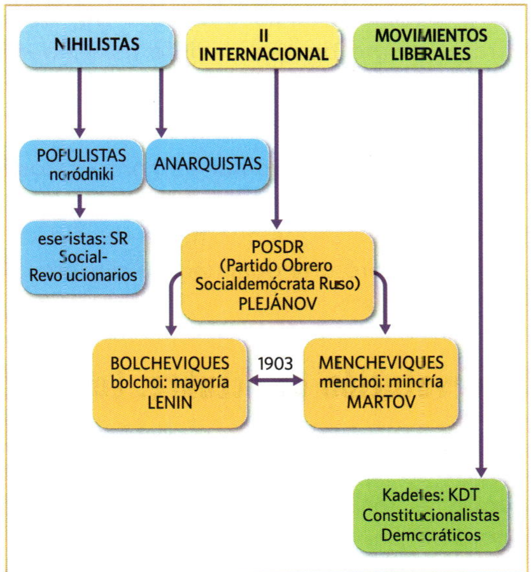

D LA COYUNTURA DE LA PRIMERA GUERRA MUNDIAL

En 1914, cuando Rusia entró en la Primera Guerra Mundial, se evidenció que no estaba preparada para una guerra tan larga, dura y cara: el ejército ruso no estaba capacitado, ni los sistemas de transporte eran eficaces, ni la industria de armamento resultaba suficiente. Como los medios económicos del país se dedicaron a la guerra, el hambre apareció y se extendió el **malestar** entre obreros, campesinos y soldados. Todo ello desacreditó al zar Nicolás II y a su gobierno.

En plena guerra, los que se oponían al zarismo sabían que era la oportunidad de acabar con el régimen y hacerse con el poder.

EL IMPERIO RUSO EN LA PRIMERA GUERRA MUNDIAL

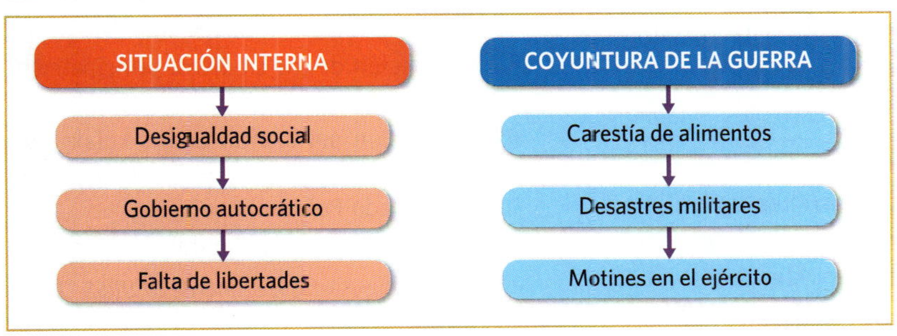

1. ¿Qué forma de gobierno existía en Rusia a principios del siglo XX? ¿Quién sostenía el poder? ¿Qué grupo social era el dominante? ¿Qué situación económica había? Establece diferencias con el sistema social y político de Europa Occidental en esa época.
2. ¿Qué oposición existía al zarismo? ¿Por qué era tan débil el liberalismo burgués? ¿Por qué crecían los grupos socialistas? ¿Qué sucedió en 1905? ¿Cómo afectó la Primera Guerra Mundial a la situación rusa?
3. Observa el esquema que tienes a la izquierda. ¿Por qué se produjo la revolución en Rusia?

Investiga

4. Busca información sobre el origen del Partido Obrero Socialdemócrata Ruso. Redacta un breve comentario en el que describas el origen del partido, sus dirigentes y las diferencias ideológicas entre las dos corrientes: los mencheviques y los bolcheviques.

6 La Revolución rusa

La revolución de febrero de 1917. Caída del zarismo

El 23 de febrero de 1917 se produjo una gran manifestación en Petrogrado (nombre eslavo que había adoptado San Petersburgo en 1914), seguida de una **huelga general** y de **amotinamientos en los cuarteles**. El zar abdicó y se proclamó una república dirigida por un **gobierno provisional**, que se comprometió a convocar elecciones constituyentes para convertir Rusia en una democracia parlamentaria.

El nuevo gobierno, dominado por los partidos burgueses (kadetes y eseristas), inició una serie de **reformas** políticas y sociales. Pero al mismo tiempo decidió **mantener** los compromisos con sus aliados en la guerra. Esto impedía mejorar las condiciones de vida de la población e iniciar la esperada reforma agraria.

El **descontento popular** aumentó, y los **sóviets**, que pedían la retirada de la guerra, empezaron a exigir la destitución del gobierno. La unidad de fuerzas que había derrocado al zar empezó a romperse, y se generó una dualidad de poderes entre el gobierno provisional y los sóviets.

Manifestación de mujeres pidiendo paz y pan, febrero de 1917.

La revolución de octubre. Los bolcheviques al poder

Los **bolcheviques** fueron ganándose el apoyo de la mayoría de los sóviets. Su líder, **Lenin**, que había regresado a Rusia del exilio, propugnó las **Tesis de abril**, donde marcaba la ruta a seguir: derrocar al gobierno provisional e instaurar un gobierno de sóviets obreros y campesinos, firmar la paz con Alemania, repartir las tierras entre los campesinos, ceder la dirección de las fábricas a los obreros, nacionalizar la banca y reconocer las nacionalidades del Imperio.

Los bolcheviques, con el apoyo de los sóviets, que habían creado sus propias milicias armadas, la **Guardia Roja**, prepararon una insurrección para el día **25 de octubre de 1917**. Los sublevados y sublevadas ocuparon la ciudad de Petrogrado, tomaron el Palacio de Invierno y destituyeron al gobierno provisional. La **revolución** se extendió rápidamente por Moscú y los núcleos industriales del país.

El II Congreso de los Sóviets de Rusia, que se hallaba reunido en Petrogrado, proclamó un **gobierno obrero** que fue presidido por Lenin y en el que figuraban Trotski y Stalin.

En noviembre de 1917 se celebraron las elecciones para la **Asamblea Constituyente**, que habían sido convocadas por el gobierno provisional. Los bolcheviques solo obtuvieron el 25 % de los escaños, aunque su fuerza era mayoritaria en las ciudades y las zonas industriales. Ante el temor de que los grupos contrarios a la revolución se impusieran en la Duma, Lenin disolvió la Asamblea y puso **fin al pluralismo político** en la nueva Rusia soviética.

El nuevo gobierno decretó las **primeras medidas revolucionarias**: se expropiaron las tierras para repartirlas entre las familias campesinas, y las fábricas quedaron bajo el control de comités obreros. Asimismo se firmó el Tratado de Brest-Litovsk (1918) con Alemania, por el que Rusia tuvo que aceptar importantes pérdidas territoriales.

Lenin

Lenin fue el líder bolchevique y principal inspirador de la revolución de octubre de 1917.

En 1897 fue encarcelado y deportado a Siberia por sus actividades contra la autocracia zarista. Tras su liberación, en 1900, se exilió a Suiza. Al triunfar la revolución de febrero, regresó a Rusia para dirigir la toma del poder por los bolcheviques.

Las primeras medidas de la revolución

- Expropiación del capital del Estado.
- Expropiación y nacionalización de la propiedad agrícola.
- Expropiación del capital financiero y nacionalización de los bancos.
- Expropiación de los transportes.
- Expropiación de los créditos, principalmente los extranjeros.
- Expropiación del capital de los kulaks (terratenientes) y creación del Comité del Campesinado Pobre.
- Expropiación del gran capital industrial.

Y. Kukushkin: *Historia de la URSS*, 1982.

LA GUERRA CIVIL Y LA FORMACIÓN DE LA URSS

A principios de 1918, los partidarios de la vuelta del zarismo (terratenientes, ejército, etc.) o del liberalismo (burguesía) se levantaron en armas contra el gobierno de los sóviets. El denominado **Ejército Blanco** contó con la ayuda de tropas francesas, británicas, japonesas y norteamericanas, y se enfrentó al **Ejército Rojo**, organizado por los bolcheviques bajo la dirección de Trotski.

Los tres años de **guerra civil** fueron de una gran crueldad para la población, tanto por la escasez de alimentos como por los muertos en combate. En 1921, el Ejército Rojo logró imponerse militarmente pero el conflicto había contribuido al endurecimiento del régimen soviético.

En el verano de 1918, el zar y su familia fueron ejecutados por los bolcheviques.

El poder bolchevique

El partido bolchevique, que desde 1918 había tomado el nombre de **Partido Comunista de la Unión Soviética** (PCUS), se hizo con el monopolio del poder, reprimió a todos los que se le oponían (zaristas, liberales, mencheviques, anarquistas, etc.) y organizó una policía política (Checa) para perseguir las actividades contrarrevolucionarias.

En el ámbito económico, se instauró el "**comunismo de guerra**", por el que se nacionalizó toda la industria, se colectivizaron las tierras y se obligó a los campesinos a entregar sus cosechas al Estado.

LAS REPÚBLICAS SOVIÉTICAS A PARTIR DE 1922

La Constitución de la URSS

Art. 2. La base política de la URSS son los Sóviets de Diputados de los Trabajadores, como consecuencia del derrocamiento del poder de los terratenientes y capitalistas y de la conquista de la dictadura del proletariado. (...)

Art. 4. La base económica de la URSS es el sistema socialista de economía (...) como resultado de la supresión del sistema capitalista y la propiedad privada y de la anulación de la explotación del hombre por el hombre. (...)

Constitución de 1923.

En 1922, el Congreso de los Soviets ratificó la creación de un Estado federal, la Unión de las Repúblicas soviéticas.

Cada una de las repúblicas conservaba su idioma, y tenía autoridad sobre la justicia, la educación...; pero no sobre el partido, el ejército, la economía, las relaciones exteriores...

La URSS era un Estado federal con un Parlamento (Sóviet Supremo) y un solo partido político, el PCUS (Partido Comunista de la Unión Soviética). Se trataba de un sistema totalitario que se justificaba con la teoría de la dictadura del proletariado*.

1. ¿Qué sucedió en febrero de 1917? ¿Qué medidas tomó el nuevo gobierno? ¿Quién estaba en contra? ¿Por qué?
2. ¿Qué son las Tesis de abril? ¿Quién las propuso?
3. ¿Qué ocurrió en octubre de 1917? ¿Quién tomó el poder? ¿Cuáles fueron sus primeros decretos? ¿Qué sucedió en noviembre de 1917?
4. ¿Por qué se inició una guerra civil? ¿Quiénes se enfrentaron? ¿Qué sucedió con el zar y su familia?
5. Explica la relación entre guerra civil, ataques exteriores y consolidación del poder bolchevique ¿Cómo se hizo con el control del Partido Comunista? ¿Qué significó para el futuro de Rusia?

7 Europa, al finalizar la guerra

El desastre demográfico y económico

La guerra causó alrededor de diez millones de soldados muertos en combate. A esta cifra hay que añadir las víctimas civiles, afectadas por la subalimentación y las enfermedades, y la falta de nacimientos durante el conflicto, lo que provocó un **retroceso demográfico** generalizado.

Desde del punto de vista económico, la Primera Guerra Mundial significó la **pérdida** definitiva de la **hegemonía europea**. El conflicto empobreció a los países beligerantes. El potencial industrial de Europa se redujo un 40 %, y el agrícola, un 30 %. Todos los países europeos estaban endeudados tanto en el interior (empréstitos* de guerra) como con el exterior (préstamos, sobre todo con Estados Unidos).

Por contra, **Estados Unidos** fue precisamente uno de los grandes beneficiarios de la guerra y su economía se convirtió en líder de las finanzas mundiales. Su producto nacional bruto se dobló en los años de la guerra y el dólar sustituyó a la libra esterlina como la moneda fuerte y hegemónica en las transacciones internacionales.

La organización de la paz

En enero de 1919 se inauguró en París una conferencia para establecer las condiciones de paz. El **Tratado de Versalles** fue el más importante e impuso las condiciones de paz a Alemania. Otra serie de tratados fueron firmados con Austria, Bulgaria, Hungría y el Imperio turco. En conjunto se impuso la desmembración de los imperios y la **remodelación de las fronteras europeas**.

El presidente estadounidense, Thomas W. Wilson, había aportado su visión de una paz fundada en la concordia y la ausencia de revancha (**14 puntos de Wilson**). Bajo su propuesta se creó la **Sociedad de Naciones** (SDN), una organización internacional que debía garantizar la paz y la cooperación entre los Estados. Pero las condiciones impuestas por los vencedores llevaron a que los vencidos no se integraran en la SDN. Tampoco lo hizo la URSS ni, al final, EE UU y la SDN acabó sin ninguna influencia en la política internacional.

Nuevos problemas, nuevos conflictos

Las conferencias de paz no cerraron las heridas de la guerra, al contrario, abrieron nuevas rencillas. **Alemania** consideró las condiciones impuestas por el Tratado de Versalles como una **humillación**, que acabaría exacerbando su nacionalismo y el deseo de revancha en el futuro. También **Italia** planteó su frustración por no recibir las reivindicaciones territoriales que había demandado y creció un movimiento nacionalista.

Por otro lado, la Revolución rusa de 1917 había planteado en Europa una nueva situación de tensión. La revolución bolchevique animaba a las fuerzas revolucionarias de toda Europa. Se producujeron levantamientos en Alemania y Hungría que, aunque fueron sofocados, evidenciaban la existencia de un nuevo conflicto entre el capitalismo y el comunismo.

VÍCTIMAS DE LA PRIMERA GUERRA MUNDIAL

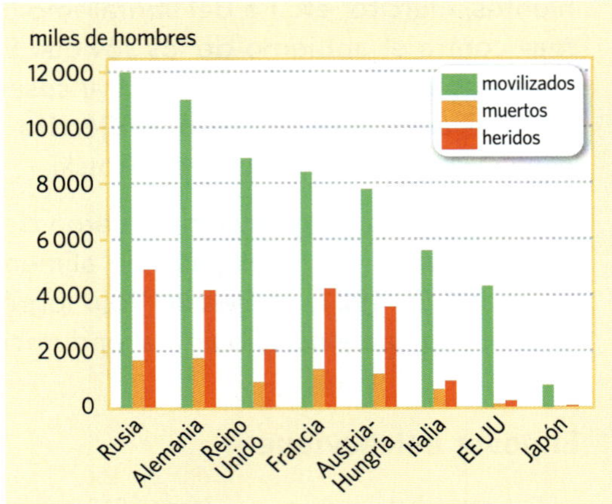

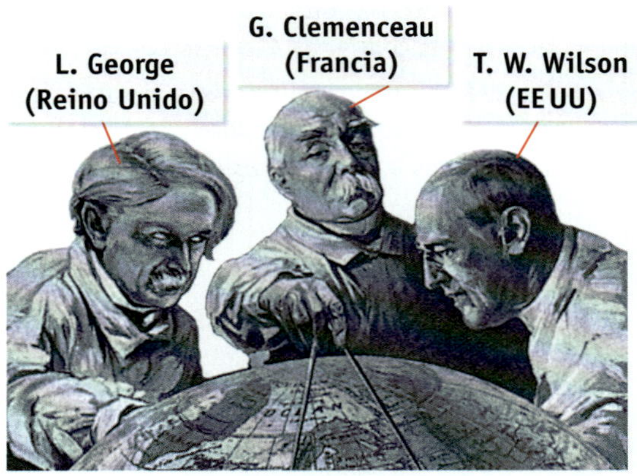

Dibujo de la revista *J'ai vu*, febrero de 1919.

La Sociedad de Naciones

Considerando que para fomentar la cooperación entre las naciones y para garantizarles la paz y la seguridad, importa:

Aceptar ciertos compromisos de no recurrir a la guerra.

Mantener (...) relaciones internacionales fundadas sobre la justicia y el honor.

Observar rigurosamente las prescripciones del Derecho Internacional, reconocidas de aquí en adelante como regla de conducta efectiva de los gobiernos.

Hacer que reine la justicia y respetar escrupulosamente todas las obligaciones de los tratados en las relaciones mutuas de los pueblos organizados.

Pacto de la Sociedad de Naciones, 1919.

LOS TRATADOS DE PAZ: UN NUEVO MAPA DE EUROPA

Los tratados de paz conformaron un nuevo mapa de Europa. El hecho esencial fue el **fin de los grandes imperios** y la formación de **nuevas naciones**, bajo el principio de un Estado para cada nacionalidad.

Pero la realidad no coincidió siempre con las ideas y, muchas veces, las fronteras de los nuevos Estados no se correspondían con las nacionalidades. Así, algunos Estados como Polonia, Rumania y Yugoslavia incluían fuertes minorías de otras nacionalidades, y la creación de una gran Polonia o una gran Rumania solo tenía por objetivo crear Estados tapón contra la URSS.

FRONTERAS EUROPEAS DESPUÉS DEL TRATADO DE VERSALLES

URSS

Se confirman las independencias de los Estados bálticos y la cesión de un gran territorio a Polonia. Rumania se anexionó Besarabia.

IMPERIO TURCO

Cede territorios a Grecia, Francia y Reino Unido en forma de mandatos.

ALEMANIA CEDE

- Alsacia y Lorena a Francia.
- Schleswig-Holstein a Dinamarca.
- Eupen y Malmedy a Bélgica.
- Posnania a Polonia.
- Niemen a Lituania.

Prusia queda separada por el pasillo de Danzig.

FIN DEL IMPERIO AUSTROHÚNGARO

Nacen nuevos Estados: Austria, Checoslovaquia, Yugoslavia, Hungría y Polonia.

El Tratado de Versalles

El tratado más importante fue el de la paz con Alemania, firmado en Versalles. En él se declaraba a Alemania responsable de la guerra y se la obligaba a pagar fuertes indemnizaciones. Asimismo, se la desposeía de su imperio colonial, que se repartió entre Reino Unido y Francia. Por último, se reducía su ejército y su marina al mínimo y se dividía parte de su territorio entre los vencedores.

Las reparaciones de guerra

Art. 231. Los gobiernos aliados y asociados declaran, y Alemania reconoce, que Alemania y sus aliados son responsables, por haberlos causado, de todos los daños sufridos por los gobiernos aliados y asociados y sus habitantes (...).

Art. 232. Los gobiernos aliados y asociados exigen, y Alemania se compromete, que sean reparados todos los daños causados a la población civil de las potencias aliadas y asociadas y a sus bienes.

Tratado de Versalles: Parte VIII. Reparaciones, 1919.

1. ¿Qué situación demográfica y económica se produjo en Europa con la guerra? ¿Y en EE UU?
2. ¿Cómo se negoció la paz? ¿Qué condiciones se impusieron a Alemania? ¿Con qué objetivo se creó la Sociedad de Naciones? ¿Por qué no fue efectiva?
3. ¿Qué Estados surgieron en Europa al desaparecer el Imperio austrohúngaro? ¿Qué sucedió en el Imperio turco?
4. En 1939 estalló una nueva guerra mundial. Intenta encontrar tres razones que expliquen los problemas pendientes que llevaron a un nuevo conflicto.

8 Las vanguardias artísticas

Durante la primera mitad del siglo XX aparecieron en Europa una serie de movimientos, esencialmente pictóricos, que recibieron el nombre de Primeras Vanguardias.

Aunque con distintos planteamientos, todas estas corrientes se cuestionaron el arte del pasado, rechazaron cualquier imitación de la realidad, y experimentaron con nuevos materiales y técnicas.

A EL FAUVISMO

Nacido en París en 1905, el **fauvismo** se caracterizó por la distorsión de la perspectiva y por el uso autónomo del color respecto a la forma y a la realidad.

Así, los colores no coinciden necesariamente con el objeto representado, sino que prevalece la visión subjetiva y estética del artista. Los principales artistas fauvistas fueron **Henri Matisse**, **André Derain** y **Maurice Vlaminck**.

Henri MATISSE: *La habitación roja*, 1908. Los vibrantes colores componen el espacio y crean la profundidad.

André DERAIN: *El puente de Westminster*, 1906.

B EL EXPRESIONISMO

El **expresionismo** fue un movimiento pictórico centrado en la expresión de los sentimientos y las emociones humanas. El uso de líneas quebradas, de formas curvas y angulosas, y de colores exaltados y muy contrastados permitió a los artistas reflejar la angustia existencial del individuo en la sociedad del momento.

E. L. KIRCHNER: *Torre roja en Halle*, 1914. Las líneas angulosas provocan una sensación de inquietud.

MEMOARTE: Las escuelas expresionistas

- Dentro del movimiento expresionista, de carácter eminentemente germánico, se distinguen dos grupos principales:
  - **Die Brücke** (El puente), representado por los artistas Ernst Ludwig Kirchner y Erick Heckel, reflejó las tensiones sociopolíticas que precedieron a la Primera Guerra Mundial.
  - **Der Blaue Reiter** (El jinete azul), liderado por Vasili Kandinsky, que llegó a la abstracción a partir de la esquematización de las formas.

Vasili KANDINSKY: *Composición IV*, 1911. La obra mantiene elementos figurativos, como los tres caballeros en primer plano, pero el conjunto tiende a la abstracción.

C EL CUBISMO

Se caracteriza por la construcción geométrica del espacio y la sobreposición en un mismo plano de diferentes visiones de un objeto o figura. Con ello se rompía el punto de vista único, es decir, la perspectiva y la profundidad en la pintura que se daba desde el Renacimiento. Los principales temas fueron los retratos y las naturalezas muertas, que se representaron a partir de formas geométricas (cubos, cilindros...).

Los autores más representativos de este movimiento fueron **Pablo Picasso**, **Georges Braque** y **Juan Gris**.

Dentro del **cubismo** se diferencian dos etapas:

- **Fase analítica** (1907-1911), caracterizada por una fuerte restricción cromática de tonalidades cálidas (ocres, beis y castaños) y frías (azules y grises) y la geometrización compositiva.
- **Fase sintética** (1911-1914), en la que aparece el *collage*, técnica en la que se utilizan diversos materiales –recortes de periódicos, maderas, etc.– pegados a la pintura.

Pablo PICASSO: *Las señoritas de Aviñón*, 1907.
El nacimiento del cubismo se vincula directamente a la realización de este cuadro, en el que aparecen las bases de ese movimiento artístico.

D EL FUTURISMO

Umberto BOCCIONI: *Dinamismo de un ciclista*, 1913.

Este movimiento fue fundado en Italia por **Filippo Tommaso Marinetti**, y agrupó a artistas como Umberto Boccioni y Giacomo Balla, que proclamaron la muerte del arte del pasado y exaltaron el poder de la máquina, el movimiento y la tecnología, símbolos del mundo moderno.

Los **futuristas** intentaron reproducir en sus obras la sensación de velocidad, dinamismo y cambio. Por ello inventaron una nueva técnica formal, el simultaneísmo, que consistía en repetir las imágenes sucesivamente y de modo superpuesto, creando así una especie de secuencia fílmica.

En 1914, y derivada del futurismo, surgió la **pintura metafísica**, que recreaba una realidad inquietante. **Giorgio de Chirico** fue su principal representante.

FICHAART ✓ @

Busca en Internet una obra de cualquiera de las corrientes artísticas y haz su ficha:

a) **Identificación**. Sitúa cronológica y geográficamente el autor y la obra. ¿A qué corriente pertenece?

b) **Descripción**. ¿Qué se representa? ¿Cómo? ¿Qué técnicas utiliza? ¿Qué material? ¿Qué colores?

c) **Valoración**. Explica por qué la has elegido, qué destacarías de ella y qué emociones o sentimientos te produce.

1. ¿Qué aportaciones presenta el fauvismo? ¿Qué pretendía transmitir el expresionismo? ¿Qué dos grupos lo integraron? ¿Qué caracteriza al cubismo? Explica sus etapas y las particularidades de cada una. ¿Qué caracteriza al futurismo?

Aprecia el arte

2. ¿Crees que en el mundo contemporáneo se debía superar la pura reproducción de las personas, las cosas o los paisajes en la pintura? ¿Qué piensas que pretendían los artistas de las vanguardias? ¿Con qué corriente artística te identificas más? ¿Por qué?

COMPLETA EL MAPA CONCEPTUAL

Con la información del tema, completa en tu cuaderno el siguiente esquema:

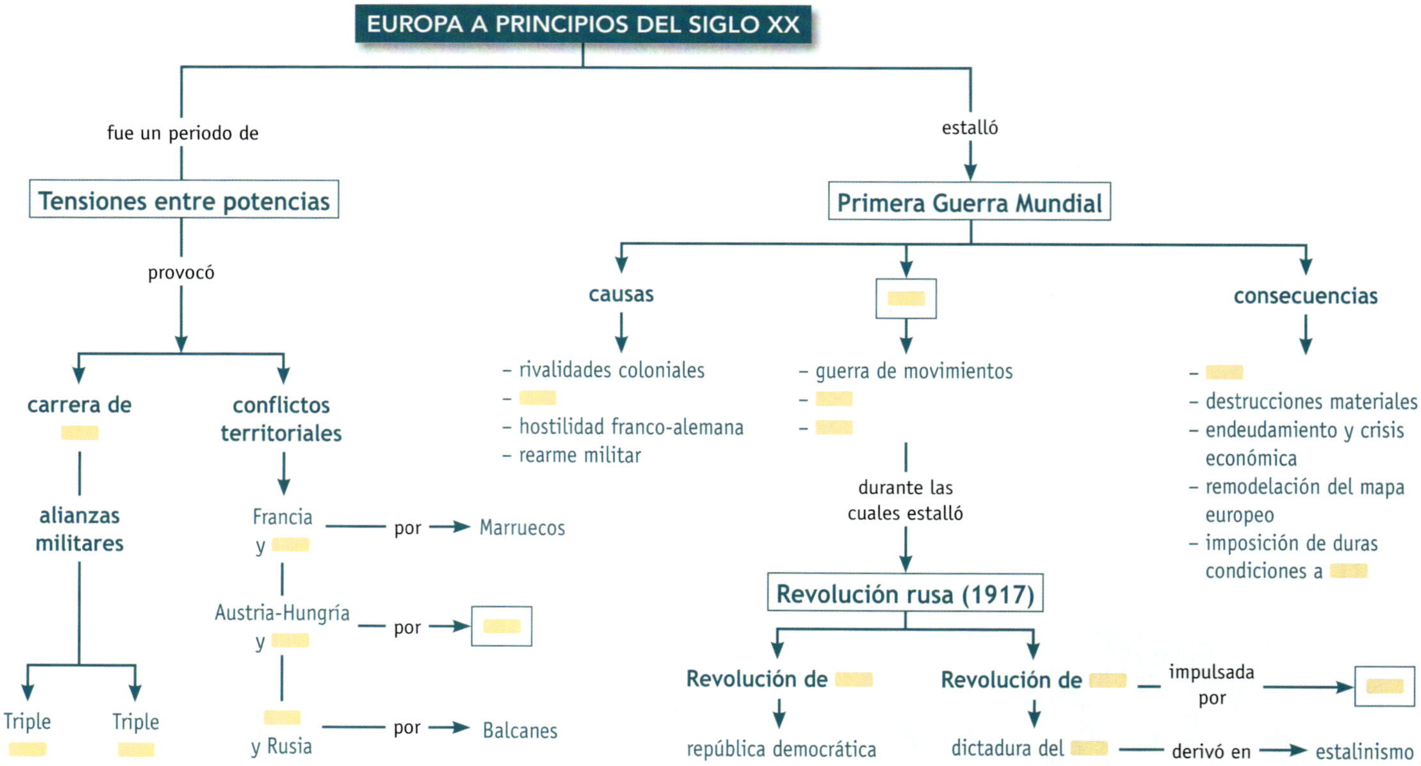

1 CONSOLIDA LO APRENDIDO

a) Explica cronológicamente las diferentes alianzas que se establecieron entre países antes de la Primera Guerra Mundial. ¿A qué intereses respondían? ¿Por qué se llegó a un conflicto mundial en 1914?

b) ¿Qué etapas tuvo el conflicto y cuáles fueron sus características y acontecimientos más importantes?

c) ¿Qué consecuencias políticas, económicas y sociales se derivaron de la Primera Guerra Mundial?

d) ¿Por qué Alemania interpretó el Tratado de Versalles como una humillación? ¿Qué condiciones se le impusieron?

e) ¿Qué características presentaba la Rusia zarista? ¿Por qué estalló una revolución en 1905?

f) ¿Cuándo y cómo se llevó a cabo la caída del zarismo? ¿Qué régimen le sustituyó? ¿Qué diferencias presentan la revolución de febrero y la de octubre?

g) ¿Qué importancia tuvo la guerra civil rusa para el fortalecimiento del bolchevismo?

2 DEFINE CONCEPTOS CLAVE

- paz armada
- carrera de armamentos
- reparaciones de guerra
- movimiento sufragista
- Sociedad de Naciones (SDN)
- autocracia zarista
- sóviets
- bolchevismo

3 IDENTIFICA LOS PERSONAJES

- Archiduque Francisco Fernando
- Thomas Wilson
- Nicolás II
- Guillermo II
- Lenin

4 EXPLICA LAS DIFERENCIAS

- Triple Entente/Triple Alianza
- guerra de movimientos/guerra de trincheras
- Revolución de febrero/Revolución de octubre
- bolchevique/menchevique

RESPONDE A LA PREGUNTA INICIAL

¿Qué acontecimientos se produjeron en Europa a principios del siglo XX? ¿Cómo afectaron a la política mundial?

APRENDE A... COMENTAR UN CARTEL DE PROPAGANDA POLÍTICA

Los carteles con representaciones (dibujos, fotografías, *collages*) y textos fueron un método de difusión de propaganda política muy utilizado durante el siglo XX.

Se pegaban en las paredes como propaganda a favor o en contra de determinadas ideas, como convocatorias de actos importantes, o de difusión de partidos políticos o instituciones.

Cartel bolchevique (1919). Se puede leer: "El camarada Lenin limpia el mundo de basura".

Algunas de las técnicas más importantes de la cartelería política se desarrollaron en la Unión Soviética, tras la revolución.

La enorme masa de analfabetos y el apoyo de numerosos artistas a las ideas revolucionarias fueron los motivos de la difusión de los carteles, innovando sus técnicas que después se exportarían al mundo entero.

1. Identificación y presentación

- ¿De qué tipo de imagen se trata?
- ¿Cuándo fue publicada? ¿En qué país?
- ¿De qué trata? ¿Cómo se describe en el texto y en la imagen?

2. Análisis

- Describe la escena representada en el cartel. ¿Quién es el personaje principal? ¿Cómo lo identificas? ¿Qué utensilio está utilizando? ¿De qué color es? ¿Qué simbología tiene ese color?
- ¿Quiénes son barridos por la escoba? Identifica, a través de sus símbolos, a los tres poderes dominantes de Rusia antes de la revolución.
- ¿Qué simbología se utiliza en el cartel, de forma sencilla y clara, para transmitir los objetivos de la revolución bolchevique? ¿Sus objetivos se limitaban a Rusia? ¿Por qué crees que Lenin está sobre la bola del mundo?

3. Contexto histórico

- ¿Qué momento histórico vivía Rusia en el año 1919? ¿Qué había sucedido en los dos años precedentes? ¿Qué ideología había tomado el poder? ¿Qué pretendía transmitir este cartel a la población mundial?

4. Conclusiones

- Valora la importancia de los carteles para la propaganda política y analiza si en la actualidad continúan teniendo una función similar. Busca un ejemplo actual y realiza un breve comentario sobre él.

RAZONA HISTÓRICAMENTE

Argumenta. ¿Por qué los tratados de paz que siguieron a la Primera Guerra Mundial no fueron capaces de garantizar la paz más allá de dos décadas?

Empatía. Sitúate en Rusia en 1917 y defiende la posición bolchevique frente a la menchevique para pasar de la revolución de febrero a la de octubre.

Causalidad. Determina los acontecimientos que influyeron en la Primera Guerra Mundial. Organízalos en función de estos tres elementos básicos:

- Nacionalismo.
- Imperialismo.
- Alianzas internacionales.

1 Fuentes documentales. **Alemania hacia la guerra**

"No creo que estemos en la vigilia de un nuevo reparto del mundo, pero, en todo caso, de la misma manera que no queremos perjudicar a ninguna potencia, tampoco vamos a permitir que ninguna potencia nos deje de lado (...)". El ministro de Asuntos Exteriores continuó su discurso haciendo referencia al rápido aumento de la población de Alemania y al desarrollo de la industria y el comercio. "Todo eso", dijo, "nos obliga a una política mundial. Cuando los ingleses hablan de la *Greater Britain*, y los franceses, de la *Nouvelle France*, cuando los rusos se adentran en Asia, también nosotros debemos pretender una Alemania más grande.

Francia todavía no está preparada para el combate. Inglaterra está preocupada por sus dificultades interiores y coloniales. Rusia tiene miedo a la guerra porque teme una revolución interior. ¿Acaso hemos de esperar a que nuestros adversarios estén preparados, o debemos aprovechar este momento favorable para provocar la decisión?

Fragmento de un artículo del diario alemán Die Post, *febrero de 1914.*

a) ¿De qué clase de documento se trata? ¿Qué tipo de fuente es? ¿A quién pertenecen las opiniones del artículo? ¿De qué fecha es el artículo? ¿Quiénes son los destinatarios del texto?

b) ¿Qué argumentos se utilizan para defender las posiciones probélicas de Alemania? ¿Qué debilidades de otros países se exponen? ¿Por qué se defiende el ir a un conflicto lo más pronto posible?

c) Valora el papel que tuvo Alemania en el estallido de la Primera Guerra Mundial y relaciónalo con su evolución económica y política a partir de su unificación (1871).

2 El arte en su contexto. **Efectos de la guerra**

Otto DIX: *Jugadores de cartas*, 1920.

a) Descripción. Observa y describe el aspecto físico de los personajes. ¿Qué relación tiene ese aspecto con los hechos sucedidos entre 1914 y 1918? ¿Cómo refleja el pintor los horrores de la guerra?

b) Contexto histórico. Redacta una síntesis sobre las causas de la enorme cantidad de muertos, heridos y mutilados en la Gran Guerra y cómo eso afectó a la generación de la posguerra europea.

3 Espacio y tiempo. **El conflicto en los Balcanes**

LA DISGREGACIÓN DEL IMPERIO TURCO

a) ¿Qué territorio aparece representado en el mapa? ¿A qué época corresponde? ¿Qué conflicto bélico se produjo en esa zona? ¿Qué consecuencias tuvo para el Imperio turco?

b) ¿Qué potencias tenían intereses en la zona? ¿Por qué? ¿Qué alianzas se fraguaron? ¿Cuál fue el resultado de la Guerra?

c) Relaciona el conflicto balcánico con el estallido de la Primera Guerra Mundial.

4 Análisis. El sistema de alianzas

a) Identifica las banderas. ¿Cuáles han cambiado respecto a la actualidad?

b) Determina qué bloque, A o B, representa la triple Alianza y cuál la Triple Entente.

BANDOS PARTICIPANTES EN LA GRAN GUERRA

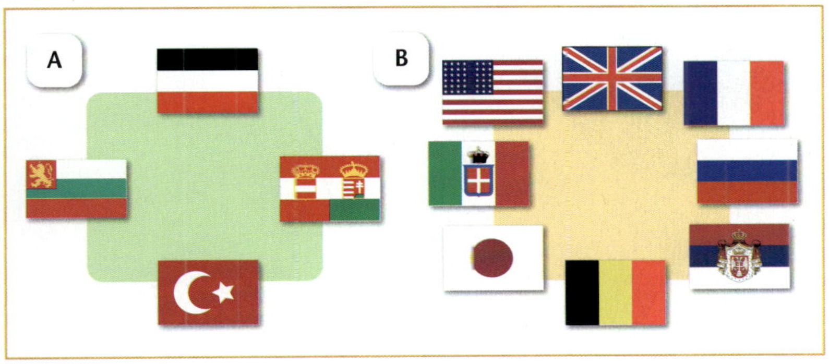

5 Cronología. Rusia (1900-1924)

Dibuja un eje cronológico que comprenda el periodo indicado y sitúa las siguientes etapas y acontecimientos:

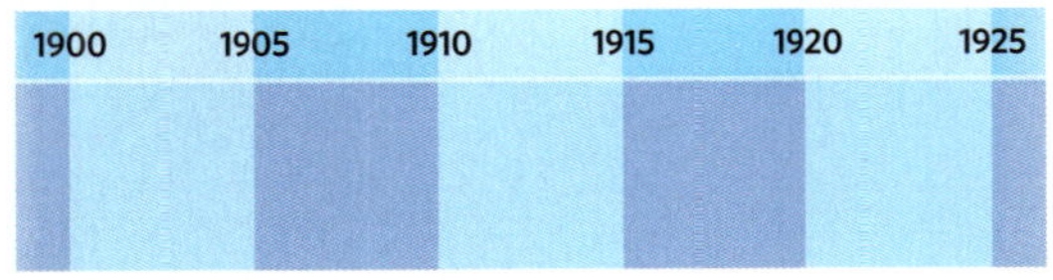

a) Etapas. Imperio zarista, revolución bolchevique y guerra civil, y formación de la URSS.

b) Acontecimientos. revolución de 1905, inicio de la Primera Guerra Mundial, caída del zarismo, Revolución de octubre, asesinato del zar, muerte de Lenin, Constitución soviética, y Tratado de Brest-Litovsk.

WWW. ESPACIO WEB

6 Fuentes audiovisuales. SDN

Al acabar la Primera Guerra Mundial se creó la Sociedad de Naciones. Consulta en www.tiching.com/63296 la información sobre la SDN y contesta:

a) ¿Cómo surgió ese organismo internacional y con qué objetivo?

b) ¿Cuáles fueron los países que lo integraron? ¿A cuáles se vetó la entrada? ¿Por qué?

c) ¿En la solución de qué conflictos intervino? ¿Cuáles fueron sus mayores logros? ¿En qué contextos falló?

Se ha hablado mucho del fracaso de la organización por no haber sido capaz de impedir el estallido de la Segunda Guerra Mundial. Infórmate sobre ello en www.tiching.com/63298 y responde:

d) ¿Qué causas motivaron la escasa efectividad de la Sociedad de Naciones?

e) Averigua qué nuevo organismo sustituyó a la SDN al finalizar la Segunda Guerra Mundial. ¿Coinciden en sus objetivos?

Dibujo publicado en la revista francesa *Le Pèlerin*, 1934.

7 Búsqueda de información. Fotografías

Entra en www.tiching.com/744499 y visiona el conjunto de fotografías coloreadas sobre la Gran Guerra.

a) Elige tres imágenes que te muestren el dolor o la tragedia, y la vida cotidiana de los soldados y de la población civil. Justifica tu elección.

RETOS EN LA RED

MINI UNIDAD VISUAL: Unidad o muerte.

ACTIVIDADES AUTOCORRECTIVAS: Resuelve estas actividades y repasa lo que has aprendido.

www.vvd.link/012274/7

8 El periodo de entreguerras

¿Por qué los años entre 1918 y 1939 fueron tiempos de crisis económica, social y política?

EE UU
- FELICES AÑOS VEINTE
- Plan Dawes
- GRAN DEPRESIÓN
- Jueves Negro
- Roosevelt, presidente
- "NEW DEAL"

ITALIA
- Fundación Partido Nacional Fascista
- Marcha sobre Roma
- MONARQUÍA DE VÍCTOR MANUEL III
- BENITO MUSSOLINI "DUCE" DE ITALIA
- Invasión de Etiopía

1919 · 1920 · 1921 · 1922 · 1923 · 1924 · 1925 · 1926 · 1927 · 1928 · 1929 · 1930 · 1931 · 1932 · 1933 · 1934 · 1935 · 1936 · 1937 · 1938 · 1939

ALEMANIA
- Fundación NSDAP
- Ocupación francesa del Ruhr
- REPÚBLICA DE WEIMAR
- Incendio de Reichstag
- DICTADURA NAZI
- Hitler, Führer y canciller del III Reich

URSS
- LENIN
- Muerte de Lenin
- LUCHA PODER (TROSKI/STALIN)
- Colectivización forzada. Institución del gulag
- DICTADURA DE STALIN
- Procesos de Moscú

George GROSZ: *El agitador*, 1929. (Fragmento)

El periodo de entreguerras fue una época de gran inestabilidad. Como consecuencia de la Primera Guerra Mundial brotaron fuertes rencores políticos entre vencedores y vencidos, y graves problemas económicos que se agravaron con la crisis de 1929 en Estados Unidos.

Además, el triunfo de la Revolución rusa hizo temer, entre las clases conservadoras, la expansión del comunismo.

El resultado fue, en muchos casos, la aparición de regímenes autoritarios y el retroceso de la democracia.

En este contexto surgieron los movimientos fascista en Italia y el nazismo en Alemania. Su política exterior, de carácter agresivo, condujo al mundo hacia la Segunda Guerra Mundial.

¿Qué sabemos?

- Observa detenidamente el eje cronológico. ¿Qué grandes acontecimientos marcaron el periodo de entreguerras?
- Observa el mapa atentamente. ¿En qué país se inició la crisis económica? ¿Hacia dónde se expandió?
- Observa la pintura. Hace referencia a Adolf Hitler. ¿Qué crees que quiere representar?

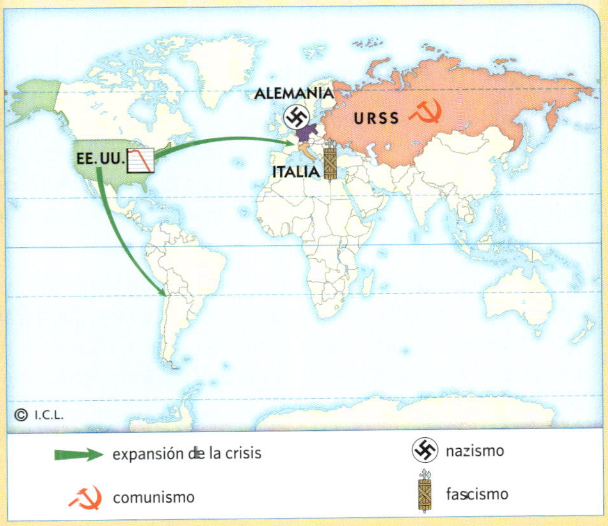

PREGUNTA CLAVE 1

¿Qué problemas condujeron a una nueva guerra

La etapa comprendida entre 1918 y 1939, conocida como el periodo de entreguerras, es uno de los periodos más convulsos de la historia contemporánea, especialmente en Europa. En el escenario posbélico de la década de 1920, parecía que se debía inicar una etapa de paz, pero los rencores acumulados en la Primera Guerra Mundial, la gran crisis del capitalismo en 1929, las esperanzas revolucionarias que había comportado la Revolución rusa y la aparición de sistemas políticos totalitarios hicieron inevitable el estallido de un nuevo conflicto.

A LOS DESEQUILIBRIOS ECONÓMICOS MUNDIALES

Estados Unidos salió muy beneficiado de la Primera Guerra Mundial. No se había producido ninguna destrucción en sus territorios, sus pérdidas humanas eran relativamente pequeñas y la venta de alimentos, armas y productos industriales a los aliados le reportó enormes beneficios.

Al terminar la guerra, **Estados Unidos** se había convertido en la **primera potencia económica mundial**. Su producción agrícola era muy elevada y la industrial representaba el 44,8 % de la producción mundial. Su mayor competitividad abrió los mercados internacionales a sus productos y estos invadieron los mercados mundiales, dominados antes por las industrias europeas.

Además, muchos países de Europa estaban endeudados con Estados Unidos, como consecuencia de los préstamos de guerra.

En contraste con la expansión estadounidense, la guerra mundial **empobreció a los países europeos** que, con una producción agrícola e industrial en retroceso, tuvieron que hacer frente a los empréstitos de guerra y a la devaluación* de sus monedas.

Cuando en **1929** una terrible **crisis económica** sacudió a Estados Unidos, toda la economía mundial, ligada y dependiente de este país, la mayor potencia económica en esa época, también entró en una etapa de depresión económica. Los efectos del paro y la pobreza provocaran una grave crisis social.

La posguerra en Alemania

Los **problemas económicos** fueron especialmente graves para Alemania, que no podía pagar las reparaciones de guerra exigidas por el Tratado de Versalles. Esta situación desató una gran inflación, la pérdida de valor del marco, un gran aumento del paro y un vertiginoso descenso del nivel de vida.

Aunque a mediados de la década de 1920 la situación económica europea comenzó a mejorar, la crisis económica desatada en 1929 volvería a conducir a Alemania a una situación de crisis económica que alentaría el **auge del nacionalismo** y la subida al poder de Hitler.

LA PRODUCCIÓN INDUSTRIAL MUNDIAL EN 1929

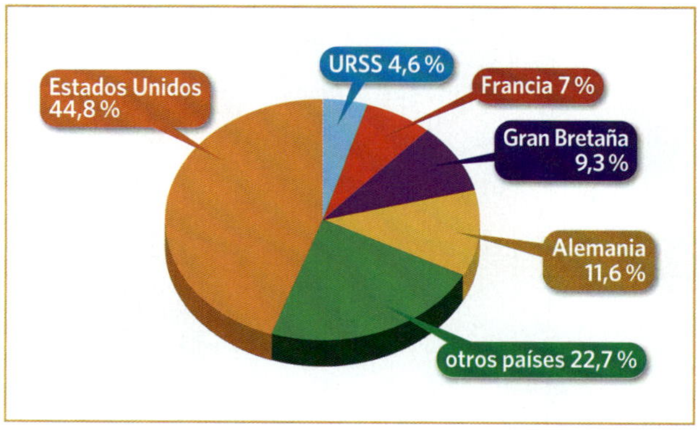

DÉFICIT COMERCIAL[1] DE EUROPA CON ESTADOS UNIDOS

Años	Millones de dólares
1901-1905	553
1910-1914	514
1921-1925	1 268
1926-1929	4 195

(1) Exportaciones menos importaciones.

DEUDAS ENTRE PAÍSES ALIADOS (1918)

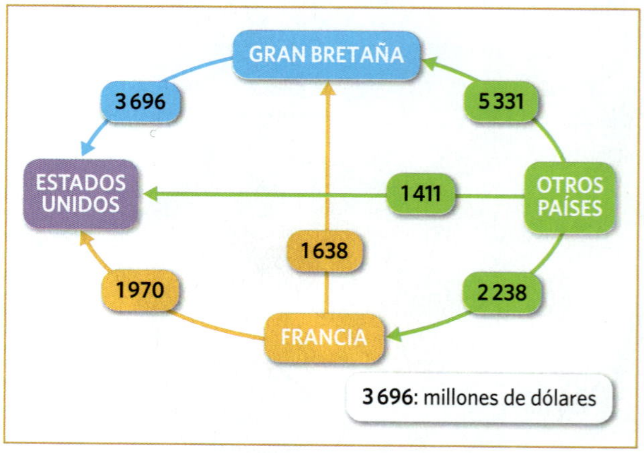

mundial en tan solo veinte años?

B LOS EFECTOS DE LA REVOLUCIÓN RUSA

Las dificultades económicas provocaron una **grave crisis social**, que revistió en ocasiones características revolucionarias. Entre 1919 y 1920 se produjeron huelgas en Gran Bretaña, Francia, Alemania, Italia... Las movilizaciones fueron duramente sofocadas por la policía y el ejército, y se acabó limitando los derechos sindicales. Pero los sindicatos y los partidos socialistas y comunistas se reforzaron recordando a los trabajadores que la Revolución soviética había llevado al poder a la clase obrera.

Todo ello condujo a una fuerte oposición a las democracias, tanto por parte del proletariado, insatisfecho por la represión de sus derechos, como desde la burguesía, temerosa de una situación revolucionaria.

En enero de 1919 se produjo en Alemania el levantamiento de la Liga Espartacuista, los comunistas, que pretendían proclamar un gobierno de consejos obreros según el modelo soviético. Fue duramente reprimido, y sus principales líderes, como Rosa Luxemburgo, asesinados.

Masacre de espartaquistas en Berlín.

C LA CRISIS DE LAS DEMOCRACIAS: EL ASCENSO DE LOS TOTALITARISMOS

AVANCE Y RETROCESO DE LA DEMOCRACIA (1914-1939)

Ante la crisis económica y la agitación social, los países con fuerte arraigo del parlamentarismo y de la democracia consiguieron integrar al socialismo emergente, a través del sufragio universal y de la formación de coaliciones políticas. Ese fue el caso de Reino Unido, Francia, Bélgica y Holanda, principalmente.

Pero en los países con poca tradición parlamentaria, los partidos liberales se vieron impotentes ante la revuelta social y se acabaron imponiendo sistemas políticos autoritarios, que prometían combatir el avance de las ideas socialistas y comunistas.

¿Qué es el totalitarismo?

Régimen político que rechaza los principios de la democracia liberal, y pretende **controlar totalmente a la sociedad.** Coincide en el culto al jefe, el partido único, el adoctrinamiento, el terror y la violencia y la persecución de la oposición.

1. ¿Cuáles eran las potencias industriales en la década de 1920? ¿Por qué Estados Unidos se convirtió en la primera potencia económica mundial al finalizar la Gran Guerra?
2. ¿Qué situación económica se vivía en Europa? ¿Qué país tenía la peor coyuntura? ¿Por qué?
3. ¿Qué consecuencias tuvo la Revolución rusa en la posguerra europea? ¿Quiénes eran los espartaquistas?

Argumenta la respuesta

4. ¿Qué causas económicas y políticas contribuyeron a la crisis e inestabilidad en la Europa de la posguerra? Explica cómo se afrontó esa situación en Europa.
5. Relaciona la aparición de los totalitarismos y su defensa de la violencia y la guerra con el estallido de una nueva guerra mundial en 1939.

2 Estados Unidos: de la prosperidad a la crisis

Los "felices años veinte"

El crecimiento económico norteamericano se prolongó durante los diez años que siguieron al fin de la guerra (1918-1929). Fue una década de prosperidad, los llamados "felices años veinte", donde el **modelo de vida americano** (*american way of life*) y los valores que lo sustentaban (la iniciativa, el esfuerzo individual y el éxito), que prometían enriquecimiento y bienestar a sus ciudadanos, se convirtieron en modelo para todo el mundo.

La expansión de Estados Unidos se basó en una profunda transformación en el proceso de producción de bienes, dominado por la innovación técnica. Por un lado, el taylorismo y el fordismo* contribuyeron a incrementar la productividad y a reducir costes.

Por otro, el aumento de los salarios obreros, las campañas publicitarias, la compra a plazos y los préstamos bancarios abrieron el camino a la era del **consumo de masas**.

La prosperidad se reflejó en un **gran auge de la bolsa**. Los buenos resultados empresariales hicieron aumentar la demanda de acciones, cuyo valor subía constantemente.

En la década de 1920 se impuso una nueva concepción del ocio, con modernos espectáculos de masas (cine, deportes, cabarets, teatro...), con innovadoras corrientes musicales (jazz, charlestón, blues...) y una nueva forma más desenfadada de vestir.

Las contradicciones de la prosperidad

La prosperidad no benefició a todos por igual y, a partir de 1926-1927, una serie de elementos anunciaron la crisis que se avecinaba.

La agricultura conoció graves dificultades. Los precios agrícolas no aumentaban tan rápido como los industriales. Muchos campesinos se habían endeudado para adquirir nuevas tierras y maquinaria con el fin de aumentar la producción. Sin embargo, el mercado no pudo absorber toda esa producción. Las existencias (*stocks*) se acumularon, los precios bajaron y muchos campesinos no pudieron devolver sus préstamos y perdieron sus tierras, sus máquinas y sus casas.

En las industrias, el aumento de los salarios fue mucho menor que el de los beneficios o el de la cantidad de los productos fabricados. Una parte de los norteamericanos cada vez tenía menos capacidad adquisitiva y la **sobreproducción** (exceso de productos para la capacidad de compra) empezó a ser un problema.

La defensa del modelo norteamericano

Somos el pueblo más importante del mundo. Nuestro gobierno es el mejor. (...) Como pueblo, somos el más sabio, políticamente el más libre, socialmente el más desarrollado (...). Hemos sido elegidos por Dios para salvar y purificar el mundo con nuestro ejemplo. Solo si el resto de naciones quieren adoptar nuestros principios religiosos y políticos, nuestra actitud general, nuestra visión de la vida, sin ninguna duda, ellas serán tan felices y tan prósperas como nosotros.

F. Bhon: *American Journal of Sociology*, 1925.

PRECIOS Y EXISTENCIAS DE LOS ALIMENTOS[1]

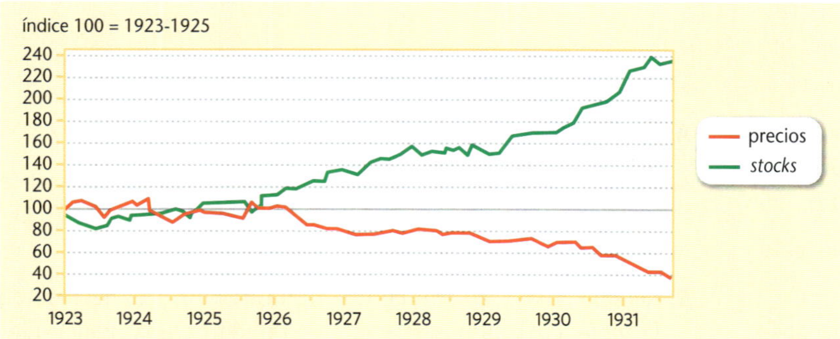

(1) Media mundial de los principales alimentos.

VIVIENDAS CON ELECTRODOMÉSTICOS EN EE UU[1]

	1912	1932
Plancha	0	65
Radio	0	65
Aspiradora	0	30
Lavadora	0	27
Tostadora	0	27
Cafetera	0	19
Nevera	0	12

(1) Sobre el total de viviendas.

El crac bursátil de 1929

Muchos accionistas eran conscientes de que la cotización de las acciones era muy superior a su valor real. La desconfianza cundió entre los inversores, y el **24 de octubre de 1929** (*Jueves Negro*), una gran oleada vendedora afectó a la Bolsa de Nueva York. De repente, todo el mundo quería vender sus acciones y nadie deseaba comprarlas. El valor cayó en picado, desencadenando el **crac bursátil** de 1929.

Miles de **inversores se arruinaron** y el pánico se extendió entre los ciudadanos, que acudieron a los bancos para retirar su dinero. Estos se vieron obligados a cerrar por falta de fondos, ya que no pudieron cobrar los préstamos a particulares y a empresas arruinadas. El crac de la Bolsa precipitó la quiebra de muchos bancos.

En pocos años, la crisis se extendió a todos los sectores de la economía (industria, comercio y agricultura) y provocó una **recesión económica generalizada** (Gran Depresión).

Ante el incremento del paro, el **consumo disminuyó** y muchas fábricas cerraron al no poder vender su producción. El número de **parados** aumentó a 13 millones en 1932, y multitud de familias cayeron en la miseria y tuvieron que recurrir a las ayudas públicas.

COTIZACIONES DE LA BOLSA DE NUEVA YORK

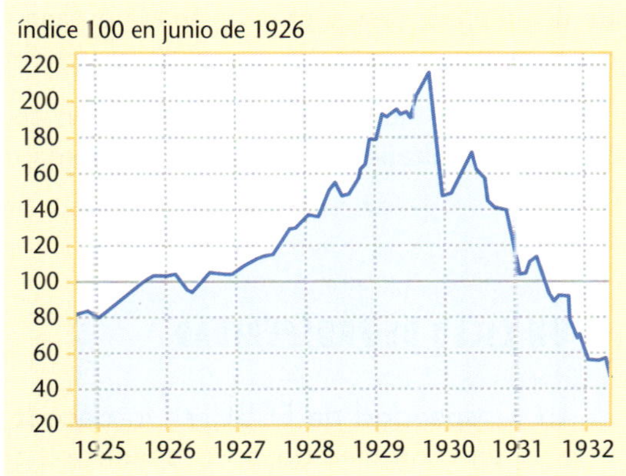

La lucha contra la crisis, el *New Deal*

Ante la extensión de la crisis, tanto Estados Unidos como la mayoría de los países europeos adoptaron medidas para paliar sus efectos y propiciar la recuperación de la economía.

El presidente **Franklin D. Roosevelt**, elegido en 1932, propuso el ***New Deal*** (Nuevo Acuerdo), un programa basado en las ideas del economista J. M. Keynes, que defendía la **intervención del Estado** en economía. Sus principales ámbitos de actuación fueron:

- **Económico**. Se propuso ayudar a las empresas privadas en dificultades, a través de subvenciones, crear empresas públicas en sectores sin incentivos para la inversión privada y destruir los *stocks* agrícolas acumulados. Además, el Estado estableció un **control sobre los bancos**, vigilando sus depósitos y obligándolos a facilitar préstamos con bajos intereses.
- **Social**. Para luchar contra el paro, el Estado promovió un gran plan de **obras públicas** (carreteras, embalses…), incentivó el aumento salarial y redujo la jornada laboral a 40 horas semanales.

▸ Un hombre protesta contra el desempleo, 1935.

Los efectos del crac de 1929

Noté que todo había cambiado cuando una tarde volví del colegio y mi madre nos mandó a la cola de la sopa gratuita. Si llegabas antes que nadie, no te daban más que el agua grasienta de arriba. Así que le pedíamos al que la servía en los cuencos (…) que la removiera e introdujera el cucharón hasta el fondo para conseguir un poco de carne y patatas.

Peggy Terry, residente en Oklahoma City entre 1929 y 1936.

1. ¿En qué elementos se basó el crecimiento económico estadounidense en la década de 1920? Observa los datos de la tabla y relaciónalos con el sistema de producción en serie y la venta a crédito.
2. ¿Por qué crees que hablamos de los "felices años veinte"? ¿Cómo definirías el "modo de vida americano"? ¿Cómo valoraban su sistema?
3. ¿Qué debilidades presentaba la economía de EEUU?
4. ¿Qué sucedió en octubre de 1929? Explica el mecanismo que condujo del crac bursátil a la crisis y la depresión económica. Lee el texto de Peggy Terry y describe las consecuencias para la población.
5. ¿Qué fue el *New Deal*? ¿Qué políticas aplicó y con qué objetivo?

3 1929, ejemplo de crisis de la economía capitalista

El sistema económico capitalista se caracterizaba, en 1929, por la absoluta libertad de empresa y de mercado. Es decir, no existía planificación económica que determinase cuánto o qué debía producirse y propugnaba la escasa intervención y control de los gobiernos en los circuitos económicos.

Se demostró que las crisis cíclicas son consustanciales al sistema capitalista: a una fase de subida de precios, de beneficios y de produccción, le suele suceder otra de depresión, con saturación del mercado, caída de precios y de producción y aumento del paro. Pero la crisis de 1929 fue tan grave que llevó a introducir algunos cambios en el sistema económico y a cuestionarse la confianza ilimitada en el capitalismo liberal.

¿Qué es lo que llevó a una crisis tan grave de la economía?

A UN CICLO DE PROSPERIDAD

La prosperidad de EEUU en la década de 1920 se debió en gran medida a los beneficios generados por la venta de productos durante la Primera Guerra Mundial y la enorme cantidad de préstamos con altos intereses que les debían devolver los países europeos. Era lógico que las acciones de las empresas, que parecían tener amplios beneficios, elevaran su valor en la bolsa.

Pero ya hemos visto que en poco tiempo ni la agricultura ni la industria podían vender tanta cantidad de productos, en parte porque los salarios de los trabajadores no permitían mantener el crecimiento constante del consumo, a pesar del recurso al crédito.

¿Qué sucedió entonces? ¿Por qué continuaba aumentando el valor de las acciones?

LAS RESERVAS DE ORO

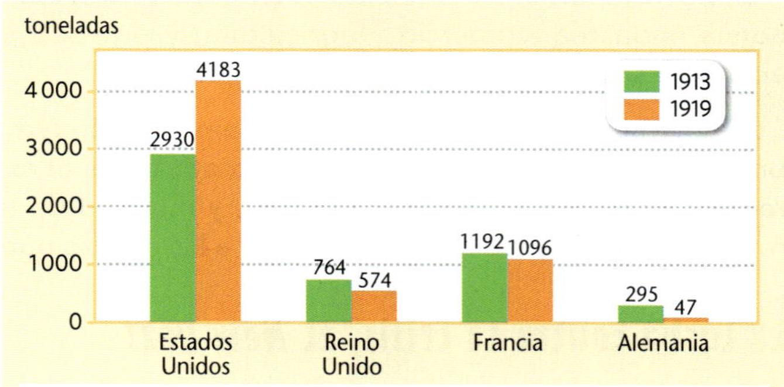

En 1919, EEUU concentraba casi la mitad de las reservas de oro del mundo, ya que las deudas de guerra debían ser pagadas en oro o mercancías.

B LA ESPECULACIÓN BURSÁTIL

Lo que se produjo fue una burbuja especulativa. Una desconexión entre la economía real y la economía productiva. El aumento del valor de las acciones se producía por el convencimiento entre los inversores de que podían obtener grandes beneficios, mientras durase esa época de alza, simplemente comprando y volviendo a vender. Había mucho dinero interesado en invertir, pero también de recurrir al crédito para jugar en la bolsa.

Es más, se llegaba a crear **empresas ficticias**, y con operaciones complejas se corría la voz de que existía una gran demanda de sus acciones e inmediatamente su valor subía. Si al cabo de unos meses se vendían las acciones, se ganaba mucho dinero sin que nadie tuviera en cuenta qué hacía, ni qué vendía, ni qué rendía ese producto.

Jugar a la bolsa

Jugar a la bolsa se ha convertido en una enfermedad nacional que afecta a todas las clases sociales. (...) Ahora, cuando la gente se reúne, ya sean hombres de negocios o trabajadores, mujeres de la alta sociedad o jóvenes empleadas, la bolsa, con sus impetuosos caprichos, constituye el tema de conversación más agradable.

Discurso pronunciado por W. H. King, senador de Utah, 1929.

EL AUGE DE LA BOLSA

C DE LA CRISIS BURSÁTIL A LA CRISIS ECONÓMICA

Cuando a partir de octubre de 1929 se produjo el hundimiento de la bolsa, la primera consecuencia fue la **crisis en la banca**. El hundimiento del sistema bancario norteamericano se produjo sin que la Reserva Federal (Banco Central de EEUU) inyectase liquidez, salvara los depósitos de los contribuyentes o impidiera su quiebra.

El sistema capitalista funciona con el dinero en circulación y con el crédito. Los bancos no poseen en metálico el dinero que se deposita en ellos. Lo invierten también en bolsa o lo prestan con intereses a particulares.

Cuando los bancos no pueden recuperar el dinero invertido o prestado, el sistema económico se colapsa y se produce las crisis de la industria, del comercio y de la agricultura.

EFECTOS ACUMULATIVOS DE LA CRISIS

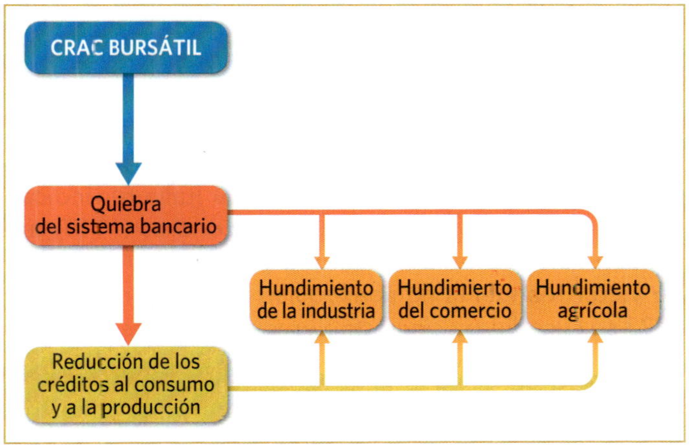

D LA MUNDIALIZACIÓN DE LA CRISIS

Desde Estados Unidos la crisis bancaria se extendió al resto del mundo. Provocó que inmediatamente el crédito se redujera, los inversores retirasen los capitales depositados en los bancos europeos y las empresas norteamericanas disminuyeran sus inversiones.

Asimismo, las importaciones estadounidenses cayeron en picado, con lo cual el comercio mundial sufrió una gran recesión.

La crisis de EEUU en la década de 1930 arrastró a muchos países de Europa y del resto del mundo provocando la quiebra de bancos, el descenso de la producción del comercio y el aumento del paro.

LA CAÍDA DEL COMERCIO INTERNACIONAL

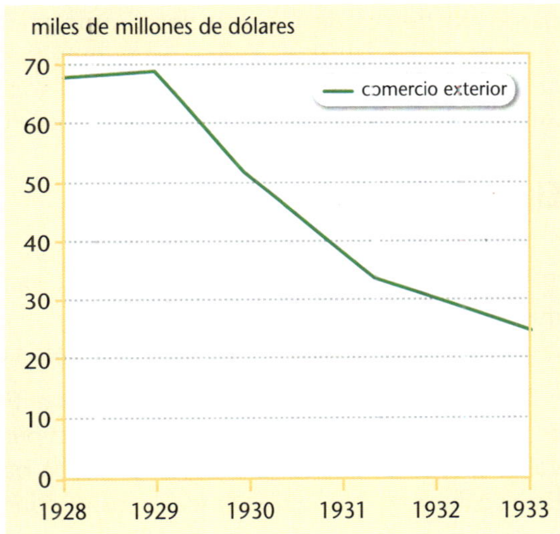

Entrega de comida en Viena (Austria) durante la década de 1930.

1. ¿Qué caracteriza al sistema económico capitalista? ¿Por qué son, en ocasiones, inevitables las crisis?
2. ¿Cómo se pasa de la crisis bancaria o bursátil a la económica?
3. ¿Cómo y por qué se produjo la mundialización de la crisis? ¿Qué repercusiones tuvo?

Investiga

4. Con la información de estas páginas y la consulta a Internet elabora un informe sobre la ola de prosperidad de los años 20 del siglo pasado en Estados Unidos, la crisis de la bolsa y la quiebra del sistema bancario.

4 La crisis de la democracia: el fascismo italiano

Italia fue el primer ejemplo de un país europeo, con un sistema democrático-parlamentario, en el que las consecuencias de la Gran Guerra provocaron el ascenso de opciones políticas nacionalistas y autoritarias que acabarían imponiendo un sistema antidemocrático y dictatorial.

Italia en la posguerra

Los **acuerdos de paz** supusieron una gran decepción ya que los aliados acordaron la entrega a Italia del Trentino, Trieste e Istria, pero no de Dalmacia y Fiume, territorios vecinos que Italia reivindicaba como propios y se había acordado en el Tratado de Londres (1915) su entrega. A esta situación se sumó la **inestabilidad política**: los gobiernos de la monarquía de Víctor Manuel III no conseguían una mayoría suficiente, y entre 1919 y 1922 se sucedieron cinco gobiernos diferentes.

Por otro lado, la guerra dejó en Italia **graves secuelas humanas y económicas**: murieron 700 000 hombres, muchas industrias quedaron inutilizadas, y la elevada deuda exterior había aumentado la inflación. Para muchos italianos, el coste de la vida se incrementó, mientras los salarios reales disminuyeron y el número de parados no dejaba de crecer.

La crisis económica generó una fuerte **tensión social**. En el Norte de Italia se desarrolló un movimiento huelguístico que, animado por el ejemplo soviético, pretendía objetivos revolucionarios. Algunos campesinos ocuparon las tierras de los grandes propietarios y los obreros se incautaron de numerosas fábricas. Todos estos movimientos fueron reprimidos, pero el miedo al estallido de una revolución social como la ocurrida en Rusia empezó a preocupar a las clases más conservadoras.

El ascenso del fascismo

En esta situación de crisis apareció la figura de **Benito Mussolini**, quien, en 1919, creó los **Fasci de combate**, grupos paramilitares uniformados con camisas negras, con los que pretendía frenar el auge del movimiento obrero, a base de atacar violentamente a los sindicatos obreros y a sus líderes.

En 1921, los Fasci se transformaron en el **Partido Nacional Fascista**, que se presentaba como el recurso más eficaz para detener los movimientos revolucionarios en Italia. Su programa estaba basado en la construcción de un Estado fuerte, que garantizase la propiedad privada, y una política exterior expansionista.

El nuevo partido contó con el apoyo de la pequeña burguesía, con la financiación de los grandes propietarios agrícolas e industriales y con la tolerancia de la Iglesia católica y del mismo monarca Víctor Manuel III.

En las **elecciones de 1922**, el Partido Fascista solo consiguió 22 diputados en un Parlamento de 500. Pero ese mismo año, denunciando la incapacidad del gobierno para mantener el orden ante la huelga general de los sindicatos socialistas y anarquistas, Mussolini exigió al rey que le entregara el gobierno. Para mostrar su fuerza organizó una **Marcha sobre Roma** acompañado por 300 000 camisas negras. En octubre, el monarca, presionado por las fuerzas conservadoras, le nombró jefe del gobierno.

ÍNDICE DE PRECIOS DE LOS ALIMENTOS Y DEL VESTIDO EN ITALIA (1913 = 100)

Año	Alimentos	Vestidos
1913	100,0	100,0
1914	96,2	111,1
1915	104,6	118,6
1916	154,6	191,9
1917	221,9	355,5
1918	284,9	500,7
1919	326,6	594,4
1920	443,4	990,0
1921	464,1	671,3

Programa del Partido Fascista

La nación es un organismo que agrupa a todas las generaciones pasadas, presentes y futuras, la síntesis de los valores materiales y espirituales de la raza.

Los poderes del Parlamento deben ser limitados (...).

Italia debe cumplir su papel de bastión de la civilización latina en el Mediterráneo (...).

El fascismo reconoce la propiedad privada, que es un derecho y un deber (...). Se prohibirá la huelga en los servicios públicos.

Programa del Partido Nacional Fascista, 1921.

Mussolini encabeza la marcha sobre Roma, rodeado de los máximos dirigentes fascistas, en octubre de 1922.

LOS PRINCIPIOS IDEOLÓGICOS DEL FASCISMO

Entre 1922 y 1924, Benito Mussolini desarrolló un proceso de restricción de las libertades y de persecución de sus adversarios (socialistas, comunistas y democratacristianos), pero mantuvo la ficción de un régimen parlamentario.

Después de las **elecciones de 1924**, ganadas por Mussolini gracias a la violencia ejercida hacia sus oponentes, este anunció la instauración de un **régimen autoritario**.

El Estado y el Partido Nacional Fascista quedaron totalmente identificados en un régimen en el que **Mussolini** se atribuyó **plenos poderes**. Los partidos políticos fueron prohibidos, sus líderes, perseguidos y encarcelados, y el Parlamento, sustituido por la Cámara de los Fasci.

Asimismo, las huelgas fueron prohibidas, y los sindicatos, sustituidos por un **sistema de corporaciones** por oficios, que englobaban a representantes de los obreros, de los patronos y del Estado. También controlaba la economía; defendía una **política económica autárquica** que aspiraba a la autosuficiencia económica y apoyaba a las empresas privadas, con pedidos militares y fuertes subvenciones.

El Estado ejercía un férreo **control de la sociedad** a través del partido, que dirigía la vida social y dominaba los medios de comunicación (radio, prensa y cine). Se impuso una concepción enormemente conservadora de la familia y del papel de la mujer, y en esa dirección Mussolini firmó un Concordato con la Santa Sede para restaurar en Italia todas las atribuciones de la Iglesia católica.

Por último, Mussolini prometió la creación de un Imperio italiano que, a semejanza del antiguo Imperio romano, controlaría el Mediterráneo. Con este objetivo, en 1935 invadió Etiopía para ampliar las colonias italianas en el Norte de África.

La simbología fascista

El fascismo italiano quiso emular las glorias de la Roma imperial. Así, el término "fascismo" deriva de la palabra italiana *fascio*, que se refiere al símbolo compuesto por un haz de varas (bastones) rodeando un hacha. Este emblema ya se utilizaba en la Roma antigua, y representaba la autoridad.

Mussolini se hizo denominar *Duce*, que significa "guía", "conductor", y que era la denominación de los caudillos militares romanos. El mismo saludo, brazo en alto, también se usaba en la antigua Roma.

Benito Mussolini

De familia humilde, educado por religiosos, fue maestro de profesión. Se afilió al Partido Socialista Italiano (PSI). En 1914 se declaró favorable a la guerra y rompió con sus antiguos compañeros socialistas. Su discurso ideológico era una mezcla confusa de radicalismo social y nacionalismo exacerbado.

CARACTERÍSTICAS DEL FASCISMO

Exaltación del Estado por encima del individuo.
Nacionalismo agresivo que aspiraba a la expansión territorial. Racismo y persecución de las minorías.
Rechazo del liberalismo y de la democracia. Anticomunismo. Estado autoritario.
Intervencionismo del Estado en la economía.
Culto al líder carismático. Obediencia ciega.
Legitimación de la violencia y culto al militarismo.

Contra la democracia

Además de combatir al socialismo, el fascismo ataca a todo el conjunto de las ideologías democráticas, y las rechaza (...) afirma la desigualdad irremediable, fecunda y beneficiosa de los hombres.

Solo la guerra puede elevar todas las energías humanas (...). Por tanto, la nuestra es una doctrina que se basa en el postulado previamente establecido de que la paz es ajena al fascismo (...). El fascismo transporta este espíritu antipacifista incluso a la vida de los individuos (...), es un nuevo estilo de vida italiano (...).

B. MUSSOLINI: *La doctrina del fascismo*, 1932.

1. Describe la situación de Italia en la posguerra. ¿Cuáles fueron los elementos que favorecieron el ascenso del fascismo?
2. ¿Qué era el Partido Nacional Fascista? ¿Quién era su líder? ¿Qué se proponía? ¿Qué métodos utilizaba?
3. ¿Cómo alcanzó el poder Mussolini? ¿Con qué apoyos contó para conseguirlo?
4. ¿Cuáles fueron las características más destacadas del régimen fascista italiano? ¿Qué símbolos adoptó? Explica sus principales actuaciones de gobierno.
5. Valora qué significó para la democracia la llegada al poder del fascismo. ¿Contra qué principios democráticos se posicionó?

5 Alemania, el ascenso del nazismo

La Alemania de la posguerra

En 1918, tras la derrota de Alemania en la Primera Guerra Mundial, el káiser Guillermo II **abdicó** y se proclamó la república, que estableció su capital en la ciudad de Weimar y se asentó sobre una constitución democrática. La **República de Weimar**, dirigida por democratacristianos y socialistas, tuvo que hacer frente al descontento de amplios sectores de la población.

En sus primeros años, la nueva república se vio amenazada por movimientos revolucionarios de izquierda (levantamiento de la Liga Espartaquista o comunista) y por varios intentos de golpes de Estado de la extrema derecha (Putsch de Múnich* de las milicias nazis).

Parte del malestar provenía de que Alemania tuvo que asumir la **derrota militar** y aceptar las duras condiciones de paz impuestas por los vencedores. El Tratado de Versalles acusaba a Alemania de ser la causante de la guerra, le arrebataba territorios, reducía su ejército y le imponía fuertes **reparaciones económicas**.

Además, los años de posguerra fueron para Alemania de **crisis económica**, **miseria** y **paro**. Las deudas de guerra y las reparaciones provocaron una elevada inflación, que vino acompañada de una gran depreciación del marco. Al descontento de los sectores nacionalistas se unió el de las clases populares, en una grave situación de pobreza.

Adolf Hitler y la aparición del Partido Nazi

Adolf Hitler era un soldado desmovilizado de la Primera Guerra Mundial, que no había aceptado la derrota alemana y que en 1920 ingresó en el **Partido Nacionalsocialista de los Trabajadores de Alemania** (NSDAP), del que se erigió en líder indiscutible.

Su ideología fue recogida en el libro *Mi Lucha* (*Mein Kampf*), donde expresó su desprecio por la democracia parlamentaria y su odio al bolchevismo. Asimismo, defendía el antisemitismo, la superioridad de la raza aria y la necesidad de forjar un gran imperio (Reich) que uniese a todos los pueblos de lengua alemana.

Para convencer a las clases trabajadoras, Hitler utilizó la **demagogia**: prometió trabajo para todos, reducir los beneficios industriales o mejorar los salarios. En sus discursos, arremetió fuertemente contra los que acusó de ser los **responsables de la crisis alemana**: judíos, comunistas y demócratas.

El Partido Nazi escogió como emblema la bandera roja con la cruz gamada y se dotó de una organización paramilitar: las **Secciones de Asalto** (SA*) y las **Secciones de Protección** (SS*).

Estas milicias se opusieron violentamente a la república y protagonizaron varios intentos insurreccionales; se enfrentaron a las organizaciones de izquierda presentándose como una garantía de orden social frente a la agitación revolucionaria.

Hans GRUNDIG: *La marcha del hambre*, 1932.

LA CRISIS ECONÓMICA EN ALEMANIA

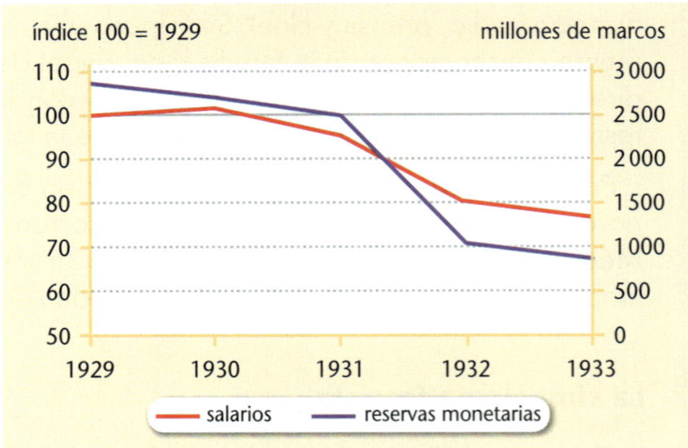

El programa nazi

1. Exigimos la unión de todos los alemanes para constituir una Gran Alemania (...).
2. Exigimos (...) la abolición de los tratados de Versalles y de Saint-Germain.
3. Exigimos territorios y colonias para la alimentación de nuestro pueblo y para el establecimiento de nuestro exceso de población.
4. (...) nadie, salvo aquellos por cuyas venas fluye sangre alemana, sea cual sea su credo religioso, podrá ser miembro de la nación. Por consiguiente, ningún judío será miembro de la nación.

Los 25 puntos del programa del Partido Nazi, 1920. (Adaptación)

LA LLEGADA DE HITLER AL PODER

Alemania vivió entre 1924 y 1929 un periodo de relativa mejora económica. Pero la crisis de 1929 arrastró a muchos bancos a la quiebra, lo que provocó cierre de fábricas, paro y descontento social.

Una buena parte de la población se inclinó hacia las propuestas de los partidos extremistas. Burgueses arruinados, campesinos y obreros desesperados fueron atraídos por las promesas nazis; los intelectuales y la mayoría de obreros se inclinaron por el Partido Comunista.

Por otro lado, el **Partido Nazi** empezó a contar con el apoyo de importantes personalidades de la industria y de las finanzas y a disponer de fuertes ayudas económicas. En las **elecciones de 1932**, consiguió 13 millones de votos y, en enero de 1933, logró que el presidente Hindenburg nombrase a **Hitler canciller**.

Para contar con una mayoría parlamentaria, Hitler convocó nuevas elecciones para marzo de 1933. En plena campaña electoral, los escuadrones nazis provocaron un incendio en el Reichstag (Parlamento) y acusaron del mismo a los comunistas. Este incidente sirvió de pretexto a Hitler para eliminar a sus adversarios y exigir plenos poderes.

En 1934, tras la muerte de Hindenburg, Adolf Hitler se **proclamó Führer y Canciller del III Reich**.

Cómo consiguió Hitler llegar al poder

- Aprovechó los mecanismos de la democracia para hacerse nombrar canciller.
- Se presentó como alternativa al descontento social y a la crisis política y económica.
- Empleó sus habilidades de liderazgo.
- Presentó un programa demagógico y populista.
- Las organizaciones paramilitares nazis impusieron el terror.

Cartel nazi reclamando el voto obrero, 1933.

Destruir la democracia

Nos presentamos a diputados para paralizar la democracia de Weimar con su propia ayuda. Si la democracia es tan estúpida que nos concede dietas y viajes pagados para nuestra tarea inclemente, peor para ella (...).

Si en estas elecciones conseguimos introducir de 60 a 70 agitadores de nuestro partido en diversos Parlamentos, el Estado mismo financiará nuestro equipo de combate (...). ¡Venimos como enemigos! ¡Venimos como el lobo que ataca al rebaño!

Artículo de J. Goebbels en Der Angriff, 1928.

AUMENTO DEL PARO Y ASCENSO DEL NAZISMO

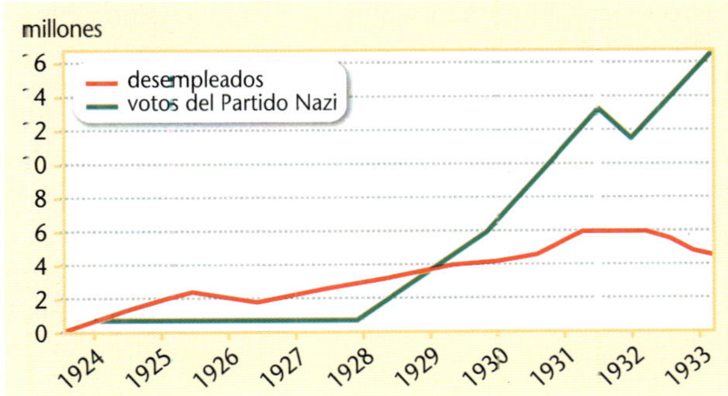

El apoyo del gran capital

Los dirigentes de la economía deseaban la llegada al poder de un *führer* fuerte. (...) El interés común del gran capital era frenar el bolchevismo (...). Otro interés común era la voluntad de poner en práctica el programa económico de Hitler (...).

La construcción de autopistas en todo el Reich, la mejora de los medios de transporte (en particular, de los ferrocarriles) y un desarrollo de industrias como las del automóvil o la aviación y sus sectores anexos.

Declaraciones del banquero Kurt von Schöder. Proceso de Núremberg, 1945-1946.

1. ¿Qué fue la República de Weimar? ¿Qué situación económica y política tuvo que afrontar?
2. ¿Qué era el NSDAP? ¿Quién era su líder? ¿Cuál era su ideario? ¿Qué métodos utilizaron?
3. ¿Qué consecuencias tuvo la crisis de 1929 en Alemania? ¿Qué repercusiones políticas se derivaron?
4. ¿Cómo consiguió Hitler hacerse con el poder? ¿Qué papel desempeñó en el incendio del Reichstag?
5. ¿Con qué apoyos económicos contó el nazismo? ¿Por qué?
6. Explica razonadamente la posición del nazismo respecto a su participación en las elecciones y para qué querían concurrir a ellas.

DESCUBRE

6 El régimen nazi, un sistema totalitario

En pocos meses, los nazis transformaron Alemania en un régimen totalitario, en el que Hitler y el Partido Nazi controlaban las instituciones, la sociedad y los individuos.

¿En qué principios ideológicos se basada el nazismo? ¿Cómo actuó?

A UN SISTEMA TOTALITARIO

A partir del año 1934 se inició la identificación entre el Partido Nazi y el Estado, bajo la única autoridad de Hitler, el Führer. Se **suprimieron las libertades** y las garantías individuales. Se decretó la **disolución de los partidos** y **sindicatos**. Solo fue autorizado el NSDAP, y todos los trabajadores fueron conminados a afiliarse al único sindicato, el Frente Alemán del Trabajo.

La Administración Pública fue depurada. La judicatura quedó sometida a la voluntad del partido. La policía fue sustituida en sus tareas de represión por las formaciones paramilitares de los nazis, fundamentalmente por la SS. En 1934 se creó la **Gestapo** (Policía Secreta), dirigida por Himmler, encargada de la represión de los opositores al régimen y del control sobre la opinión pública.

Cartel nazi de la década de 1930. "Un pueblo, un imperio, un führer" fue uno de los eslóganes del nazismo.

El poder asoluto del Führer

El Estado (...) no poseerá ningún organismo representativo que decida sobre ningún asunto por el voto de la mayoría, sino solo organismos consultivos que se encontrarán siempre al lado del jefe y que recibirán instrucciones de él.

Adolf HITLER: *Mein Kampf*, 1925.

B LA IMPOSICIÓN DE LA IDEOLOGÍA NAZI

Para el Estado nazi, la sociedad alemana debía tener una absoluta **unidad ideológica**. Se creó el Ministerio de Cultura y Propaganda, que fue confiado a Goebbels, para imponer un pensamiento basado en las **ideas racistas** y **nacionalistas**. La ciencia y la cultura (periódicos, libros, radio...) se "nazificaron", aniquilando la libertad intelectual.

Se reorganizó y se politizó el sistema educativo: se depuró a profesores de universidades y escuelas, y se introdujo la censura en las aulas y en los libros de texto.

El mantenimiento de la pureza racial de la sociedad alemana comportó la persecución y eliminación de toda minoría considerada inferior (gitanos, judíos, etc.) y hasta de los disminuidos físicos o psíquicos. Pero especial importancia tuvo la **persecución de los judíos**. En 1933 se promulgó el boicot a los negocios judíos, en 1935 se dictaron las Leyes de Núremberg, que impedían los matrimonios mixtos y excluían a los judíos de la ciudadanía alemana, y en 1938 se les obligó a llevar un distintivo.

A partir de 1933 se crearon los **campos de concentración** para recluir a los opositores del Reich. Socialistas, comunistas, demócratas de todo tipo y en especial los judíos fueron sometidos a trabajos forzados y, en parte, exterminados.

La quema de libros considerados perniciosos se convirtió en un acto ritual del nazismo.

Las Leyes de Núremberg

Convencido de la conciencia de que la fuerza de la sangre alemana es la premisa de la perpetuación del pueblo alemán, e inspirado en la voluntad indomable de asegurar el futuro de la nación alemana, el Reichstag ha adoptado por unanimidad la siguiente ley:

1. Los matrimonios entre judíos y sujetos de sangre alemana están prohibidos.
2. La relación extramarital entre judíos y sujetos de sangre alemana está prohibida.

Leyes de Núremberg, 1935.

C AUTARQUÍA ECONÓMICA Y REARME

El III Reich se propuso promover un relanzamiento que hiciese de Alemania una potencia económica mundial, preparada para enfrentarse en una guerra que se creía inevitable. En consecuencia, la política económica nazi respondía fundamentalmente a los **proyectos militaristas** y expansionistas de Hitler.

El Estado nazi ejerció un fuerte dirigismo económico, que tenía como objetivo conseguir la **autarquía*** económica para no depender del exterior y convertir a Alemania en un Estado autosuficiente. Se dio prioridad a la industria pesada, sobre todo a la de armamento, que alcanzó un gran desarrollo. Para hacer frente al paro, se llevó a cabo un ambicioso programa de obras públicas con la construcción de numerosas autopistas y otras infraestructuras.

GASTOS DEL ESTADO ALEMÁN

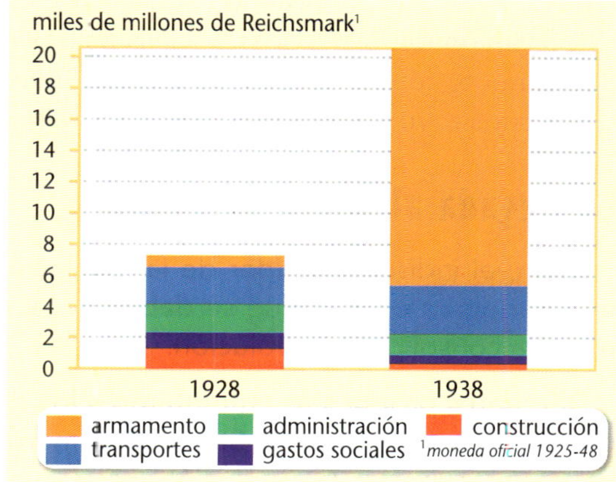

D UNA POLÍTICA EXPANSIONISTA

Hitler vinculó estrechamente la formulación de la superioridad racial con su voluntad de implantar un **nuevo orden en Europa** asentado en el dominio germánico. Las ambiciones expansionistas necesitaban un ejército poderoso y Hitler inició una política militarista: **reforzó el ejército** con la institución del servicio militar y la creación de un nuevo ejército, la Wehrmacht, y de una aviación moderna, la Luftwaffe.

Con un ejército poderoso y una economía orientada hacia la guerra, Hitler se sintió preparado para lanzarse a la construcción de un gran imperio y a la conquista de un "**espacio vital***" al Este de Europa. El camino hacia la Segunda Guerra Mundial estaba ya preparado.

La defensa de la guerra

Las fronteras de 1914 no tienen ningún significado para nuestro porvenir. (...) No darán a la nación alemana solidaridad interna ni le suministrarán alimentos; desde el punto de vista militar, no son adecuadas, ni tan solo satisfactorias (...).

Las fronteras se trazan y se modifican solo de acuerdo con la voluntad humana. El hecho de que una nación consiga adjudicarse un territorio que no le pertenecía (...) prueba, sencillamente, el poder del vencedor y la debilidad de los vencidos. Este poder es la única cosa que da derecho a la posesión (...).

Adolf HITLER, 1927.

E EL ADOCTRINAMIENTO DE LA POBLACIÓN

G. GROSZ: *La sociedad alemana*, 1933.

El nazismo dedicó grandes esfuerzos a encuadrar y adoctrinar a la población, especialmente a la juventud, organizada en las **Juventudes Hitlerianas**.

La propaganda y el miedo, pero también el atractivo del proyecto hitleriano, que exaltaba la grandeza de Alemania, el orgullo de la raza y un futuro de progreso, produjo la adhesión de la población y un desentendimiento respecto a los métodos utilizados por los nazis. Todo ello permitió al nazismo presentarse ante el mundo como un régimen incontestado que contaba con el apoyo masivo de la población.

1. Explica las principales características del régimen nazi y por qué lo definimos como un régimen totalitario.
2. ¿Cómo pretendía cohesionar el Estado nazi a la sociedad alemana e imponer su ideología?
3. ¿Cómo se perseguía cualquier oposición? ¿Cómo consigue el nazismo la adhesión de la población?
4. Indica la relación entre el expansionismo militar del régimen nazi y su política económica.

Investiga

5. Busca información sobre la persecución de los judíos y explica las medidas represivas que sufrieron hasta 1939 en la Alemania nazi.

8 El arte del periodo de entreguerras

La Primera Guerra Mundial tuvo un gran impacto en la conciencia de las personas. Una sensación de hastío y amargura, como resultado de los grandes desastres ocasionados por el conflicto bélico, invadió a los representantes del mundo de la cultura y del arte.

Ese descontento originó numerosas corrientes de protesta que deseaban romper con el arte antiguo, símbolo de una sociedad que había llevado a la humanidad a una confrontación sin precedentes.

Entre los artistas surgió un gran deseo de denuncia social, y de buscar nuevas dimensiones de la imaginación y de la creatividad artística. Además, los avances técnicos (fotografía, cine...) llevaron a los artistas a plantearse la función y el sentido del arte.

A EL DADAÍSMO

El dadaísmo se inició, en 1916, con la intención de destruir todas las convenciones establecidas en el arte.

Su propuesta reflejaba un arte ilógico y absurdo, como reflejo de la locura autodestructiva del ser humano durante la Primera Guerra Mundial.

Los artistas dadá, como **Marcel Duchamp**, defendieron el caos frente al orden y la imperfección de su arte, tomando una actitud antirracional y provocativa como herramienta creadora.

Marcel DUCHAMP: *Rueda de bicicleta*, 1913. Duchamp demostró que una obra de arte se puede realizar a partir de cualquier objeto cotidiano.

B LAS CORRIENTES DE LA ABSTRACCIÓN

La abstracción fue la corriente más innovadora del siglo XX. Rechazaba la pintura figurativa y la representación de la realidad. La inició **Vasili Kandinsky** en 1910, y durante la posguerra se desarrollarían diferentes movimientos abstractos, de tendencia geométrica.

EL CONSTRUCTIVISMO (1913)

Quería representar la maquinaria y la tecnología modernas. El rechazo de la perspectiva y el uso de la bidimensionalidad caracterizan la obra.

Torres GARCÍA: *Constructivismo con campana*, 1932.

EL SUPREMATISMO (1913-1923)

Utilizaba las formas geométricas básicas y una gama reducida de colores.

Esta corriente rechazaba el arte convencional buscando la pura sensibilidad a través de la abstracción geométrica. Su primera manifestación fue la pintura de **Malévich**.

Kasimir MALÉVICH: *Suprematismo I*, 1915.

EL NEOPLASTICISMO (1917)

Buscaba la depuración formal a partir de la intersección de las líneas y los colores.

Este planteamiento artístico, propuesto por **Mondrian**, busca la depuración absoluta de las formas.

Piet MONDRIAN: *Composición en rojo, amarillo y negro*, 1921.

C EL SURREALISMO

El surrealismo nació en 1924, en París, influenciado por las teorías del psicoanálisis de Sigmund Freud. Se caracterizó por intentar plasmar, por medio de formas abstractas o figuras simbólicas, la realidad más profunda del ser humano: el subconsciente.

Dentro del surrealismo se distinguen dos corrientes: la **automatista**, que reproduce un universo de símbolos, a veces abstractos, surgidos del inconsciente y el azar (**André Masson** y **Joan Miró**) y la **onírica**, que recrea figurativamente asociaciones extrañas propias del mundo de los sueños (**René Magritte** y **Salvador Dalí**).

Joan MIRÓ: *Mujer con pájaro a la luz de la luna*, 1949.

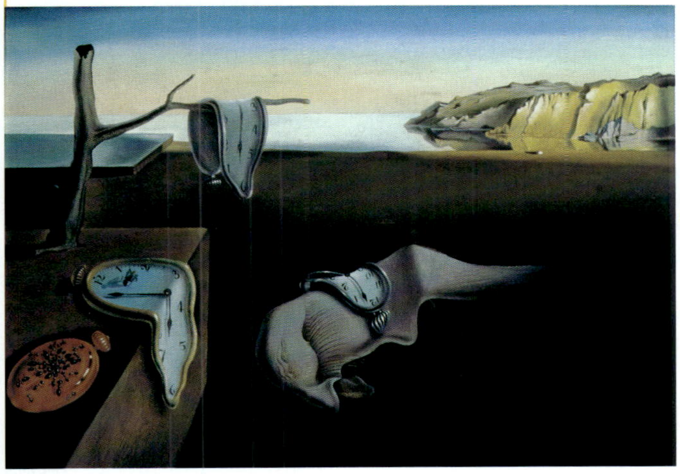

Salvador DALÍ: *La persistencia de la memoria*, 1931.

FICHAART

Busca en Internet información sobre esta obra.

a) **Identificación**. Sitúa cronológica y geográficamente el autor y la obra. ¿A qué corriente pertenece?

b) **Descripción**. ¿Qué se representa? ¿Cómo lo simboliza? ¿Qué técnicas emplea?

c) **Valoración**. Explica qué destacarías de esta obra y qué emociones o sentimientos te produce.

D LA NUEVA OBJETIVIDAD

La terrible situación de Alemania tras la Primera Guerra Mundial tuvo su impacto en el mundo de la cultura y el arte, y los artistas de la década de 1920 propusieron un arte tremendamente agresivo y cargado de una **crítica feroz** contra la sociedad y las instituciones del poder.

Otto DIX: *El vendedor de cerillas*, 1920.

Esta tendencia retomó la estética expresionista, utilizando un detallismo meticuloso y desgarrado para mostrar y denunciar las atrocidades causadas por la Primera Guerra Mundial. Los principales representantes de esta corriente fueron los alemanes **Georg Grosz** y **Otto Dix**.

1. ¿Qué es el dadaísmo? ¿En qué sentido ataca la obra de Duchamp las convenciones artísticas?
2. ¿En qué consiste el arte abstracto? ¿Qué corrientes existen? ¿Cuáles son sus características?
3. ¿Qué es el surrealismo? ¿Puede ser abstracto el surrealismo?

Aprecia el arte

4. ¿Cómo influyó la Gran Guerra en las corrientes artísticas? ¿Qué sentimientos y sensaciones generó en los artistas?
5. Observa la pintura de Otto Dix. Descríbela y explica qué mensaje quiere transmitir su autor.
6. Identifica en este tema y en el anterior cuadros de la corriente Nueva Objetividad y analiza el mensaje que transmiten.

COMPLETA EL MAPA CONCEPTUAL

Con la información del tema, completa en tu cuaderno el siguiente esquema:

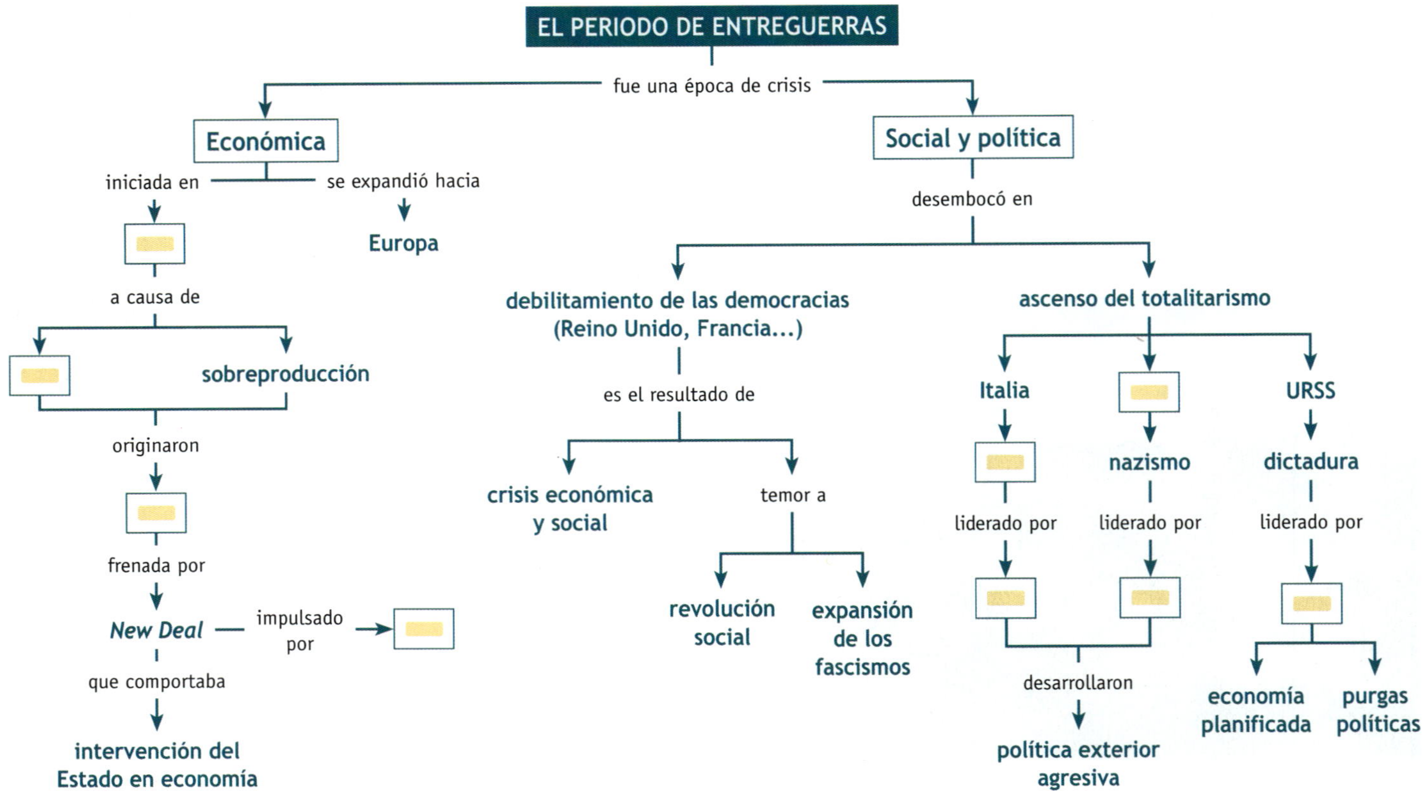

1 CONSOLIDA LO APRENDIDO

a) ¿Qué entendemos por los "felices años veinte"? ¿Qué acontecimiento puso fin a esa década de prosperidad? ¿Qué fue la Gran Depresión? ¿Cómo se intentó acabar con ella?

b) ¿Qué es el fascismo? ¿Qué características presenta? ¿Cómo consiguió Benito Mussolini hacerse con todo el poder?

c) ¿Qué circunstancias propiciaron en Alemania el ascenso de Adolf Hitler al poder? ¿Cuáles son las ideas fundamentales del nazismo?

d) ¿Qué aspectos ideológicos del nazismo y de su política económica prepararon el camino hacia la Segunda Guerra Mundial?

e) ¿Cómo consiguió Stalin hacerse con el poder en la URSS? ¿Qué características tuvo el régimen estalinista?

2 DEFINE CONCEPTOS CLAVE

- nacionalismo
- totalitarismo
- "espacio vital"
- dictadura
- sobreproducción
- nazismo
- fascismo
- especulación bursátil
- depresión económica
- burbuja especulativa

3 IDENTIFICA LOS PERSONAJES

- Franklin D. Roosevelt
- John M. Keynes
- Benito Mussolini
- Adolf Hitler
- Paul von Hindenburg
- Iósif Stalin

4 EXPLICA LAS DIFERENCIAS

- duce / führer
- propaganda / adoctrinamiento
- Partido Nazi / SS
- colectivización / kulaks

RESPONDE A LA PREGUNTA INICIAL

¿Por qué los años entre 1918 y 1939 fueron tiempos de crisis económica, social y política?

APRENDE A... COMENTAR UNA PELÍCULA

Título: *La Ola (Die Welle)*.

Guion y dirección: Dennis GANSEL.

Reparto: Jürgen Vogel, Max Riemelt, Jennifer Ulrich, Jacob Matschenz, Frederick Lau.

País: Alemania.

Año: 2008.

Género: Drama.

Duración: 107 minutos.

El argumento de la película

La trama se basa en la novela de Morton Rhue, fundamentada en un caso real. Se sitúa en un instituto de enseñanza media de una ciudad alemana. El profesor Rainer Wenger propone a los estudiantes de su clase el desarrollo de una actividad sobre el totalitarismo como forma de gobierno.

Los estudiantes están hartos de discutir sobre el nazismo, un tema perenne en las escuelas alemanas. Ante la pregunta del profesor: "¿así que no creéis que otra dictadura sea posible en Alemania?", los estudiantes se muestran escépticos y no creen que la vuelta del nacionalsocialismo sea un peligro real.

Entonces, el profesor decide empezar un experimento con sus alumnos y alumnas con el que pretende demostrar lo fácil que es manipular a las masas.

1. Presentación

- Justifica por qué la película está encuadrada dentro del género dramático.
- ¿Qué sabes sobre el director de esta película? Accede a la página web www.tiching.com/64373 y lee la entrevista que le realizan a Dennis Gansel, su director. Explica qué razones le movieron para interesarse por el tema del nazismo y qué objetivo se propuso al rodar esta película.

2. Análisis

- Elabora una sinopsis sobre el argumento de la película.
  - Escribe un subtítulo para la película que sea revelador del mensaje que contiene.
  - Escoge algunas escenas significativas y explica la intención del director.
  - Describe minuciosamente la personalidad, las razones que les mueven a adherirse a "La Ola" y su evolución a lo largo de la película de los siguientes personajes: el profesor Wenger, Tim, Marco, Lisa, Karo, Sinan y Bomber.
  - ¿Qué razones argumentan las chicas (Mona y Karo) para no participar en el experimento del profesor?
  - ¿Qué opinas de la uniformidad en el vestir? Reflexiona sobre la escena en la que Tim quema su ropa anterior.
  - ¿En qué momento el profesor se da cuenta de que el experimento se le ha ido de las manos? ¿Cómo intenta resolver el problema? ¿Crees que lo consigue? ¿Por qué Tim acaba suicidándose cuando finaliza el experimento?

3. Contexto histórico

- Explica, a través de las escenas de la película, los elementos que facilitan la implantación de una dictadura.
  - ¿Qué mensaje educativo quería transmitir el profesor a sus alumnos con el experimento? ¿Crees que lo consiguió? Razona tu respuesta.

4. Conclusiones

- ¿Qué hubieras hecho tú para frenar "La Ola"?
  - ¿Recomendarías esta película a un amigo? ¿Por qué?

RAZONA HISTÓRICAMENTE

Argumenta. ¿Qué principios del nazismo expresa el eslogan "Un pueblo, un imperio, un führer"? ¿Y el lema del fascismo: "Mussolini siempre tiene razón"?

Empatía. Sitúate en la época y piensa qué razones te podrían llevar a apoyar la política expansionista de Hitler y cuáles a oponerte.

Causalidad. Determina la situación de Europa después de la Gran Guerra y los problemas (no resueltos) que incidieron en un nuevo conflicto bélico. Organízate en función de estos dos elementos:

- Ideología: crisis de las democracias.
- Desequilibrios económicos.

1 Fuentes documentales. La política del *New Deal* en Estados Unidos

Nuestra tarea prioritaria es hacer que la gente vuelva a trabajar. Esto se puede conseguir mediante un reclutamiento directo por parte del gobierno. (...) Nosotros podemos facilitar la realización de este objetivo aumentando el precio de los productos agrícolas y, con ellos, la capacidad adquisitiva de los agricultores. (...) Podemos facilitarlo unificando las ayudas a las víctimas de la crisis. (...) Podemos facilitarlo planificando y supervisando a nivel nacional todas las formas de transporte, de comunicaciones y de servicios que tienen claramente un carácter de interés público (...).

Finalmente, en nuestro camino hacia la plena ocupación, necesitaremos llevar a cabo tres medidas destinadas a prevenir un retorno a los malos tiempos pasados: tendrá que haber una estricta vigilancia de todas las actividades bancarias, financieras y de inversiones; habrá que limitar las actividades de los que especulan con el dinero de los demás; será necesario asegurarse de que nuestra divisa sea a un tiempo adecuada y saneada. (...)

Primer discurso de Franklin D. Roosevelt como presidente, 1933.

a) Identifica al autor de este discurso. ¿Cuándo lo realizó?

b) ¿Qué política económica y social propone? ¿En qué teorías económicas se inspira?

c) Identifica en el texto algunos de los rasgos esenciales de dicha política económica.

d) ¿A qué situación pretendía hacer frente Roosevelt? ¿Cuáles fueron las causas que originaron la situación de crisis de la década de 1930?

e) Valora si las medidas llevadas a cabo por Roosevelt te parecen adecuadas en caso de crisis económica. Justifica tu respuesta.

2 Análisis. El crac de 1929

LAS CAUSAS DE LA CRISIS DE 1929

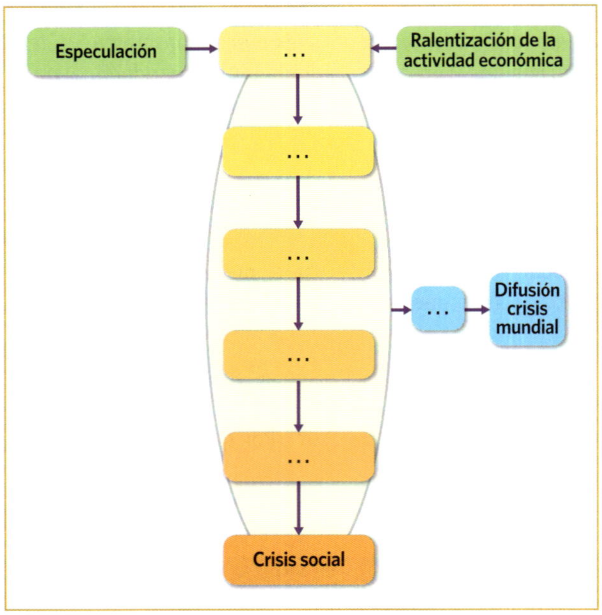

a) Completa el organigrama con los siguientes conceptos: crisis de liquidez, aumento del paro, crisis económica, reducción de las importaciones, hundimiento de la bolsa, quiebras bancarias.

b) Explica cómo acabó desencadenando esta crisis una recesión generalizada en la economía mundial.

3 Espacio y tiempo. Industria y trabajos forzados

LA INDUSTRIALIZACIÓN SOVIÉTICA (1928-1939)

a) ¿Cuáles eran las regiones industriales del Imperio ruso antes de 1928? ¿Qué nuevas zonas se desarrollaron en la etapa estalinista? ¿Qué sectores industriales se potenciaron?

b) ¿Qué eran los campos de trabajo o gulag? ¿Dónde se instalaron? ¿Qué función tenían?

c) ¿Qué trabajos se confiaron a los presos políticos? Elabora una síntesis del proceso de industrialización ruso en la primera mitad del siglo XX.

4 Fuentes documentales. La educación nazi

> Haremos crecer una juventud ante la cual el mundo temblará. Una juventud violenta, orgullosa, intrépida, cruel. Es así como la quiero. Sabrá soportar el dolor. No tendrá nada de debilidad o ternura. Quiero que tenga la fuerza y la belleza de las fieras jóvenes (...).
>
> A. HITLER: *Mein Kampf*, 1924.

Ilustración de un libro escolar alemán de 1936.

a) Descripción. ¿Cómo muestra el dibujo a los arios y a los judíos? ¿Cuál es la actitud de los arios? ¿Y la de los judíos? ¿Cómo describe Hitler a la juventud?

b) Análisis. ¿A qué forma de comportamiento con los judíos incita el dibujo? ¿Cómo lo refleja? ¿Qué objetivos pretendía esta propaganda antisemita y racista? ¿Qué consecuencias tendrá en la forma de pensar de la población?

5 Fuentes iconográficas. El fascismo italiano

Italia durante los años 30.

a) Descripción. Describe los personajes de la fotografía: ¿cómo van vestidos? ¿Qué crees que están haciendo? Traduce la pintada de la pared.

b) Análisis. Relaciona esos elementos con el fascismo italiano y su ideología.

WWW. ESPACIO WEB

6 Trabajo en valores. Racismo

A lo largo de la historia han existido numerosas muestras de racismo que sostienen actitudes de intolerancia, separación, segregación, discriminación y odio.

A menudo, el racismo se sustenta sobre falsas teorías científicas que pretenden demostrar la superioridad de unas razas sobre las otras.

Consulta la página web sobre el memorial del Holocausto en www.tiching.com/12965 y contesta:

a) ¿Cómo definirías el racismo? ¿Y el antisemitismo? ¿Qué experimentos seudocientíficos desarrolló el nacionalsocialismo alemán para justificar la teoría de la superioridad de la raza aria?

b) ¿Qué métodos de propaganda utilizaron los nazis para difundir sus teorías raciales entre la población?

c) Algunas personas ayudaron a los judíos a esconderse y a escapar de la persecución. Busca en la página web el caso del ciudadano Georges Mandel y explica cuál fue su actuación. ¿Conoces algún otro caso de ayuda a los judíos perseguidos?

A continuación vamos a reflexionar sobre el racismo y la xenofobia en nuestra sociedad actual:

a) ¿Qué entiendes por xenofobia? ¿Crees que hay actitudes racistas o xenófobas en nuestra sociedad actual? Pon algún ejemplo.

b) Busca en la prensa o en Internet algún suceso que muestre actitudes racistas o xenófobas. ¿A qué crees que son debidas?

c) ¿Cómo podrían erradicarse estas actitudes? ¿Cómo puede contribuir la educación a una mayor tolerancia? ¿Qué podríamos hacer desde nuestro centro escolar?

RETOS EN LA RED

MINI UNIDAD VISUAL: Un recorrido por la historia del Partido Nazi.

ACTIVIDADES AUTOCORRECTIVAS: Resuelve estas actividades y repasa lo que has aprendido.

www.vvd.link/012274/8

9 España en el primer tercio del siglo XX (1902-1939)

¿Qué ocurrió en España para que se desencadenase una Guerra Civil?

ALFONSO XIII · DICTADURA DE PRIMO DE RIVERA · SEGUNDA REPÚBLICA (BIENIO REFORMISTA · BIENIO CONSERVADOR) · GUERRA CIVIL

1902 1909 1910 1911 1912 1913 1914 1915 1916 1917 1918 1919 1920 1921 1922 1923 1924 1925 1926 1927 1928 1929 1930 1931 1932 1933 1934 1935 1936 1937 1938 1939

- **1902** Mayoría de edad de Alfonso XIII
- **1909** Semana Trágica
- **1910** Canalejas inicia el reformismo liberal
- **1914** Creación de la Mancomunidad de Cataluña
- **1917** Amplio movimiento de protesta
- **1921** Asesinato de Dato. Desastre de Annual
- **1923** Golpe de Estado de Primo de Rivera
- **1925** Desembarco de Alhucemas
- **1930** Pacto de San Sebastián
- **1931** Proclamación de la Segunda República. Constitución de 1931
- **1932** Reforma agraria
- **1934** Revueltas en Asturias y Cataluña
- **1936** Elecciones: Triunfo del Frente Popular
- **17-18 Julio 1936** Golpe de Estado. Incio Guerra Civil
- **1938** Batalla del Ebro
- **1 Abril 1939** Final de la guerra

Proclamación de la Segunda República en las calles de Madrid, 1931.

Los problemas del régimen de la Restauración se agravaron de manera progresiva durante las primeras décadas del siglo XX. Su incapacidad para recoger las demandas de sectores sociales, a los que no se permitía la representación política, acabó por derrocar al régimen.

Tras la dictadura de Primo de Rivera, una etapa en la que el ejército volvió a protagonizar la vida política del país, se inició la Segunda República.

Los intentos democratizadores y modernizadores de la República fueron respondidos con resistencias insalvables por parte de los sectores más conservadores del país. Así, en 1936 se produjo un golpe de Estado que se convirtió en una Guerra Civil de trágicas consecuencias para España.

¿Qué sabemos?

- ¿Por qué régimen fue sustituida la monarquía de Alfonso XIII?
- ¿Cómo quedó dividida políticamente España tras las elecciones de febrero de 1936?
- ¿Cuál es el acontecimiento central de la historia contemporánea de España?

¿Por qué entró en crisis el sistema de la Restauración?

Alfonso XIII inició su reinado en 1902, al ser declarado mayor de edad. Este hecho coincidió con una **fuerte crisis** provocada por el desastre del 98.

Los partidos dinásticos (conservadores y liberales) propusieron reformas regeneracionistas, pero el sistema de la Restauración se mostró incapaz de democratizar realmente la vida política y dar cabida a la oposición. Además, la **conflictividad social** era cada vez mayor.

¿Qué circunstancias concurrieron para que la Restauración entrara en crisis? ¿Cuáles fueron los actores sociales y políticos que reclamaron un mayor protagonismo?

Joaquín SOROLLA: *Alfonso XIII*, 1907.

A UNAS REFORMAS INSUFICIENTES

Los gobiernos de Alfonso XIII trataron de llevar a cabo algunas medidas para regenerar el país. Desde el **Partido Conservador**, Antonio Maura puso en marcha "la revolución desde arriba", con leves medidas de reforma fiscal y de regulación del derecho de huelga.

Por su parte, el **Partido Liberal** de José Canalejas trató de reducir la influencia de la Iglesia en la vida pública y en la educación; introdujo las primeras leyes de protección social a los trabajadores, y permitió la creación de la Mancomunidad de Cataluña, un primer paso en la descentralización del Estado.

Sin embargo, el caciquismo y la manipulación de los datos electorales continuaban debilitando el sistema, atacado también por acontecimientos como la Semana Trágica y el asesinato de Canalejas.

La corrupta política de la Restauración

La política no es entre nosotros servicio de la Patria, sino oficio lucrativo (...); no es lucha de ideales, sino pendencia movida por los más mezquinos y egoístas intereses.

Consecuencia de esta miseria moral e intelectual del ambiente político español es el creciente retraimiento de aquellos espíritus sanos y activos que no se han avenido a poner el caudal de sus energías al servicio de la corrompida política profesional, produciéndose de este modo una selección a la inversa, que ha abandonado los intereses públicos a las manos más indignas.

José Ortega y Gasset en la Liga de Educación Política Española, 1913.

B EL FORTALECIMIENTO DE LA OPOSICIÓN

- Los grupos de la oposición al sistema adquirieron un mayor protagonismo:
- Los **republicanos** crearon la coalición Unión Republicana, que consiguió aumentar su fuerza electoral. Su líder, Alejandro Lerroux, tenía un discurso populista y extremista con el que consiguió muchos seguidores entre los obreros catalanes, y en 1908 fundó el Partido Republicano Radical.
- El **socialismo** se afianzó en el País Vasco, Asturias y Madrid, y Pablo Iglesias logró acta de diputado en 1910. A principios de 1921, alcanzó los 58 000 afiliados, pero ese mismo año los sectores más revolucionarios se escindieron y crearon el Partido Comunista de España (PCE).
- Los **nacionalismos** consolidaron su ascenso electoral a través de la Lliga Regionalista en Cataluña, y del Partido Nacionalista Vasco al País Vasco.

Caricatura de Alejandro Lerroux en *¡Cu Cut!*, 1905.

Mitin de Pablo Iglesias en Madrid.

El auge del sindicalismo

El sindicalismo aumentó la afiliación obrera y su capacidad de presión mediante las huelgas. En 1910 se **creó la Confederación Nacional del Trabajo (CNT)**, un sindicato anarquista que en pocos años extendió su influencia entre el proletariado, sobre todo en Andalucía y Cataluña. En 1919, la CNT llegó a tener unos 700 000 afiliados, y el **sindicato socialista UGT**, unos 211 000.

C LA REVUELTA DE 1909: LA SEMANA TRÁGICA

En 1909, la oposición al reclutamiento de soldados ya licenciados para la **Guerra de Marruecos** desencadenó una revuelta popular en Barcelona, conocida como la Semana Trágica.

El levantamiento supuso un estallido espontáneo, **antimilitarista** y **anticlerical**, resultado de todas las tensiones sociales acumuladas a lo largo de décadas. Fue aplastado por el ejército, y la represión resultó desproporcionada (fusilamiento del pedagogo y librepensador Ferrer Guardia).

Los sucesos de 1909 fueron un duro golpe para el sistema político de la Restauración y los partidos dinásticos porque provocaron la repulsa de la opinión pública y la dimisión del presidente de gobierno, el conservador Antonio Maura.

Ante esta situación, el rey encargó la formación de un **nuevo gobierno** a Canalejas, del **Partido Liberal**. Su asesinato por un anarquista en 1912 abrió un periodo de inestabilidad que condujo de nuevo a los conservadores al poder.

Contra la guerra de Marruecos

La Asamblea protesta enérgicamente:

1. Contra la acción del gobierno español en Marruecos (...).

3. Contra el envío a la guerra de los ciudadanos útiles a la producción y, en general, indiferentes al triunfo de la cruz sobre la media luna (...).

Y compromete a la clase obrera a concentrar todas sus fuerzas, por si se hubiera de declarar la huelga general para obligar al gobierno a respetar los derechos que tienen los marroquíes a conservar intacta la independencia de su patria.

Moción de la Asamblea obrera de Terrassa, 21 de julio de 1909.

D LA CRISIS DE 1917

El descontento volvió a estallar en 1917 en diversos ámbitos:

- Las **fuerzas políticas** mostraban descontento ante la forma de gobernar del conservador **Eduardo Dato**, que clausuraba frecuentemente las Cortes y gobernaba por decreto-ley. Grupos de la oposición (Asamblea de Parlamentarios en Barcelona) exigieron la dimisión del gobierno y la convocatoria de Cortes constituyentes.
- Algunos **sectores del ejército** protestaron contra el sistema de ascenso que favorecía a los militares que participaban en las campañas de Marruecos (africanistas). Algunos militares organizaron Juntas de Defensa y se enfrentaron a la política del gobierno.
- Ante el empeoramiento de las condiciones de vida, como resultado del aumento de los precios, los sindicatos CNT y UGT convocaron una **huelga general revolucionaria**.

Aunque el gobierno consiguió reprimir las huelgas y pactar con militares y políticos, se evidenció una grave crisis del sistema de turno de partidos y la necesidad de una profunda renovación política.

EL IMPACTO ECONÓMICO DE LA PRIMERA GUERRA MUNDIAL EN ESPAÑA

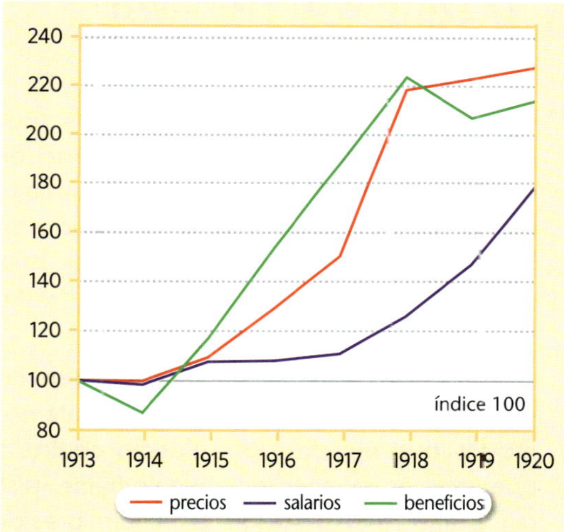

1. ¿En qué consistieron el reformismo conservador y el liberal? ¿Consiguieron una reforma en profundidad del sistema?
2. ¿Cuáles eran las principales fuerzas de oposición? ¿Crees que compartían los mismos objetivos?
3. Valora qué tienen en común y qué de diferente los sucesos de 1909 y 1917. ¿Por qué pusieron en evidencia la crisis del sistema político de la Restauración?

Argumenta la respuesta

4. Explica por qué entró en crisis el sistema de la Restauración haciendo alusión a los siguientes aspectos: incapacidad de los partidos dinásticos para democratizar el sistema político, marginación de la oposición, incremento de la conflictividad obrera y descontento del ejército.

2 La dictadura de Primo de Rivera

En 1923, a la incapacidad de los partidos dinásticos para reformar el sistema y a la conflictividad social se unieron las derrotas militares en Marruecos. La opinión pública empezó entonces a exigir responsabilidades políticas.

La salida al colapso del régimen fue la instauración de una dictadura militar impuesta por el general Primo de Rivera en 1923. ¿Cómo fue posible su instauración? ¿Qué política siguió el nuevo régimen? ¿Por qué acabó dimitiendo el dictador?

A EL PROBLEMA DE MARRUECOS

A principios del siglo XX, del antiguo Imperio colonial español solo quedaban algunos enclaves en el Norte de África. En la Conferencia de Algeciras de 1906 se acordó la creación de un Protectorado franco-español en Marruecos, y España obtuvo el control de la franja Norte, el Rif, rica en minerales.

La ocupación del Rif encontró la oposición de los bereberes, y originó una **guerra permanente**. En 1909, los españoles fueron derrotados en el Barranco del Lobo y, en 1921, en Annual. La guerra no contaba con el respaldo de la sociedad, que rechazaba la movilización de soldados veteranos, y el interés de la Corona y ciertas empresas por mantenerse en Marruecos.

EL PROTECTORADO ESPAÑOL EN MARRUECOS

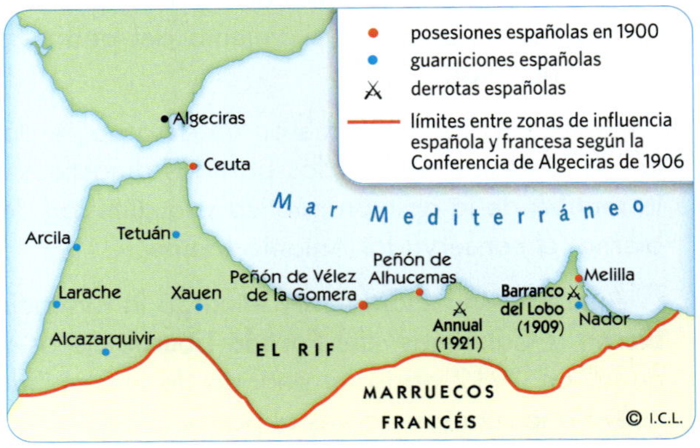

Tras las derrotas, se abrió una investigación para depurar responsabilidades. Sus resultados formaron el **Expediente Picasso**, en el que algunos militares e incluso el Rey parecían implicados en escándalos de corrupción económica.

B LA CRISIS SOCIAL (1919-1923)

Unida a la crisis de Marruecos existía una grave **crisis social**. En las zonas industriales, sobre todo en Cataluña, la gente **trabajadora** promovió una serie de huelgas reivindicando mejoras salariales y laborales. Las protestas se extendieron también al campo, en especial en Andalucía (Trienio bolchevique). Las huelgas campesinas, que reclamaban el reparto de los latifundios, fueron duramente reprimidas por la Guardia Civil.

El gobierno y las organizaciones patronales respaldaron la creación de sindicatos afines a sus intereses, y de grupos armados que ejercían la violencia contra dirigentes obreros, que también respondían violentamente (pistolerismo). Se llegó así a una **guerra social**. El propio presidente del gobierno, Eduardo Dato, fue asesinado por un anarquista en 1921.

EL PISTOLERISMO EN BARCELONA (1916-1923)

Asesinatos por motivos políticos y sociales	
Patronos	23
Gerentes, directores y encargados	24
Agentes de la autoridad	8
Obreros	171
TOTAL	**226**

C EL GOLPE DE ESTADO MILITAR

Ante la crisis generalizada y el temor a que el Expediente Picasso se debatiera en las Cortes, el **general Primo de Rivera** dirigió un **golpe de Estado** (1923). Contaba con el consentimiento del rey y el apoyo de la patronal y de algunos políticos conservadores.

El golpe se presentó como una solución para poner fin a los movimientos de protesta y a la violencia en las calles.

La justificación del golpe

No tenemos que justificar nuestro acto, que el pueblo sano demanda e impone. Asesinatos de prelados, ex gobernadores, agentes de la autoridad, patronos, capataces y obreros; audaces e impunes atracos; (...) rastreras intrigas políticas tomando como pretexto la tragedia de Marruecos; (...) indisciplina social (...); impune propaganda comunista; (...) descarada propaganda separatista. (...)

No venimos a llorar lástimas y vergüenzas, sino a ponerles pronto y radical remedio (...).

Manifiesto del golpe de Estado,
13 de septiembre de 1923.

D LA DICTADURA DE PRIMO DE RIVERA

El régimen de Primo de Rivera **suspendió la Constitución** y disolvió las Cortes. Se **prohibieron los partidos políticos** y algunos **sindicatos**, como la CNT. El recorte de libertades alcanzó también a la prensa, la educación y los intelectuales contrarios a la dictadura. Además, se **suprimió la Mancomunidad** de Cataluña y se persiguió al nacionalismo catalán y vasco, prohibiendo el uso público de sus lenguas.

Se creó un partido único, la Unión Patriótica, y un órgano legislativo, la Asamblea Nacional Consultiva, que no era elegida de forma democrática.

Aprovechando la buena de la situación internacional, hubo un cierto **crecimiento económico**. Se llevaron a cabo numerosas obras públicas –en especial carreteras– y se pusieron en marcha monopolios como Telefónica y Campsa (refinado de petróleo).

En 1925, el desembarco militar de Alhucemas acabó con el conflicto de Marruecos y estableció el control efectivo sobre el Protectorado.

Tropas españolas desembarcando en la bahía de Alhucemas en 1925 para enfrentarse a las fuerzas rifeñas de Abd el-Krim, que fueron derrotadas.

LA EXTENSIÓN DE LA RED DE CARRETERAS

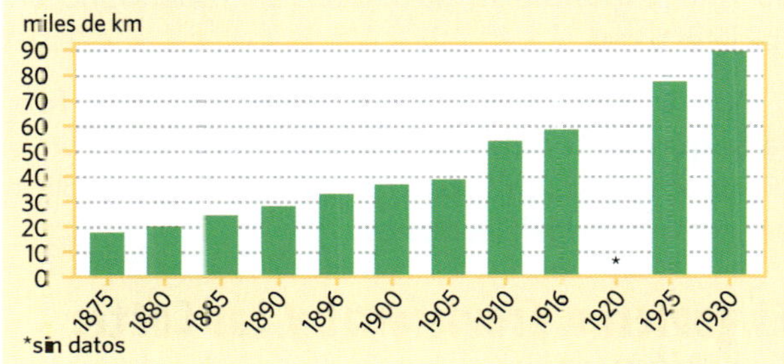

E LA CRISIS DE LA DICTADURA (1930-1931)

Las repercusiones de la crisis económica mundial de 1929 empezaron a notarse en España, y el clima de oposición a la dictadura aumentó considerablemente. Falto de apoyos, tras la pérdida de confianza de Alfonso XIII, Primo de Rivera dimitió en enero de 1930.

El rey nombró como jefe de gobierno al general Berenguer, que debía propiciar el retorno paulatino a la legalidad constitucional. Gran parte de la oposición firmó en agosto de 1930 el Pacto de San Sebastián, reivindicando unas elecciones democráticas y la instauración de una república.

Poco tiempo después, Berenguer fue sustituido por otro militar, el almirante Aznar, quien convocó elecciones municipales para el 12 de abril de 1931.

El Pacto de San Sebastián

¡Españoles! Surge de las entrañas sociales un profundo clamor popular que pide justicia (...). Venimos a poner a la monarquía en los archivos de la historia y a establecer una república sobre la base de la soberanía nacional representada en una Asamblea Constituyente, (...) un derecho nuevo, ungido de las aspiraciones a la igualdad económica y la justicia social. ¡Viva la República!

Manifiesto del Comité revolucionario republicano-socialista, octubre de 1930.

La repercusión de la crisis de 1929

La crisis económica internacional se dejó sentir en España, si bien su impacto fue menor que en otros países debido al fuerte proteccionismo de la economía española.

Aún así, se produjo un descenso de los productos orientados a la exportación como los cítricos, el hierro y la hulla, ya que se produjo una intensa reducción de la demanda proveniente de otros países del Norte de Europa.

1. ¿Qué intereses tenía España en Marruecos? ¿Qué problemas planteaba la ocupación del Rif?
2. ¿Qué situación condujo el golpe de Estado en 1923? ¿Cuáles fueron las principales medidas tomadas por Primo de Rivera tras su llegada al poder?
3. ¿Cómo finalizó la dictadura de Primo de Rivera? ¿Qué objetivo se propusieron sus sucesores?

Investiga

4. Con ayuda de Internet, averigua qué fue el Expediente Picasso: quién lo instruyó, cuáles fueron sus conclusiones y cómo se ocultaron sus resultados.

3 La Segunda República española

La proclamación de la República

Las elecciones municipales del 12 de abril de 1931 fueron entendidas por la población como un plebiscito entre monarquía y república.

La participación fue muy elevada y los resultados electorales señalaron una clara voluntad de cambio político: el triunfo republicano fue evidente en las grandes ciudades (mayoría en 41 capitales de provincia) y en las regiones industriales, aunque los monárquicos obtuvieron un mayor número global de concejales.

Ante estos resultados electorales y la proliferación de manifestaciones solicitando la proclamación de la República, **Alfonso XIII suspendió la potestad real**, abandonó el país y partió hacia el exilio.

Dos días después, **el 14 de abril de 1931**, **fue proclamada la Segunda República española**, y se formó un gobierno provisional con miembros de la coalición republicano-socialista, vencedora en las elecciones.

El gobierno provisional y las Cortes Constituyentes

El nuevo gobierno puso en marcha varias **reformas** solicitadas por un amplio espectro de la población: legalidad de todos los partidos y sindicatos, amnistía general para presos políticos de la dictadura, creación de una Generalitat provisional para el gobierno de Cataluña y amplias leyes sociales que incluían la jornada de 8 horas, el salario mínimo y el seguro ante los accidentes de trabajo.

La implantación de la República no estuvo exenta de problemas. Por un lado, la actitud hostil hacia el nuevo régimen de algunos sectores eclesiásticos provocó una oleada de anticlericalismo y en varias ciudades se quemaron iglesias. Por otro lado, algunos grupos anarquistas (sobre todo la CNT) presionaron al nuevo gobierno, llamando a la revolución social con una oleada de huelgas obreras y ocupaciones de tierras.

En junio de 1931, se convocaron elecciones a **Cortes Constituyentes**, que dieron la mayoría a la coalición republicano-socialista. La primera gran tarea de las nuevas Cortes fue elaborar una **Constitución**, que fue aprobada en diciembre de ese mismo año.

Un nuevo clima político

La República dio lugar a una gran efervescencia política. Los debates en las Cortes eran seguidos con interés por la población, que según su posición ideológica apoyaba a unos u otros partidos.

Dirigentes como el republicano Manuel Azaña, el socialista Francisco Largo Caballero, el conservador José María Gil Robles, la dirigente comunista Dolores Ibárruri, "la Pasionaria", y el anarquista Buenaventura Durruti arrastraban a las multitudes en sus mítines.

Alfonso XIII abandona el trono

Las elecciones celebradas el domingo me revelan claramente que no tengo el amor de mi pueblo. (...) Soy el Rey de todos los españoles y, también, un español. (...) Pero, resueltamente, quiero apartarme de cuanto sea lanzar a un compatriota contra otro, en fratricida guerra civil. No renuncio a ninguno de mis derechos, porque más que míos son un depósito acumulado por la Historia (...). Espero a conocer la auténtica expresión de la conciencia colectiva y, mientras habla la Nación, suspendo deliberadamente el ejercicio del Poder Real y me aparto de España, reconociéndola así como única Señora de sus destinos.

Comunicado de Alfonso XIII, 14 de abril de 1931.

PARTIDOS POLÍTICOS Y SINDICATOS

	IZQUIERDAS	DERECHAS
Partidos republicanos o que aceptan la República	• Izquierda Republicana (Azaña) • Partido Radical Socialista (Domingo)	• CEDA (Gil Robles) • Partido Radical (Lerroux)
Partidos autonomistas	• Esquerra Republicana de Catalunya (Macià, Companys) • Organización Republicana Gallega Autónoma (ORGA; Casares Quiroga)	• Lliga Regionalista (Cambó) • Partido Nacionalista Vasco (Aguirre)
Partidos contrarios a la República		• Renovación Española (Calvo Sotelo) • Falange Española (J. A. Primo de Rivera) • JONS (Ledesma) • Comunión Tradicionalista (antiguos carlistas)
Partidos y sindicatos obreros	• PSOE (Prieto, Besteiro) • UGT (Largo Caballero) • CNT y FAI (Montseny, Durruti) • PCE ("Pasionaria") • POUM (Nin)	

LAS ELECCIONES GENERALES DE JUNIO DE 1931

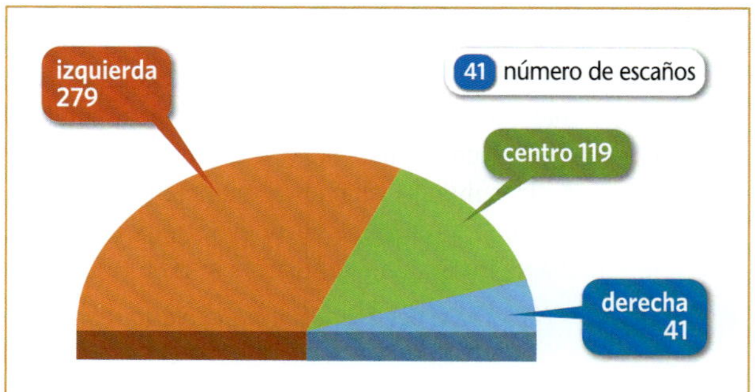

LA CONSTITUCIÓN REPUBLICANA DE 1931

La nueva Constitución estableció las bases de una república democrática y de progreso, pero no tuvo el apoyo de los grupos conservadores que disentían en cuestiones sociales, religiosas y autonómicas. El texto establecía los siguientes principios:

- España se definía como un **Estado integral**, con la posibilidad de establecer gobiernos autónomos.
- Se instauró el **sufragio** universal masculino y **femenino**.
- Se proclamó la **aconfesionalidad del Estado**, pero se respetaban todos los cultos y creencias. Se permitió el matrimonio civil y se implantó el divorcio.
- Presentaba una **declaración de derechos individuales** y establecía amplias **libertades públicas y privadas**. Reconocía el derecho a la propiedad privada, aunque el gobierno podía expropiar bienes de utilidad social.
- El **poder legislativo** residía en las **Cortes**, formadas por una sola Cámara; el **poder ejecutivo** estaba en manos del Consejo de Ministros y el Presidente de la República. Se asentaba la independencia del poder judicial.

Una vez aprobada la Constitución, Niceto Alcalá Zamora, republicano católico y moderado, fue elegido presidente de la República, y Manuel Azaña, republicano de izquierdas, fue nombrado jefe de un gobierno integrado por republicanos, socialistas y nacionalistas. Se iniciaba la etapa del **Bienio Reformista** (1931-1933).

La Constitución de 1931

Art. 1. España es una República democrática de trabajadores de toda clase, que se organiza en régimen de Libertad y de Justicia. Los poderes de todos sus órganos emanan del pueblo. La República constituye un Estado integral, compatible con la autonomía de los Municipios y las Regiones. (...)

Art. 3. El Estado español no tiene religión oficial. (...)

Art. 25. No podrán ser fundamento de privilegio jurídico: la naturaleza, la filiación, el sexo, la clase social, la riqueza, las ideas políticas ni las creencias religiosas. (...)

Art. 29. Nadie podrá ser detenido ni preso sino por causa de delito. (...)

Art. 34. Toda persona tiene derecho a emitir libremente sus ideas y opiniones. (...)

Art. 39. Los españoles podrán asociarse o sindicarse libremente. (...)

Art. 52. El Congreso de los Diputados se compone de los representantes elegidos por sufragio universal, igual, directo y secreto.

El voto femenino

La Constitución de 1931 reconoció, por primera vez en España, el derecho al sufragio femenino. El debate en las Cortes fue controvertido.

Las derechas se oponían al voto femenino porque consideraban que el lugar de la mujer en la sociedad era el hogar, reservando los asuntos públicos a los hombres.

Las izquierdas apoyaban la igualdad legal de hombres y mujeres y defendían su derecho a votar y a ser elegidas. Sin embargo, algunos diputados republicanos dudaban de su conveniencia, ya que tildaban el voto femenino de conservador.

Mitin de Clara Campoamor en demanda del sufragio femenino, 1931.

1. Explica por qué se considera que las elecciones municipales de 1931 fueron plebiscitarias.
2. ¿Cuáles fueron las principales medidas del gobierno provisional? ¿Qué grupos sociales fueron los más beneficiados?
3. Observa el cuadro de partidos políticos y sindicatos y explica su ideología, quiénes eran sus líderes y cuál era su posición frente al nuevo régimen republicano. Después, fíjate en el gráfico de las elecciones de junio de 1931, y explica qué representación obtuvieron las diferentes tendencias políticas.
4. Ordena las características de la Constitución de 1931 en una tabla que incluya: tipo de Estado, sufragio, poder legislativo, poder ejecutivo y poder judicial. Justifica si se trataba de una Constitución progresista o conservadora.
5. Sintetiza las dos posturas que se enfrentaron en el debate sobre la conveniencia del sufragio femenino.

¿Qué reformas emprendió la República?

Durante el Bienio Reformista (1931-1933), el gobierno de la conjunción republicano-socialista puso en marcha un programa de reformas que abordasen la modernización del Estado y el crónico problema de la agricultura española.

Las reformas chocaron con la oposición frontal de aquellos que perdían parte de sus privilegios, pero también con la de quienes consideraban que los cambios eran demasiado lentos. ¿A qué sectores afectaban estas reformas? ¿En qué consistían?

Alegoría de la Segunda República.

A LA MODERNIZACIÓN DEL ESTADO

La Segunda República emprendió algunas reformas que desde hacía decenios estaban pendientes y eran indispensables para modernizar el país y asentar el régimen republicano.

En primer lugar, Manuel Azaña acometió la **reforma del ejército**, atrasado y con exceso de oficiales, para transformarlo en una institución eficiente y leal a la incipiente República.

Otra de las iniciativas que recogía la Constitución era la **separación Iglesia-Estado**. Las reformas querían disminuir la influencia de la Iglesia sobre la vida pública y la educación.

Asimismo, se puso en marcha el proceso de **descentralización del Estado**, recogido en la Constitución, que reconocía la existencia de unas nacionalidades históricas con lengua e identidad propias, y permitía elaborar **estatutos de autonomía** y establecer gobiernos autónomos.

La reforma del ejército

- Decretos entre abril y septiembre de 1931 (Ley de Retiro), que posibilitaron la jubilación de casi la mitad de los oficiales.
- Cierre de la Academia Militar de Zaragoza donde se formaban los altos mandos, en general hostiles a la República.
- Cambio de destino de los oficiales contrarios al nuevo régimen.
- Creación de la Guardia de Asalto, nueva policía militarizada y leal a la República.

La separación Iglesia-Estado

- Supresión del presupuesto público para el mantenimiento del clero.
- Disminución de la influencia de las órdenes religiosas dedicadas a la enseñanza y disolución de la Compañía de Jesús.

La reforma territorial: los estatutos de autonomía

- El primer territorio que se acogió a la prerrogativa autonómica fue Cataluña. Tras una Generalitat provisional en 1931, y pese a la oposición de las derechas en las Cortes, el Estatuto de Autonomía fue aprobado en 1932.
- En el País Vasco empezó a redactarse un estatuto, que fue aprobado en 1936.
- En Galicia, el inicio de la Guerra Civil frenó el proceso autonómico.

El exceso de oficiales

Es manifiesto que en todas las escalas del ejército hay un enorme sobrante de personal (...). A esto se ha llegado por consecuencia de las guerras civiles y coloniales, en virtud de un sistema erróneo en el reclutamiento de la oficialidad. (...) Tal situación ha de concluir, y el gobierno se halla resuelto a que concluya.

Preámbulo del Decreto de 25 de abril de 1931.

La oposición de la Iglesia

Se ha cometido el grave y funesto error de excluir a la Iglesia de la vida pública y activa de la nación, de las leyes, de la educación de la juventud, de la misma sociedad doméstica, con grave menosprecio de los derechos sagrados y de la conciencia cristina del país.

Declaración colectiva del episcopado ante la nueva Constitución, 20 de diciembre de 1931.

Portada del Estatuto de 1932, que proclamaba la autonomía de Cataluña dentro de la República española.

B LA REFORMA AGRARIA

La República abordó el problema del latifundismo. En algunas zonas de España, sobre todo en Andalucía y Extremadura, existían cientos de miles de jornaleros sin tierras y en una situación de extrema miseria, mientras que la propiedad se concentraba en manos de unos centenares de propietarios.

Una ley de 1932 decretó **expropiables las grandes fincas que no se cultivaran**, y permitió distribuirlas entre los campesinos sin tierras. Se creó el **Instituto de Reforma Agraria** (IRA) para indemnizar a los propietarios y facilitar el asentamiento a las familias campesinas.

Sin embargo, la escasez de recursos para indemnizar a los propietarios y los numerosos pleitos que estos interponían hicieron que la reforma fuera lenta y limitada.

PROPIEDAD AGRARIA Y MOVIMIENTOS SOCIALES HACIA 1930

LA REFORMA AGRARIA ENTRE 1932 Y 1934

	Fincas	Extensión (ha)	Familias asentadas
Expropiadas	468	89 133	8 609
Ocupadas	61	27 704	3 651

@ Amplía en la Red...

Para saber más sobre la reforma agraria y los grupos sociales más afectados, entra en: www.tiching.com/63320

C LA OPOSICIÓN AL GOBIERNO REPUBLICANO-SOCIALISTA

El reformismo republicano tuvo que hacer frente a dos bloques de oposición:

- El **enfrentamiento con los afectados por las reformas**, como los grandes propietarios agrarios, la jerarquía de la Iglesia católica, una parte del ejército y amplios sectores de las clases altas y medias-altas, que sentían amenazados sus privilegios. En 1932, aprovechando el descontento, el general Sanjurjo dio un golpe de Estado que fue frenado por el gobierno.
- La **crítica de los sectores de izquierda**, debida a la lentitud de algunas reformas, especialmente la reforma agraria, irritó a una parte de los jornaleros y obreros.

  La UGT se radicalizó y ciertos núcleos anarquistas, sobre todo los vinculados a la FAI, apostaron directamente por la insurrección armada. Así, protagonizaron algunos levantamientos como los del **Alto Llobregat** (1932) y **Casas Viejas** (1933) que fueron duramente reprimidos por las fuerzas del orden público.

Grupo de campesinos detenidos por la Guardia Civil tras el levantamiento de Casas Viejas (Cádiz).

1. Elabora un cuadro sobre las grandes reformas del bienio reformista en el que consten las causas que las motivaron, las medidas que se tomaron y las consecuencias que se derivaron.
2. Lee el texto sobre el exceso de oficiales y explica a qué causas respondía y qué solución proponía el gobierno.
3. Observa el mapa sobre la propiedad agraria e identifica las regiones españolas con mayor concentración de latifundios. A continuación, observa la tabla de la reforma agraria y explica qué medidas se tomaron para paliar el latifundismo.

Investiga

4. El levantamiento de Casas Viejas fue un incidente que hizo entrar en crisis al gobierno republicano-socialista. Busca información y explica en qué consistieron estos sucesos.

Las maestras y los maestros de la República

La Segunda República, en especial durante el Bienio Reformista, llevó a cabo una política educativa y cultural muy activa. La reforma educativa se consideraba de vital importancia para la formación de nuevas generaciones que emprendieran la modernización definitiva del país.

Tanto en el ámbito de la cultura como en el de la educación, se revalorizó el papel de las mujeres y se estimuló su formación e incorporación a la vida activa. En este proceso fue especialmente relevante el protagonismo de las maestras y maestros como agentes del cambio.

A EL NUEVO PAPEL DE LAS MUJERES

Uno de los objetivos de la Segunda República fue impulsar la igualdad entre hombres y mujeres, no solo concediendo el voto femenino sino también eliminando las trabas legales y sociales que impedían a la mujer su incorporación a la vida social, política y económica.

Se impulsó la coeducación, es decir, la formación de hombres y mujeres juntos y en condiciones de igualdad. Asimismo, las mujeres tuvieron acceso a puestos de trabajo que hasta entonces les estaban vetados; profesoras de bachillerato y universidad o inspectoras de educación comenzaron a ser habituales en el ámbito de la enseñanza.

Algunas maestras y pedagogas, becadas por la Junta de Ampliación de Estudios, viajaron al extranjero para conocer el sistema educativo de otros países y poder ponerlo en práctica a su regreso a España.

NOMBRES DESTACADOS

María de Maeztu (1881-1948), pedagoga y directora del Instituto Escuela y de la Residencia de Señoritas, instituciones pioneras en la formación de las maestras.

Clara Campoamor (1888-1972) y **Victoria Kent** (1898-1987), licenciadas en Derecho y diputadas en las Cortes republicanas, fueron las primeras mujeres incorporadas al Colegio de Abogados de Madrid.

Federica Montseny (1905-1994), política y sindicalista defensora del anarquismo, fue la primera mujer ministra, en la cartera de Sanidad, no solo de España sino de toda Europa occidental.

María Zambrano (1904-1991), intelectual y escritora, profesora en la Facultad de Filosofía y Letras de Madrid.

Margarita Nelken (1894-1968), diputada socialista e intelectual especializada en Literatura y Arte.

B LA ESCUELA REPUBLICANA

Durante la Segunda República se crearon 13 000 escuelas y 30 nuevos institutos, así como miles de puestos docentes. Muchos de ellos fueron ocupados por mujeres, cuya formación en las escuelas de magisterio aumentó de manera considerable. El gobierno becó a estudiantes con problemas económicos o con elevadas capacidades.

Uno de los esfuerzos más significativos fue la llegada al medio rural de esa **nueva generación de maestros y maestras** que intentaron llevar a cabo, junto a la instrucción, una intensa propagación de las ideas y valores republicanos.

Aula de enseñanza primaria durante la Segunda República.

La Institución Libre de Enseñanza

La influencia de la Institución Libre de Enseñanza estuvo presente en especial a través de Fernando de los Ríos, ministro de Instrucción Pública desde 1931.

La política educativa tuvo una orientación laica y se centró especialmente en la enseñanza primaria. Uno de sus grandes objetivos fue el de formar ciudadanos que apoyaran a la incipiente República.

Las resistencias al cambio

A sus manejos fue debido el que (...) la nombrasen directora y poder así poner en práctica por primera vez en el pueblo la coeducación, aspecto escolar discutidísimo con anterioridad (...), encontrando siempre la obstinada oposición a la separación de los alumnos y alumnas (...), de los elementos afines a su tendencia política, ya entonces marcadamente izquierdista.

Acusación a una maestra tras la Guerra Civil, en el Archivo General de la Administración.

C LA REFORMA DE LAS ESCUELAS DE MAGISTERIO

En 1931 se realizó una profunda reforma de los estudios de magisterio, con el llamado Plan Profesional de Magisterio para formar maestros comprometidos con los nuevos principios republicanos: modernización, laicidad, coeducación, etc. Asimismo, en 1936 se realizaron cursos para acceder directamente al magisterio infantil. Muchas mujeres se incorporaron durante estos años a las escuelas como maestras.

Otra de las preocupaciones de la República fue la promoción de la lectura. Se crearon unas 5000 bibliotecas, en las que se podían tomar libros prestados. Numerosas mujeres accedieron a los puestos de bibliotecarias.

Una educación pública y laica

1. La educación pública es una función del Estado. (...) Se acepta la existencia de la enseñanza privada, siempre que no persiga fines políticos o confesionales partidistas.
2. La educación pública debe ser laica. La escuela debe limitarse a dar información sobre historia de las religiones, con especial atención a la religión católica. (...)
3. La educación pública debe ser gratuita, especialmente en las enseñanzas primaria y media. La educación universitaria debe reservar un 25% de matrículas gratuitas.
4. La educación pública debe tener un carácter activo y creador.
5. La educación pública debe tener un carácter social (...) y mantener relaciones con padres, entidades profesionales y culturales, etc.

Ley de Instrucción Pública, 1931.

D LA INCORPORACIÓN AL PROYECTO CULTURAL DE LA REPÚBLICA

Numerosos maestros y maestras, universitarios y estudiantes, se incorporaron a una de las iniciativas más reconocidas del periodo: las Misiones Pedagógicas, dirigidas por Manuel Bartolomé Cossío. Su objetivo era difundir la cultura en los medios rurales más abandonados.

Las actividades que programaban en cada "misión" consistían en teatro, coro, museo del pueblo, cine y divulgación de innovaciones tanto sanitarias como agrarias. Cada expedición viajaba en camiones con libros (bibliotecas circulantes) que se depositaban en la escuela del pueblo y eran gestionados por el maestro o maestra de la localidad.

Varios intelectuales de la época como Federico García Lorca y Max Aub se implicaron en las Misiones Pedagógicas y participaron en las representaciones teatrales.

▸ Miembros del grupo teatral *La Barraca*, con Federico García Lorca al frente.

@ Amplía en la Red...

Para saber más sobre la educación en la Segunda República, entra en: www.tiching.com/748151

Extender la cultura

Cuando todo español, no solo sepa leer, que ya es bastante, sino tenga ansias de leer, de gozar y divertirse, sí, de divertirse leyendo, habrá una nueva España. Por eso, la República ha empezado a repartir por todas partes libros y por eso también al marcharnos os dejaremos nosotros una pequeña biblioteca.

Presentación de las Misiones Pedagógicas por Manuel Bartolomé Cossío, 1931.

---

1. ¿Qué objetivos tenía la República respecto a la educación y la cultura? ¿Qué nuevo papel adquirieron las mujeres? ¿Crees que fue sencilla la posición de las maestras? ¿Por qué causas fueron represaliadas tras el fin de la República?
2. Explica en qué consistió el plan de promoción de la lectura y qué objetivos perseguía.

Ponte en su lugar

3. Averigua con ayuda de Internet algunas de las actividades de las Misiones Pedagógicas. A continuación, imagina que eres uno de esos alumnos que descubría por primera vez el cine, las pinturas del Museo del Prado o el fonógrafo, y relata en una redacción tus sensaciones.

6 El Bienio Conservador y el Frente Popular

El Bienio Conservador (1933-1935)

La represión de los sucesos de Casas Viejas generó críticas al gobierno y división en la coalición republicano-socialista. Miembros de la CNT y socialistas denunciaron el autoritarismo gubernamental, y la derecha acusó al gobierno de incapacidad para controlar las revueltas. Azaña dimitió como jefe del gobierno, y el presidente Alcalá Zamora convocó nuevas elecciones para el 18 de noviembre de 1933.

Los republicanos de izquierda se presentaron divididos a las elecciones, mientras los conservadores se unieron en la **Confederación Española de Derechas Autónomas (CEDA)**, liderada por Gil Robles. La victoria del centro-derecha (Partido Radical y CEDA) comportó la formación de un nuevo gobierno presidido por Lerroux, que paralizó buena parte del proceso reformista desarrollado en la etapa anterior.

En **octubre de 1934**, la entrada de ministros de la CEDA en el gobierno provocó un fuerte rechazo entre los partidos y sindicatos de izquierda. En **Asturias**, un movimiento insurreccional, impulsado por socialistas y comunistas, declaró la revolución social y ocupó la cuenca minera. En **Cataluña**, la Generalitat proclamó el Estado catalán dentro de la República federal española.

Ambos movimientos fueron duramente reprimidos por el ejército, causando un gran número de víctimas y detenidos en Asturias. En Cataluña, el conflicto acabó con la suspensión del Estatuto y el encarcelamiento del gobierno.

Después de estos sucesos de octubre de 1934, las diferencias entre el Partido Radical y la CEDA fueron en aumento. En 1935 algunos ministros radicales se vieron implicados en diversos escándalos de corrupción, y el presidente de la República convocó elecciones para febrero de 1936.

El Frente Popular (1936-1939)

Los partidos republicanos de izquierda concurrieron a las elecciones formando un **Frente Popular**. El sindicato anarquista CNT no propuso la abstención a sus afiliados como en ocasiones anteriores.

Los partidos de centro y de derecha se unieron en coalición en la mayoría de las provincias. Su programa era continuar la política contrarreformista del Bienio Conservador y modificar la Constitución.

La victoria electoral correspondió por escaso margen al Frente Popular. El gobierno fue asumido por los **republicanos de Azaña**, quien se convirtió en presidente de la República mientras Santiago Casares Quiroga asumía la jefatura del gobierno.

El Frente Popular puso de nuevo en marcha el **programa de reformas iniciado en 1931**, pero con mayor iniciativa y resolución política. Se aceleró la reforma agraria, se reinstauró la Generalitat de Cataluña y se reinició el proceso autonómico en el País Vasco y Galicia. Asimismo, a los militares sospechosos de preparar un golpe de Estado (Franco, Mola y Goded) se les dio un destino lejos de Madrid.

Peticiones de los obreros de Asturias

1. Aumento de los salarios (...).
2. Jornada de siete horas y de seis para los trabajos nocturnos (...).
3. Igualdad de salarios para trabajo igual.
4. Dos meses al año de vacaciones pagadas.
5. Pago del 75 % del salario por parte del Estado a los obreros sin trabajo.
6. Dos meses de vacaciones pagadas antes y después del parto para las obreras, y media hora cada tres horas durante la lactancia.
7. Pago (...) del salario en caso de accidente.
8. Libertad (...) de reunión y manifestación.
9. Desarme de las fuerzas reaccionarias y armamento del proletariado.
10. Destrucción del régimen capitalista y edificación de la sociedad socialista.

Manifiesto de los Obreros de Asturias, 1934.

LOS RESULTADOS ELECTORALES EN 1933 Y 1936

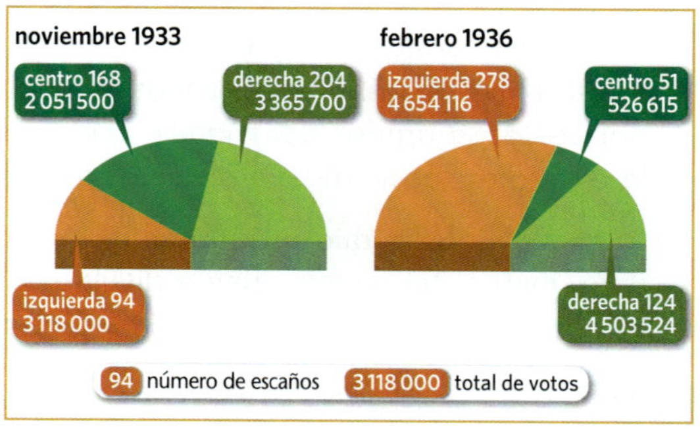

Carteles de propaganda electoral de las elecciones de 1936, que muestran la radicalización de las posturas de ambos bloques electorales.

DEL FRENTE POPULAR A LA GUERRA CIVIL

El triunfo del Frente Popular fue mal recibido por los sectores más conservadores de la sociedad, que se oponían al proceso democratizador y reformista iniciado por las fuerzas republicanas en 1931. Al mismo tiempo, algunos sindicatos y grupos de izquierda defendieron la conveniencia de impulsar un proceso de revolución social.

En este contexto, los militares opuestos a la República (Emilio Mola, desde Navarra, Francisco Franco, desde Canarias, y José Sanjurjo, desde Portugal) establecieron contactos con grupos de extrema derecha (algunos monárquicos, tradicionalistas, falangistas) para **organizar un golpe de Estado**.

Las tensiones políticas desencadenaron un clima de **enfrentamiento entre milicias de izquierdas y derechas**. El 13 de julio fue asesinado el diputado monárquico José Calvo Sotelo, en represalia por la muerte del teniente José Castillo, militante socialista, abatido a tiros en Madrid.

Este clima de confrontación social sirvió de pretexto a las fuerzas contrarias a la República para acelerar sus planes golpistas. El levantamiento militar se inició el **17 de julio** en el Norte de África (Melilla, Ceuta y Tetuán), y los **días 18 y 19 se extendió** a Canarias, Baleares y toda la Península.

La **insurrección fracasó**, sobre todo en las grandes ciudades y zonas industriales, gracias a la resistencia popular y de algunos cuerpos policiales, y a que un sector del ejército se mantuvo leal a la República.

El inicio de la Guerra Civil

El fracaso del alzamiento militar desencadenó una guerra civil. El general Queipo de Llano extendió la sublevación por Andalucía (Algeciras, Cádiz, Sevilla), mientras que las tropas del general Franco, por el Sudoeste, y las del general Mola, por el Norte, trataron de avanzar hacia Madrid, pero la capital resistió el ataque.

El contexto internacional

El estallido de la Guerra Civil no puede entenderse sin enmarcarlo **en el contexto europeo de la década de 1930.**

En aquellos años, las democracias europeas se veían amenazadas por el ascenso de los fascismos y por los movimientos revolucionarios influidos por la Revolución soviética.

En consecuencia, la guerra de España fue el resultado de la **polarización** entre un sector de la derecha, que no admitía la democratización real del país, y otro de la izquierda que aspiraba a un proceso revolucionario.

Cartel en el que se caricaturizan los apoyos de Franco.

LA DIVISIÓN DE ESPAÑA TRAS EL GOLPE DE ESTADO

1. ¿Qué cambio político comportaron las elecciones de 1933? ¿Qué sucedió en octubre de 1934? Compara las revueltas de Asturias y Cataluña.
2. ¿Por qué motivo se convocaron nuevas elecciones en febrero de 1936? ¿Cómo concurrieron los dos grandes sectores políticos del país? ¿A quién correspondió la victoria de dichas elecciones?
3. Relaciona las reformas del Bienio Reformista con las que impulsó el Frente Popular: ¿eran las mismas? ¿Tenían que ver con problemas anteriores?
4. ¿Por qué se produjo un golpe de Estado en 1936? ¿Quiénes lo apoyaron? Observa el mapa y enumera las zonas en que triunfó el levantamiento militar.
5. ¿Por qué se inició una guerra civil?

7 La Guerra Civil: los bandos enfrentados

La República en guerra

En julio de 1936, el gobierno se vio desbordado ante el golpe militar. Azaña nombró jefe de gobierno a José Giral con la esperanza de que pudiera frenar la sublevación. Ante la negativa de los golpistas de finalizar la rebelión, Giral disolvió el ejército y dio armas a los partidos y sindicatos del Frente Popular, organizados en comités obreros.

Numerosos sindicalistas de la CNT-FAI y también de la UGT aprovecharon el momento para llevar a cabo un **proceso revolucionario**. Los comités obreros repartieron tierras, colectivizaron fábricas y ejercieron una fuerte represión sobre los sospechosos de simpatizar con los sublevados (detenciones, fusilamientos, quema de iglesias...).

En septiembre de 1936, el socialista **Largo Caballero**, el líder más aceptado por el conjunto de las fuerzas de izquierda, formó un gobierno de republicanos, socialistas, comunistas e incluso anarquistas. Se creó el **Ejército Popular** con ayuda soviética y se trató de poner fin a la represión ejercida de forma incontrolada por los comités.

Las derrotas militares aumentaron la división entre los partidos y sindicatos republicanos. El gobierno, con el apoyo de la mayoría de los partidos consideraba prioritario concentrarse en el **esfuerzo militar para ganar la guerra**, mientras que los grupos más radicales defendían la prioridad de profundizar en la revolución social.

Ante las propuestas gubernamentales de restringir el poder de los comités obreros, anarquistas y trotskistas del POUM (Partido Obrero de Unificación Marxista), defensores de un proceso revolucionario radical, se enfrentaron al gobierno en mayo de 1937, pero fueron derrotados.

El socialista **Juan Negrín** formó un gobierno en el que contó con el respaldo de los comunistas, cada vez más fuertes debido al apoyo soviético. Negrín planteó una propuesta de paz, los llamados Trece Puntos, que fue rechazada por Franco.

Los sublevados: La creación de una dictadura

En la zona donde había triunfado el golpe militar, el **ejército** asumió el poder. Todos sus esfuerzos fueron dirigidos a lograr la victoria militar y a organizar un nuevo **Estado de inspiración fascista**, que anulara la legislación reformista de la República.

Tras algunos titubeos sobre a quién correspondía llevar la iniciativa, la Junta de Defensa Nacional -primera institución del nuevo Estado- nombró a **Francisco Franco generalísimo y jefe de gobierno** (tanto Sanjurjo como Mola murieron en accidentes de aviación).

En abril de 1937, Franco decretó la unificación de falangistas y tradicionalistas en un partido único (FET y de las JONS), y un año después se creó el primer gobierno en Burgos, capital provisional del nuevo Estado.

Las principales medidas políticas del nuevo gobierno fueron la prohibición de partidos y sindicatos, a excepción de FET y de las JONS, la supresión de la Constitución y de los estatutos de autonomía, la recuperación del catolicismo como religión oficial del Estado y la anulación de todas las reformas republicanas.

Cartel de propaganda alusivo a la formación del gobierno del socialista Largo Caballero.

Los Trece Puntos de Negrín

3. República democrática con un gobierno de plena autoridad.
4. Plebiscito para determinar la estructuración jurídica y social de la República.
5. Libertades regionales sin menoscabo de la unidad española.
7. Garantía de la propiedad legítima y protección al elemento productor.
8. Democracia campesina y liquidación de la propiedad semifeudal.
9. Legislación social que garantice los derechos del trabajador.
11. Ejército al servicio de la Nación, estando libre de tendencias y partidos.
12. Renuncia a la guerra como instrumento de política nacional.
13. Amplia amnistía para los españoles que quieran reconstruir y engrandecer España.

30 de abril de 1938..

Los objetivos de los sublevados

El gobierno resultante de la insurrección tiene que constituirse en sentido puramente apolítico, por militares (...). Inmediatamente habrá de procederse a la revisión de cuanto se ha legislado hasta el día, especialmente en materia religiosa y social. Es necesario que cesen las actividades de los partidos políticos (...) e ir hacia la estructuración del país desechando el actual sistema liberal y parlamentario.

Carta del general Sanjurjo, 11 de julio de 1936.

LA REVOLUCIÓN SOCIAL EN EL BANDO REPUBLICANO

La República contaba con el apoyo de amplios sectores de la población de características ideológicas diversas: republicanos moderados, reformistas, socialistas, nacionalistas de izquierda, comunistas y anarquistas. Todos defendían la legalidad republicana y la necesidad de cambios sociales y económicos.

Pero el sector más radical de la izquierda, cuya actuación en las primeras semanas de la guerra impidió el triunfo del golpe militar en muchas zonas de España, quiso aprovechar su fuerza para impulsar una revolución social. La discusión entre la prioridad bélica o la necesidad de ahondar en el proceso revolucionario provocó, como hemos visto, numerosos enfrentamientos entre los leales a la República.

Milicianos en el frente de Aragón.

Guerra y revolución

La guerra que hacemos actualmente sirve para aplastar al enemigo en el frente, pero ¿es este el único enemigo? No. El enemigo es también aquel que se opone a las conquistas revolucionarias y que se encuentra entre nosotros, y al que aplastaremos igualmente. (...)

Discurso del líder anarquista Buenaventura Durruti, noviembre de 1936.

LOS MILICIANOS

El término "miliciano" designa a las fuerzas civiles voluntarias que, organizadas por sindicatos o partidos, participaron en la guerra al lado de la República.

En el primer año, se mantuvieron **al margen de la autoridad del propio gobierno** y entraron en conflicto con algunas de las decisiones gubernamentales. En 1937, todas las milicias quedaron integradas en el Ejército Popular, a pesar de la resistencia anarquista.

LA COLECTIVIZACIÓN DE LA ECONOMÍA

Los sectores más radicales del bando republicano impusieron a partir de 1936 la colectivización de la producción y la supresión de la propiedad privada. También en el campo se formaron comunas autogestionadas de campesinos.

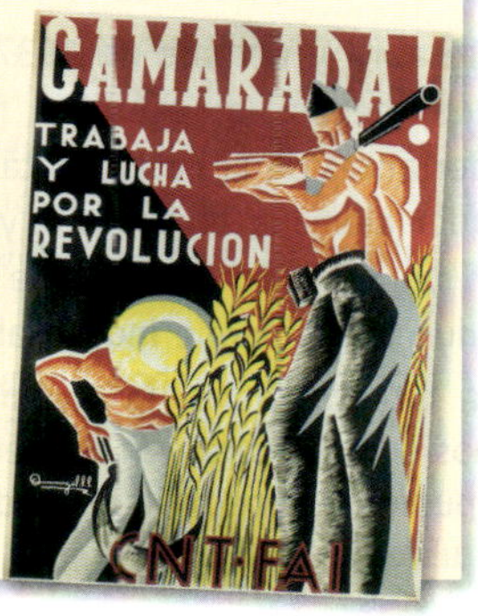

UN NUEVO PAPEL DE LAS MUJERES

En el bando republicano, y especialmente entre las organizaciones más revolucionarias, se defendieron los derechos femeninos y la incorporación de las mujeres a los ámbitos social y laboral en pie de igualdad con los hombres.

En los primeros meses de la guerra se les permitió el alistamiento como milicianas, y su incorporación en las industrias de guerra fue muy importante durante todo el conflicto.

Mujer trabajando en la industria de guerra.

La colectivización de la industria

Se hace, pues, necesario organizar la producción, orientarla en el sentido que el único beneficiario debe ser la colectividad, el trabajador (...). El principio de la organización económico-social de la gran industria ha de ser la producción colectivizada. La sustitución de la propiedad individual por la colectividad la concibe el Consell de la Generalitat, colectivizando los bienes de las grandes empresas, es decir, el capital, y dejando subsistir la pequeña propiedad privada de los bienes de consumo y de la pequeña industria.

Decreto sobre colectivización de la Generalitat de Cataluña, octubre de 1936.

1. ¿Cuáles fueron los principales problemas internos a los que se enfrentó la República en guerra?
2. ¿Qué esfuerzos realizó Negrín para conseguir la paz? ¿Tuvieron alguna consecuencia?
3. Lee el texto de Sanjurjo y explica qué objetivos políticos se habían planteado los insurrectos. ¿Qué medidas se tomaron?
4. ¿Qué pretendían y qué acciones llevaron a cabo los sectores más revolucionarios de la República?

DESCUBRE

9 Los desastres de la guerra

Detrás de la línea del frente quedaba la población civil que también sufría las consecuencias de la guerra. En ambos bandos se vivía el temor por la vida de quienes combatían en primera línea, pero también el miedo a los bombardeos, al hambre y a la represión. ¿De qué manera afectó la guerra a la vida cotidiana de las personas?

Cola para recoger comida en Madrid, 1937.

A EL SUFRIMIENTO DE LA POBLACIÓN CIVIL

UN REFUGIO DURANTE LA GUERRA CIVIL

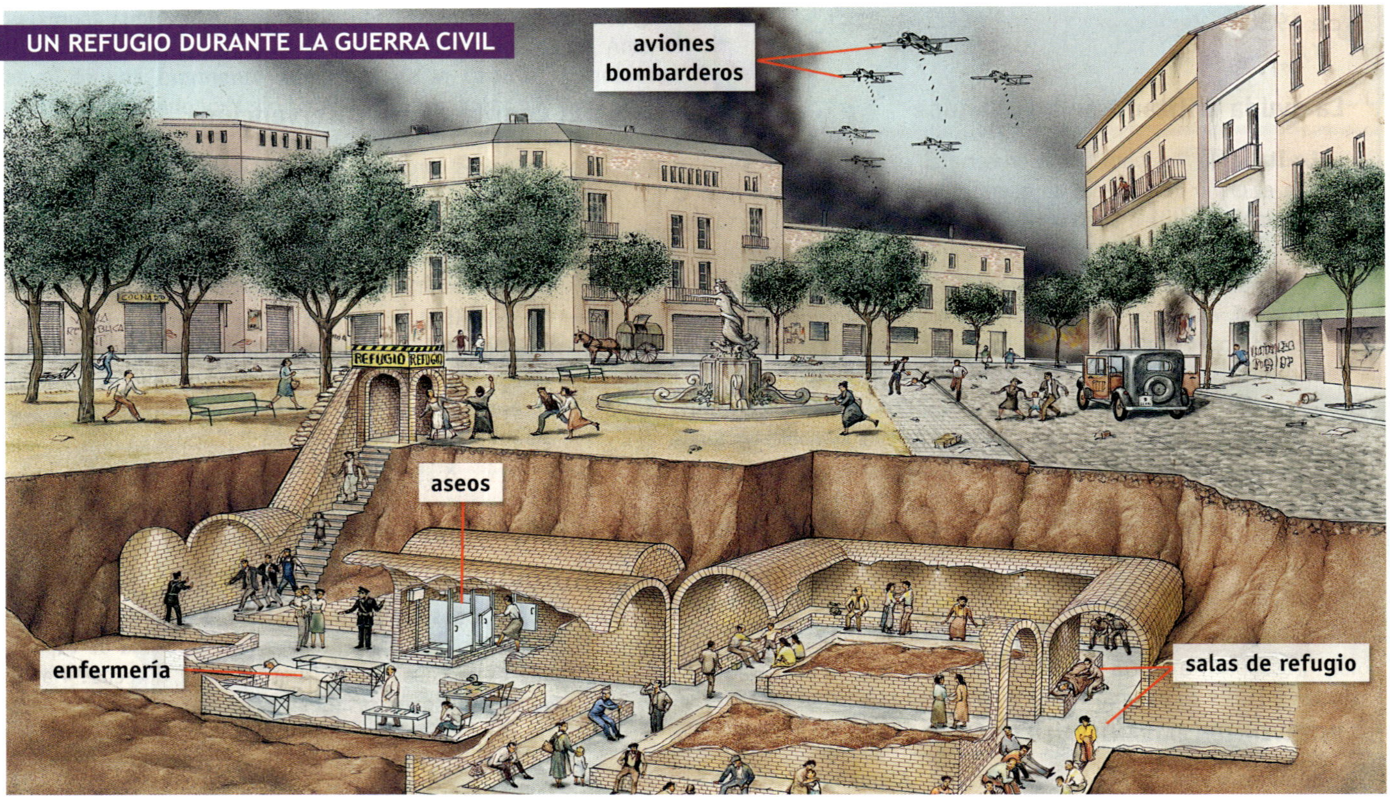

La Guerra Civil fue una de las primeras en el mundo que vivió el fenómeno de los **bombardeos sobre la población civil**. Para protegerse de las bombas, las personas acudían a los refugios subterráneos, a veces tan improvisados como los túneles del metro.

Se estima que los bombardeos causaron 12 000 víctimas mortales, de las que 11 000 lo fueron en territorio republicano, debido a la potencia de la aviación franquista y la de sus aliados alemanes.

El **hambre** provocada por la escasez de alimentos fue muy grave, sobre todo en la zona republicana, al comprender territorios con menor producción agrícola. A medida que avanzaba el conflicto, el hambre se hizo más presente y las dificultades para conseguir el sustento diario se multiplicaron.

Ante la falta de alimentos, se racionaron los productos de primera necesidad, lo que provocó la aparición de un mercado negro. La desnutrición originó enfermedades y, en ocasiones, la muerte.

Los refugiados

Ante el avance de los sublevados, centenares de miles de personas abandonaban sus casas y se convertían en refugiados. Cataluña y Valencia llegaron a acoger a unos 800 000.

Para alejar a los niños y niñas de los horrores de la guerra, el gobierno decidió evacuar a muchos de ellos. La gran mayoría fue desplazada a Francia, pero unos 3 000 acabaron en la URSS, de donde no volvieron, formando la generación de "los niños de Rusia".

Grupo de niños vascos evacuados de España a la URSS durante la Guerra Civil.

B PERSECUCIÓN Y REPRESIÓN

Los combates de la Guerra Civil dejaron numerosos muertos y heridos. Además de en los campos de batalla, en ambos bandos la violencia se ejerció, contra la población civil, como venganza del adversario por motivos políticos o personales.

En la **zona republicana**, la represión se manifestó de forma violenta e incontrolada en los primeros meses de la guerra, cuando las patrullas obreras detuvieron o asesinaron a numerosos partidarios de los golpistas. Con la llegada al poder de Negrín, esta violencia incontrolada fue prácticamente erradicada.

En la **zona franquista** se institucionalizó la persecución sistemática (detenciones, encarcelamientos, depuraciones y fusilamientos) de los dirigentes y militantes de los partidos y sindicatos de izquierda. Esta represión fue llevada a cabo con el consentimiento de los grupos políticos que respaldaban el alzamiento, y su objetivo era atemorizar a la población e impedir cualquier oposición.

"Paseos" o "sacas"

El descontrol inicial en el bando republicano dio lugar a numerosos "paseos" o "sacas", en los que detenidos o prisioneros eran llevados a las afueras de pueblos y ciudades, donde eran fusilados por alguno de los numerosos grupos armados existentes (milicias de partidos o sindicatos).

Destruir al enemigo

Se tendrá en cuenta que la acción ha de ser en extremo violenta para reducir lo antes posible a un enemigo fuerte y bien organizado. Desde luego, serán encarcelados todos los dirigentes de los partidos políticos, sociedades o sindicatos no afectos al movimiento, aplicándose castigos ejemplares a dichos individuos para estrangular los movimientos de rebeldía o huelga.

Circular del general Mola a sus subordinados, julio de 1936.

C LAS CONSECUENCIAS DE LA GUERRA

La Guerra Civil dejó un impacto de largo alcance en la sociedad española, visible en cuatro aspectos:

- **Demográficos**: A las víctimas en los campos de batalla, hay que unir las de la población civil y el elevado número de **exiliados** al finalizar el conflicto.
- **Económicos**: La destrucción de infraestructuras durante los combates fue muy importante y resultaron muy costosas de reconstruir. La producción agraria e industrial también se vio muy mermada.
- **Políticos**: Significó la destrucción de la democracia y la imposición de una dictadura militar que privó a los españoles y españolas de sus derechos y libertades durante casi 40 años.
- **Sociales**: La **división entre vencedores y vencidos** se mantuvo durante todo el régimen de Franco, quien se opuso siempre a cualquier política de reconciliación.

Republicanos españoles cruzando la frontera hacia Francia.

VÍCTIMAS DURANTE LA GUERRA

	Republicanos	Franquistas
Muertos en combate	90 000	60 000
Víctimas de la represión	78 000*	51 000
Muertos por bombardeos	11000	1000
Muertos por penalidades	60000	30000

* No se contabiliza la represión de posguerra, posterior a 1939.

1. ¿Qué penalidades pasó la población civil durante la guerra? ¿Cuáles tenían mayor impacto en la vida cotidiana?
2. Observa el dibujo del refugio y las partes de las que constaba. ¿Qué función desempeñaba este tipo de construcción?
3. Infórmate acerca de "los niños de Rusia" entrando en www.tiching.com/748197 y en www.tiching.com/748198. A continuación, redacta un texto contando sus experiencias: cuándo y cómo fue su salida de España y cómo se adaptaron a su nueva vida. Por último, explica qué harías tú si vivieras una situación similar: ¿preferirías quedarte con tu familia o ser evacuado?
4. ¿Cuáles fueron las consecuencias de la guerra? Diferencia las que tuvieron un impacto a corto plazo de las que lo tuvieron a largo plazo.

10 Andalucía en el primer tercio del siglo XX

La Andalucía contemporánea presenta tres grandes rasgos: en lo económico, el fracaso de la primitiva industrialización y el mantenimiento de una estructura agraria latifundista; en lo social, una gran conflictividad agraria; y en lo político, la lucha contra el caciquismo y el nacimiento del andalucismo, que se desarrolló a principios del siglo XX.

El descubrimiento de la identidad andaluza

El andalucismo se fraguó en dos fases sucesivas:

- **Etapa culturalista** (entre 1907 y 1915). Partiendo de la toma de conciencia de la situación subordinada y dependiente de Andalucía y de la miseria del campesinado, un grupo vinculado al **Ateneo de Sevilla** intentó definir las características y la idiosincracia de lo andaluz.
- **Etapa regionalista**. Se inició en 1915 con la publicación de la obra *Ideal Andaluz*, de **Blas Infante**, que pretendía impulsar al pueblo andalúz a buscar solución a sus problemas históricos. A partir de entonces, este grupo de andalucistas fue separándose de los que eran estrictamente culturalistas.

Las iniciativas más destacadas de los integrantes de este andalucismo, la mayoría de clase media, fueron la **demanda de autonomía** y la creación de los **Centros Andaluces**, después convertidos en Juntas Liberalistas de Andalucía.

La Segunda República

El programa reformista de la República ofreció propuestas para solucionar algunos de los problemas crónicos de Andalucía:

- La **renovación de los cargos públicos**, con la entrada de republicanos y socialistas, permitió debilitar el caciquismo y poner fin al monopolio del poder que determinadas familias venían ejerciendo.
- La **reforma agraria**, que pretendía acabar con el latifundismo y con el paro campesino y los bajos jornales, tuvo especial incidencia en Andalucía. Pero la negativa de los propietarios a acatarla, la lentitud en su aplicación y el desencanto de los jornaleros comportaron numerosas revueltas campesinas.
- Los **esfuerzos en materia educativa y cultural** provocaron un mayor nivel de escolarización, una vida cultural más dinámica y una prensa moderna y activa, que ayudaron a consolidar una sociedad civil más fuerte.
- Las **demandas de autonomía** se concretaron en 1933 en la redacción de un Estatuto de Autonomía y el proyecto de una Junta Regional de Andalucía, para la cual, en junio de 1936, se eligió como presidente a Blas Infante. Sin embargo, la Guerra Civil truncó ambos proyectos.

Debido a las tensiones generadas por estas reformas, el periodo republicano en Andalucía fue de notable **conflictividad y polarización social**. (sucesos de Casas Viejas de 1933 y la huelga general agraria de 1934).

Blas Infante, impulsor del andalucismo

Blas Infante (1885-1936) nació en Casares (Málaga) en una familia de labradores de clase media, lo cual le permitió conocer desde niño los problemas del campo andaluz. En 1936, siendo notario de Cantillana, fue fusilado por los franquistas.

Ha sido reconocido por el Parlamento andaluz como "Padre de la Patria Andaluza e ilustre precursor de la lucha por el Estatuto de Autonomía de Andalucía".

Blas Infante con su hija.

@ Amplía en la Red...

Para saber más sobre Blas Infante, entra en: www.tiching.com/69243

Manifestación en favor de la República, en Arcos de la Frontera en el año 1931.

LA GUERRA CIVIL EN ANDALUCÍA

Andalucía desempeñó un papel muy importante en el **triunfo de los sublevados** durante los primeros meses de la Guerra Civil. El 18 de julio de 1936, en Sevilla, el general Queipo de Llano se hizo con la mayor parte de las tropas y se apoderó de la emisora de radio, desde la que pronunció las arengas que tanto contribuyeron al triunfo franquista en la Baja Andalucía.

Otros militares se sublevaron en Córdoba, Granada y Cádiz, y en Algeciras y Jerez triunfó la sublevación sin practicamente oposición, mientras Huelva quedaba momentáneamente en manos de la República. Esta situación permitió que el ejército de África atravesase fácilmente el estrecho de Gibraltar y consolidase el alzamiento en toda la Península.

EVOLUCIÓN DE LA GUERRA EN ANDALUCÍA

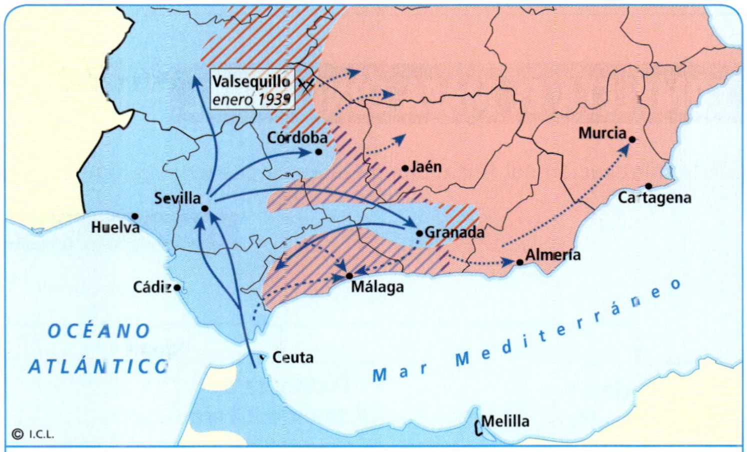

A finales de 1936, Andalucía quedó **dividida en dos zonas**: la oriental (excepto Granada), en poder de los republicanos, y la occidental, en manos de los sublevados. Tras la caída de Málaga en manos franquistas en febrero de 1937, esta división se mantuvo hasta el final de la guerra en 1939.

Durante la guerra, hay que destacar la brutalidad de la **represión franquista** en Andalucía. Se ensañó sobre todo con los trabajadores del campo que se habían significado con la República, con los políticos republicanos, como Blas Infante y con los intelectuales como Federico García Lorca. Pero también masacró a la población civil, destacando, por ejemplo, los hechos sucedidos en 1937 en la carretera entre Málaga y Almería, donde más de 3000 malagueños que huían de su ciudad recién ocupada por los franquistas murieron al ser bombardeados por aire y mar.

Franco, Queipo de Llano y el cardenal Ilundain el 15 de agosto de 1936, cuando se repuso la bandera "nacional" (roja y gualda) en el Ayuntamiento de Sevilla.

La muerte de Federico García Lorca

Se le vio, caminando entre fusiles,
por una calle larga,
salir al campo frío,
aún con estrellas de la madrugada.
Mataron a Federico
cuando la luz asomaba.
El pelotón de verdugos
no osó mirarle la cara.
Todos cerraron los ojos;
rezaron: ¡ni Dios te salva!
Muerto cayó Federico
–sangre en la frente y plomo en las entrañas–.
Que fue en Granada el crimen
sabed –¡pobre Granada!–, en su Granada.

Antonio MACHADO:
El crimen fue en Granada, 1936.

@ Amplía en la Red...

Para saber más sobre como se produjo la detención y muerte del poeta Federico García Lorca, entra en: www.tiching.com/69246

1. Explica cómo se forjó el andalucismo en el primer tercio del siglo XX. ¿Qué papel desempeñó Blas Infante?
2. ¿Qué comportó la Segunda República para Andalucía?
3. ¿Por qué el triunfo de la sublevación militar en buena parte de Andalucía fue tan importante para su expansión por la Península? ¿Qué papel desempeñó el general Queipo de Llano?
4. Observa el mapa y explica cómo se desarrolló el conflicto bélico en Andalucía. ¿En qué dos zonas quedó dividida Andalucía? Explica la evolución de la ocupación del territorio entre las dos zonas.
5. ¿Cómo murió Federico García Lorca? Investiga cómo se desarrolló la represión en Andalucía, tanto la llevada a cabo en el territorio republicano como en el franquista.

COMPLETA EL MAPA CONCEPTUAL

Con la información del tema, completa en tu cuaderno el siguiente esquema:

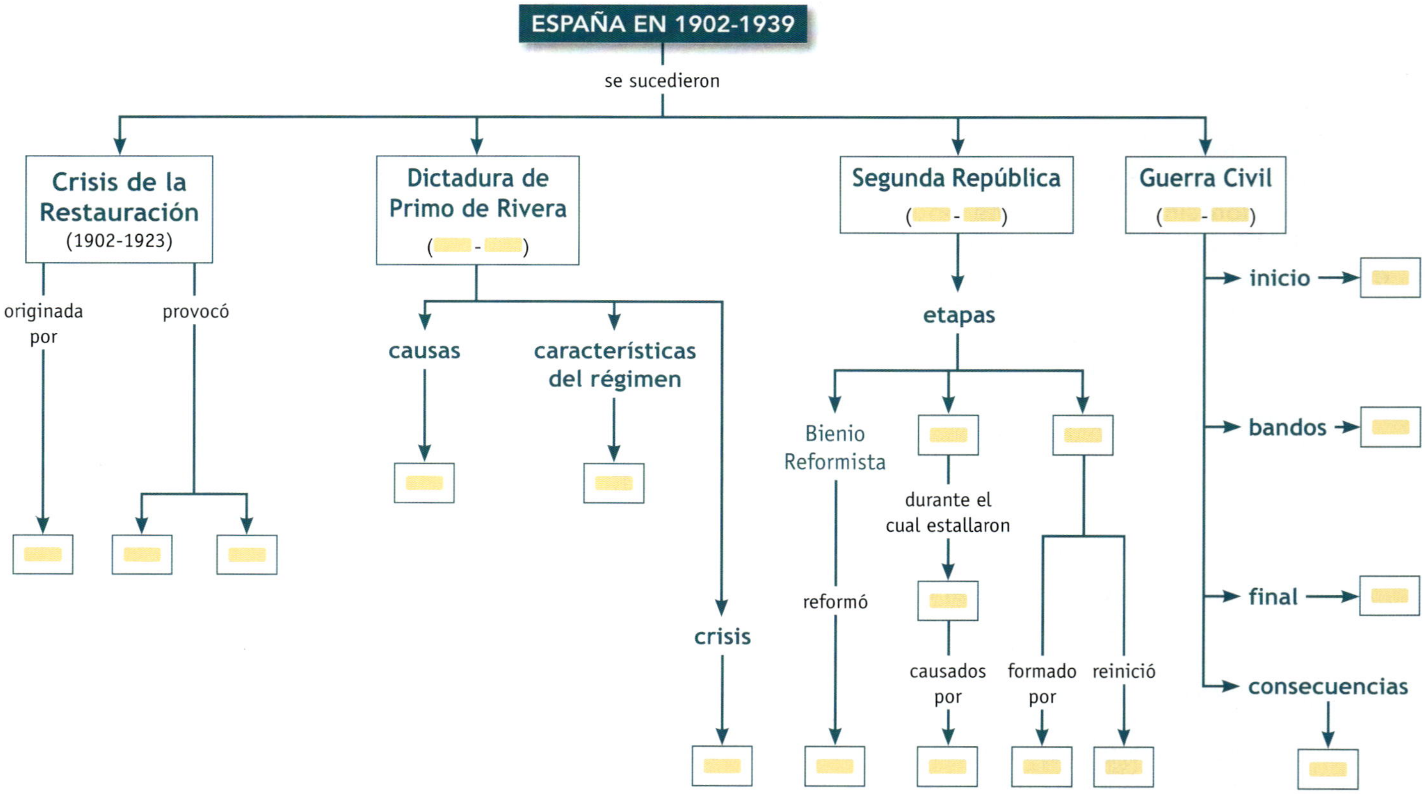

1 CONSOLIDA LO APRENDIDO

a) ¿En qué consistió "la revolución desde arriba" puesta en marcha por Antonio Maura?

b) ¿Cuáles fueron las medidas más significativas tomadas durante la dictadura de Primo de Rivera?

c) ¿Cómo se pasó de la monarquía a la República? ¿Quiénes firmaron el Pacto de San Sebastián?

d) ¿Qué reformas emprendió el régimen republicano durante el Primer Bienio (1931-1933)?

e) ¿Cuáles fueron las causas profundas que explican el estallido de la Guerra Civil?

f) ¿Qué apoyos internacionales recibió cada bando?

2 DEFINE CONCEPTOS CLAVE

- Trienio Bolchevique
- Cortes Constituyentes
- Comité de No Intervención
- coeducación
- latifundismo
- miliciano

3 IDENTIFICA LOS PERSONAJES

- Canalejas
- Primo de Rivera
- Alcalá Zamora
- Lerroux
- Azaña
- Largo Caballero
- Mola
- Franco
- Negrín

4 ESTABLECE LA CRONOLOGÍA

- Barranco del Lobo
- revolución de octubre
- Pacto de San Sebastián
- Frente Popular

5. EXPLICA LAS DIFERENCIAS

- Annual/Alhucemas
- PSOE/CEDA
- franquistas/republicanos

RESPONDE A LA PREGUNTA INICIAL

¿Qué ocurrió en España para que se desencadenase una Guerra Civil?

APRENDE A... COMENTAR UNA OBRA DE FICCIÓN HISTÓRICA

Las bicicletas son para el verano es una obra teatral que se sitúa en Madrid durante la Guerra Civil. Narra la vida cotidiana de una familia y sus vecinos y refleja fielmente el contexto histórico en el que transcurre la trama.

> El sistema que emplea Fernán Gómez para su desarrollo es (...) un corte de escenario en una casa de vecindad, con alguna –breve– salida al exterior. (...). Es una obra de cuadros; por tanto, de escenas separadas por el paso del tiempo. Ese tiempo es el de la Guerra Civil, y eso es lo que da a la comedia de costumbres una dimensión profunda. Si por una parte en la construcción de la obra hay un uso de técnica teatral ya establecida, por esa interiorización y esa profundidad hay un fondo de Chejov, un fondo de Gorki (...).
>
> Eduardo HARO TECGLEN: "Una obra maestra". *El País*, 25 de abril de 1982.

Título: *Las bicicletas son para el verano* (Premio Lope de Vega, 1977).

Autor: Fernando Fernán Gómez.

Género: Teatro.

Edición impresa: Vicens Vives, 1996.

Estreno de la obra: Teatro Español de Madrid, 24 de abril de 1982.

Portada de la obra de Fernando Fernán Gómez.

1. Tema y resumen del argumento

- Define el tema de la obra. ¿Qué pretende mostrarnos?
- Resume en pocas líneas la trama argumental.

2. Estructura y ubicación cronológica

- ¿De cuántas partes consta la obra? ¿Cuántos cuadros presenta cada una de ellas?
- ¿En qué época se sitúan los diferentes cuadros? ¿Cuánto tiempo transcurre entre cada uno de ellos? ¿Es homogénea esta distribución?
- ¿Qué función tienen el prólogo y el epílogo?

3. Caracterización de los personajes y ambientación

- Caracteriza los diferentes personajes (principales y secundarios) y explica la relación que hay entre ellos.
- ¿Qué ideología política puedes atribuir a cada uno de ellos? ¿Cómo se manifiestan las diferencias entre vencedores y vencidos?
- ¿Qué personaje está mejor caracterizado? ¿Por qué?
- ¿Qué papel desarrollan en la obra los efectos acústicos (tiroteos, explosiones, golpes...)? ¿Y el aparato de radio?

4. Contexto histórico

- ¿Qué datos históricos permiten al lector la ubicación temporal de las diferentes escenas? Pon algunos ejemplos.
- ¿Cómo se presentan las penalidades cotidianas de la guerra (hambre, miedo...) que sufren los personajes?
- Haz una breve relación de las diferentes situaciones del Madrid de la Guerra Civil que aparecen en la obra.

5. Punto de vista del autor

- ¿Crees que el autor ofrece una visión neutral de la Guerra Civil? ¿En qué punto de vista se sitúa respecto a los diferentes personajes? Justifica tus respuestas.
- ¿Qué sentido atribuye el autor al título de la obra? ¿Qué valor simbólico atribuye don Luis al "verano" cuando al finalizar la obra dice: "¿Cuándo habrá otro verano?"
- Explica qué quería decir don Luis cuando comenta a su hijo: "No ha llegado la paz Luisito, ha llegado la victoria".

6. Valoración personal

- Expresa tu opinión sobre la obra: ¿Qué aspectos te han interesado más? ¿Con qué personajes te has identificado? ¿ Cómo te ha ayudado a comprender la Guerra Civil?

RAZONA HISTÓRICAMENTE

Empatía. Reflexiona por qué se dice que la peor de las guerras es la guerra civil. Escribe una lista de elementos en la que justifiques qué la hace diferente a otros conflictos.

Argumentación. ¿Por qué decimos que el régimen de Primo de Rivera es una dictadura? Utiliza conceptos como libertad o libertades, constitución y pluralidad política.

1 Espacio y tiempo. **Las etapas militares de la Guerra Civil**

a) ¿Cuáles fueron las ofensivas franquistas más importantes? ¿Y las republicanas? ¿Qué objetivos perseguía cada una de ellas?

b) ¿Cuál ejército era más potente? ¿Por qué? ¿Qué apoyos recibió cada bando? ¿Fueron más fuertes en un bando que en otro?

c) ¿Qué consecuencias tuvo la imposibilidad de conquistar Madrid en los inicios del conflicto por parte del ejército franquista? ¿Cuál fue su estrategia a partir de entonces?

d) ¿En cuál de las grandes batallas de la Guerra Civil pareció que el bando republicano tomaba la iniciativa? ¿Cuál fue el desenlace final?

2 Fuentes gráficas. **Conflictividad social**

La estadística de huelgas en España es una forma de aproximarse a la conflictividad social de la época.

Analiza el gráfico y responde a las preguntas que tienes a continuación:

a) ¿Cuál fue la evolución del número de huelgas en el primer tercio del siglo XX?

b) ¿En qué momentos se desató una mayor conflictividad social? Relaciona cada máximo con el momento histórico que le corresponde.

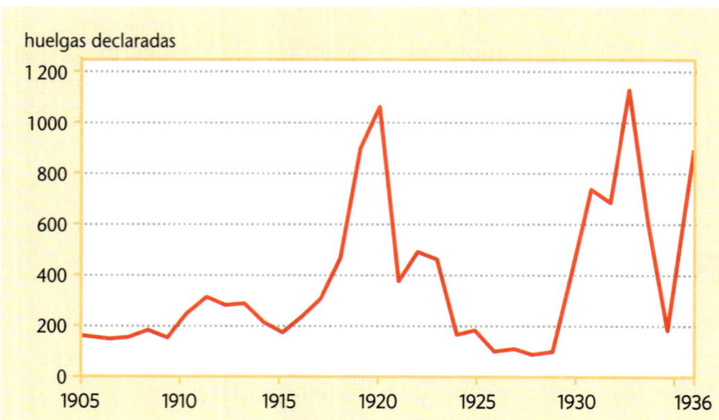

3 Fuentes documentales. **Programa de la CEDA**

> Los candidatos de la coalición antimarxista defenderán resueltamente la necesidad de una inmediata derogación, por la vía que en cada caso proceda, de los preceptos tanto constitucionales como legales, inspirados en designios laicos y socializantes, en realidad encaminados a destruir el inmenso patrimonio moral y la ya exhausta riqueza material de la sociedad española; trabajarán sin descanso para lograr la cancelación de todas las disposiciones confiscadoras de la propiedad y persecutorias de las personas, de las asociaciones y de las creencias religiosas.
>
> *Programa de la CEDA*, octubre de 1933.

a) Lee con atención este texto y contesta las siguientes preguntas: ¿Qué pretendía derogar la CEDA? ¿Por qué? ¿Cómo se calificaban a sí mismos los candidatos de la CEDA?

b) ¿Cuál fue el resultado de las elecciones de 1933? ¿Qué periodo iniciaron? ¿Qué partido o partidos gobernaron a partir de 1933? ¿Hasta qué año?

c) ¿Estaba la CEDA en el gobierno cuando se dio a conocer su programa político?

4 Fuentes iconográficas. Carteles de la Guerra Civil

Durante la Guerra Civil, la agricultura y la ganadería se convirtieron en un objetivo esencial para ambos bandos ya que cada zona necesitaba alimentar a la numerosa población civil de la retaguardia.

Observa y compara ambos carteles de propaganda:

a) ¿Qué puedes ver en cada uno de ellos? ¿Cómo se ilustra la libertad en el cartel prorrepublicano? ¿De qué aparece acompañado el personaje del cartel profranquista?

b) ¿Cómo interpretas los elementos escritos que aparecen en cada uno de los carteles? ¿A quiénes se da protagonismo en estos carteles?

c) ¿Qué gran región agrícola quedó en manos de los golpistas desde los inicios de la Guerra Civil?

d) ¿En qué consistió el proceso de colectivización de la zona republicana?

Cartel del diseñador gráfico Arturo Ballester (1892-1981).

Cartel realizado por el pintor Teodoro Delgado (1907-1975).

WWW. ESPACIO WEB

5 Búsqueda de información. El Guernica

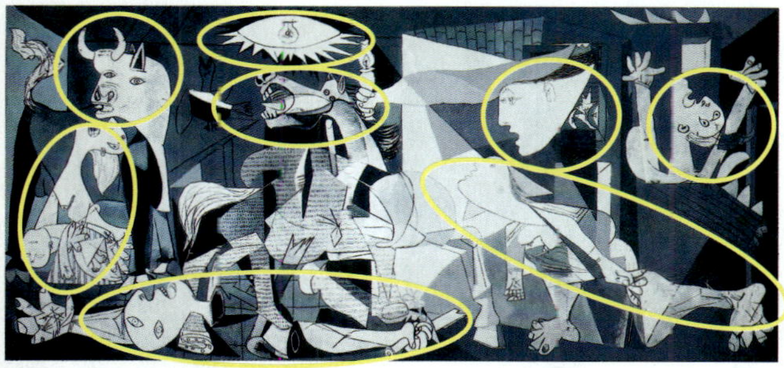

Pablo Ruiz Picasso: *Guernica*, 1937.

Busca información en Internet sobre el cuadro *Guernica* de Picasso y contesta las preguntas:

a) Identifica cada una de las imágenes señaladas con un círculo y el simbolismo que el pintor les ha querido otorgar.

b) La pintura se titula Guernica. ¿Qué hecho motivó a Picasso su realización? ¿Qué ha querido denunciar? ¿Con qué recursos lo ha conseguido?

c) Averigua en qué circunstancias fue pintado el cuadro y dónde fue expuesto por primera vez.

6 Fuentes audiovisuales. La Semana Trágica

Visiona el vídeo acerca de la Semana Trágica de 1909 en www.tiching.com/63359 y contesta las preguntas:

a) ¿Por qué España se vio implicada en una guerra en el Norte de África?

b) ¿Qué soldados eran reclutados para ir a la guerra?

c) Explica las causas que provocaron el estallido de la Semana Trágica y resume los principales sucesos.

d) ¿Por qué la ejecución de Ferrer Guardia suscitó una campaña de protesta en varias ciudades europeas?

RETOS EN LA RED

MINI UNIDAD VISUAL: Aquel 14 de abril.

ACTIVIDADES AUTOCORRECTIVAS: Resuelve estas actividades y repasa lo que has aprendido.

www.vvd.link/012274/9

10 La Segunda Guerra Mundial

¿Quiénes y por qué se enfrentaron en la Segunda Guerra Mundial?

VICTORIAS Y EXPANSIÓN DEL EJE

- 1940
  - **Septiembre** Invasión de Polonia
  - **Mayo** Ofensiva alemana hacia el Oeste
- 1941
  - **Junio** Invasión de la URSS
  - **Diciembre** Ataque japonés contra Pearl Harbor

RECONQUISTAS Y VICTORIAS DE LOS ALIADOS

- 1942
  - **Junio** Victoria americana de Midway
  - **Nov. – Febrero** Batalla de Stalingrado
  - **Noviembre** Desembarco aliado en África del Norte
- 1943
  - **Septiembre** Capitulación de Italia
- 1944
  - **Junio** Desembarco aliado en Normandía
- 1945
  - **Mayo** Capitulación de Alemania
  - **Agosto** Bombas atómicas sobre Hiroshima y Nagasaki
  - **Septiembre** Capitulación de Japón
- 1946

La ciudad de Berlín en agosto de 1945. Fotografía de Robert Cappa.

La Segunda Guerra Mundial (1939-1945) fue el conflicto más brutal y devastador del siglo XX, por la duración e intensidad de los combates, por los recursos que se emplearon y por la pérdida de vidas humanas.

Los desencadenantes de la guerra fueron los expansionismos nazi y japonés, y la incapacidad de las democracias occidentales para frenarlos.

Este conflicto fue una "guerra total", que afectó a la población civil y que puso la economía, la ciencia y la técnica al servicio de las necesidades bélicas.

Fue, además, una guerra ideológica que perseguía la plena liquidación del enemigo, y que significó un durísimo enfrentamiento entre los que morían por los ideales de la democracia y el socialismo y los que se alineaban con el fascismo.

¿Qué sabemos?

- Observa el eje cronológico. ¿Qué periodo cronológico abarca la Segunda Guerra Mundial? ¿Qué dos grandes fases puedes observar? ¿Qué diferentes frentes había?
- ¿Sabes por qué esta guerra recibe el nombre de mundial? ¿Crees que tuvo mayor ámbito geográfico que la Primera Guerra Mundial?

¿Por qué se llegó a la Segunda Guerra Mundial?

Los orígenes remotos de la Segunda Guerra Mundial hay que buscarlos en el orden internacional surgido tras la Primera Guerra Mundial. El Tratado de Versalles fomentó la humillación y el resentimiento de los vencidos.

Parte de la población alemana e italiana no aceptaron las imposiciones de Versalles y eso estimuló el revanchismo y el ascenso de sistemas políticos dictatoriales, deseosos de buscar en una nueva guerra el predominio económico y político en Europa.

¿Qué hechos se encadenaron para hacer inevitable el conflicto? ¿Qué alianzas dieron lugar a un alcance mundial de la guerra?

Ilustración escolar italiana. Los niños etíopes se inclinan ante la bandera italiana. Un ejemplo del adoctrinamiento expansionista del fascismo.

A EL BELICISMO DE LOS REGÍMENES TOTALITARIOS

Los regímenes fascista italiano y nazi alemán desarrollaron, como hemos visto, una **política expansionista** que aspiraba a engrandecer sus fronteras territoriales y desafiaba al consenso establecido en la Sociedad de Naciones (SDN).

Para ello, reforzaron el ejército, impulsaron el militarismo y propiciaron una intensa carrera de armamentos.

En estos países se exaltó el sentimiento nacional y se inició una política exterior agresiva que condujo al estallido de un nuevo enfrentamiento armado.

El programa de Hitler

La solución definitiva reside en el ensanchamiento de nuestro espacio vital (*lebensraum*), fuente de materias primas y de la subsistencia de nuestro pueblo (...).

Por tanto, establezco los siguientes objetivos:

- El ejército alemán tiene que estar preparado para entrar en acción en el plazo de cuatro años.
- En cuatro años, la economía alemana ha de estar en condiciones de sostener una guerra.

Memorándum secreto de Adolf Hitler, agosto de 1936.

B UNA ESCALADA DE AGRESIONES

El pasillo de Danzig era un corredor sobre territorio alemán otorgado a Polonia en el Tratado de Versalles para darle salida al mar. Separaba a la Prusia oriental del resto de Alemania.

En la década de 1930, los Estados autoritarios impulsaron una serie de agresiones bélicas hacia otros países:

- En Asia, **Japón** buscaba ampliar sus territorios a costa de China. En el año 1931 ocupó Manchuria y, en 1937, inició la invasión de China.
- En África, en 1935, **Italia** ocupó Etiopía en sus deseos de ampliar su imperio colonial. En Europa, también invadió Albania.
- Italia y Alemania intervinieron en la **Guerra Civil española** entre 1936 y 1939, facilitando soldados y armamento a los militares sublevados, mientras Francia y el Reino Unido se mantenían al margen (Pacto de No Intervención).
- **Alemania** desarrolló una política de expansión territorial con la idea de crear un gran imperio (**III Reich**) con las tierras habitadas por todos los pueblos germánicos. En 1936, en contra de lo impuesto en el Tratado de Versalles, Hitler remilitarizó la región de Renania.

  En marzo de 1938 ocupó militarmente Austria (*Anchluss*) y, en septiembre, exigió a Checoslovaquia la entrega del territorio de los Sudetes, poblado por una importante minoría alemana.

C LA DEBILIDAD DE LAS DEMOCRACIAS

Ante la política agresiva de los regímenes autoritarios, las democracias se empeñaron en mantenerse al margen de los problemas del mundo (aislacionismo de Estados Unidos) o en preocuparse por sus propios problemas internos, como el aumento del paro o la agitación social.

Así, la debilidad de las democracias y el fracaso de la Sociedad de Naciones ante las agresiones de los regímenes nazi y fascista estimuló el belicismo de estas y acabó conduciendo a la guerra.

La **Conferencia de Múnich** (1938), convocada por el propio Hitler, ante las quejas de Francia, el Reino Unido y otras potencias por su expansionismo, acabó con la claudicación de las democracias ante las promesas de Hitler de detener su avance.

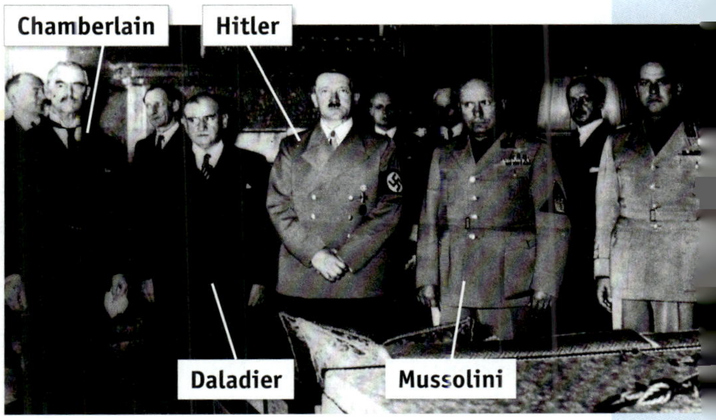

El ministro británico Chamberlain, el ministro francés Daladier, Adolf Hitler y Benito Mussolini en la Conferencia de Múnich. Hitler consiguió la aceptación de Francia y del Reino Unido para la ocupación de los Sudetes, una parte de Checoslovaquia.

D PREPARANDO LA GUERRA: LA FORMACIÓN DE ALIANZAS

Esta política expansionista se basó en una serie de tratados internacionales de apoyo mutuo. En 1936, Alemania firmó una alianza con Italia, conocida como el **Eje Roma-Berlín**. Esta alianza se renovó en mayo de 1939 con el nombre de **Pacto de Acero**.

Además, en noviembre de 1936, Alemania firmó con Japón el **Pacto Antikomintern**.

Francia y el Reino Unido se habían mantenido al margen. Pero, cuando en 1939 Hitler reclamó el corredor de Danzig (territorios que separaban Alemania de Prusia Oriental), Francia y el Reino Unido se comprometieron con Polonia a ir a la guerra si era necesario.

Para evitar que la URSS se aliara con Francia y que el Reino Unido ayudara a Polonia, Hitler firmó con Stalin el **Pacto Germano-Soviético** (agosto de 1939), tras el cual inició la invasión de Polonia (septiembre de 1939).

Entonces, los **aliados** (Francia y el Reino Unido) declararon la guerra a Alemania. Este fue el inicio de la Segunda Guerra Mundial.

El Pacto Germano-Soviético

Ambas potencias, enemigas políticamente, deseaban posponer su enfrentamiento. Hitler quería evitar el conflicto, ya que consideraba que no podía mantener una guerra en dos frentes. Los soviéticos también querían evitar la guerra hasta estar mejor preparados.

El acuerdo, además, incluía unas cláusulas secretas de reparto de Polonia y de reconocimiento del control de la URSS.

La invasión de Polonia

He enviado al extranjero a mis escuadrones de la muerte con la orden de matar sin piedad a todos los hombres, mujeres y niños de raza y lengua polaca. Solo así obtendremos el espacio vital que necesitamos. (...) Lo que voy a hacer en Polonia se repetirá de igual forma en Rusia.

Hitler a sus colaboradores militares, 1939.

1. ¿Cómo evidencia el memorándum secreto de Hitler los planes belicistas del nazismo?
2. ¿Qué cambios territoriales en las fronteras de Alemania se evidencian en el mapa? ¿Cómo y cuándo se realizaron?
3. ¿Qué actitud mantuvieron las potencias democráticas? ¿Cómo se reflejó su actitud en la Conferencia de Múnich? ¿Qué alianzas se firmaron?
4. ¿Por qué la invasión de Polonia significó el estallido de la guerra?

Argumenta la respuesta

5. Justifica razonadamente por qué la Segunda Guerra Mundial fue un conflicto largamente preparado y buscado, con causas profundas generadas desde el final de la Primera Guerra Mundial.

2 El desarrollo de la guerra

Las victorias del Eje (1939-1941)

Con la invasión de Polonia (septiembre de 1939), Hitler inició la **guerra relámpago**, basada en el uso de divisiones acorazadas (los Pánzer) y en un importante apoyo aéreo. Este tipo de guerra permitió el ataque sorpresa y avanzar con rapidez. Polonia se hundió en tres semanas y el país fue dividido entre Alemania y la URSS, según el Pacto Germano-Soviético.

En 1940, los ejércitos alemanes invadieron la mayor parte de **Europa Occidental** (Dinamarca, Noruega, Países Bajos, Bélgica y el Norte y Oeste de Francia). En el verano de ese mismo año, solo el Reino Unido resistía a Alemania. Para preparar un posible desembarco en el Reino Unido, la Luftwaffe, la aviación de guerra alemana, bombardeó los puertos y las ciudades británicas: fue la llamada **Batalla de Inglaterra**.

El Reino Unido resistió el ataque y Hitler tuvo que renunciar al desembarco, pero decretó el bloqueo de las islas Británicas y desencadenó la **Batalla del Atlántico** para impedir la llegada de suministros a los británicos. También combatió a los británicos en el Mediterráneo, y las tropas del Afrikakorps* (bajo el mando de Rommel) conquistaron el **Norte de África**. Yugoslavia y Grecia fueron también conquistadas en abril de 1941.

En junio de 1941, Hitler lanzó la **Operación Barbarroja** y atacó Rusia, llegando con rapidez hasta las puertas de Moscú y Leningrado. Este hecho fue de enorme trascendencia. La URSS se incorporó a los Aliados y se enfrentó a las potencias del Eje.

En diciembre de 1941, Japón destruyó la flota estadounidense en **Pearl Harbor** y Estados Unidos entró en la guerra.

Soldados alemanes arrancando los puestos fronterizos de Polonia, 1939.

LA OFENSIVA JAPONESA

En 1932, Japón había invadido Manchuria en China, y en 1937 ocupó Pekín. A partir de esa fecha continuó extendiéndose por el Pacífico.

LA EXPANSIÓN DEL EJE (1939-1941)

El Reino Unido, solo ante el Eje

Yo diría a la Cámara, como dije a todos los que se han incorporado a este gobierno: "No tengo nada más que ofrecer que sangre, esfuerzo, lágrimas y sudor".

(...) ¿Cuál es nuestra política?: hacer la guerra por mar, por tierra y por aire, con toda nuestra potencia y con toda la fuerza que Dios nos pueda dar; hacer la guerra contra una tiranía monstruosa, nunca superada en el oscuro y lamentable catálogo de crímenes humanos.

Discurso de Winston Churchil, mayo 1940.

Las ofensivas aliadas (1942-1945)

Tras la entrada de la URSS y EEUU en el conflicto, la guerra empezó a dar un vuelco en junio de 1942. Los estadounidenses frenaron el avance japonés en el Pacífico (**batallas de Midway** y **Guadalcanal**) e iniciaron la reconquista de los territorios ocupados.

En el Norte de África, los británicos derrotaron en **El-Alamein** a los alemanes, que iniciaron su retirada. Poco después, un ejército aliado, bajo el mando del general Eisenhower, desembarcó en el África francesa y venció a los alemanes en Túnez (mayo de 1943).

El asalto alemán sobre **Stalingrado** (agosto 1942-febrero 1943) fue el primer gran fracaso de Hitler. La ciudad resistió varios meses de asedio, tras los cuales el mariscal alemán Paulus se rindió. Los soviéticos pasaron entonces a la ofensiva, recuperando Ucrania y liberando Leningrado de su asedio (enero de 1944).

LAS VICTORIAS DE LOS ALIADOS (1942-1945)

La liberación de Europa se inició tras el **desembarco angloestadounidense en Normandía** (junio de 1944), que supuso la entrada de numerosos soldados y armamento. Vencida la resistencia alemana, los angloamericanos iniciaron el avance desde el Oeste, liberaron parte de Francia y entraron en Alemania. Por su lado, los rusos avanzaron por el Este y expulsaron a los alemanes de Polonia, Rumania y Bulgaria. Para apoyar este avance, los aliados sometieron a las ciudades alemanas a fuertes bombardeos.

Ambos ejércitos aliados iniciaron la ocupación de Alemania y se encontraron en el río Elba el 26 de abril de 1945. El día 30, Hitler se suicidó, y el 8 de mayo, **Alemania capitulaba**.

El fin de la guerra en el Pacífico

En el Pacífico, la reconquista estadounidense de los territorios ocupados por japoneses estaba prácticamente finalizada, pero Japón mantenía una fanática resistencia, simbolizada por la acción de los *kamikazes**.

Para precipitar la rendición, el presidente estadounidense, Harry S. Truman, decidió utilizar un arma nueva, la **bomba atómica**, que fue lanzada sobre las ciudades de Hiroshima y Nagasaki en agosto de 1945. Ante el horror nuclear, el 2 de septiembre, Japón capituló. La Segunda Guerra Mundial había terminado.

La ciudad de Hiroshima completamente arrasada por la bomba atómica. La destrucción alcanzó proporciones desconocidas hasta ese momento, y el número de víctimas ascendió a 150 000.

1. Explica las grandes ofensivas que llevaron a cabo las potencias del Eje en Europa a partir de 1939. ¿Qué importancia tuvo la Operación Barbarroja? ¿Cómo cambió las alianzas bélicas?
2. ¿Qué zonas fueron ocupadas por los japoneses en el Pacífico antes y durante la guerra?
3. ¿Cuál fue el detonante de la entrada de EEUU en la guerra? ¿Qué importancia tuvo su incorporación?
4. Explica las diferentes fases de las ofensivas de los aliados en Europa y el Norte de África. ¿Cuándo se rindió Alemania?
5. ¿Por qué se lanzaron las bombas atómicas sobre Hiroshima y Nagasaki? Averigua cuáles fueron sus consecuencias.

3 Una guerra total

La Segunda Guerra Mundial fue un conflicto en el que ambos bandos, enfrentados por razones ideológicas y políticas, perseguían objetivos que solo podían conseguirse con la destrucción del contrario. No había opciones para negociar la paz y se utilizaron todos los medios posibles para conseguir la victoria.

Un alcance mundial

La Segunda Guerra Mundial fue una guerra total, en primer lugar por sus dimensiones geográficas: jamás una guerra había tenido tantos contendientes. El conflicto contó con países de los **cinco continentes**, fueran estos Estados independientes o colonias, y las operaciones bélicas se produjeron no solo en Europa, sino también en África, Asia y Oceanía.

Además, los efectivos humanos movilizados por la guerra fueron muy numerosos. Alrededor de **50 millones de soldados** de los principales ejércitos y cerca de 100 millones contando todo tipo de tropas, policía, guerrilla, etc.

LOS PAÍSES IMPLICADOS EN LA SEGUNDA GUERRA MUNDIAL

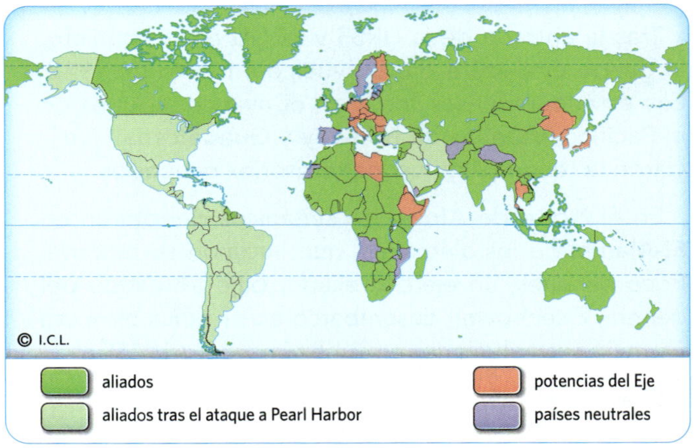

Población y economía al servicio de la guerra

El conflicto no solo afectó a las tropas, sino directamente a la población civil. El concepto tradicional de retaguardia desapareció, en buena medida a causa de los **bombardeos**, que buscaban sembrar el terror en las ciudades, desmoralizar a la población y acabar con su capacidad de resistencia.

Al mismo tiempo, estas acciones perseguían destruir y desarticular la organización industrial y económica del enemigo, y debilitar su capacidad militar. En la etapa final de la contienda se convirtieron en castigo ejemplar y devastador sobre los vencidos.

La Segunda Guerra Mudial tuvo una indisociable dimensión económica, ya que se desarrolló como un conflicto bien planificado que requirió la **intervención del Estado** en la vida económica para poner la producción, la ciencia y la técnica al servicio de las necesidades bélicas.

El crecimiento del complejo industrial militar, asociado al desarrollo de una tecnología de la muerte, implicó un extraordinario cambio en la organización de la producción y un gran aumento de la mano de obra en los países beligerantes.

En el caso del Reino Unido, Estados Unidos y Japón significó la **movilización masiva de la mujer** y su incorporación al mercado laboral, mientras que Alemania recurrió a la explotación de trabajadores y trabajadoras extranjeros.

La escasez de alimentos y de bienes de consumo obligó a los países a organizar la penuria cotidiana por medio del **racionamiento**, lo que estimuló el mercado negro, y a limitar las manifestaciones derivadas del malestar social, a fin de que este no se extendiese, sobre todo entre los soldados.

LA INVERSIÓN HUMANA Y ECONÓMICA DE LOS CONTENDIENTES EN 1944

País	Soldados movilizados	Gasto militar en % del PIB
URSS	12,4 millones	35,5
EE UU	11,2 millones	42,7
Alemania	9,1 millones	65,5
Japón	5,3 millones	41
Reino Unido	4,5 millones	–

Trabajadoras del complejo industrial-militar de Oak Ridge, en Tennessee (EE UU), en el que se desarrolló el Proyecto Manhattan (1941-1945), que consiguió la fabricación de la bomba atómica.

LA BATALLA IDEOLÓGICA

Para ganar la guerra eran necesarios no solo medios materiales sino la movilización de las conciencias. Como ya vimos en la Primera Guerra Mundial, los dos bandos exaltaron los valores patrióticos y el odio al enemigo.

Los aliados centraron sus campañas no solo en el espíritu de lucha, en la responsabilidad de unirse al esfuerzo bélico y en la defensa de la unidad de los aliados, sino muy especialmente en la exaltación de los **valores democráticos** frente a las dictaduras.

Las potencias del Eje, y especialmente la Alemania nazi, defendieron el valor y la superioridad de la **raza aria** y denunciaron el "**complot judío y comunista**" que amenazaba al mundo y al que había que destruir.

Para lanzar sus mensajes, ambos bandos utilizaron los medios de comunicación de masas: la radio, los noticiarios, el cine, la prensa y, muy especialmente, los carteles de propaganda.

Detrás de las potencias enemigas, el judío. Cartel alemán, 1942.

Vencer a la tiranía

Combatimos como nuestros padres habían combatido, para defender la doctrina en la que todos los hombres son iguales a los ojos de Dios. Nuestros adversarios se esfuerzan en destruir esta creencia profunda y en crear un mundo a su imagen y semejanza, un mundo de tiranía, de esclavitud y de crueldad. Ningún compromiso puede poner fin a este conflicto. No ha habido jamás, y no podrá haber jamás, un pacto entre el bien y el mal. Solo la victoria total puede recompensar a los defensores de la tolerancia, la libertad y la fe.

Discurso del presidente F. D. Roosevelt, enero 1942.

Las manos aliadas hacen añicos la cruz gamada. Cartel de propaganda americano de 1944.

Las mujeres y el esfuerzo de guerra

La movilización para el esfuerzo de guerra implicó a las mujeres en mayor medida que durante la Primera Guerra Mundial. Se incorporaron al trabajo en todos los sectores, y especialmente en la industria de guerra. También acudieron al frente como médicos y enfermeras, o en tareas auxiliares.

En el caso de la URSS, formaron parte del ejército rojo como soldados y oficiales (fueron el 10 % de las tropas movilizadas). También se incorporaron a las guerrillas y a las tareas de espionaje.

Cartel de propaganda soviético exaltando el papel de las mujeres en el esfuerzo bélico.

1. Con los datos del mapa y los de los contendientes, explica por qué realmente esta fue una guerra mundial.
2. ¿Qué motivó el enorme número de bajas civiles?
3. ¿Cómo afectó a la economía la contienda bélica? Valora la dedicación del PIB a los gastos militares y deduce las condiciones de vida que tuvo que padecer la población.
4. Observa la foto de Oak Ridge. ¿Qué fue el Proyecto Manhattan? Relaciónalo con la alianza entre ciencia e industria militar.
5. La batalla ideológica tuvo una de sus máximas expresiones en la cartelería. Busca en Internet un cartel de cada uno de los bandos. Explica por qué lo has elegido y comenta su iconografía y el mensaje que transmite.

4 Ocupación y violencia durante la guerra

La guerra, como hemos visto, afectó profundamente a la vida cotidiana de la población de los países beligerantes. Pero, además, aquellos territorios que fueron ocupados, fundamentalmente por los nazis en Europa y por el Imperio japonés en Asia, padecieron opresión política, persecución ideológica y explotación económica.

@ Amplía en la Red...

Para saber más sobre la expansión de Alemania durante la guerra, entra en: www.tiching.com/746127

A EL DOMINIO POLÍTICO

La población alemana quiso imponer el nuevo orden nazi sobre el conjunto de Europa. A medida que ocupaban los países, estos pasaban a depender, en diversas categorías, del III Reich. Organizaron los territorios conquistados en:

- **Regiones incorporadas al Reich** (Alsacia, Lorena, Luxemburgo, Bohemia...), como una parte más de Alemania.
- **Estados satélites** con gobiernos colaboracionistas con la ocupación (la Francia de Vichy, Eslovaquia, Rumania...).
- **Territorios ocupados** (Polonia oriental, países bálticos, etc.), que eran los de menor consideración y más maltratados.

EL TERCER REICH

B LA EXPLOTACIÓN ECONÓMICA

La ocupación nazi tenía como finalidad la **explotación** de los territorios sometidos en beneficio de Alemania. Estos territorios eran obligados a contribuir al esfuerzo de guerra alemán y a proveer al Reich de materias primas, productos agrícolas, bienes industriales y trabajadores. En 1944, el 30% de los trabajadores y trabajadoras de la industria armamentística alemana eran extranjeros.

También exigieron la participación de **capital alemán** en las empresas extranjeras, controlaron la **producción** alimentaria y minera y procedieron a requisamientos forzosos, sin atender a las necesidades de la población autóctona. En consecuencia, los desplazamientos masivos, el hambre y una mortalidad extraordinaria se extendieron, sobre todo, por el Este europeo.

Expoliar a los países ocupados

La única manera de administrar Polonia consiste en explotar ese país (...) tomando todos sus productos alimentarios, materias primas, máquinas, instalaciones industriales, etc., necesarios para la economía de guerra alemana, y utilizar todas las categorías de trabajadores necesarios para enviarlos a Alemania. Se trata de reducir al conjunto de la econonomía polaca al mínimo absolutamente indispensable para la simple superviencia de la población. Polonia será tratada como una colonia. Los polacos se convertirán en esclavos del Gran Reich alemán.

Hans Frank, gobernador de la Polonia ocupada, 1939.

LOS TRABAJADORES EXTRANJEROS EN ALEMANIA

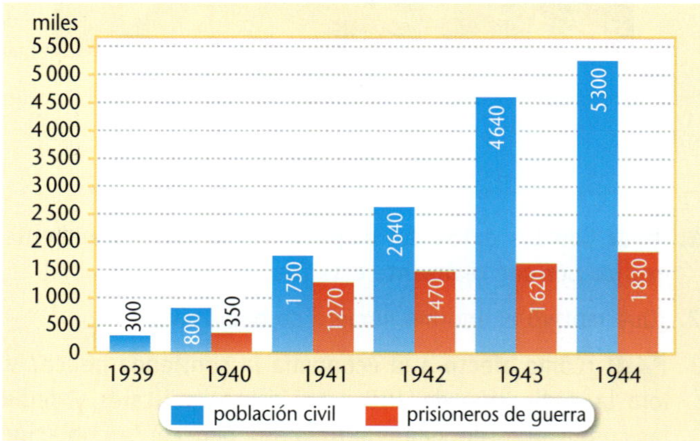

C EL SOMETIMIENTO DE LA POBLACIÓN

La violencia contra la población civil fue enorme con la ocupación alemana. La implantación de un **régimen de violencia y terror** fue consustancial al dominio militar y político.

La **Gestapo*** y las **SS*** alemanas fueron brutales instrumentos de disuasión frente a cualquier disidencia, y de represión implacable sobre los resistentes, que fueron sometidos a arresto, tortura, deportación o ejecución.

La invasión japonesa

En los territorios ocupados por los japoneses (China, Corea y el Sudeste asiático), los asesinatos en masa, la tortura, el trabajo forzado y la esclavitud sexual fueron prácticas comunes.

Una de las matanzas más conocidas se realizó en 1937 contra la población civil de la ciudad de Nanking (China), donde fueron asesinadas un mínimo de 200 000 personas.

El terror: los desaparecidos y desaparecidas

Con el inicio de la campaña de Rusia, elementos comunistas y germanófobos han intensificado sus ataques contra el Reich. (...) se imponen medidas de intimidación muy rigurosas (...).

Un efecto de terror eficaz y duradero no se puede obtener más que con la pena de muerte o por medidas que mantengan a los familiares y a la población en la incertidumbre de cuál es el destino de los detenidos.

Deben ser transportados a Alemania para su desaparición (...) ninguna información sobre su paradero debe ser difundida.

Decreto Nacht und Nebel (*Noche y Niebla*), diciembre de 1941.

D COLABORAR O RESISTIR

Los alemanes encontraron colaboradores en los países ocupados: los **gobiernos colaboracionistas**; también, industriales temerosos del comunismo o seducidos por el beneficio que ofrecían los ocupantes, así como sectores de la población atraídos por el nuevo orden nazi, o aterrorizados por la brutalidad del nazismo.

Sin embargo, a pesar del peligro, un buen número de **resistentes*** trabajaron contra el enemigo o se incorporaron a grupos armados clandestinos (guerrilla).

▶ El gobierno colaboracionista francés de Petain aceptaba los principios antisemitas. La inscripción de una oficina francesa dice: "Los judíos están en tierra extranjera, porque no son franceses, ni cristianos, ni europeos".

Resistir frente a la ocupación

2. Debes trabajar mal y despacio cuando lo hagas para los alemanes.
3. Debes destruir todos los utensilios y máquinas que puedan ser útiles a los alemanes.
4. Debes retrasar todos los transportes que partan hacia Alemania. (...)
6. No debes comprar nada en comercios alemanes.
7. Debes comportarte con los traidores como ellos se merecen.
8. Debes proteger a cualquiera que sea perseguido por los alemanes.

Consejos de la resistencia danesa dirigidos a la población, 1941.

1. ¿Qué territorios ocuparon en Europa las potencias del Eje? ¿Cómo organizó Alemania esos territorios? ¿Qué países o zonas quedaron fuera de su dominio?
2. ¿Qué explotación económica se llevó a cabo en las zonas ocupadas? Valora el texto sobre Polonia. ¿Cómo es considerada su población?
3. Describe la evolución de los trabajadores y trabajadoras extranjeros en Alemania durante la guerra, comparando a la población civil con los prisioneros.
4. ¿Qué interés tenían los trabajadores y trabajadoras extranjeros para la economía alemana?
5. ¿Cómo sometieron los alemanes a la población? ¿Qué establecía el decreto de *Nacht und Nebel*?

Investiga

6. Busca información sobre la resistencia en Europa. Agrúpala según se trate de resistencia civil y colaboración con las fuerzas aliadas, y guerrillas armadas contra el enemigo.

5 El Holocausto judío

El racismo, el autoritarismo y la xenofobia contenidos en el ideario nazi comportó crímenes monstruosos contra todas aquellas personas que fueron consideradas inferiores: disminuidos físicos o psíquicos, eslavos, gitanos, comunistas u opositores políticos.

Pero de entre todos los grupos étnicos o sociales, las personas judías fueron escogidas por Hitler como el colectivo a exterminar. El Holocausto*, es decir, el exterminio de millones de seres humanos, culpables solo de haber nacido judíos o judías, marcaría la historia del siglo XX y la del pueblo protagonista de tan terrible acontecimiento.

EL EXTERMINIO DE LA POBLACIÓN JUDÍA EN EUROPA

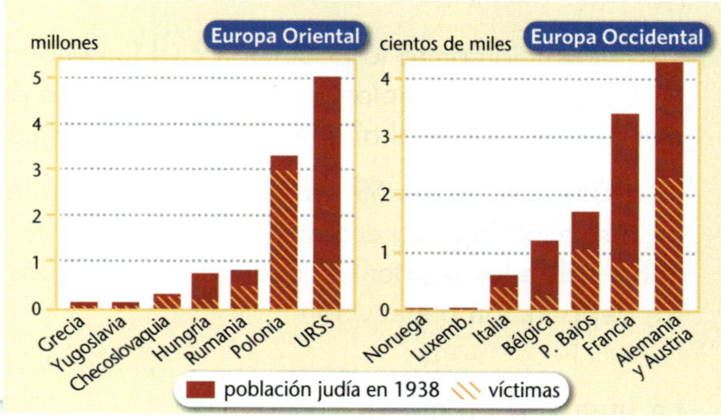

A PERSECUCIÓN Y DETENCIÓN

Desde la subida al poder de los nazis en Alemania, las personas judías fueron perseguidas y forzadas a llevar un distintivo en la ropa y, en ocasiones, trasladadas posteriormente a **campos de concentración** con la imposición de realizar trabajos forzados.

Desde 1940, los judíos en Polonia, y después en otros países, fueron obligados a vivir en **guetos**. A partir de junio de 1941 empezaron las masacres de judíos en la URSS y en la Europa Oriental.

Judíos detenidos en el gueto de Varsovia, después de una revuelta en 1943. En ese gueto llegaron a hacinarse 400 000 personas, de las que solo sobrevivieron unas 50 000.

Las masacres de judíos y judías

Nuestro objetivo, librar a Lituania de judíos, ha podido ser conseguido (...). La realización de esta operación es un problema de organización (...). Es necesario reunir a los judíos en uno o diversos lugares, y después, teniendo en cuenta su número, buscar un lugar adecuado para abrir las fosas necesarias. Es un trabajo difícil y a prueba de nervios (...).

Informe de Karl Jäger, comandante de las SS, responsable del asesinato de 137 346 personas, mayoritariamente judíos, 1941.

B LA DEPORTACIÓN: EL CAMINO AL EXTERMINIO

En 1942, los jerarcas nazis decidieron llevar a cabo la "**solución final**", es decir, la eliminación total de los judíos. Fue entonces cuando los campos de concentración se convirtieron en lugares de exterminio masivo para la gente prisionera.

La tortura sistemática empezaba con el viaje a esos lugares en vagones de ganado, hacinados, sin comida ni servicios higiénicos. El viaje significaba en ocasiones también la muerte y, en cualquier caso, un método de terror para paralizar cualquier posible rebeldía.

La llegada al campo

En Auschwitz, dos médicos de las SS examinaban las llegadas de prisioneros, que debían pasar ante uno de ellos que, con una señal, indicaba su decisión. Los que eran considerados aptos para el trabajo, eran enviados a los campos, los otros, dirigidos a los lugares de exterminio.

Los niños pequeños eran exterminados sin excepción, al no ser capaces de trabajar.

Rudolf Franz Hoess, comandante de Auschwitz, 1946.

Judíos trasladados al campo de concentración en vagones sellados.

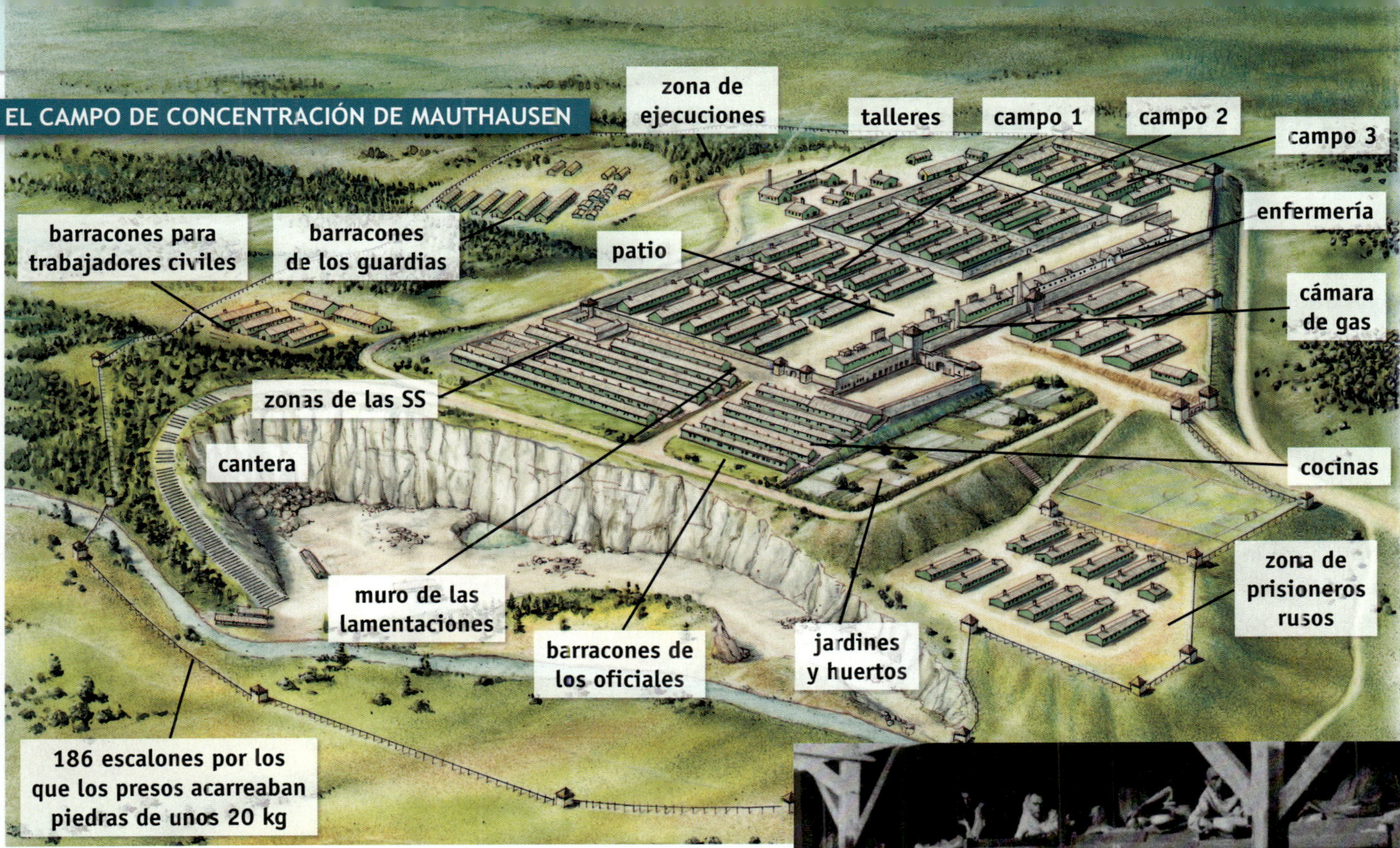

Interior de un barracón de Dachau, el primer campo de concentración de la Alemania nazi, 1945.

C VIDA Y MUERTE EN LOS CAMPOS DE CONCENTRACIÓN

Los campos de concentración y, especialmente, los de exterminio eran "fábricas" de tortura, degradación y muerte para las personas prisioneras. Sometidas a extenuantes trabajos, apenas alimentadas y vestidas, eran torturadas, sometidas a experimentos médicos y asesinadas masivamente. Un mundo de horror y desprecio por la vida humana.

Las cámaras de gas

En apariencia eran unas inofensivas salas de duchas: techumbre de mosaico, paredes con un friso de azulejos (...). Una vez cerrada la puerta de la cámara, aquellos desgraciados, desnudos y en completa promiscuidad, esperaban el chorro de agua. De las peras, en lugar de agua, salía gas, que pronto saturaba el aire.

J. AMAT-PINIELLA: *K. L. Reich*, 1963.

Los prisioneros y prisioneras de Auschwitz

Covertidos en esclavos hacemos cien veces el recorrido monótono, como el de una bestia, al trabajo, muertos para nosotros mismos, antes de morir para la vida, anónimamente. No volveremos. Nadie saldrá de aquí que pueda llevar al mundo, con el signo grabado en su carne, la siniestra noticia de lo que el hombre, en Auschwitz, ha podido hacerle a otro hombre.

Primo LEVI: *Si esto es un hombre*, 1947.

1. ¿Qué principios ideológicos condujeron a la persecución, la tortura y la muerte de opositores políticos y minorías étnicas o religiosas? ¿Qué grupo fue el más perseguido? ¿Qué fue el Holocausto? ¿Y la llamada "solución final"?

Ponte en su lugar

2. Formad grupos en el aula. Vais a elaborar la correspondencia de una familia judía polaca que escribe a sus parientes de Estados Unidos entre 1939 y 1945. Podéis consultar www.tiching.com/746128/746129/746130.
- Un grupo elaborará tres cartas que envían durante la primera persecución y su estancia en el gueto de Varsovia.
- Otro grupo escribirá la carta que clandestinamente entregan a un guardián a cambio de dinero al final de su viaje al campo de exterminio.
- Otro grupo escribirá las tres cartas que envía el único superviviente del campo de exterminio para contar qué les ha sucedido y valorar qué sentimiento experimentó la opinión pública mundial al conocer la existencia de los campos de exterminio.

6 Las consecuencias de la guerra

Las pérdidas humanas y económicas

La Segunda Guerra Mundial dejó tras de sí un rastro de devastación y horror. Más de **cincuenta millones de seres humanos** murieron a lo largo de la confrontación, de los cuales la mitad correspondió a la URSS, y a continuación Alemania y Polonia.

Las armas, las bombas, los aviones utilizados en esa guerra aumentaron el poder de destrucción no solo en los frentes también entre la población civil. El número de víctimas civiles representó algo más de la mitad de las víctimas totales. Si se compara con el escaso 5 % de civiles que perecieron en la Primera Guerra Mundial, el desastre adquiere su pleno significado.

Las **destrucciones materiales** fueron muy importantes y afectaron, sobre todo, a las ciudades, los medios de comunicación y las instalaciones industriales. El pillaje constante en las ciudades, la práctica de quemar los cultivos y los bosques, y la destrucción de industrias provocaron una drástica reducción de la producción en los países beligerantes.

En contrapartida, los países que habían quedado al margen de la contienda (Canadá, Australia, Suecia...) se convirtieron en suministradores y experimentaron un gran crecimiento económico.

Los desplazamientos de población, habituales durante el conflicto, continuaron en la posguerra: liberación de prisioneros, prisioneras y de trabajadores forzosos que retornaban a sus países, expulsión de minorías étnicas a raíz de la configuración de nuevos Estados y de los acuerdos de paz, etc. Cerca de treinta millones de europeos deambularon por el continente en la inmediata posguerra.

Europa estaba material y moralmente destrozada y su población, diezmada. Sobre este paisaje de ruina y desolación emergieron dos nuevas potencias: Estados Unidos y la URSS, que relegaron a Europa a un segundo plano.

El impacto moral

La barbarie de las acciones bélicas cuestionó los valores morales y políticos sobre los que había reposado buena parte de la civilización europea anterior. Los derechos humanos habían sido conculcados sistemáticamente y se había impuesto a lo largo de seis años una **cultura de la violencia** y la crueldad.

El descubrimiento de los campos de concentración y de las prácticas de exterminio puso en evidencia las dimensiones del horror nazi. Y, en otro sentido, la bomba atómica sobre Hiroshima y Nagasaki fue sentida como un verdadero apocalipsis mundial. Asimismo, el descubrimiento de las masacres practicadas por los soviéticos en Polonia aumentó las dudas ideológicas. Todo ello provocó un intenso trauma moral del que emanarían profundos interrogantes sobre la **barbarie de la civilización occidental**.

VÍCTIMAS DE LA SEGUNDA GUERRA MUNDIAL

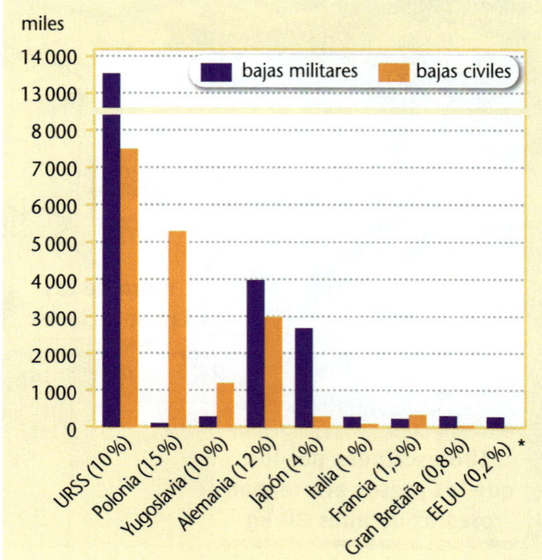

* sobre la población antes de la guerra (%)

@ Amplía en la Red...

Para saber más sobre los juicios de Núremberg, entra en: www.tiching.com/746131

Los juicios de Núremberg

Los vencedores de la guerra impulsaron la creación de un tribunal que definió un nuevo concepto en el derecho internacional: el de los **crímenes contra la humanidad.**

El juicio principal de Núremberg (20 de noviembre de 1945-30 de septiembre de 1946) permitió sentar en el banquillo a 21 dirigentes nazis ante un tribunal formado por magistrados de los cuatro grandes Estados aliados que habían ganado la guerra: Estados Unidos, URSS, Reino Unido y Francia.

Este proceso permitió hacer un balance público de las atrocidades del nazismo y sentó un precendente para que, en el futuro, no quedaran impunes los actos criminales contra la humanidad.

Altos dirigentes de la política nazi juzgados durante los procesos de Núremberg.

LAS CONFERENCIAS DE PAZ Y LA DIVISIÓN DE EUROPA

Los tres grandes aliados (el Reino Unido, Estados Unidos y la URSS) se reunieron por primera vez en la **Conferencia de Teherán** (noviembre de 1943), a la que asistieron Churchill, Roosevelt y Stalin. Allí se tomaron medidas militares conjuntas para acelerar el final de la guerra.

La segunda conferencia tuvo lugar en **Yalta** (febrero de 1945). Se decidió la desnazificación y partición de Alemania y Austria en cuatro zonas de ocupación (incorporando también a Francia). Además, se pactaron una división similar de las ciudades de Berlín y Viena, la organización de elecciones democráticas en los países liberados y la creación de la ONU para garantizar la paz. Esta conferencia supuso de hecho la división de Europa en dos grandes zonas de influencia: la americana y la soviética.

La tercera conferencia de paz se celebró en **Potsdam** (agosto de 1945). Los nuevos protagonistas (Atlee, Truman y Stalin) se pusieron de acuerdo en la devolución de todos los territorios europeos anexionados por Alemania, la separación de Austria, el desmantelamiento de la industria militar y el proceso y castigo de los líderes nazis.

En la **Conferencia de París** (1946) se elaboraron los tratados de paz con el resto de aliados de Alemania. El tratado con Austria no se firmó hasta 1955 y mientras tanto el país estuvo intervenido por los aliados.

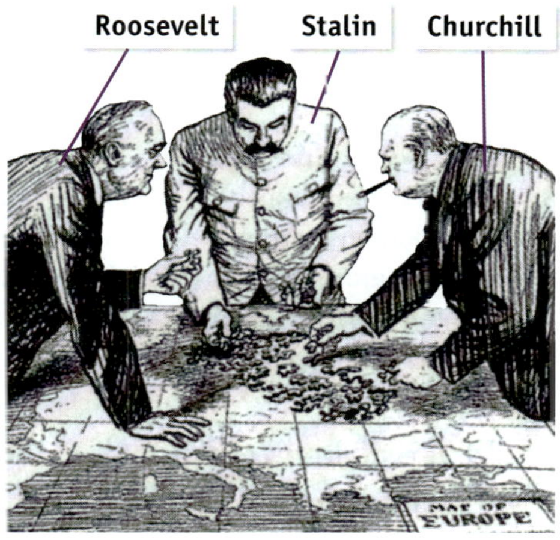

La Conferencia de Yalta según una caricatura británica, 1945.

@ Amplía en la Red...

Para saber más sobre los tratados de paz de la Segunda Guerra Mundial, entra en: www.tiching.com/64371

EUROPA DE 1945 A 1947

El reparto de Europa

La URSS quiso aprovechar su victoria sobre Alemania para iniciar la expansión del comunismo y mantener su hegemonía en los territorios ocupados por el Ejército Rojo. Con este objetivo forzó la instauración de las llamadas democracias populares (Polonia, Rumania, Hungría, Checoslovaquia, Bulgaria, Alemania Oriental, Yugoslavia y Albania), en las que el Partido Comunista se hizo con el poder.

Estados Unidos también afianzó su dominio en Europa occidental, obligando a los partidos comunistas a abandonar los gobiernos de coalición formados en la posguerra. En Grecia, las fuerzas británicas intervinieron militarmente para impedir el triunfo de las guerrillas comunistas.

1. ¿Qué países sufrieron más bajas totales? ¿Y en referencia al total de población antes de la guerra? ¿Por qué?
2. Relaciona el número de bajas civiles y militares con el tipo de guerra, de armamento, etc. Extrae consecuencias.
3. ¿Qué fueron los juicios de Núremberg? Valora su importancia para la justicia internacional.
4. Observa la caricatura. ¿Quiénes son los personajes representados? ¿Qué tarea están realizando? Indica cuáles fueron las principales conferencias de paz y sus acuerdos.
5. ¿Qué sucedió al final de la guerra en Europa? ¿Qué área de influencia quedó bajo el control de la URSS? ¿Y de Estados Unidos y el bloque occidental?

7 La Organización de las Naciones Unidas (ONU)

La necesidad de un organismo que sustituyese a la desprestigiada Sociedad de Naciones se planteó entre los aliados ya en 1941. Fue en la Conferencia de San Francisco (abril-junio de 1945) donde se aprobó la Carta de la Organización de las Naciones Unidas (ONU), a la que se adhirieron 46 Estados fundacionales. En la actualidad agrupa a casi todos los Estados del mundo y realiza tareas humanitarias y de mediación en los conflictos bélicos.

A LA FUNDACIÓN DE LA ONU

La nueva organización pretendía el mantenimiento de la paz y la seguridad internacionales, y la cooperación económica y social entre las naciones.

Establecía la igualdad soberana de todos sus miembros para resolver los conflictos, así como el rechazo de la fuerza, la no injerencia en los asuntos internos de cada nación y el derecho de los pueblos a disponer de sí mismos.

Inspirada en estos principios, en 1948 se aprobó la **Declaración Universal de Derechos Humanos**, un texto de enorme trascendencia hasta nuestros días.

La Carta fundacional de la ONU

Nosotros, los pueblos de las Naciones Unidas, decididos a preservar a las generaciones venideras del flagelo de la guerra, cuyo sufrimiento indescriptible hemos padecido dos veces a lo largo de nuestras vidas; a reafirmar la fe en los derechos fundamentales del hombre, en la dignidad y en el valor de la persona humana, en la igualdad de los derechos de hombres y mujeres y de las naciones grandes y pequeñas; a crear condiciones bajo las cuales se puedan mantener la justicia y el respeto de las obligaciones emanadas de los tratados y de otras fuentes del derecho internacional; a promover el progreso social y a elevar el nivel de vida dentro de un concepto más amplio de libertad.

Y, con esta finalidad, a practicar la tolerancia y a convivir en paz como buenos vecinos; a unir nuestras fuerzas para el mantenimiento de la paz y la seguridad mediante la aceptación de principios y la adopción de métodos que no utilizarán las fuerzas armadas si no es en servicio del interés común, y a promover el progreso económico y social de todos los pueblos.

Hemos decidido unir nuestros esfuerzos para hacer reales estos designios (...). La Carta de la ONU establece por este acto una organización internacional que se llamará Naciones Unidas.

San Francisco, 26 de junio de 1945.

B LOS ÓRGANOS DE GOBIERNO

Desde 1950, la sede de la ONU está en Nueva York, y el lugar en el que se encuentra se considera territorio internacional.

En la actualidad, la ONU está formada por 193 países miembros, la totalidad de Estados reconocidos en el mundo excepto el Vaticano, que solo está como observador. En 2012 también fue admitido Palestina como Estado observador.

Desde entonces, todos los Estados miembros están representados y tienen voto en la **Asamblea General**, órgano deliberativo cuya autoridad es básicamente moral, ya que solo puede emitir recomendaciones.

El **Consejo de Seguridad** es el órgano ejecutivo básico. Inicialmente estaba formado por 11 miembros (que se han ampliado actualmente a 15), de los cuales los grandes, Estados Unidos, URSS, Reino Unido, Francia y China son permanentes, y los otros son elegidos periódicamente por la Asamblea General.

El Consejo recoge las recomendaciones de la Asamblea y puede transformarlas en decisiones aprobadas por mayoría simple y de obligado cumplimiento para los Estados miembros, si bien cualquiera de los miembros permanentes tienen **derecho a veto**. Con ello se asegura el predominio de las grandes potencias.

Una **Secretaría General**, en Nueva York, se encarga de la administración permanente de la institución y lleva a cabo la coordinación de toda la ONU. El Secretario General es escogido por la Asamblea General, a propuesta del Consejo de Seguridad, por un periodo de cinco años.

C LA LABOR DE LA ONU

Además de los órganos de representación y gobierno, la ONU tiene otros organismos, algunos dependientes de la propia Asamblea, como el **Tribunal Internacional de La Haya**, al que pueden recurrir todos los Estados miembros.

El **Consejo Económico y Social** es el principal organismo para promocionar el desarrollo social y económico de los países. Con el paso del tiempo se ha convertido en una institución de enorme importancia de la que dependen gran cantidad de organismos especializados que velan por la salud, la infancia, el desarrollo, los refugiados y refugiadas, etc.

Aunque el papel político de la ONU está muy limitado por su incapacidad para imponerse a las grandes potencias, la labor de estos organismos es de gran importancia para la defensa de los derechos humanos. Así, organismos como **ACNUR** se dedican a la protección de las personas refugiadas; **UNICEF**, a los programas para la infancia desfavorecida; la **UNESCO**, al patrimonio cultural...

EL FUNCIONAMIENTO DE LA ONU

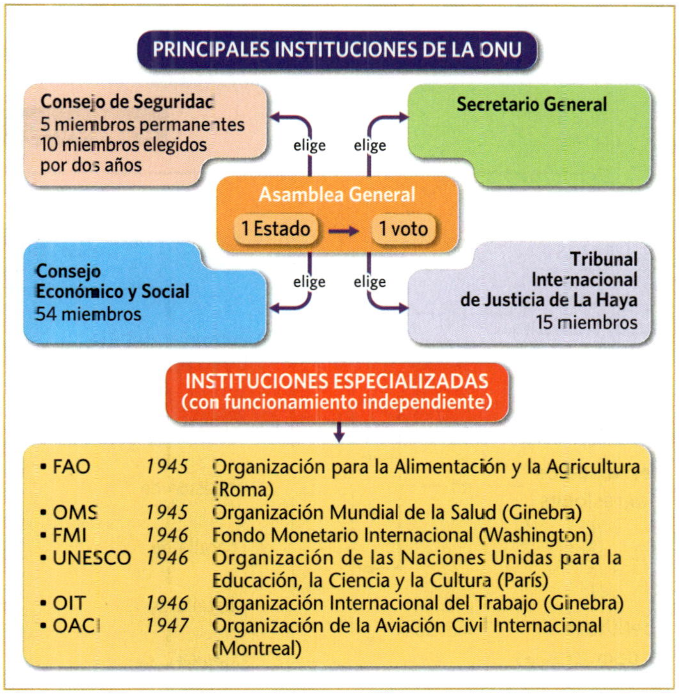

D LA ONU EN LA ACTUALIDAD

El papel de la ONU en nuestros días ha derivado en dos direcciones esenciales:

- El estímulo y control del respeto a los derechos humanos. En el año 2000 se aprobó la **Declaración del Milenio**, en la que se establecen los objetivos de lucha contra la pobreza, la defensa de la igualdad entre hombres y mujeres, la protección del medioambiente y los programas de desarrollo económico para el Tercer Mundo. Los recursos para estas políticas son limitados pero establecen principios de acción en numerosos países.
- Las **misiones de paz** o mediación en casos de conflicto. Tropas conocidas como **cascos azules** (provenientes de todos los países miembros), actúan en nombre de resoluciones de la ONU, con consentimiento de los bandos enfrentados. Su papel esencial es la protección de la población civil, de las organizaciones humanitarias y de los refugiados.

La protección de la población civil

En tiempos de guerra, los hospitales deben ser santuarios. Sin embargo, recientemente hemos visto un aumento de los ataques a hospitales y centros de salud. En Afganistán, un bombardeo aéreo destruyó una sala de operaciones y devastó otras instalaciones. En Yemen, los hospitales han sido atacados y los niños y niñas que no han muerto a causa de las balas o bombas mueren por falta de medicinas o cuidado.

Jan ELIASSON, vicesecretario general de la ONU, 19 de enero de 2016.

1. ¿Cuándo se fundó la ONU? ¿Qué objetivos buscaba la nueva organización? ¿De qué otra organización era la heredera? ¿Dónde se ubicó su sede?
2. Explica cuáles son los organismos esenciales de la ONU y cuál es su función. ¿Por qué es tan importante el Consejo de Seguridad?
3. ¿A cuántos países agrupa la ONU en la actualidad?

Relaciona ayer y hoy

4. @ Busca información y sintetiza la labor de los organismos de la ONU dependientes del Consejo Económico y Social. Señala tres de las tareas, campañas o acciones realizadas por esos organismos en los últimos tres años.
5. @ Indaga sobre tres misiones de paz que en la actualidad realicen los cascos azules. Describe el tipo de conflicto.

COMPLETA EL MAPA CONCEPTUAL

Con la información del tema, completa en tu cuaderno el siguiente esquema:

1 CONSOLIDA LO APRENDIDO

a) ¿Qué agresiones bélicas desencadenaron el estallido de la Segunda Guerra Mundial? ¿Qué alianzas se acordaron entre los distintos Estados?

b) ¿Qué dos bloques se enfrentaron? ¿Quiénes eran los principales contendientes de cada bando?

c) ¿Qué etapas tuvo la contienda? Establece su cronología.

d) ¿Qué trascendencia tuvieron el ataque japonés a Pearl Harbor y la batalla de Stalingrado en el desarrollo de la guerra?

e) ¿Que significó para Europa el dominio nazi?

f) ¿Qué fue el Holocausto? ¿En qué principios ideológicos se basó esta barbarie ejercida por los nazis?

g) ¿Cuáles fueron las consecuencias inmediatas de la contienda? ¿Qué sucedió a partir de 1947?

2 DEFINE CONCEPTOS CLAVE

- Eje Roma-Berlín
- guerra total
- Pacto Germano-Soviético
- ONU
- Holocausto
- colaboracionistas
- expansionismo nazi
- conferencia de Yalta
- campos de exterminio
- guerra relámpago
- imperialismo nipón

3 ESTABLECE LA CRONOLOGÍA

- Batalla de Stalingrado
- bombardeo de Hiroshima
- Operación Barbarroja
- Desembarco de Normandía
- Batalla de Guadalcanal

4 IDENTIFICA LOS PERSONAJES

- Neville Chamberlain
- Clement Attlee
- Charles De Gaulle
- Friedrich Paulus
- Henri-Philippe Pétain
- Erwin Rommel
- Hermann Goering

RESPONDE A LA PREGUNTA INICIAL

¿Quiénes y por qué se enfrentaron en la Segunda Guerra Mundial?

APRENDE A... ANALIZAR UN GRÁFICO

Una gran parte de los datos que nos aportan las series estadísticas y las tablas numéricas pueden ser representados de forma gráfica.

Los gráficos son, pues, un instrumento visual de gran importancia y muy útil para estudiar fenómenos cuantificables, sobre todo de la historia social y económica.

Gracias a ellos comprendemos los hechos de forma rápida y clara.

Hay diversos tipos de gráficos, pero los más comunes son:

- Los de barras, como el que te presentamos. Las barras se pueden disponer horizontal o verticalmente.
- Los diagramas sectoriales (circulares), muy apropiados para ver la proporción que hay entre distintas cantidades de un mismo concepto.
- Los gráficos de curvas o de evolución, que permiten ver la evolución de un fenómeno a lo largo del tiempo.

LA PRODUCCIÓN EN LA URSS EN 1945

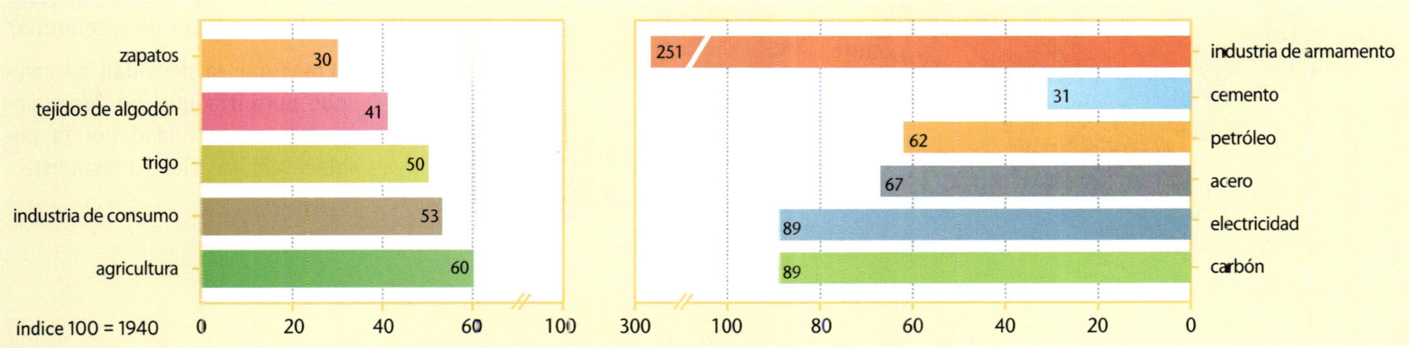

1. Identificación y presentación

- Tema: ¿De qué trata el gráfico?
- Tipo: ¿Qué tipo de gráfico es? ¿Qué se representa en cada eje? ¿Qué variables están representadas? ¿En qué unidades (tantos por ciento, miles...) están expresadas?
- Cronología y ubicación: ¿A qué época corresponde? ¿A qué país?

2. Análisis

- ¿A partir de qué índice se parte en 1940 para comparar con la producción de 1945?
- ¿Qué producción ha descendido por debajo del índice 100 en 1945? ¿Qué productos son los que más han bajado? ¿Cuáles ocupan una posición intermedia?
- ¿Qué producción ha aumentado? ¿A qué nivel?
- ¿Tiene relación el aumento de dicha producción con la bajada del resto? ¿Por qué?

3. Contexto histórico

- ¿Qué momento histórico vivía la Unión Soviética a principios de 1945? ¿Crees que la transformación de su economía entre 1940 y 1945 tuvo relación con la Segunda Guerra Mundial? ¿Consideras que se produjo una situación similar en otros países contendientes?

4. Conclusiones

- Valora por qué hablamos de una economía al servicio de la guerra durante el conflicto. ¿Qué consecuencias piensas que tuvo para la población civil?

RAZONA HISTÓRICAMENTE

Argumentación. ¿Por qué llamamos política de apaciguamiento a la actitud de las democracias occidentales respecto a la Alemania nazi?

Empatía. Sitúate en el juicio de Núremberg y defiende las razones por las que los dirigentes nazis deben ser condenados por crímenes contra la humanidad.

Causalidad. En el estallido de la Segunda Guerra Mundial, ¿en qué medida crees que fue causa determinante la actitud y las acciones emprendidas en la década de 1930 por Alemania?

¿Qué importancia tuvo la incorporación de Estados Unidos y la Unión Soviética al bando aliado para la victoria de los aliados en la guerra?

1 Espacio y tiempo. **Los campos de concentración nazis**

LOS CAMPOS DE CONCENTRACIÓN Y DE EXTERMINIO

a) ¿Qué aspecto histórico se representa en el mapa? ¿En qué año se sitúa? ¿De qué periodo es representativo?

b) ¿Qué ámbito territorial abarca el mapa? ¿Qué símbolos y colores aparecen? ¿Qué nos indican?

c) ¿A qué principios ideológicos correspondían los campos que nos muestra el mapa? ¿Qué diferenciaba a los campos de concentración de los de exterminio?

d) ¿Crees que la densidad de campos permitía que no fuera conocida su actividad por la población? Justifica tu respuesta.

2 Fuentes documentales. **Hiroshima**

Veía desfilar delante de mí sombras humanas que parecían una procesión de fantasmas. Algunos expresaban un dolor indescriptible y avanzaban con los brazos separados del cuerpo y balanceando los antebrazos (...).

Las calles, silenciosas, estaban pobladas solo de cadáveres. Esta masa inmóvil tenía el aspecto de haber sido congelada por la muerte en medio de su huida.

Otros yacían tendidos en el suelo con los miembros desmenuzados como si algún gigante los hubiera precipitado desde lo alto de una montaña. Hiroshima ya no era una ciudad, sino un desierto de fuego. Hacia Levante y hacia Poniente todo había sido devastado.

Michihiko HACHIYA: *Diario de Hiroshima*, 1955.

a) ¿Quién es el autor del texto? ¿En qué época está escrito? ¿Crees que es una fuente primaria?

b) ¿Qué describe el texto? Sintetiza el contenido.

c) Valora la trascendencia de la devastación que causó la bomba de Hiroshima y el cambio que supuso en las técnicas de destrucción masiva.

3 El arte en su contexto. **Las mujeres y la guerra**

Laura KNIGHT: *Ruby Loftus Screwing a Breech Ring*, 1943. La trabajadora concentra su atención en la fresadora para conseguir la máxima precisión en la fabricación de un cañón británico.

a) ¿Por qué crees que en ese momento la artista representó a una obrera de las fábricas de guerra? ¿Qué importancia tenían estas trabajadoras en el Reino Unido durante la Segunda Guerra Mundial?

b) Valora la relación entre el papel de las mujeres en las dos guerras mundiales y el aumento de sus derechos políticos y sociales.

4 Organización de la información. La Segunda Guerra Mundial

LAS ETAPAS DE LA SEGUNDA GUERRA MUNDIAL

	1939-1941	1942-1945
EUROPA (frente oriental)		
EUROPA (frente occidental)		
ASIA		
ÁFRICA		

a) Copia en tu cuaderno el esquema y complétalo con los hechos más importantes de las dos etapas de la Segunda Guerra Mundial.

b) ¿Qué contendientes dominaron la guerra en cada una de las dos etapas?

c) Explica por qué se produjo un cambio de signo en la guerra en el año 1942 y cuáles fueron sus consecuencias.

5 Fuentes gráficas. La resistencia al fascismo

▸ Mujeres partisanas en Milán, abril de 1945.

a) Describe la foto. ¿Quiénes aparecen? ¿Qué portan en sus manos? ¿Son civiles o militares?

b) Busca información sobre los partisanos y relaciónalos con las personas que participaron en la liberación de Milán en 1945.

c) Averigua también cuál fue su importancia en la victoria sobre el fascismo y el nazismo.

WWW. ESPACIO WEB

6 Fuentes digitales. El gran dictador

Visiona en www.tiching.com/64374 el fragmento de la película *El gran dictador*, donde Charles Chaplin parodia un discurso de Adolf Hitler, y analiza la escena:

a) ¿Qué elementos de gesticulación, escenografía y manipulación utilizaba Hitler en sus discursos? ¿Cómo los parodia Chaplin? ¿Cuál es la actitud de sus seguidores?

b) ¿Qué onomatopeyas utiliza Chaplin? ¿Con qué finalidad?

c) ¿Qué aspectos ideológicos del nazismo se denuncian en este fragmento?

d) Esta película fue estrenada en 1940. ¿Cuál era la situación de Europa? ¿Qué intención motivó a Chaplin a rodar esta película?

e) Cuando finalizó la guerra, Chaplin declaró que si hubiera sabido de la crueldad con que los nazis aplicaron sus teorías racistas, no hubiera hecho una comedia sobre ese tema. ¿Por qué crees que lo dijo?

7 Fuentes documentales. La Declaración de Derechos Humanos

Lee en www.tiching.com/746648 la Declaración de Derechos Humanos de la ONU y contesta:

a) ¿Qué establecen los artículos 1 y 2 de la Declaración? Sintetiza los derechos reconocidos en los artículos 3 a 28. ¿Qué establecen los artículos 29 y 30?

b) ¿Qué importancia tiene para la humanidad el establecimiento de esta Declaración? ¿Crees que es justa y necesaria? ¿Conoces algún precedente parecido?

c) ¿Cuál es su ámbito de actuación? ¿Piensas que se respetan estos Derechos Humanos en todos los lugares y momentos? Explica tu opinión.

RETOS EN LA RED

DETECTIVE DEL PASADO: Una guerra por la radio.

ACTIVIDADES AUTOCORRECTIVAS: Resuelve estas actividades y repasa lo que has aprendido.

www.vvd.link/012274/10

11 UN MUNDO DIVIDIDO: GUERRA FRÍA Y DESCOLONIZACIÓN

¿Qué nuevo orden político internacional se creó tras la Segunda Guerra Mundial?

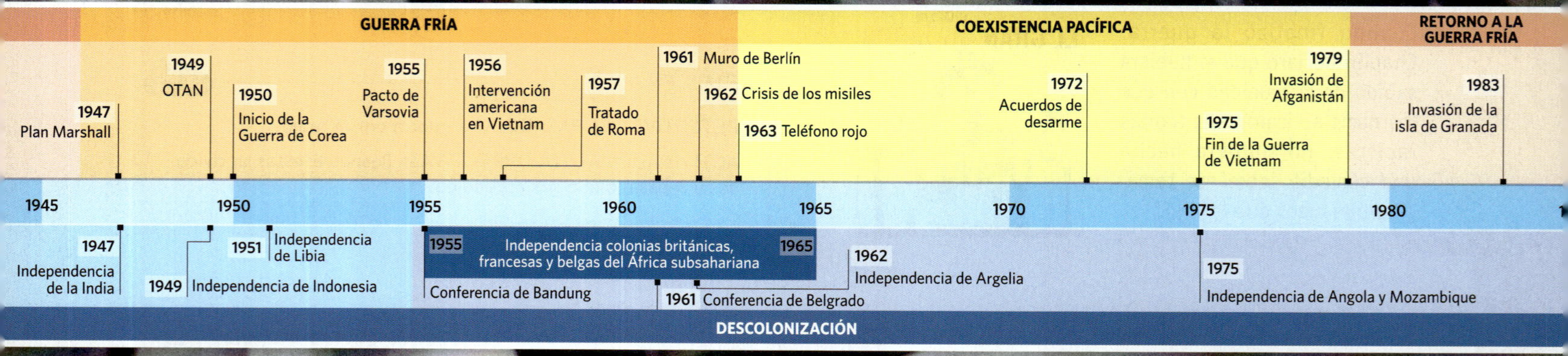

Los retratos de los gobernadores holandeses son descolgados tras la independencia de Indonesia en 1949.

Desde 1945 hasta 1990, el mundo estuvo dividido en dos bloques antagónicos: el socialista, dirigido por la URSS, y el capitalista, liderado por EE UU.

La tensión permanente entre estos dos mundos se tradujo en una situación de constante confrontación, la llamada Guerra Fría. En la década de 1960, la tensión disminuyó y se inauguró un nuevo marco de relaciones internacionales: la coexistencia pacífica.

También en 1945 se inició la descolonización, y de los imperios coloniales surgieron nuevos Estados independientes. Sin embargo, las metrópolis mantuvieron sus intereses económicos e impusieron un neocolonialismo.

¿Qué sabemos?

- Observa e mapa. ¿Qué dos grandes bloques se crearon al finalizar la guerra? ¿Qué intereses les enfrentaban?
- Observa la fotografía. ¿Qué situación internacional nos muestra?
- ¿Puedes decir el nombre de cinco países del mundo que fueron antiguas colonias y consiguieron su independencia en la segunda mitad del siglo XX?

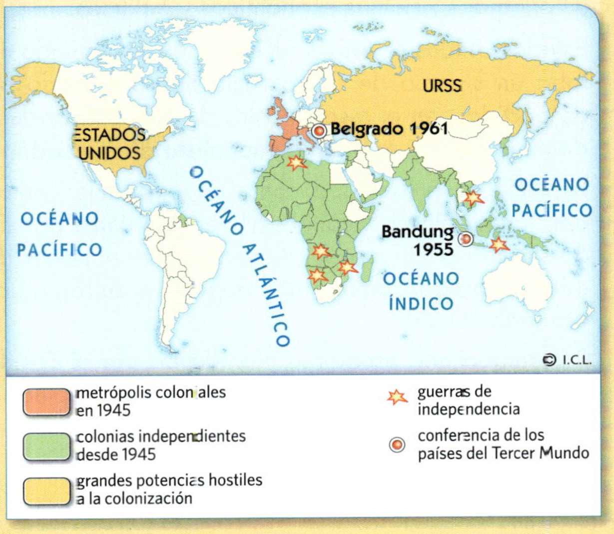

1 PREGUNTA CLAVE

¿Por qué Europa quedó dividida por un "telón

La victoria en la Segunda Guerra Mundial puso fin a la alianza de los vencedores del nazismo.

El reparto de influencias en los tratados de paz aumentó la desconfianza entre dos potencias vencedoras (Estados Unidos y la URSS), que se acusaban de aprovechar los desastres de la guerra para aumentar su esfera de influencia.

Desde 1945 hasta 1989, el mundo estuvo dividido en dos bloques antagónicos, que representaban dos formas de organización política, económica y social: el socialista, dirigido por la URSS, y el capitalista, liderado por EE UU.

Un infranqueable telón de acero*, en palabras de Winston Churchill, dividió Europa y el mundo entero.

A LA DESCONFIANZA ENTRE LOS ALIADOS

Al finalizar la guerra, la **influencia de la URSS** en Europa había aumentado notablemente. Sus antiguos aliados (Estados Unidos y Reino Unido) desconfiaban de las intenciones expansionistas de la URSS y se mostraban recelosos ante el crecimiento del comunismo en el mundo.

La mayoría de los países que habían sido liberados del nazismo por el Ejército Rojo habían caído bajo la influencia soviética: el Partido Comunista se había hecho con el poder y se había implantado el comunismo. En Grecia, una guerra civil enfrentaba a los resistentes comunistas con los no comunistas, que contaban con el apoyo angloamericano. En Italia, en Francia y en Bélgica, los partidos comunistas formaban parte de los nuevos gobiernos de coalición.

Del mismo modo, los soviéticos acusaban a sus antiguos aliados de querer mantener su dominio imperialista sobre toda Europa, imponiéndose sobre la voluntad de los pueblos.

Además, el **papel hegemónico de Estados Unidos** en la nueva Organización de Naciones Unidas (ONU) y su indiscutible liderazgo económico tras los acuerdos monetarios de Bretton Woods* (1944) acrecentaron los temores soviéticos.

El telón de acero

Un telón de acero se ha levantado en el continente. Detrás de esta línea se encuentra toda la Europa central y oriental (...) que ha caído en lo que debo denominar esfera soviética.

W. Churchill, 1946.

Churchill echa un vistazo bajo el telón de acero. Caricatura del *Daily Mail*, 1946.

B DOS SISTEMAS OPUESTOS Y ENFRENTADOS

La rivalidad entre las dos grandes potencias reflejaba la oposición entre dos sistemas económicos y políticos:

- **Estados Unidos** se erigió en defensor del "mundo libre". Representaba un sistema de democracia liberal basado en la pluralidad de partidos, en el respeto a los derechos individuales y en el predominio de una **economía capitalista** de mercado.
- La **URSS** se presentaba como una garantía contra la expansión del "imperialismo capitalista" representado por Estados Unidos. Su sistema político se fundamentaba en el poder de un único partido, el Partido Comunista, y negaba el sufragio libre y las libertades individuales.

  Presentaba una **economía planificada por el Estado**, que negaba la propiedad privada y se basaba en la propiedad estatal de los medios de producción.

El mundo del Este y el mundo del Oeste. Caricatura alemana, 1945.

de acero"?

C LA CONSOLIDACIÓN DE DOS BLOQUES ANTAGÓNICOS

La ruptura entre los aliados se desencadenó en 1947, cuando el presidente estadounidense Truman fijó como objetivo prioritario la contención del comunismo en el mundo (**doctrina Truman**).

Su secretario de Estado, George Marshall, creyó que una ayuda económica para la reconstrucción posbélica constituiría la mejor arma para frenar la expansión comunista y, para ello, presentó el **Plan Marshall**.

La propuesta americana fue criticada por a sociedad soviética (**doctrina Jdanov**) como una forma de imperialismo para mantener bajo su dominio a los países europeos. La URSS se opuso a la ayuda económica y obligó a rechazarla a los países del Este bajo su control.

Europa se hallaba dividida en dos bloques antagónicos y hostiles y las dos superpotencias iniciaron una verdadera guerra de propaganda para defender su causa. En Estados Unidos se detuvo a muchos sospechosos de comunismo (macarthismo) y en la URSS se sometía a duras purgas a los acusados de traición. La Guerra Fría había comenzado.

El Plan Marshall

- Era un programa de asistencia económica a Europa de cuatro años de duración, que ofrecía ayudas y créditos que debían repartirse entre los países que lo aceptasen.
- Estos países crearon en 1948 la Organización Europea de Cooperación Económica (OECE), y entre los años 1947 y 1952 recibieron 13 000 millones de dólares.

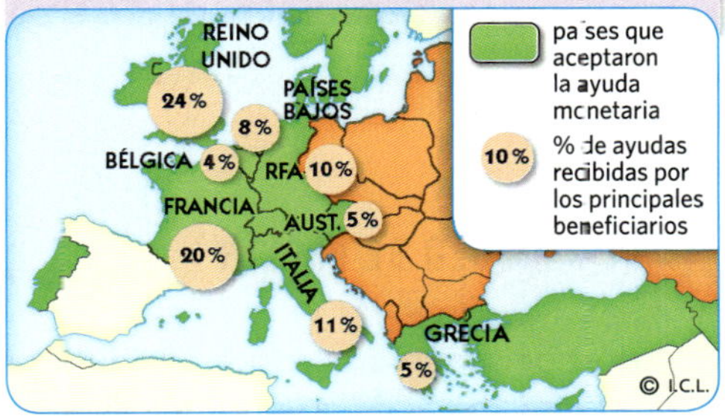

D LOS DIFERENTES SISTEMAS DE ALIANZA

Los dos grandes organizaron sus respectivos bloques mediante sistemas de alianzas económicas y militares.

En 1949 se firmó el **Pacto Atlántico**, que integraba a Estados Unidos, Canadá y diez países de la Europa Occidental. Fue el origen de la **OTAN**, organismo de cooperación militar para defenderse de cualquier agresión extranjera y bajo la dirección de Washington. En 1961, veinte países de Europa y América del Norte transformaron la OECE en la **OCDE**, para fomentar el desarrollo económico de los países de libre mercado.

La URSS y los países del Este europeo también estrecharon sus vínculos. En 1949 se fundó el **COMECON***, una organización que ofrecía ayuda económica al bloque socialista, y en 1955 se creó una alianza militar, el **Pacto de Varsovia**, que unía a la URSS y a los países del Este para garantizar militarmente la seguridad e integridad del territorio comunista.

LAS DOS GRANDES ALIANZAS MILITARES (1955)

1. ¿Por qué se deterioraron las relaciones entre los aliados al finalizar la Segunda Guerra Mundial? ¿Qué dos bloques se crearon? ¿Qué países integraban cada bloque?
2. ¿Qué diferencias ideológicas y de organización de la sociedad enfrentaban a las dos grandes potencias? ¿Cómo representa la caricatura alemana a cada una de ellas?
3. ¿Qué fue el Plan Marshall? ¿A quiénes se dirigía? ¿Cuál era su objetivo? ¿Quiénes fueron sus principales beneficiarios?
4. ¿Por qué la URSS y sus aliados se negaron a aceptar la ayuda americana?
5. ¿Qué alianzas económicas y militares crearon ambos bloques?

Argumenta la respuesta

6. ¿Por qué Winston Churchill utilizó la expresión "telón de acero" para describir la situación de Europa en la posguerra? ¿Te parece apropiada?

2 Alemania, centro de la Guerra Fría

DESCUBRE

El primer escenario del enfrentamiento entre las dos grandes potencias tuvo lugar en Alemania, en el año 1948, cuando la ciudad de Berlín quedó bloqueda. Recién finalizada la Segunda Guerra Mundial, el mundo empezó a temer el estallido de un nuevo conflicto bélico.

El desenlace de la cuestión berlinesa finalizó con la división de Alemania en dos Estados, uno en el bloque occidental y el otro bajo influencia soviética. Paralelamente, Berlín se dividió en dos sectores, que acabaron separados por un muro en 1961.

Alemania y su capital se convirtieron en el centro de la Guerra Fría y de la oposición entre los dos bloques. El telón de acero estaba allí más presente que en cualquier otro lugar de Europa porque dividía en dos el país y también su capital.

El oso soviético bloquea Berlín, caricatura de 1948.

A EL BLOQUEO DE BERLÍN

Alemania había quedado dividida por los vencedores en **cuatro zonas de ocupación militar**. Las regiones orientales, un 30% del territorio, fueron otorgadas a soviéticos y polacos, mientras que el resto del país quedó bajo el control de estadounidenses, británicos y franceses.

Los soviéticos comenzaron a introducir el sistema comunista en el área bajo su control. Como respuesta, en 1948, los aliados occidentales decidieron unificar sus territorios y anunciaron su intención de crear un **Estado federal alemán** y de establecer una moneda única.

La capital, Berlín, repartida también en cuatro zonas de ocupación, se encontraba en pleno territorio controlado por los soviéticos, los cuales, como respuesta, decidieron cerrar todas las fronteras y aislar el sector occidental de la ciudad (bloqueo de Berlín).

Estados Unidos respondió estableciendo un puente aéreo para abastecer la capital, que se mantuvo ininterrumpidamente hasta que en 1949, tras once meses de bloqueo, Stalin decidió poner fin al cerco.

EL SUMINISTRO EN BERLÍN DURANTE EL BLOQUEO

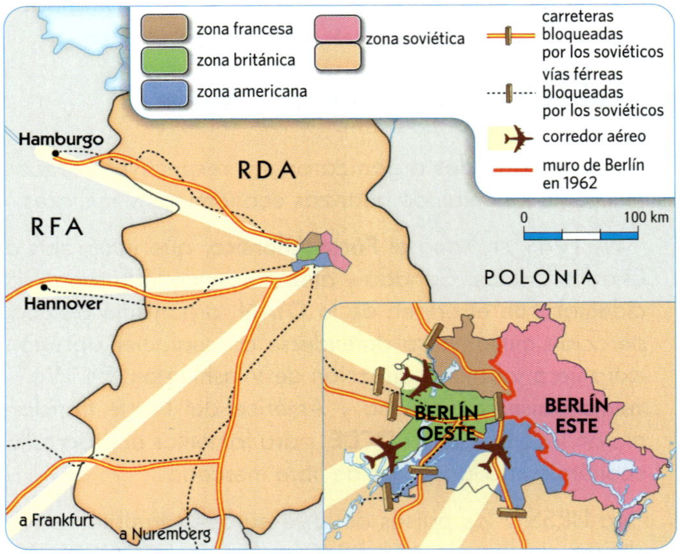

La partición de Alemania

La crisis de Berlín aceleró la división de Alemania en dos Estados. La **República Federal de Alemania** (RFA) nació oficialmente el 23 de mayo de 1949 y la **República Democrática Alemana** (RDA) se creó en octubre del mismo año.

La posición de Estados Unidos

Era evidente que los rusos estaban decididos a hacernos salir de Berlín. Acababan de tener algunos reveses en Italia, Francia y Finlandia (...) y el programa de ayuda a Europa comenzaba a dar sus frutos. El bloqueo era el contraataque del comunismo y el Kremlin había escogido bien el objetivo.

Berlín, la vieja capital, que es un símbolo para los alemanes, constituía el punto más sensible de Europa. Si no conseguíamos mantener en ella nuestras posiciones, el comunismo se vería muy fortalecido ante la opinión pública alemana. (...) Debíamos considerar la posibilidad de que Rusia hubiera escogido Berlín como pretexto para iniciar un conflicto (...).

H. S. TRUMAN: *Memorias*, 1956.

B BERLÍN, DIVIDIDA POR UN MURO

Igual que el resto de Alemania, Berlín quedó dividida en dos zonas de influencia. Entre ambas existía una frontera, pero muchos ciudadanos de la RDA escapaban hacia Berlín-Oeste. Entre 1949 y 1961, dos millones de alemanes y alemanas del Este huyeron hacia Occidente. Entre estos **disidentes***, había muchos intelectuales, científicos y científicas.

El problema surgió en 1958, cuando los dirigentes soviéticos quisieron poner fin a esta huida. La URSS exigió que Berlín-Oeste se integrase en la RDA o se convirtiese en una zona neutral bajo control de la ONU.

Estados Unidos se opuso y, en 1961, por iniciativa de las autoridades de Berlín-Este, se levantó un muro que dividió la ciudad en dos. El telón de acero simbólico se convirtió en Berlín en una realidad palpable.

La defensa de la construcción del muro

Las autoridades gubernamentales y militares de la RFA, usando la propaganda, el chantaje y la corrupción, incitan a ciertos elementos instalados en la RDA, a escaparse hacia la Alemania del Oeste. Esas personas, que se dejan comprar, son obligadas a enrolarse en el ejército o son reclutadas (...) como espías o saboteadores a la RDA (...).

Frente a estas agresivas amenazas de las fuerzas reaccionarias de la RFA y de sus aliados de la OTAN, los Estados del Pacto de Varsovia no pueden dejar de tomar las medidas necesarias para garantizar la seguridad de la RDA y el interés del propio pueblo alemán.

Declaración del Pacto de Varsovia, agosto de 1961.

Yo soy un berlinés

Hace dos mil años, el mayor acto de orgullo era decir: "Civis romanus sum". Hoy en día, en el mundo de la libertad no podríamos pensar en mayor orgullo que decir "Ich bin ein Berliner". Hay gente en el mundo que no comprende verdaderamente, o que pretende no comprender, qué es lo que está en juego entre el comunismo y el mundo libre. Que vengan a Berlín. Hay otros que afirman que el porvenir está en el comunismo. No tienen más que venir a Berlín.

La libertad conoce, sin duda, muchas dificultades y nuestra democracia no es perfecta. Sin embargo, nosotros nunca hemos necesitado levantar un muro para impedir a nuestro pueblo que huya.

Discurso de J. F. Kennedy en Berlín-Oeste, junio de 1963.

LA ESTRUCTURA DEL MURO DE BERLÍN

El muro fue construido en una noche, del 12 al 13 de agosto de 1961.

1. Observa el mapa sobre el bloqueo de Berlín:
   - ¿Qué potencias ocuparon Alemania tras la guerra?
   - ¿Qué fue el bloqueo de Berlín? ¿Qué motivó a la URSS a llevarlo a cabo? ¿Cómo reaccionaron los occidentales? ¿Cuál fue la consecuencia del bloqueo para el territorio alemán?
2. ¿Por qué las autoridades del Berlín-Este levantaron un muro? Lee el texto del Pacto de Varsovia y explica cómo se justifica.
3. Observa el dibujo y describe cómo eran los sistemas de vigilancia del muro de Berlín.
4. Lee el texto de Kennedy en su visita a Berlín. ¿Cuál es la intención de su discurso? ¿Qué significado atribuyes a la frase "Yo soy un berlinés"?

Investiga

5. Consulta www.tiching.com/746510 y elabora una ficha sobre el muro en la que describas: longitud, altura, sistema de puertas, sistema de alarmas silenciosas, muro de protección visual, franja de la muerte y disparos automáticos.

3 Los conflictos bélicos de la Guerra Fría

¿Qué fue exactamente la Guerra Fría?

La Guerra Fría define una situación internacional extremadamente tensa, que enfrentó a Estados Unidos y a la Unión Soviética e implicó a sus aliados. Se inició entre 1947 y 1948, y excepto algunas etapas de relajación de la tensión internacional, se mantuvo hasta la caída del bloque soviético en la década de 1990.

Las dos potencias iniciaron una **carrera de armamentos** y adoptaron una **actitud beligerante** y de confrontación ideológica, si bien no llegaron nunca a un enfrentamiento armado directo. La tensión entre los bloques comportó también el empleo del juego sucio, de la propaganda hostil contra el enemigo y del espionaje.

Esta rivalidad se manifestó en conflictos localizados fuera de su territorio, en los que el desafío se producía a través de aliados periféricos.

LOS MECANISMOS DE LA GUERRA FRÍA

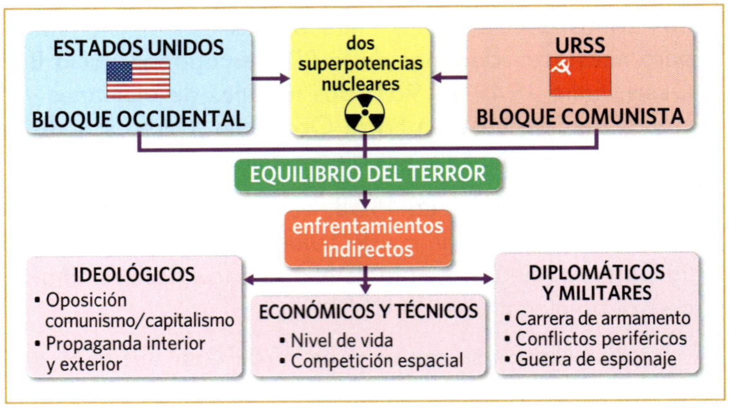

La Guerra de Corea

Tras la derrota de Japón, el Norte de Corea fue ocupado por las tropas rusas, y el Sur, a partir del paralelo 38, por las tropas estadounidenses. Cuando, en 1949, se produjo la retirada de soviéticos y estadounidenses, la división se consolidó.

Corea del Norte poseía mayor riqueza minera e industrial y una administración comunista dirigida por Kim Il Sung.

Corea del Sur disponía de más recursos agrarios, buenos puertos comerciales y una dictadura militar prooccidental dirigida por Sygman Rhee.

Estimulado por la victoria de la revolución china, en 1950, Stalin animó a sus aliados de Corea del Norte a invadir Corea del Sur. La ONU condenó la agresión y aceptó el envío de un contingente de tropas estadounidenses dirigidas por el **general MacArthur**.

Estas rechazaron la invasión e iniciaron su expansión hacia el Norte, pero la intervención china les obligó a retroceder. Para evitar la extensión del conflicto, el presidente estadounidense Harry Truman destituyó al radical y anticomunista MacArthur, que pretendía bombardear China con armamento nuclear.

El enfrentamiento duró tres años, costó más de un millón de muertos y ayudó a acelerar la carrera de armamentos. Finalizó en 1953 con la firma de la **Paz de Panmunjom**, que consagró la división de las dos Coreas.

Tropas estadounidenses en Corea se retiran ante el empuje del ejército chino, invierno de 1950.

LA GUERRA DE COREA (1950-1953)

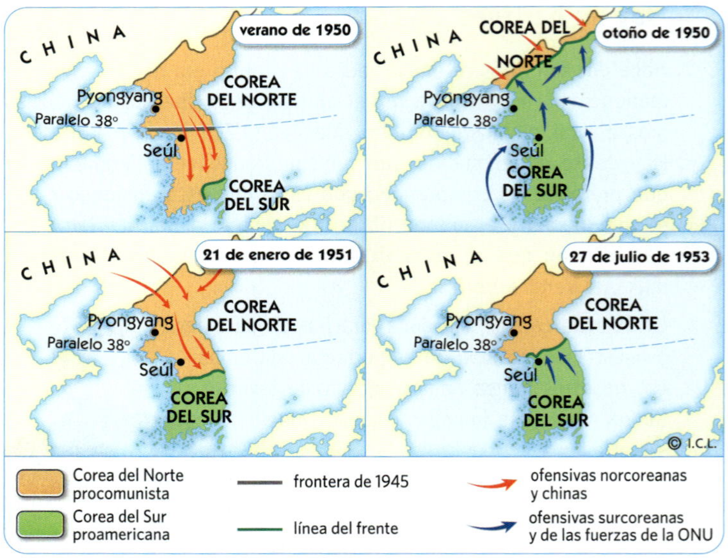

LA LARGA GUERRA DE VIETNAM (1945-1975)

▶ Una guerrillera norvietnamita toma prisionero a un soldado estadounidense. Pintura de Gilles Aillaud inspirada en una fotografía, 1968.

En el territorio de la colonia francesa de Indochina, al finalizar la Segunda Guerra Mundial se inició una larga guerra, primero contra Francia y luego contra Estados Unidos.

En 1945, las fuerzas comunistas del **Vietminh**, lideradas por **Ho Chi Minh**, proclamaron la independencia. Francia no la aceptó y se inició una guerra entre la guerrilla, que contaba con el apoyo de los soviéticos y controlaba el Norte del país, y el ejército francés, que tenía el soporte estadounidense.

La guerra finalizó en 1954, con la derrota de los franceses, y consolidó la división entre el Norte, dirigido por un gobierno comunista, y el Sur, con un régimen prooccidental.

La intervención americana

Tras la retirada francesa, Estados Unidos envió un contingente militar en apoyo de Vietnam del Sur para evitar la reunificación bajo un régimen comunista. Se inició entonces una nueva guerra, en la que Estados Unidos empleó armas mortíferas y con ellas masacraron aldeas.

La denuncia de los métodos utilizados por las tropas americanas y la oposición de los jóvenes estadounidenses a enrolarse en el ejército provocaron un movimiento de protesta contra la guerra en Estados Unidos.

A pesar de su superioridad militar, Estados Unidos fue incapaz de ganar la guerra e inició la retirada. En 1975, las fuerzas norvietnamitas ocuparon el Sur e implantaron un régimen comunista.

LA GUERRA DE VIETNAM (1954-1975)

La visión vietnamita

Los vietnamitas nunca han hecho ningún daño a EEUU, pero EEUU (...) ha intensificado la agresión militar contra Vietnam del Norte para prolongar la división de nuestro país y convertir a Vietnam del Sur en una colonia y en una base militar. (...)

Medio millón de soldados de EEUU y de sus aliados utilizan el armamento más inhumano y las estrategias militares más bárbaras posibles. Usan napalm, armas químicas tóxicas y gas para masacrar a nuestros compatriotas, destruir las cosechas y arrasar pueblos enteros. (...)

Los vietnamitas no se rendirán nunca ante la agresión, y no aceptarán conversaciones bajo la amenaza de las bombas.

Carta de Ho Chi Minh al presidente de EEUU. 1967.

1. Define con otras palabras el concepto de Guerra Fría y, fijándote en el esquema, explica en qué terrenos se produjo el enfrentamiento entre las dos grandes potencias. Define también carrera de armamentos y equilibrio del terror.
2. ¿Por qué se desató una guerra en Corea? ¿Cuáles fueron los países implicados? Observa el mapa y explica el desarrollo de la guerra. Justifica por qué es un ejemplo de la Guerra Fría.
3. Describe los dos conflictos bélicos que vivió Vietnam entre 1945 y 1975. ¿Por qué intervino Estados Unidos?
4. Utiliza los documentos de esta página y escribe un informe sobre la guerra de Vietnam: países implicados, operaciones bélicas, armas y métodos utilizados, víctimas y consecuencias para ambos contendientes.
5. Argumenta con tus propias palabras cuál de las opciones siguientes explica mejor por qué Estados Unidos decidió retirarse de Vietnam:
   - Porque era imposible ganar la guerra militarmente.
   - Porque la guerra era muy impopular en Estados Unidos.

4 Kennedy/Jruschov: ¿hacia una coexistencia pacífica?

A finales de la década de 1950, el fuerte clima de tensión entre los bloques dio paso a una nueva etapa, dominada por la distensión y el diálogo, que conocemos como coexistencia pacífica. A ello contribuyeron el temor a una guerra nuclear, el elevado coste de la carrera de armamentos, la imposibilidad de destruir al rival sin poner en peligro a toda la humanidad, y el cambio de actitud de los nuevos dirigentes tanto de la Unión Soviética como de Estados Unidos.

Este nuevo entendimiento entre los bloques supuso el inicio de una política de desarme, que no estuvo exenta de momentos de tensión, como la crisis de los misiles de Cuba, cuando el peligro de una guerra entre los dos grandes pareció de nuevo inminente.

Entrevista entre los presidentes Kennedy y Jruschov en Viena, junio de 1961.

A DOS DIRIGENTES CON UN NUEVO TALANTE

John F. Kennedy en EEUU

- En 1956 fue reelegido el presidente republicano Eisenhower, quien apartó del poder a los sectores más anticomunistas, como el senador McCarthy. También puso fin a la persecución de sospechosos de simpatizar con el comunismo ("caza de brujas").
- La elección, en el año 1960, de un presidente del Partido Demócrata, John F. Kennedy, marcó un vuelco importante en la política exterior norteamericana.
- Esta nueva orientación se basaba en la no agresión y la no injerencia en los asuntos internos del otro bloque, y en la creación de una nueva diplomacia basada en las conversaciones y los acuerdos.

No puede ser satisfactorio para dos grandes y poderosos grupos de naciones su rumbo actual: ambas partes se encuentran abrumadas por el coste de las armas modernas, alarmadas por la continua extensión del átomo mortífero y, sin embargo, ambas están empeñadas en un incierto equilibrio de terror (...).

Debemos analizar los problemas que nos unen en lugar de insistir en los que nos separan. Que ambas partes, por primera vez, formulen propuestas serias y precisas para la inspección y el control de los armamentos y que pongan el poder de destruir a otras naciones bajo el control absoluto de todas.

Discurso del presidente Kennedy, 1960.

Nikita Jruschov en la URSS

- Tras la muerte de Iósif Stalin (1953), en el XX Congreso del PCUS, celebrado en febrero de 1956, el nuevo secretario general del partido, Nikita Jruschov, denunció públicamente los errores y los crímenes del estalinismo e inició un proceso de desestalinización.
- También se aprobaron nuevas directrices en política exterior que proponían la coexistencia pacífica entre los bloques, la no exportación de la revolución y la posibilidad de acceder al socialismo por diversas vías, incluida la democrática.
- Además, se acordó la disolución del *Kominform**, considerado por los occidentales como una organización amenazadora.

Vivir en paz y como buenos vecinos o ir hacia una próxima guerra: esta es la opción ante la que nos encontramos la Unión Soviética, Estados Unidos y el mundo entero. Una tercera no existe, si no es que uno de nosotros opte por mudarse a otro planeta. Los soviéticos no nos encontramos mal del todo sobre la Tierra y creo que vosotros no tenéis intención de reservar billetes para la Luna. (...)

No hago un llamamiento a compartir nuestra concepción del mundo y no creo que vosotros pretendáis convertirnos al capitalismo. Estoy seguro de que vosotros creéis en la victoria de vuestro sistema tanto como yo creo que el socialismo finalmente triunfará. (...)

Discurso del presidente Jruschov, 1960.

Portada del periódico italiano *Domenica del Corriere* alusiva al "teléfono rojo", 1962.

B EL FRENO A LA CARRERA DE ARMAMENTOS

Los nuevos dirigentes iniciaron un diálogo entre las dos superpotencias para frenar la pugna armamentista y conseguir un equilibrio estratégico. Las razones hay que buscarlas en el temor a que una guerra supusiese la destrucción mutua y los grandes costos de la carrera de armamentos.

Los primeros acuerdos iniciaron una etapa de relaciones directas entre los jefes de Estado de ambas potencias. En 1959, Jruschov fue el primer dirigente soviético en viajar a Estados Unidos y reunirse con su presidente (Eisenhower). Posteriormente, en 1961, se entrevistó con Kennedy en Viena.

Las Administraciones de los dos gobiernos iniciaron relaciones más fluidas y establecieron un contacto permanente entre sus mandatarios: el llamado **teléfono rojo**, una comunicación directa, desde 1963, entre la Casa Blanca y el Kremlin.

Años	Acuerdos sobre armamento nuclear
1963	Cese de pruebas nucleares subterráneas
1967	Prohibición del envío de cargas nucleares al espacio
1968	Tratado de no proliferación de armas nucleares
1969-1972	Acuerdos SALT 1: limitación de misiles y antimisiles
1987	Desarme de misiles nucleares de corto y medio alcance
1991	START 1: reducción de armas nucleares estratégicas
1993	START 2: nueva reducción de armas nucleares
1995	Prohibición de ensayos nucleares

C LA CRISIS DE LOS MISILES

En 1959, la guerrilla revolucionaria de Fidel Castro se hizo con el poder en Cuba. Su política de nacionalización de los recursos económicos provocó la hostilidad del gobierno de Estados Unidos, que declaró el boicot económico a Cuba.

La Unión Soviética ofreció su ayuda al régimen castrista y, en 1960, ambos países firmaron un tratado de cooperación económica y militar, consolidando así la aproximación cubana al bloque comunista.

El momento de máxima tensión se vivió en 1962 cuando, ante la amenaza de que la URSS instalaría misiles nucleares en la isla, Kennedy ordenó el **bloqueo naval de Cuba** para impedir la llegada de las piezas nucleares que transportaban los barcos soviéticos.

Finalmente, después de días de angustia, Jruschov ordenó el regreso de los barcos que se dirigían hacia Cuba y se comprometió a retirar las armas nucleares. Como contrapartida, el gobierno de Kennedy levantó el bloqueo naval de la isla.

EL CONFLICTO CUBANO

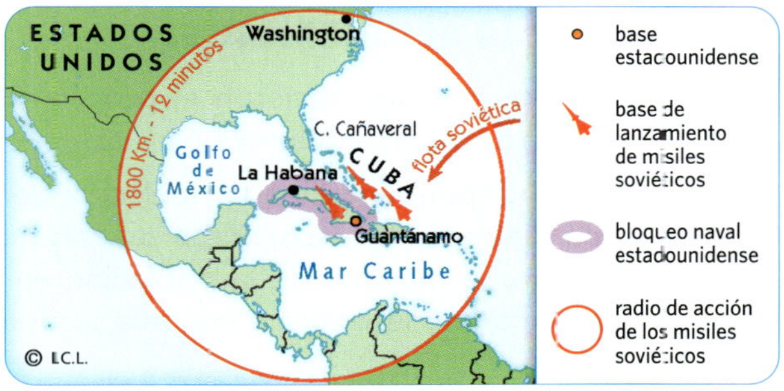

¿Una victoria soviética?

Cuba fue una victoria de la paz y la coexistencia pacífica, gracias a la cual, las conquistas de la revolución cubana quedaron protegidas. Gracias a esta victoria, el prestigio de los países socialistas creció enormemente y el peligro de una guerra nuclear se alejó. (...)

Discurso de Jruschov, 1963.

1. ¿Qué fue la coexistencia pacífica? ¿Qué factores propiciaron la distensión de la Guerra Fría?
2. Explica la situación interior de EEUU y de la URSS a mediados de la década de 1950 y cómo influyó en el cambio de orientación de su política internacional.
3. Lee los textos de Kennedy y Jruschov. ¿Cómo argumenta cada uno de ellos la conveniencia de la coexistencia pacífica?
4. ¿En qué consistió la crisis de los misiles? ¿Cómo se resolvió?

Ponte en su lugar

5. Ambos presidentes (Kennedy y Jruschov) valoraron el final de la crisis cubana como una gran victoria. Ponte en el lugar de cada uno de estos dirigentes y escribe un pequeño discurso (diez líneas) presentando la resolución del conflicto cubano como una victoria de tu país.

Piensa qué diferentes argumentos utilizarías en cada uno de los dos casos.

5 El proceso de descolonización

Un nuevo marco internacional

En 1945, la mayor parte del territorio mundial estaba en manos de las potencias coloniales europeas, pero las condiciones creadas por la Segunda Guerra Mundial desataron el inicio del proceso descolonizador.

Las metrópolis (Reino Unido y Francia) fueron derrotadas en sus colonias asiáticas y africanas por Japón y Alemania, que ocuparon buena parte de los territorios coloniales.

Esta derrota puso de manifiesto la debilidad de las potencias europeas para mantener su dominio colonial y agravó sus dificultades económicas. Además, comportó la **disminución del prestigio** de los colonizadores y puso fin a la leyenda de la superioridad de la raza blanca y de la imbatibilidad de las potencias europeas.

El proceso descolonizador se desarrolló en el contexto de la Guerra Fría y las dos grandes potencias rivalizaron para atraer hacia su causa a los nuevos países surgidos de la descolonización.

Las causas de la descolonización

Entre las causas que favorecieron el proceso descolonizador podemos destacar las siguientes:

- El **deseo de independencia** de la población de las colonias frente a una metrópoli que explotaba sus recursos económicos, mantenía a la mayoría de la población en la pobreza, gobernaba de forma despótica e imponía sus formas de vida y cultura.
- La pujanza de los **movimientos nacionalistas**, que, inspirados en diferentes ideologías (comunistas, islamistas, nacionalistas...), se vieron con fuerza suficiente para enfrentarse a los colonizadores.
- La expansión de una **opinión internacional** contraria a la colonización, que se manifestó a través de la Carta del Atlántico (1941), la *Declaración de la ONU* (1946) y la *Declaración Universal de los Derechos Humanos* (1948), que proclamaron el derecho de los pueblos a disponer de sí mismos (derecho de autodeterminación).
- El **apoyo a la descolonización de las dos grandes potencias** (EE UU y la URSS), que no poseían imperios coloniales y tenían interés en debilitar a las potencias coloniales y atraer a los nuevos Estados hacia su esfera de influencia.

El proceso descolonizador

La descolonización se realizó entre 1945 y 1975 y comportó el surgimiento de casi un centenar de nuevos Estados. Sin embargo, para muchos de ellos, el proceso emancipador fue muy dificultoso y solo alcanzaron la independencia tras cruentas guerras de liberación (Vietnam, Argelia, Congo...).

Dibujo del inglés Ronald Searle que denuncia el colonialismo en África, 1959.

Las dos superpotencias, contra el colonialismo

Después de un año, quiero manifestar nuestra opinión acerca de que Indochina no debería regresar bajo la dominación francesa, sino que debería ponerse bajo la tutela de una comisión internacional (...). Cada situación colonial debe ser estudiada separadamente, pero el caso de Indochina está perfectamente claro. Hace cien años que Francia desangra ese país. El pueblo de Indochina merece una suerte mejor.

Declaraciones de F. D. Roosevelt, 1945.

Los pueblos de las colonias no quieren vivir más como en el pasado. Las clases dominantes de las metrópolis no pueden seguir dominando las colonias como han venido haciéndolo. Las tentativas de aniquilar el movimiento de liberación nacional por la fuerza se encuentran con la creciente resistencia armada de los pueblos de las colonias y conducen a guerras coloniales de larga duración, como en Indonesia e Indochina.

Declaraciones de A. Jdanov, 1947.

Gandhi lideró un movimiento a favor de la independencia de la India, que presentaba como método de acción la no violencia y la desobediencia civil a las leyes británicas.

LA DESCOLONIZACIÓN

1.ª ETAPA (1945-1954)

- En Oriente Próximo accedieron a la independencia Líbano, Siria y Jordania. Igualmente se acabó el mandato británico sobre Palestina y gran parte de su territorio pasó a formar el nuevo Estado de Israel.
- En Asia, en 1947, el Reino Unido aceptó la independencia de la India; en 1949, Indonesia se convirtió en un Estado independiente, y en 1954, Francia abandonó Indochina.

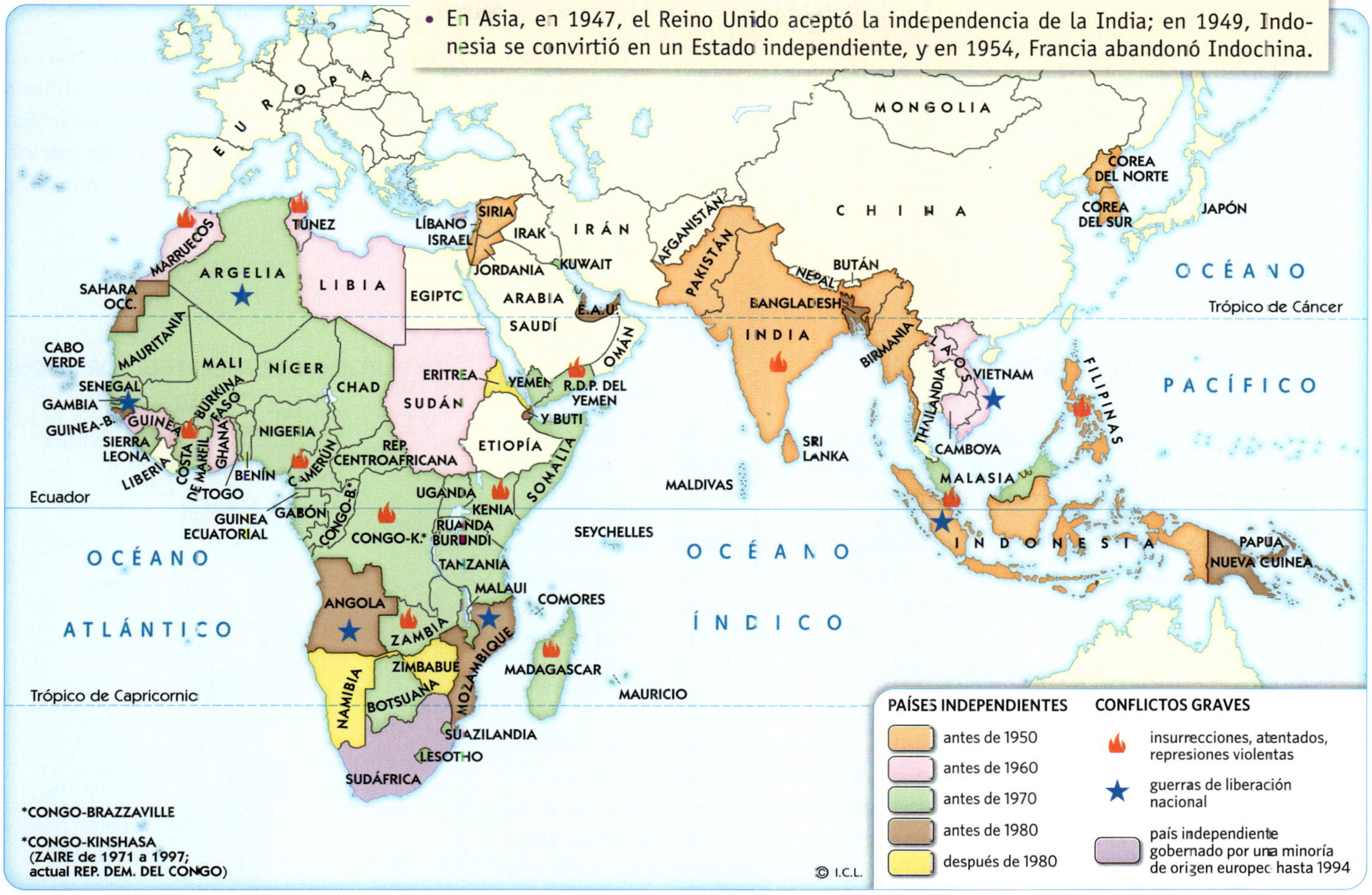

2.ª ETAPA (1951-1962)

- Afectó al Norte de África y se inició cuando la colonia italiana de Libia accedió a la soberanía (1951).
- En 1956, Francia reconoció la independencia de Marruecos y Túnez, pero intentó mantenerse en Argelia, hecho que comportó una larga guerra que finalizó con la independencia de este país en 1962.

3.ª ETAPA (1955-1965)

- Se centró en el África subsahariana, cuando la mayoría de las colonias británicas (Kenia, Nigeria...), francesas (Guinea, Mauritania, Madagascar...) y belgas (Congo) se proclamaron independientes.

4.ª ETAPA (1975-1993)

- Tuvo como escenario el cono Surafricano y fue bastante tardía. En 1975 desaparecieron las colonias portuguesas (Angola y Mozambique) y en 1990 Namibia se proclamó independiente.
- En Sudáfrica, la independencia fue declarada en 1961 por los colonos blancos, que instauraron un régimen de segregación racial contra la mayoría de la población negra (*apartheid**).

  Esta situación se mantuvo hasta 1993, cuando se abolieron las leyes discriminatorias para la población negra.

---

1. ¿Qué contexto internacional favoreció el proceso descolonizador tras la Segunda Guerra Mundial?
2. Lee los textos de los mandatarios estadounidense y soviético. ¿Qué posición muestran respecto a los imperios coloniales? ¿Cómo influyó su actitud en el proceso descolonizador?
3. ¿Qué factores motivaron la eclosión de los movimientos descolonizadores? ¿Qué papel desempeñó la ONU?
4. Observa el mapa sobre la descolonización:
   - Realiza en tu cuaderno un eje cronológico que muestre las diferentes etapas que tuvo el proceso descolonizador. Luego, indica a qué zonas geográficas afectó cada una de ellas.
   - ¿En qué países la consecución de la independencia comportó guerras de liberación?

6 El conflicto de Oriente Próximo

DESCUBRE

Al finalizar la Segunda Guerra Mundial, en la zona de Oriente Próximo, la presencia colonial presentaba formas diversas. Existían países independientes, como Irán e Irak, bajo la influencia británica, y algunos protectorados franceses (Siria y Líbano) y británicos (Jordania y Palestina).

La situación más compleja se daba en Palestina, donde el elevado número de población judía aspiraba a crear un Estado propio. Esta demanda se hizo mucho más fuerte cuando algunos países apoyaron la creación del Estado de Israel como una compensación por el Holocausto.

La creación de Israel contó desde el primer momento con la oposición de los países árabes y la población musulmana de Palestina, que se enfrentaron bélicamente al nuevo Estado. Este hecho inició un conflicto, que ha pasado por diferentes fases, y que se mantiene vigente hasta nuestros días.

A LA CREACIÓN DEL ESTADO DE ISRAEL

En 1917, el gobierno inglés manifestó su apoyo a las reivindicaciones judías sobre los territorios históricos de Israel, que se hallaban bajo mandato británico (**Declaración Balfour**).

Este apoyo abrió paso a una inmigración masiva de personas judías hacia esta región, que se vio incrementada al finalizar la Segunda Guerra Mundial. En un contexto internacional impactado por el alcance del Holocausto, los judíos y judías europeos plantearon la necesidad de reagruparse y su derecho a desplazarse al territorio de Palestina, donde habitaban ya unos 600 000 judíos.

En 1947, una resolución de la ONU propuso la partición de Palestina en dos Estados, uno judío, con un 55 % del territorio, y otro palestino. En 1948 terminó el mandato británico y Ben Gurión proclamó el Estado de Israel, que no fue reconocido por los Estados árabes vecinos, quienes defendieron los derechos del pueblo palestino sobre la totalidad del territorio.

LA PARTICIÓN DE PALESTINA POR LA ONU

La posición palestina

Art. 2. Los territorios de Palestina, que constituían las fronteras bajo mandato británico, constituyen una unidad territorial indivisible.

Art. 3. Solo el pueblo palestino tiene derechos legítimos sobre su patria. Después de haberla liberado, ejercerá su derecho a la autodeterminación, según su única voz y su sola voluntad. (...)

Art. 15. La liberación de Palestina es una obligación nacional para los árabes. Su obligación es rechazar la invasión sionista e imperialista en la gran patria árabe y liquidar la presencia sionista en Palestina.

Carta de la Organización para la Liberación de Palestina (OLP), 1964.

La posición israelí

Israel es el lugar donde nació el pueblo judío. Fue allí donde se formó su carácter espiritual, religioso y nacional (...). Fue allí donde se escribió la Biblia y se donó al mundo entero.

Exiliado de Tierra Santa, el pueblo judío le permaneció fiel a lo largo de toda su diáspora y nunca dejó de rogar por el retorno (...). La catástrofe nacional que se abatió sobre el pueblo judío, la masacre de seis millones de judíos en Europa, ha demostrado la urgencia de una solución para este pueblo sin patria y el restablecimiento de un Estado judío que les abriese las puertas (...).

El Estado de Israel estará abierto a toda la inmigración judía, fomentará el desarrollo del país en beneficio de todos sus habitantes (...) y asegurará la más completa igualdad social y política sin distinción de religión, raza o sexo (...).

Proclama de Ben Gurión, 1948.

El barco *Exodus* llegó a Palestina en 1947, cargado de judíos supervivientes del Holocausto, pero los británicos prohibieron su desembarco y los retornaron a Europa.

B LAS GUERRAS ÁRABE-ISRAELÍES

Los palestinos y sus vecinos musulmanes no reconocieron al nuevo Estado israelí y formaron la **Liga Árabe** (Egipto, Siria, Arabia Saudí, Jordania, Irak, Líbano…), que en 1948 declaró la guerra a Israel, apoyada por EE UU.

La primera guerra fue seguida por otras tres en las que siempre se impuso Israel, que extendió su zona de ocupación. El conflicto comportó la expulsión de muchos palestinos y palestinas de sus territorios y su reclusión en campos de refugiados en los Estados vecinos.

Aunque en 1993 se firmaron unos acuerdos de paz, los **Acuerdos de Oslo**, el conflicto sigue sin una solución definitiva que satisfaga a ambas partes.

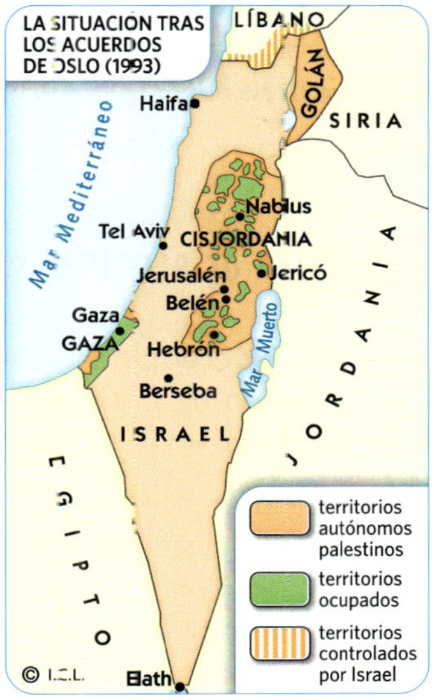

CRONOLOGÍA DEL CONFLICTO PALESTINO

- 1945
- Primera guerra árabe-israelí
- 1950
- 1955 Segunda guerra árabe-israelí
- 1960 Creación de la Organización para la Liberación de Palestina (OLP)
- 1965 Guerra de los Seis Días (Tercera guerra árabe-israelí)
- 1970 Guerra del Yom Kippur (Cuarta guerra árabe-israelí)
- 1975 Acuerdos de Camp David: Egipto reconoce a Israel, que abandona el Sinaí
- 1980
- 1985 Inicio de la primera Intifada (revuelta popular)
- Conferencia Internacional de Paz para Oriente Medio en Madrid
- 1990 Acuerdos de Oslo. Se establecen territorios autónomos y se negocia la creación de un Estado palestino (Autoridad Nacional Palestina)
- 1995

- **Primera guerra** (1948 y 1949). Israel amplió sus territorios y la ciudad de Jerusalén fue dividida en dos zonas.
- **Segunda guerra** (1956). Invasión de la península del Sinaí por los israelíes.
- **Guerra de los Seis Días** (1967). Confirmó los territorios ocupados por Israel, que estableció un área de seguridad a su alrededor.
- **Guerra del Yom Kippur** (1973). Los países árabes dieron muestra de una nueva fuerza militar, que se vio apoyada por la guerra económica (aumento del precio del petróleo). Finalizó con los acuerdos de Camp David, por los que Egipto reconocía a Israel y este abandonaba el Sinaí.

El problema palestino

- A raíz del conflicto bélico, centenares de miles de palestinos y palestinas musulmanes abandonaron Israel y huyeron a Jordania, Líbano y Egipto, donde se instalaron en campamentos de refugiados, en penosas condiciones. Los que se quedaron, también sufrieron las consecuencias de la ocupación israelí.
- En 1964 crearon la OLP (Organización para la Liberación de Palestina), dirigida por Yasser Arafat, que fomentó el terrorismo contra Israel y sus aliados. A partir de 1974, esta organización abandonó la violencia y apostó por la negociación con Israel.
- Después de años de negociaciones, en 1993 (Acuerdos de Oslo) se estableció la creación en Israel de unos territorios autónomos bajo autoridad palestina.

1. ¿Cómo se creó el Estado de Israel? Explica las circunstancias que llevaron a la ONU a decidir la partición de Palestina. ¿Cómo se dividió el territorio?
2. Lee los textos de Ben Gurión y de la OLP y explica qué posición defiende cada uno. ¿Cómo reaccionaron los Estados árabes a la creación de Israel? ¿Qué era la OLP?
3. Observa los mapas y explica cómo las diferentes guerras árabe-israelíes modificaron la partición inicial de la ONU.

Investiga

4. @ Busca información en www.tiching.com/66097 y explica cuál es la situación actual del conflicto árabe-israelí. ¿Qué problemas impiden la pacificación definitiva del territorio?

7 Descolonización y neocolonialismo

La descolonización tuvo lugar en el contexto internacional de la Guerra Fría, y EE UU y la URSS pugnaron por ampliar su influencia en Asia y África, los continentes protagonistas del proceso descolonizador. Sin embargo, muchos de los nuevos Estados defendieron una nueva posición neutral en las relaciones internacionales y constituyeron el movimiento de países no alineados.

La independencia de las antiguas colonias puso de manifiesto las dificultades económicas a las que tenían que hacer frente. La explotación de sus recursos y la dependencia de sus economías se volvieron más sutiles, pero continuaron existiendo bajo nuevas formas (neocolonialismo). La desigualdad económica a escala planetaria sigue siendo, a inicios del siglo XXI, uno de los grandes problemas a los que debe hacer frente la humanidad.

Caricatura de una revista francesa sobre el movimiento de no alineados, 1978.

A UNA TERCERA VÍA A LA POLÍTICA DE BLOQUES: EL NO ALINEAMIENTO

Algunos de los países que habían accedido recientemente a la independencia se reunieron en la **Conferencia Internacional de Bandung** (Indonesia) en 1955.

Los acuerdos de Bandung reafirmaron el derecho de los pueblos a disponer de sí mismos, la soberanía y la igualdad de todas las naciones, la condena a toda discriminación racial y el rechazo a la intervención extranjera en los asuntos internos de un Estado.

Sus resoluciones expresaron también la voluntad neutralista de los nuevos Estados y su alejamiento de la política de bloques. A partir de ese momento empezó a extenderse la denominación de **Tercer Mundo*** para designar al conjunto de nuevos países que deseaban no alinearse con ninguno de los dos bloques.

Asimismo, defendieron la coexistencia pacífica, el desarme y la prohibición de armamento atómico, y reclamaron la cooperación internacional en la lucha contra la pobreza de los nuevos países.

Un último objetivo fue el establecimiento de una alianza de Estados neutralistas, y en la Conferencia de Belgrado (1961) se estableció el **Movimiento de Países No Alineados***, que integró a 25 países.

PAÍSES PARTICIPANTES EN LA CONFERENCIA DE BANDUNG

La Conferencia de Bandung contó con la presencia de los grandes líderes independentistas (Nehru, Nasser y Sukarno), y reunió a representantes de 29 naciones que sumaban más de la mitad de la población mundial, pero con tan solo el 8 % de sus riquezas.

La Conferencia declara...

- Que el colonialismo es un mal al que debe ponerse fin inmediatamente.
- Que la sumisión de los pueblos a un yugo extranjero y a su explotación constituye una violación de los derechos humanos, es contraria a la carta de las Naciones Unidas y es un obstáculo a la paz mundial.
- Que todas las naciones deben tener derecho a elegir libremente su propio sistema político y económico y su modo de vida, conforme a los principios de las Naciones Unidas.

Conferencia de Bandung, 1955.

@ Amplía en la Red...

Para saber más sobre las declaraciones de la conferencia de Bandung, entra en: www.tiching.com/746373

B NEOCOLONIALISMO Y DEPENDENCIA

La independencia política de los países colonizados no fue acompañada de una independencia económica, ya que en la mayoría de los nuevos Estados se mantuvieron muchos de los intereses económicos de las antiguas metrópolis.

Desde finales de la década de 1970, las viejas relaciones coloniales dieron paso al **neocolonialismo***, una nueva forma de dominio que respeta la soberanía política de los Estados, pero comporta una gran dependencia económica de los Estados más ricos, que lideran la economía mundial.

El mundo poscolonial ha perpetuado la existencia de una gran desigualdad entre unos países ricos, que monopolizan la tecnología punta y el capital, y un gran número de países empobrecidos, cada vez más alejados del nivel de renta por habitante de los primeros, y en gran medida, al margen de los grandes flujos de la economía mundial.

EL NIVEL DE DESARROLLO HUMANO EN EL MUNDO EN 2014

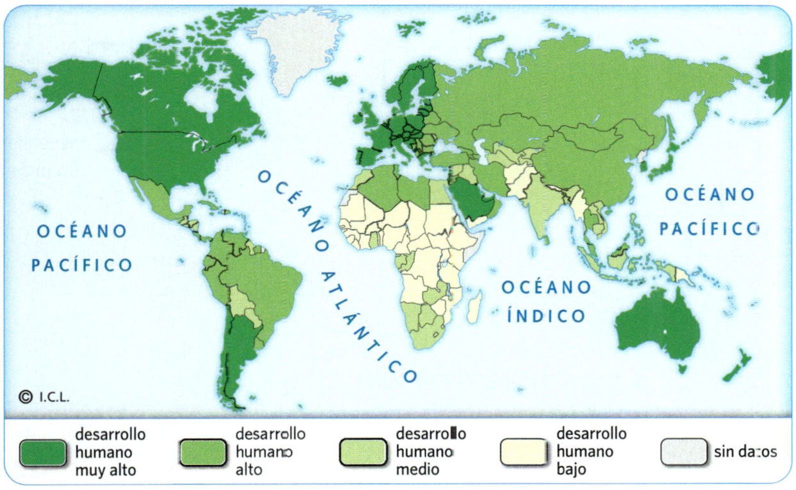

El nivel de desarrollo humano (IDH) es un indicador del nivel de vida de la población, que combina tres elementos: esperanza de vida, nivel de educación y renta por habitante.

La dependencia del Tercer Mundo

Dependencia comercial

Muchos países del Tercer Mundo exportan materias primas, cuyo precio es bajo, e importan productos elaborados de los países ricos, de precio más elevado. Es lo que se ha llamado el **intercambio desigual**, que les impide acumular capital y fomentar el crecimiento económico.

Dependencia tecnológica

Al carecer de tecnología moderna y de medios propios para conseguirla, tienen que comprarla a los países tecnológicamente avanzados. Esto obliga al pago de *royalties*, cuyo importe es muy elevado.

Dependencia financiera

La falta de capital obliga a estos países a depender de las inversiones extranjeras, de los préstamos de los bancos de los países desarrollados y de organismos internacionales. Todo ello comporta que se produzca un elevado nivel de **deuda exterior**.

Caricatura del periódico francés *Le Monde* sobre el reparto desigual de la riqueza en el mundo.

1. ¿Qué fue la Conferencia de Bandung? ¿Quiénes participaron? ¿Qué objetivos se propusieron?
2. Explica qué fue el movimiento de los no alineados en relación con la política de bloques.
3. ¿Qué significa la expresión "Tercer Mundo"?
4. Define qué es el neocolonialismo. ¿En qué situación de dependencia económica quedaron los países que accedieron a la independencia tras el proceso descolonizador?

Relaciona ayer y hoy

5. Observa los documentos y explica en qué consisten las grandes desigualdades del mundo actual. ¿Dónde se concentran los países más pobres y con un bajo nivel de desarrollo humano?
6. @ Comprueba si los países con mayor pobreza habían sido colonias anteriormente. ¿Crees que puede establecerse un nexo de causa-efecto entre colonialismo y pobreza? Argumenta tu respuesta con datos extraídos de esta página.

COMPLETA EL MAPA CONCEPTUAL

Con la información de la lección, completa en tu cuaderno el siguiente esquema:

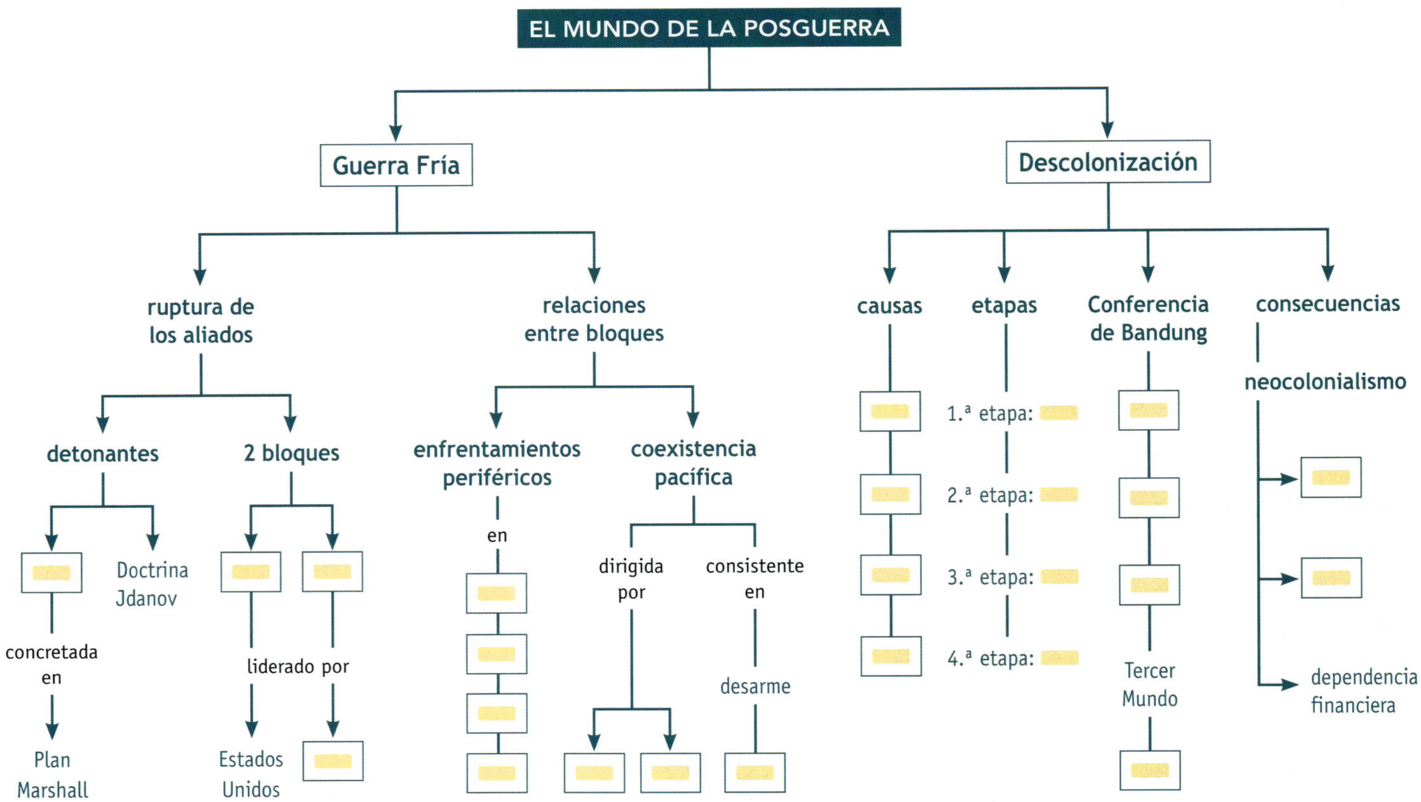

1 CONSOLIDA LO APRENDIDO

a) ¿Qué causas explican la formación de bloques antagónicos? ¿Qué bloques se crearon? ¿Qué diferencias e intereses les separaban?

b) ¿Qué fueron la Guerra Fría y la coexistencia pacífica? ¿A qué intereses respondían?

c) ¿Qué causas originaron el movimiento descolonizador? ¿Cuáles fueron sus consecuencias?

d) ¿Qué problemas tuvieron que afrontar los nuevos países independientes? ¿Cómo definirías la expresión "Tercer Mundo"?

2 DEFINE CONCEPTOS CLAVE

- Plan Marshall
- no-alineamiento
- teléfono rojo
- doctrina Truman
- carrera de armamentos
- telón de acero
- *apartheid*
- doctrina Jdanov

3 IDENTIFICA LOS PERSONAJES

- Ho Chi Minh
- Kim Il Sung
- Yaser Arafat
- Eisenhower
- John F. Kennedy
- Nikita Jruschov
- Douglas MacArthur
- Winston Churchill
- Ben Gurión
- Mahatma Gandhi
- Fidel Castro

4 EXPLICA LAS DIFERENCIAS

- OTAN/ Pacto de Varsovia
- colonialismo/neocolonialismo
- colonia/ metrópoli
- doctrina Truman/doctrina Jdanov
- RDA/RFA
- Corea del Norte/Corea del Sur

RESPONDE A LA PREGUNTA INICIAL

¿Qué nuevo orden político internacional se creó tras la Segunda Guerra Mundial?

APRENDE A... ANALIZAR CARICATURAS SATÍRICAS

Una caricatura es una imagen, a veces acompañada de un breve texto, que pretende transmitir una idea a través de la exageración o la simplificación voluntaria de lo que se muestra.

Acostumbra a ser un instrumento de crítica política y social con un claro contenido satírico, que suele reflejarse a través de la exageración de los rasgos físicos de una persona, la deformación de las debilidades de su carácter, la simplificación de una determinada situación política y social, o la utilización de rasgos animales para definir a los personajes.

Caricatura aparecida en el periódico británico *Daily Mail*, 1962.

Caricatura de Kennedy y Jruschov publicada en 1963.

1. Identificación y presentación

- ¿Qué naturaleza tienen ambas imágenes? ¿Qué elementos permiten identificarlas como caricaturas?
- ¿Cuándo fueron publicadas? ¿Qué intención crees que tenía el autor?

2. Descripción, análisis y comparación

- Caricatura 1: Identifica y describe los personajes representados: ¿Qué acción realizan? ¿Dónde están sentados? ¿Hacia dónde dirigen sus dedos?
- Caricatura 2: ¿Qué rasgos físicos nos permiten identificar que son los mismos personajes que la caricatura anterior? ¿En qué situación se encuentran? ¿Qué simbolismo atribuyes al metro y a la cuerda?
- Comparación: Compara la actitud de ambos dirigentes en las dos caricaturas. ¿Es similar? ¿Hacia dónde dirigen sus miradas? ¿Se impone uno sobre el otro?

3. Contexto histórico

- ¿Qué crisis enfrentaba a la URSS y a Estados Unidos en las fechas en que fueron realizadas ambas caricaturas? Explícala brevemente.
- ¿Qué visión del acontecimiento histórico nos quieren mostrar los autores de las caricaturas? ¿De qué peligro quieren alertar al mundo?

4. Conclusiones

- ¿Qué elementos de ambas caricaturas crees que son fundamentales para transmitir el mensaje que se propone el autor?
- Pon un título a cada caricatura, intentando que represente ese mensaje.
- ¿Crees que una de las dos caricaturas consigue transmitirlo mejor? ¿Por qué? Da tu opinión personal sobre qué caricatura te parece más acertada.

RAZONA HISTÓRICAMENTE

Comparación. Establece similitudes entre los tres grandes conflictos de la Guerra Fría: la Guerra de Corea, la Guerra de Vietnam y la crisis de los misiles en Cuba.

Empatía. Imagina que eres el habitante de un país colonizado desde el siglo XIX. Escribe tres argumentos para oponerte al dominio colonial.

1 Fuentes documentales. Dos visiones enfrentadas

Estados Unidos tiene el deber de ayudar a los pueblos libres que se resisten a ser esclavizados por minorías armadas o por presiones exteriores. Creo que debemos ayudar a los pueblos libres a forjar su propio destino. La semilla de los regímenes totalitarios hay que buscarla en la miseria y en la indigencia. Cuando toda esperanza de una vida mejor ha desaparecido es cuando el totalitarismo encuentra su camino (...).

Cada nación tiene que escoger entre dos formas de vida opuestas (...). Una se basa en la voluntad de la mayoría y se caracteriza por sus instituciones libres, por un gobierno representativo, por elecciones libres (...), libertades individuales y ausencia de opresión política. (...)

La otra se basa en la voluntad de una minoría impuesta por la fuerza a la mayoría. Se basa en el terror y en la opresión, tiene unas elecciones trucadas y supresión de las libertades personales (...).

Discurso de H. Truman a la Cámara de representantes, 1947.

Salvando a un país del hambre y de la ruina, los monopolios norteamericanos tienen la intención de privarlo de su independencia. La ayuda norteamericana supone automáticamente la modificación de la línea política del país que recibe esta ayuda. Así suben al poder partidos que, obedeciendo las directrices de Washington, están dispuestos a llevar a cabo, tanto en el campo interior como en el exterior, el programa deseado por EEUU (...).

Al finalizar la guerra se han puesto de manifiesto las dos direcciones principales de la política internacional, que corresponden a la división en dos campos de las fuerzas políticas que hoy en día operan en el mundo: el antiimperialista y democrático, y el imperialista.

Estados Unidos es la principal fuerza dirigente del campo imperialista. El Reino Unido y Francia están estrechamente unidos a este país (...). La URSS y los países de la nueva democracia son la base del campo antiimperialista.

Informe de A. Jdanov sobre la situación internacional, 1947.

a) Identifica al autor de cada texto. ¿Qué posición representaba en la escena internacional?

b) Ambos textos fueron escritos en 1947. ¿Cuál era la situación europea en aquel momento? ¿Qué tensiones existían entre los antiguos aliados?

c) Explica en qué difieren los análisis de la situación política de Europa de ambos dirigentes. ¿De qué se acusan?

d) ¿Puedes establecer alguna relación entre la frase en cursiva del primer texto y el Plan Marshall?

e) ¿En qué consistió el Plan Marshall? ¿Cómo respondieron la URSS y sus aliados?

f) ¿Qué consecuencias tuvo el enfrentamiento reflejado en los textos? Relaciónalo con la creación de bloques antagónicos y la Guerra Fría.

2 Espacio y tiempo. La descolonización

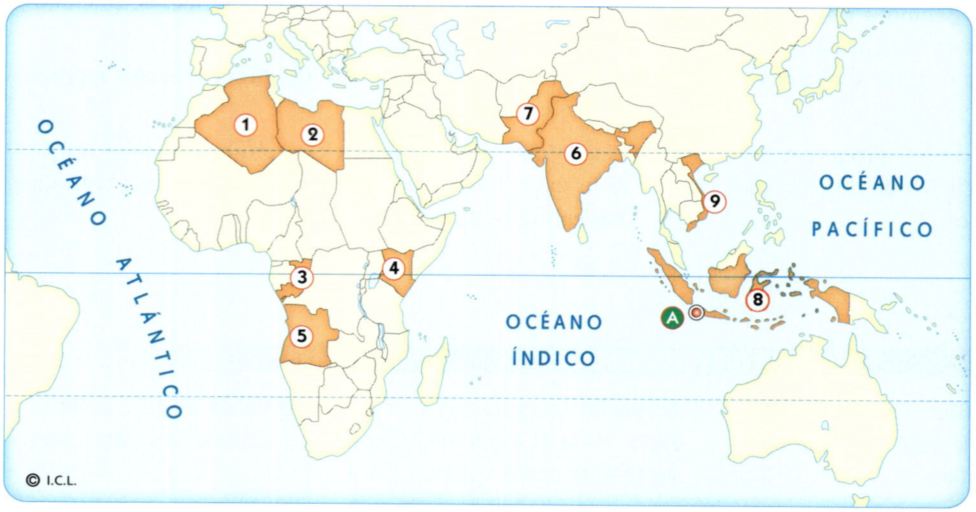

a) Di el nombre de los nuevos países surgidos de la descolonización señalados con un número en el mapa.

b) Indica para cada uno de ellos el nombre de la antigua metrópoli y el año de su independencia.

c) ¿Qué ciudad representa la letra A? ¿Qué importante acontecimiento tuvo lugar en ella?

3 Fuentes gráficas. Desigualdades económicas

REPARTO DEL PNB EN EL MUNDO EN 1995

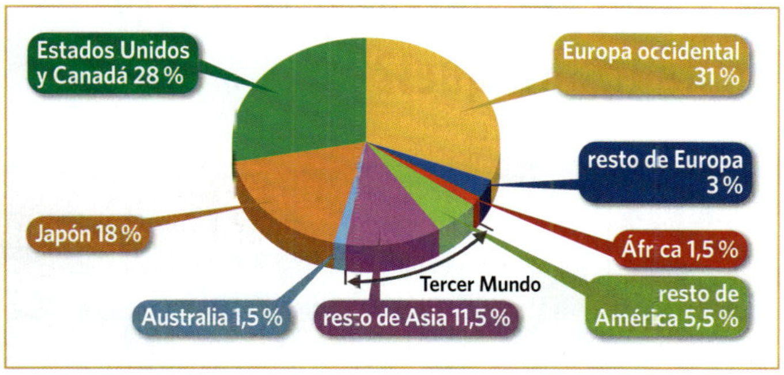

a) ¿Cómo se repartía el PNB mundial al finalizar el proceso descolonizador? ¿Qué desigualdades económicas muestra el gráfico?

b) ¿Qué significa la expresión "Tercer Mundo"? ¿Qué continentes y países comprende? ¿Qué características les unen?

c) ¿A qué problemas económicos tuvieron que hacer frente los nuevos Estados surgidos de la descolonización? Relaciónalo con el concepto de neocolonialismo.

4 Organización de la información. Los conflictos de la Guerra Fría

a) Rellena en tu cuaderno el siguiente esquema sobre los tres grandes conflictos de la Guerra Fría:

LOS PRINCIPALES CONFLICTOS DE LA GUERRA FRÍA

	Guerra de Corea	Guerra de Vietnam	Crisis de los misiles
Cronología			
Localización geográfica			
Países implicados			
Militares y políticos destacados			
Causas			
Desarrollo			
Consecuencias			

WWW. ESPACIO WEB

5 Búsqueda de información. Mahatma Gandhi

Realiza una búsqueda de información en Internet sobre uno de los líderes más importantes de la descolonización, Mahatma Gandhi, y responde:

a) ¿Cuál era su origen? ¿Y su formación? ¿Qué importancia tuvo el trabajo que realizó en Sudáfrica para su toma de conciencia?

b) ¿Cuándo volvió a la India? ¿Por qué se le adjudicó el término de "Mahatma"? ¿Qué tipo de vida y qué principios defendió?

c) ¿Cuándo se produjo su entrada en la política? ¿De qué partido ocupó la presidencia? ¿Cuándo y por qué fue encarcelado?

d) ¿Qué movimiento lanzó en la década de 1930 contra el gobierno británico? ¿En qué consistía?

e) ¿Qué papel desempeñó en la independencia de la India? ¿Por qué fue asesinado y quién lo hizo?

f) ¿Qué opinión te merece su actuación? ¿Por qué?

6 Fuentes gráficas. Caricaturas de la Guerra Fría

Para realizar este trabajo nos uniremos por parejas. Entrad en www.tiching.com/750827 y observad las caricaturas sobre la Guerra Fría. Cada pareja elegirá una caricatura y elaborará un ficha sobre ella:

a) Traducción al castellano del título y del texto que lleve la viñeta.

b) Fecha de publicación y contexto histórico.

c) Personajes que aparecer y descripción de la escena.

d) Mensaje que quiere transmitir el autor y recursos que ha utilizado.

RETOS EN LA RED

DETECTIVE DEL PASADO: Geolocalización de la Guerra Fría.

ACTIVIDADES AUTOCORRECTIVAS: Resuelve estas actividades y repasa lo que has aprendido.

www.vvd.link/012274/11

12 CAPITALISMO Y COMUNISMO: DOS SISTEMAS ENFRENTADOS

¿Qué diferencias separaban a Estados Unidos y la URSS? ¿Cómo evolucionó cada uno de los bloques?

Interior de un supermercado estadounidense en 1964.

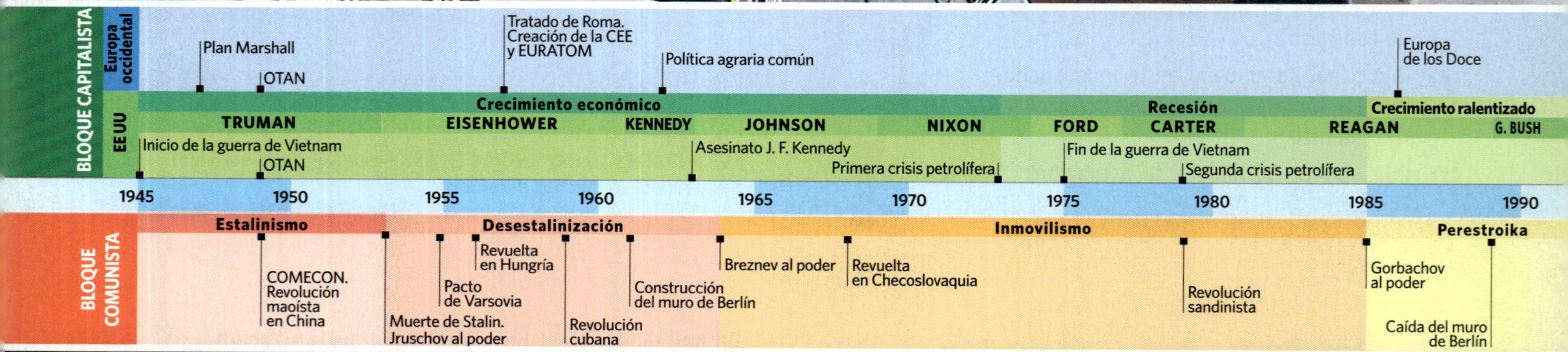

Interior de uno de los primeros supermercados de Moscú en 1968.

Desde 1945 hasta 1991, el mundo estuvo dividido en dos bloques antagónicos, que representaban dos formas opuestas de organizar la sociedad: el bloque capitalista, liderado por Estados Unidos, y el bloque comunista, encabezado por la URSS.

La evolución interna de ambos bloques siguió dinámicas muy diferentes:

Los países capitalistas conocieron la época de mayor desarrollo económico y social de su historia, que se vió frenada por la crisis energética iniciada en 1973.

Los países comunistas, que partían de un nivel de renta muy bajo, también tuvieron un notable desarrollo económico y social, pero el retraso en la innovación tecnológica, la escasa competitividad y el exceso de burocratización llevaron al colapso del sistema en las décadas de 1980 y 1990.

¿Qué sabemos?

- ¿Cuáles son las diferencias fundamentales entre el capitalismo y el comunismo?
- ¿Cómo consiguió la URSS extender su esfera de influencia después de la Segunda Guerra Mundial?
- ¿En qué consistía el estilo de vida americano y la sociedad de consumo?

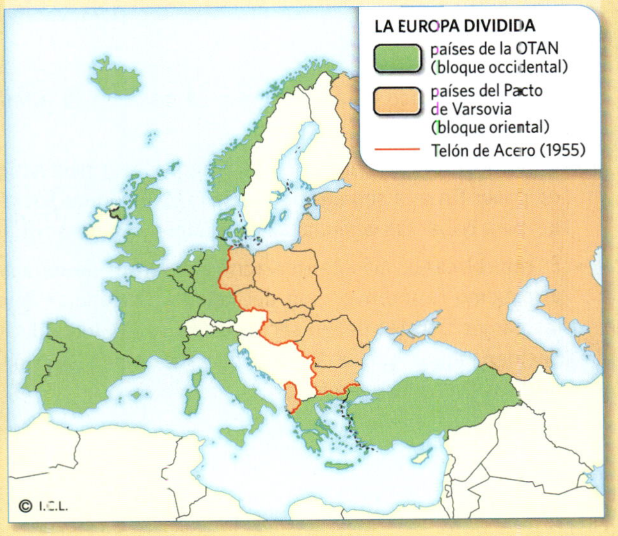

¿Qué diferenciaba al bloque capitalista del bloque

El mundo posterior a la Segunda Guerra Mundial quedó organizado alrededor de dos potencias enfrentadas:

EE UU ejerció un liderazgo indiscutible sobre los países del mundo capitalista (Europa Occidental, Canadá, Latinoamérica, Japón...), que experimentaron el mayor crecimiento económico de la historia, dando lugar a lo que se conoce como la "etapa dorada del capitalismo".

La URSS fundamentó su crecimiento en una economía dirigida y planificada por el Estado, y exportó este modelo a los países bajo su influencia (Europa Oriental, China, Cuba...). Sin embargo, su aislamiento económico, el débil crecimiento de la producción y el desabastecimiento de la población hicieron inviable el sistema, que entró en una crisis irrecuperable a finales del siglo XX.

A LA HEGEMONÍA DE ESTADOS UNIDOS EN EL MUNDO CAPITALISTA

La potencia de EE UU se apoyaba en la **preponderancia mundial de su economía** (disponía de dos tercios de las reservas de oro y concentraba casi el 50% de toda la riqueza del planeta), su superioriodad militar y su posición privilegiada en las grandes alianzas militares y en los organismos internacionales.

Por otro lado, la **democracia norteamericana**, basada en pluralismo político, las elecciones libres y el reconocimiento de los derechos individuales se convirtió en un modelo. El estilo de vida americano (*american way of life*), basado en el consumo masivo, fue emulado por todos los países capitalistas.

El *american way of life*

La producción masiva de bienes hizo posible la reducción de costes y el aumento de los salarios, creando un nuevo modelo de vida basado en la abundancia de productos y el consumo masivo (electrodomésticos, automóviles, etc.).

La nevera, símbolo del confort y de la modernidad, en un anuncio norteamericano de 1956.

El bipartidismo

El sistema político estadounidense se basa en la alternancia de dos partidos políticos:

- El **demócrata**, de carácter más progresista y partidario de poner fin a la segregación racial y de reformas sociales para paliar las desigualdades (Kennedy y Jhonson).
- El **republicano**, más conservador y defensor de reducir al máximo la intervención del Estado. Consideran que las cargas fiscales deben ser bajas, pues los individuos deciden mejor que el Estado qué hacer con sus impuestos (Eisenhower y Nixon).

El crecimiento económico

La hegemonía de la economía de EE UU se sustentaba en:

- Una elevada productividad gracias a su superioridad tecnológica, a un alto nivel de inversión, a la producción en cadena y a los bajos precios de las materias primas y la energía.
- Una elevada tasa anual de crecimiento, cercana al 5%.
- La consolidación de grandes empresas multinacionales, que extendían los intereses americanos por todo el mundo.
- El papel del dólar como moneda de referencia de las transacciones internacionales y la conversión de la Bolsa de Nueva York en la más potente del mundo.

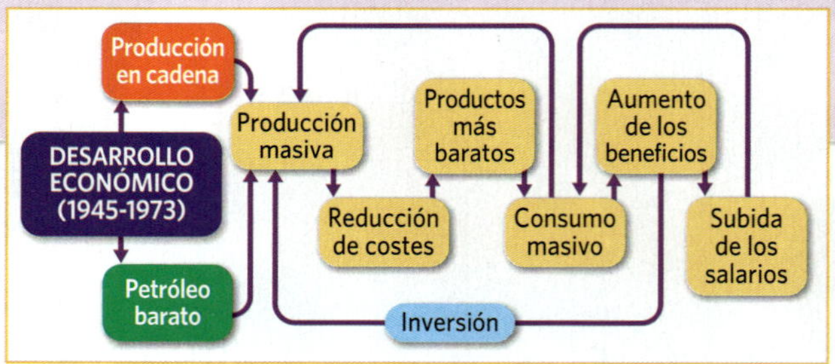

Las desigualdades sociales

La existencia de fuertes desigualdades económicas dejaba a los sectores sociales más débiles fuera del consumo masivo.

La permanencia de actitudes racistas marginaban a la población negra, que encabezó un fuerte movimiento de protesta para conseguir la igualdad de derechos.

La contestación del modelo social consumista y de la intervención americana en la guerra de Vietnam generó movimietos de protesta juvenil (*hippies*).

Marcha por la igualdad racial encabezada por Martin Luther King en Alabama (EE UU), 1965.

comunista?

B LA URSS, LÍDER DEL MUNDO COMUNISTA

El modelo económico de los países del bloque soviético se basaba en la **propiedad estatal**, el **dirigismo económico del Estado** y la **planificacion centralizada**. Entre los años 1950 y 1970, la URSS y los otros regímenes comunistas consiguieron elevadas tasas de crecimiento económico y mejoraron el nivel de vida de la población, que partía de niveles muy bajos.

Sin embargo, un sistema político autoritario, la falta de libertades, el exceso de burocracia y la ineficacia económica comportaron un crecimiento económico y un nivel de vida más limitado que el de los países occidentales. Todo ello provocó el creciente descontento de la población y el progresivo colapso del sistema.

Partido único y *nomenklatura*

- La URSS tenía un sistema político autoritario en el que el poder estaba en manos de un único partido, el PCUS, la oposición era perseguida y no se respetaban las libertades.
- Alrededor del Partido Comunista se creó una clase política que controlaba todos los resortes del Estado (*nomenklatura*) y gozaba de privilegios económicos. Por debajo, una numerosa burocracia afiliada al Partido Comunista controlaba todos los servicios, las empresas estatales, la policía, el ejército...
- Tras la muerte de Stalin (1953), el dirigente Nikita Jruschov promovió la desestalinización, intentando poner fin a la represión indiscriminada y estableciendo nuevas medidas económicas para mejorar la producción, sobre todo la agrícola.

Josef Stalin, con la mano alzada, indica el camino a seguir al pueblo soviético, 1950.

Los avances del sistema

- La mejora de la economía permitió garantizar a toda la ciudadanía el trabajo, las pensiones, las vacaciones pagadas, la vivienda, la educación y la sanidad.
- Los indicadores mostraban progresos sociales evidentes en terrenos como el aumento de los estudiantes universitarios y la equiparación de la esperanza de vida con los países occidentales.
- El desarrollo de la tecnología soviética permitió enviar al espacio el primer satélite artificial (Sputnik 1) y, en 1961, la primera nave espacial tripulada. Sin embargo, estos avances tecnológicos no se produjeron en el campo de la industria.

A. DEINEKA: *La conquista del cosmos*, 1961.

Un crecimiento desequilibrado

- Tras la recuperación posbélica, la URSS experimentó tasas de crecimiento económico elevadas, dando prioridad a la industria pesada, a la industria de armamento, a la energía y a las comunicaciones. En contrapartida, la alimentación y los bienes de consumo crecieron a un ritmo mucho más lento.
- Este desarrollo fue muy desequilibrado porque la economía de los países comunistas no consiguió igualar los niveles de vida de los países occidentales, ni desarrollar los sectores económicos de tecnología punta, ni consolidar una economía competitiva a nivel mundial.

LA PRODUCCIÓN INDUSTRIAL EN LA URSS

Base 1940 = 1	1960	1970	1980
Electricidad	6,7	18	33
Siderurgia	4,8	9,3	13
Química y petroquímica	7,7	27	58
Maquinaria	9	28	72
Industria ligera	2,8	4,7	7
Industria alimentaria	2,4	4,7	6,5
Total industria	5,2	12	21

1. ¿Por qué EEUU se erigió en líder del mundo capitalista tras la Segunda Guerra Mundial? ¿Qué características presentaba su sistema económico, político y social?
2. Observa el esquema y explica sobre qué pilares se fundamentó el crecimiento económico de la posguerra mundial.
3. Sintetiza cuáles eran las características políticas, económicas y sociales del sistema soviético. ¿Por qué se califica de desequilibrado su crecimiento económico?

Argumenta la respuesta

4. ¿Cuáles eran las diferencias básicas entre el sistema capitalista norteamericano y el comunista de la URSS? ¿Qué luces y qué sombras puedes destacar de cada uno de ellos?

2 La construcción de una nueva Europa unida

Ante el enfrentamiento europeo durante las dos guerras mundiales y frente a la consolidación de Estados Unidos como primera potencia mundial, algunos gobiernos europeos tomaron conciencia de que Europa necesitaba avanzar hacia la colaboración entre Estados.

Los primeros pasos hacia la colaboración europea

La conferencia de La Haya (1948) propuso la creación del **Consejo de Europa**, integrado por diez países: Bélgica, Francia, Luxemburgo, Países Bajos, Reino Unido, Irlanda, Italia, Dinamarca, Noruega y Suecia. Su objetivo era favorecer el progreso económico y social y promover los derechos humanos y las libertades fundamentales. Esta institución promovió el **Convenio Europeo de Derechos Humanos**, que entró en vigor en 1953.

Un segundo paso en el proceso de unificación fue la creación, en 1951, de la **Comunidad Europea del Carbón y del Acero** (CECA), que establecía entre sus miembros un mercado único para estos dos productos. Fue la primera institución en la cual los países integrantes (Francia, Alemania Occidental, Bélgica, Italia, Luxemburgo y Países Bajos) aceptaron la libre circulación de productos y delegaron su gestión a un organismo común.

La construcción de la Unión Europea vista por el caricaturista francés Plantu, 1979.

El Tratado de Roma y la creación de la CEE

En 1957, los seis países miembros de la CECA firmaron el **Tratado de Roma**, que instituyó la **Comunidad Económica Europea** (CEE) y la **Comunidad Europea de la Energía Atómica** (EURATOM). Su objetivo era la abolición de las barreras aduaneras, la libre circulación de mercancías, servicios, capitales y personas entre los países miembros y el desarrollo de una política económica común.

El Tratado atribuía a las instituciones comunes la competencia exclusiva en tres ejes de la política económica: transportes, agricultura y comercio exterior. Durante la década de 1960 se avanzó en la puesta en práctica de una **Política Agrícola Común** (PAC) y en la mejora de las redes de transporte.

La realización de estas políticas se apoyaba en una transferencia de competencias de los Estados hacia la CEE y en un presupuesto comunitario formado a partir de los ingresos monetarios que realizaban los Estados miembros. Este presupuesto actuaba como una forma redistribuidora de la riqueza, porque los países con mayor renta aportaban más para ayudar al crecimiento de los menos avanzados.

Los éxitos de la CEE propiciaron que un buen número de países solicitaran su integración. En 1973 firmaron su adhesión Irlanda, Reino Unido y Dinamarca. Grecia se sumó en 1981; España y Portugal, en 1986, y Austria, Finlandia y Suecia, en 1995. La Europa de los Seis se había convertido en la Europa de los Quince.

LA AMPLIACIÓN DE LA EUROPA COMUNITARIA

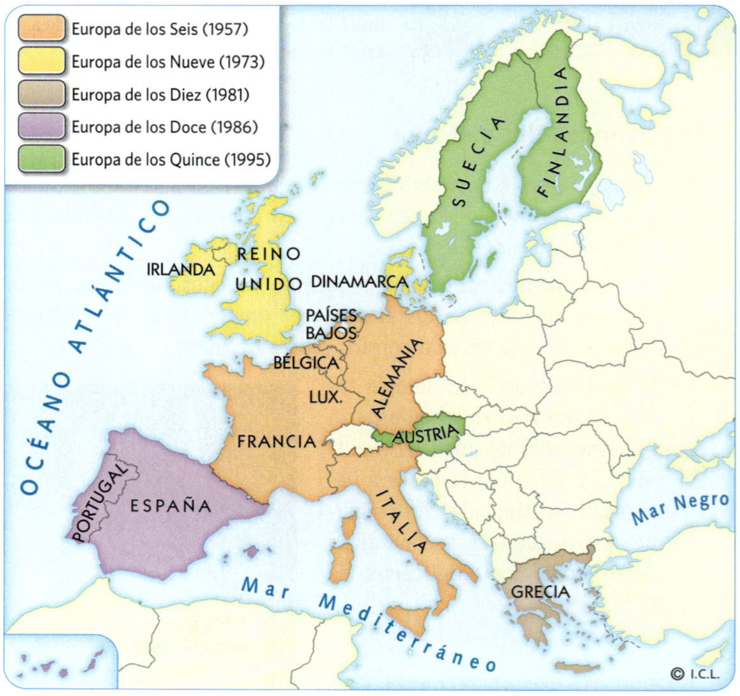

LAS INSTITUCIONES COMUNITARIAS

Desde su fundación, la CEE ha creado unas instituciones y una legislación comunitarias a la vez que los países miembros han ido delegando una parte de su soberanía a estas instituciones supranacionales.

El **Parlamento Europeo** es la institución que garantiza la participación ciudadana en las instituciones de la Unión. Sus miembros son elegidos por los ciudadanos y ciudadanas cada cinco años, en una cantidad proporcional a la población de cada Estado. Se reúne en Estrasburgo (Francia) y en Bruselas (Bélgica).

EL PRESUPUESTO COMUNITARIO (1997)

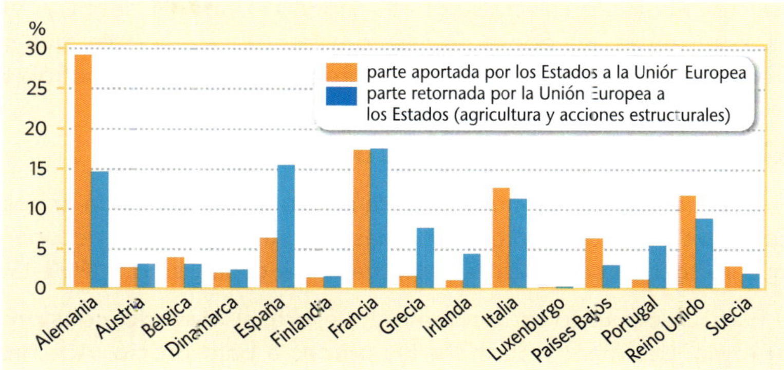

LOS ÓRGANOS DE DECISIÓN DE LA EUROPA UNIDA*

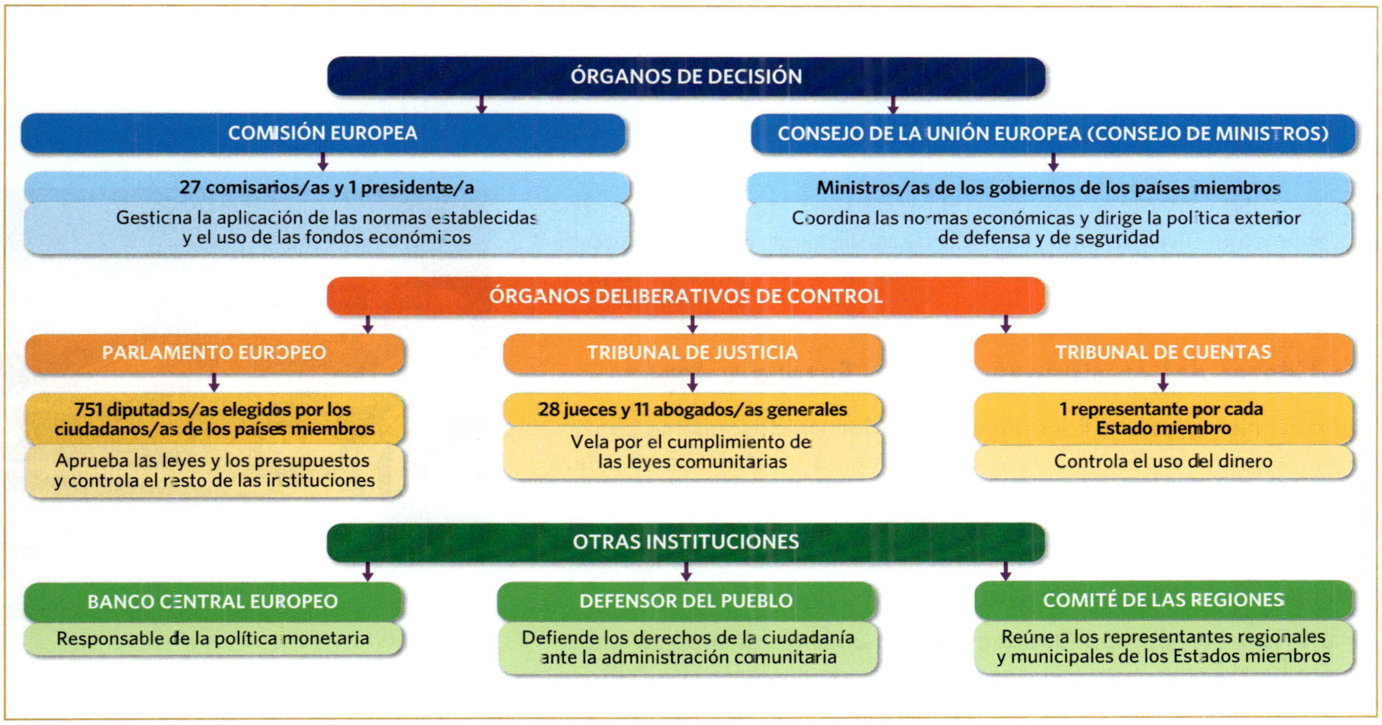

*Cuadro según los actuales organismos de la Unión Europea.

1. ¿Qué aspectos condujeron a algunos dirigentes europeos a proponer la conveniencia de una unión de países europeos? Relaciónalo con la caricatura de Plantu.
2. Sintetiza los pasos que llevaron a la constitución de la CEE. ¿Qué países participaron? ¿Qué objetivos se propusieron? ¿Cuáles fueron sus primeras realizaciones?
3. Observa el mapa y explica cómo se fue ampliando la CEE hasta alcanzar la Europa de los Quince. ¿Por qué tantos países solicitaron su adhesión?
4. ¿Cómo se financiaba la CEE? ¿De dónde provenían sus recursos? Observa el gráfico del presupuesto y justifica por qué el funcionamiento de la CEE se basaba en la solidaridad de unos países con otros. ¿Cuáles aportaban más? ¿Cuáles recibían más en relación a lo aportado? ¿Por qué?
5. Fíjate en el esquema de las instituciones y sintetiza cuáles son los principales órganos decisivos y deliberativos, quiénes los componen y cuál es su función. ¿Cuál es la única institución elegida directamente por los ciudadnos europeos?

3 Del crecimiento económico a la crisis energética

Bajo la hegemonía de Estados Unidos, los países industrializados de economía capitalista (Europa Occidental, Japón, Canadá y Australia) conocieron una época de gran prosperidad económica, que se vio frenada por la crisis derivada del aumento del precio del petróleo.

La edad dorada del capitalismo (1950-1973)

La recuperación económica de la posguerra fue seguida en los países capitalistas de casi tres décadas de gran crecimiento económico, que se conocen como la "edad dorada del capitalismo" (1950-1973).

Este crecimiento se fundamentó sobre el **elevado consumo de energía** (petróleo) y de **materias primas a bajo precio**. Además, las **nuevas tecnologías** permitieron la producción a gran escala, la mejora de la productividad y la reducción del coste de producción y del precio de venta. Todo llevó al aumento de los salarios y al consumo masivo de bienes y servicios.

En la mayoría de hogares se generalizaron los electrodomésticos, los nuevos medios de comunicación (teléfono, radio y televisor) y los automóviles. Las mejoras en el transporte extendieron los viajes, y el turismo se convirtió en una práctica habitual.

Entre 1950 y 1973, la población de los países capitalistas avanzados alcanzó el nivel de vida más alto de su historia, y se consolidó la sociedad de consumo, basada en el continuo crecimiento de la producción y del consumo.

Los líderes del crecimiento: EE UU, Europa y Japón

El crecimiento estuvo liderado por **Estados Unidos**, que se convirtió en la primera potencia económica mundial por su alta producción industrial, el gran volumen de su comercio exterior y su elevada renta nacional. Además, se consolidó como la principal potencia financiera, y el dólar se afianzó como la moneda de referencia para todos los intercambios y transacciones internacionales.

Paralelamente, **Europa Occidental** inició un largo periodo de crecimiento económico, cuando las tasas anuales de aumento del PNB sobrepasaron el 5% anual. Los sectores tradicionales (acero y carbón) dieron paso a las nuevas industrias (química, automóvil, electrónica e informática), al mismo tiempo que aumentaban las actividades de servicios. En general, se experimentó una mejora de la renta por habitante, una subida de los salarios y unos bajos índices de paro.

Japón se convirtió, en menos de veinte años, en la segunda potencia económica mundial, gracias a alcanzar una tasa de crecimiento anual superior al 10%, la más elevada de todos los países capitalistas. El crecimiento japonés se caracterizó por la alta inversión y la innovación tecnológica, así como por la abundancia de mano de obra con una escasa cobertura social.

Todo ello permitió una producción masiva de bienes, sobre todo de aquellos de elevada tecnología (electrónica, informática, robótica, etc.) y con bajos costos de producción. La competitividad de sus productos convirtió a Japón en el primer exportador mundial.

EL CRECIMIENTO ECONÓMICO EN EE UU

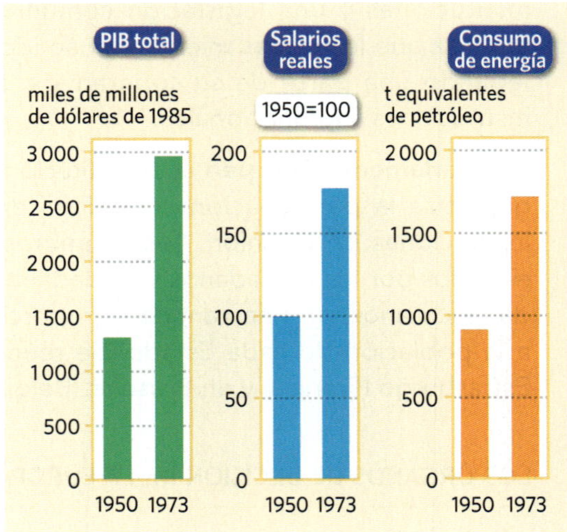

Publicidad de la marca de automóviles americanos Ford, 1958.

TASA DE CRECIMIENTO ANUAL

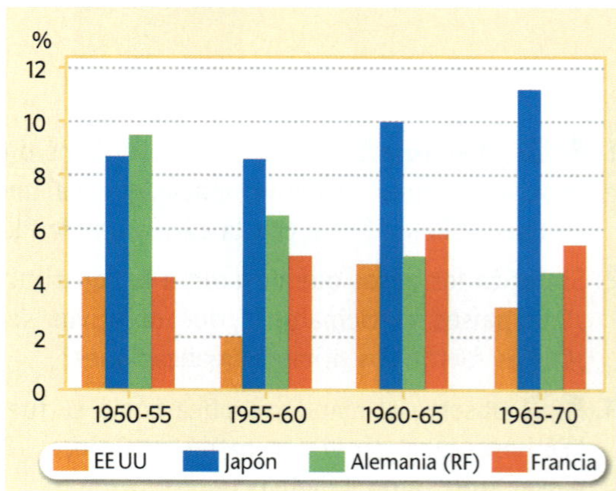

¿POR QUÉ EL PETRÓLEO DESENCADENÓ UNA CRISIS ECONÓMICA?

En 1973, en el contexto de la guerra árabe-israelí, y como arma política, los países árabes productores de petróleo, organizados en la **OPEP** (Organización de Países Exportadores de Petróleo), cuadriplicaron el precio del barril, que continuó aumentando en los años siguientes.

El petróleo dejó de ser una energía barata y ello tuvo un gran impacto sobre la economía mundial. El aumento del precio del combustible repercutió en la **subida de los costes de producción**, en el aumento de la **inflación** y en la **disminución de la demanda**. Como resultado, muchas empresas quebraron y el paro alcanzó cifras muy elevadas. Además, como el precio del crudo estaba establecido en dólares, los países que debían importar el petróleo aumentaron sus déficits comerciales con el consiguiente crecimiento de la deuda exterior.

EL PRECIO DEL PETRÓLEO

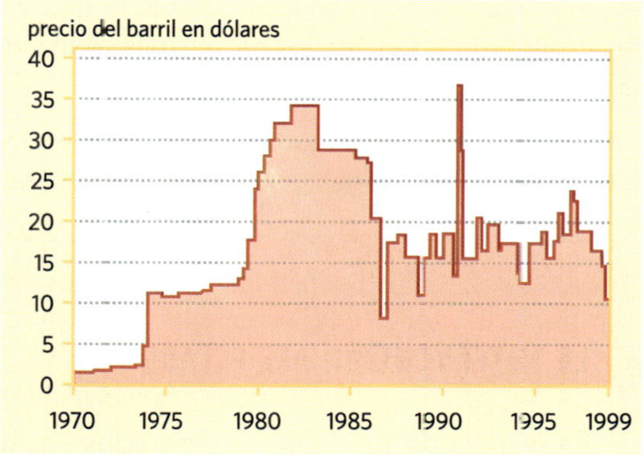

Esta coyuntura frenó el crecimiento económico de las décadas anteriores. Asimismo, para salir de la crisis se realizó una progresiva restructuración del sistema industrial, promoviendo el descenso del consumo de energía, la reconversión de los viejos sectores industriales, la robotización del proceso productivo y la deslocalización de algunas industrias a países donde la mano de obra era más barata.

EVOLUCIÓN DEL PNB EN LOS PAÍSES INDUSTRIALIZADOS

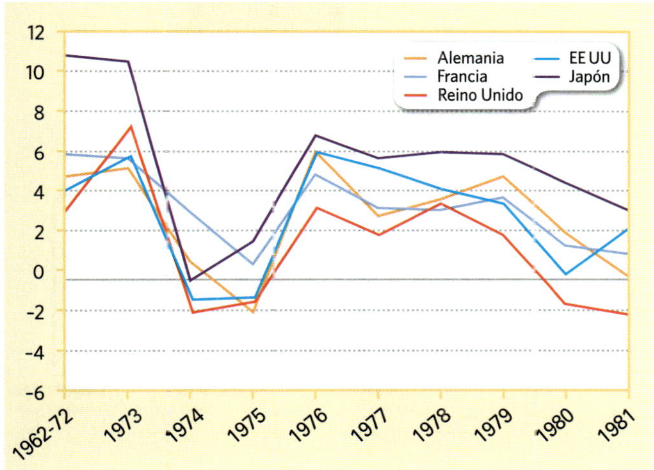

AUMENTO DEL PARO EN LOS PAÍSES INDUSTRIALIZADOS

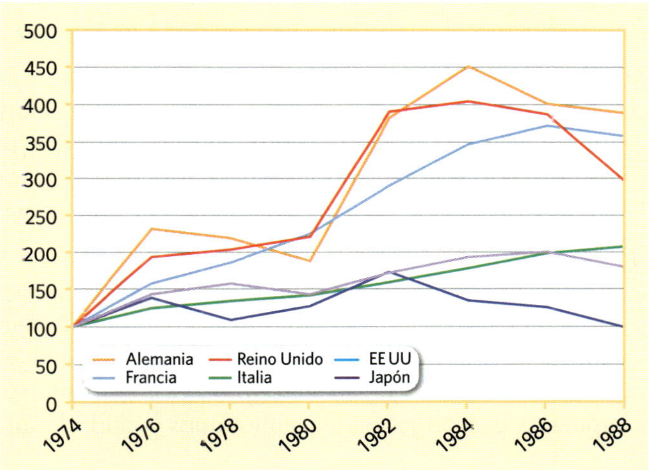

1. ¿Qué evolución siguió la economía de Estados Unidos y de Europa Occidental después de la Segunda Guerra Mundial? ¿Qué relación puedes ver con el establecimiento de la sociedad de consumo?
2. ¿Cómo consiguió Japón convertirse en la segunda potencia económica mundial? ¿Qué rasgos son los que caracterizan su sistema económico?
3. Justifica por qué calificamos el periodo de entre 1950 y 1970 cómo la edad dorada del capitalismo.
4. Observa los documentos sobre la crisis del petróleo que te presentamos y contesta:
   - ¿Qué causas provocaron la subida del precio del petróleo? ¿Qué evolución siguió a partir de 1973?
   - Explica por qué el aumento del precio del crudo provocó una crisis económica generalizada. Identifica los mecanismos de expansión de la crisis.
   - ¿Cómo afectó la crisis al PNB de los países occidentales? ¿Cómo repercutió en el empleo? ¿Por qué?

¿Qué es el Estado del bienestar?

El crecimiento económico de los años que siguieron a la Segunda Guerra Mundial hizo posible la implantación y el desarrollo, sobre todo en los países más avanzados de Europa, del llamado Estado del bienestar.

El Estado del bienestar consiste en la intervención de los poderes públicos en la vida económica y social para regular una distribución más equitativa de la riqueza y garantizar a todos los ciudadanos y ciudadanas unas condiciones de vida dignas.

El Estado del bienestar fue aplicado en su origen por los gobiernos socialdemócratas europeos, pero acabó siendo asumido en sus rasgos más esenciales por la mayoría de gobiernos de Europa Occidental y, en menor medida, por EE UU.

A LA INTERVENCIÓN DEL ESTADO

En la década de 1960, los partidos socialdemócratas europeos defendieron que el Estado podía hacer una gestión mejor que el libre mercado, interviniendo en la economía para fomentar políticas que ayudasen a disminuir las desigualdades sociales.

De este modo, el Estado asumía un gran protagonismo como director y promotor de una parte importante de la economía a través del fomento de las empresas públicas, de la construcción de infraestructuras, de la provisión de servicios públicos, etc. Además, también se propuso intervenir en la regulación del mercado, legislando para impedir los movimientos especulativos, las situaciones de monopolio y otras prácticas abusivas.

Para fomentar la cohesión social, el Estado implementó unas políticas sociales que garantizaban **servicios públicos universales** (sanidad, educación, pensiones...) y unas **prestaciones sociales** a los más necesitados (paro, minusvalías, dependencias, etc.).

La consecuencia fue un gran aumento del sector público y un crecimiento de la Administración, que generó numerosos puestos de trabajo. Todo ello comportó el incremento de los gastos del Estado, que se sufragaron con un aumento de los impuestos que pagaban los ciudadanos y ciudadanas.

EL FUNCIONAMIENTO DEL ESTADO DEL BIENESTAR

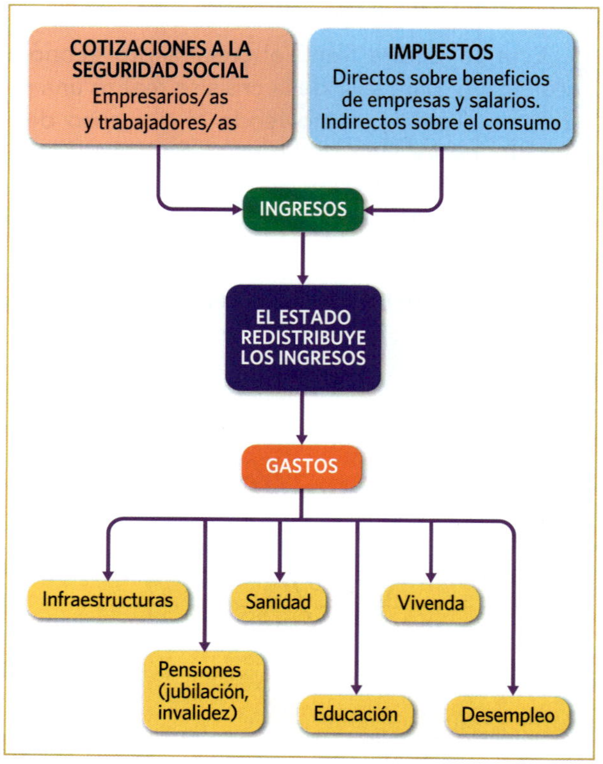

La fiscalidad progresiva y redistributiva

La puesta en práctica de estas políticas sociales se asienta en un aumento de la fiscalidad y en las políticas redistributivas de estos impuestos. El Estado debe recaudar impuestos, que la ciudadanía paga en proporción a su riqueza, y debe destinar parte de ellos a atender las necesidades sociales de toda la población.

Este proceso, mediante el cual el Estado transfiere rentas de los sectores más beneficiados a los más desfavorecidos, es el núcleo central del Estado de bienestar y constituye un gran pacto de solidaridad social.

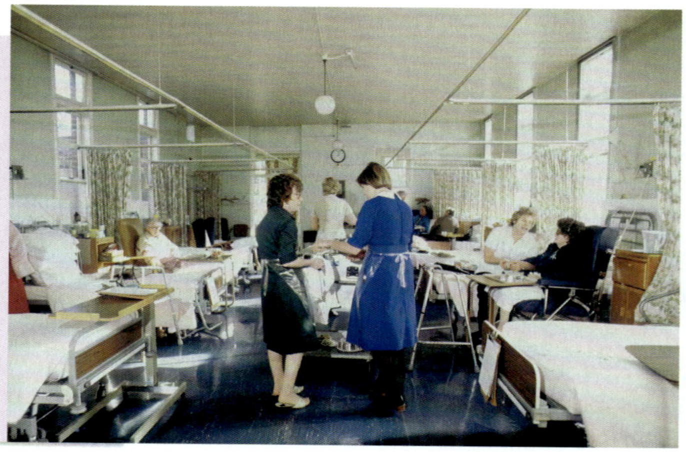

La asistencia sanitaria es uno de los grandes éxitos del Estado del bienestar. En la imagen, un hospital británico en la década de 1980.

B LOS PILARES DEL ESTADO DEL BIENESTAR

El Estado del bienestar descansa sobre cuatro pilares que garantizan las prestaciones sociales básicas:

- La **educación**, obligatoria y gratuita en las diversas etapas, que varía según el país.
- La **sanidad**, como un principio universal y gratuito, aunque en algunos lugares de Europa la ciudadanía debe contribuir parcialmente a financiar su coste.
- La **seguridad social**, fundamentalmente las pensiones de jubilación, que varían en función de las cotizaciones realizadas por los trabajadores y trabajadoras, y los seguros que atienden a diferentes situaciones (orfandad, viudedad, enfermedad, etc.).
- Los **servicios sociales**, que son ayudas destinadas a cubrir necesidades de ciertos colectivos menos favorecidos. En este punto destaca la atención a las personas dependientes.

LA PROTECCIÓN SOCIAL EN LA UNIÓN EUROPEA

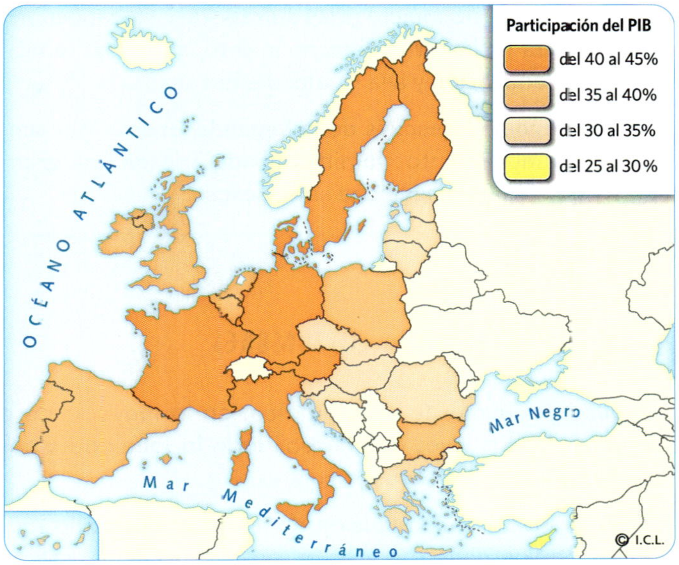

Suecia, un modelo de bienestar social

Ken Byrne es un irlandés casado con una ciudadana de Estocolmo, padre de una niña de 20 meses y con un segundo bebé en camino. Ken agradece que otros paguen tasas para que él tenga acceso a guarderías gestionadas por cada ayuntamiento, que tenga derecho a un beneficioso permiso de paternidad y a un colegio que dará de desayunar y comer gratis a sus hijos durante toda la edad escolar. O una universidad a la que a buen seguro –como el 90 % de las personas aquí– irán sus vástagos, con unos privilegiados subsidios y préstamos.

De una forma algo extraña, a todos los suecos preguntados no parece importarles demasiado que se vaya del orden del 29 al 46 % de sus ingresos en impuestos, en función del salario, porque saben el cobijo estatal que ello les proporciona.

"El Estado del bienestar sueco", *ABC digital*, 26/05/2014.

EL MODELO DEL BIENESTAR NÓRDICO Y ESPAÑOL

	Noruega	Suecia	España
Permiso de maternidad (en días)	322-392	480	82-112
Permiso de paternidad (en días)	84	480	15-30
Cobertura del sueldo de la madre y del padre	100 %–80 %	80 %	100 %
Ayudas mensuales por hijo	125 € hasta los 18 años	100 € hasta los 18 años o fin de estudios	Solo para rentas muy bajas
Educación infantil, primaria, secundaria y universidad	Gratis	Gratis primaria, secundaria y universidad	Gratis infantil, primaria y secundaria

1. ¿Por qué los Estados aumentaron su participación en la economía y la prestación de servicios? ¿Cómo se justificaba?
2. ¿Qué es el Estado del bienestar? ¿Cómo se financia? Observa el esquema y explica con tus palabras en qué consiste la fiscalidad progresiva y distributiva.
3. ¿Cuáles son los servicios básicos que el Estado del bienestar garantiza a los ciudadanos y ciudadanas?
4. Observa el mapa y haz una relación ordenada de los países de Europa según la proporción de su riqueza que se invierte en prestaciones sociales.
5. Lee el texto sobre Suecia y explica por qué la población sueca está de acuerdo en pagar un elevado nivel de impuestos. ¿Opinas tú lo mismo? Justifica tu respuesta.

Investiga

6. Consulta www.tiching.com/750072 y haz una relación ordenada de mayor a menor de qué parte del PIB destina España a las distintas prestaciones sociales (enfermedad, vejez, discapacidad...) y valora qué lugar ocupa España en el conjunto de países de la Unión Europea en cuanto a protección social.

5 Las mujeres, la lucha por la igualdad y la paridad

A principios del siglo XX, las leyes sometían a la mujer a la autoridad del hombre, que era el cabeza de familia. Desde el siglo XIX, grupos de mujeres (las sufragistas) se habían organizado para reclamar el derecho al voto, al trabajo remunerado, a la educación y a la igualdad entre sexos.

Sin embargo, fue después de la Segunda Guerra Mundial cuando los movimientos feministas adquirieron una gran fuerza y plantearon la igualdad entre sexos.

La segunda mitad del siglo XX fue el periodo de mayor cambio social y cultural en términos de modernización de las relaciones de género, y en el que las mujeres consiguieron grandes avances en la consecución de la igualdad.

Pero a pesar de este gran avance, la igualdad real entre sexos aún no es una realidad. ¿Existe un techo invisible que limita el ascenso de las mujeres hacia la igualdad entre sexos? ¿En qué consiste?

A EN LAS LEYES Y LAS COSTUMBRES

Desde el punto de vista jurídico, en la mayoría de países avanzados las leyes han consolidado la igualdad legal y de derechos entre hombres y mujeres.

En España, la Constitución de 1976 consagró la igualdad entre ambos géneros, y leyes posteriores han protegido la maternidad, la conciliación de la vida laboral y familiar, y han actuado contra la violencia de género. En el año 2007, la **Ley para la Igualdad Efectiva entre Hombres y Mujeres** aspiraba a hacer real el principio de oportunidades.

Aunque el modelo de familia patriarcal ha retrocedido enormemente y la mayoría de las mujeres han accedido al trabajo remunerado, sigue sin existir un reparto equitativo de las tareas domésticas entre hombres y mujeres, y eso comporta que recaiga sobre ellas una jornada laboral doble.

Además, la reticencia de algunos hombres a abandonar su papel dominante en la familia y en las relaciones con las mujeres los lleva a hacer uso de la violencia, lo cual provoca que muchas mujeres sean agredidas en el entorno familiar.

Los movimientos feministas

Los movimientos feministas de las décadas de 1960 y 1970 plantearon un cambio revolucionario respecto a lo que las mujeres esperaban de sí mismas y al lugar que debían ocupar en la sociedad.

El derecho a su propia sexualidad, la necesidad de compartir las tareas domésticas, la rebelión contra el maltrato y la opción de optar a todos los trabajos o cargos en igualdad de condiciones se convirtieron en las principales demandas exigidas por los colectivos de mujeres.

Celebración del Día Internacional de la Mujer Trabajadora, Madrid, 1979.

B EN LA EDUCACIÓN Y EN EL TRABAJO

En España, las mujeres han accedido a todos los niveles de la enseñanza. A nivel superior, las mujeres han superado a los hombres (45,9% de las mujeres acceden a la universidad, frente al 35,7% de los varones).

La incorporación de las mujeres al mercado laboral no se ha efectuado en condiciones de igualdad, y a pesar de contar con una preparación como mínimo igual a la de los varones, se ven discriminadas tanto en responsabilidades profesionales como en los salarios.

A pesar de los avances conseguidos, el salario de las mujeres españolas es el 86% del de los hombres, y la mujer es uno de los colectivos más afectados por el desempleo y por el empleo precario.

TASA BRUTA DE ESTUDIANTES QUE ACABA LA ESO EN ESPAÑA

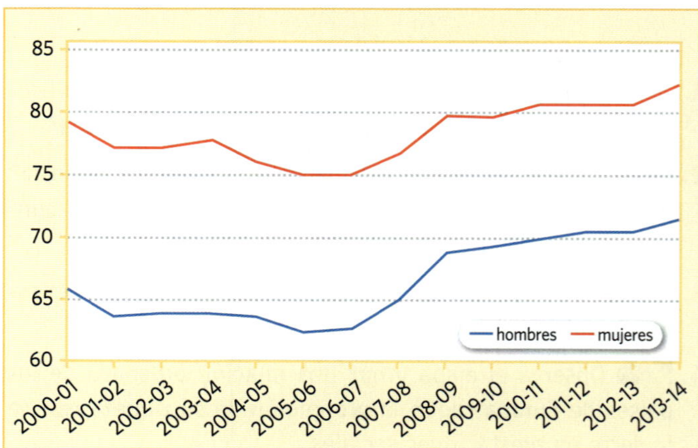

C EN LA POLÍTICA Y EN LA TOMA DE DECISIONES

La participación creciente de las mujeres en diversas esferas de la vida social ha contribuido a aumentar su presencia en los puestos de toma de decisiones. Sin embargo, la presencia de mujeres que ocupan puestos directivos y de responsabilidad a nivel político, económico y social es mucho menor al de los hombres.

Las instituciones políticas, tanto europeas como españolas, han insistido en la necesidad de adoptar medidas para garantizar una presencia equilibrada de ambos sexos en los puestos de responsabilidad de las empresas, la Administración pública y los órganos políticos. En esta dirección se ha señalado la conveniencia de utilizar cuotas que reserven un determinado porcentaje de puestos a las mujeres.

ALTOS CARGOS EN ESPAÑA EN 2014

Cargos	Mujeres	Hombres
Presidencia y consejos de administración de las empresas del Ibex-35	**80**	**359**
Presidentas/es	3	32
Vicepresidentas/es	3	39
Consejeras/os	74	288
Órganos superiores y altos cargos de la Administración General del Estado	**98**	**202**
Ministras/os	4	9
Secretarias/os de Estado	8	22
Subsecretarias/os	21	43
Directoras/es generales	51	106
Otros altos cargos	14	22
Sistema judicial	**7 285**	**5 097**
Fiscales	1 526	899
Secretarias/os judiciales	2 787	1 400
Miembros de la carrera judicial	2 972	2 798

D ¿EXISTE UN TECHO DE CRISTAL PARA LAS MUJERES?

LA BRECHA DEL TALENTO FEMENINO

Categoría	Hombres	Mujeres
Directivos/as	61	39
Personal profesional	48	52
Trabajadoras/es de servicios	40	60
Trabajadoras/es administrativas/os y de apoyo	29	71
Oucpación elemental	47	53
Ocupaciones cualificadas en la agricultura y la pesca	73	27
Artesanía y comercio	89	11

Fuente: ONU i OIT 2015.

Durante las últimas décadas del siglo XX y principios del siglo XXI, la paridad entre hombres y mujeres en las esferas educativas, laboral y política, y también en los ámbitos personal y familiar, ha conocido un progreso considerable respecto a épocas pasadas.

Sin embargo, y a pesar de la igualdad legal, existe un **techo de cristal**, un obstáculo invisible que impide a las mujeres situarse en una igualdad real con los hombres y acceder a los niveles más altos en el ámbito político, empresarial y académico, tanto en el sector público como en el privado.

1. ¿Crees que a lo largo del siglo XX las mujeres han avanzado en la consecución de la igualdad con los hombres? Pon ejemplos concretos que reafirmen tu respuesta.
2. A partir de la información de estas páginas, explica qué desigualdades existen actualmente en la vida cotidiana, en los estudios, en el trabajo, en la política y en las empresas.
3. ¿Qué plantearon los movimientos feministas de las décadas de 1960 y 1970?
4. ¿Por qué se habla del techo de cristal de las mujeres? ¿En qué consiste? ¿Cómo lo representa el esquema? ¿Qué consecuencias tiene?

Ponte en su lugar

5. Consulta www.tiching.com/750641 y visiona los testimonios de una abuela y su nieta sobre la diferente situación de las mujeres. Después, haz una entrevista a tu abuela y a tu madre, y elabora una lista de las mejoras en la situación de las mujeres a lo largo de dos generaciones.
6. Reuníos en parejas e imaginad que debéis elaborar una propuesta de ley para fomentar la igualdad entre sexos. Escribid una lista de las diez medidas que propondríais. A continuación debatidla entre toda la clase y consensuad una propuesta común.

6 La evolución del bloque comunista

La Segunda Guerra Mundial, el estallido de la Guerra Fría y la descolonización comportaron la expansión del comunismo, hasta aquel momento limitado a la URSS, por los países del Este de Europa, China y por otros Estados dispersos por distintos continentes.

Las democracias populares de Europa Oriental

En las llamadas democracias populares de Europa Oriental se crearon sistemas políticos similares al de la URSS. El Partido Comunista se instaló en el poder como partido único, toda oposición o disidencia fue prohibida y perseguida, y una burocracia de afiliados al partido se hizo con la administración del país.

A nivel económico, la propiedad agraria e industrial pasó mayoritariamente a manos del Estado y, a imitación del modelo soviético, se intentó llevar a cabo una rápida industrialización basada en la industria pesada. La producción pasó a estar dirigida por el Estado a través de **planes quinquenales** que imponían los ritmos de producción y los precios. Este desarrollo industrial comportó el traslado de muchos campesinos y campesinas a las ciudades y la desatención del desarrollo agrícola, provocando un problema de abastecimiento.

La URSS facilitó recursos económicos para potenciar el desarrollo económico de sus países satélites y se erigió en líder mediante la creación de organismos de cooperación económica, como el COMECON. Aunque en todos ellos tuvo lugar un proceso de crecimiento económico, los resultados fueron muy desiguales, ya que el nivel de partida era muy diferente: mientras Rumania, Bulgaria o Albania apenas habían iniciado la industrialización, Alemania, Checoslovaquia y Polonia tenían una industria consolidada.

La imposición del modelo soviético no se llevó a cabo sin problemas. En Hungría, en 1956, se produjo un levantamiento contra la presencia soviética, y en 1968, en Checoslovaquia, el Partido Comunista trató de poner en marcha una experiencia propia de socialismo (Primavera de Praga). Ambos levantamientos fueron sofocados por la intervención del ejército soviético.

La URSS, una potencia inmovilista

La victoria de la URSS en la Segunda Guerra Mundial facilitó la expansión de la influencia soviética y su conversión en una superpotencia económica y militar capaz de disputar el dominio mundial a Estados Unidos, con quien mantendría una carrera armamentista.

Tras la muerte de Stalin (1953), el dirigente **Nikita Jruschov** promovió la **desestalinización**, intentando poner fin a la represión indiscriminada y al culto a Stalin. Para mejorar el nivel de vida de la población, estableció nuevas medidas económicas con el fin de aumentar la producción agrícola.

A la caída de Jruschov en 1964, el nuevo dirigente, **Leónidas Breznev**, frenó el proceso reformista, aumentó la burocratización y se instaló en un **inmovilismo político** y en el estancamiento económico, que caracterizó el sistema soviético hasta su fin.

LAS DEMOCRACIAS POPULARES EN EUROPA

Dentro de las democracias populares del Este de Europa, Yugoslavia mantuvo una cierta independencia de la URSS.

Cartel de propaganda soviético de 1955 que muestra el imparable avance del socialismo, que supera al capitalismo.

LA EXPANSIÓN MUNDIAL DEL COMUNISMO

El modelo soviético resultó atractivo para países sin tradición democrática y con graves problemas económicos y sociales. También fue adoptado por algunos de los nuevos Estados surgidos de la descolonización.

LA REVOLUCIÓN CHINA

En 1948, tras una cruenta guerra civil, el Ejército Popular de Mao Zedong se hizo con el poder en China e implantó un comunismo de inspiración soviética. Sin embargo, en 1956 rompió con la URSS e implantó un modelo propio, basado en las comunas populares, unas unidades económicas que unían agricultura y pequeña industria.

LA REVOLUCIÓN CUBANA (1959)

Una revolución popular liderada por Fidel Castro y Ernesto "Che" Guevara puso fin al gobierno autoritario y proamericano de Fulgencio Batista. La amenaza de EE UU y el boicot económico acercaron Cuba a la URSS, por lo que se convirtió en un país bajo la influencia soviética.

LA EXPANSIÓN SOVIÉTICA

LA GUERRILLA LATINOAMERICANA

El triunfo de la revolución cubana impulsó las guerrillas comunistas y antiimperialistas por todo el continente: Venezuela, Colombia, Perú, etc. En 1979 triunfó la revolución sandinista en Nicaragua, hecho que alentó el avance guerrillero en El Salvador y Guatemala.

LA INFLUENCIA COMUNISTA EN LA DESCOLONIZACIÓN

En África, algunos Estados del Magreb adoptaron regímenes socializantes (Argelia y Libia), y la influencia soviética se extendió por Etiopía. En África subsahariana, la URSS dio su apoyo a Guinea, Mali y Benin, y las tropas cubanas sostuvieron los movimientos comunistas de Angola y Namibia.

1. Observa el mapa de la página anterior y explica en qué zonas de Europa se extendió la influencia soviética. ¿Qué fue el Pacto de Varsovia? ¿Qué era el COMECON?
2. ¿Qué sistema económico y político se instaló en las llamadas democracias populares? ¿Qué relación mantenían con la URSS?
3. ¿Qué reformas introdujo Jruschov en la URSS? ¿Qué fue la desestalinización?
4. Observa el cartel de propaganda soviético y explica el mensaje que quiere transmitir. ¿Qué imágenes y colores utiliza? ¿Con qué simbolismo?
5. Fíjate en el mapa sobre la expansión soviética y explica en qué países del mundo, fuera de Europa, se extendió el comunismo. ¿Qué influencia tuvieron la Guerra Fría y la descolonización en esta expansión? Explica los casos de Cuba, China y algunos países africanos.

7 La crisis del mundo soviético

Durante décadas, la URSS fue la segunda potencia militar del mundo y un referente para muchos países, pero su economía estaba estancada, el nivel de vida de su población era muy bajo y la falta de libertades incrementaba el descontento social.

El estancamiento económico

A principios de la década de 1970, el crecimiento económico de la URSS comenzó a estancarse. La defensa del sistema socialista tenía un inmenso coste para la población, debido a la necesidad de atender prioritariamente a la defensa del bloque socialista frente a Estados Unidos, privilegiando el mantenimiento del aparato militar y la industria de armamento.

El modelo estatalizado de economía, con escasos incentivos al esfuerzo personal y a la innovación, conllevó bajos niveles de productividad y un retraso notable en la innovación tecnológica. En consecuencia, el desarrollo económico se fue paralizando y la distancia con los países occidentales se hizo cada vez mayor.

La situación se vio agravada por la recesión económica mundial iniciada en 1973. El hundimiento del comercio internacional redujo las exportaciones de los países del bloque del Este y dificultó sus importaciones de productos básicos (cereales), necesarias para alimentar a la población. La reconversión tecnológica y empresarial de los países occidentales para salir de la crisis evidenció aún más el **colapso del sistema soviético** en el terreno económico, científico y tecnológico.

El descontento social

El sistema comunista garantizaba a toda la población y de forma gratuita o a coste muy bajo los grandes **servicios sociales básicos**, como la vivienda, la sanidad, la educación y el transporte. Sin embargo, la excesiva burocratización y la falta de incentivos comportó un bajo nivel de calidad de estos servicios, que no satisfacían las expectativas de la población.

La apuesta por el desarrollo de la industria pesada, necesaria para el mantenimiento de la potencia militar, redujo enormemente la oferta de alimentos y de bienes de consumo básicos. Su escasez se convirtió en un déficit permanente, que obligaba a la población a realizar grandes esfuerzos para conseguirlos.

El sistema político, basado en la hegemonía del Partido Comunista, en la represión de toda disidencia y en la negación de las libertades democráticas, comenzó a resquebrajarse ante la falta de apoyo social. Además, la falta de renovación de los dirigentes comunistas convirtió al Estado soviético en una verdadera **gerontocracia**, cada vez más burocratizada, ineficiente y alejada de la realidad social.

TASA ANUAL DE CRECIMIENTO EN LA URSS*

Aspectos económicos	1970	1975	1977	1979
Renta nacional	7,2	5,1	3,5	2
Producción de bienes de consumo	8,3	6,5	5	3,3
Producción de bienes de equipamiento	8,5	7,9	6	3,5
Producción agrícola	3,9	1,2	3	–4
Inversiones	7,5	6,9	3,4	1

* tasa media anual (en %).

El colapso del sistema soviético

Cuando en abril de 1985 acepté encabezar el Comité Central del PCUS (...), nuestro país se había desgastado en una carrera de armamentos extenuante. Los mecanismos económicos funcionaban cada vez peor, el rendimiento de la producción bajaba, (...) la corrupción atacaba descaradamente a todos los escalones del sistema administrativo, (...) bajo la capa exterior de una unidad ideológica monolítica de la sociedad, cada vez asomaban más la mentira oficial, la hipocresía y el cinismo.

Mijaíl Gorbachov: *Memorias,* 1993.

Caricatura sobre la falta de productos de consumo en la URSS, 1976.

LA PERESTROIKA, UN PROYECTO REFORMISTA

En 1985 accedió al poder un nuevo dirigente soviético, **Mijaíl Gorbachov**, que puso en marcha un programa de reformas, que se concretó en la *perestroika* (reconstrucción) y la *glasnost* (transparencia). Con ellas se mostraba la voluntad de renovar el sistema económico y promover nuevas formas de participación política. Los principales campos de actuación fueron:

- En el **terreno económico** se intentó aumentar la producción y la productividad, introduciendo incentivos personales y facilitando ciertas formas de mercado libre.
- A **nivel político** se tendió a suavizar el monopolio del PCUS, promoviendo la participación política de la población fuera del partido y se permitió una mayor libertad de prensa. También se emprendió la lucha contra la corrupción a todos los niveles.
- A **nivel territorial** se redactó un nuevo Tratado de la Unión, que establecía una relación más equilibrada entre las repúblicas soviéticas y una mayor participación en las decisiones comunes.
- En **política internacional** se optó por un mejor entendimiento con Occidente y se reanudaron las conversaciones con EE UU sobre reducción de armamento. También se suavizó el control de la URSS sobre los países socialistas de Europa y se optó por la disolución del Pacto de Varsovia y la retirada del Ejército soviético de los países del Este.

Sello conmemorativo de la perestroika, 1988.

Las reformas propuestas por Gorbachov comportaban el establecimiento de nuevas relaciones entre Estados Unidos y la URSS.

La problemática soviética

La Unión Soviética, el primer productor mundial de acero, de materias primas, de petróleo y de productos energéticos, sufre déficits provocados por la corrupción y la ineficacia. Uno de los mayores productores de cereales se halla en la necesidad de comprar millones de toneladas de grano para alimentar el ganado. Tenemos el número más elevado de médicos y de hospitales por mil habitantes y a la vez padecemos insuficiencias cada vez mayores en nuestro sistema sanitario.

Nuestros cohetes son capaces de llegar con una increíble precisión al cometa Halley o a Venus, pero, al lado de estos triunfos de la ciencia y de la tecnología, nos falta, de manera evidente, eficacia cuando se trata de aplicar las innovaciones científicas a las necesidades económicas, y así, por ejemplo, un gran número de aparatos electrodomésticos tienen una calidad muy mediocre.

Mijaíl Gorbachov: *Perestroika: un nuevo pensamiento para nuestro país y para el mundo*, 1987.

1. ¿Qué déficits atribuye Gorbachov al sistema económico soviético?

2. Explica por qué el sistema soviético entró en colapso en la década de 1980. ¿Cuáles eran sus principales problemas económicos, políticos y sociales? ¿Qué realidad económica muestra la tabla de la tasa de crecimiento?
3. Describe la caricatura y explica qué pretende denunciar. ¿Qué motivos de descontento tenía la población soviética?
4. Lee los dos textos de Gorbachov. Sintetiza en qué situación se hallaba la URSS y cuáles eran sus principales problemas cuando alcanzó el poder.
5. ¿Qué propuesta llevó a cabo Gorbachov para solucionar los problemas de la URSS y renovar su sistema político? ¿Qué dos conceptos resumían su propuesta reformista?

8 Dos concepciones del arte: EE UU y la URSS

ARTE Y SOCIEDAD

La oposición entre los dos sistemas de organización social propuestos por EE UU y la URSS también se evidenció en dos maneras diferentes de concebir el arte.

Mientras en el mundo occidental los artistas podían crear sus obras libremente, expresando sus ideas y experimentando nuevas formas artísticas, en el mundo comunista se impuso un arte oficial, que debía seguir las directrices marcadas desde el poder, con el objetivo de exaltar los valores del socialismo.

El arte occidental de la posguerra siguió tendencias diversas, pero destacamos el *Popular Art* (Pop Art), que se desarrolló a largo de las décadas de 1950 y 1960, y que representa como ningún otro la sociedad de consumo occidental.

En el bloque oriental se impuso el realismo socialista, que se inició en la URSS, bajo mandato de Stalin en la década de 1930, y mantuvo su vigencia como arte oficial y propagandístico en todos los países que adoptaron el comunismo.

A EL POP ART

Este movimiento surgió paralelamente en Londres y Nueva York, y se caracterizaba por su carácter **figurativo**, la utilización de imágenes propias del **mundo del consumo** (publicidad, televisión, revistas, periódicos, productos de consumo, cómics, personajes populares...).

Sus obras se dirigían a una audiencia masiva, ofreciéndoles un arte banal, producido en serie, efímero, ingenioso, sexy..., y muy fácil de comprender por el público. Este arte se contraponía a las corrientes abstractas del momento, a las que se consideraba como excesivamente intelectualizadas y socialmente elitistas.

Entre sus representantes destacan los estadounidenses Roy Lichtenstein, Claes Oldenburg y los británicos Eduardo Paolozzi y David Hockney. Pero por encima de todos ellos se encuentra la figura de **Andy Warhol**, líder indiscutible del movimiento.

Roy LICHTENSTEIN: *Study for Vicki*, 1964.

Douane HANSON: *Supermarket Lady*, 1969.

FICHAART ✓

a) **Identificación y descripción.** Sitúa cronológicamente la obra y a su autor. ¿A qué movimiento artístico pertenece?

b) **Descripción.** Describe con detalle la escultura. ¿Crees que es realista? ¿Qué efecto quiere conseguir?

c) **Análisis.** ¿Qué visión crítica de la sociedad de consumo presenta el artista? Relaciónalo con el título. ¿Qué aspectos de la escultura la convierten en una metáfora esperpéntica?

d) **Relación entre arte y sociedad.** Observa las tres imágenes de esta página y explica a través de ejemplos cómo el Pop Art es un arte que refleja la cultura de masas del siglo XX.

Andy WARHOL: *Lata de sopa Campbell's*, 1962.

B EL REALISMO SOCIALISTA

El realismo socialista nació como reacción al arte burgués y se convirtió en el arte oficial y prácticamente el único estilo artístico autorizado en los países del bloque comunista. Fue un arte eminentemente **propagandístico**, al servicio del Estado, que pretendía trasladar los ideales del comunismo al terreno del arte.

Su finalidad era educar a los trabajadores y trabajadoras en el espíritu del comunismo, que se convertía en protagonista de las obras artísticas. Los obreros y campesinos, tanto hombres como mujeres, eran presentados en sus ambientes laborales (minas, fábricas, granjas colectivas) y exaltados como héroes ennoblecidos por los valores del trabajo.

También pretendía ensalzar los logros conseguidos por el Estado comunista y venerar a los líderes políticos que regían los destinos del pueblo y lo conducían por la verdadera senda revolucionaria.

Aleksandr DEINEKA: *Donbass*, 1947.

FICHAART

a) **Identificación.** Tipo de obra, material y dimensiones. ¿Quién encargó la obra y para qué?

b) **Descripción.** Describe los personajes: su apariencia, vestimenta, actitud y objetos que sostienen.

c) **Análisis.** ¿Qué crees que pretendía mostrar el artista a través de esta obra? ¿Con qué intencionalidad?

d) **Relación entre arte y sociedad.** Justifica por qué se trata de una obra representativa del realismo socialista y por qué era un arte al servicio del poder.

Vera MOUKHINA: *El obrero y la koljosiana*, 1937. Se trata de una escultura de acero de 25 m de altura que pesa 80 toneladas, realizada para el pabellón soviético de la Exposición Universal de París.

1. Sintetiza las características del Pop Art y del realismo socialista, y explica a qué modelo social responden.
2. Busca cinco diferencias entre ambas concepciones en cuanto a: estilo artístico, personajes, temas e intencionalidad de las obras.
3. ¿Qué diferente visión de las mujeres se observa en los dos tipos de arte? ¿A qué crees que responden?

Aprecia el arte

4. El Pop Art pretendía representar objetos cotidianos de la cultura de masas de la década de 1960. ¿Qué utensilios, imágenes, productos, personajes... utilizarías para simbolizar la cultura de masas del siglo XXI? Haz un dibujo que represente la cultura de nuestra época actual siguiendo los parámetros artísticos del Pop Art.

COMPLETA EL MAPA CONCEPTUAL

Con la información del tema, completa en tu cuaderno el siguiente esquema:

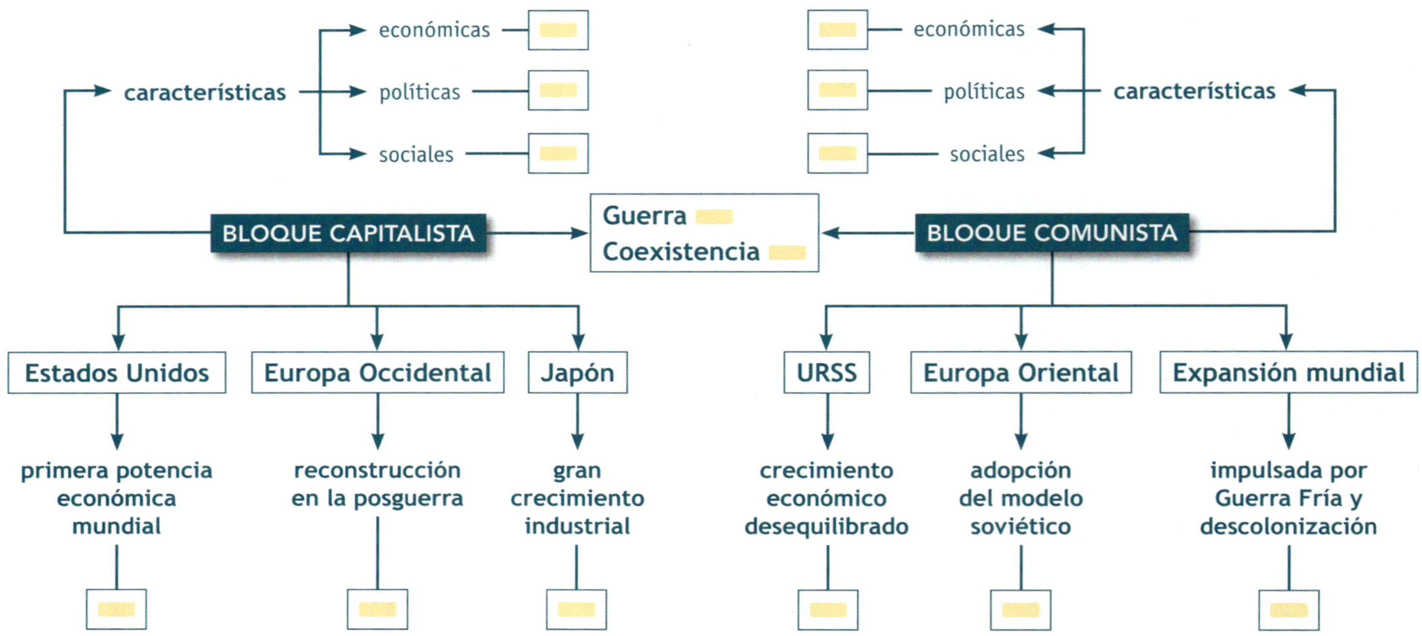

1 CONSOLIDA LO APRENDIDO

a) ¿Qué papel desempeñó Estados Unidos en la posguerra mundial? ¿Por qué? ¿Qué características presentó su modelo social y económico?

b) ¿Cómo se produjo la reconstrucción de Europa Occidental? ¿Sobre qué bases se asentó la Comunidad Económica Europea? ¿Cómo se fue ampliando?

c) ¿Qué es el Estado del bienestar? ¿Cuáles son sus pilares básicos? ¿Cómo se financia?

d) ¿Cómo ha cambiado el rol social de la mujer a lo largo de la segunda mitad del siglo XX? ¿Qué son los movimientos feministas?

e) ¿Qué papel jugó la URSS en la posguerra mundial? ¿Qué rasgos caracterizan al sistema comunista? ¿Cómo se expandió el comunismo por Europa y el resto del mundo?

f) ¿Qué factores condujeron a la crisis económica de 1973? ¿Qué repercusiones tuvo sobre las economías capitalistas? ¿Y las socialistas?

2 IDENTIFICA LOS PERSONAJES

- Josef Stalin
- Mijaíl Gorbachov
- Leonidas Breznev
- Mao Zedong
- Andy Warhol
- Ernesto "Che" Guevara

3 DEFINE CONCEPTOS CLAVE

- desestalinización
- *perestroika*
- realismo socialista
- democracia popular
- *american way of life*
- fiscalidad progresiva y redistributiva
- sociedad de consumo
- Arte Pop
- gerontocracia
- *nomenklatura*
- prestaciones sociales

4 IDENTIFICA LAS SIGLAS

- PCUS
- EURATOM
- COMECON
- CEE
- OPEP
- CECA
- URSS

5 ESTABLECE LA CRONOLOGIA

- Tratado de Roma
- Entrada de España en la CEE
- Primavera de Praga
- Crisis del petróleo
- Revolución china
- Revolución cubana

RESPONDE A LA PREGUNTA INICIAL

¿Qué diferenciaba a Estados Unidos y la URSS? ¿Cómo evolucionó cada uno de los bloques?

APRENDE A... USAR TECNOLOGÍAS DE LA INFORMACIÓN Y LA COMUNICACIÓN

El siguiente ejercicio propone un pequeño trabajo de indagación sobre la Comunidad Económica Europea. Debe hacerse en grupo, de forma colaborativa y usando las nuevas tecnologías de la información y la comunicación, tanto para la búsqueda de la información (Internet) como para exponer sus resultados (presentación con diapositivas).

Propuesta de temas

1. La gestación de la unidad europea: de Jean Monnet al Tratado de Roma
2. Los objetivos fundacionales de la CEE
3. ¿En qué consistía la Política Agrícola Común (PAC)?
4. Las instituciones comunitarias: composición y funciones
5. ¿Cómo funciona el Parlamento Europeo?
6. La ampliación comunitaria: de la Europa de los 6 a la Europa de los 28
7. La solidaridad con las regiones más desfavorecidas de los países miembros: los fondos de cohesión
8. Las políticas europeas para favorecer la igualdad entre hombres y mujeres

1. Organización de grupos de trabajo

- Debéis formar grupos de trabajo de cuatro personas.
- Cada grupo elegirá uno de los temas propuestos y organizará el método de trabajo a seguir. Para ello elaborará un índice previo con los aspectos sobre los que hay que buscar información.

2. Búsqueda de la información en Internet

- A continuación debéis buscar la información necesaria en Internet, teniendo en cuenta que debe hacerse en cinco direcciones: información textual explicativa, gráficas, mapas, tablas e imágenes.
- Preparad y organizad de forma coherente la información encontrada para poder pasarla a una presentación con diapositivas. Recordad que es necesario reelaborarla y que no debéis hacer directamente un "copiar y pegar".

3. Elaboración de una presentación con diapositivas

- Cada grupo debe elaborar una presentación utilizando el programa Prezi. Las presentaciones no deben superar los 5 minutos de duración.
- Cada presentación se expondrá al resto de la clase y seguidamente se moderará un turno de preguntas para resolver las dudas que hayan podido aparecer.

Para buscar información en Internet

Páginas web sobre la Unión Europea:

Portal de la UE: www.tiching.com/678942

Historia de la UE: www.tiching.com/750490

UE en breve: www.tiching.com/750491

Cronología de la UE: www.tiching.com/732386

Información estadística: www.tiching.com/750492

Páginas web sobre el Parlamento Europeo:

Instituciones de la UE: www.tiching.com/678942

Parlamento Europeo: www.tiching.com/750493

Oficina del Parlamento Europeo en España: www.tiching.com/750494

El 19 de mayo se celebra el Día de Europa. En ese día de 1950 fue presentada la propuesta para la creación de una Europa organizada, requisito indispensable para el mantenimiento de las relaciones pacíficas entre los Estados.

Para elaborar una presentación con Prezi

Para conocer y utilizar correctamente el programa Prezi de presentaciones gráficas de textos, imágenes y vídeos, podéis ayudaros con el siguiente tutorial:

www.tiching.com/750495

1 Organización de la información. Las etapas de la CEE

Identifica en tu cuaderno a qué fase de fundación/ampliación de la Comunidad Económica Europea corresponde cada mapa, escribe su cronología, ordénalos y enumera los países que la integraban en cada etapa.

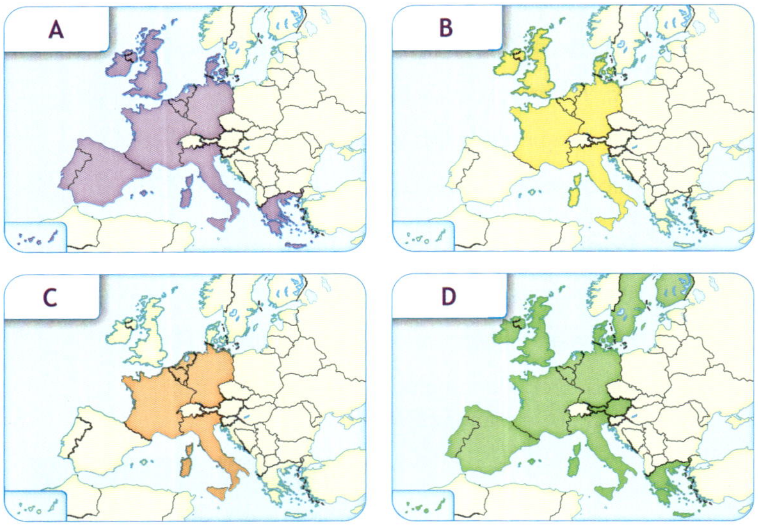

3 Fuentes iconográficas. El lugar de Europa

Caricatura aparecida en la prensa francesa, 1957.

a) Observa los personajes señalados con los números 1 y 3: ¿Qué representan cada uno de ellos? ¿Cómo los ha representado el dibujante? ¿Qué símbolo los identifica? ¿Cuál es su actitud?

b) Fíjate en los personajes con el número 2. ¿Qué representan? ¿Con qué país identificas el personaje central en colores? ¿Qué significan las letras de cada uno de ellos? ¿Qué están construyendo entre todos?

c) ¿Qué mensaje quiere transmitir la imagen? ¿Representa una posición europeísta? Relaciónalo con la fecha en que fue publicada.

2 Fuentes documentales. La desestalinización

Numerosos activistas del partido (...) no fueron nunca ni enemigos, ni espías, ni saboteadores, sino solo comunistas honestos; se les acusó de estos crímenes y, a menudo, incapaces de soportar las bárbaras torturas (...), acababan acusándose ellos mismos de todo tipo de crímenes. (...)

¡Camaradas! Con el objetivo de no repetir los errores del pasado, el Comité Central se declara decididamente contrario al culto al individuo. Consideramos que en el pasado el camarada Stalin ha sido exaltado en exceso. (...)

¿Cuáles son los objetivos próximos del partido en política exterior? Aplicar de una manera constante la política leninista de coexistencia pacífica entre los diferentes Estados, independientemente de su régimen social. Luchar activamente por la paz y la seguridad de los pueblos. (...)

Informe secreto de Jruschov al XX Congreso del PCUS, 1956.

a) Identifica quién es el autor del texto, dónde fue presentado y por qué se trata de un informe secreto. Fíjate en la cronología. ¿Cuántos años habían pasado desde la muerte de Stalin? ¿Recuerdas cuántos años había estado en el poder este dirigente soviético?

b) ¿Qué críticas realiza Jruschov a la etapa anterior? Explica en qué consistió la desestalinización y por qué se creyó necesario llevarla a cabo.

c) ¿Qué objetivos se propone Jruschov? Relaciónalos con la etapa de la coexistencia pacífica.

4 Fuentes estadísticas. La mujer en Europa

COMPOSICIÓN DEL PARLAMENTO EUROPEO (en %)

	1979	1989	1999	2004	2014
Mujeres	16,6	19,3	33,3	31,3	37
Hombres	83,4	80,7	69,7	68,7	63

a) ¿Qué evolución ha seguido la presencia de mujeres en el Parlamento Europeo? ¿A qué crees que es debido el cambio? Relaciónalo con los movimientos feministas.

b) ¿Crees que actualmente se ha conseguido la paridad entre hombres y mujeres? Pon ejemplos. ¿A qué se refiere la expresión "techo de cristal"?

5 El arte en su contexto. El realismo socialista

a) La pintura compara la Rusia zarista con la Rusia soviética para ensalzar los logros del comunismo:

- Busca qué parte del cuadro señalado con un número representa las siguientes escenas: ciudad zarista con palacios e iglesias, toma del Palacio de Invierno, victoria del ejército rojo, nuevo hombre/mujer comunista, logros del régimen comunista (industrialización, ferrocarril, viviendas...).
- Los círculos blancos señalan dos fechas. ¿Cuáles son? ¿Sabes qué importancia tuvieron esas fechas para la revolución soviética?
- ¿Qué visión presenta de la nueva sociedad soviética? ¿Qué categorías sociales representan los personajes?

b) ¿Crees que es una obra realista o idealizada? Explica las características del realismo socialista ejemplificándolas en la pintura. Justifica por qué se trata de un arte propagandístico al servicio de una ideología y del poder establecido.

Aleksandr Deineka: *¿Quien vencerá?*, 1932. Obra realizada por encargo del Estado soviético para un exposición colectiva de arte soviético.

WWW. ESPACIO WEB

6 Fuentes documentales. La revolución china

China se mantiene hoy día como el mayor superviviente del sistema comunista en el mundo. Visiona el video sobre la evolución de China en www.tiching.com/55689 y contesta las siguientes preguntas:

a) ¿Cómo se llevó a cabo la revolución comunista en China? ¿Quién era Mao Zedong? ¿Cuál era la situación económica y social de China al triunfo de la revolución?

b) ¿Qué tipo de régimen se instauró en China? ¿Cómo se llevó a cabo el proceso de industrialización? ¿Qué relaciones mantuvo con la URSS?

c) ¿Qué fue la revolución cultural? ¿Qué consecuencias tuvo?

d) ¿Qué sucedió a la muerte de Mao? ¿Cuál ha sido su legado?

e) ¿Cual es la situación económica y política de China en la actualidad?

7 Fuentes audiovisuales. El desmoronamiento de la URSS

Accede a la página web www.tiching.com/65711 en la que podrás ver un vídeo sobre el desmoronamiento de la Unión Soviética. Después, indica:

a) ¿Qué intentaba Gorbachov con sus reformas? ¿Qué efectos tuvieron? ¿Cómo las vivió la población?

b) ¿Qué cambios se produjeron en política exterior? ¿Con qué consecuencias?

c) ¿Qué oposición tuvo Gorbachov? ¿Qué decisiones tomó?

d) ¿Por qué Yeltsin se impuso a Gorbachov?

e) ¿Cómo y por qué se produjo el golpe del verano de 1991? ¿Qué hizo Yeltsin? ¿Con qué consecuencias?

RETOS EN LA RED

MINI UNIDAD VISUAL: ... Y McDonald's se instaló en Moscú.

ACTIVIDADES AUTOCORRECTIVAS: Resuelve estas actividades y repasa lo que has aprendido.

www.vvd.link/012274/12

13 ESPAÑA: LA DICTADURA FRANQUISTA (1939-1975)

¿Por qué el franquismo fue una dictadura?

AUTARQUÍA: APOYO AL EJE (1939-1945) · AISLAMIENTO INTERNACIONAL (1945-1951) · APERTURA INTERNACIONAL (1951-1959)

DESARROLLISMO: PLANES DE DESARROLLO (1964-1973)

CRISIS FINAL

1940 · 1945 · 1950 · 1955 · 1960 · 1965 · 1970 · 1975

- **1939** Fin Guerra Civil
- **1942** Ley Constitutiva de las Cortes Españolas
- **1945** Fuero de los españoles. Ley de Referéndum
- **1946** Condena ONU y retirada de embajadores
- **1947** Ley de Sucesión
- **1951** Huelga de tranvías de Barcelona
- **1953** Pactos con EE UU. Concordato con la Santa sede
- **1958** Entrada Fondo Monetario Internacional
- **1959** Plan de Estabilización. Creación de ETA
- **1962** Reunión de Múnich. Conflictos laborales
- **1964** Fundación de CC OO
- **1966** Ley Orgánica del Estado. Creación del SDEUB
- **1970** Ley General de Educación
- **1973** Atentado contra Carrero Blanco
- **1974** Gobierno de Arias Navarro
- **1975** Muerte de Franco. Marcha verde

Mural alegórico de la Guerra Civil como cruzada, obra de Arturo REQUE MERUVIA.

La victoria del bando franquista en la Guerra Civil trajo consigo la imposición de un régimen autoritario que duró hasta la muerte del dictador en 1975. Durante esos años se eliminó cualquier vestigio de democracia, y las libertades públicas y privadas quedaron severamente restringidas.

La mayor parte del país sufrió durante un largo periodo las consecuencias demográficas, económicas, sociales e ideológicas de la Guerra Civil.

El régimen, por su parte, tras el aislamiento internacional que se alargó hasta bien entrada la década de 1950, pasó a ser reconocido, a institucionalizarse y se vio beneficiado por el crecimiento económico del mundo occidental.

A pesar de ello, el auge de la oposición, la demanda de libertades y una grave crisis económica hicieron insostenible el régimen más allá de la muerte del dictador.

¿Qué sabemos?

- ¿Por qué el franquismo fue un sistema de gobierno dictatorial?
- ¿Cómo pasó el régimen del aislamiento al reconocimiento internacional?
- ¿A qué territorios afectó la gran emigración de la década de 1960?

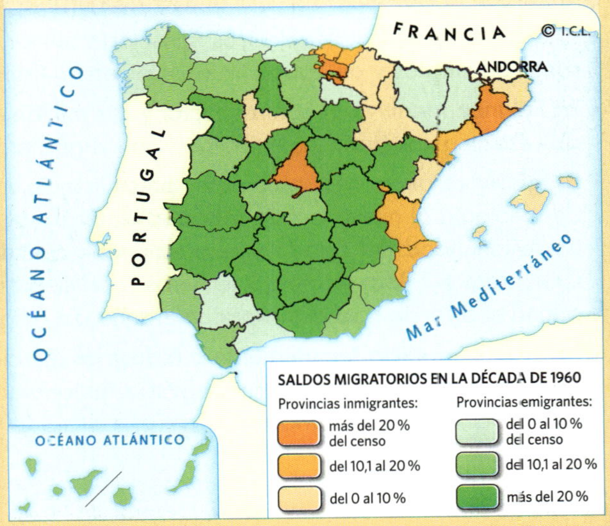

1 PREGUNTA CLAVE

¿Cuáles fueron las bases del régimen franquista?

La dictadura de Francisco Franco fue un régimen totalitario, inspirado en buena parte en el fascismo italiano, que gobernó España entre 1939 y 1975. El franquismo se asentaba ideológicamente en la negación de la democracia liberal y la defensa del militarismo, del catolicismo conservador y de la unidad de España.

¿Qué régimen político instauró el franquismo? ¿Por qué era una dictadura?

A UNA DICTADURA MILITAR

Tras la victoria en la Guerra Civil, Franco impuso una **dictadura militar** que suprimía todas las libertades democráticas (de expresión, de asociación, de manifestación, de religión, de prensa...).

La Constitución de 1931 fue anulada; los partidos y sindicatos obreros, prohibidos; las elecciones, suprimidas; y las instituciones republicanas, desmanteladas. También se abolieron los Estatutos de Autonomía y se prohibió cualquier manifestación nacionalista catalana, vasca o gallega.

Franco asumió la jefatura del partido único: Falange Española Tradicionalista y de las JONS (**FET y de las JONS**), en el que se agruparon los vencedores de la Guerra Civil. Del partido dependía la Central Nacional Sindicalista (**CNS**), un sindicato vertical que agrupaba de forma obligatoria a patronos y obreros.

El dictador, Francisco Franco, ostentaba el título de **Caudillo** y concentraba todos los poderes: era Jefe del Estado, Generalísimo de los Ejércitos, gobernaba por decreto, su cargo era vitalicio e incluso se otorgaba el derecho a nombrar sucesor.

Para dar una apariencia de legalidad al régimen se crearon unas **Cortes consultivas** (1942), que no eran elegidas democráticamente, y se promulgaron el **Fuero de los Españoles** (1945) y el **Fuero del Trabajo** (1938), que pretendían recoger los derechos de los españoles y españolas, pero que carecían de toda legitimidad democrática.

LA CONCENTRACIÓN DE PODERES

B EL APOYO DE LOS GRUPOS SOCIALES TRADICIONALES

El franquismo contó con el apoyo de los colectivos que pretendían acabar con las reformas republicanas y restaurar el viejo orden:

- El **ejército**, que, fortalecido tras la victoria militar, gozó de numerosos privilegios y de cargos relevantes en la Administración.
- La **Falange** mantuvo el control social y sus militantes ocuparon cargos estratégicos (Justicia, Trabajo...) en los gobiernos franquistas.
- La **Iglesia católica**, que recuperó su preeminencia social y que nutrió de ideología al nuevo Estado (**nacionalcatolicismo**). Se estableció la confesionalidad del Estado y el presupuesto de culto y clero, y un Concordato (1953) le otorgó numerosos privilegios. También se suprimió el divorcio y se reimplantó la enseñanza religiosa.
- La gran **burguesía terrateniente e industrial** ejerció un importante dominio económico: la reforma agraria fue anulada, así como las leyes sociales republicanas.

Desfile de la Victoria. Madrid, 19 de mayo de 1939.

C LA REPRESIÓN A LA OPOSICIÓN

El franquismo se caracterizó por la represión permanente de cualquier oposición con el objetivo de castigar a quienes habían apoyado la causa republicana e impedir el surgimiento de nuevos movimientos opositores.

Con este fin, el nuevo Estado elaboró un entramado de leyes represivas (Responsabilidades Políticas, Seguridad del Estado, Represión de la Masonería y el Comunismo, y Orden Público) y se supeditó la justicia a los dictados del Gobierno, hecho que supuso la práctica desaparición de un poder judicial independiente.

Las acciones contra los opositores incluían depuraciones laborales, reclusión en campos de concentración, trabajos forzados en obras públicas, torturas, encarcelamientos y ejecuciones por motivos políticos. Se calcula que durante la posguerra hubo 50 000 ejecuciones por motivos políticos y que en 1940 había en España unos 270 719 presos, de los que 23 232 eran mujeres.

Presos políticos formando en el patio del penal de Ocaña en 1952.

La obediencia debida

Nosotros, los subordinados, no tenemos más misión que obedecer. Debemos obedecer sin discutir. Quien manda sabe lo que hace y por qué lo hace (...) Los españoles tenemos la obligación de acostumbrarnos a la santa obediencia (...) ¿Y quién juzga al que tiene el máximo poder? Dios y la Historia. A uno y a otra dará cuenta. Lo demás no es de nuestra incumbencia.

H. S. R.: *Así quiero ser. El niño del Nuevo Estado*, 1944.

D LA ADAPTACIÓN AL ENTORNO INTERNACIONAL

Durante la II Guerra Mundial, el franquismo mostró su apoyo a las **potencias del Eje** (Mussolini y Hitler), que habían contribuido de forma decisiva a la victoria de Franco en la Guerra Civil. De hecho, se envió una unidad militar de voluntarios, la **División Azul***, que luchó en Rusia apoyando al ejército nazi.

Tras la derrota de las potencias del Eje en 1945, los organismos internacionales reclamaron el retorno de España a la democracia y las **Naciones Unidas condenaron** el franquismo en 1946.

Para asegurar su **supervivencia**, Franco dio un giro a su política internacional e intensificó sus relaciones con el **Vaticano y con Estados Unidos**. En 1953 firmó un Concordato con la Santa Sede, que garantizaba la preeminencia de la Iglesia católica, y unos acuerdos bilaterales con Estados Unidos, que convertían a España en **fiel aliado contra la Unión Soviética**.

Entrevista de Franco con Hitler en Hendaya (Francia), en 1940.

@ Para saber más sobre las negociaciones entre Franco y Hitler, entra en: www.tiching.com/65931

Visita del Presidente de EE UU, Eisenhower, a España, 1959.

1. Observa el esquema sobre la concentración de poderes y responde: ¿Cuáles se atribuía Franco? ¿Con qué instituciones se trató de dar una apariencia de legalidad al régimen que implantó en España?
2. ¿De qué forma intentó el franquismo restaurar el viejo orden social? ¿En qué colectivos sociales se apoyó?
3. ¿Qué papel desempeñó la represión? ¿Fue un fenómeno puntual o se mantuvo durante todo el régimen?
4. ¿Cómo se adaptó el franquismo a los cambios de la política internacional?

Argumenta la respuesta

5. A partir de la información proporcionada, redacta un texto con tus propias palabras donde expliques cuáles fueron las bases sobre las que se asentó el régimen de Franco. Argumenta por qué se trataba de una dictadura militar.

2 La larga posguerra (1939-1959)

Las huellas de la Guerra Civil

Los efectos de la Guerra Civil fueron devastadores. España perdió a casi **un millón de personas**, de las cuales más de la mitad murieron en el conflicto y casi 400 000 tomaron el camino del exilio.

Por otro lado, la economía del país quedó arruinada como consecuencia de la destrucción de medios de transporte, comunicaciones, industrias, etc., y del hundimiento de la producción agraria e industrial. En consecuencia, se originó una gran **escasez de productos** de primera necesidad (alimentos, higiene y medicinas), sobre todo en las áreas urbanas, así como de electricidad y combustibles.

Para la mayoría de la población (obreros, campesinos y clases medias), la **miseria** se transformó en una realidad cotidiana, ya que los salarios eran muy bajos, y los precios, elevados debido a la escasez.

Autarquía e intervención del Estado

Siguiendo el modelo establecido por los regímenes totalitarios, la España de Franco basó su política económica en la **autarquía** y en un fuerte dirigismo económico e **intervención del Estado.**

La **autarquía** estuvo estimulada por el aislamiento exterior y el boicot internacional a que fue sometida España por las democracias, tras la Segunda Guerra Mundial. Consistía en fomentar la **autosuficiencia** del país, es decir, que todos los bienes y servicios necesarios se produjesen en el interior, limitando al mínimo las importaciones. Pero España no disponía de materias primas ni de fuentes de energía que permitieran tal autoabastecimiento.

La **intervención del Estado** buscaba el control de la producción y la distribución de bienes, fijando precios obligatorios y forzando a los agricultores a entregar al Estado parte de la producción. Para estimular el desarrollo industrial, se creó el **Instituto Nacional de Industria** (INI) y se fundaron **empresas públicas** (Endesa, Empresa Nacional Bazán, Pegaso, Iberia, etc.) que se ocupaban de sectores económicos prioritarios, pero no rentables para la iniciativa privada. Además, se siguió una **política proteccionista** que gravaba con aranceles las importaciones y limitaba la entrada de capital extranjero.

El colapso económico

La autarquía resultó ser un fracaso y el **hundimiento económico** de España fue muy grave. Mientras los países occidentales se recuperaban de la II Guerra Mundial con relativa velocidad, España no alcanzó los niveles de producción y renta previos a la Guerra Civil hasta 1954, casi dos décadas después.

La escasez de materias primas, el bajo nivel de producción, el escaso comercio exterior y la falta de inversiones, incluyendo el capital extranjero, condujeron a la economía española al borde del colapso. En este contexto de **carestía y escasez de productos**, se creó un mercado alternativo impulsado por especuladores afines al régimen, que consiguieron un rápido enriquecimiento.

PRESUPUESTO MENSUAL DE UNA FAMILIA EN 1936 Y EN 1943 (EN PESETAS)

Gastos	1936	1943
Alquiler	50	50
Alimentos	200,70	1 126
Vestidos	40,17	115
Varios	64,8	105
Total	**355,67**	**1 396**
Ingresos	**428**	**666,75**
Diferencia	**72,33**	**−729,25**

Fuente: Cámara Oficial de Comercio de Sabadell.

EVOLUCIÓN DE LOS SALARIOS REALES EN ESPAÑA

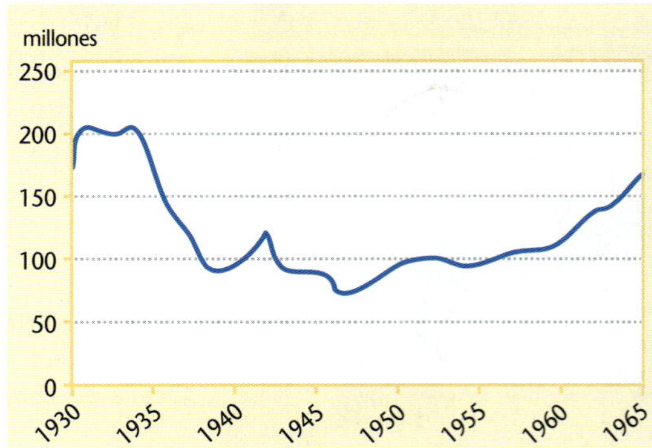

La defensa de la autarquía

España es un país privilegiado que puede bastarse a sí mismo. Tenemos todo lo que nos hace falta para vivir y nuestra producción es lo suficientemente abundante para asegurar nuestra propia subsistencia. No tenemos necesidad de importar nada.

Discurso de Franco, 1938.

Cartel de propaganda en el que se llama a consumir productos españoles en la década de 1940.

¿QUÉ ERAN EL MERCADO NEGRO Y EL ESTRAPERLO?

Ante la escasez generalizada, el Estado impuso las **cartillas de racionamiento**, mediante las cuales se repartían entre la población algunos productos de primera necesidad.

Igualmente, un sistema de cupos distribuía entre las industrias las escasas materias primas o fuentes de energía (hierro, algodón, carbón, petróleo, etc.).

El racionamiento de productos hizo surgir el **mercado negro** (venta de productos al margen del mercado oficial), controlado por **estraperlistas** (vendedores clandestinos) que se aprovechaban de la necesidad de la población para vender los productos a precios abusivos.

Los productos provenían en general de los medios rurales, donde los agricultores ocultaban sus cosechas para no tener que venderlas al precio marcado por el gobierno, muy inferior al que podían obtener en el mercado negro. También se hacía estraperlo con bienes importados del extranjero.

Escenas de pobreza como la que muestra la imagen eran frecuentes en la España de la década de 1940.

LA CARTILLA DE RACIONAMIENTO

Se establecieron dos cartillas, una para la carne y otra para el resto de alimentos. Primero eran familiares, y a partir de 1943, individuales, porque permitían un mejor control. Las distintas personas recibían una determinada cantidad en función de su edad y trabajo.

Las cartillas estuvieron vigentes hasta el año 1951.

El mercado negro

Sería el año 1950. Mis amigos y yo nos apostábamos en un sitio convenido bajo el Puente de los Franceses, en Madrid. Allí, la señora Luisa, como todos los meses, nos lanzaba desde la ventanilla del tren las bolsas de harina que traía escondidas bajo los faldones.

Se la compraba a un estraperlista de Segovia. Debía librarse de ella antes de llegar a la estación del Norte, pues si no lo hacía la policía le requisaba la mercancía. Gracias a aquella harina teníamos algo de pan, que junto a las mondas de patata y algún que otro huevo, eran nuestra principal fuente de alimentación.

Seminario Historia y Memoria del franquismo. Fuentes orales, 2004.

EL AUXILIO SOCIAL

Falange creó una institución de beneficencia, el Auxilio Social, para intentar paliar el hambre de los más necesitados.

Su labor se rodeó de un potente aparato de propaganda, que culpaba al extranjero de la pobreza que asolaba el país.

Instalaciones del Auxilio Social. Década de 1940.

1. ¿Qué efectos demográficos y económicos provocó la Guerra Civil? ¿Cómo se evidenciaban en la posguerra?
2. ¿Qué caracterizaba a la política económica impulsada por el franquismo? ¿Cómo justificó Franco la autarquía en el texto que reproduce su discurso? Explica las principales medidas económicas que se impulsaron y sus efectos.
3. ¿Cuáles fueron las razones que produjeron un "colapso económico" durante la década de 1950?
4. Explica cómo funcionaba el sistema de racionamiento. ¿Fue suficiente para alimentar a toda la población?
5. Explica en qué consistía el mercado negro y el estraperlo. Averigua el origen de esta última palabra. ¿Qué era el Auxilio Social?
6. Lee el testimonio oral. ¿Por qué lanzaban las mercancías? ¿Qué hacían con ellas? ¿Cuál era su temor si llegaba la harina hasta la estación?

Las mujeres durante el franquismo

Los avances en materia de igualdad jurídica de la mujer, que había realizado la II República, fueron anulados por el régimen de Franco, que relegó a la mujer al ámbito doméstico y estableció la desigualdad de sexos ante la ley.

El argumento esgrimido por el franquismo fue la superioridad física e intelectual del hombre, quien debía encargarse en exclusiva de los asuntos públicos y de proporcionar ingresos a la familia.

La influencia de Falange y de la Iglesia en la regulación de las condiciones de vida de las mujeres fue notable, hasta el punto de que introdujeron unas costumbres y unos modelos sociales muy sexistas y conservadores.

A EL MODELO FALANGISTA

Falange Española contaba con una **Sección Femenina**, liderada por Pilar Primo de Rivera, hermana del fundador del partido. La Sección Femenina organizaba el Servicio Social, obligatorio para todas las mujeres, que se encargaba de educarlas en los valores franquistas.

Su función era inculcar en las mujeres los ideales falangistas y nacionalcatólicos, es decir, reforzar la imagen de una mujer sumisa y obediente, esposa y madre, que debía atender en exclusiva las tareas domésticas.

Juramento de nuevas afiliadas a la Sección Femenina. Plaza del Rey, Barcelona, 1942.

B LA DESIGUALDAD JURÍDICA Y SOCIAL

La desigualdad ante la ley quedó consagrada en el Código Civil y en el Código Penal, que castigaban duramente el adulterio y el concubinato de las mujeres, mientras que era tolerante con el de los hombres. También se derogó el matrimonio civil y el divorcio.

En la vida cotidiana, la mujer casada perdió el derecho a tener bienes propios. El marido era su representante legal, lo cual significaba la imposibilidad de tener un derecho tan básico como tener una cuenta corriente a su nombre en un banco o comprar y vender bienes sin su autorización.

El ideal doméstico implicaba la conveniencia de que la mujer no saliera a trabajar fuera del hogar, hecho justificable solo en caso de viudedad, soltería o ineludible necesidad.

La mujer casada necesitaba un **permiso escrito de su marido** y no podía ejercer determinadas profesiones. Se le recomendaba que trabajara en la enseñanza o en labores realizadas desde el hogar.

En consecuencia, la mujer carecía prácticamente de todo derecho laboral: tenían un salario menor que el hombre, el despido no estaba penalizado y no podía acceder a subvenciones familiares por el hecho de trabajar.

La desigualdad legal

Artículo 57. El marido tiene que proteger a la mujer y esta tiene que obedecer al marido.

Artículo 58. La mujer está obligada a seguir al marido donde este fije su residencia.

Artículo 59. El marido es el administrador de los bienes de la sociedad conyugal.

Artículo 60. El marido es el representante de su mujer.

Código Civil, 1958.

@ Para saber más sobre la desigualdad de la mujer, entra en: www.tiching.com/65994

El destino de la mujer

El destino de la mujer es ser esposa y compañera del hombre, formar con él una familia y educar y cuidar bien a sus hijos. El lugar donde la mujer desarrolla sus actividades es la casa, porque allí vive la familia.

Pero su misión no es solo material; sus deberes no son solo cuidar de los hijos y del marido corporalmente; sino que de este debe ser la compañera, y de aquellos, la primera educadora; por ello debe prepararse moral y materialmente, para ser capaz de lo que de ella se espera.

Enciclopedia Elemental de la Sección Femenina, 1957.

C UNA EDUCACIÓN DISTINTA

El franquismo eliminó la coeducación, es decir, la educación mixta de niños y niñas. El destino doméstico de las mujeres no requería la misma preparación que los hombres y, por tanto, su educación debía ser diferente.

En consecuencia, las mujeres recibieron una educación con menos contenidos científicos y humanísticos. Su formación se centraba en la preparación para administrar la vida doméstica y su comportamiento social en público.

En general, la mayoría solo tenía acceso a los niveles educativos más bajos y pocas mujeres terminaban el bachillerato y entraban en la universidad.

▸ Clase práctica de la asignatura de Hogar, impartida por la Sección Femenina de Falange desde 1941.

La esposa perfecta

Ten preparada una comida deliciosa para cuando él regrese del trabajo. Ofrécete a quitarle los zapatos. Habla en tono bajo, relajado y placentero. Su duro día de trabajo quizá necesite un poco de ánimo y uno de tus deberes es proporcionárselo.

Escúchale, déjale hablar primero: recuerda que sus temas de conversación son más importantes que los tuyos. Nunca te quejes si llega tarde, o si sale a cenar o a otros lugares de diversión sin ti. No le pidas explicaciones acerca de sus acciones o cuestiones su juicio o integridad. Recuerda que es el amo de la casa.

Manual de Economía Doméstica, 1958.

D LA RESISTENCIA DE LAS MUJERES

A pesar de la situación de desigualdad legal y de la propaganda sobre su papel de esposa y madre, muchas mujeres trabajaron en la época franquista. Gran parte lo hicieron por imperativo económico, pero también para afirmar su capacidad y su derecho a una vida laboral independiente.

El papel subsidiario que el franquismo otorgaba a las mujeres no impidió que algunas de ellas militaran en la oposición antifranquista, donde introdujeron las demandas de igualdad entre ambos sexos.

Las mujeres comenzaron también a denunciar su situación de opresión y sentaron las bases de un primer feminismo, que tendría un amplio desarrollo en la década de 1970 del pasado siglo.

La defensa de los derechos femeninos

Ya nadie puede plantear, en conciencia, si una mujer debe o no debe trabajar. La española de este momento tiene que trabajar, se enfrenta con ese imperativo inesquivable en nuestro medio, aunque precisamente nuestro medio, por paradoja, no se caracterice por facilitar el trabajo de la mujer. (...) En suma, se les permite trabajar "porque se las obliga previamente a ello", pero siempre que se conformen con un lugar secundario (...).

Reseña de Mercedes Formica a El segundo sexo, *de Simone de Beauvoir*, 1950.

La incorporación a la lucha antifranquista

¿Ante tanta injusticia se podía dejar todo por miedo? Te daba más rabia y te transmitía mucho más valor para seguir adelante. Había que seguir adelante para volver a conquistar todos esos derechos que la República nos había dado por una gran mayoría en las urnas.

Entrevista a Remedios Montero, Valencia, 30 de octubre de 2003.

1. ¿Qué papel otorgaba el franquismo a la mujer? ¿Cómo lo justificaban ideológicamente?
2. ¿Qué era la Sección Femenina? ¿Qué valores intentaba inculcar a la mujer? ¿Cuál era el destino de la mujer?
3. ¿De qué manera reflejaban las leyes franquistas la desigualdad jurídica de la mujer? Explica qué significa la frase "El marido es el administrador de los bienes de la sociedad conyugal".
4. ¿En qué consistía la coeducación? ¿Se produjo durante el régimen de Franco? ¿Con qué fin?

Ponte en su lugar

5. Con la información y los documentos disponibles, confecciona una tabla en la que compares la situación y los derechos actuales de las mujeres con los que tenían bajo el régimen franquista.

4 Desarrollismo y crisis del régimen (1959-1975)

La reorientación política

A finales de la década de 1950, el fracaso de la política autárquica, la nueva situación internacional (reconocimiento del franquismo) y el descontento popular convencieron al régimen de la necesidad de una **reorientación política y económica** para asegurar su supervivencia.

En 1957 entraron en el gobierno algunos ministros vinculados a la organización católica **Opus Dei**, los cuales, sin desplazar por completo a los grupos franquistas tradicionales (falangistas, militares y tradicionalistas), aportaron criterios más **técnicos y modernizadores** para reformar la economía española y acercarla a Europa.

Además, el franquismo, sin renunciar a ninguno de sus principios dictatoriales, impulsó varias reformas para mejorar su imagen en el exterior. De este modo, dejaron de usarse los **símbolos exteriores** más identificados con el fascismo y el partido único se denominó **Movimiento Nacional**, quedando totalmente supeditado al gobierno.

La **Ley de Principios del Movimiento Nacional** (1958) y la **Ley Orgánica del Estado** (1966) fueron los pilares de ese proceso, que definió el régimen con el eufemismo de "**democracia orgánica**". Para asegurar la continuidad del régimen, las Cortes nombraron al príncipe **Juan Carlos**, nieto de Alfonso XIII, como sucesor de Franco en la jefatura del Estado con el título de rey.

Estabilización y planes de desarrollo

Los **tecnócratas**, los nuevos ministros del régimen, diseñaron un **Plan de Estabilización** (1959) cuyo objetivo era sustituir una economía cerrada y con fuerte control estatal por una economía vinculada al capitalismo internacional y con mayor peso de la iniciativa privada.

Con ese fin, se tomaron medidas para **estabilizar la economía**, como la reducción de la inflación, la estabilización de los precios y la congelación de los salarios, y la restricción de los créditos. Para estimular las exportaciones, se devaluó la peseta y se tomaron medidas para atraer la inversión extranjera.

También se pusieron en marcha los **Planes de Desarrollo** (1964-1975), que pretendían fomentar el progreso industrial y disminuir los desequilibrios entre las diferentes regiones españolas.

Los años del crecimiento económico

Entre 1960 y 1973, la economía española creció a gran velocidad, se incrementaron la **renta nacional**, los **salarios** y el **poder adquisitivo** de la población, y se acortaron las diferencias con Europa.

La **producción industrial** creció a un ritmo elevado (10 % anual), se renovaron los bienes de equipo y se adoptaron nuevas tecnologías.

La mejora de la **producción agropecuaria** fue resultado del incremento de la mecanización, de una reducción de la mano de obra empleada y de la diversificación de la oferta de productos (carne, leche, fruta, etc.).

También se produjo un crecimiento del **sector servicios**, sobre todo del **turismo**, que se convirtió en un puntal económico del país. El **comercio exterior** conoció un notable aumento, se reactivaron las exportaciones y aumentaron notablemente las inversiones extranjeras.

LEYES MODERNIZADORAS

Ley de Convenios Colectivos (1958), que permitió la negociación de las condiciones salariales y laborales entre empresarios y trabajadores.
Ley de Bases de la Seguridad Social (1963), que establece la Seguridad Social.
Ley de Prensa (1969), que suprimió la censura previa*.
Ley General de Educación (1970), que convirtió en gratuita y general la enseñanza entre los 6 y los 14 años.

INVERSIONES EXTRANJERAS EN ESPAÑA

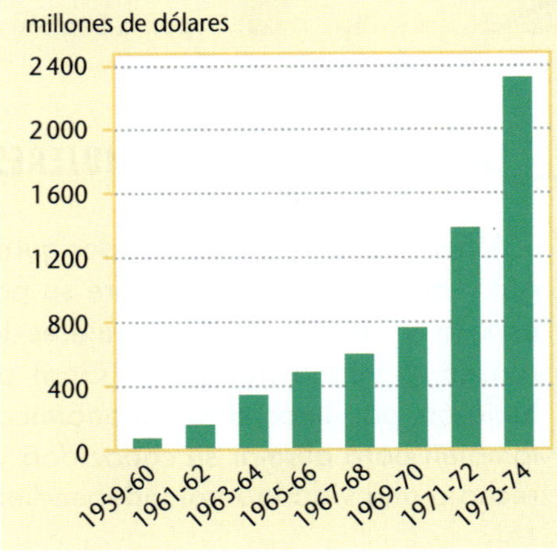

¿Hubo un milagro español?

El crecimiento económico de los años 60 fue presentado por el franquismo como un "**milagro económico**", producto de los aciertos del franquismo.

Sin embargo, hoy en día existe consenso respecto a que el crecimiento no fue tanto el resultado de la actuación gubernamental como la consecuencia del aprovechamiento de la expansión económica de los países occidentales.

El auge económico europeo y americano permitió exportar productos españoles, enviar a un gran número de gente trabajadora al exterior que remitían dinero a sus familiares, recibir enormes ingresos por el turismo y considerables inversiones de capital extranjero, deseoso de aprovechar los bajos salarios españoles.

LA CRISIS FINAL DEL FRANQUISMO (1973-1975)

A partir de la década de 1970, el franquismo, cada vez más dividido internamente, se mostró incapaz de adaptarse a las nuevas demandas sociales y entró en una crisis irreversible.

El impacto de la **crisis internacional de 1973** frenó el crecimiento económico y desencadenó una fuerte inflación y paro. Todo ello provocó un **aumento de la conflictividad** obrera y de la protesta social.

También aumentó la **violencia política** con atentados terroristas de grupos de extrema izquierda (FRAP y GRAPO) y de ETA, una organización independentista vasca que, en 1973, asesinó al presidente del gobierno, Luis Carrero Blanco.

Su asesinato fue un duro golpe para el franquismo, ya que se le consideraba el personaje clave para asegurar la continuidad del régimen. Todo ello fue contestado con un aumento de la represión.

En aquella difícil situación y en medio de un grave conflicto por el control de la **colonia del Sahara**, Franco murió el 20 de noviembre de 1975.

Agujero que produjo la explosión en el atentado contra Carrero Blanco el 20 de diciembre de 1973.

EL CONFLICTO DEL SAHARA

La colonia española del **Sahara** era ambicionada, por su riqueza en fosfatos, por sus vecinos, especialmente **Marruecos**, que alegaba derechos históricos. En 1973 se había creado el **Frente Polisario**, una formación nacionalista y socialista que aspiraba a la independencia saharaui.

España preparaba la descolonización, pero el rey de Marruecos organizó en 1975 una invasión pacífica del territorio (**Marcha Verde**).

En plena crisis política debido al gravísimo estado de salud de Franco y temeroso del estallido de un conflicto bélico, el gobierno español firmó un **acuerdo** que establecía la cesión del Sahara a Marruecos y Mauritania.

ESPAÑA PIDE LA REUNION URGENTE DEL CONSEJO DE SEGURIDAD

ES POSIBLE UNA INMINENTE INVASION MARROQUI DEL SAHARA

FRANCO: SITUACION ESTACIONARIA

VUELVE A APARECER EL SINDROME HEMORRAGICO DIGESTIVO

No hay modificaciones cardiorrespiratorias significativas

Una familia española permaneció seis meses abandonada en una isla del Pacífico

NUEVA YORK

Periódico de 1975 que refleja la tensa situación en el Sahara, que coincidió con la agonía de Franco.

INMOVILISTAS Y APERTURISTAS

Las disputas tras la muerte de Carrero Blanco demostraron la existencia de dos claras tendencias dentro del franquismo: los **inmovilistas**, que no aceptaban ningún tipo de cambio, y los **aperturistas**, que eran partidarios de ciertas reformas.

En 1974 se formó un nuevo gobierno, presidido por **Carlos Arias Navarro**, que tras un intento inicial de reconciliar a ambas tendencias, fue decantándose progresivamente hacia el inmovilismo.

Viñetas del humorista Perich, 1974.

1. ¿Qué factores contribuyeron a la institucionalización del régimen de Franco? ¿Qué nuevas leyes se promulgaron para renovar la imagen de la dictadura?
2. ¿Quiénes eran los tecnócratas? ¿Qué objetivos de cambio económico propusieron?
3. ¿En qué consistieron el Plan de Estabilización y los Planes de Desarrollo? ¿Cuáles fueron sus efectos inmediatos sobre la economía?
4. ¿Cuáles fueron las circunstancias económicas y políticas que coincidieron con los últimos años de vida del dictador Francisco Franco?
5. ¿Qué conflicto estalló en el Sahara? ¿Cómo actuó el gobierno español?
6. ¿Qué diferenciaba a inmovilistas y aperturistas?
7. Observa las dos viñetas que ofrece el humorista Perich. Identifica cuál es inmovilista y cuál, aperturista, y explica qué elementos te han permitido reconocerlas.

DESCUBRE

5 ¿Qué impacto tuvo el crecimiento económico en la

A partir de 1960, el crecimiento económico tuvo unas consecuencias determinantes para la modernización del país.

Parte de la población abandonó el campo para buscar en las ciudades industriales del país y en otras naciones de Europa una nueva forma de vida. Poco a poco, la prosperidad llegó hasta millones de hogares españoles en forma de bienes de consumo. Además, España empezó a ser visitada por millones de turistas atraídos por los bajos precios y las posibilidades de sus destinos.

¿Qué cambios se produjeron en la España de los años 60? ¿Cómo afectó a las costumbres y a los modos de vida? ¿Sirvió para sentar las bases de una futura democracia?

A EL CRECIMIENTO DEMOGRÁFICO

En la década de 1960, la expansión económica estimuló el crecimiento demográfico. La población española experimentó la **tasa de crecimiento anual** más importante de todo el siglo, que se mantuvo hasta 1975.

Este aumento de la población fue consecuencia de un descenso de la mortalidad, sobre todo infantil, y de una elevada natalidad, resultado de unas mejores condiciones de vida.

EVOLUCIÓN DEL NÚMERO DE HABITANTES

Años	Población total	Tasa de crecimiento*
1940	25871971	–
1950	27976755	0,78
1960	30430698	0,84
1970	33823918	1,06

* tasa de crecimiento acumulativo anual (en %)

Fuente: Censos de población.

B MIGRACIONES EXTERIORES Y ÉXODO RURAL

El aumento demográfico estuvo acompañado del movimiento migratorio más importante de los últimos siglos en España:

- Dos millones de la población española **emigraron al exterior**, **especialmente a países europeos** (Alemania, Suiza, Francia), donde existía una fuerte demanda de mano de obra. Las remesas de dinero enviadas por los emigrantes ayudaron a mejorar las condiciones de vida de sus familias en España.
- Las **migraciones interiores** (éxodo rural) afectaron a cerca de cuatro millones de españoles y españolas que se desplazaron, desde zonas agrícolas, en especial de Andalucía, Galicia y Extremadura, hacia las zonas industriales de Madrid, Cataluña o el País Vasco.

La mayoría de los emigrantes partieron de zonas rurales expulsados por la falta de opc dades y el miserable nivel de vida. La reducción oblación agrícola tuvo, a la larga, consecuencias ..orables para la mecanización agraria y la concentración y modernización de las propiedades.

En las ciudades, zonas receptoras del éxodo, la avalancha migratoria dio lugar al surgimiento de nuevos barrios carentes de las infraestructuras básicas (asfaltado, luz eléctrica...), así como de servicios sanitarios y educativos.

MIGRACIONES INTERIORES EN LA DÉCADA DE 1960

POBLACIÓN RURAL Y URBANA

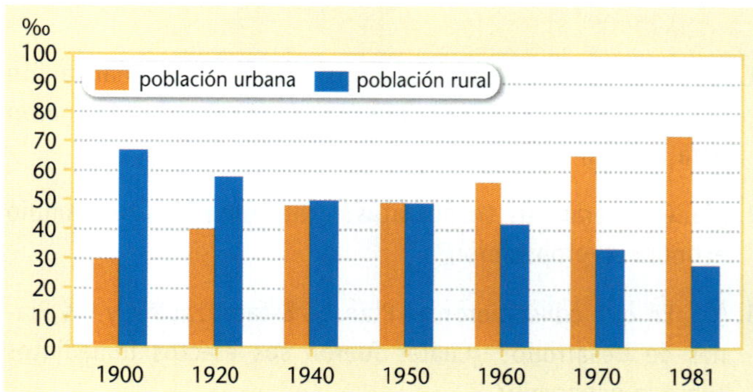

sociedad española?

C LA MEJORA DE LAS CONDICIONES DE VIDA

A pesar de sus deficiencias, el crecimiento económico de la década de 1960 trajo consigo elementos de modernización de la sociedad española: un fuerte incremento de la población urbana y la pérdida de peso del sector agrario frente a la industria y los servicios.

Como resultado, se produjo un fuerte aumento del número de los trabajadores industriales, muchos de ellos de origen rural y con escasa cualificación. Pero también aumentaron las clases medias dedicadas a actividades como la enseñanza, la sanidad, la administración o la banca.

El aumento de la renta de las familias introdujo cambios en los hábitos de consumo. De este modo, llegaron a los hogares españoles lavadoras, frigoríficos, automóviles, televisiones... y España fue incorporándose, aunque con retraso, a la sociedad de consumo.

▶ El mítico 600 de la casa SEAT.

INDICADORES DEL NIVEL DE BIENESTAR (1960-1970)

Conceptos	1960	1970
Renta por hab. (en dólares)	290	818
Tasa de analfabetismo (por 100 hab.)	11,2	5,7
Teléfonos (por 1 000 hab.)	59	135
Automóviles (por 1 000 hab.)	9	70
Televisores (por 1 000 hab.)	5	70
Frigoríficos (producción por 1 000 hab.)	1	25
Lavadoras (producción por 1 000 hab.)	3	15
Energía eléctrica (kW/h por hab./año)	612	1 515

D LA MODERNIZACIÓN SOCIAL

La apertura al exterior favoreció la llegada de numerosos **turistas extranjeros** que buscaron en la bonanza del clima mediterráneo y en los bajos precios de España un destino muy atractivo para sus vacaciones.

La influencia del turismo, unida a una creciente urbanización de la sociedad y a una mayor movilidad internacional (viajes turísticos, visitas a familiares emigrantes...), contribuyeron a **cambiar la mentalidad** de la población española.

La mujer comenzó a incorporarse de forma más generalizada al mundo laboral, la influencia moral de la Iglesia descendió y la educación pública comenzó a expandirse.

La mentalidad de las nuevas generaciones, que no habían vivido la guerra, cambió radicalmente y, poco a poco, se fue extendiendo un amplio movimiento social a favor de la **democratización de la vida española**.

▶ El eslogan *Spain is different* sacaba partido de la mala fama del país; ni mejor ni peor, sino diferente.

@ Amplía en la Red...

Para saber más sobre la importancia del turismo en la década de 1960, entra en: www.tiching.com/66022

1. ¿Qué evolución siguió la población española? ¿A qué se debió?
2. Explica qué dos tipos de emigración se produjeron en la década de 1960. Observa el mapa y cita cuáles fueron las principales zonas de emisión y de acogida de las migraciones interiores.
3. ¿Cómo evolucionó el nivel de vida de los españoles? ¿Qué electrodomésticos comenzaron a extenderse por los hogares españoles hace apenas 50 años?
4. ¿Qué cambios sociales provocaron la urbanización y el contacto con el extranjero?

Investiga

5. ¿De dónde procedían los turistas que visitaban España en la década de 1960? Averigua el número de turistas que visitaron España durante 1960 y 1970. ¿En qué se basaba la propaganda turística del régimen? Observa la fotografía y explica el significado del eslogan.

6 El exilio y la oposición al franquismo

El régimen de Franco se caracterizó por la persecución y represión de todos los que se oponían a la dictadura. Al finalizar la guerra, las cárceles españolas recluían a más de doscientos mil presos republicanos, que fueron objeto de diversas condenas, desde la pena máxima hasta las de prisión en diverso grado.

Otra parte de los vencidos había buscado su salvación en el exilio y muchos de ellos no pudieron regresar jamás. La oposición interior tardó en rehacerse, y en un primer momento optó por la resistencia armada (maquis). No fue hasta la década de 1960 cuando se fraguaron nuevos movimientos de oposición, que se extendieron entre diferentes colectivos sociales.

¿Qué destino tuvieron los exiliados y exiliadas? ¿Cómo se gestaron y crecieron los partidos y movimientos de oposición? ¿Por qué es necesaria la recuperación de la memoria histórica?

A UN MASIVO EXILIO

Cerca de 400 000 españoles y españolas tomaron el camino del exilio al final de la Guerra Civil por temor a las represalias. Muchos huyeron a pie y cruzaron la **frontera hacia Francia**, donde fueron recluidos en condiciones infrahumanas en campos de concentración habilitados para ellos en Francia. Otros abandonaron el país *in extremis* desde Alicante horas antes de la llegada de las tropas franquistas en 1939.

Tras el estallido de la II Guerra Mundial, la población exiliada se sumó a la resistencia contra el nazismo, y muchos fueron trasladados a los campos de concentración y exterminio nazis.

Miles de exiliados y exiliadas pudieron emigrar a Iberoamérica, donde países como México o la República Dominicana aceptaron recibirlos. Entre ellos había altos funcionarios, intelectuales, políticos y militares republicanos, profesionales liberales y otros muchos trabajadores de diferentes oficios. Parte de ellos regresó a España en los años siguientes al conflicto, pero muchos permanecieron para siempre en el exilio, o no pudieron retornar hasta la llegada de la instauración de la democracia en 1977.

Exiliados españoles en el campo de refugiados de Argelès, Francia, 1939.

La voz del exilio

Franco, tuya es la hacienda,
la casa, el caballo y la pistola.
Mía es la voz antigua de la tierra.
Tú te quedas con todo y me dejas
desnudo y errante por el mundo...
Mas yo te dejo mudo... ¡mudo! (...)

León FELIPE: "Reparto", 1946.

B LA PRIMERA RESISTENCIA: DE LOS MAQUIS A LA CLANDESTINIDAD

EL INTENTO DE OCUPAR EL VALLE DE ARÁN

Entre 1939 y 1944, grupos de partidarios de la República, conocidos con el nombre de **maquis**, resistieron escondidos en zonas de montaña, donde realizaban emboscadas armadas con la esperanza de que la derrota de las potencias del Eje causara la caída del franquismo.

En 1944 acometieron su acción más importante, un **intento fracasado** de ocupar el **Valle de Arán** (Lleida). Aunque su actividad fue en descenso, estas partidas de guerrilleros continuaron actuando hasta principios de 1950.

Por otro lado, a partir de 1945, **los partidos de oposición** (PSOE, CNT, UGT, etc.) se reorganizaron **en la clandestinidad**, aunque su actividad era muy limitada. Las primeras acciones colectivas contra el régimen se produjeron en la década de 1950: la huelga general de Vizcaya (1947), la huelga de tranvías de Barcelona (1951) y la de los mineros asturianos (1958), todas ellas duramente reprimidas.

C EL FORTALECIMIENTO DE LA OPOSICIÓN

Los cambios económicos y sociales de la década de 1960 propiciaron el crecimiento de la oposición al régimen, que aumentó numéricamente y se extendió entre nuevos sectores sociales.

El Partido Comunista de España (PCE) fue el más activo en la clandestinidad y participó en la creación de Comisiones Obreras, un sindicato que aunó la demanda de libertades políticas con las reivindicaciones laborales. A partir de 1962, las huelgas se hicieron frecuentes en Asturias, Madrid, Cataluña o el País Vasco.

El Partido Socialista (PSOE) reorganizó su dirección y participó junto a grupos monárquicos y democristianos en la Reunión de Múnich (1962), donde se exigió el paso a una España democrática. El PNV en el País Vasco y nuevas organizaciones en Cataluña (Front Nacional de Catalunya y Moviment Socialista de Catalunya) unieron la demanda de libertades y el restablecimiento de la autonomía.

Los estudiantes universitarios participaron en las protestas contra el régimen, sobre todo en Madrid y Barcelona, formando un amplio movimiento asociativo.

En la Iglesia católica también surgieron voces críticas y grupos cristianos de base organizaron las Juventudes Obreras Cristianas, que participaron en acciones de protesta.

Los orígenes de Comisiones Obreras

Reunidos los delegados de varias empresas (...) se acordó:

1. Que el sindicato al cual se nos obliga a pertenecer (CNS) no goza de la confianza obrera ni defiende los intereses de los trabajadores. (...)

3. (...) Concretar un plan reivindicativo con los siguientes puntos:
   - Salario mínimo de 200 pesetas por ocho horas de trabajo.
   - Libertad sindical, el derecho de tener sindicatos obreros.
   - Que sea reconocido (...) el derecho de huelga.

Comisión Obrera de Barcelona, 1965.

Juan GENOVÉS: *Gente corriendo* (1975), Museo Nacional Centro de Arte Reina Sofía.

DE LA AMNISTÍA A LA MEMORIA HISTÓRICA

Una de las reivindicaciones unánimes de la oposición era una amnistía política, que eximiese de toda responsabilidad a quienes habían sufrido la represión franquista. En 1977, durante la transición a la democracia, se aprobó la Ley de Amnistía.

Años después, la presión de sectores sociales que aspiraban a la verdad, justicia y reparación de esas víctimas, culminó en la aprobación de una Ley de Memoria Histórica (2007).

1. ¿Cuántos republicanos huyeron hacia el exilio? ¿Por qué lo hicieron? ¿Qué destino les esperaba tras cruzar la frontera?

2. ¿En qué consistieron los maquis? ¿Cuál fue su intervención más importante? ¿Por qué decayó su actuación?

3. ¿Qué supuso para los partidos políticos de la oposición el tener que ejercer sus actividades en la clandestinidad?

4. Enumera los diferentes grupos sociales y políticos implicados en la lucha antifranquista a partir de 1960.

5. ¿Qué se entiende por recuperación de la memoria histórica? ¿Cuales son sus objetivos según la ONU y la UE? ¿Qué acciones se llevaron a cabo en España para recuperar la memoria de las víctimas?

Investiga

6. La huelga de tranvías de Barcelona fue una de las primeras protestas ciudadanas de oposición. Consulta en Internet y describe las causas que la motivaron, cómo se desarrolló, quiénes la apoyaban y cuál fue su desenlace.

7 El franquismo en Andalucía

Durante la dictadura de Franco Andalucía vivió una larga etapa de **atraso social y económico**. Fracasado el intento reformador de los gobiernos de la República, a nivel económico se consolidó su papel periférico y agrario. Socialmente, se mantuvo el predominio de los terratenientes y la marginación social de amplias capas de la población.

Cola para el sellado de cartillas de racionamiento.

La larga posguerra

Durante la década de 1940, Andalucía conoció una contrarreforma agrária, es decir, la devolución de las tierras expropiadas durante la República y colectivizadas durante la guerra.

Como el cereal era indispensable para abastecer a la población, la autarquía dio relevancia a las zonas que, como Andalucía, eran productoras. A pesar de ello, los únicos beneficiados fueron los **grandes propietarios agrarios**, que pagaban salarios bajos y vendían caros sus productos.

Además, estos ricos terratenientes, junto con las viejas élites (burguesías locales, Iglesia) crearon, en alianza con los sectores de Falange, un entramado de **poderes locales y provinciales** (alcaldes y gobernadores) que controlaban la vida social andaluza.

En el extremo opuesto se encontraban los jornaleros, ocupados sólo temporalmente, y los trabajadores de las escasas industrias y de los servicios (mozos, artesanos, etc.) que continuaron padeciendo **condiciones de vida y trabajo muy duras**. Esta situación se agravaba por la represión policial de cualquier manifestación que existía; cualquier queja o manifestación de descontento, que podía significar pérdida del empleo, la detención e incluso la cárcel.

DESTINO DE LA EMIGRACIÓN ANDALUZA

1. ¿Hacia dónde se dirigieron preferentemente los emigrantes andaluces?

Los años del desarrollismo

Estancamiento agrario y emigración

La década de 1950 se inició, como en el resto de España, un periodo de **recuperación**. En la agricultura, base de la economía andaluza, se produjeron **mejoras técnicas**, como el incremento del regadío, la introducción de nuevos cultivos (arroz, girasol), la generalización de los abonos y la progresiva mecanización. Estos cambios permitieron aumentar la producción y los salarios. Sin embargo, también redujo la necesidad de mano de obra y, por consiguiente, aumentó el **desempleo**. Además, el problema fundamental de la agricultura andaluza, que era la estructura de la propiedad, no llegó a resolverse.

La falta de trabajo provocó una **emigración masiva**, tanto interna (de las zonas rurales hacia las ciudades y del interior hacia el litoral) como exterior, hacia destinos más industrializados de España (Cataluña, Madrid) y de Europa (Francia, Alemania, Suiza). El resultado fue el éxodo de más de dos millones de personas y un retroceso de la población andaluza sobre la española, que pasó del 20% al 17% .

Emigrantes a su llegada a Ginebra, 1962.

La industrialización y el turismo

La industria andaluza se transformó de manera significativa al disminuir el peso de la industria agroalimentaria y aumentar otros sectores como el químico, el refino de petróleo, la industria del papel y la transformación de metales. Sin embargo, todas ellas eran industrias altamente contaminantes que explotaban intensamente los recursos naturales de la región.

Se crearon diversos **polos de desarrollo**, unos muy concentrados y especializados (industria química en Huelva y en la bahía de Algeciras, e industria naval y del transporte en Cádiz), y otros más diversificados en Sevilla, Córdoba y Granada.

El turismo tuvo un desarrollo espectacular a partir de la década de 1960. No obstante, gran parte de los beneficios que generaba eran controlados por **empresas internacionales**, y la mejora en el nivel de vida que produjo benefició sólo a la franja litoral, especialmente a la costa del Sol (Marbella, Torremolinos, etc.).

La oposición política y sindical

La **represión franquista** en Andalucía, fue de una gran dureza en los primeros años sobre todo en las zonas rurales. Las continuas redadas policiales y la persecución de los maquis desmantelaron completamente organizaciones como el PSOE, la UGT o los anarquistas (CNT). El PCE intentó reconstruir su organización, pero la represión policial lo hizo imposible hasta la década de 1960.

A raíz de la negociación de los convenios colectivos, las primeras grandes movilizaciones del **movimiento obrero y jornalero** (huelgas, paros y concentraciones) impulsadas por el Partido Comunista y organizaciones católicas, como la Hermandad Obrera de Acción Católica (HOAC) y la Juventud Obrera Cristiana (JOC) que, poco a poco, darían base a la creación de CCOO y de la Unión Sindical Obrera (USO).

Paralelamente, los **partidos políticos** fueron reorganizándose en la clandestinidad y, a principios de la década de 1970, el PSOE y el PCE eran las principales fuerzas de oposición.

A pesar del escaso arraigo del andalucismo histórico, también aparecieron los primeros indicios del **resurgir regionalista** (clubes, periódicos, revistas...) que en 1971 crearon la **Alianza Socialista de Andalucía**, posteriormente Partido Socialista de Andalucía.

ÍNDICE DE CRECIMIENTO DE LA ACTIVIDAD INDUSTRIAL (1930-1975)

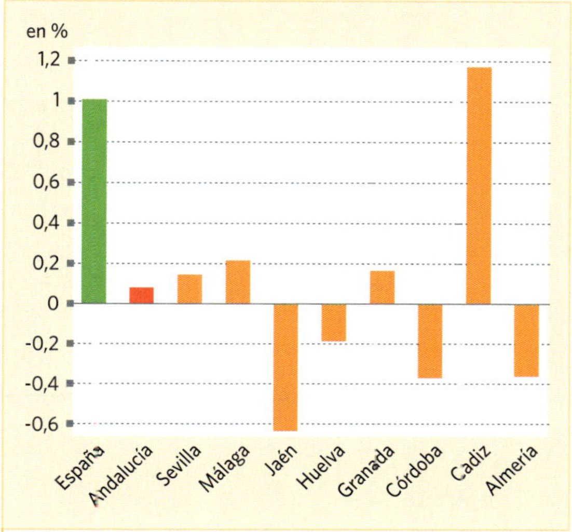

2. Valora el crecimiento de la actividad industrial de Andalucía con respecto a la de España. Ordena las provincias según su crecimiento.

La policía armada disuelve una concentración de estudiantes ante el rectorado de la Universidad de Sevilla.

3. ¿Cómo fue la posguerra en Andalucía? ¿Qué sucedió con la reforma agraria republicana? ¿Qué cambios tuvieron lugar a partir de la década de 1960?

4. ¿A qué se debió la emigración durante la década de 1960? ¿Qué consecuencias demográficas tuvo en Andalucía?

5. ¿Cómo resurgieron las ideas regionalistas en Andalucía?

COMPLETA EL MAPA CONCEPTUAL

Con la información del tema, completa en tu cuaderno el siguiente esquema:

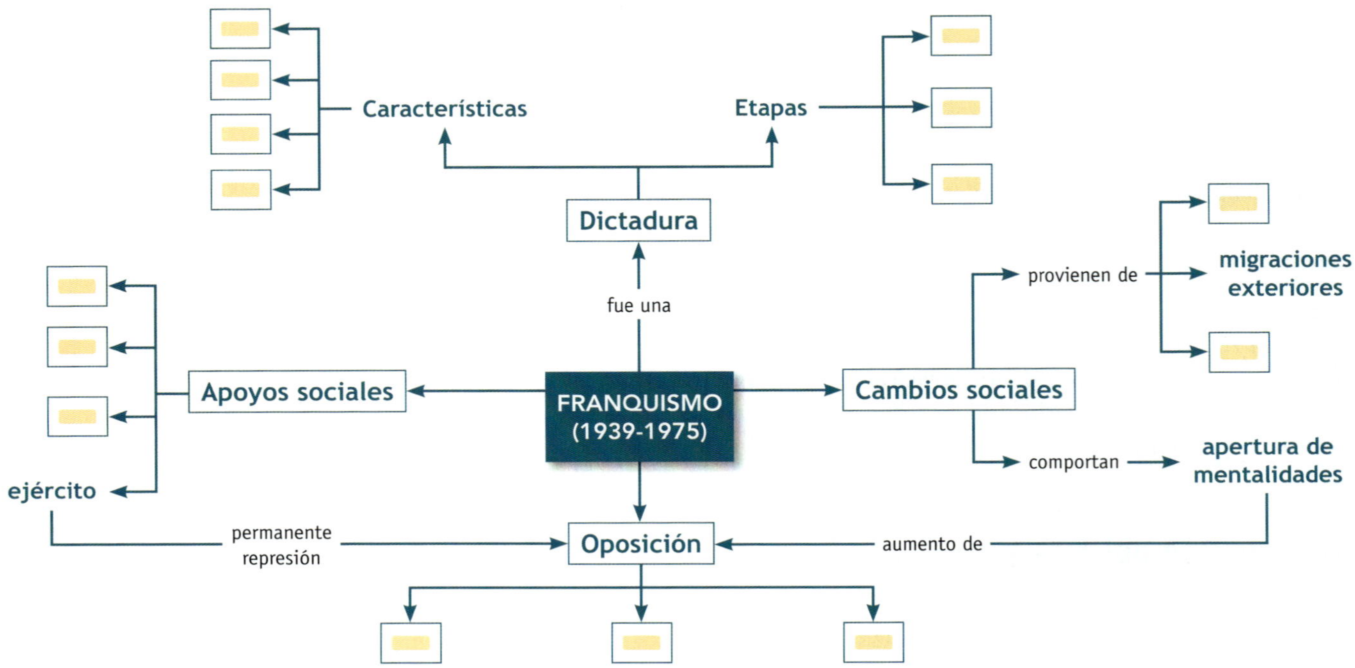

1 CONSOLIDA LO APRENDIDO

a) ¿Sobre qué bases se asentó la dictadura franquista? ¿Por qué hablamos de la represión como sistema durante el franquismo?

b) ¿Cuál fue la evolución internacional del franquismo? ¿Qué etapas diferentes se identifican?

c) ¿Qué fue la autarquía? ¿Cómo era la vida durante la primera posguerra?

d) ¿Cómo se pasó de la autarquía al desarrollismo? ¿Qué grupo tuvo mayor protagonismo en esa época?

e) ¿Cuál fue el papel de la mujer durante el régimen de Franco? ¿Existieron algunos casos en que no fuese así?

f) ¿De qué forma se llegó al final del régimen? ¿Cómo influyeron los cambios sociales producidos desde 1960?

2 DEFINE CONCEPTOS CLAVE

- racionamiento
- democracia orgánica
- maquis
- exiliado
- tecnócrata
- estraperlo

3 ESTABLECE LA CRONOLOGÍA

- acuerdos con Estados Unidos
- Ley de Sucesión
- Ley de Principios del Movimiento Nacional
- condena de la ONU
- concordato
- Código Civil
- asesinato de Carrero Blanco
- Plan de Desarrollo

4 EXPLICA LAS DIFERENCIAS

- autarquía/desarrollismo
- inmovilistas/aperturistas
- Plan de Estabilización/Plan de Desarrollo

5 IDENTIFICA LAS SIGLAS

- FET y de las JONS
- PCE
- CNS
- FRAP
- JOC
- ETA

RESPONDE A LA PREGUNTA INICIAL

¿Por qué el franquismo fue una dictadura?

APRENDE A... CONTRASTAR FUENTES HISTÓRICAS

Los documentos que nos informan sobre el pasado (fuentes históricas) ofrecen diferentes visiones y puntos de vista sobre los hechos que relatan, analizan o valoran. Por ello es muy importante examinar las fuentes, interrogarlas debidamente, evaluar su fiabilidad y contrastar las distintas visiones que ofrecen.

Vamos a analizar la huelga de los mineros asturianos de 1962, en pleno franquismo, cuando las movilizaciones de ese tipo eran ilegales. Para ello presentamos algunos fragmentos de la prensa de la época (franquista, extranjera, de la oposición...), con el fin de descubrir cómo un mismo acontecimiento era presentado de manera diferente según quién lo contaba.

Cartel de la editorial Ruedo Ibérico sobre la huelga minera de Asturias.

Con nosotros está, precisamente, Secundino López, (...) de 25 años, que tiene a honra su condición de asturiano y de minero, que nos ha contado el verdadero fondo del asunto:

"Mire usted; yo he sido uno de los más equivocados. Yo gano unas 6 000 pesetas al mes, y un día, en una reunión, surgió el tema del salario. Luego me he dado cuenta. Aquel forastero, que se decía agente de seguros, fue el que nos envenenó. Nos empezó a contar cosas, a darnos propaganda (...). Que lo que debíamos hacer era negarnos a trabajar. Que las cosas, si no se hacen por la fuerza, no se consiguen y... ¿saben ustedes lo que hemos conseguido? Llevar la intranquilidad durante algunos días a nuestras casas, dejar de ganar un dinero y suscitar rencores. Todo, ¿para qué? Para nada. Porque las mejoras no se consiguen por las malas (...)".

La Vanguardia Española, 12 de mayo de 1962.

Nuestros camaradas de Mieres llevan varios días sin entrar a trabajar. Su causa es justa, es nuestra causa: aumento de salarios. Los precios suben constantemente, los patronos nos engañan con convenios colectivos, el sindicato no nos defiende y nos vende, el Estado responde a nuestras protestas y justas peticiones con la Guardia Civil.

¿Qué hacer? Luchar, siguiendo el ejemplo de nuestros camaradas de Mieres. ¿Cómo? Corriendo la voz, entre los compañeros, de la necesidad de la huelga y organizando la manera de exigir a la empresa y a las autoridades un aumento esencial de salarios. (...)

Frente de Liberación Popular, 1962.

Ni una sola tonelada de carbón fue extraída ayer del famoso pozo de la Nicolasa. La huelga de solidaridad va extendiéndose por las minas de la cuenca (...). Tres compañías de la Policía Armada están desplegándose por la cuenca minera en un intento de controlar y reprimir la huelga.

Le Monde, 16 y 17 de abril de 1962.

En Oviedo, como en Sama de Langreo, no trabaja nadie, ni en el exterior ni en el fondo de los pozos, me dice un minero. Lo que hablan los periódicos son mentiras; la verdad es que la huelga dura ya tres semanas.

Le Monde, 15 de mayo de 1962.

1. Identificación de las fuentes

- ¿De qué tipo de fuentes se trata? ¿Son fuentes primarias o secundarias?
- Identifica a los autores y el nivel de implicación con los acontecimientos relatados.
- ¿Crees que alguna de las fuentes tiene interés en disminuir, exagerar o manipular los hechos? ¿Por qué dirías que es así?

2. Contextualización histórica

- ¿En qué contexto fueron escritas?
- ¿Qué situación política y económica existía en España en ese momento?

3. Contraste de las fuentes

- Consulta la información sobre la huelga minera de 1962 en www.tiching.com/748053 y elabora un breve relato sobre cómo sucedieron los acontecimientos.
- Sintetiza la información que presentan las distintas fuentes y establece similitudes y diferencias entre ellas.

4. Evaluación de las fuentes

- ¿Reconoces argumentos engañosos en alguna de las fuentes? Explica qué objetivo se perseguía manipulando la información de las publicaciones.
- Haz una valoración de la fiabilidad de las diferentes fuentes y argumenta el porqué de tu evaluación.

1 Espacio y tiempo. El conflicto del Sahara

SAHARA OCCIDENTAL

a) ¿Cuál era la relación del Sahara con España? Describe qué zona comprendía la colonia. ¿Cuáles eran los países vecinos? ¿Qué riquezas tenía la zona?

b) ¿Qué fue la Marcha Verde? ¿Por dónde entró en el Sahara? ¿Qué intereses tenía Marruecos para organizarla?

c) ¿En qué difícil situación se hallaba España cuando estalló el conflicto saharaui? ¿Cuál fue la actuación de España?

d) ¿Cómo finalizó el conflicto? ¿Qué dos países se repartieron las tierras del Sahara? ¿Por qué España abandonó la colonia a su suerte?

e) ¿Qué es el Frente Polisario? ¿Cuáles fueron sus reivindicaciones? ¿Dónde instaló sus campamentos?

f) Busca información sobre la situación actual del Sahara y explica si el conflicto está resuelto o aún quedan asuntos pendientes.

2 Fuentes documentales. El "contubernio" de Múnich

El Congreso del Movimiento Europeo (...) estima que la integración, ya en forma de adhesión, ya de asociación, de todo país de Europa exige de cada uno de ellos instituciones democráticas, lo que significa en el caso de España, de acuerdo con la Convención Europea de los Derechos del Hombre y la Carta Social Europea, lo siguiente:

1. La instauración de instituciones auténticamente representativas (...) 2. La efectiva garantía de todos los derechos de la persona humana. (...) 3. El reconocimiento de la personalidad de las distintas comunidades naturales (...).

Resolución publicada por los delegados españoles asistentes al IV Congreso del Movimiento Europeo (junio de 1962).

a) ¿Cuáles fueron las demandas que exigieron los asistentes a esta reunión?

b) ¿Qué estaba ocurriendo en Europa durante estos años? ¿Qué institución actual estaba naciendo?

c) Averigua qué reacciones provocó en España la presencia de opositores en el Congreso del Movimiento Europeo.

3 Fuentes gráficas. Conflictos laborales

CAUSAS DE LA CONFLICTVIDAD LABORAL (1963-1972)

	1963	1964	1967	1968	1970	1972
Político-sociales	16	8	230	54	687	66
Convenio colectivo	202	62	–	–	516	298
Valoración rendimiento	83	71	–	17	38	42
Solidaridad	34	28	38	103	93	156
Mejoras salariales	216	209	56	67	122	152
Otras causas	204	51	177	58	78	179

a) ¿Qué es un conflicto laboral? ¿De qué formas se manifiesta?

b) ¿Cuáles de ellos fueron los más relevantes entre 1963 y 1972?

c) Relaciona esta conflictividad con la evolución del régimen de Franco entre 1960 y 1973.

4 Organización de la información. **La balanza de pagos española**

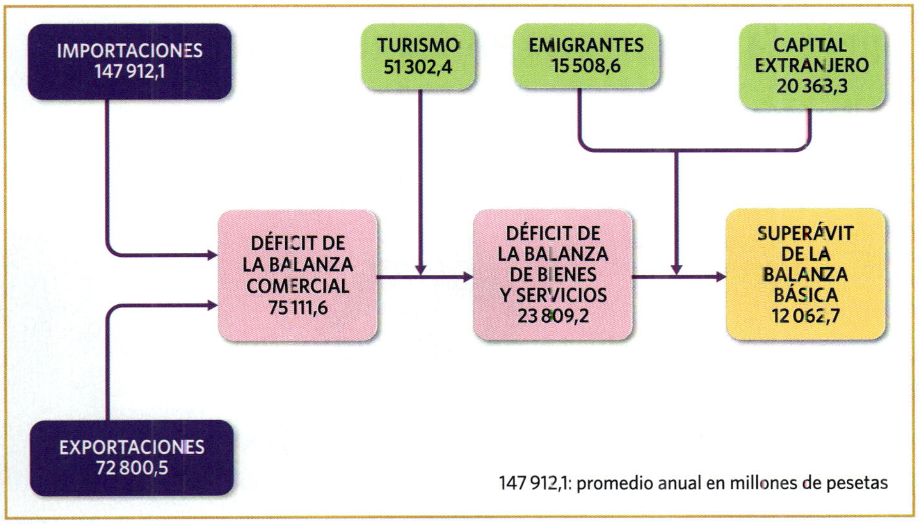

a) Observa con atención el esquema y explica qué son la balanza comercial, la balanza de bienes y servicios, y la balanza básica. ¿En qué se diferencian los tres términos?

b) ¿Cómo era el saldo resultante de la balanza comercial española a principios de la década de 1970? ¿A qué se debía?

c) ¿Cuál era el saldo final de la balanza básica? ¿En qué se diferenciaba de la primera? ¿A qué se debía el cambio?

d) ¿Qué papel desempeñaba la emigración española en Europa para equilibrar el déficit de la balanza básica? ¿Qué otros factores contribuían?

WWW. ESPACIO WEB

5 Búsqueda de información. **La canción protesta**

En la España franquista de la década de 1960, una serie de cantautores empezaron a expresar en sus canciones la protesta social y el deseo de cambio. Busca información sobre el tema y realiza las siguientes actividades:

a) Cita a los principales cantautores de las décadas de 1960 y 1970, y explica en qué corriente europea se insertaban.

b) Escoge alguna de sus canciones emblemáticas, comenta su contenido e indica cómo cuestionaba la realidad social, política e ideológica del franquismo.

7 Fuentes documentales. **El 600**

Consulta la información sobre el coche SEAT Seiscientos en www.tiching.com/66087 y www.tiching.com/66090, y contesta:

a) ¿Cuándo se empezó a producir? ¿Dónde? ¿Cuál era su coste? ¿Cuáles eran sus características técnicas?

b) ¿Cómo se hacía publicidad en aquella época del nuevo vehículo? ¿Qué cambios de hábitos sociales propició?

c) Indaga entre familiares o conocidos y resume qué significó el 600 para la generación de la década de 1960.

6 Fuentes audiovisuales. **Mujeres antifranquistas**

Busca en Internet el documental *Que mi nombre no se borre de la historia*. Visiona la segunda parte, titulada "Bajo el imperio del terror", sobre el papel de las mujeres en la lucha antifranquista. Después, responde a las siguientes preguntas:

a) ¿Qué mujeres narran sus recuerdos? ¿Por qué motivos fueron detenidas? Relata la extrema dureza de la vida de estas mujeres en prisión.

b) ¿Qué función cumplía la Iglesia en el sistema represivo?

c) Comenta y compara cómo trataron la prensa española y la internacional el caso.

d) ¿Cómo recuerdan las protagonistas sus relaciones con el resto de presas y su actividad en la prisión?

e) ¿Quiénes fueron las Trece Rosas? ¿Qué sucedió con ellas? ¿Qué pretendía el régimen con ello?

f) ¿Por qué crees que el documental lleva ese título?

RETOS EN LA RED

DETECTIVE DEL PASADO: La caída del franquismo.

ACTIVIDADES AUTOCORRECTIVAS: Resuelve estas actividades y repasa lo que has aprendido.

www.vvd.link/012274/13

14 TRANSICIÓN Y DEMOCRACIA EN ESPAÑA

¿Cómo se recuperó la democracia en España? ¿Qué cambios sociales, económicos y políticos se produjeron?

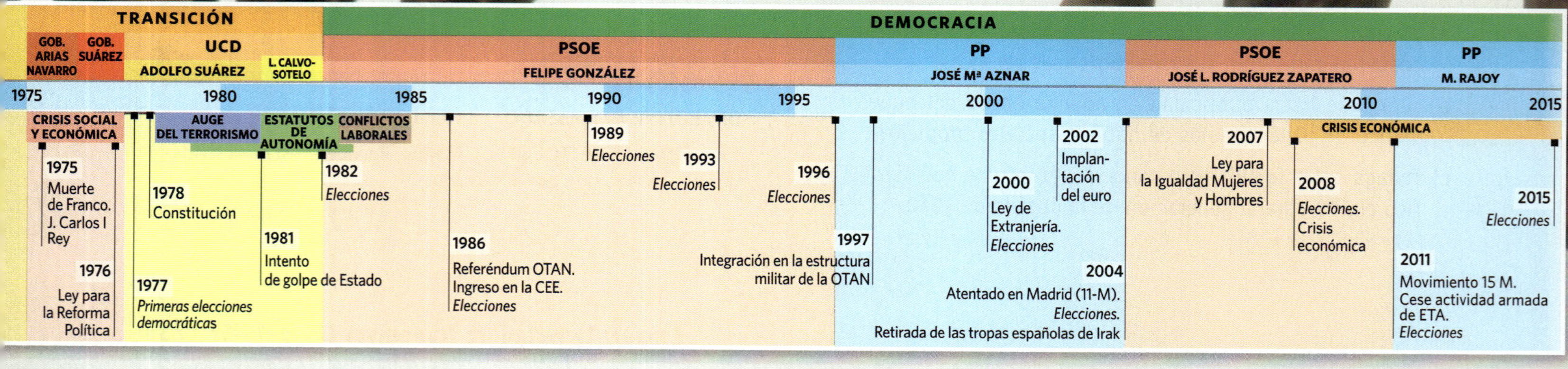

Juan GENOVÉS: *El abrazo*, 1976.

En España, las últimas décadas han significado la recuperación de las libertades democráticas, la descentralización del Estado y la configuración de un país moderno y desarrollado, que se ha integrado plenamente en la Unión Europea.

En primer lugar, las reformas políticas instauraron una monarquía constitucional y parlamentaria, que devolvió la soberanía al pueblo español.

En segundo lugar, las reformas en la organización territorial acabaron con la tradición centralista y crearon la España de las Autonomías.

En tercer lugar, una serie de medidas sociales y económicas equipararon a España con los países de su entorno y asentaron lo que conocemos como Estado del bienestar.

¿Qué sabemos?

- Observa el eje. ¿Cuándo se inició la transición hacia la democracia? ¿Cuándo crees que estuvo completamente asentada? ¿Qué gobiernos se han sucedido? ¿Qué hechos son los más destacables en esos años?
- Describe la ilustración. ¿Qué refleja sobre la sociedad española de la transición?

PREGUNTA CLAVE

1 ¿Por qué el franquismo no sobrevivió a Franco?

En el testamento político del general Franco, leído en televisión española a todo el país por el jefe de Gobierno Carlos Arias Navarro, el dictador afirmaba haber dejado todo "atado y bien atado" para conservar su obra política y lo esencial del régimen impuesto a España desde 1939.

¿Estaba garantizada la continuidad del franquismo por las instituciones?

¿Qué sucedió para que en menos de dos años el franquismo hubiera sido desmantelado y se estuviese constuyendo un nuevo Estado democrático?

A UN SISTEMA EN CRISIS Y DIVIDIDO

Dos días después de la muerte de Franco, el 22 de noviermbre de 1975, **Juan Carlos I** juró su cargo como Rey de España y en su mensaje dejó entrever su voluntad de promover el **cambio político**. En principio, reafirmó en su cargo de presidente de gobierno a **Arias Navarro**, que se mostró incapaz de llevar a cabo cualquier reforma realmente democrática.

La división dentro del franquismo entre **inmovilistas** y **aperturistas**, que se había iniciado años antes, se convirtió en una verdadera pugna por el poder. Los inmovilistas reafirmaron la necesidad de mantener intocables los principios y las instituciones del franquismo, denunciaron como traición cualquier intento de reforma y se mostraron dispuestos a defender violentamente el franquismo.

Los aperturistas se sentían fortalecidos por el discurso del nuevo rey y presionados por la movilización popular a favor del cambio. Estos sectores aperturistas defendían la necesidad ineludible de iniciar un proceso de reformas que superase el franquismo.

Ceremonia de investidura del Rey Juan Carlos I celebrada en las Cortes; a su lado la Reina Sofía.

@ Para saber más sobre la proclamación del Rey Juan Carlos I, entra en: www.tiching.com/747789

B LA CRISIS ECONÓMICA Y LA PROTESTA SOCIAL

La crisis económica de 1973, provocado por el aumento del precio del petróleo y de las materias primas, llegó a España algo más tarde, dando paso a una profunda recesión económica.

En 1975 ya era evidente que se estaba produciendo un alza continua de los precios (**inflación**), un importante crecimiento del **paro**, un **retroceso del turismo**, que redujo la entrada de divisas, y una disminución de las **inversiones extranjeras**.

La subida de precios y el paro también afectaron directamente al poder adquisitivo de las clases populares y medias. Las dificultades económicas, unidas a las reivindicaciones a favor del cambio político, desencadenaron **protestas obreras**, y las huelgas y las manifestaciones se sucedían.

Quedaba claro que era necesario aplicar otras políticas económicas y reformar profundamente el sistema político del país.

LA EVOLUCIÓN DEL DESEMPLEO EN ESPAÑA

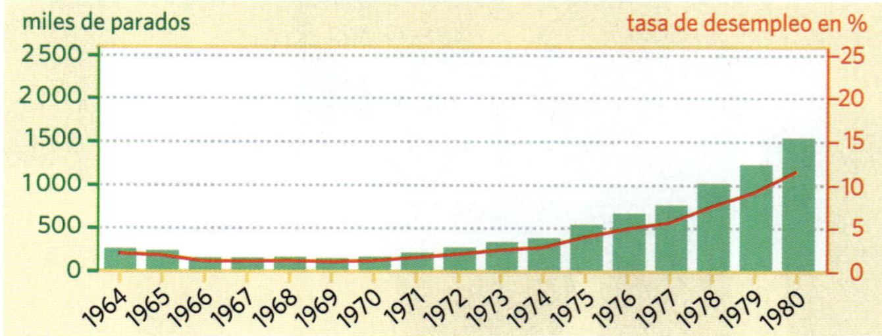

LA VARIACIÓN DE LOS PRECIOS AL CONSUMO EN ESPAÑA

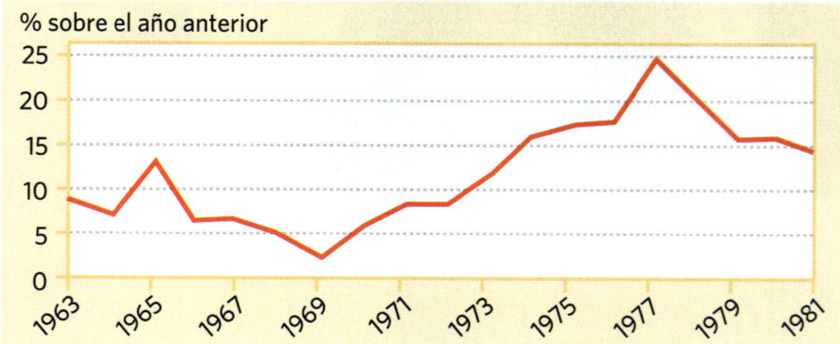

C LA ORGANIZACIÓN DE LA OPOSICIÓN

Para presionar en la calle a favor de la democratización del régimen, los partidos de la oposición se coordinaron en plataformas unitarias (**Junta Democrática** y **Plataforma Democrática**). Todas ellas manifestaron que no aceptarían ningún cambio que no comportase la concesión de una amnistía, el reconocimiento de las libertades y la convocatoria de elecciones libres.

En la calle, las movilizaciones populares en demanda de la democratización del régimen y la amnistía de los presos políticos aumentaron significativamente.

Represión policial contra una movilización popular impulsada por la oposición. Vitoria, marzo de 1976 (fotografía de G. Gallego).

La oposición exige la democracia

1. La formación de un Gobierno provisional que sustituya al actual, para devolver al hombre y a la mujer españoles (...) el reconocimiento de las libertades, derechos y deberes democráticos.
2. La amnistía absoluta de todas las responsabilidades por hechos de naturaleza política. (...)
3. La legalización de los partidos políticos, sin exclusiones.
4. La libertad sindical y la restitución al movimiento obrero del patrimonio del Sindicato Vertical.
5. Los derechos de huelga, reunión y manifestación pacífica.
6. La libertad de prensa, radio, opinión e información (...).
7. La independencia y la unidad jurisdiccional de la función judicial (...).
9. El reconocimiento, bajo la unidad del Estado español, de la personalidad política de los pueblos catalán, vasco y gallego, y de las comunidades regionales que lo decidan democráticamente.
10. La separación de la Iglesia y del Estado. (...)

Declaración de la Junta Democrática, 1974.

D EL AISLAMIENTO INTERNACIONAL

España, Grecia y Portugal constituían tres excepciones, ya que tenían regímenes dictatoriales en Europa Occidental, donde todos los países eran democracias parlamentarias. Debido a ello, España no había sido admitida en la Comunidad Económica Europea (antecedente de la UE) y ni tan siquiera formaba parte de la alianza militar occidental (OTAN).

En 1974 cayó el régimen militar griego, y la Revolución de los Claveles puso fin a la dictadura portuguesa. En estos países se instauraron gobiernos democráticos, que fueron muy celebrados por la oposición española porque los veían como un modelo para España.

Tras la muerte de Franco, el desprestigio internacional del franquismo era evidente, y tanto los países europeos como EE UU veían con buenos ojos una solución parecida a la de Portugal, que acabase con la dictadura e implantase un régimen democrático en España.

El aislamiento del franquismo

Mientras la oposición democrática, todavía en la ilegalidad, obtenía el respaldo de líderes políticos y sindicales de toda Europa Occidental, el régimen de Franco, incapaz de evolucionar y encastillado en las respuestas represivas, concitaba un repudio cada vez mayor de las opiniones públicas europeas. Las últimas ejecuciones del franquismo, el 27 de septiembre de 1975, desencadenaron una oleada de condenas internacionales y la retirada de los embajadores de los países de la CEE.

Carlos Sanz Díaz: *Aislamiento y divergencia democrática: España y el proceso de construcción europea bajo la dictadura de Franco (1945-1975)*, 2014.

1. ¿Cuál era la situación política del país a la muerte de Franco? ¿Qué división se consolidó dentro del personal político franquista? ¿Qué dejó entrever el nuevo rey en su toma de posesión?
2. ¿Qué desencadenó la crisis económica de 1973? ¿Qué repercusiones tuvo en España? ¿Cómo afectó a la población?
3. ¿Qué era la Junta Democrática y cuáles eran sus demandas?
4. En el contexto internacional, ¿qué apoyos tenía la dictadura?

Argumenta la respuesta

5. Responde a la pregunta clave relacionando los aspectos que favorecían un cambio de sistema político en España.

2 La transición a la democracia (1975-1977)

El desmantelamiento del franquismo

Ante la presión popular, el rey forzó la dimisión de Arias Navarro y, en julio de 1976, nombró presidente de gobierno a **Adolfo Suárez**, un antiguo falangista que había optado por el aperturismo.

Tras la toma de posesión, el nuevo presidente se mostró decidido a iniciar el camino legal para el desmantelamiento del franquismo de forma pactada y la construcción de un sistema democrático. Para conseguirlo era necesario anular la resistencia de los inmovilistas y atraer hacia el nuevo proyecto a la mayoría de las fuerzas de la oposición.

Suárez buscó el apoyo de la oposición, que acabó aceptando una **ruptura pactada**, es decir, un compromiso entre todas las fuerzas políticas partidarias de instaurar la democracia en España, ya fueran procedentes del franquismo o de la oposición.

En 1976, las Cortes franquistas aprobaron la **Ley de Reforma Política**, que proponía la creación de un Congreso de Diputados y un Senado elegidos por sufragio universal. Esta ley fue aprobada por la pobloación española en referendum por el 94 % de los votantes. La oposición propugnó la abstención, que alcanzó el 22,6 % del electorado.

En 1977 se **legalizaron los partidos políticos** (incluido el Partido Comunista) y los sindicatos y se concedió un indulto a los presos por delitos políticos. Numerosos dirigentes de los partidos hasta entonces ilegales retornaron a España desde el exilio.

Las primeras elecciones democráticas

El 15 de junio de 1977 se celebraron en España las primeras elecciones democráticas desde hacía más de cuarenta años, con una elevada participación, que alcanzó el 78 % del censo electoral.

Los resultados dieron la mayoría, aunque no absoluta, a **Unión de Centro Democrático** (UCD), el partido creado y liderado por Adolfo Suárez, que había dirigido el proceso de transición. El **Partido Socialista Obrero Español** (PSOE), encabezado por Felipe González, se consolidó como el principal partido de la oposición.

A una mayor distancia electoral se situaron el **Partido Comunista** de España (PCE), liderado por Santiago Carrillo, y **Alianza Popular** (AP), presidido por Manuel Fraga Iribarne.

En el País Vasco y en Cataluña, los **partidos nacionalistas** se configuraron como fuerzas políticas importantes.

Con el consenso de las principales formaciones políticas, la UCD formó el primer gobierno democrático y Adolfo Suárez fue investido presidente. Las nuevas Cortes decidieron iniciar un proceso constituyente y crearon una comisión integrada por representantes de los los partidos políticos para elaborar una Constitución democrática

La ley que inició el fin del franquismo

Art. 1. La democracia en el Estado español se basa en la supremacía de la Ley, expresión de la voluntad soberana del pueblo.

Los derechos fundamentales de la persona son inviolables y vinculan a todos los órganos de Estado.

La potestad de elaborar y aprobar las leyes reside en las Cortes. El Rey sanciona y promulga las leyes.

Art. 2. Las Cortes se componen del Congreso de los Diputados y del Senado.

Los diputados del Congreso serán elegidos por sufragio universal, directo y secreto, de los españoles mayores de edad. (...)

Ley de Reforma Política, 1976.

La legalización del Partido Comunista de España (PCE), en abril de 1977, evidenció la voluntad de integrar a todas las fuerzas políticas en la construcción de la nueva democracia.

LAS ELECCIONES GENERALES DE 1977

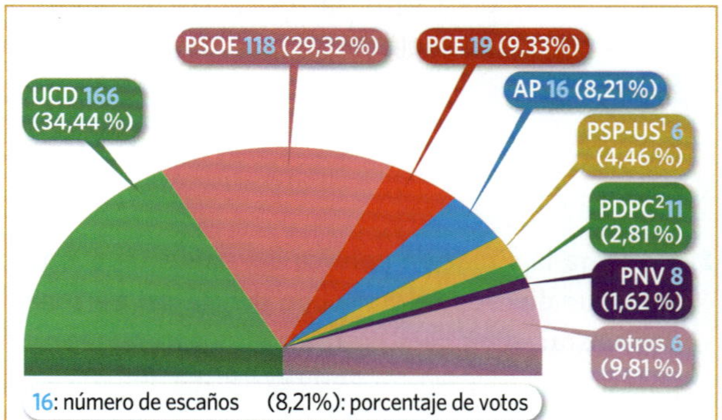

[1] Partido Socialista Popular-Unidad Socialista.
[2] Pacte Democràtic per Catalunya.

EL GOBIERNO DE LA UCD: DEL CONSENSO A LA CRISIS

Los primeros años del restablecimiento de la democracia fueron de enormes dificultades y estuvieron marcados por una política de consenso, que consistía en llegar a acuerdos entre las diferentes fuerzas políticas y sindicales. Con este telón de fondo, el nuevo gobierno de UCD emprendió una serie de medidas urgentes:

- Nombrar una ponencia parlamentaria integrada por las fuerzas parlamentarias para redactar una **Constitución democrática**.
- Estimular la recuperación de la economía mediante medidas económicas, salariales y laborales acordadas por partidos, sindicatos y organizaciones patronales (**Pactos de la Moncloa**).
- Proceder a una **reforma fiscal** progresiva para incrementar los ingresos del Estado y afrontar así los enormes gastos sociales.
- Decretar una amplia **amnistía** para los presos políticos.

La crisis económica provocó un aumento del malestar social con una proliferación de huelgas y manifestaciones. Por otro lado, UCD tuvo divisiones internas y el liderazgo de Suárez fue cuestionado. Además, en 1980, el PSOE, principal partido de la oposición, presentó una moción de censura al gobierno, que no prosperó.

Ante esta situación, Suárez presentó su dimisión y mientras se votaba en las Cortes la investidura de Leopoldo Calvo Sotelo como nuevo presidente, tuvo lugar un intento de golpe de Estado que fracasó. El nuevo gobierno no pudo frenar el desgaste de UCD y se convocaron nuevas elecciones para 1982.

Ponencia formada por representantes de diversos partidos para elaborar la Constitución de 1978.

EL FRACASADO GOLPE DEL 23-F

El 23 de febrero de 1981, un grupo de guardias civiles, al mando del teniente coronel Antonio Tejero, irrumpió violentamente en el Congreso de Diputados. Paralelamente, el capitán general Jaime Milans del Bosch se sublevaba en Valencia para acabar con la democracia.

La actuación del rey, la falta de apoyo de la jerarquía militar y la unidad de todas las fuerzas democráticas hicieron fracasar el golpe, y sus principales implicados fueron detenidos.

El auge del terrorismo

Mientras la mayoría de las fuerzas políticas y sindicales apostaban por el consenso social, algunos sectores optaron por la violencia (terrorismo) para obstaculizar la consolidación de la democracia.

Por un lado, los nostálgicos del franquismo, integrados por la extrema derecha y algunos sectores militares, crearon agrupaciones armadas y provocaron atentados para desestabilizar el sistema (Guerrilleros de Cristo Rey, la Triple A o el Batallón Vasco Español).

Por otro lado, la extrema izquierda consideraba insuficientes los cambios y apostaba por la vía armada. La principal actividad terrorista provenía de ETA, que realizó numerosos atentados con un elevado número de víctimas. Por otro lado, pequeños grupos de la extrema izquierda: el GRAPO, el FRAP, los Comandos Autónomos Anticapitalistas y Terra LLiure también protagonizaron algunos actos violentos y secuestros.

LAS VÍCTIMAS MORTALES DEL TERRORISMO

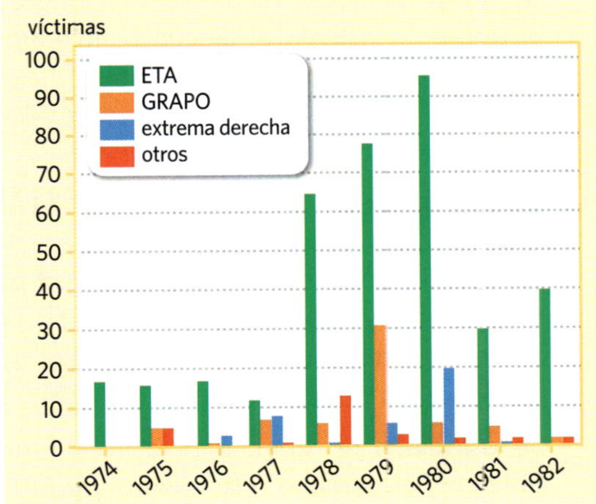

1. ¿Por qué el rey Juan Carlos optó por el cambio de jefe de gobierno? ¿A quién nombró? ¿Qué se esperaba de él?
2. ¿Qué fue la ley de Reforma Política? ¿Por qué hablamos de desmantelamiento del franquismo?
3. ¿Qué papel jugó la oposición democrática en el cambio político? ¿Qué entendemos por ruptura pactada?
4. ¿Cuándo se celebraron la primeras elecciones democráticas? ¿Qué partidos fueron los más votados en las elecciones de 1977? ¿Qué política desarrolló el gobierno de UCD? ¿Por qué entró en crisis el gobierno?
5. ¿Quiénes se oponían a la consolidación de la democracia? ¿Qué actuaciones promovieron? ¿Qué pretendían con ellas?

DESCUBRE

3 ¿Qué nuevo Estado surgió de la Constitución de 1978?

La nueva Constitución se aprobó en el Congreso y en el Senado, y fue refrendada por la mayoría de los españoles y españolas el 6 de diciembre de 1978.

La Constitución adoptó un carácter básicamente progresista, aunque presentaba una cierta ambigüedad, producto del consenso, que permitía que fuera asumida tanto por la izquierda como por la derecha democráticas.

REFERÉNDUM SOBRE LA CONSTITUCIÓN DE 1978

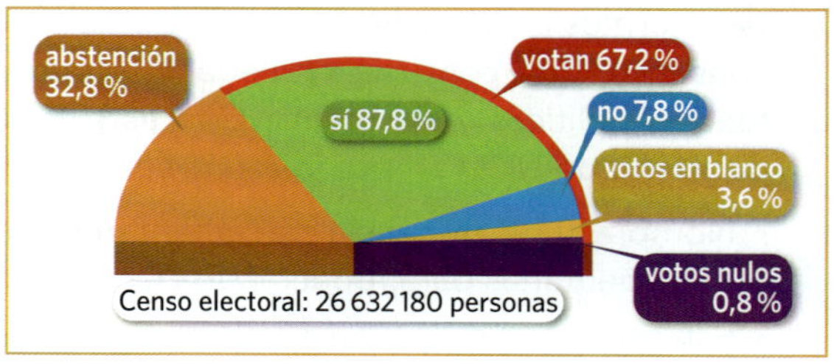

A UNA MONARQUÍA CONSTITUCIONAL PARLAMENTARIA

La Constitución española define el sistema político español y regula el funcionamiento del Estado y de sus instituciones:

- Define el Estado español como un **Estado social y democrático*** de derecho, organizado como una monarquía parlamentaria en la que la Corona tiene básicamente funciones representativas, y en la que el Ejército queda sometido al poder civil.
- Declara que **la soberanía reside en el pueblo**, que la delega en sus representantes, elegidos por sufragio universal, entre las fuerzas políticas (partidos) que se presentan libremente a las elecciones.
- Recoge la **división de poderes**: el legislativo es ejercido por unas Cortes bicamerales (Congreso y Senado), el gobierno ostenta el ejecutivo, mientras que el judicial está en manos de los tribunales.

EL SISTEMA POLÍTICO ESPAÑOL

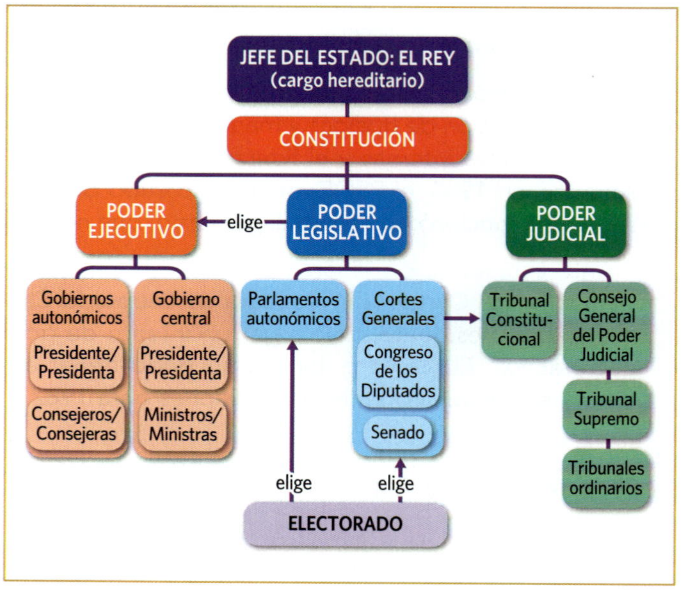

B UN SISTEMA DE DERECHOS Y LIBERTADES

La Constitución garantiza la **igualdad ante la ley** de todos los españoles y españolas, y desarrolla una amplia declaración de derechos y deberes fundamentales, y libertades civiles y políticas. Los principales son:

- Se establece el derecho a la libre formación de partidos políticos, el derecho a la huelga y a la libre sindicación.
- Ampara los **derechos civiles**, como la libertad de expresión, de reunión y asociación, la libertad de culto y el derecho a la vida.
- Establece **derechos sociales**, como el derecho a la educación, al trabajo y a las prestaciones de la Seguridad Social.
- Fija los **deberes** de la ciudadanía: la defensa del Estado, el sostenimiento de los gastos públicos y el deber de trabajar.
- Asimismo, fija el carácter no confesional del Estado y la libertad religiosa.
- También suprime la pena de muerte.

Los derechos de los españoles y las españolas

Art. 14. Los españoles son iguales ante la ley, sin que pueda prevalecer discriminación alguna por razón de nacimiento, raza, sexo, religión, opinión o cualquier otra condición o circunstancia personal o social.

Art. 16. Se garantiza la libertad ideológica, religiosa y de culto (...). Nadie podrá ser obligado a declarar sobre su ideología, religión o creencias. (...) Ninguna confesión tendrá carácter estatal (...).

Art. 20. Se reconocen y protegen los derechos a expresar y difundir libremente los pensamientos, ideas y opiniones (...).

Art. 27. Todos los españoles tienen el derecho a la educación. Se reconoce la libertad de enseñanza (...).

Art. 43. Se reconoce el derecho a la protección de la salud (...).

Constitución española, 1978.

Manifestación del 11 de septiembre de 1976 en Barcelona. Cerca de un millón de personas salieron a la calle en demanda de libertades políticas y del derecho a la autonomía.

C EL ESTADO AUTONÓMICO

El reconocimiento constitucional de la existencia de nacionalidades y regiones con derecho a formar su propio autogobierno comportó la **organización descentralizada** del sistema político español.

En Cataluña, el País Vasco y Galicia, la fuerte reivindicación autonómica supuso el inicio de un proceso preautonómico anterior a la aprobación de la Constitución.

- En Cataluña, en 1977, el presidente Suárez pactó el restablecimiento de la **Generalitat** catalana y el regreso del exilio de su presidente, Josep Tarradellas, que creó un primer gobierno preautonómico.
- En el País Vasco, las negociaciones entre el gobierno y los parlamentarios vascos elegidos en 1977 culminaron en la formación de un **Consejo General Vasco** (1978).
- En Galicia, la primera **Xunta**, con carácter provisional, se creó también en 1978.

Tras la aprobación de la Constitución, se configuraron las 17 Comunidades y dos Ciudades Autonómas (Ceuta y Melilla). Según la Constitución, cada Comunidad y Ciudad Autónoma se rige por su propio **Estatuto de Autonomía**, que fija las instituciones de autogobierno (Parlamento, Gobierno, Tribunal de Justicia...) y las competencias que le corresponden (educación, sanidad, etc.).

Los distintos Estatutos fueron aprobados, entre los años 1979 y 1983, a excepción de los de Ceuta y Melilla, que lo fueron en 1995.

LA ESPAÑA DE LAS AUTONOMÍAS

El derecho a la autonomía

Art. 143. En el ejercicio del derecho a la autonomía reconocido en el artículo 2 de la Constitución, las provincias con características históricas, culturales y económicas comunes, los territorios insulares y las provincias con entidad regional histórica podrán acceder a su autogobierno y constituirse en Comunidades Autónomas según lo previsto en este título y en sus Estatutos.

Constitución Española, 1978.

1. ¿Cuáles son los rasgos esenciales de la Constitución de 1978?
2. Explica, en función del esquema, cómo organiza el sistema político español la Constitución de 1978. ¿Qué instituciones son elegidas directamente por los electores? ¿Cuáles lo son de forma indirecta? ¿Qué función principal tiene el Tribunal Constitucional?
3. ¿Cómo se concibe la organización territorial de España? ¿Qué territorios pueden acceder a la autonomía? Explica en qué consiste el Estado de las Autonomías y cómo se constituyó.

Investiga

4. @ Consulta en www.tiching.com/65985 el Título I, Capítulo Tercero de la Constitución, y sintetiza los principios de la política social y económica. Valora si los principios constitucionales están completamente asegurados.

4 Las movilizaciones populares

A lo largo de los años de la transición, la ciudadanía se organizó en numerosas asociaciones cívicas, en partidos y en sindicatos para defender sus derechos y presionar a favor del reconocimiento de las libertades públicas.

Además, la decidida actuación de la ciudadanía en concentraciones y manifestaciones pacíficas impulsó el cambio político. La ciudadanía fue protagonista esencial de la consecución y consolidación de la democracia en nuestro país.

A LA LUCHA POR LAS LIBERTADES POLÍTICAS

Las movilizaciones populares, organizadas por los partidos, los principales sindicatos (Comisiones Obreras, CCOO; y Unión General de Trabajadores, UGT), el movimiento estudiantil y diferentes asociaciones fueron constantes durante la década de 1970.

Todas ellas apoyaban las demandas de **libertades políticas** y la **instauración de la democracia**, así como las peticiones particulares de cada colectivo.

En estos años de transición, el **movimiento obrero** desempeñó un papel fundamental en la lucha por las libertades políticas y su actuación se vio estimulada por las consecuencias sociales de la crisis económica.

En todos estos conflictos se unía la reivindicación de reformas salariales y laborales, la demanda de libertad de sindicación y el deseo de democracia en España.

LOS CONFLICTOS LABORALES EN ESPAÑA

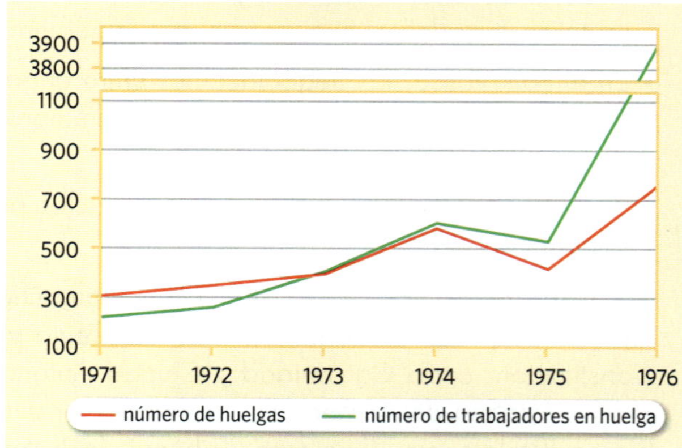

Las demandas sindicales

El año de 1976 da comienzo con una gran ola de conflictividad laboral que ya se había ido gestando meses atrás. CCOO está presente en estos conflictos, al igual que USO, con reivindicaciones sociales y económicas: actuación contra el paro, descongelación de los salarios, etc. Pero también con reivindicaciones políticas, que se resumen en la petición de libertad política y sindical.

Se ha iniciado ya el debate entre unidad y pluralidad sindical (...) y la reclamación del patrimonio sindical.

A. Mozo Gayo: *Constitución y trabajo*, 1995.

Octavilla con las reivindicaciones del sector de la construcción, respaldadas por las fuerzas sindicales en los años de la transición.

B EL COMPROMISO DE LA IGLESIA

Desde la década de 1960, en el seno de la Iglesia española existía una fuerte **corriente crítica** contra el franquismo. En la década de 1970, los sectores católicos más ligados al movimiento obrero y a la oposición democrática colaboraron y animaron muchas de las actividades y movilizaciones de protesta social.

Las parroquias acogieron movimientos cívicos en los que colaboraban los llamados "curas obreros" de los barrios más desfavorecidos. Además, la Iglesia fomentó asociaciones como Justicia y Paz, que denunciaba la represión política y la injusticia social.

Desde 1971, el cardenal Vicente Enrique y Tarancón, presidente de la Conferencia Episcopal, impulsó una política de apoyo a la democratización del país y a la reconciliación entre los bandos enfrentados durante la Guerra Civil.

C LAS MOVILIZACIONES FEMINISTAS

La condición de las mujeres bajo el franquismo había sido especialmente reprimida. Con la transición y la llegada de la democracia, el movimiento feminista pudo organizarse e iniciar una fuerte movilización en defensa de los derechos de las mujeres.

Aunque la Constitución consagraba la igualdad legal de hombres y mujeres, el desarrollo de numerosas leyes estaba por hacer. Cuestiones como el divorcio, el aborto, la igualdad laboral o la violencia de género fueron abordadas por los colectivos de mujeres, que se movilizaron para defender sus derechos.

Manifestación en Sevilla con motivo del Día Internacional de la Mujer Trabajadora, 1978.

D LAS ASOCIACIONES CÍVICAS Y VECINALES

Tras el franquismo, la construcción de la democracia se asociaba también a la reivindicación de una mejora de las condiciones de vida y el aumento de la igualdad entre los ciudadanos y ciudadanas.

En estas demandas participaron numerosos colectivos, que crearon distintas asociaciones de carácter cívico, entre las cuales podemos destacar:

- Las **asociaciones cívicas** (asociaciones de padres y madres, sindicatos estudiantiles, etc.) de variado tipo que organizaban a la población en defensa de sus derechos.
- Los **colegios profesionales** (arquitectos, arquitectas, abogados, abogadas, etc.) que se movilizaron para ofrecer asesoramiento legal, promover cambios urbanísticos…
- Las **asociaciones de vecinos**, que especialmente en los barrios menos favorecidos organizaban a sus residentes en demanda de escuelas, servicios (alcantarillado, pavimentación, electricidad, etc.) y transportes.

Manifestación vecinal en el barrio de San Blas de Madrid contra la subida de los precios y la carestía, 1976.

1. ¿Cómo contribuyeron las movilizaciones sociales a la llegada y consolidación de la democracia?
2. Obseva el gráfico y explica cómo evolucionaron los conflictos laborales durante la transición y en los años posteriores. ¿A qué se debía esta evolución? ¿Cuáles eran las principales reivindicaciones del movimiento obrero?
3. ¿Qué papel tuvo parte de la Iglesia durante la transición?
4. ¿Por qué proliferaron las organizaciones feministas durante la transición? ¿Cuáles eran sus principales reivindicaciones?
5. ¿Qué papel jugaron las asociaciones cívicas? ¿Quiénes las componían? ¿Cuáles eran sus objetivos?

Ponte en su lugar

6. Durante la transición, muchos colectivos se organizaron en defensa de sus reivindicaciones.

   Imaginad que en vuestra clase se organiza una asociación estudiantil.

   - Reuniros en grupos de cuatro y pensad cuáles serían vuestras principales demandas.
   - Elaborad una octavilla que las recoja (debe contener texto y dibujo).
   - Exponed las demandas de cada grupo al resto de la clase y comparadlas. ¿Cuáles son las más repetidas?

5 Los gobiernos de la democracia

Las elecciones de 1982 supusieron un cambio respecto a las fuerzas de la transición. UCD fue despareciendo y Alianza Popular (convertida más tarde en Partido Popular) se consolidó como la primera fuerza de la oposición. El PCE sufrió un descenso electoral y en él surgieron discrepancias internas, que culminaron con la creación, en 1996, de Izquierda Unida. A partir de esta fecha se fue consolidando un modelo bipartidista en el que se han alternado en el gobierno el PSOE y el PP.

1982-1996: Los gobiernos del Partido Socialista

Los socialistas del PSOE, dirigidos por **Felipe González**, gobernaron España durante cuatro legislaturas (1982, 1986, 1989 y 1993). El cambio socialista se concretó en un programa de reformas, que tenía como prioridad la recuperación de la economía, la extensión de los servicios sociales y el ingreso de España en la CEE, que se llevó a cabo en 1985.

Durante los primeros años predominó la **lucha contra la inflación** y se llevó a cabo una profunda reestructuración industrial. Para reducir los efectos sociales de esta política, que llegó a provocar varias huelgas generales, se incrementaron los servicios públicos y las prestaciones sociales, y se dio un gran impulso a las obras públicas (plan de autovías, AVE, etc.).

En política interior, se aprobó una nueva **ley de la enseñanza**, que ampliaba la obligatoriedad hasta los 16 años, se realizó una profunda r**eforma del ejército** y se inició una **política antiterrorista**, sobre todo contra ETA.

En los últimos años, el gobierno mostró síntomas de desgaste debido al empeoramiento de la situación económica. Además, el estallido de escándalos políticos, como el de los GAL (grupo armado destinado a combatir a ETA al margen de la ley) y el surgimiento de casos de corrupción debilitaron enormemente al gobierno. Ante esta situación se convocaron elecciones anticipadas en 1996, que fueron ganadas por el Partido Popular.

1996-2004: Los gobiernos del Partido Popular

José María Aznar, nuevo dirigente de Partido Popular, gobernó durante dos legislaturas. En la primera legislatura sus esfuerzos se orientaron a la reducción del déficit del Estado, mediante una política de privatización de empresas públicas, y a la disminución del paro. La mejora de la situación económica permitió a España la entrada en el euro en el año 2002.

A partir de los años 2000, el terrorismo etarra se fue reduciendo, hasta el fin de la actividad de la banda armada.

En la segunda legislatura, con mayoría absoluta del Partido Popular en el Congreso, se reformaron algunas leyes del periodo socialista, relacionadas con la **enseñanza**, el **mundo laboral**, la **llegada de inmigrantes** y la lucha **antiterrorista**. En política exterior, se propició el **acercamiento a Estados Unidos**, que comportó el apoyo a la intervención militar en Irak, en marzo de 2003, sin el respaldo de la ONU. Este hecho provocó una gran oleada de movilizaciones en contra de la decisión del gobierno.

En el 11 de marzo de 2004, el radicalismo islámico produjo un terrible atentado en los trenes de cercanías de renfe en Madrid, que provocó 193 muertos y centenares de heridos y heridas. En medio de una enorme commoción social, tres días después, el PSOE ganaba las elecciones.

RESULTADOS ELECTORALES

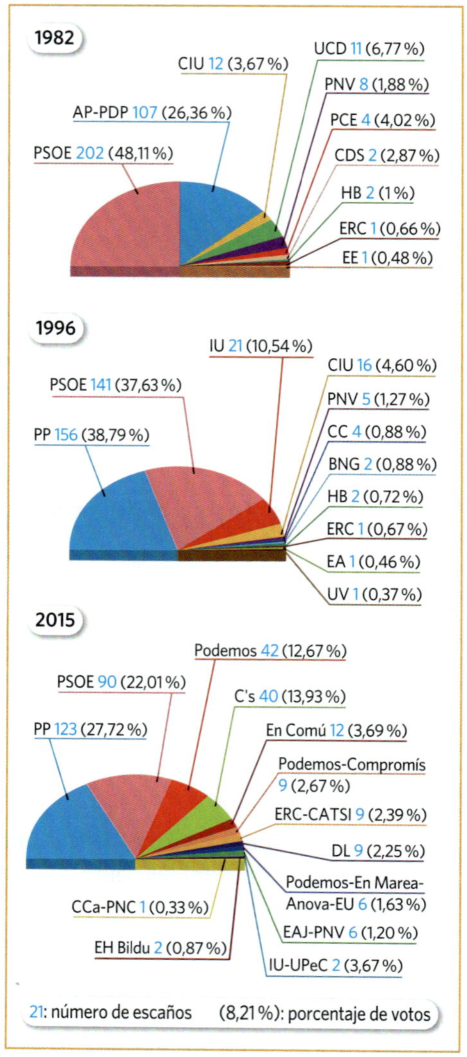

Cartel de propaganda electoral del PSOE en 1982.

Cartel de propaganda electoral del PP para las elecciones de 2000.

2004-2011: el retorno del PSOE, de la prosperidad a la crisis

El socialista **José Luis Rodríguez Zapatero** gobernó durante dos legislaturas. En la primera (2004-2008) se llevaron adelante numerosas reformas. Tras asumir el gobierno, ordenó la **retirada de tropas de Irak**, además impulsó una serie de **normas legales de carácter social**, como la de la igualdad entre hombres y mujeres, la del matrimonio entre personas del mismo sexo, la de ampliación de las ayudas a las personas dependientes, y la ley de extranjería para la regularización de las personas inmigrantes; además se inició un proceso de revisión de varios estatutos de autonomía.

La segunda legislatura (2008-2011) se vio afectada por la **crisis económica** mundial, que en España se tradujo en un gran incremento del paro, un estancamiento de la producción industrial y de la construcción, una crisis generalizada del sector financiero y un gran aumento de la deuda pública. En este contexto de crisis, en octubre de 2011, ETA anunció un alto al fuego permanente, hecho que abría un camino esperanzador para el fin de la violencia terrorista en España.

Censurado por su actuación frente a la crisis económica, el gobierno convocó anticipadamente elecciones para el 20 de noviembre de 2011.

2011-2015: la nueva legislatura del Partido Popular

Los comicios dieron la mayoría absoluta al Partido Popular y su nuevo líder, **Mariano Rajoy**. La legislatura estuvo marcada por la lucha contra la crisis, la disminución del paro, la reforma laboral y por un esfuerzo de reducción de la deuda exterior y del déficit público.

El gobierno pactó con la Unión Europea los **reajustes presupuestarios** que había que aplicar como condición para la renegociación de la deuda externa. El resultado fue la reducción de las partidas dedicadas a gasto social (dependencia, enseñanza, sanidad...) y la restricción de los derechos de los trabajadores y trabajadoras. Junto con diversos escándalos de corrupción política, provocó una fuerte contestación social, representada por los "indignados del 15M" y por otros nuevos movimientos políticos y sociales.

Aunque la situación económica se estabilizó a partir de 2014 y la economía tuvo un ligero crecimiento, la creación de puestos de trabajo se está recuperando a un ritmo muy lento.

Las elecciones de 2015: ¿hacia una nueva correlación de fuerzas?

En diciembre de 2015 se celebraron nuevas elecciones que fueron ganadas por el Partido Popular. Sin embargo, los resultados mostraron una clara crisis del sistema bipartidista (PP-PSOE), ya que entre ambos partidos perdieron casi un centenar de diputados y diputadas y cinco millones de votos.

Además, el panorama político quedó notablemente fragmentado debido a la aparición de nuevas fuerzas políticas como Ciudadanos y Podemos, ésta última heredera en buena parte de los movimientos de protesta social. Ambas fuerzas se presentaron como renovadoras, críticas con la corrupción política y exigiedo una profunda renovación del sistema político.

La Ley de Memoria Histórica

La recuperación de la memoria histórica de todos aquellos que habían sufrido la represión llevó a la elaboración de la Ley de la Memoria Histórica (2007), que instituyó medidas en favor de quienes padecieron persecución o violencia durante la Guerra Civil y la dictadura.

Esta ley se inserta en el conjunto de acciones que la ONU y la UE promueven para recuperar la memoria de todas las víctimas de conflictos, persecuciones o genocidios, como la única manera de aceptar la verdad, cerrar las heridas y avanzar en la reconciliación.

En 2011, además, se promulgó una ley para el reconocimiento de la memoria de todas las víctimas de la violencia terrorista.

El movimiento de los "indignados del 15M" ocupó la Puerta del Sol de Madrid, 2011.

1. ¿Qué reordenación de partidos políticos se produjo a partir de 1982?
2. ¿Cuándo y con qué mensaje alcanzó el poder el PSOE? ¿Cuáles fueron las principales líneas de actuación de los gobiernos socialistas? ¿Qué factores propiciaron la caída del PSOE en 1996?
3. ¿Cuáles fueron las actuaciones de los gobiernos del Partido Popular?
4. ¿Cómo se ha producido la alternancia en el poder a partir del año 2004? ¿Qué problemas han afrontado los gobiernos de las últimas legislaturas?

6 Cambio económico y social a partir de 1985

Las transformaciones económicas

La transformación de la economía se inició con las medidas de ajuste que la CEE (actual UE) exigía para aceptar el ingreso de España.

A partir de 1986, España experimentó un **crecimiento económico** anual superior a la media comunitaria y redujo las distancias con los países más desarrollados. Su Producto Interior Bruto (PIB) aumentó de manera considerable: entre 1996 y 2008, el número de trabajadores y trabajadoras se incrementó en casi ocho millones de personas, y la economía conoció un proceso de creciente terciarización.

A pesar del crecimiento, la economía española continuó manteniendo algunos **problemas estructurales**. El déficit de la balanza comercial era elevado, la productividad industrial era baja, y persistía el retraso en la innovación tecnológica. Además, el crecimiento a partir del año 2000 se apoyó excesivamente en el sector inmobiliario. Cuando a partir de 2008 se produjo la crisis económica mundial, la economía española se resintió gravemente.

LA EVOLUCIÓN DEL PIB EN ESPAÑA

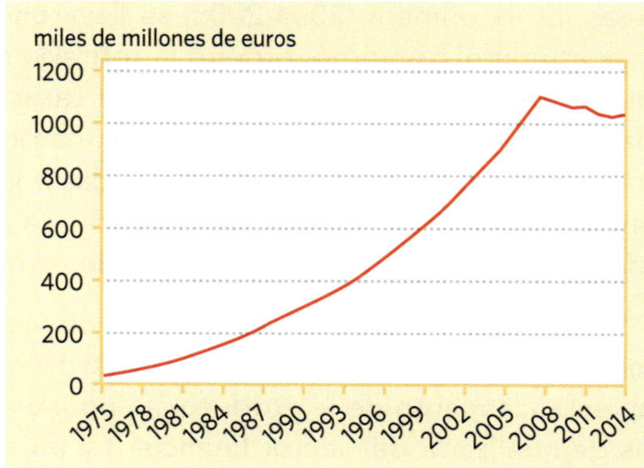

Los cambios demográficos

En las últimas décadas se ha producido en España un notable retraso en la edad de matrimonio y de reproducción, un descenso en el número de nacimientos y, en consecuencia, un **descenso de la tasa de natalidad** (9,2‰ en 2014). Paralelamente, se ha incrementado la esperanza de vida, lo que ha comportado un **envejecimiento de la población**.

El crecimiento natural de la población es actualmente muy bajo (0,7‰ en 2014), aunque la población española aumentó, situándose en los 47 265 321 habitantes en el año 2011, gracias a la llegada de un elevado número de inmigrantes. A finales de 2015, el número de habitantes se ha reducido a 46 524 943, como efecto de la drástica reducción de la inmigración e incluso el retorno de parte de ella a sus países de origen, debido a los efectos de la crisis económica de 2008.

LA POBLACIÓN Y EL CRECIMIENTO VEGETATIVO EN ESPAÑA

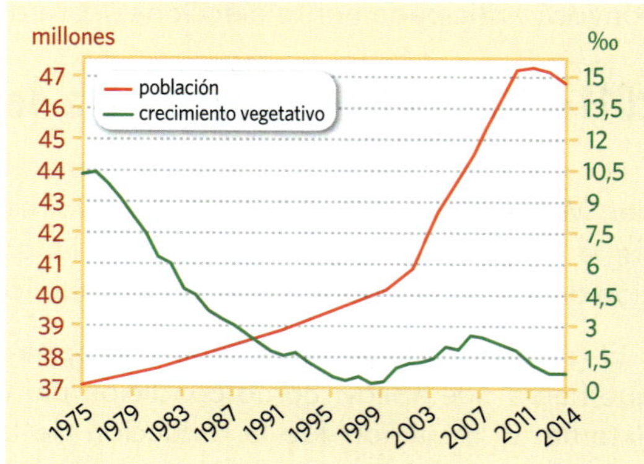

La modernización de la sociedad

En las últimas décadas se ha producido un **incremento de la renta nacional bruta***, que sitúa a España entre los 15 países más ricos del mundo, y que se ha traducido en la mejora de las condiciones materiales y en un aumento del consumo (electrodomésticos, ropa, coche, informática, ocio, vacaciones). Esta tendencia ha declinado desde 2009, también como efecto de la crisis económica.

La estructura familiar tradicional ha evolucionado con el crecimiento de las familias monoparentales, de las adopciones, el reconocimiento de las parejas de hecho y del matrimonio entre personas del mismo sexo. Además, se han regulado el divorcio y la interrupción del embarazo y se ha producido una secularización de la sociedad.

En cuanto a la estructura social, se ha afianzado el predominio de las clases medias urbanas (empleados de servicios, obreros de cuello blanco*, técnicos y profesionales...), que hoy en día constituyen uno de los ejes vertebradores de la sociedad española.

El nuevo papel de las mujeres

En los últimos treinta años se ha producido en España un notable incremento de la participación de la mujer en la vida política, social y laboral. Se han promulgado leyes dirigidas a la protección de la maternidad y a facilitar la conciliación de la vida laboral y familiar o contra la violencia sexista.

Las políticas puestas en marcha han supuesto un avance, pero aún estamos lejos de superar el "techo invisible" que impide a las mujeres situarse en igualdad con los hombres en muchos ámbitos de la sociedad.

ESPAÑA EN LA ESFERA INTERNACIONAL

La instauración de un régimen democrático en España permitió que el país se integrara en organismos internacionales (CEE, OTAN) que estaban vetados a la dictadura franquista.

Sin duda, el hecho más trascendental fue la entrada el 12 de junio de 1985 en la **Comunidad Económica Europea** (posteriormente Unión Europea), que favoreció nuestra integración en uno de los mayores circuitos económicos del mundo y la proyección internacional de nuestro país.

España participó activamente en la consolidación de la unidad europea, que significó el Tratado de Maastricht y la transformación de la Comunidad Económica Europea en la Unión Europea en 1992.

La entrada en la Unión Europea (UE)

Entre 1977 y 1980, y como requisito para su ingreso en la CEE (actual Unión Europea), España ratificó los pactos internacionales sobre Derechos Humanos de las Naciones Unidas y la Carta Social Europea.

Además, realizó, a lo largo de la década de 1980, una reestructuración en profundidad de la economía y la legislación españolas para acercarlas a los países comunitarios.

En compensación, durante casi dos décadas, España ha sido la mayor beneficiaria de los **Fondos de Cohesión***, que han permitido la realización de fuertes inversiones en infraestructuras (autovías, ferrocarriles, aeropuertos...), el desarrollo de políticas de empleo, la promoción de zonas rurales e industriales, y la puesta en marcha de proyectos medioambientales, de innovación tecnológica y de educación.

Desde 2014, España ha dejado de ser beneficiaria de dichos fondos destinados ahora a otros países de la UE que todavía no alcanzan el 90 % de la Renta Nacional Bruta media de la Unión Europea.

LA CONVERGENCIA DE ESPAÑA CON LA UE

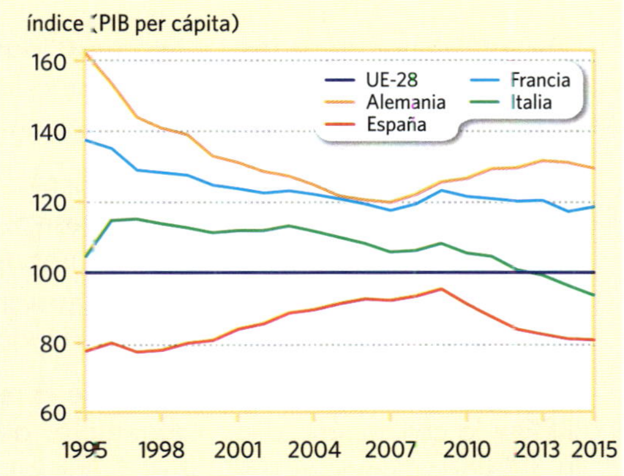

La integración en la OTAN

La incorporación de España a la Alianza Atlántica fue aprobado por las Cortes, con la oposición de los partidos de izquierda, en mayo de 1982.

Con la subida al poder de los socialistas, estos cambiaron de posición respecto a la integración en la OTAN y defendieron el Sí en el referéndum convocado en 1986 sobre la permanencia de España en la OTAN, pero a condición de no integrarse en la estructura militar. El acceso al poder del Partido Popular, en 1996, supuso la incorporación de España a la estructura militar de la OTAN en 1997.

REFERÉNDUM PARA LA PERMANENCIA EN LA OTAN

Votantes	Núm. de votos	%
A favor	9 054 509	52,5
En contra	6 872 421	39,8
En blanco	1 127 673	6,6
Votos nulos	191 855	1,1
Total	**17 246 458**	**59,4**[1]

[1] Porcentaje de votantes respecto al censo electoral total: 29 025 494.

1. ¿Qué evolución ha seguido la economía española en las últimas décadas? ¿Qué debilidades estructurales presentaba?
2. Observa el gráfico de población. ¿Qué ha sucedido con la natalidad? ¿Por qué, sin embargo, ha crecido la población?
3. ¿Cuáles son los cambios sociales más relevantes en las últimas décadas en España?
4. ¿Qué medidas económicas y sociales se llevaron a cabo para preparar la adhesión de España a la Comunidad Económica Europea? ¿Qué ha supuesto para España esa integración?
5. ¿Cómo se produjo la integración de España en la OTAN? ¿Por qué se realizó un referéndum en 1986?

7 Construcción y crisis del Estado del bienestar

Desde 1978, una vez recuperado el sistema democrático, España siguió el camino de los países de Europa Occidental construyendo un sistema social que se conoce como el Estado del bienestar, en el que la democracia no solo otorga derechos políticos, sino también derechos sociales.

La grave crisis de 2008 ha puesto en cuestión en toda Europa, y con mayor crudeza en algunos países como España, las posibilidades de mantener este modelo si no se dedican los recursos necesarios.

Manifestación a favor de la sanidad y la educación públicas. Madrid, 29 de abril de 2012.

A HACIA EL MODELO EUROPEO DEL BIENESTAR

En las últimas décadas se ha consolidado en España el llamado Estado del bienestar, que garantiza a todos los ciudadanos y ciudadanas unos niveles mínimos de protección social.

Para ello fue esencial la **Reforma Fiscal** de 1977, en la que se estableció un sistema de impuestos progresivo, según el cual se paga en función de lo que se gana (renta del trabajo), y se consolidó el sistema público de **Seguridad Social**, que aseguraba la atención médica y una jubilación retribuida a todos los ciudadanos y ciudadanas.

La obligatoriedad del impuesto sobre la renta de las personas físicas (**IRPF**) y la cotización de los trabajadores a la Seguridad Social permitió al Estado aumentar sus ingresos y proceder a una redistribución de los recursos que garantizase una serie de derechos sociales básicos.

LOS IMPUESTOS EN ESPAÑA

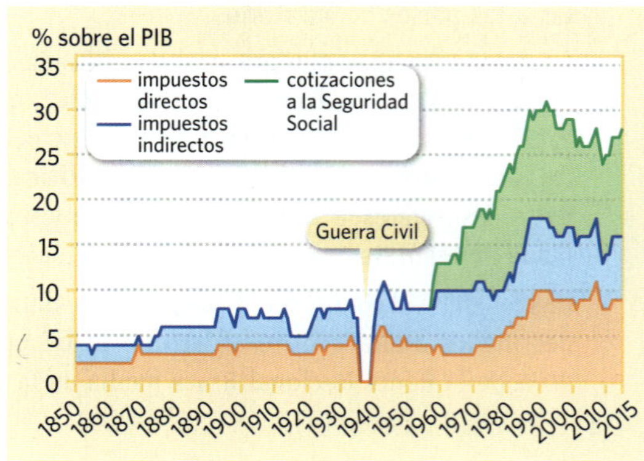

B LOS PILARES DEL ESTADO DEL BIENESTAR

El Estado del bienestar se basa en **cuatro grandes ejes** de políticas sociales, que garantizan los derechos sociales básicos a todos los ciudadanos y ciudadanas:

- El sistema de **Seguridad Social**, financiado por empresarios y empresarias y trabajadores y trabajadoras, que da lugar a prestaciones contributivas a las personas trabajadoras y sus familias, como pensiones o protección del desempleo.
- La **atención sanitaria universal** y un porcentaje del gasto farmacéutico es financiado, en parte, con las cotizaciones de las personas trabajadoras y el empresariado y, en parte, con impuestos.
- El derecho a la **enseñanza gratuita** hasta los 18 años y financiamiento parcial de la enseñanza universitaria. Sus gastos se cubren mediante los impuestos.
- Los **servicios sociales** para dar respuesta a necesidades, como la protección a la infancia, las pensiones para los que no tienen pensión contributiva, la ayuda a las discapacidades, las viviendas sociales, las ayudas a la dependencia y a las situaciones de exclusión social. Todas ellos son financiados mediante los impuestos.

EL GASTO EN PROTECCIÓN SOCIAL

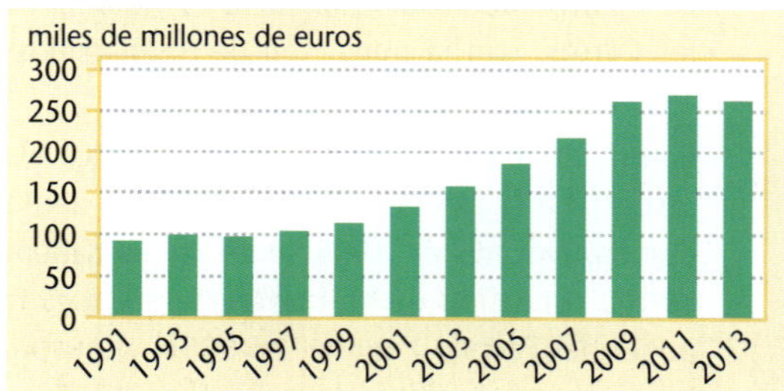

LOS INGRESOS POR COTIZACIONES SOCIALES

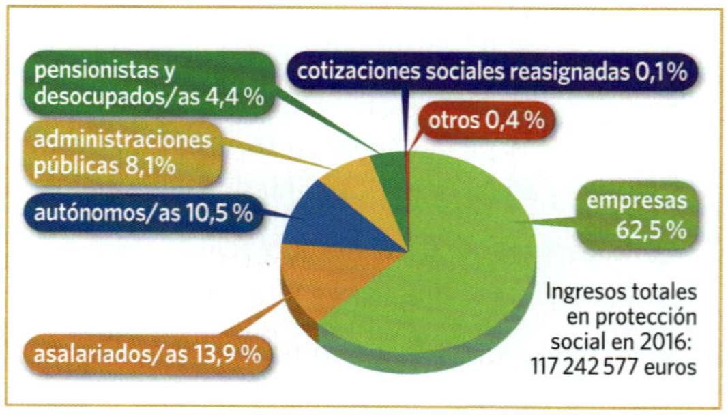

C LA DEBILIDAD DEL ESTADO DEL BIENESTAR EN ESPAÑA

A pesar de los avances realizados en la construcción del Estado del bienestar, España ha mantenido a lo largo de todo el periodo democrático una relativa distancia con los países más avanzados de la Unión Europea.

Esta situación se debe a que España dedica un menor porcentaje del PIB a los gastos sociales que la media del conjunto de los países comunitarios, que se sitúa en torno al 27 %. Por ello, cualquier reducción de dicho porcentaje en tiempos de crisis puede afectar gravemente al bienestar social.

EL GASTO SOCIAL EN ESPAÑA Y LA UE-28 EN % DEL PIB

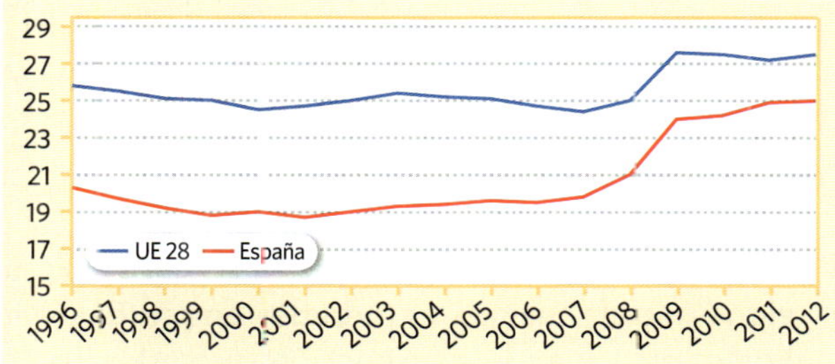

D LA CRISIS DE 2008

En España la crisis del año 2008 afectó muy gravemente al sector inmobiliario y financiero. El gran crecimiento de la construcción de los años anteriores finalizó súbitamente ("burbuja inmobiliaria") y muchas empresas quebraron.

La disminución de la construcción afectó a muchas empresas que dependían de ella, lo que provocó que el sector industrial entrara en crisis, y se generara un gran incremento del paro.

La crisis bancaria se desencadenó como consecuencia del alto coste de la financiación inmobiliaria debido a la especulación. La quiebra de empresas constructoras y el aumento del paro entre los trabajadores y trabajadoras llevó al impago de créditos e hipotecas, lo que provocó una enorme cantidad de deshaucios.

La caída de la actividad económica y la falta de fondos europeos se tradujo también en un descenso de los ingresos por impuestos debido a una menor recaudación, tanto sobre las empresas como sobre los salarios, que han descendido notablemente.

Ante estas dificultades de financiación se ha producido una notable **reducción de la inversión** en infraestructuras y unos **recortes generalizados** en los presupuestos de todas las administraciones que han afectado, incluso, a servicios esenciales como la enseñanza y la sanidad.

EL GASTO SANITARIO PÚBLICO EN ESPAÑA

	2009	2010	2011	2012	2013
Millones de euros	70579	69417	68050	64153	61710
Porcentaje sobre PIB	6,5 %	6,4 %	6,3 %	6,1 %	5,9 %
Euros por habitante	1510	1475	1442	1357	1309

El endeudamiento público

España debe pedir dinero prestado para hacer frente a sus gastos ante el descenso de los ingresos por impuestos.

Durante el periodo entre 2009 y 2012, los intereses por esa deuda se elevaron de una forma espectacular, como consecuencia de los diversos movimientos especulativos que realizaron las finanzas internacionales.

Pagar la deuda y sus intereses consume una gran parte de los recursos nacionales.

1. ¿Qué es el Estado del bienestar? ¿Qué es esencial para poder mantenerlo? Observa la gráfica y explica cómo han evolucionado los impuestos en España.
2. ¿Cuáles son los cuatro pilares del Estado del bienestar? ¿Qué evolución ha tenido el gasto social en nuestro país a partir del año 1991? ¿Cómo se financian las cotizaciones sociales?

Relaciona ayer y hoy

3. Compara la crisis energética de 1973 y la crisis financiera de 2008. ¿Qué semejanzas y diferencias puedes observar? ¿Supusieron ambas una amenaza para el Estado del bienestar?
4. Valora la importancia de mantener el Estado del bienestar y determina tres actuaciones que creas necesarias para poder mantener sus prestaciones.

8 Democracia y autonomía en Andalucía

Las demandas de democracia de la mayoría de la población andaluza durante los años finales del franquismo y primeros de la transición estuvo acompañada de un aumento del sentimiento andalucista, que preparo el camino al acceso de Andalucía a la autonomía.

A LA TRANSICIÓN

A partir de 1976 en Andalucía se desarrolló una **fuerte conflictividad social**: huelgas en grandes empresas (Hytasa, Siemens, Intelhorce, etc.) y en la construcción; protestas campesinas, sobre todo en el valle del Guadalquivir, y movilizaciones en la Universidad Sevilla y Málaga.

La reorganización y coordinación de las fuerzas políticas antifranquistas, muchas de ellas todavía en la clandestinidad dió origen a la formación de la **Coordinación Democrática de Andalucía**.

En las elecciones generales del 15 de junio 1977, el **PSOE** fue el partido más votado en Andalucía.

Manifestación del 4 de diciembre de 1977 en la ciudad de Cádiz.

B ANDALUCÍA, COMUNIDAD AUTÓNOMA

El 4 de diciembre de 1977, la mayoría de fuerzas políticas convocaron una **gran manifestación** en defensa de la autonomía para Andalucía, y casi dos millones de personas salieron a las calles. En respuesta a estas reivindicaciones, en abril de 1978, el gobierno español otorgó a Andalucía un régimen provisional de autonomía.

Una vez aprobada la Constitución, el gobierno de UCD colocó a Andalucía en el grupo de autonomías de la llamada vía lenta (con menos transferencias), pero la presión de algunas fuerzas políticas y la celebración de un **referéndum el 28 de febrero de 1980** lograron imponer la vía rápida de desarrollo autonómico (según el artículo 151 de la Constitución) e igualar Andalucía a las demás nacionalidades históricas (Cataluña, Galicia y el País Vasco).

El **Estatuto de Autonomía** se aprobó en referéndum el 20 de octubre de 1981 y entró en vigor el 11 de enero de 1982, cuando Andalucía se constituyó en Comunidad Autónoma.

El 23 de mayo de 1982 se celebraron las **primeras elecciones autonómicas** al Parlamento andaluz, que fueron ganadas por el **PSOE**. A partir de entonces el PSOE ha gobernado en solitario o en alianza con el Partido Andalucista.

Estatuto de Autonomía de 2007

El Estatuto de Autonomía se reformó en el año 2007 para otorgar a Andalucía nuevas competencias y un mayor grado de autonomía.

Artículo 1

1. Andalucía, como nacionalidad histórica y en el ejercicio del derecho de autogobierno que reconoce la Constitución, se constituye en Comunidad Autónoma en el marco de la unidad de la nación española y conforme al artículo 2 de la Constitución.

Artículo 10

1. La Comunidad Autónoma de Andalucía promoverá las condiciones para que la libertad y la igualdad del individuo y de los grupos en que se integra sean reales y efectivas (...).
2. La Comunidad Autónoma propiciará la efectiva igualdad del hombre y de la mujer andaluces, promoviendo la democracia paritaria y la plena incorporación de aquélla en la vida social (...).

C CAMBIOS ECONÓMICOS Y SOCIALES

La consolidación de la democracia ha significado para Andalucía una etapa de crecimiento económico y cambio social, que se ha visto frenada a partir de la crisis iniciada en el año 2008.

En Andalucía, las inversiones y la ocupación se han dirigido esencialmente al **sector servicios**, que ocupa a la mayor parte de la población y origina la mayor riqueza. Los sectores más destacados son el comercio y el turismo, muy concentrado en las zonas litorales (costa del Sol, Cádiz, Almería, etc.). La **industria** mantiene su debilidad respecto al conjunto español.

A pesar del predominio del sector terciario, la **agricultura** todavía ocupa un porcentaje bastante elevado de la población activa. Aunque persisten algunos problemas de gran propiedad y jornalerismo, la productividad es alta, ha aumentado el número de explotaciones directas, existe una amplia mecanización y se han extendido el regadío y las nuevas tecnologías.

Este crecimiento económico se ha manifiestado en las dotaciones en infraestructuras (autovías, AVE), en la reestructuración de los sectores productivos y en la mejora de la renta per cápita. Estas transformaciones económicas han supuesto un **cambio de tendencia en las oleadas migratorias**. El éxodo masivo de población andaluza iniciado en el siglo XIX se frenó al final de la década de 1970, cuando también se recuperó una parte de la población emigrada. Además, en la etapa del crecimiento económico (2000-2007) se produjo una importante llegada de inmigrantes extranjeros.

Como el resto de España, Andalucía ha conocido una profunda modernización en las ultimas décadas. La estructura familiar ha tomado, como consecuencia del descenso de la natalidad, las nuevas formas de familia y la incorporación de la mujer al trabajo.

El nivel de renta ha aumentado considerablemente a pesar a pesar de que el **desempleo** continúa siendo más alto que el de la media española.

Municipios como Torremolinos, en la costa del Sol, ejemplifican el despegue turístico y constructivo de Andalucía y la terciarización de su economía.

Exposición Universal de Sevilla, 1992.

CONSTRUCCIÓN DE AUTOVIAS Y AUTOPISTAS

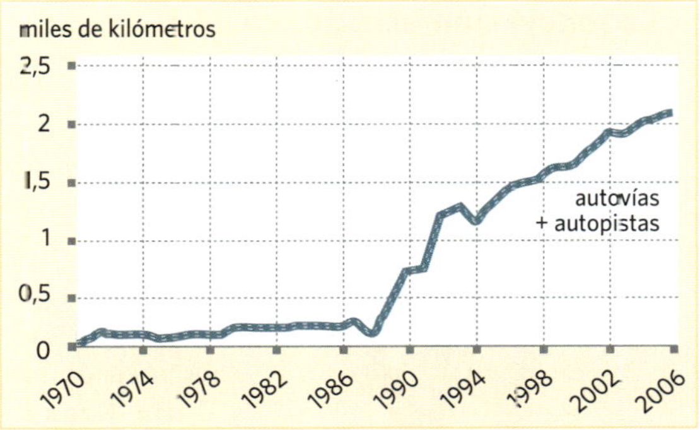

1. ¿Cómo accedió Andalucíaa la autonomía? Sintetiza brevemente el proceso.
2. Lee en www.tiching.com/66956 una breve historía sobre el Estatuto de Andalucía:
   - ¿Por qué se quería dotar a Andalucía de plenas competencias autonómicas?
   - ¿Qué iniciativas tomaron los partidos políticos andalucesy, más tarde, la Junta provisional para cambiar la situación?
3. Resume los artículos del Título Prelimitat. ¿Qué derechos se garantizan?
4. Describe las principales características de la evolución demográfica y económica desde la década de 1980 hasta la actualidad. Busca información si la necesitas.
5. Fíjate en el gráfico. ¿En qué años se disparó la construcción de autovías y autopistas? ¿Podrías explicar por qué?

Las corrientes artísticas del siglo XX en España

El siglo XX ha sido una etapa extraordinaria para el arte español. Podemos distinguir dos grandes fases separadas por el conflicto de la Guerra Civil, que durante años paralizó la conexion de los artistas con el contexto mundial. Pero, a partir de la década de 1950, el arte español cobró una enorme relevancia.

A EL ARTE ANTERIOR A LA GUERRA CIVIL

El primer tercio del siglo XX fue una verdadera edad de oro del arte español. Muchos artistas tuvieron relación con las vanguardias, especialmente parisinas y alemanas, y sus obras constituyen patrimonio mundial.

La Guerra Civil y el primer franquismo provocaron el exilio de muchos de ellos y un parón en la renovación artística española.

La renovación escultórica

Pablo GARGALLO: *El Profeta*, 1936.

La escultura anterior a la Guerra Civil tiene, entre otros, dos grandes artistas vinculados al movimiento cubista, que renovaron por completo la escultura.

Son **Pablo Gargallo**, que introdujo el vacío en sus composiciones construyendo figuras cambiantes, y **Julio González**, que trabajó esencialmente el hierro desde la abstracción, partiendo siempre de la figura humana.

La corrientes pictóricas

En España, la pintura del primer tercio del siglo tuvo excepcionales representante de las nuevas corrientes vanguardistas. Sobresalieron los tres grandes nombres del arte contemporáneo: **Pablo Picasso**, **Salvador Dalí** y **Joan Miró**.

Pero también destacaron pintores en todas las corrientes artísticas: Cubismo (**Juan Gris**, María Blanchard), Expresionismo (Gutierrez Solana, Ignacio Zuloaga), Surrealismo (Maruja Mallo, Benjamin Palencia), aunque la mayoría de ellos exploraron en diversas tendencias.

La vanguardia arquitectónica

Las innovaciones de la arquitectura funcionalista y racionalista penetraron con fuerza en España durante la década de 1930.

Fueron los máximos artífices de esta introducción, el ingeniero **Eduardo Torroja**, especialista mundial en construcción en hormigón, y el grupo **GATEPAC** (Grupo de Artistas y Técnicos Españoles para el Progreso de la Arquitectura), en el que sobresalió la figura del arquitecto **Josep Lluís Sert**.

J.L. SERT: *Fundación Maeght*, 1959-1964. El arquitecto continuó trabajando en el extranjero tras la Guerra Civil.

@ Para saber más sobre la obra de Sert, entra en: www.tiching.com/747790

Juan GRIS: *Bodegón con botella de Burdeos*, 1919.

B LA SEGUNDA MITAD DEL SIGLO XX

El triunfo del franquismo supuso un retroceso respecto de las posturas vanguardistas de la década anterior. Las nuevas construcciones siguieron un estilo monumentalista de carácter tradicional, y los artistas más relevantes trabajaban fuera de España.

A partir de la década de 1950 volvieron a surgir grupos ligados a la modernidad y la vanguardia en todos los campos artísticos.

Eduardo CHILLIDA: *Peine de los vientos*, 1977

La escultura

Destacaron **Jorge Oteiza**, que fue pionero de la escultura abstracta, y **Eduardo Chillida**, que trabajó materiales como el hierro, la madera y el hormigón, explorando conceptos como la luz o la gravedad.

Las nuevas tendencias de la pintura

En la segunda mitad del siglo XX, tres grupos de pintores lideraron el arte contemporáneo en España. En Madrid destacó el grupo **El Paso (Antonio Saura** y **Manolo Millares)**, que desarrolló una pintura informalista con influencia del Expresionismo abstracto. En Cataluña surgió el grupo **Dau al Set**, que evolucionó desde el Surrealismo hasta el Informalismo, y en el que sobresalió **Antoni Tàpies**. En Valencia, el **Equipo Crónica** cultivó una pintura figurativa inspirada en la fotografía, el cartel y el cómic, cercana al Pop art.

Antonio LÓPEZ: *Gran Vía*, 1974-1981.

También es relevante la aportación de **Antonio López** en el ámbito del movimiento hiperrealista, con escenas de la vida cotidiana y paisajes urbanos con una gran precisión y detallismo.

Dentro de los movimientos de la Posmodernidad sobresale **Miquel Barceló**, el artista español actual con mayor proyección internacional.

Miquel BARCELÓ: *Estación de lluvias núm. 3*, 1990.

La renovación de la arquitectura

A partir de la década de 1950 se retomó el camino vanguardista y de la mano de una nueva generación de arquitectos (**José Antonio Coderch, Miguel Fisac...**), que construyeron nuevas edificaciones que reanudaron los principios funcionalistas.

Dentro del movimiento posmoderno que siguió a la década de 1960, destacaron la recuperación del repertorio arquitectónico clásico realizado por **Ricardo Bofill**, el racionalismo ecléctico de **Rafael Moneo** y el avance de la ingeniería en la arquitectura protagonizado por **Santiago Calatrava**.

Rafael MONEO: *Palacio de Congresos y Auditorio Kursaal*. San Sebastián, 1996-1999.

1. ¿Qué grupo arquitectónico introdujo el funcionalismo en España? Cita alguno de sus miembros.
2. ¿A qué movimiento estuvieron vinculados Pablo Gargallo y Julio González? ¿Qué grupos de pintores lideraron el arte de vanguardia en España?
3. ¿Qué artistas o grupos destacaron en la segunda mitad del siglo XX en arquitectura, pintura y escultura?

Aprecia el arte

4. Observa las pinturas de Antonio López y de Miquel Barceló. Son dos paisajes. Descríbelas y compáralas. ¿Qué sentimientos te producen cada una de ellas? ¿Con cuál te identificas más?
5. ¿Qué diferencias de estilo artístico podrías destacar?

COMPLETA EL MAPA CONCEPTUAL

Con la información del tema, completa en tu cuaderno el siguiente esquema:

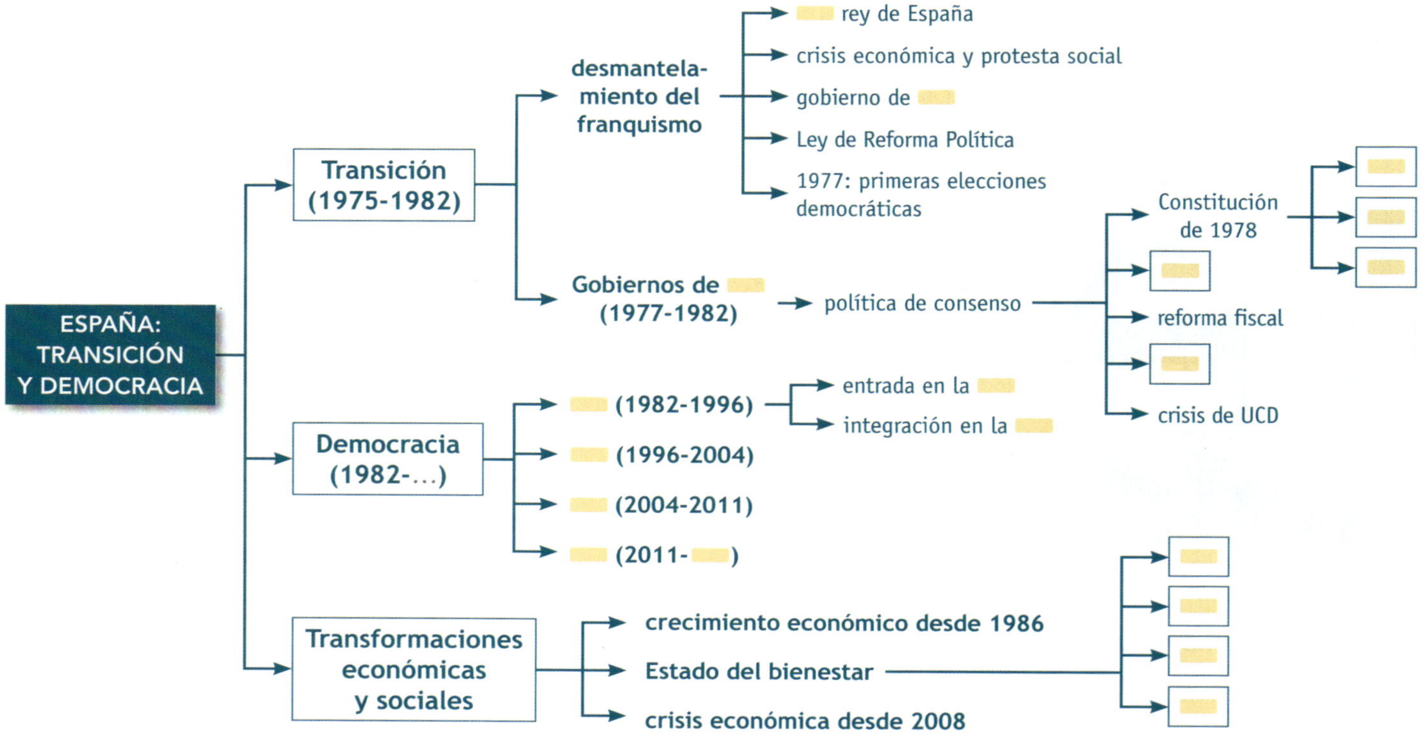

1 CONSOLIDA LO APRENDIDO

a) ¿Por qué el franquismo no sobrevivió al dictador? ¿Qué fue la transición democrática?

b) ¿Cómo desmanteló el gobierno de Adolfo Suárez el régimen franquista? ¿A qué obstáculos tuvo que hacer frente?

c) ¿Qué papel desempeñaron las movilizaciones populares en el fin del franquismo y la consolidación de la democracia?

d) ¿Cómo define la Constitución de 1978 al Estado español? ¿Qué es el Estado de las Autonomías?

e) ¿Qué partidos han formado gobierno desde la instauración de la democracia? ¿Cómo se han alternado en el poder? ¿Cuáles han sido sus principales acciones de gobierno?

f) ¿Qué reformas tuvo que llevar a cabo el Estado español para entrar en la CEE? ¿Cuándo se hizo efectivo su ingreso? ¿En qué año se implantó el euro? ¿Cómo se produjo la entrada de España en la OTAN?

g) ¿Qué evolución han seguido la economía y la demografía españolas en las dos últimas décadas? ¿Y las pautas de conducta de la sociedad?

2 DEFINE CONCEPTOS CLAVE

- Transición
- política de consenso
- Estado del bienestar
- Estado autonómico
- Pactos de la Moncloa
- ruptura pactada

3 ESTABLECE LA CRONOLOGÍA

- golpe de Estado del 23 febrero
- referéndum sobre la OTAN
- primeras elecciones generales
- aprobación de la Constitución
- entrada en la CEE
- asesinatos de Atocha
- implantación del euro
- atentados del 11 M

4 IDENTIFICA LOS PERSONAJES

- Adolfo Suárez
- Felipe González
- José Luis Rodríguez Zapatero
- Santiago Carrillo
- José María Aznar
- Mariano Rajoy

RESPONDE A LA PREGUNTA INICIAL

¿Cómo se recuperó la democracia en España? ¿Qué cambios sociales, económicos y políticos se produjeron?

APRENDE A... ANALIZAR EL SISTEMA ELECTORAL ESPAÑOL

El organigrama que te presentamos muestra el sistema electoral que permite la elección de las instituciones y organismos más importantes del Estado. Los organigramas son una forma sencilla, clara y visual de representar cuestiones, en ocasiones, complejas.

@ Amplía en la Red...

Para saber más sobre sobre el sistema D'Hondt, entra en: www.tiching.com/65036

LAS ELECCIONES E INSTITUCIONES DEL SISTEMA DEMOCRÁTICO ESPAÑOL

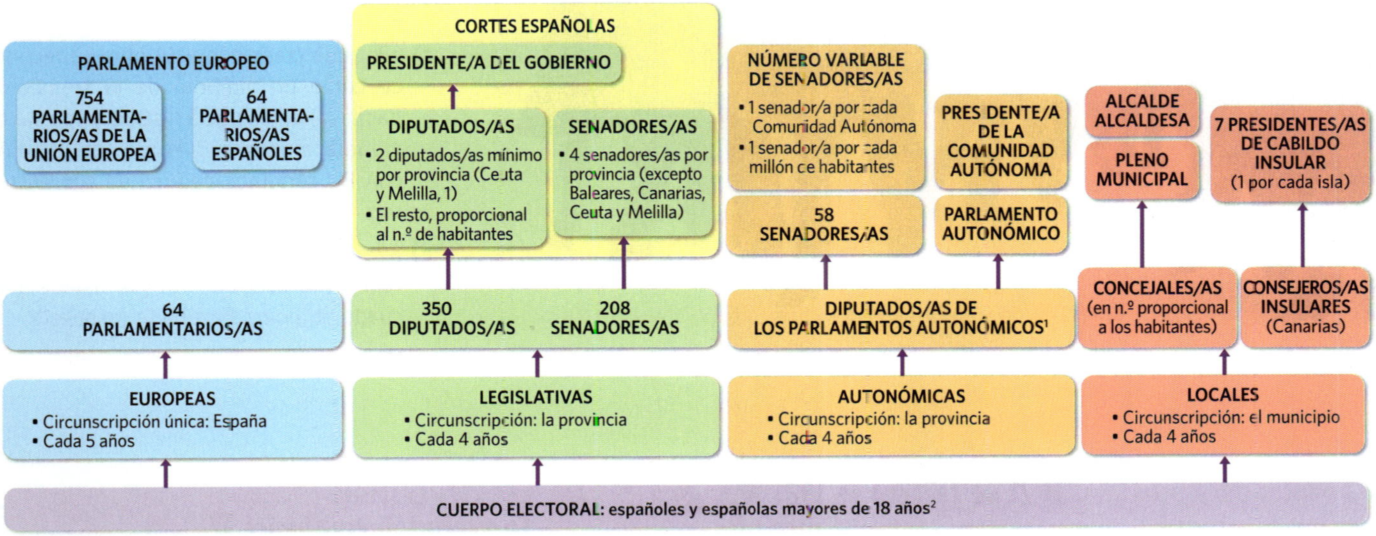

[1] Los Consejos insulares de Mallorca, Menorca e Ibiza/Formentera están integrados por diputados/as del Parlamento Autonómico Balear.
[2] En las elecciones europeas y en las locales pueden votar los ciudadanos y ciudadanas de la UE residentes en España.

1. Presentación

- ¿De qué trata el organigrama?
- ¿Quién tiene la soberanía en el sistema político español? ¿Quiénes pueden votar? ¿A quiénes pueden votar?
- ¿Qué cuatro grandes tipos de elecciones hay?
- ¿Cada cuánto tiempo se realiza cada elección? ¿Qué circunscripción existe en cada una? ¿Quiénes y en qué número son los elegidos/as en cada una de las elecciones?
- ¿Qué organismos constituyen los elegidos en cada una de las elecciones? ¿Qué dos cámaras se forman en las elecciones legislativas? ¿Qué papel realizan los parlamentos autonómicos en la elección de senadores y senadoras?
- ¿Quién tiene la atribución de elegir al presidente o presidenta del gobierno? ¿Y a los alcaldes y alcaldesas?

2. Análisis

- Consulta el tiching que te presentamos y explica cómo se adjudican los escaños según el sistema D'Hondt. ¿Qué ventajas e inconvenientes tiene?
- ¿Qué atribuciones o funciones tiene cada una de las instituciones elegidas por la soberanía popular?
- ¿Existe elección directa del jefe de gobierno? ¿Y de los alcaldes y alcaldesas? ¿Por qué decimos que en nuestro sistema se eligen opciones políticas y no personas concretas? ¿Quién crees que puede formar gobierno?

3. Valoración

- Valora por qué hablamos de democracia representativa. Averigua qué críticas hacen los que propugnan una democracia más participativa.

RAZONA HISTÓRICAMENTE

Argumentación. ¿Qué ha supuesto para la ciudadanía española el tránsito de un sistema político dictatorial (franquismo) a una democracia parlamentaria?

Causalidad. ¿Qué importancia tuvo el contexto internacional para que la transición hacia la democracia fuera posible? ¿Por qué España no pudo ingresar en la CEE antes de 1975?

1 El arte en su contexto: Un abrazo para la reconciliación

Juan GENOVÉS: *El abrazo*, 1976.

a) ¿Cuándo se realizó esta obra y quién es su autor? ¿Cuál era el contexto político de aquel momento?

b) ¿Qué observas en la obra? ¿Qué parecen hacer? ¿Es una imagen de felicidad? ¿Por qué crees que estan los personajes de espaldas?

c) ¿Por qué crees que esta obra se reconoce como un símbolo de la transición hacia la democracia? ¿Qué expresa de manera simbólica? Ponlo en relación con los términos *política de consenso* y *reconciliación*.

d) Averigua dónde se halla ubicado actualmente este cuadro. ¿Te parece adecuado el lugar? Razona la respuesta.

2 Fuentes documentales. El 23 de febrero de 1981

Ante la situación creada por los sucesos desarrollados en el Palacio del Congreso y para evitar cualquier posible confusión, confirmo que he ordenado a las autoridades civiles y a la Junta de Jefes de Estado Mayor que tomen todas las medidas necesarias para mantener el orden constitucional dentro de la legalidad vigente. Cualquier medida de carácter militar que en su caso hubiera de tomarse, deberá contar con la aprobación de la Junta de Jefes de Estado Mayor.

La Corona, símbolo de la permanencia y unidad de la patria, no puede tolerar en forma alguna acciones o actitudes de personas que pretendan interrumpir por la fuerza el proceso democrático que la Constitución, votada por el pueblo español, determinó en su día a través de referéndum.

Alocución televisada del rey Juan Carlos a la 1:30 horas del 24 de febrero de 1981.

a) ¿De qué tipo de fuente se trata? ¿Crees que es una fuente primaria? ¿Qué persona pronuncia la alocución? Ubícalo cronológicamente.

b) ¿Qué situación se describe? ¿Cuál es la posición del monarca? ¿Qué medidas ha tomado? ¿Qué defiende?

c) ¿A qué momento histórico corresponde el documento? ¿Qué estaba sucediendo? Valora la trascendencia de la posición del rey y relaciónala con los hechos.

3 Fuentes gráficas. La evolución económica

LA INFLACIÓN Y EL PARO EN ESPAÑA

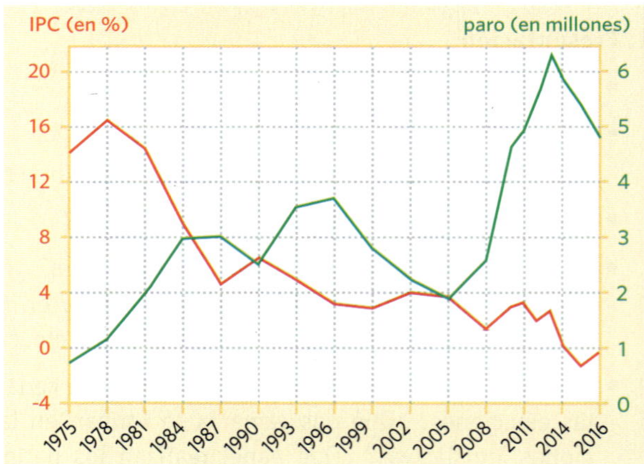

a) ¿Qué tema trata el gráfico? ¿De qué época? ¿Qué variables muestra?

b) Analiza la evolución de las dos variables durante las últimas décadas. ¿Qué nos indican sobre la coyuntura económica española? ¿Qué periodos de recesión económica puedes observar? ¿Cuál es el principal indicador?

c) Explica las causas de la disminución del paro a partir de 1996 y las de su fuerte incremento a partir de 2008.

4 Organización de la información. Los gobiernos democráticos

Completa en tu cuaderno el cuadro y actualízalo si es necesario:

LOS GOBIERNOS DE LA DEMOCRACIA

	Etapas de gobierno	Presidentes de gobierno	Principales actuaciones	Política exterior
UCD				
PSOE				
PP				

5 Fuentes iconográficas. El rechazo a ETA

Manifestación en Bilbao, junio 2009.

a) Describe la foto. ¿Qué aparece en primer término? ¿Qué leyenda se observa? ¿En qué idiomas?

b) ¿Qué orígenes tuvo ETA? ¿Cuál fue su actitud en la transición y el periodo democrático? ¿Qué consecuencias tuvo su actividad? ¿Por qué la pancarta contrapone libertad a ETA?

c) ¿Qué resultados tuvieron la acción policial y la movilización ciudadana contra ETA? ¿Cuál es la situación actual?

6 Espacio y tiempo. La transición

Dibuja en tu cuaderno un eje cronológico de 1975 a 1982. Coloca en el lugar correspondiente los siguientes hechos:

gobierno de Arias Navarro • legalización de los partidos políticos • matanza de Atocha • primeras elecciones democráticas • muerte de Franco • promulgación de la Constitución • asalto al Congreso de los Diputados

WWW. ESPACIO WEB

7 Fuentes estadísticas. Las elecciones municipales

Consulta en www.tiching.com/66107 los resultados de las elecciones municipales de 2015 relativos a tu municipio:

a) ¿Cuántos votantes integraban el censo electoral? ¿Cuántos se abstuvieron? ¿Hubo votos en blanco y nulos? ¿En qué casos se considera un voto como nulo? Explica las diferencias entre abstención, voto en blanco y voto nulo.

b) ¿Qué partidos políticos se presentaron? ¿Había alguno de filiación estrictamente local?

c) ¿Cuáles fueron los resultados? ¿Qué número de concejales y concejalas correspondió a cada partido? ¿Cuántos concejales/as se elegían? ¿De qué depende su número?

d) ¿Qué partido o coalición formó el gobierno municipal? ¿Obtuvo mayoría absoluta?

e) Reuníos en grupos de trabajo y escribid una carta al alcalde o alcaldesa exponiéndole qué aspectos del municipio podrían mejorar y qué actuaciones podría emprender para conseguirlo.

8 Fuentes audiovisuales. La situación de las mujeres

Visiona en www.tiching.com/66109 un vídeo sobre los estereotipos masculino y femenino:

a) ¿Qué estereotipos sobre el papel del hombre y de la mujer se mantienen en la sociedad actual?

b) Selecciona en el vídeo alguna de las frases más comunes sobre el rol de la mujer en nuestra sociedad. ¿Qué realidad muestran?

c) ¿Crees que entre los más jóvenes siguen vigentes estos estereotipos de género? Razona tu respuesta.

d) Sintetiza qué conquistas se han conseguido en las últimas décadas y qué desigualdades o problemas continúan vigentes.

RETOS EN LA RED

MINI UNIDAD VISUAL: "Se busca presidente".

ACTIVIDADES AUTOCORRECTIVAS: Resuelve estas actividades y repasa lo que has aprendido.

www.vvd.link/012274/14

15 El mundo actual

¿Qué transformaciones se han producido desde 1990 en el mundo? ¿A qué retos se enfrenta la humanidad?

1990 · 1995 · 2000 · 2005 · 2010 · 2015

1990 Guerra del Golfo. Tratado de unificación de Alemania

1991 Disolución de la URSS

1992 Tratado de Maastricht y fundación de la UE. Inicio de la Guerra de Bosnia

1994 Guerra entre tutsis y hutus en Ruanda

1995 Acuerdos de Dayton; fin de la Guerra de Bosnia. Entra en vigor el Acuerdo de Schengen

1996 Crisis alimentaria de las "vacas locas"

1998 Guerra de Kosovo

2001 Atentados 11-S (Nueva York). Invasión de Afganistán por EE UU y la fuerza internacional

2002 Entrada en circulación del euro

2003 Inicio de la Guerra de Irak

2004 Atentados de Al Qaeda en Madrid

2005 Atentados de Al Qaeda en Londres

2007 La UE pasa a tener 27 miembros

2008 Inicio de la crisis económica mundial. Atentados fundamentalistas en Bombay

2011 "Primaveras árabes". Fin de la Guerra de Irak

2013 La UE pasa a tener 28 miembros

2015 Atentados del Dáesh en París

2016 Atentados del Dáesh en Bruselas

Atentado contra las Torres Gemelas. Nueva York, 2001.

El hundimiento de la URSS dio lugar a la desaparición de los bloques y a una nueva era en las relaciones internacionales, en la que Estados Unidos se postulaba en la década de 1990 como la única superpotencia mundial.

Pero las relaciones internacionales han llevado en el siglo XXI a un mundo más multipolar, con la aparición de nuevas potencias emergentes, como China, y con un papel relevante de Europa o la nueva Rusia.

Por último, ese "nuevo orden" internacional no significa ausencia de tensiones, mayor justicia o desaparición de los conflictos armados. La pobreza, los enfrentamientos étnicos y los fanatismos religiosos, tales como el islamismo radical, ensombrecen el panorama del siglo XXI.

¿Qué sabemos?

- Observa el eje. ¿Cuándo se inició el fin de los bloques? Cita dos hechos significativos. ¿Qué cambios se produjeron en Europa en los años 90? ¿Cuáles han sido los conflictos más graves de las dos últimas décadas?
- Describe la imagen. ¿Qué hecho está reflejando? ¿En qué ciudad? ¿En qué año? ¿Qué trascendencia tuvo ese hecho en el mundo actual?

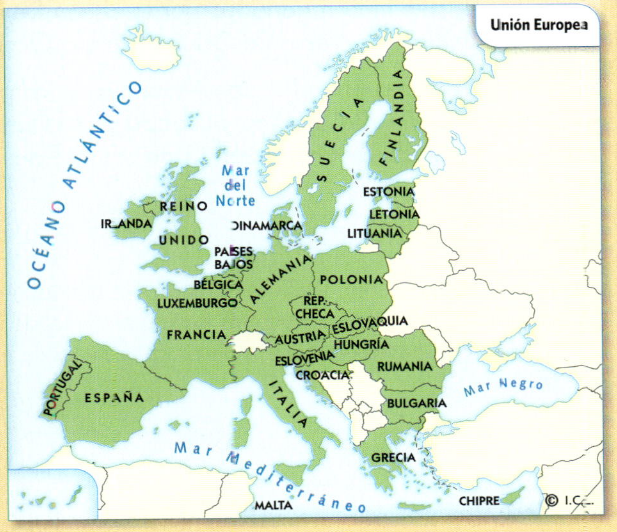

¿Por qué a principios de 1990 se acabó la división

A principios de la década de 1990, la geopolítica mundial cambió por completo. Desde finales de la Segunda Guerra Mundial, el mundo estaba dividido en dos bloques: el capitalista y el socialista, comandados, respectivamente, por las dos superpotencias, EEUU y la URSS. Pero las reformas de Gorbachov en la URSS y en el conjunto del bloque soviético, y la propia crisis de ese bloque, produjeron un rápido desmoronamiento del bloque socialista.

A LA CRISIS EN EUROPA ORIENTAL

El **movimiento** que acabaría con los regímenes comunistas en la Europa del Este se inició en **Polonia**. **En el nuevo ambiente reformista, auspiciado por la política de Gorbachov en la URSS**, se convocaron unas elecciones en 1989, cuyo vencedor fue el sindicato católico Solidaridad, que se enfrentaba al Partido Comunista; y el nuevo gobierno, presidido por Lech Walesa, mostró su deseo de aproximarse al modelo occidental.

El ejemplo polaco fue seguido, poco después, por gran parte de los países del Este de Europa. Los regímenes comunistas de **Hungría**, **Checoslovaquia** o **Bulgaria**, ante la presión popular, acabaron permitiendo la **convocatoria de elecciones libres** que confirmaron la **pérdida de poder del Partido Comunista**.

Solo en **Rumania** fue necesario un alzamiento popular, que contó con el apoyo de parte del ejército y que acabó con la dictadura de Nicolae Ceaucescu.

La Revolución de Terciopelo

En Checoslovaquia, una serie de manifestaciones masivas a lo largo de 1989 forzaron de manera pacífica el cambio de régimen. El jefe de gobierno comunista dimitió y se convocaron elecciones libres, que llevaron a la presidencia a Václav Havel, un intelectual y disidente que encabezaba la candidatura del Foro Cívico.

Manifestación en Praga. 21 de noviembre de 1989.

B LA CAÍDA DEL MURO DE BERLÍN Y LA REUNIFICACIÓN ALEMANA*

En este proceso de desintegración y desaparición de los regímenes comunistas en la Europa del Este tuvieron especial trascendencia los acontecimientos en **Alemania Oriental**.

En **noviembre de 1989**, una fuerte movilización popular forzó al gobierno comunista a la apertura del **muro de Berlín**. El símbolo de la Guerra Fría, de la división del mundo en bloques, caía de **forma pacífica**.

En **1990** se legalizaron todos los partidos políticos y se convocaron elecciones libres, que fueron ganadas por la Unión Demócrata Cristiana, partidaria de reunificar la Alemania Oriental con la Occidental.

Las negociaciones entre las dos Alemanias y las potencias que tras la Segunda Guerra Mundial habían ocupado el territorio alemán dieron como resultado el **tratado de unificación** (3 de octubre de 1990).

El muro de Berlín fue derribado la madrugada del 9 al 10 de noviembre de 1989.

La Alemania unificada

Art. 1. La Alemania unificada comprenderá el territorio de la RFA y la RDA, y el conjunto de Berlín. Sus fronteras exteriores serán las fronteras de la RFA y de la RDA, y se harán efectivas a partir de la fecha de entrada en vigor de este tratado (...).

Tratado de unificación de Alemania, 1990.

@ Amplía en la Red...

Para saber más sobre la reunificación alemana, entra en: www.tiching.com/65697

del mundo en bloques?

C LA DESAPARICIÓN DE LA URSS

Las reformas de Gorbachov suscitaron la oposición de los sectores más **inmovilistas del PCUS**, sobre todo cuando se iniciaba el desmoronamiento del poder soviético en la Europa del Este.

En junio de 1991 se celebraban, además, **elecciones libres en la URSS** y Borís **Yeltsin** fue elegido presidente de la República Socialista Federativa de Rusia, la más grande e importante de la URSS. Como presidente, propuso importantes cambios del sistema soviético.

En agosto de 1991, aprovechando la ausencia de Gorbachov, los inmovilistas del PCUS protagonizaron un **golpe de Estado** militar en Moscú, que fue sofocado por la resistencia de la población rusa y por la decidida actitud contraria de Yeltsin y del Parlamento ruso.

Pero el hecho reforzó las posiciones radicales de los partidarios de **desmantelar el sistema político soviético**, con Borís Yeltsin a la cabeza, y las reformas se aceleraron. Yeltsin decretó la **supresión del régimen comunista** y disolvió el PCUS. Se reconoció la independencia de las repúblicas bálticas de Estonia, Letonia y Lituania, y de Ucrania y Bielorrusia.

La URSS acabó finalmente dividida en **15 repúblicas independientes** y Gorbachov dimitió, a finales de 1991, de su cargo de presidente de un **Estado que había dejado de existir**.

En agosto de 1991, los golpistas ordenaron al ejército ocupar las calles de Moscú, pero las tropas se negaron a ejercer violencia sobre la población.

LA DESMEMBRACIÓN DE LA URSS

El 25 de diciembre de 1991, Mijaíl Gorbachov firmó su dimisión como presidente.

1. ¿Cómo se transformaron los sistemas políticos de gran parte de la Europa del Este? ¿Existieron situaciones de violencia? ¿Por qué crees que se produjo el fin del poder comunista sin graves enfrentamientos?

2. ¿Qué sucedió en Alemania? ¿Qué valor simbólico crees que tuvo la apertura del muro de Berlín? ¿Qué importancia tendría en Europa la reunificación alemana?

3. Explica la desintegración de la URSS. ¿En cuántas repúblicas se dividió? Consulta en www.tiching.com/65704 el eje cronológico de la desintegración de la URSS.

Argumenta la respuesta

4. Explica razonadamente por qué a partir de 1990-1991 el mundo ya no está dividido en dos bloques y valora la importancia de ese hecho.

2 Un nuevo orden mundial

El hundimiento de la URSS dio lugar a la desaparición de los bloques y a una nueva era en las relaciones internacionales.

La desintegración del bloque comunista

El rápido proceso de crisis y hundimiento del régimen comunista en la URSS y en los países del Este de Europa tuvo sus repercusiones en aquellos territorios que, de una u otra manera, habían estado ligados o integrados en el bloque socialista.

En el decenio siguiente, la mayoría de países en vías de desarrollo con **regímenes socialistas desaparecieron** o introdujeron cambios que significaron la aceptación de economías de libre mercado y de sistemas políticos formalmente multipartidistas y electivos. Solo algunos países, como Cuba, Vietnam o el complicado caso de China, mantendrían su orientación de carácter socialista.

Ahora bien, la desaparición del bloque comunista a finales del siglo XX no significó el fin de los conflictos y de los enfrentamientos bélicos.

China es el único país con una orientación económica de principios capitalistas en el que se mantiene el poder político del Partido Comunista.

Los Estados Unidos, única superpotencia

Estados Unidos vio cómo aumentaba su influencia en el mundo y proclamó, como única superpotencia, su deseo de promover un nuevo orden internacional del que se erigía como garante mundial para organizar el mundo e intervenir política y militarmente allá donde creyera que sus intereses eran vulnerados.

A lo largo de la década de 1990 fueron diversas las intervenciones de EE UU. La más importante se dio en 1990-1991, cuando el dictador iraquí Saddam Hussein invadió Kuwait, un Estado muy rico en petróleo y aliado de Estados Unidos. Esta invasión fue contestada de inmediato por EE UU, que contó con el apoyo del Consejo de Seguridad de la ONU.

Una coalición internacional liderada por Estados Unidos, durante la presidencia de G. H. W. Bush, liberó Kuwait. Irak fue condenado a pagar indemnizaciones, a destruir su armamento químico y nuclear, y a mantener su petróleo bajo una situación de embargo.

Durante la presidencia de Bill Clinton, EE UU realizó intervenciones militares en Afganistán, Sudán y Yugoslavia. Pero fue el **ataque terrorista del 11 de septiembre de 2001** contra las Torres Gemelas de Nueva York, ya con George W. Bush como presidente, cuya autoría reconoció la organización terrorista islamista **Al Qaeda**, liderada por Osama Bin Laden, el detonante de una durísimia política de intervención militar de EE UU.

Por todo ello, en octubre de ese mismo año atacó **Afganistán**, cuyo régimen islamista (talibán) acogía numerosos campos de entrenamiento de Al Qaeda.

En marzo de 2003, EE UU atacó de nuevo a Irak con el fin de acabar con el régimen de Saddam Hussein, acusado de poseer armamento nuclear y de estar vinculado con grupos terroristas. Esta invasión no contó con la cobertura de la ONU e inició una larga guerra muy criticada por gran parte de la comunidad internacional.

Intervenciones militares de EE UU

- **1989.** Intervención unilateral en Panamá
- **1991.** Intervención en Irak con apoyo de la ONU
- **1993.** Intervención en Somalia con apoyo de la ONU
- **1998.** Ataque unilateral a Afganistán y Sudán
- **2001.** Intervención con la Otan en Afganistán
- **2002.** Ataques en Pakistán, Yemen y Somalia
- **2003.** Intervención en Irak

EE UU tras el 11 de septiembre

El 11 de septiembre, los enemigos de la libertad han cometido un acto de guerra contra nuestro país. Nuestra guerra contra el terror empieza por Al Qaeda. Consagraremos todos los recursos a nuestra disposición a la persecución y destrucción de la red terrorista mundial. (...) Cada país (...) debe tomar una decisión. O bien está con nosotros o está con los terroristas. Esta lucha no es solo la de Estados Unidos. Es la lucha del mundo entero.

G. W. Bush, presidente de los EE UU, 20 de septiembre de 2001.

Atentado contra las Torres Gemelas de Nueva York. 11 de septiembre de 2001.

HACIA UN MUNDO MULTIPOLAR

El papel de EE UU como única superpotencia dirigente que imponía sus decisiones en el ámbito internacional fue cada vez más contestado, y desde principios del siglo XXI aparecieron nuevos actores en escena.

En primer lugar, la Unión Europea, que, ampliada a 27 países, presentaba una potencia demográfica y sobre todo económica muy considerable.

En segundo lugar, los grandes países emergentes: India, Brasil y especialmente China, cuya población y capacidad productiva la convertían en un protagonista absoluto de la nueva realidad geopolítica, sobre todo por su expansión en el continente africano.

Por último, la nueva Rusia, que una vez superados los peores momentos de su transición hacia las formas económicas capitalistas, inició con Vladímir Putin una etapa de fuerte presencia internacional, fraguando alianzas con los países de Oriente Medio y con las potencias asiáticas.

LAS INTERVENCIONES EN ACTIVO DE LA ONU

EL PAPEL DE LA ONU

La nueva situación internacional ha dado a la ONU un nuevo protagonismo. Ante el unilateralismo, provocado por la hegemonía estadounidense, la opinión pública mundial ha ido tomando conciencia de la necesidad de convertir a la ONU en un organismo que actúe como mediador y garante de la paz en los conflictos internacionales.

MINERALES, METALES Y MAQUINARIA

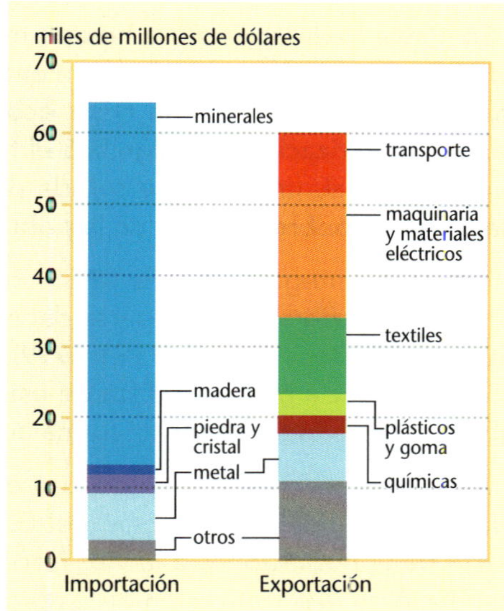

La crítica a la intervención de EE UU en Irak

Hace diez días, el secretario de Estado norteamericano, M. Powell, ha esgrimido supuestos lazos entre Al Qaeda y el régimen de Bagdad. Según nuestras investigaciones e informaciones, nada nos permite establecer dichos lazos. Por contra, debemos tener en cuenta el impacto que sobre esta cuestión tendría una acción militar. ¿Una intervención no agravaría las fracturas entre las sociedades, entre las culturas, entre los pueblos, fracturas de las que se nutre el terrorismo?

Intervención de D. Villepin, ministro de Asuntos Exteriores francés en el Consejo de Seguridad de la ONU, febrero de 2003.

1. ¿Cómo afectó al conjunto del bloque comunista la crisis y desaparición de la URSS? ¿Qué gran potencia continúa con un sistema comunista? ¿Cuál será su evolución?
2. ¿Qué papel se otorga EE UU en el nuevo contexto internacional? ¿Qué acciones militares protagoniza? ¿Con qué objetivo? ¿Qué cambios se produjeron a partir del 11 de septiembre de 2001?
3. ¿Por qué vamos hacia un mundo multipolar? ¿Qué potencias protagonizan la política internacional? ¿Qué papel tiene la ONU y qué misiones desempeña en los conflictos?

3 Europa tras la caída del muro de Berlín

La Rusia poscomunista

La nueva Federación Rusa heredó muchos de los **problemas** de la URSS. Por un lado, los **enfrentamientos** entre etnias y nacionalidades diversas. Por otro, una **crisis económica** como resultado de la **rápida privatización** que significó el hundimiento caótico de la propiedad estatal, una enorme subida de los precios, el aumento del paro y el empobrecimiento de la población.

Tras la desintegración de la URSS, Rusia (**Federación Rusa**) se convirtió en heredera de gran parte del territorio soviético. Bajo la presidencia de Borís Yeltsin (1991-1999), el país adoptó teóricamente una democracia multipartidista de estilo occidental; sin embargo, el gobierno ejerció su poder de forma autoritaria.

Asimismo, se instauró una política económica neoliberal, que tendía a minimizar la intervención del Estado, lo cual perjudicó a gran parte de la población y, a la vez, hizo florecer una oligarquía que se benefició de la privatización de las propiedades estatales.

El acceso al poder de Vladímir Putin (1999-2008) no representó un significativo cambio democratizador, pero sí una nueva orientación económica que permitió a Rusia comenzar un periodo de crecimiento. Además, se desarrolló una intensa actividad diplomática para encontrar un nuevo lugar en el concierto internacional, basada en la reanudación de relaciones con Occidente y en la recuperación de su importancia en países de América Latina, Asia y África.

El conflicto en Chechenia

La disolución de la URSS trajo consigo rivalidades entre las diferentes repúblicas del Cáucaso: Armenia, Georgia y Azerbaiyán. El conflicto más grave, y aún activo, es el de Chechenia, donde el ejército ruso interviene duramente para impedir la secesión del territorio y la actividad terrorista de la guerrilla chechena.

Los países de la Europa del Este

En los países de la **Europa del Este**, el fin del socialismo también produjo una convulsión extraordinaria. El florecimiento de nacionalismos, contenidos o reprimidos en la época comunista, originó la fragmentación de países como Checoslovaquia, y graves conflictos como el de la extinta Yugoslavia, que desembocó en una terrible guerra entre las distintas nacionalidades que formaban el Estado yugoslavo.

Como resultado, en 1991 Croacia y Eslovenia consiguieron la independencia. Pero el conflicto más cruento tuvo lugar en Bosnia, donde los enfrentamientos entre serbios y bosnios musulmanes tuvieron un carácter étnico y religioso. La antigua Yugolavia quedó reducida al territorio de Serbia, Montenegro y Kosovo. En la actualidad, Montenegro es un Estado independiente (2006), y Kosovo, tras declararse independiente de manera unilateral (febrero 2008), mantiene fuertes tensiones con Serbia.

A principios del siglo XXI y ya relativamente pacificada la zona, los países de la Europa del Este que habían adoptado formas económicas de libre mercado manifestaron su intención de integrarse plenamente en los organismos europeos, entre ellos la Unión Europea. Asimismo, una vez desaparecido el Pacto de Varsovia, la inmensa mayoría de estos países se integraron en la OTAN, que se ha convertido en la única alianza militar vigente en Occidente.

LA DESINTEGRACIÓN DE YUGOSLAVIA

Con el apoyo del ejército, los serbios de Bosnia desencadenaron una verdadera "limpieza étnica" contra los musulmanes.

En 1995 se alcanzó un acuerdo según el cual Bosnia lograba la independencia y se establecía un sector croata musulmán y otro serbio, con gran autonomía para ambos, pero dentro de un Estado único.

LA NUEVA EUROPA

Europa fue durante casi cuarenta años uno de los principales escenarios de la Guerra Fría. El denominado Telón de Acero dividía el mundo, y la dinámica europea confrontó dos modelos económicos, políticos y sociales. Pero en el nuevo contexto internacional se planteaba la definición del nuevo espacio europeo. Se habían creado **nuevos Estados** y establecido nuevas fronteras y, además, se iniciaron profundas reformas legales y económicas para **desmantelar la antigua estructura socialista**.

Los jefes de Gobierno de la UE reunidos en Bruselas para una cumbre del Consejo Europeo en 2011. 12 de estos países son antiguas democracias populares o ex repúblicas soviéticas.

Por otro lado, la reunificación alemana integró en la CEE a la antigua RDA y planteó el futuro del resto de países del Este en este organismo. La creación en 1992 de la Unión Europea tuvo ya en cuenta la **integración** de estos países en el **nuevo proyecto económico y político de Europa**. En el caso de Rusia, se mantienen relaciones comerciales, pero el peso territorial, económico y demográfico ruso podría llegar a desestabilizar al conjunto de la UE y provocar dificultades para su posible integración.

LOS CAMBIOS EN LA EUROPA DEL ESTE

1. ¿Qué evolución siguió Rusia a partir de 1991? ¿Qué conflictos se produjeron?
2. ¿Qué conflictos afectaron a Yugoslavia? ¿Qué minorías étnicas o religiosas se localizan en Bosnia-Herzegovina? ¿Qué sucedió en ese territorio?
3. Observa el mapa de Europa. Describe los cambios territoriales: surgimiento de nuevos países, reestructuración de otros… ¿Qué opción económica se impuso en casi todos ellos?
4. ¿Por qué Rusia se mantuvo al margen del proyecto de la Unión Europea?

4 La construcción de la Unión Europea

A principios de la década de 1990, en el contexto de la desaparición de los bloques y la progresiva imposición de una economía globalizada, los países de la Europa Occidental acordaron otorgar un mayor peso a la Comunidad Económica Europea (CEE).

El Tratado de Maastricht

En 1992 se avanzó un paso más con el Tratado de la Unión Europea (TUE), conocido también como Tratado de Maastricht. Constituye una piedra angular en el **proceso de integración europea**, pues por primera vez se le daba una vocación de unidad política. El Tratado de Maastricht consagró oficialmente el nombre de Unión Europea (UE), e instauró tres grandes ejes de políticas comunes:

- Las políticas en las que los Estados han **cedido soberanía** y adoptan decisiones comunitarias: el mercado único, la unión monetaria, los fondos estructurales y de cohesión, etc.
- Las Políticas de Exterior y de Seguridad Común (PESC), fundamentadas en la **cooperación entre gobiernos**.
- Las políticas en temas como terrorismo, inmigración, política de asilo, tráfico de drogas, etc. La creación de la Europol, germen de una futura policía europea, es uno de los proyectos resultantes.

El Tratado creó, además, la **ciudadanía europea**, que permite a las personas circular y residir libremente en los países de la UE, y establece el derecho a votar y ser elegido en el Estado de residencia para las elecciones europeas y municipales.

Entró en vigor en noviembre de 1993. En él se preveía su propia revisión, a la vista de las sucesivas ampliaciones de la Unión. De este modo, en 1997, con el Tratado de Ámsterdam, se afirmaron los principios de libertad, democracia y respeto de los derechos humanos, y en 2001, el Tratado de Niza reestructuró todas las instituciones europeas.

Los objetivos de la Unión Europea

Resueltos a salvar una nueva etapa en el proceso de integración europea. (...) Recordando la importancia histórica de que la división del continente europeo haya tocado a su fin y la necesidad de sentar unas bases firmes para la construcción de la futura Europa.

Confirmando su adhesión a los principios de libertad, democracia y respeto a los derechos humanos, a las libertades fundamentales y al Estado de derecho. (...) Decididos a promover el progreso social y económico de sus pueblos. Resueltos a crear una ciudadanía común. (...)

Resueltos a continuar el proceso de creación de una unión cada vez más estrecha entre los pueblos de Europa. (...)

Han decidido instituir la Unión Europea.

Tratado firmado en Maastricht, febrero de 1992.

Cartel de propaganda defendiendo el Tratado de Maastricht como la única barrera contra el poder de EEUU y Japón.

La Europa de los 28

El 1 de enero de 1995 tuvo lugar la cuarta ampliación de la Unión Europea con la entrada de Austria, Finlandia y Suecia. Nacía la Europa de los Quince.

Asimismo, tras largas negociaciones para permitir que los países de la Europa del Este adecuaran sus legislaciones a las exigencias de la UE, en materia económica y en respeto a los derechos políticos y sociales, el 1 de mayo de 2004 se produjo la adhesión de diez nuevos Estados: Eslovaquia, Eslovenia, Estonia, Hungría, Letonia, Lituania, Malta, Polonia, República Checa y Chipre; en 2007 se sumaron Bulgaria y Rumania; y en 2013, Croacia.

La Unión Europea se ha convertido en una potente organización de 28 Estados, con realidades muy diferentes de tipo social, económico, histórico y político, pero con el objetivo común del compromiso democrático y el progreso económico.

LA EVOLUCIÓN DE LA UNIÓN EUROPEA

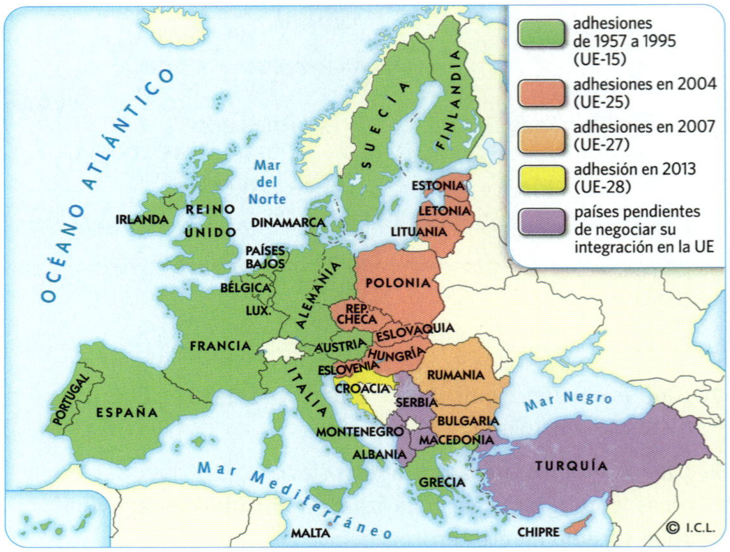

LAS POLÍTICAS DE LA UNIÓN EUROPEA

El objetivo de la Unión Europea es conseguir un territorio integrado desde el punto de vista social, económico y político. Pero en la práctica los esfuerzos se han dirigido más a las cuestiones económicas que a las sociales y políticas. Los intentos por llegar a una Constitución europea no fueron aceptados por la ciudadanía de gran parte de los países de la Europa del Este.

Para poder financiarse y llevar a cabo las medidas propuestas, la UE cuenta con unos ingresos que provienen de impuestos sobre las importaciones de productos agrícolas, cuotas sobre el IVA y en relación con el PIB, el más importante y que supone cerca del 75 % de los ingresos.

Los **mayores contribuyentes** de la UE son los **Estados más ricos** (Alemania, Países Bajos...); los que **más reciben** son aquellos que están en **situación de menor desarrollo económico**.

PIB POR HABITANTE

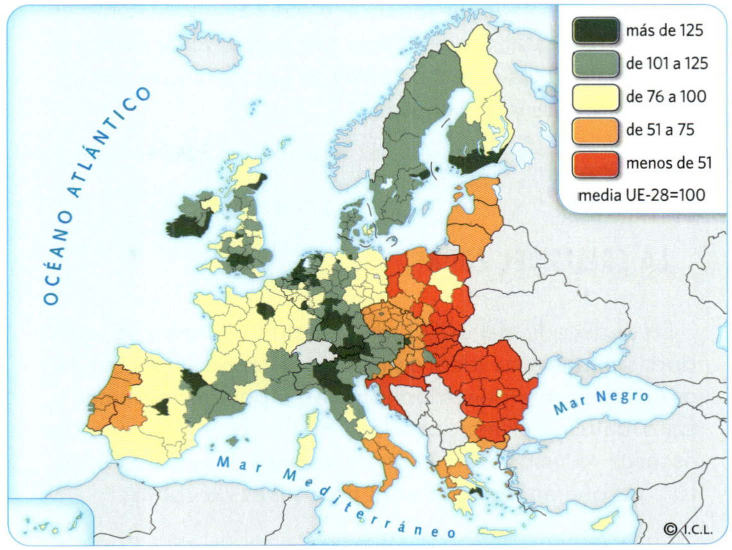

Los recursos de la UE tienen diversos destinos. La mayor parte del presupuesto (43,2 % en 2007) se dedica a hacer más competitiva la economía de la UE y a desarrollar **políticas de cohesión*** entre las regiones más ricas y las más pobres. La segunda partida importante se destina a la **política agraria**, que supone el 34 % del presupuesto. El resto de partidas, mucho menores, son para el funcionamiento de la UE y cuestiones como política exterior, educación, investigación, ayuda al desarrollo, etc.

La libre circulación (Acuerdo de Schengen)

El Acuerdo de Schengen, firmado en 1985 y en vigor desde 1995, supuso la supresión de las fronteras comunes entre la mayoría de los Estados europeos, lo cual favoreció la movilidad de los ciudadanos y ciudadanas y contribuyó al dinamismo económico y cultural.

La zona Schengen la integran 26 países, 22 de la Unión Europea (excepto Reino Unido, Irlanda, Chipre, Bulgaria y Rumania) y 4 países extracomunitarios (Islandia, Noruega, Suiza y Liechtenstein).

La crisis de refugiados y refugiadas provocada por los conflictos bélicos en Oriente Próximo (Siria) y en el Norte de África ha provocado la suspensión del espacio Schengen en algunos países.

LA MONEDA ÚNICA, EL EURO

El Tratado de la Unión Europea estableció la Unión Económica y Monetaria, y se creó una moneda única, el euro, para garantizar la libre circulación de capitales.

El euro entró en circulación el 1 de enero de 2002 en once países de la UE: España, Portugal, Italia, Bélgica, Países Bajos, Luxemburgo, Francia, Alemania, Austria, Irlanda y Finlandia; a los que más tarde se sumaron Grecia, Eslovenia, Malta y Chipre, sumando un total de 320 millones de habitantes.

El Banco Central Europeo se encarga de coordinar las políticas económicas y de garantizar el funcionamiento de la nueva moneda.

1. Sintetiza el proceso de construcción de la UE. ¿Qué objetivos se plantean en el Tratado de Maastricht? ¿Cuáles son los grandes ejes de las políticas comunes de la UE?
2. Describe las diferentes fases de ampliación de la UE y los miembros incorporados en cada una. ¿Qué países integran la eurozona?
3. ¿Qué diferencias muestra el mapa de renta por habitante? ¿Cómo se intenta cohesionar el territorio de la UE?
4. ¿Qué es el Acuerdo de Schengen? ¿Qué problemas se plantean sobre él en la actualidad?
5. Valora las ventajas e inconvenientes de la pertenencia a la Unión Europea.

5

PASADO Y PRESENTE

Europa, la crisis del modelo de bienestar

El modelo de la Europa Occidental tras la II Guerra Mundial respondía, con limitaciones, a lo que se conoce como el Estado del bienestar. Es un modelo casi exclusivo de Europa y que completaba los derechos políticos democráticos con los derechos sociales y económicos.

Ese modelo es el inspirador de gran parte de los objetivos programáticos de la Unión Europea. Pero a principios del siglo XXI ese modelo parece haber entrado en crisis. ¿Qué causas han conducido a la crisis y revisión del modelo europeo del Estado del bienestar?

A LA CRISIS DEL 2008

En la década del 2000, en los Estados Unidos las entidades financieras idearon la concesión de hipotecas inmobiliarias que generaban intereses por su préstamo, y para ampliar el mercado las ofrecieron a personas de escasos recursos. Son lo que llamamos "hipotecas basura", porque en realidad eran imposibles de cobrar.

Para minimizar los riesgos y esconder esta enorme operación especulativa, se camuflaron estas hipotecas entre otros tipos de productos financieros, y se constituyeron fondos de inversión que fueron adquiridos por otros bancos que, a su vez, los vendían a particulares.

Cuando los poseedores de estos fondos no obtuvieron los beneficios esperados, se evidenció el fraude de la operación. Entonces, la cotización de estos productos se hundió y muchas instituciones financieras tuvieron perdidas millonarias y acabaron quebrando.

LA CRISIS FINANCIERA MUNDIAL (2008-2009)

La crisis se trasladó, por las conexiones internacionales de las finanzas, al resto del mundo, especialmente a Europa, cuyos bancos habían invertido en las hipotecas basura y habían concedido hipotecas similares en sus propios países.

B DE LA CRISIS FINANCIERA A LA CRISIS ECONÓMICA

Como consecuencia de la **crisis financiera**, se limitaron los créditos y las inversiones, y muchos bancos se situaron al borde de la quiebra. Para salvarlos, **los Estados les concedieron ayudas masivas de capital** que endeudaron a los Estados y consumieron los recursos públicos.

Asimismo, se produjo una **crisis generalizada en la industria**, agravada por el descenso del consumo. Se perdieron muchos empleos y **aumentó el paro.** En países como España, muchas familias no pudieron devolver sus préstamos y perdieron no solo su trabajo, sino también sus viviendas.

CRISIS Y PARO

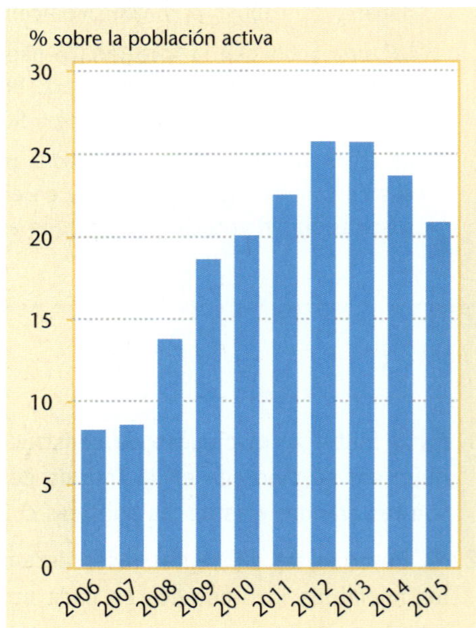

El aumento de la pobreza

En 2012, 124,5 millones de personas, el 24,8 % de la población de la Unión Europea, está amenazada por la pobreza o la exclusión social, frente al 24,3 % de 2011 y el 23,7 % del 2008. Estas personas están en alguna de estas situaciones: ingresos muy bajos, situación de privación severa (no poder pagar alquiler, calefacción, etc.), en situaciones de trabajo escaso o muy precario. (...) La reducción del número de personas en esta situación es uno de los objetivos claves de la estrategia Europa 2020.

Comunicado de Eurostat. Diciembre de 2013.

C LAS POLÍTICAS DE AUSTERIDAD

El déficit de los Estados aumentó, así que **pidieron dinero prestado** con la emisión de **deuda pública**. Esto incrementó su endeudamiento y aumentó los intereses que debían pagar por pedir dinero. Además, con la crisis crecieron el paro y la **necesidad del gasto en prestaciones**, mientras **descendían los ingresos** de los impuestos por haber menor actividad económica, menos gente trabajando y salarios reducidos.

En consecuencia, los principios del Estado del bienestar (alta tasa de ocupación, salarios adecuados a las necesidades vitales de las familias, impuestos directos altos y redistribución de las rentas) se tambalearon.

LA DISTRIBUCIÓN DEL GASTO PÚBLICO

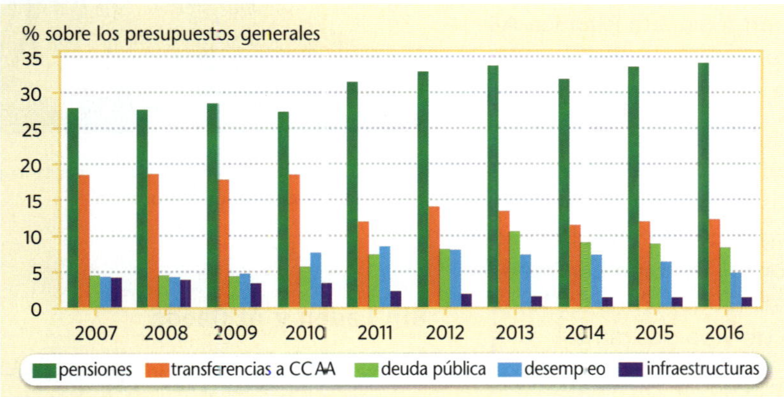

Los sistemas de seguridad social

Los países europeos cuentan con diferentes sistemas contributivos obligatorios, en los que empresas, trabajadores y trabajadoras pagan cuotas para garantizar prestaciones en caso de enfermedad, invalidez, viudedad, paro o jubilación. La reducción de los empleados y empleadas y la baja de salarios reducen los ingresos, mientras los gastos aumentan y ponen en **peligro la estabilidad de los sistemas públicos de protección social.**

Los recortes sociales

Ante la crisis, la política de la UE ha sido el control del déficit de los Estados y la obligatoriedad de hacer frente a las deudas. Con menos ingresos, con enormes sumas dedicadas a pagar los intereses de la deuda, y con el aumento del gasto en partidas como el paro, los presupuestos sociales se han reducido enormemente.

En España, esa reducción se observa en las transferencias a las Comunidades Autónomas, que son las que tienen a su cargo la sanidad, la enseñanza, la ayuda a la dependencia, etc.

INGRESOS TRIBUTARIOS Y DEUDA PÚBLICA

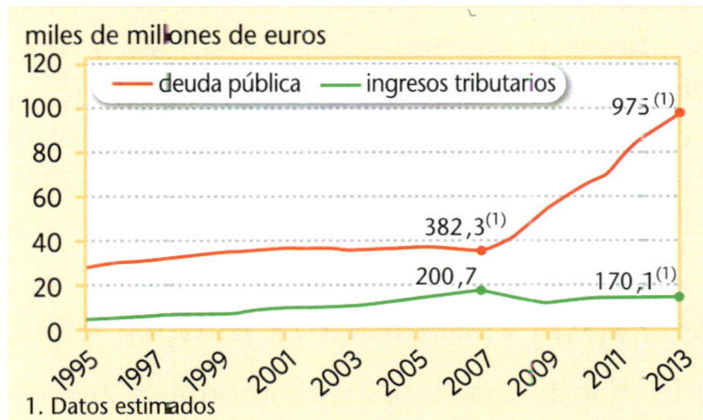

1. Datos estimados

@ Amplía en la Red...

Para saber más sobre los sistemas públicos de protección social, entra en: www.tiching.com/747522

---

1. Consulta www.tiching.com/68879 y responde:

- En el apartado "Las causas": ¿Qué fue el exceso de liquidez? ¿Qué hicieron los bancos? ¿Qué fueron las hipotecas *sub-prime*? ¿Qué movimientos especulativos se hicieron con esas hipotecas basura? ¿Qué sucedió cuando se vio la insolvencia de esas hipotecas?
- En el apartado "El rescate": ¿Qué se hizo para frenar el hundimiento de los bancos?
- En "España": ¿Qué sucedió en nuestro país? ¿Qué fue la burbuja inmobiliaria? ¿Cuáles fueron las consecuencias?

2. Observa la gráfica sobre el gasto público y el documento sobre los recortes sociales. ¿Qué partidas aumentan y cuáles disminuyen? ¿A qué se destinan las transferencias a las Comunidades Autónomas? ¿Qué consecuencias ha tenido para el Estado del bienestar el aumento de la deuda y la reducción de los ingresos?

Relaciona ayer y hoy

3. Analiza y compara los elementos de exceso de dinero, especulación y crisis bancaria en 1929 y en 2008. Comenta también las consecuencias del paro y la bajada de salarios.

4. ¿Qué diferencias causales presentaba la crisis de 1973 respecto a la de 2008? ¿Son comparables sus consecuencias? Razona la respuesta.

6 Un mundo inestable

El mundo de los inicios del siglo XXI no es más seguro ni más justo que el del siglo XX. Las guerras y los problemas sociales continúan existiendo. Pero la confrontación entre grandes potencias ha sido sustituida por nuevas formas de violencia.

El fundamentalismo islámico

La denominación de *fundamentalismo islámico* incluye a diversas corrientes religiosas islámicas que se oponen a la extensión del laicismo y de los modelos sociales occidentales en sus países. Defienden un retorno a las tradiciones islámicas, una observación estricta del Corán y **sistemas políticos basados en el islamismo**.

Los movimientos islamistas ya ostentaban el poder en Irán o en Afganistán, pero el **ataque del 11 de septiembre de 2001** contra las Torres Gemelas de Nueva York, perpetrado por la organización terrorista islámica **Al Qaeda**, liderada por Osama Bin Laden, y la intervención posterior de EE UU y sus aliados en Irak, marcó una nueva etapa.

A partir de 2003, los movimientos fundamentalistas crearon **organizaciones terroristas islamistas**, que actúan a escala mundial. Sus acciones pretenden imponer una visión integrista y radical del islamismo, y sus atentados se centran sobre todo en Asia y África, y se dirigen contra musulmanes no radicales o contra quienes profesan otras religiones. También han atentado en Occidente, como en Madrid (2004), Londres (2005), París (2015) o Bruselas (2016), para mostrar su rechazo al modelo de vida occidental.

La difícil realidad del mundo árabe

El mundo árabe, especialmente la zona del Magreb y Oriente Próximo, es un foco permanente de tensión. Algunos de los países de ese entorno poseen enormes riquezas petrolíferas, pero, en general, sus clases dirigentes han sido incapaces de incorporarlos a la modernidad, y la pobreza, el analfabetismo, el paro y la ausencia de libertades son una constante. De este modo, en las últimas décadas ha crecido la influencia del islamismo radical, con organizaciones como los Hermanos Musulmanes, que constituyen las únicas redes de ayuda y asistencia social.

Entre los años 2010 y 2011 se produjeron revueltas en Túnez, Egipto, Libia, Siria, Yemen, etc., las denominadas "**primaveras árabes**", que llevaron al derrocamiento de muchos de sus gobiernos, corruptos e ineficaces. Estas revueltas se iniciaron como un movimiento cívico y laico que demandaba una mayor democracia y reformas sociales y económicas.

Pero tras el derrocamiento de los dictadores, se ha evidenciado la importancia de los grupos islamistas radicales, que han conseguido controlar los gobiernos o pugnan por dominar esos países. De ahí que la situación se haya tornado enormemente peligrosa e inestable por la aparición de numerosas guerrillas y grupos terroristas.

El ejemplo más significativo es la aparición del Estado Islámico (EI) o Dáesh, un grupo terrorista fundamentalista islámico que ha conseguido controlar una amplia zona de Irak y Siria, y que utiliza el terror sobre la población civil basado en métodos como las ejecuciones masivas, el asesinato de rehenes, etc., para conseguir sus objetivos.

El inacabable conflicto palestino

En el origen de la animadversión del mundo islámico al mundo occidental está el largo conflicto israelí-palestino. Los numerosos intentos de paz han sido fallidos y la tensión continúa permanentemente.

Pintada sobre el muro de Gaza levantado por Israel para aislarse de Cisjordania.

Bin Laden y Al Qaeda

Creemos que Estados Unidos es el responsable directo de los muertos en Palestina, Líbano e Irak. (...) Por este y otros actos de transgresión e injusticia hemos declarado la *yihad** contra Estados Unidos, porque nuestra religión y nuestro deber es hacer la *yihad*, para exaltar la palabra de Dios y expulsar a los norteamericanos de todos los países musulmanes. (...)

Osama Bin Laden, 1997.

Los atentados de París

París ya había sido objeto de un grave atentado, en enero de 2015, contra los dibujantes de la revista satírica *Charlie Hebdo*, pero el 14 de noviembre del mismo año, terroristas vinculados al Dáesh (Estado Islámico) ametrallaron de forma indiscriminada a la población, causando 127 muertos y más de 180 heridos. En consecuencia, Francia decidió participar de forma activa en los ataques a las bases del Dáesh en Siria e Irak.

África: pobreza, rivalidades étnicas y religiosas

África aparece en el nuevo escenario internacional como un continente abandonado a su suerte, con graves situaciones de desigualdad y conflictos bélicos. Desde la descolonización, su situación de **dependencia económica** y la inexistencia de Estados fuertes han convertido al continente en una zona residual en la economía global.

Principalmente en el África subsahariana, la extrema miseria de amplias capas de la población, el mantenimiento de dictaduras militares, las rivalidades étnicas y religiosas, etc., han provocado multitud de **enfrentamientos**. Del mismo modo, existen importantes tensiones como consecuencia del interés por controlar y explotar las materias primas del continente por parte de empresas y países con un gran peso en la economía global (como el caso de China).

Los conflictos más cruentos se han dado en los países que rodean el Golfo de Guinea (Liberia, Sierra Leona...), en el Cuerno de África (Etiopía, Somalia...) y en África ecuatorial (Congo, Ruanda, Burundi, Angola...). Las persecuciones y masacres han comportado el éxodo de miles de personas **refugiadas**. Además, muchos ejércitos se nutren de mercenarios, llegando incluso a reclutar o a secuestrar a niños y niñas para la guerra.

El terror de Boko Haram

Boko Haram es un grupo terrorista de carácter fundamentalista islámico activo en Nigeria. Uno de sus objetivos es el establecimiento de la *sharia* (ley islámica) en todos los Estados de Nigeria, y no solo en el Norte de mayoría musulmana. Contrarios a la educación de las mujeres, secuestran a niñas en edad escolar en los territorios de religión cristiana y las utilizan como esclavas sexuales.

Niñas secuestradas por Boko Haram, 2014.

Un único modelo económico, diversas realidades

La hegemonía de un único modelo social y económico, el capitalismo liberal, tras el fin de los bloques, no quiere decir que todos los países ni todos los sistemas sociales y políticos sean homogéneos.

Existen zonas, como hemos visto, de enorme pobreza y completamente dependientes de los países ricos.

Los derechos humanos y las libertades políticas son respetados de manera desigual en el mundo, del mismo modo que sucede con los niveles de protección del Estado a los más débiles o pobres. En numerosas ocasiones la pobreza, la desatención social y el conflicto bélico van de la mano, y son en gran parte la primera causa de las guerras en el mundo.

LA LIBERTAD EN EL MUNDO

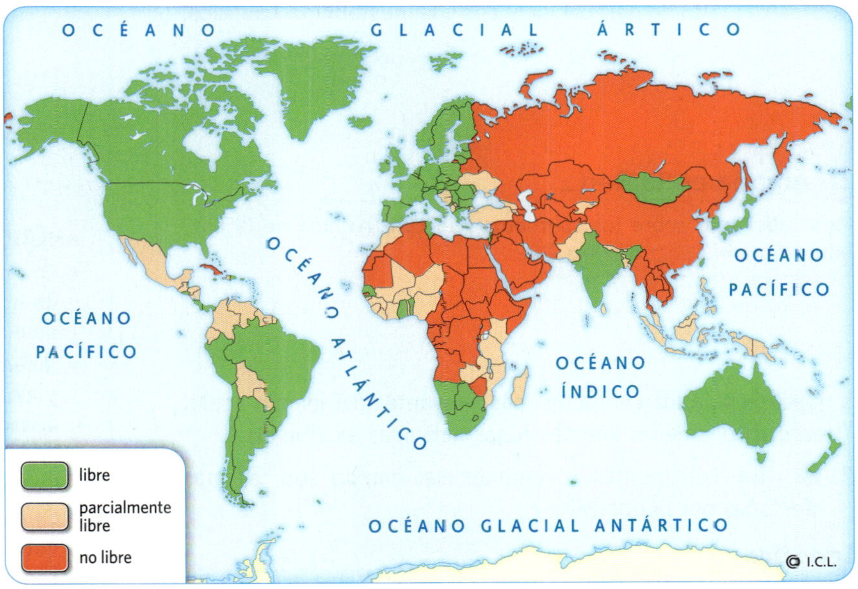

1. ¿Qué es el fundamentalismo islámico? ¿Con qué atentados se dio a conocer mundialmente? ¿Qué nueva forma de violencia instaura este tipo de organizaciones terroristas?
2. Visiona el vídeo en www.tiching.com/68844 y contesta: ¿Cuándo se creó Al Qaeda y cuál era su objetivo inicial? ¿Qué consecuencias tuvo la relación de Bin Laden con Afganistán?
3. ¿Cómo se ha extendido el islamismo radical? ¿Qué relación tiene con los conflictos en Oriente Próximo y en África? ¿Qué es el Dáesh o Estado Islámico?
4. ¿Por qué África es un foco permanente de conflictos?
5. Valora cómo el fin de los bloques no ha significado que se acaben las desigualdades y los enfrentamientos.

7 Los conflictos del siglo XXI

DESCUBRE

El mundo actual no está exento, como hemos visto, de guerras y conflictos. Este mapa indica las diferentes situaciones de violencia que los organismos internacionales recogieron en el año 2015. Algunos de estos conflictos pueden solucionarse en los años siguientes, pero también es muy probable que aparezcan otros nuevos.

En el mapa se distinguen los diferentes tipos de conflicto. Muestra, por un lado, los conflictos armados más o menos convencionales: entre ejércitos rivales, entre ejércitos y guerrillas, etc. Por otro, señala también las zonas de tensiones, esto es, situaciones de violencia que, en ocasiones, pueden generar también enfrentamientos armados, secuestros, violencia étnica o religiosa, etc.

Asimismo, diferencia entre conflictos locales y los que han derivado en graves tensiones internacionales entre países, muchas veces alejados de los focos iniciales del conflicto.

El mapa no muestra todas las zonas del mundo en las que se han producido atentados terroristas. Estos son imprevisibles y, por tanto, una amenaza mundial.

Las zonas más castigadas son el continente africano, Oriente Próximo y el Sudeste asiático.

Gran parte de los conflictos tienen que ver con los problemas creados por la extensión del islamismo radical y con la pobreza, la falta de derechos cívicos y la inestabilidad política.

@ Amplía en la Red...

Para saber más sobre los conflictos y la construcción de la paz, entra en: www.tiching.com/68865

1. Señala los conflictos más relevantes del mundo actual en cada una de las grandes zonas indicadas en el mapa.
2. ¿Qué continentes o regiones del mundo son las más afectadas por la guerra?

Investiga

3. ¿Cuáles son las causas principales de la violencia en el mundo?
4. Analiza el origen y los motivos de los conflictos y tensiones que existen en el Norte de África. ¿Y en el África subsahariana?
5. Analiza también el origen de los principales conflictos que existen en Oriente Próximo y valora cuáles te parecen más graves en la actualidad.
6. ¿Qué conflictos ha comportado la fragmentación de la URSS?

LOS CONFLICTOS EN EL MUNDO ACTUAL

AMÉRICA

- En América del Norte, EE UU está implicado en diversos conflictos internacionales, pero se desarrollan lejos de su territorio.
- América del Sur ha mejorado su situación y estabilidad políticas. El único conflicto armado se localiza en Colombia, pero está en vías de solución tras las negociaciones de paz entre el gobierno y la guerrilla.
- En México existe un grave enfrentamiento entre los grupos armados de narcotraficantes y las fuerzas gubernamentales.

EUROPA

Los conflictos armados en Europa son casi inexistentes, pero se mantienen en algunas zonas periféricas:

- En el territorio de Rusia continúa el conflicto en Chechenia. En 2014 se produjo la intervención rusa para apoyar a los secesionistas de Ucrania. La región de Crimea se incorporó a la Federación Rusa.
- En Turquía perdura un largo conflicto entre el gobierno y la minoría kurda, con etapas periódicas de enfrentamiento armado.

ORIENTE PRÓXIMO

- Conflicto palestino-israelí.
- Guerra civil en Siria y ataques del Dáesh. Grave crisis de refugiados y refugiadas.
- Líbano: problemas en las fronteras con Siria y repercusión de los problemas en Libia.
- Irak: fin de la ocupación norteamericana, pero enfrentamientos y acciones terroristas del islamismo radical.
- Yemen: revueltas sociales y acciones de grupos terroristas relacionados con Al Qaeda.

ASIA

- Enfrentamientos bélicos en Afganistán y la extensión del terrorismo islámico, que tiene derivaciones en Pakistán.
- Pakistán mantiene enfrentamientos fronterizos con la India, donde, además, permanecen conflictos en regiones como Cachemira, por demandas de independencia.
- Otras zonas con guerrillas y movimientos de oposición armada son Filipinas, Tailandia y Sri Lanka, sin olvidar las áreas de tensión permanente como Corea.

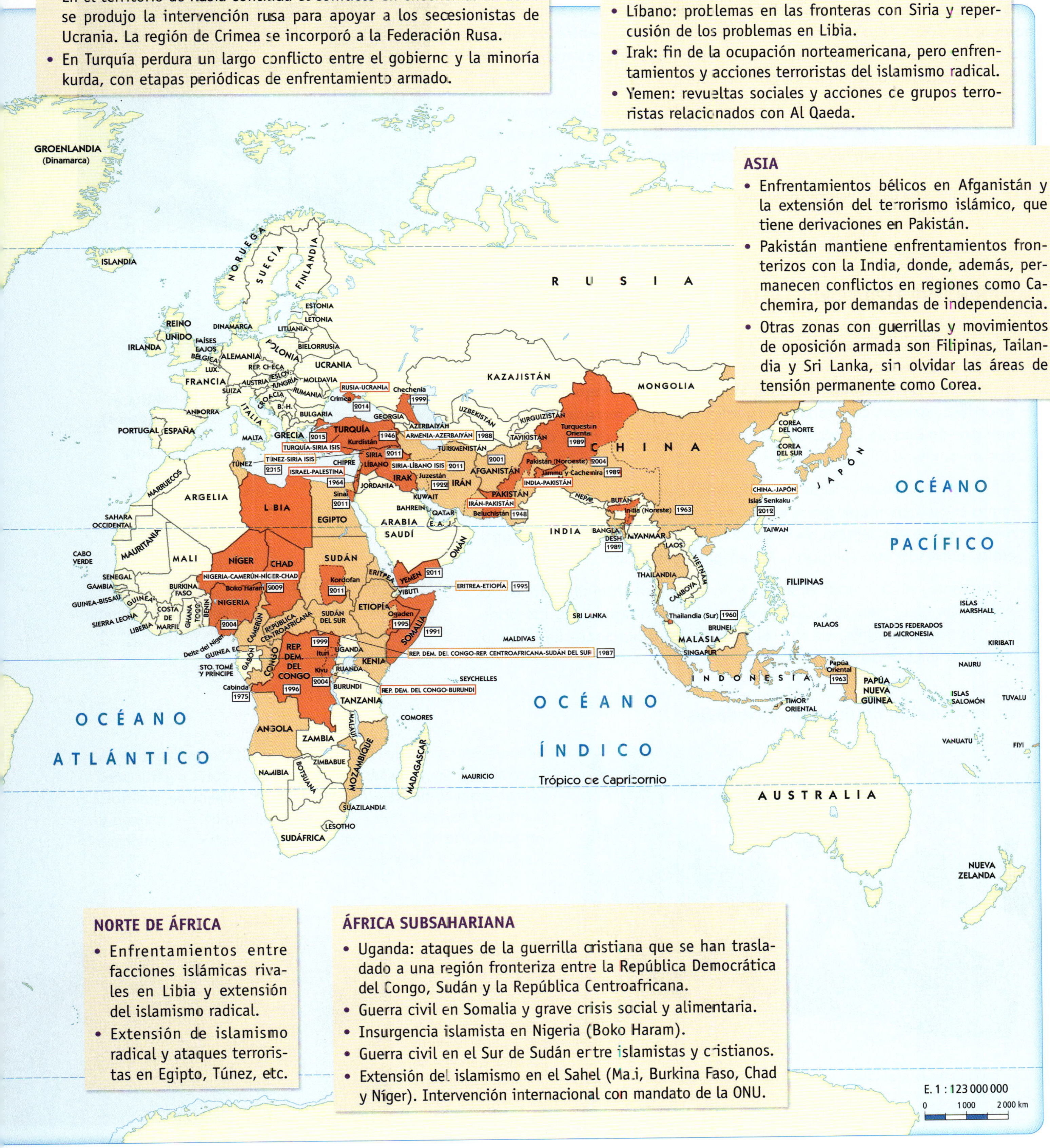

NORTE DE ÁFRICA

- Enfrentamientos entre facciones islámicas rivales en Libia y extensión del islamismo radical.
- Extensión de islamismo radical y ataques terroristas en Egipto, Túnez, etc.

ÁFRICA SUBSAHARIANA

- Uganda: ataques de la guerrilla cristiana que se han trasladado a una región fronteriza entre la República Democrática del Congo, Sudán y la República Centroafricana.
- Guerra civil en Somalia y grave crisis social y alimentaria.
- Insurgencia islamista en Nigeria (Boko Haram).
- Guerra civil en el Sur de Sudán entre islamistas y cristianos.
- Extensión del islamismo en el Sahel (Mali, Burkina Faso, Chad y Níger). Intervención internacional con mandato de la ONU.

Las víctimas de las guerras actuales

A lo largo de la historia, la población civil ha padecido las consecuencias de los conflictos bélicos. Asaltos a ciudades, invasiones, hambrunas, bombardeos, etc. Pero los enfrentamientos se producían entre los ejércitos, y los daños entre la población que estaba lejos de los frentes eran efectos colaterales o secundarios del conflicto.

En la actualidad, la gran diferencia es que la inmensa mayoría de la violencia ejercida tiene como objetivo a la población civil. Ellos son los protagonistas, más que los ejércitos, de la violencia de la guerra.

Una de las mujeres congoleñas víctimas de violencia sexual en Luvungi, 2010.

A UN NUEVO TIPO DE VIOLENCIA

Los conflictos bélicos del siglo XXI han cambiado. Continúan existiendo guerras convencionales con ejércitos enfrentados, pero una gran parte de **las situaciones de violencia son protagonizadas por guerrillas, grupos armados insurgentes o grupos terroristas** que tienen por ámbito de actuación los poblados o las ciudades de las zonas en conflicto.

Es más, en nuestros días muchos conflictos son guerras de exterminio o guerras ideológicas en las que se busca aterrorizar al enemigo, que es el conjunto de la población: los que pertenecen a otra etnia, profesan otra religión o tienen otras creencias.

Por tanto, el principal objetivo y la principal damnificada es la población civil, que sufre la violencia de los ataques, de las bombas, de los secuestros, de los robos o de las violaciones llevadas a cabo por los bandos en conflicto.

VÍCTIMAS DE LOS CONFLICTOS BÉLICOS EN RELACIÓN AL TOTAL

	Civiles	Militares (soldados)
Primera Guerra Mundial	10 %	90 %
Actualidad	90 %	10 %

@ Amplía en la Red...

Para saber más sobre la violencia contra las mujeres en las guerras actuales, entra en: www.tiching.com/747523

La destrucción de pueblos y ciudades

Bombardeos y fuego de artillería son utilizados contra los poblados o las ciudades, buscando su completa destrucción. Estos ataques no solo causan un gran número de muertos, heridos y heridas, sino que además imposibilitan el trabajo y el suministro de víveres, forzando a la población a abandonar las ciudades a causa del hambre.

Tras el ataque a una aldea en el Sur de Sudán, la población no solo huye por el temor a los ataques, sino que también lo hace porque pierde sus viviendas y ve destruidas sus cosechas.

Fotografía de la ciudad siria de Homs que nos muestra la devastación causada por el conflicto bélico. Cerca de un millón de personas vivían en la ciudad antes de la guerra.

B LOS NIÑOS Y NIÑAS DE LA GUERRA

Una de las peores consecuencias del nuevo tipo de guerra es la implicación de los niños y niñas en los conflictos bélicos. Son víctimas, igual que los adultos, de las matanzas, el hambre, los desplazamientos forzosos...

Pero, además, en muchos lugares se ven implicados en la propia guerra, siendo reclutados como soldados y adiestrados para matar a edades muy tempranas.

Uno de los más de 120 000 niños soldados de África.

Los datos de la violencia contra la infancia

- La mitad de los 3,6 millones de personas que han muerto en conflictos armados desde 1990 eran menores de edad.
- Alrededor de 20 millones de niños y niñas han tenido que huir de sus hogares debido a la guerra.
- En Sierra Leona, después de la guerra civil, 284 niños y niñas de cada 1 000 solo vivían hasta los cinco años.
- 500 000 niños y niñas han presenciado actos de violencia o han participado en ellos. A muchos se les obliga a convertirse en esclavos sexuales, sirvientes, mensajeros o espías.
- 4 millones han quedado discapacitados, tullidos, ciegos o han sufrido lesiones cerebrales.
- Al menos 5 millones se han convertido en refugiados y refugiadas y otros 12 se han desplazado a causa de la guerra.
- Actualmente hay más de 120 000 niños y niñas soldados en África.

C EN BÚSQUEDA DE REFUGIO

A causa de la violencia y la escasez de recursos básicos, una parte de la población civil **huye de las zonas de conflicto**, buscando refugio en países fronterizos o cercanos. También emprende largos y peligrosos viajes hacia zonas más seguras como Europa. En 2014, el número de refugiados y refugiadas forzosos ascendió a 59 500 000, 8 300 000 más que en 2013.

Estos tienen graves dificultades para ser acogidos en otros países (caso de Europa con la crisis del 2015-2016) y acaban en precarios campamentos en los que es esencial la labor de las ONG y de los organismos internacionales.

DESTINO DE LOS REFUGIADOS Y REFUGIADAS SIRIOS

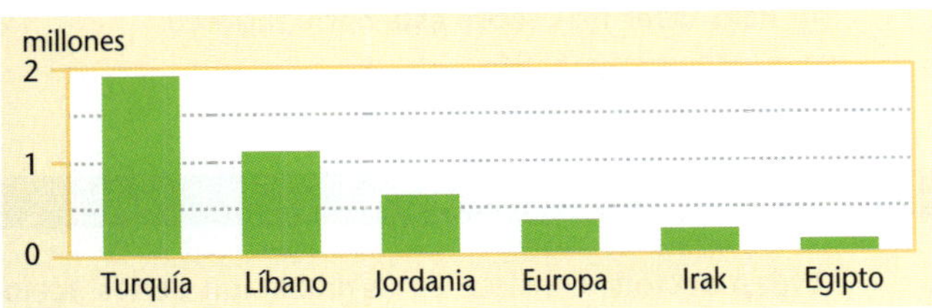

DESPLAZAMIENTOS FORZOSOS EN 2014

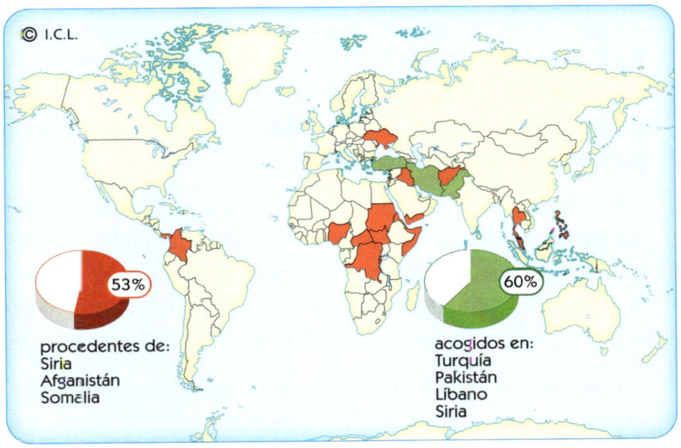

Por qué huyen

Venimos porque en mi país, Somalia, están en guerra. Es muy difícil ser una mujer en tiempos de guerra. No quiero que me obliguen a casarme y que me viole un hombre de 49 años. Quiero ir a Bélgica. Quiero ir a la escuela y tener educación. No quiero casarme.

Testimonio de una refugiada somalí. Amnistía Internacional, 2015.

1. ¿Por qué hablamos de un nuevo tipo de violencia en los conflictos actuales? ¿Cómo afecta a la población civil? ¿Qué consecuencias tiene para la población hallarse en zonas de conflicto? ¿Cómo sufren las mujeres la violencia en las zonas de conflicto?
2. ¿Por qué huye la población de las zonas en guerra? ¿Cuál es el destino de estos refugiados y refugiadas?

Ponte en su lugar

3. Dividíos en grupos y consultad www.tiching.com/747524:
   - ¿Cuál es la situación de los niños y niñas soldado en el mundo? ¿Qué nos narran en sus testimonios? ¿Cómo les ha afectado? ¿Qué medidas se deberían tomar para acabar con esta situación?

9 El arte en el mundo actual

En las últimas décadas del siglo XX y principios del siglo XXI no podemos hablar tanto de corrientes y escuelas como de tendencias y artistas. Se continúan retomando técnicas experimentadas en las décadas de 1960 y 1970, se redescubren las vanguardias del siglo XX, se reinterpretan o se fusionan estilos pictóricos, etc.

Tenemos todavía una perspectiva muy limitada para poder destacar a aquellos artistas y aquellas fórmulas que perdurarán con el tiempo y que social y colectivamente se aceptarán como expresión artística de una época y de un momento social concretos.

Nam June PAIK: *Vídeo sintetizador*, 1969. El artista surcoreano consiguió abrir una nueva forma de comunicación, y es considerado el fundador del videoarte.

A ARTE DIGITAL

El uso de elementos digitales, tanto en el proceso de producción como en la exhibición de la obra de arte, es una de las innovaciones más significativas de la creación artística del siglo XX, y continúa su andadura en el siglo XXI, con las aportaciones de las más novísimas tecnologías.

Sus orígenes se remontan a principios de la década de 1960, de la mano de artistas como el coreano Nam June **Paik** y el alemán Wolf **Vostell**. Las bases de este nuevo arte pretendían cuestionar el papel del espectador en el mundo de la comunicación, a partir del uso de los iconos populares procedentes del medio televisivo.

El artista utiliza un soporte magnético y la pantalla del televisor como medio de transmisión de sus inquietudes artísticas. Las imágenes proyectadas pueden ser reeditadas, es decir, montadas a partir de fragmentos de vídeo o de televisión ya creados, o bien pueden ser grabaciones originales del propio artista.

Una de las manifestaciones artísticas de mayor éxito en los últimos años es el **videoarte**, que puede tomar muchas formas: grabaciones que se emiten, vídeos en galerías, instalaciones escultóricas que incorporan aparatos de televisión o monitores de vídeo, visualización de imágenes y sonidos "en vivo" o grabados, etc.

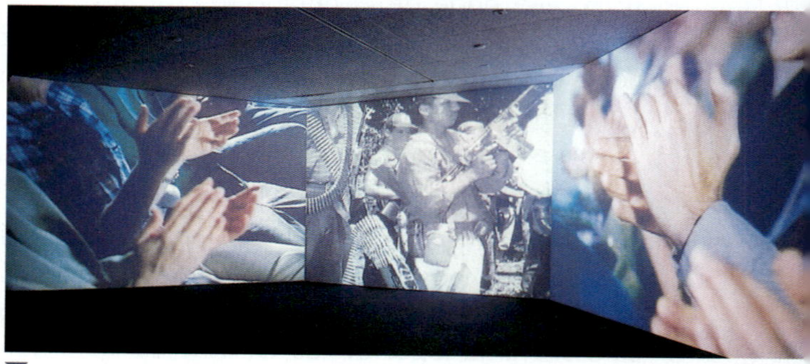

Antoni MUNTADAS: *On translation: el aplauso*, 1999. Las imágenes televisivas son muy utilizadas por los artistas del videoarte.

@ Para saber más sobre esta obra, entra en: www.ticching.com/65844

MEMOART: Corrientes de videoarte

Vídeo acción: consiste en la grabación de las acciones que se producen en las distintas modalidades artísticas de carácter efímero (*Performance*, *Body art* y *Land art*).

Vídeo experimental: uso del soporte videográfico desde un punto de vista creativo (videoesculturas, videoinstalaciones y *videoenvironment*). En este ámbito destaca actualmente el nombre de Bill **Viola**.

Bill VIOLA: *El cruce*, 1996. En esta obra, el artista confronta el fuego (destrucción) con el agua (vida).

B UN ARTE ECLÉCTICO Y DIVERSO

Tendencias como el **Neoexpresionismo alemán** y la **Transvanguardia italiana**, surgidas a finales de la década de 1970, presentaron algunos elementos comunes, como la posibilidad de transitar libremente por el arte de cualquier periodo del pasado, el uso de lienzos muy grandes, la voluntad de retornar a la bidimensionalidad espacial y la figuración como lenguaje expresivo.

También se alinean artistas en el llamado ***Neo-pop***, que incorpora en sus obras elementos procedentes de la esfera del cómic, del cine y de los dibujos animados; y en el **Neominimalismo**, que recupera la abstracción geométrica como base de su lenguaje, en las fórmulas de las llamadas instalaciones o montajes, y hasta en la continuación del arte efímero (*perfomances*).

Forever bicycles, una espectacular instalación conceptual del artista chino Ai WEIWEI a partir de 760 bicicletas. Los componentes de la bici y su disposición pretenden ser una metáfora de la innegable red de la mano de obra china.

FICHAART

Busca en Internet información sobre esta obra:

Identificación. Sitúa cronológica y geográficamente al autor y la obra. ¿A qué corriente pertenece?

Descripción. ¿Qué se representa? ¿Cómo lo simboliza? ¿Qué técnicas utiliza?

Valoración. Explica qué destacarías de ella y qué emociones o sentimientos te produce.

Woldgate Woods, 21, 23 & 29 November 2006. Óleo sobre lienzo, de David HOCKNEY, uno de los más relevantes artistas británicos. Se inició en el *pop art*, pero ha tenido etapas expresionistas, de *collage* de fotografías o dibujo en iPad.

Anselm KIEFER: *Margarette*, 1981. Artista alemán adscrito al Neoexpresionismo, pero con una profunda evolución en su técnica. Aborda temáticas de reflexión histórica, como en esta obra sobre los campos de exterminio nazis.

1. ¿Qué es el arte digital? ¿Cuándo se origina? ¿Qué características y objetivos tiene? ¿Qué dos grandes corrientes podemos distinguir?
2. Cita algunas corrientes y artistas del momento actual. Observa las imágenes de Weiwei y de Hockney y busca tres palabras que expresen tu impresión sobre sus obras.

Aprecia el arte

3. ¿Por qué crees que a las corrientes artísticas de finales del siglo XX y principios del siglo XXI las llamamos posmodernas? ¿Crees que reflejan de algún modo lo cambiante, diverso y confuso del panorama social, económico y político de los últimos decenios?

COMPLETA EL MAPA CONCEPTUAL

Con la información del tema, completa en tu cuaderno el siguiente esquema:

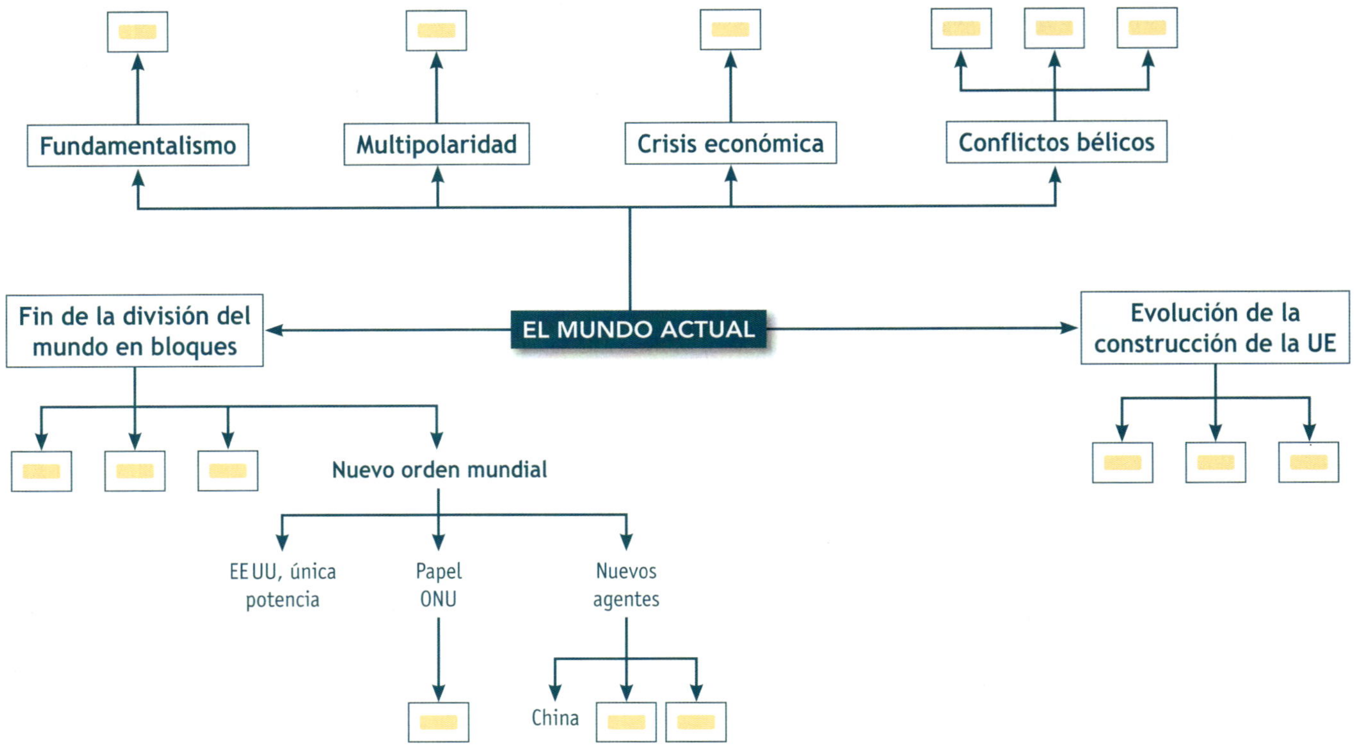

1 CONSOLIDA LO APRENDIDO

a) ¿Qué cambios se produjeron en la geopolítica mundial a principios de la década de 1990?

b) ¿Qué consecuencias tuvo el hundimiento de la URSS?

c) ¿Qué camino tomaron la Rusia poscomunista y los países del Este?

d) ¿Qué evolución ha seguido la construcción de la Unión Europea?

e) ¿Cuáles son las causas de la crisis del Estado del bienestar europeo?

f) ¿Cuáles son las causas de la inestabilidad en el mundo actual?

g) ¿Cómo afectan las guerras actuales a la población civil?

2 DEFINE CONCEPTOS CLAVE

- Orden mundial
- Fundamentalismo islámico
- Acuerdos de Schengen
- Estado del bienestar
- Políticas de austeridad
- Primaveras árabes

3 ESTABLECE LA CRONOLOGÍA

- Caída del muro de Berlín
- Revolución de Terciopelo
- Dimisión de Mijaíl Gorbachov
- Ataques terroristas a las Torres Gemelas de Nueva York
- Aprobación del Tratado de Maastricht
- Crisis de los refugiados sirios

4 IDENTIFICA A LOS PERSONAJES

- Václav Havel
- Vladímir Putin
- Borís Yeltsin
- Mijaíl Gorbachov
- Osama Bin Laden
- Lech Walesa
- G. H. W. Bush
- Bill Clinton
- George W. Bush

RESPONDE A LA PREGUNTA INICIAL

¿Qué transformaciones se han producido desde 1990 en el mundo? ¿A qué retos se enfrenta la humanidad?

APRENDE A... ANALIZAR LAS CONSECUENCIAS DE UN CONFLICTO

SOLICITUDES DE ASILO EN LA UNIÓN EUROPEA ENTRE ENERO Y JUNIO DE 2015

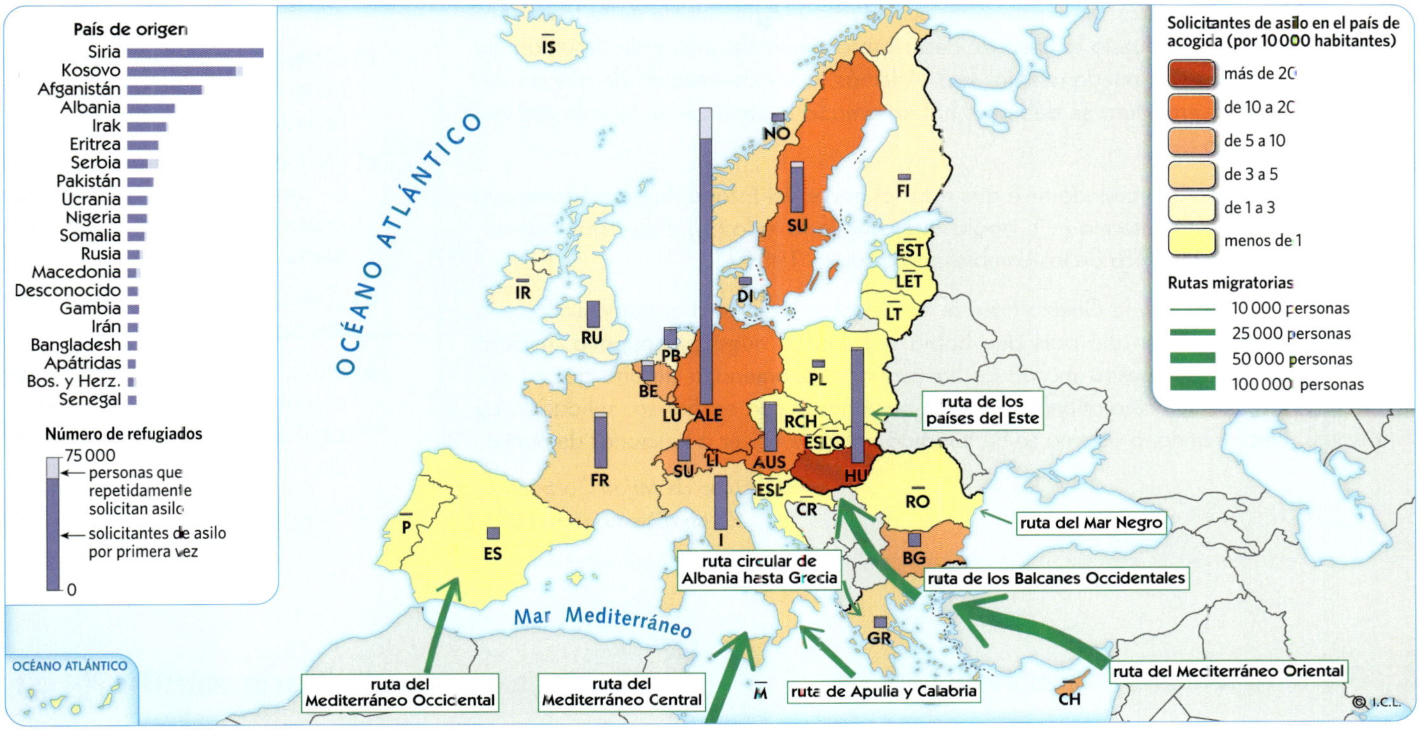

Fuente: EUROSTAT

El conflicto armado en Siria y en otros países de Oriente Próximo ha puesto en evidencia las consecuencias que una situación como la que viven los ciudadanos y ciudadanas de estos países puede generar más allá de sus fronteras.

La peor crisis de refugiados desde la Segunda Guerra Mundial tiene como escenario las aguas del Mediterráneo y las costas de países miembros de la Unión Europea como Italia y Grecia, que se convierten en la puerta de entrada a un mundo seguro para cientos de miles de personas que huyen de la guerra.

La problemática creada a raíz de estos desplazamientos masivos ha sacudido una Unión Europea que se debate entre las obligaciones que impuso la Convención de Ginebra sobre el Estatuto de los Refugiados de 1951, de la que todos los Estados miembros son signatarios, y la realidad socioeconómica y política que lleva a los países miembros a restringir el derecho de asilo.

1. Identificación de las fuentes

- ¿De qué tipo de gráfico se trata? ¿Cuántas variables aparecen? ¿Qué información nos proporciona?
- ¿Cuáles son la rutas de los flujos migratorios que aparecen en el mapa? Ordénalas en función de su importancia numérica.
- Clasifica los países según el número de personas acogidas.
- ¿De qué países provienen los refugiados y refugiadas? ¿Tienen alguna característica en común?

2. Análisis y contextualización histórica

- ¿Cuál es la situación política en Siria, principal país de origen de refugiados y refugiadas en la crisis actual? ¿Por qué se dirigen hacia Europa?
- ¿Cuál es la situación política y económica de Europa desde 2008? ¿Cómo influye en su política de refugiados?
- Busca información sobre las directrices adoptadas por la UE para afrontar la llegada masiva de personas inmigrantes.
- Consulta la Convención de Ginebra sobre el Estatuto de los Refugiados de 1951. Anota la definición de refugiado y los derechos que confiere. ¿Qué diferencia a una persona emigrante de una refugiada?
- ¿Qué efectos tiene la llegada masiva de refugiados y refugiadas sobre los países europeos? Distingue entre los países de entrada (Grecia, Italia...) y los países de asilo final.

3. Conclusiones

- A partir de los datos trabajados, haz una valoración de la problemática que genera la llegada masiva de refugiados a Europa y justifica tu punto de vista sobre el tema.

1 Fuentes documentales. La crisis del modelo soviético

Queridos compatriotas, (...) ceso en mi actividad como presidente de la Unión Soviética (...). Se ha impuesto la línea de desmembramiento del país y de desunión del Estado, hecho que no puedo aceptar (...). Además, estoy convencido de que resoluciones de tal envergadura se deberían haber tomado basándose en la voluntad expresa del pueblo (...).

El destino quiso que cuando tuve que estar al frente del Estado, fuera evidente que nuestro país estaba enfermo (...). Había que cambiarlo todo (...). Hoy estoy convencido de la razón histórica de los cambios iniciados en 1985 (...).

Hemos acabado con la Guerra Fría, se ha detenido la carrera armamentística y la demente militarización del país que había deformado nuestra economía, nuestra conciencia social y nuestra moral. Se ha acabado la amenaza de una guerra nuclear (...). Nos abrimos al mundo y nos ha respondido con confianza, solidaridad y respeto. Pero el antiguo sistema se ha hundido antes de volver a funcionar de nuevo.

Discurso de Mijaíl Gorbachov,
25 de diciembre de 1991.

a) ¿Quién es el autor del texto? ¿De qué época es?

b) ¿Cuál es la postura que se expone ante el desmembramiento de la URSS?

c) ¿A qué se refiere Gorbachov con la frase "Nuestro país estaba enfermo (...). Había que cambiarlo todo"?

d) ¿Consideras que obtuvo algún logro antes de su dimisión?

e) Busca información sobre lo que sucedió en la URSS en 1985 y explica el motivo de la referencia en el texto.

2 El arte en su contexto. Compromiso

Ai Weiwei creó una instalación en la que cubrió el Konzerthaus de Berlín con 14 000 chalecos salvavidas recogidos en la isla griega de Lesbos, lugar de llegada de muchas personas emigrantes y refugiadas de Oriente Próximo y el Norte de África.

a) Busca información y escribe una breve biografía del artista.

b) ¿Por qué te parece que ha realizado el montaje con chalecos salvavidas? ¿Qué mensaje crees que pretende transmitir con su obra?

3 Fuentes iconográficas. Políticas de austeridad

a) Describe la imagen, la acción que en ella se realiza y el mensaje que pretende transmitir.

b) ¿Qué efectos han tenido las políticas de austeridad sobre los pilares del Estado del bienestar europeo?

c) ¿Cuáles crees que han sido las clases sociales más perjudicadas por esa clase de políticas?

d) Indica un ejemplo de política de austeridad que hayas podido comprobar en tu vida cotidiana.

4 Fuentes iconográficas. Un mundo multipolar: la ONU

Asamblea General de la ONU.

a) ¿Qué organismo de la ONU nos muestra la imagen? ¿Cuál es su función?

b) Explica el papel de la ONU en la resolución de conflictos en el mundo actual.

c) Indica tres organismos de la ONU que desarrollen funciones humanitarias en los conflictos en los que intervienen.

5 Fuentes gráficas. La ciudadanía europea

a) Según el esquema, ¿qué ventajas ofrece ser ciudadano o ciudadana de la Unión Europea?

b) ¿Cuáles crees que pueden ser los motivos de la aparición de posiciones contrarias al desarrollo de la ciudadanía europea?

c) ¿El desarrollo de la ciudadanía europea puede colisionar con la soberanía de los países miembros?

WWW. ESPACIO WEB

6 Búsqueda de información. La Primavera Árabe y las redes sociales

Busca información sobre el uso del potencial de las redes sociales como medio de difusión de la información durante los acontecimientos sucedidos en las primaveras árabes, especialmente en Túnez y Egipto.

a) Explica qué redes sociales se utilizaban, con qué finalidad y qué papel tuvieron en la movilización y en la organización de las manifestaciones populares en el interior de los países.

b) ¿Qué permiten las redes sociales en países con censura o fuerte control de la prensa por parte de las autoridades? ¿Qué formas organizativas solo son posibles con el uso de redes sociales?

c) Valora la importancia de las redes sociales, en general, como medio para evitar las limitaciones a la libertad de expresión y de información, y analiza también los peligros que entraña su utilización fuera de todo control de la veracidad de la información.

7 Fuentes audiovisuales: Los refugiados

Visiona en www.tiching.com/747120 el vídeo de Amnistía Internacional *Cuando tú no existes* y contesta las siguientes preguntas sobre los refugiados:

a) ¿Cuál es la realidad que nos intenta explicar el vídeo de Amnistía Internacional?

b) ¿A qué reflexión te conduce el documento?

c) Argumenta las posibles soluciones a los problemas generados por los desplazamientos masivos de población.

RETOS EN LA RED

EXPLOR@TIC: ¡Atención, obras! Reformando la ONU.

ACTIVIDADES AUTOCORRECTIVAS: Resuelve estas actividades y repasa lo que has aprendido.

www.vvd.link/012274/15

1 ¿Qué es la globalización?

El uso del término *globalización*, o *mundialización*, es hoy en día habitual para explicar la realidad cotidiana de la economía, la sociedad o la cultura. Sabemos que vivimos en un mundo en el que la información, los productos, los capitales y las personas están cada vez más interrelacionados, y donde una decisión o un acontecimiento que sucede en cualquier lugar del mundo es susceptible de tener consecuencias en otras partes del planeta. ¿Por qué sucede esto? ¿Cómo se ha producido esa globalización? ¿Qué características tiene?

A UN ÚNICO SISTEMA ECONÓMICO

A partir de 1990, la desintegración del bloque comunista dio paso a un **sistema económico único**, basado en el **triunfo del capitalismo**, en el que se hallan integrados la mayoría de los territorios del mundo. Este modelo económico impuesto se caracteriza, a grandes rasgos, por la defensa de la **libre competencia** y la **libertad de mercado**. Esto supone la supresión casi total de los controles estatales a las empresas privadas, la eliminación del control sobre los precios y la libre circulación mundial de bienes, capitales y servicios.

La mundialización económica ha sido posible por el **progreso tecnológico**, que ha permitido el abaratamiento de los costes de producción y distribución y por el **desarrollo de los transportes**, lo que ha dado lugar a una mayor movilidad de personas y mercancías a precios cada vez más bajos. Igualmente, la **revolución de las comunicaciones** ha permitido la transmisión de información instántanea y ha facilitado la gestión de los negocios desde cualquier lugar del mundo.

HOMOGENEIZACIÓN DEL CONSUMO

Una de las consecuencias más evidentes de la globalización es la homogeneización de los hábitos de consumo y de los modelos sociales y culturales.

Los centros comerciales de todo el mundo son similares, las marcas comerciales tienen un ámbito mundial y las formas de ocio (música, moda...) también se han globalizado.

B LA DESLOCALIZACIÓN Y LAS MULTINACIONALES

La producción y el **mercado se han mundializado**. Los bienes se producen en cualquier lugar del mundo, a partir de materiales provenientes de diversas zonas del planeta. Asimismo, las **economías nacionales** son cada vez más **dependientes** de las redes económicas mundiales.

En esta nueva realidad económica se ha desencadenado una **creciente división** y **deslocalización del trabajo**. Los productos se descomponen en diferentes procesos, por lo cual es posible encargar cada componente, por ejemplo los de un coche (carrocería, motor...), a distintas empresas y en distintos países, teniendo en cuenta solamente la rentabilidad de la producción (mano de obra, impuestos, etc.).

En esta forma de producir y vender tienen un papel preponderante las empresas **multinacionales**, que instalan sus fábricas y producen en cualquier país, y tienen un enorme poder sobre los gobiernos y los organismos económicos.

LA DESLOCALIZACIÓN INDUSTRIAL

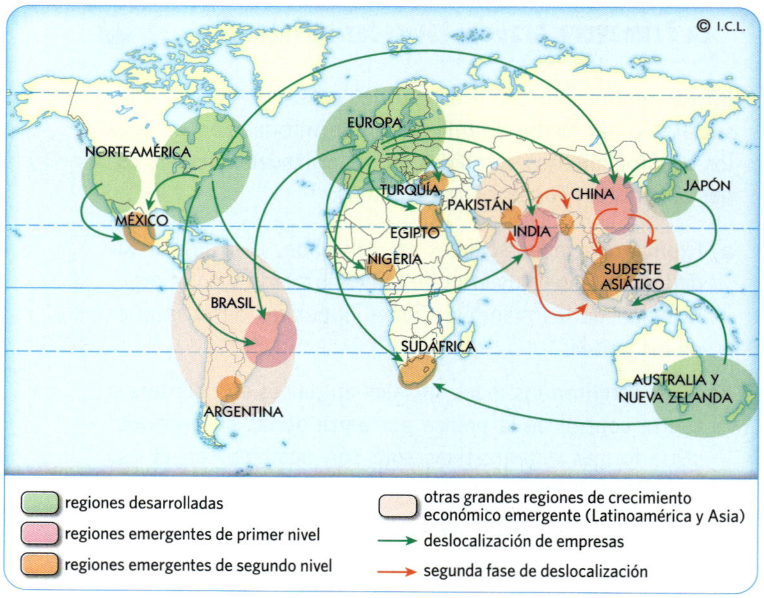

La industria, centrada tradicionalmente en las regiones desarrolladas, ha sido en parte trasladada a otras áreas del mundo, que se han constituido como zonas económicamente emergentes.

C UN MUNDO INTERDEPENDIENTE

La globalización ha dado lugar a un enorme incremento de los flujos (movimientos) mundiales de bienes, servicios, capitales, trabajadores y trabajadoras y turistas.

Por un lado, se ha producido una verdadera **explosión del comercio** mundial. Más de la mitad de ese comercio lo producen los intercambios entre las diversas filiales de las empresas multinacionales, y un 70 % de los productos son manufacturas. Por otro lado, cada vez cobran más importancia los flujos de servicios (turismo, telecomunicaciones, sanidad, etc.), que representan más del 25 % de los intercambios.

Por último, existen los **flujos financieros**, movimientos de divisas, de títulos de crédito, de capitales..., que representan operaciones realizadas por una red de centros financieros como las bolsas de Nueva York, Londres, Tokio, Frankfurt, Hong-kong y Singapur.

EFECTOS DE LA GLOBALIZACIÓN

D UN MUNDO HOMOGÉNEO PERO DESIGUAL

La existencia de un mercado global y la interconexión de los países es defendida, en ocasiones, como una oportunidad para favorecer el crecimiento y la igualdad entre países.

Sin embargo, la evidencia demuestra que, aunque el crecimiento ha sido intenso durante los últimos decenios, en especial en algunas zonas de Asia como China, las diferencias entre países ricos y países pobres no han desaparecido. Los primeros acumulan la mayor parte del capital y la tecnología y controlan los circuitos comerciales y financieros, mientras los países más pobres mantienen una situación de atraso tecnológico, carencia de capitales y dependencia económica.

También en las economías más desarrolladas se ha producido un **aumento de la desigualdad**. Las causas están ligadas a la pérdida de empleo masivo por la deslocalización, a la rebaja de los salarios para competir en el mercado internacional y al debilitamiento de las finanzas públicas, que impide mantener las ayudas sociales.

LOS DATOS DE LA DESIGUALDAD

- 850 millones de personas en el mundo están desnutridas o mueren por falta de alimentos.
- La esperanza media de vida es de 53 años en los países más pobres de la Tierra, y de 78 en los más ricos.
- Noruega y EE UU superan los 35 000 dólares por habitante, mientras que Etiopía solo alcanza los 100.

LA DISTRIBUCIÓN DE LA RIQUEZA

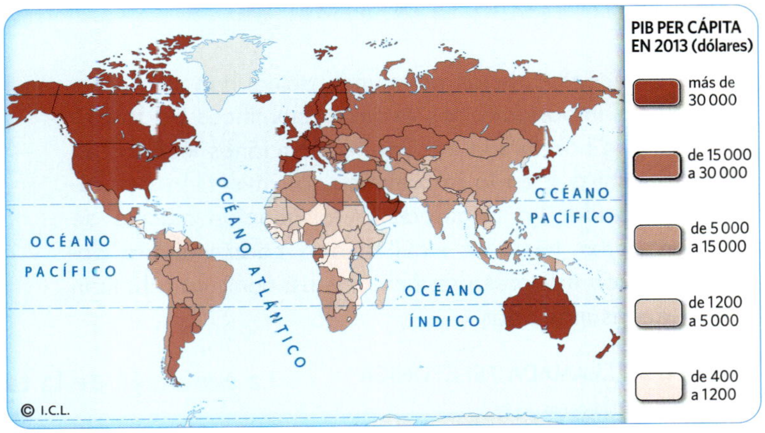

1. ¿Cuándo se ha impuesto un único sistema económico en el mundo? ¿Cuáles son sus características?
2. ¿Por qué se produce la deslocalización industrial? ¿Qué papel desempeñan las multinacionales?
3. Explica por qué la globalización no ha acabado con la desigualdad en el mundo.
4. Observa el mapa sobre el reparto de la riqueza y comenta los datos.

La revolución tecnológica

En las últimas décadas, las innovaciones científicas y tecnológicas han provocado tales cambios en la sociedad y en la producción, que podemos hablar de una Tercera Revolución Industrial, e incluso de una cuarta que ha variado las estructuras empresariales, económicas y laborales del mundo.

La globalización ha sido posible por las nuevas condiciones generadas alrededor del desarrollo de la ciencia y la técnica. Han sido determinantes para el comercio mundial los progresos en la aviación, el ferrocarril y el transporte marítimo, al igual que los avances en electrónica e informática para las comunicaciones.

LAS TRES REVOLUCIONES TECNOLÓGICAS

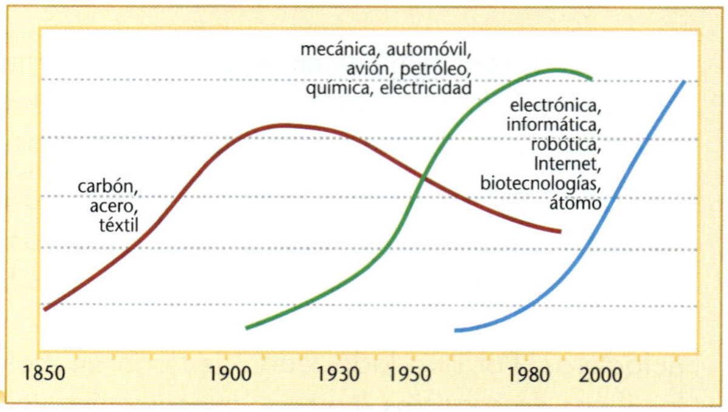

A CIENCIA, TÉCNICA Y PODER

El extraordinario desarrollo científico actual y sus aplicaciones tecnológicas hubieran sido imposibles sin los enormes **capitales** que se han destinado a la **investigación**. Estos recursos provienen de los centros de poder político y económico, pues los gobiernos y las grandes empresas son los únicos que pueden financiar las costosas instalaciones y los grandes equipos de investigación necesarios para su desarrollo.

Los recursos dedicados a la investigación han aumentado considerablemente, de tal modo que pueden alcanzar en los países más avanzados el 2 o 3 % del PIB. Así, el gran volumen de capitales que requiere la investigación ha acentuado las diferencias entre países y contribuye a marcar la frontera entre el desarrollo y el subdesarrollo.

GASTO EN I+D EN ALGUNOS PAÍSES EN 2013

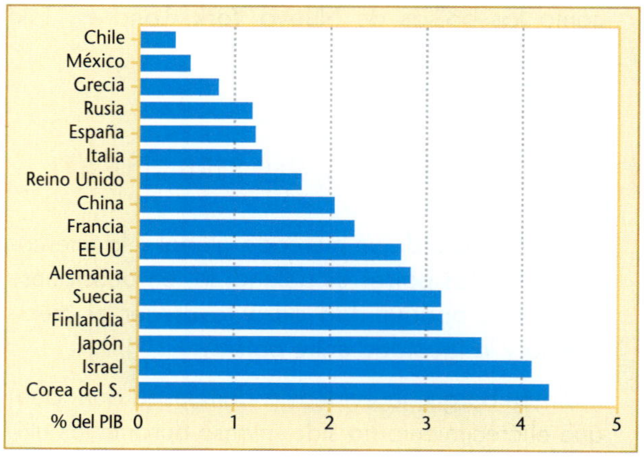

B LA TECNOLOGÍA DE LA INFORMACIÓN

Para la conformación del mundo actual han sido especialmente importantes los avances científicos de la **física**, ya que han tenido enormes aplicaciones técnicas en la **electrónica** y en la **informática**. La invención del **microprocesador** ha originado la fabricación masiva de ordenadores, teléfonos móviles, etc., cada vez más potentes y con mayores prestaciones, así como la robotización de las máquinas.

También han tenido una enorme trascendencia los avances en los sistemas de **transmisión de la información**. Los satélites de comunicaciones y los cables de fibra óptica aplicados a la telefonía móvil e Internet mantienen conectado, en tiempo real, un punto de cualquier lugar del planeta con otro muy distante, y han permitido un aumento de la velocidad y de la cantidad de información que se puede transmitir.

COSTE DE LLAMADA TELEFÓNICA

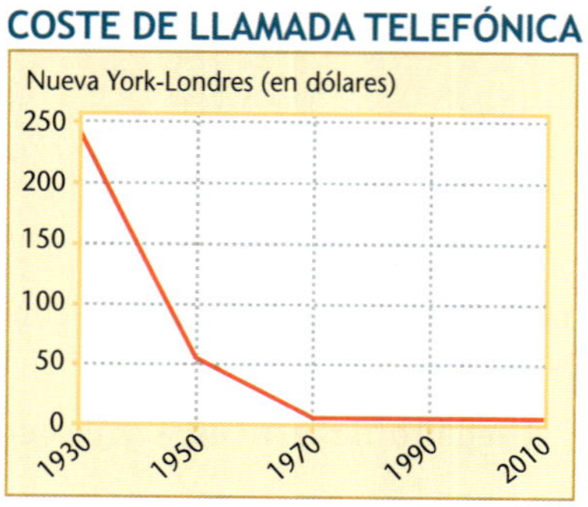

La evolución de la capacidad de las computadoras

En 1997, el supercomputador más potente del mundo costó 55 millones de dólares y ocupaba una superficie del tamaño de una pista de tenis. Menos de una década más tarde, otro aparato, la PlayStation 3, alcanzaba la misma capacidad de proceso a un precio de 500 dólares.

Á. Ubide: "La digitalización del empleo", *El País*, 4 de mayo del 2014,

C UNA NUEVA FORMA DE COMUNICAR

Las **nuevas redes de comunicación** (**Internet**) han comportado cambios radicales en los hábitos sociales y en la economía, por su posibilidad de conexión en tiempo real. Su éxito se debe a la facilidad para encontrar y comentar cualquier tipo de noticias e información, y a la posibilidad de acceder libremente a todo tipo de contenidos: música, películas, etc.

Las redes sociales (Facebook, Twitter, etc.) también son un poderoso medio de comunicación y organización interpersonal, que funcionan al margen de empresas, cadenas corporativas o gobiernos.

Esta revolución de la información y de la comunicación no está exenta de riesgos. El exceso y rapidez de la información banaliza los temas, provoca poca reflexión en las opiniones y mezcla información verdadera con falsa o confusa.

USUARIOS Y USUARIAS DE INTERNET EN 2015

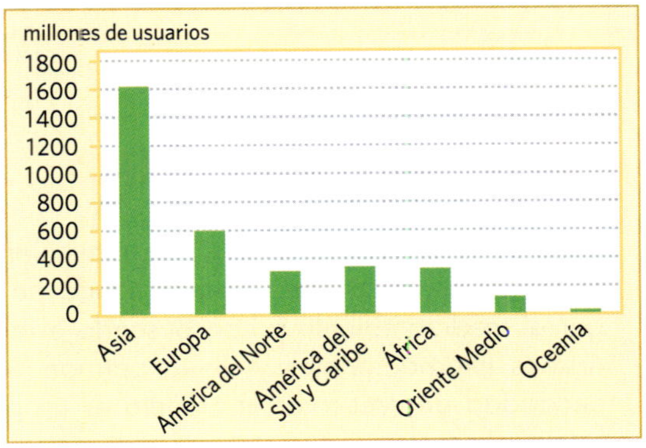

D ¿HACIA UNA NUEVA FORMA DE PRODUCIR?

En la industria, el conjunto de innovaciones en las telecomunicaciones y en los sistemas informáticos permite:

- Una fuerte **robotización** de los sistemas de producción.
- Una drástica **reducción de los costes de almacenaje**, al recibir información constante sobre la demanda de productos (sistema *just in time*), y producir según esta demanda.
- La **división del trabajo** y una gran **deslocalización** de las empresas.

Pero el gran reto de futuro, lo que se conoce como la industria 4.0, es que el desarrollo tecnológico permita pasar a "fábricas inteligentes" en su conjunto, con interconexión entre las máquinas y los sistemas de información en el propio emplazamiento de producción y con el exterior (los mercados, los clientes, los competidores, otras fábricas inteligentes, etc.).

En este proceso es posible que se produzcan importantes variaciones en el tipo de trabajo, así como en la formacióntación necesaria para ejercerlo.

La Internet de las cosas

Si tuviéramos ordenadores que supieran todo lo que tuvieran que saber sobre las "cosas", mediante el uso de datos que ellos mismos pudieran recoger sin nuestra ayuda, nosotros podríamos monitorizar, contar y localizar todo a nuestro alrededor, y de esta manera se reducirían increíblemente gastos, pérdidas y costes. Sabríamos cuándo reemplazar, reparar o recuperar cualquier objeto, así como conocer si su funcionamiento está siendo el correcto.

Kevin Ashton, 2009.

Almacenes robotizados.

1. ¿Qué grandes revoluciones tecnológicas se han producido desde el siglo XIX? ¿Qué características tuvieron la primera y la segunda? ¿Qué define a la revolución tecnológica actual?
2. ¿Qué avances son los más relevantes de la llamada Tercera Revolución Industrial? ¿En qué campos? ¿Qué es la robotización?
3. ¿Qué ha cambiado radicalmente desde la aparición y uso de Internet?
4. ¿Por qué hablamos de una nueva forma de producir? Explica qué cambios se están introduciendo.
5. Con los datos que disponéis valorad las ventajas e inconvenientes de los cambios tecnológicos actuales.

La necesidad de un desarrollo sostenible

Uno de los efectos de la expansión sin límites de un modelo de crecimiento económico que utiliza abusivamente los recursos naturales y contamina sin control es que puede resultar nocivo y destructivo para la humanidad.

A LOS RIESGOS MEDIOAMBIENTALES

Desde la década de 1970, los movimientos ecologistas y la comunidad científica han ido advirtiendo de la necesidad de proteger el medioambiente y han buscado el apoyo de Estados, organismos internacionales y de la opinión pública. Hoy en día, la necesidad de preservar el planeta es un principio aceptado internacionalmente.

Las consecuencias del crecimiento descontrolado son evidentes: aumento de la contaminación atmosférica, peligro de accidentes nucleares, contaminación de ríos y mares, deforestación, destrucción de especies vegetales y animales, cambio climático, etc.

Sin duda son las grandes áreas económicas, tanto de regiones y países tradicionalmente industriales (Europa, EEUU y Japón), como de potencias emergentes, las que concentran mayores riesgos, pero el planeta es un solo ecosistema y su destrucción afecta al conjunto.

REGIONES EMISORAS DE CO_2

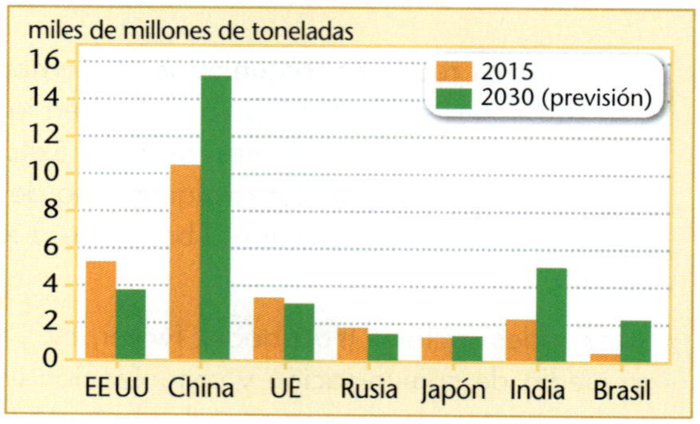

EMISIONES GLOBALES POR SECTORES, 2015

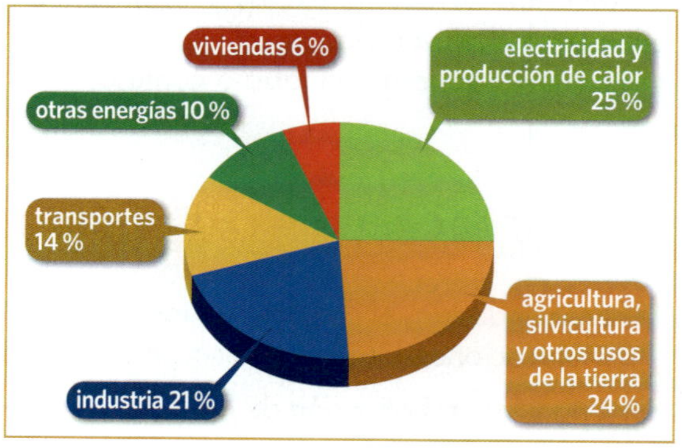

B LOS ESFUERZOS POR PRESERVAR EL PLANETA

Los primeros esfuerzos para proteger nuestro planeta se realizaron en la primera **Conferencia de las Naciones Unidas** sobre el medioambiente, celebrada en **Estocolmo en 1972**, en la que se insistió en la necesidad de preservar el planeta para "proteger los intereses de las generaciones presentes y venideras".

En 1987, una comision de las Naciones Unidas presidida por el noruego Brundtland acuñó el término **desarrollo sostenible**, que definió como el que "debe responder a las necesidades del presente sin comprometer los intereses de las generaciones futuras". Estos principios se recogen en la base de la Cumbre sobre la Tierra celebrada en Río de Janeiro en 1992.

Uno de los objetivos principales del desarrollo sostenible es contener o reducir las emisiones de los gases de efecto invernadero, que aceleran el calentamiento global del planeta. El **Protocolo de Kioto** (1997) las conferencias de la ONU sobre el **cambio climático** (Bali, 2007) trabajaron en ese sentido.

Sin embargo, algunos de los mayores contaminadores se niegan a cumplir las normativas si ello implica la reducción de su producción y crecimiento. La **Cumbre de París de 2015** permitió llegar a acuerdo sobre la necesidad de esa reducción aunque dejando más margen a los países de reciente industrialización (China, India, etc.).

Los acuerdos de Estocolmo

Los recursos naturales de la Tierra, incluidos el aire, el agua, la tierra, la flora y la fauna (...), deben preservarse en beneficio de las generaciones presentes y futuras.

(...) Los recursos no renovables de la Tierra deben emplearse de forma que se evite el peligro de su futuro agotamiento y se asegure que toda la humanidad comparte los beneficios de tal empleo.

Debe ponerse fin a la descarga de sustancias tóxicas o de otras materias, a la liberación de calor, en cantidades o concentraciones tales que el medio no pueda neutralizarlas, para que no se causen daños graves o irreparables a los ecosistemas (...).

Los Estados deberán tomar las medidas posibles para impedir la contaminación de los mares por sustancias que puedan poner en peligro la salud del hombre, dañar los recursos vivos y la vida marina (...).

Conferencia de Estocolmo, 1972.

C EL CAMBIO CLIMÁTICO

De las múltiples consecuencias que un modelo de crecimiento descontrolado puede provocar en el planeta, el cambio climático es uno de los más graves y urgentes de abordar. Durante un tiempo se negó el problema, pero en la actualidad pocas son las voces que no aceptan esta cuestión y plantean la necesidad de acciones que permitan frenarlo.

EL EFECTO INVERNADERO

El **efecto invernadero** es el calentamiento que se produce cuando ciertos gases de la atmósfera de la Tierra retienen el calor. Estos gases dejan pasar la luz pero mantienen el calor de forma similar a las paredes de cristal de un invernadero.

Los científicos conocen el efecto invernadero desde el siglo XIX y saben que es el responsable de que el clima en la Tierra sea apto para la vida. Sin él, la superficie de la Tierra sería unos 60 grados Fahrenheit más fría. Pero también son conscientes de que los seres humanos podrían incrementar el efecto invernadero produciendo dióxido de carbono y que su proliferación aumentaría notablemente el calor en el planeta.

EL INCREMENTO DE LA TEMPERATURA

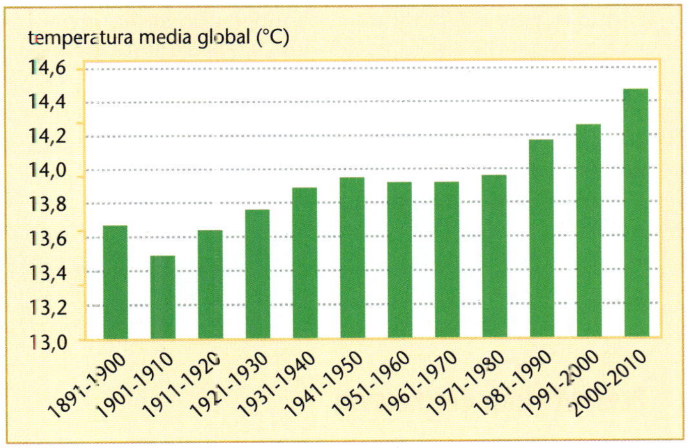

La **temperatura media** de la Tierra aumenta por el efecto invernadero. Los vientos y las corrientes oceánicas mueven el calor alrededor del globo provocando efectos tales como enfriar algunas zonas, calentar otras y modificar el régimen de precipitaciones.

EL DESHIELO DEL ÁRTICO

En el Ártico, durante la primavera y el verano, se produce deshielo, pero en las capas profundas, en verano aún permanece una capa espesa y rugosa.

En los últimos años los deshielos son cada vez más extensos, las capas que se vuelven a congelar en invierno son más finas y las capas profundas, cada vez de menor espesor.

LOS EFECTOS DEL CALENTAMIENTO

- Aumento del nivel de los mares entre 18 y 59 cm por el deshielo.
- Aumento de los fenómenos atmosféricos como los huracanes y tifones.
- Inundaciones y sequías más frecuentes.
- Menos agua dulce disponible.
- Desplazamiento y extinción de algunas especies de animales y plantas.

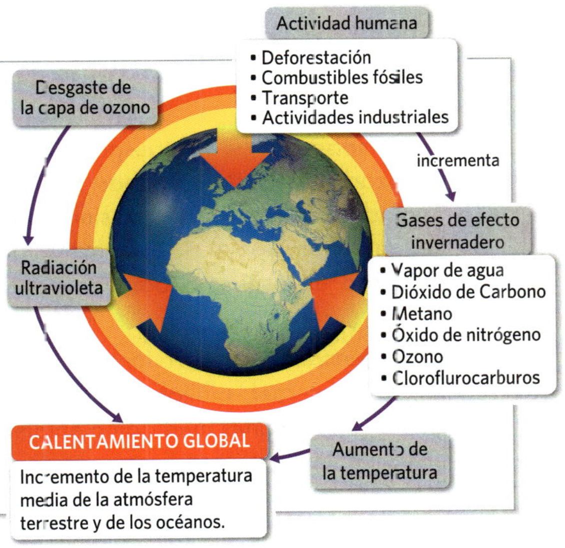

1. ¿Qué relación existe entre el modelo económico de la globalización y los riesgos medioambientales? ¿Cuándo se inició la toma de conciencia de preservar el planeta? Cita las principales cumbres y los acuerdo adoptados.
2. ¿Qué dificultades crees que existen hoy en día para imponer medidas que permitan un desarrollo sostenible?
3. Explica qué efectos sobre las temperaturas y el clima ha provocado el calentamiento global del planeta.
4. ¿Qué efectos sobre el medioambiente puede tener el calentamiento? ¿Qué está sucediendo en el Ártico?
5. @ Consulta en Internet quién es Al Gore y por qué se le concedió el Premio Nobel de la Paz en 2007.
6. @ Accede a www.tiching.com/750642 y contesta: ¿Qué evidencias existen sobre el cambio climático? ¿Qué consecuencias a corto y largo plazo se derivan? ¿Qué medidas se deberían tomar? ¿Por qué?

La Tierra: un planeta amenazado

¿En qué estado de deterioro medioambiental se encuentra el planeta?

El modelo de crecimiento económico que se ha generalizado con la globalización ha deteriorado tanto el medio ambiente que está dañando gravemente la vida de los seres vivos que habitamos la Tierra.

Para dar respuesta a este reto, nuestra sociedad está empezando a regular las conductas nocivas para el planeta y a promover un modelo de desarrollo sostenible.

Cumbre del Clima de París, 2015.

Presentación del recurso

En este proyecto vais a colaborar en la creación de un **mapamundi interactivo** con el cual presentaréis de forma visual el estado de deterioro medioambiental del planeta, sus causas, consecuencias y vías de solución.

Objetivo de la actividad

Buscar y organizar la información mediante una herramienta digital, con el objetivo de analizar los principales **riesgos medioambientales** del planeta y compartir con el resto de la clase el resultado del trabajo a través de una presentación oral.

A PROGRAMACIÓN DE LA ACTIVIDAD

1. Planteamiento:

- *¿Qué sabemos de los riesgos medioambientales?* Realizad una lluvia de ideas sobre lo que habéis aprendido a lo largo del dosier acerca de los riesgos medioambientales que amenazan al planeta y elaborad un esquema para organizar la información.
- *¿Dónde encontraremos información fiable y contrastada?* En Internet, bibliotecas, hemerotecas, asociaciones, instituciones medioambientales, etc.
- *¿De qué materiales y recursos disponemos?* De la información recogida y de aplicaciones, como por ejemplo StepMap o ZeeMaps, para confeccionar el mapa interactivo.

2. Criterios de evaluación:

Para evaluar el mapa se tendrán en cuenta los siguientes criterios:

- Proceso de búsqueda y recopilación de la información.
- Fiabilidad y citación correcta de las fuentes.
- Actualidad de los datos presentados.
- Selección adecuada de imágenes y vídeos.
- Redacción de textos sintéticos.
- Desarrollo de la exposición oral en público.

3. Temporización recomendada:

- Nueve horas de clase.

La urgencia de actuar

Así que hoy día lanzaremos otros setenta millones de toneladas de polución en la delgada capa de la atmósfera que rodea a nuestro planeta, como si se tratase de un desagüe abierto. Y mañana arrojaremos una cantidad un poco mayor, que atrapará más y más calor del Sol. Como resultado, la Tierra tiene una fiebre. Y la fiebre está creciendo. Los expertos nos han dicho que la enfermedad no se curará por sí sola. (...) Y la consistente conclusión, reiterada con creciente alarma, es que algo fundamental está mal. Nosotros somos lo que está mal, y debemos corregirlo.

Discurso pronunciado por Al Gore el 10 de diciembre de 2007 en la entrega del Premio Nobel.

B BÚSQUEDA Y ORGANIZACIÓN DE LA INFORMACIÓN

1. Creación de grupos de trabajo: organizaos en grupos de 4 o 5 personas. Leed el proyecto y repartíos las tareas que va a realizar cada uno.

2. Recopilación de la información: consultad los sitios web recomendados y verificad que la información provenga de una fuente fiable y actualizada. Buscad las respuestas a las preguntas que plantea el proyecto:

a) ¿Qué son las emisiones de CO_2? ¿Qué países producen más emisiones? ¿Qué efecto tienen sobre la Tierra?

b) ¿Qué se entiende por deforestación? ¿Por qué se produce? Busca los países más afectados.

c) ¿Cuáles son las causas principales de la contaminación de mares y océanos? ¿Qué mares son los más contaminados del planeta?

d) ¿Qué es el calentamiento global? Busca en Internet alguna de las consecuencias de este fenómeno.

e) ¿Cómo afecta el cambio climático a la biodiversidad? ¿Qué países tienen más especies en riesgo de extinción?

f) Busca información y sintetiza las medidas aprobadas en los acuerdos de Estocolmo y en el Protocolo de Kioto.

g) Busca información sobre los países con mejores políticas medioambientales. ¿Qué políticas tienen para proteger el medioambiente?

El dióxido de carbono (CO_2) ha aumentado mucho por la industrialización, el incremento de la quema de combustibles fósiles y la deforestación.

@ Algunas fuentes digitales que podéis consultar...

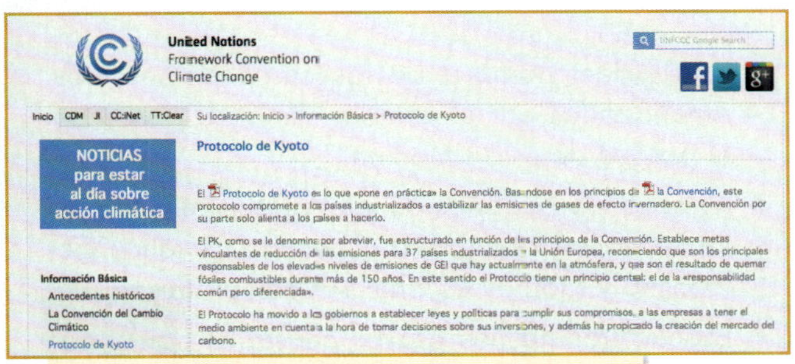

Países más contaminantes:
www.tiching.com/750481
Los ríos más contaminados del mundo:
www.tiching.com/750483
Protocolo de Kioto:
www.tiching.com/750501
Países responsables con el medioambiente:
www.tiching.com/750498

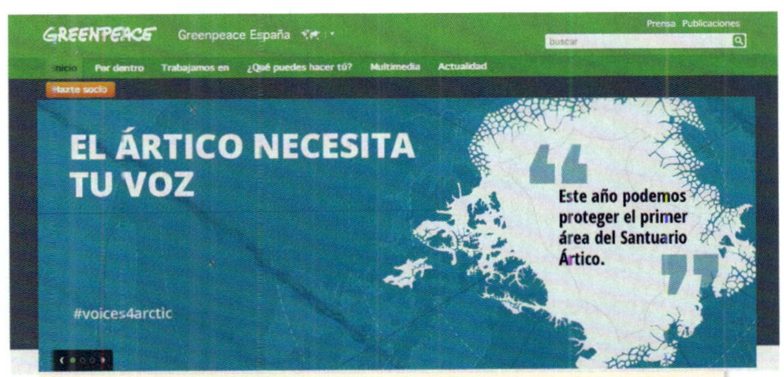

Cambio climático: www.tiching.com/750485
www.tiching.com/750487
www.tiching.com/750488
www.tiching.com/750016
Cambio climático y salud: www.tiching.com/750486
Consumo responsable: www.tiching.com/750499
Consumo ecológico: www.tiching.com/750500

C ELABORACIÓN DE UN MAPA INTERACTIVO

A partir de toda la información que habéis recogido, vuestro objetivo es crear un **mapa interactivo** que os sirva de base para compartir ideas, organizarlas, debatirlas en grupo, crearlas y publicarlas.

1. Conocer la aplicación

- Daos de alta como usuarios de StepMap u otra aplicación similar, gracias a la cual diseñaréis un mapa interactivo sobre los riesgos medioambientales relacionados con la globalización.
- Consultad un tutorial donde se explique cómo se emplean las herramientas de la aplicación para conseguir los efectos deseados.

Recordad que una vez hayáis creado el mapa, deberéis darle un título y guardarlo. Así podréis acceder al mapa interactivo siempre que entréis en la aplicación y realizar cambios, si lo deseáis.

2. Pensar el diseño del mapa interactivo

- Utilizad colores que os ayuden a visualizar las características que queráis asociar a países o áreas geográficas.
- Utilizad la fuente y el tamaño de la letra para jerarquizar los elementos en el mapa. Es importante también que el texto que aparezca en el mapa esté en un color que, en relación al fondo, sea fácil de leer.
- Usad símbolos, líneas, flechas y formas que os ayuden a visualizar, sintetizar y relacionar distintos elementos del mapa.
- Enriqueced el mapa con elementos que sean didácticos y os ayuden a exponer vuestra argumentación.

Aguas contaminadas.

3. Crear el mapa interactivo

- Resaltad en el mapa las fronteras de los países, las líneas de costa, los ríos y los lagos.
- Escribid los cinco países con más emisiones de CO_2, pintadlos de un color y agregad un símbolo que los identifique. Explicad el impacto que tienen estas emisiones en nuestra salud.
- Anotad los cinco países con mayor deforestación, dadles una capa de color y el símbolo que los identifique. Agregad un texto con las causas y los efectos de la deforestación.
- Localizad los cinco países con más especies amenazadas del planeta y escribid su nombre.
- Anotad el nombre de los tres mares más contaminados del planeta. Escribid en una etiqueta las causas y consecuencias de este hecho.
- Escribid el nombre de los cinco países más amenazados por el cambio climático. Explicad el porqué de esta situación.
- Marcad las ciudades de los tratados más importantes en la lucha contra el cambio climático (Estocolmo y Kioto) y escribid sus compromisos.
- Buscad tres hechos graves causados por el calentamiento global, marcadlos en el mapa y anotad las consecuencias de estos daños.
- Marcad un país cuyas políticas de sostenibilidad estén ayudando a mejorar su situación medioambiental. Anotad tres medidas en este sentido que podemos tomar en nuestros actos cotidianos.

Agregad en el mapa textos, fotografías y vídeos que expliquen e ilustren su contenido.

D PRESENTACIÓN DEL MAPA

Es el momento de exponer el mapa interactivo en clase:

- Explicad el mapa interactivo al resto de la clase. Ayudaos de gestos y hablad pausadamente.
- Exponed el contenido del mapa, desarrollándolo y apoyándoos en las imágenes y vídeos seleccionados.
- Compartid las conclusiones con el resto de la clase. Comentad los aspectos del mapa más logrados y aquellos que se puedan mejorar.

EL DESHIELO DEL ÁRTICO
Y LAS DISPUTAS TERRITORIALES

E BUENAS PRÁCTICAS DIGITALES

En la Red existen diferentes ejemplos del uso del mapa interactivo como herramienta educativa. Descúbrelos:

Para saber más sobre la geolocalización y el diseño de mapas interactivos:
www.tiching.com/750502

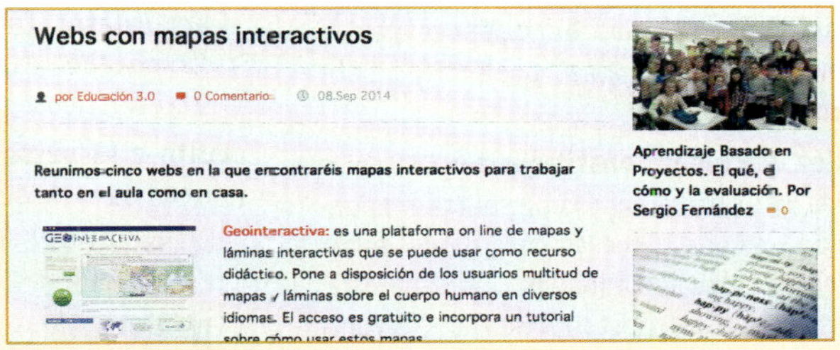

Para trabajar con los mapas interactivos en el aula:
www.tiching.com/728793

APRENDER CON LA TABLETA DIGITAL

1. Objetivo

Elaborar un **vídeo** de menos de un minuto de duración sobre conductas que perjudican al medioambiente, como el derroche energético, la mala gestión del agua o de los residuos, etc.

2. Desarrollo

Formad grupos de dos o tres alumnos y seguid estos pasos:

- Elegid el tema y el tratamiento que queréis dar al vídeo: un corto de ficción, un corto documental, un videoclip, etc.
- Realizad una lluvia de ideas y escoged la que genere más consenso en el grupo.
- Escribid conjuntamente el guion. Debe plasmar las escenas, si habrá voz en off, diálogos o música. Es importante pensar dónde y cómo se grabará el vídeo.
- Grabad el vídeo y editadlo con una aplicación para móvil o tableta.
- Presentad el vídeo ante el resto de la clase. Tras el visionado, debatid sobre si estos vídeos son una buena herramienta para cambiar nuestra conducta.

3. Recursos

Para **iOS**: Cámara Spark, Magisto, Fly, Videon. Para **Android**: Vid Trim Pro, Magisto, Snip Video Trimmer, Clesh Video Editor, Viddy.

GLOSARIO

A

academia: Sociedad oficial que agrupa a escritores, artistas, filósofos y científicos para discutir sobre el conocimiento y ayudar a su difusión.

Afrikakorps: Fuerza militar alemana enviada al Norte de África en 1941, durante la Segunda Guerra Mundial, para ayudar a las tropas italianas que estaban siendo derrotadas por los británicos. Su comandante era el mariscal Rommel, llamado el Zorro del Desierto.

apartheid: Sistema social basado en la segregación racial que fue impuesto por los gobiernos de Sudáfrica desde 1948. Suponía el dominio de la minoría blanca sobre las otras comunidades, especialmente la mayoría negra. Establecía la separación racial en lugares públicos e impedía a las comunidades no blancas ocupar puestos en el gobierno, votar, etc. Fue abolido en el año 1993.

armisticio: Cese de las hostilidades pactada entre pueblos, países o ejércitos beligerantes.

Asamblea Nacional Constituyente: Asamblea elegida por sufragio que representa la voluntad de la nación y que se encarga de redactar una Constitución. Una vez aprobada esta, se disuelve para, posteriormente, convocar elecciones a una Asamblea Legislativa.

autarquía: Política de un Estado que aspira a abastecerse con sus propios recursos. Se pretende reducir al mínimo las importaciones y estimular la producción en el interior del país de todo lo que se consume.

B

barbecho: Tierra que no se siembra durante un tiempo para que descanse y pueda recuperar la materia orgánica y la humedad. Se usaba en los sistemas de rotación bienal y trienal de cultivos.

bayoneta: Cuchillo de los soldados de infantería, que se acopla a la boca del fusil.

bóxers: En la China de finales del siglo XIX, grupo disidente a la intervención colonial en el país, llamados "boxeadores" por los ingleses a causa de la práctica de las artes marciales que realizaban. Entre junio y agosto de 1899, los bóxers atacaron las embajadas extranjeras en Pekín, produciéndose un grave enfrentamiento que fue sofocado militarmente.

C

camarilla: Conjunto de personas que influyen subrepticiamente en los asuntos de Estado o en las decisiones de alguna autoridad superior.

cantonalismo: Movimiento insurreccional acontecido durante la Primera República española que aspiraba a dividir el Estado en territorios casi independientes.

censura previa: Examen ejercido anticipadamente por las instituciones correspondientes (políticas, religiosas...) sobre cualquier manifestación artística, publicación, etc., antes de ser aprobada o denegada su ejecución o impresión.

Cochinchina: Zona de Vietnam que ocupa el área del delta del Mekong. Limita al Norte con Camboya, y está abierta al mar de China Meridional y al golfo de Tailandia.

colaboracionistas: Gobierno o ciudadanos de un país que cooperan con unas fuerzas de ocupación enemigas consideradas antipatrióticas por la mayoría de la población.

COMECON: Organización de cooperación económica formada, en 1949, en torno a la URSS y los países socialistas, cuyo objetivo era el incremento de las relaciones comerciales entre los Estados miembros. Estuvo en vigor hasta 1991.

Concordato: Tratado entre el gobierno de un Estado y la Santa Sede sobre asuntos eclesiásticos.

culto a la personalidad: Conjunto de ceremonias con que se manifiesta veneración y admiración excesiva por las cualidades de un líder político.

D

devaluación: Efecto de rebajar el valor de una moneda.

dictadura del proletariado: Forma de Estado postulada por el marxismo en que la clase proletaria se establece como dominante y ejerce el control sobre el resto de clases sociales, en especial la burguesía. Constituye una etapa de transición hacia la consecución de una sociedad comunista sin clases.

disidente: Persona que no está de acuerdo, que discrepa, con el sistema político, social o económico en el poder y expresa su desacuerdo.

División Azul: Unidad militar española de voluntarios que sirvió en el ejército alemán, principalmente en el frente ruso, durante la Segunda Guerra Mundial, entre 1941 y 1944.

E

empréstito: Es una forma de captar dinero por parte del Estado o empresas emitiendo un conjunto de valores, que la gente puede comprar. A cambio la entidad se compromete a devolver el dinero en el plazo y los intereses pactados. Estos valores, llamados títulos, se pueden comprar y vender, es decir, pueden cambiar de propietario.

espacio vital: Expresión utilizada por el nazismo para defender la necesidad de Alemania de disponer de un territorio acorde con su población. Se pretendían restaurar las fronteras de Alemania anteriores a la Primera Guerra Mundial y expandirse hacia el Este, a expensas de las consideradas "razas inferiores".

F

federalismo (estructura federal): Sistema político que pretende la asociación de distintos Estados, que conservan algunos poderes, pero delegan otros en un organismo superior, a quien pertenece la soberanía.

fordismo: Modo de producción en cadena o en serie que impulsó Henry Ford, fabricante de los primeros automóviles en EEUU. Se basaba en dividir el trabajo de producción en diferente etapas especializadas, en el control del tiempo productivo del obrero y en la utilización de máquinas especializadas. Los resultados fueron un aumento de la producción y la reducción de costes. También se caracterizó por una mejora de salarios de los obreros. Hay que señalar que el fordismo se fundamentaba en el método de organización del taylorismo.

fotografía: Procedimiento técnico inventado en 1839 que permite obtener imágenes permanentes sobre una superficie convenientemente preparada, por medio de la luz y otras radiaciones electromagnéticas.

G

GESTAPO: Policía secreta del Estado nazi alemán creada en 1933. Estaba bajo la administración de las SS y su función era investigar y perseguir todas las "tendencias peligrosas para el Estado".

guano: Materia excrementiva de aves marinas que se encuentra acumulada en gran cantidad en las costas y que se utiliza como abono en la agricultura.

guerrilla: Grupo autónomo formado por voluntarios armados que hostigan al enemigo. Actúan sobre un terreno que conocen, con apoyo de la población, rehúyen el combate abierto y su función es minar la moral del enemigo y hacerle muy difícil el control efectivo del territorio.

Gulag: Acrónimo ruso para denominar a la Dirección General de Campos de Trabajo del régimen soviético estalinista. Este organismo administraba la red de campos de concentración, que recluía a los disidentes políticos, y ordenaba el sistema de trabajos forzados a que estaban sometidos.

H

Holocausto: También llamado *Shoá* en hebreo, es el nombre que se aplica a la persecución y genocidio de los judíos durante la Segunda Guerra Mundial. Se calcula que unos seis millones de judíos murieron a manos del régimen nazi.

I

imperialismo: Dominio de un país (la metrópoli) sobre otros (las colonias) por medio de la fuerza militar, económica o política. En consecuencia, la economía, la política y la cultura de las colonias quedan sometidas a los intereses de los Estados extranjeros colonizadores.

indiana: Tela estampada de lino o algodón, o de mezcla de uno y otro, que recibe este nombre por ser originaria de la India. Generalmente está pintada con rayas y dibujos sencillos, a uno o dos colores y por un solo lado.

J

Junta: Órgano de poder surgido por iniciativa popular en la Guerra de la Independencia (1808-1814) para organizar la resistencia armada frente al invasor y asumir el poder, al no aceptar la legitimidad del nuevo monarca, José I. Las Juntas persistieron a lo largo del siglo XIX como Juntas Revolucionarias, organismos utilizados por los progresistas para conseguir cambios en el gobierno.

K

kamikazes: Pilotos de la armada imperial japonesa que, de manera suicida, estrellaban sus aviones cargados de bombas contra los barcos de los aliados a finales de la Segunda Guerra Mundial.

Kominform: Acrónimo ruso referente a la Oficina de Información de los Partidos Comunistas y Obreros. Fue una organización creada, en 1947, para el intercambio de información y experiencias entre los partidos comunistas bajo la influencia soviética, a la que se sumaron los partidos comunistas de Francia e Italia. Se disolvió en el año 1956.

L

Ley Sálica: Ley que prohíbe que una mujer herede el trono salvo que no existan hijos, hermanos o sobrinos del monarca anterior.

M

mayorazgo: Institución que prohibía la venta del patrimonio familiar y obligaba a dejarlo intacto en herencia al primogénito, garantizando la perpetuación de las grandes familias nobiliarias.

Meiji: Periodo de la historia de Japón, comprendido entre los años 1868 y 1912, en que el país salió de su tradicional aislamiento internacional e inició la transformación de sus estructuras feudales. Supuso el punto de partida de la moderna sociedad japonesa.

metrópoli: Ciudad que posee colonias. En el contexto del colonialismo del siglo XIX, nombre dado a una potencia europea con respecto a su imperio colonial.

Movimiento de Países No Alineados: Grupo de países, surgidos mayoritariamente tras la Segunda Guerra Mundial con el proceso de descolonización, que querían conservar su posición neutral y no aliarse con ninguna de las superpotencias. Aspiraban a desempeñar un papel activo en la política internacional, mostrando sus intereses como países militarmente débiles y económicamente subdesarrollados.

N

neocolonialismo: Término con el que se designa el control indirecto, en los ámbitos cultural, político y principalmente económico, que ejercen las antiguas metrópolis sobre sus excolonias o, en sentido más amplio, los Estados ricos del mundo desarrollado sobre los más pobres del Tercer Mundo.

P

Plan Marshall: Plan de reconstrucción de la economía europea impulsado por Estados Unidos después de la Segunda Guerra Mundial, que debe su nombre al secretario de Estado americano George Marshall. Consistió en ayudas y préstamos a los países que quisieron acogerse y fue esencial para la recuperación económica de Europa.

políticas de cohesión: Políticas que tienen como objetivo reducir las disparidades económicas y sociales entre las regiones de Europa.

Pragmática Sanción: Ley de ordenación jurídica de 1830, promulgada por Fernando VII, por la que se derogaba la Ley Sálica vigente en España desde 1713.

pronunciamiento militar: Alzamiento militar para derrocar un Gobierno, promovido por un jefe del Ejército u otro caudillo.

pudelación: Manera de refinar el hierro colado en altos hornos, quemando parte de su contenido de carbono, por el que el hierro resultante ya es hierro forjado, con mejores propiedades para su utilización.

Putsch de Múnich: Intento fallido de golpe de Estado realizado entre el 8 y 9 de noviembre de 1923 en Múnich por miembros del Partido Nazi. Adolf Hitler fue detenido y encarcelado por su participación en él.

R

regente: Persona designada para ejercer los poderes reales durante un periodo de tiempo transitorio en caso de no poder hacerlo el monarca titular.

Resistencia: Denominación que durante la Segunda Guerra Mundial se dio al conjunto de organizaciones clandestinas de lucha contra el dominio nazi en los países ocupados por Alemania. Realizaban acciones de información, sabotaje y guerrilla contra las tropas de ocupación alemanas.

régimen señorial: Sistema de organización social, económica y jurídica propio de la mayor parte de Europa durante la Edad Media, en el que los señores percibían rentas e ingresos de sus tierras y ejercían jurisdicción sobre ellas.

reunificación alemana: Adhesión de la antigua República Democrática Alemana bajo la jurisdicción de la República Federal Alemana, ratificada en el Tratado de Unificación del 3 de marzo de 1990.

S

Secciones de Protección (SS): Organización militar y de seguridad del Estado creada por el Partido Nazi alemán en la década de 1930, a la que se encargó el control del exterminio de los judíos.

sitio: Bloqueo militar de una plaza que se produce cuando un ejército atacante no puede controlarla con facilidad y esta rechaza rendirse. El sitio o asedio suele conllevar el ataque continuado a la población, a la que se impide todo tipo de abastecimiento.

stock: Cantidad de mercancías que una empresa u organización tienen en depósito a la espera de ser distribuidas y/o vendidas.

T

taylorismo: Método de organización industrial, surgido a principios del siglo XX, cuya finalidad es aumentar la productividad a base de eliminar los movimientos inútiles del obrero y optimizar el tiempo empleado, para así reducir costes.

Telón de Acero: Concepto que, tras la Segunda Guerra Mundial, definía la frontera simbólica que separaba a la URSS y sus Estados aliados, de ideología comunista, de Estados Unidos y sus aliados de Europa occidental, de economía capitalista.

V

veto (derecho de): Derecho del monarca, o de cualquier otra institución, a impedir la entrada en vigor de una ley aprobada por la Asamblea o Parlamento. En el Consejo de Seguridad de la ONU, por ejemplo, los cinco miembros permanentes (Estados Unidos, Rusia, China, Francia y Reino Unido) tienen derecho de veto, es decir, si alguno de estos países vota en contra de una propuesta, esta queda rechazada.

Y

yihad: Guerra santa de los musulmanes que tiene como objeto extender el islamismo y defenderlo contra todos aquellos considerados infieles. En árabe significa "esfuerzo".

Agradecemos a las siguientes entidades la utilización de sus fotografías:
Foto trincheras: © Nick Stone Original Image MM (página 146).
Foto enfermeras: © Canadian War Museum. Musée Canadien de la Guerre (página 148).

Ilustrado por: Josep Niubó, Carles Salom y Marcel Socias.

Este libro está impreso en papel ecológico reciclable y con tintas exentas de elementos pesados solubles contaminantes. Directiva Europea 88/378/UE, norma revisada EN/71.

Primera edición, 2017

1 2 3 4

Depósito Legal: B. 23.668-LIX/ ISBN: 978-84-682-3662-9/ N.º de Orden V.V.: IV80.

IMPRESO EN ESPAÑA. PRINTED IN SPAIN.